Beate Kohler-Koch · Thomas Conzelmann · I

Europäische Integration – Europäisches Reg

Grundwissen Politik
Band 34

Begründet von Ulrich von Alemann

Herausgegeben von
Arthur Benz
Susanne Lütz
Georg Simonis

Beate Kohler-Koch
Thomas Conzelmann · Michèle Knodt

Europäische Integration – Europäisches Regieren

VS VERLAG FÜR SOZIALWISSENSCHAFTEN

VS Verlag für Sozialwissenschaften
Entstanden mit Beginn des Jahres 2004 aus den beiden Häusern
Leske+Budrich und Westdeutscher Verlag.
Die breite Basis für sozialwissenschaftliches Publizieren

Bibliografische Information Der Deutschen Bibliothek
Die Deutsche Bibliothek verzeichnet diese Publikation in der Deutschen Nationalbibliografie;
detaillierte bibliografische Daten sind im Internet über <http://dnb.ddb.de> abrufbar.

1. Auflage Mai 2004

Umschlaggestaltung: KünkelLopka Medienentwicklung, Heidelberg
Druck und buchbinderische Verarbeitung: Lengericher Handelsdruckerei, Lengerich
Gedruckt auf säurefreiem und chlorfrei gebleichtem Papier
Printed in Germany

ISBN 3-8100-3543-2

Vorwort zur Reihe

Die Europäische Union gewinnt für die Länder Europas und in der internationalen Politik zunehmend an Bedeutung. Sie ist von ursprünglich sechs Mitgliedstaaten auf nunmehr fünfzehn angewachsen und wird in nicht allzu ferner Zukunft vielleicht 27 Staaten umfassen. Ihre Befugnisse sind nicht mehr nur auf die Schaffung eines gemeinsamen Marktes für Güter und Dienstleistungen begrenzt, sondern reichen bis in die Kernbereiche der Innen- und Außenpolitik. Deutsche Politik ist kaum noch verstehbar, analysierbar und erklärbar ohne ein gutes Verständnis der Europäischen Union, ihrer Tätigkeiten und ihrer Auswirkungen auf die Mitgliedstaaten.

Das vorliegende Buch von Beate Kohler-Koch, Thomas Conzelmann und Michèle Knodt bietet einen hervorragenden Überblick über die Entwicklung der Europäischen Union, ihre Institutionen und politischen Aktivitäten sowie ihre Auswirkungen auf die Mitgliedstaaten. Es besticht nicht nur durch seinen hohen Informationsgehalt, sondern auch dadurch, dass es bei der Behandlung dieser Themen unterschiedliche Theorien benutzt, um aufzuzeigen, was bestimmte theoretische Perspektiven leisten können und wo ihre Grenzen liegen. Darüber hinaus macht es deutlich, dass das Studium der Europäischen Union deshalb besonders lohnenswert ist, weil diese an der Schnittstelle zwischen nationaler und internationaler Politik liegt und damit für den Zugang aus zwei Teilbereichen der Politikwissenschaft offen ist: die Regierungslehre und die Internationalen Beziehungen. In beiden Bereichen wurden teils konkurrierende, teils aber auch deutlich konvergierende Sichtweisen entwickelt. Die EU kann zudem quasi als Laboratorium für das Studium der generellen Internationalisierungs- und Globalisierungstendenzen in Wirtschaft, Gesellschaft und Politik dienen – vorausgesetzt, man verliert dabei ihre Besonderheiten nicht aus dem Auge.

Das Buch stellt nicht nur einen wichtigen Beitrag in unserer Lehrbuchreihe „Grundwissen Politik" dar, es schließt eine Lücke im Angebot an Lehrbüchern zur Europäischen Union, weil es den Studierenden die Verbindung von theoretischen Sichtweisen und empirischen Informationen vermittelt und ihnen zeigt, wie man politikwissenschaftlich analysiert und die Wirklichkeit verstehen und erklären kann. Wir danken Beate Kohler-Koch, Thomas Conzelmann und Michèle Knodt dafür, dass Sie dieses Buch für unsere Reihe verfasst haben, und für die reibungslose und produktive Zusammenarbeit.

Die Reihe „Grundwissen Politik" wird von den Lehrenden im Institut für Politikwissenschaft der FernUniversität Hagen herausgegeben. Roland Czada ist durch seinen Wechsel an die Universität Osnabrück inzwischen aus diesem Kreis ausgeschieden. Dass er in seiner Hagener Zeit, in der er das Lehrgebiet „Politikfeldanalyse und Verwaltungswissenschaft" aufgebaut und vertreten hat, auch die Reihe maßgeblich geprägt hat, kann der Leserschaft nicht entgangen sein. An seine Stelle ist nun Susanne Lütz getreten. Weder dieser Wechsel noch die Tatsache, dass wir in Hagen inzwischen zu gestuften Studiengängen übergegangen sind, wird am bewährten Konzept der Schriftenreihe etwas ändern.

Hagen, im Oktober 2003   *Arthur Benz, Susanne Lütz, Georg Simonis*

Inhaltsverzeichnis

IV Transformation des Regierens

Arenen + Foren

V Demokratie und politische Partizipation

VI   Internationale Einbettung der EU

VII Ausblick

Vorwort

Die Europäische Union (EU) befindet sich in einer Zeit weitreichender Veränderung und gewinnt im Innen- und Außenverhältnis zunehmend an Bedeutung. Sie ist von ursprünglich sechs Mitgliedstaaten auf nunmehr fünfzehn angewachsen, zehn weitere Staaten werden 2004 aufgenommen werden und mindestens 7 weitere Aspiranten haben ihr Interesse angemeldet. Die Befugnisse der EU sind über die Schaffung eines gemeinsamen Marktes hinausgewachsen und reichen bis in die Kernbereiche der Innen- und Außenpolitik. Aus Sicht der Mitgliedstaaten sind nationale Interessen untrennbar mit europäischen Interessen verbunden. Die Verhandlungen über einen europäischen Verfassungsvertrag sind hierfür das deutlichste Zeichen.

Wie ist diese Integrationsdynamik, die einmalig in der Welt ist, zu erklären? Und wie funktioniert Politik in dieser Union, die man mit dem etwas schwerfälligen Begriff „Staatenverbund" zu umschreiben versucht? Beide Fragen haben wir aufgegriffen. Wir befassen uns mit der Dynamik der Integration, weil die Europäische Union in ihrer Entwicklung noch nicht abgeschlossen ist und weil Form und Inhalt der Zusammenarbeit von dem Prozess der Gemeinschaftsbildung geprägt sind. Um zu verdeutlichen, wie europäische Politik funktioniert, untersuchen wir die EU unter dem Blickwinkel eines politischen Systems. Es geht uns um die Charakteristika der politischen Willensbildung und der Instrumente politischer Steuerung. Da wir mit diesem Buch aber nicht nur Kenntnisse vermitteln, sondern auch die Grundlage für eine eigenständige politische Bewertung der EU legen wollen, gehen wir der Frage nach, wie die europäische Zusammenarbeit sich auf die Mitgliedstaaten auswirkt, wie sie sich in das internationale System einfügt und welche Probleme sie, vor allem unter dem Gesichtspunkt der demokratischen Legitimität, aufwirft. Keine Analyse und keine kritische Bewertung kommt ohne Theorie aus. Deswegen haben wir für dieses Lehrbuch einen besonderen Zugang gewählt. Bei jedem Thema werden immer auch unterschiedliche theoretische Perspektiven vorgestellt. Der Leser soll nicht nur eine geballte Ladung von Informationen über die Integration und Regieren in der EU erhalten, sondern auch die Bandbreite theoretischer Ansätze kennen lernen und – was besonders wichtig ist – erfahren, was Theorien zur Analyse und Erklärung beitragen können und wo ihre Grenzen liegen. Wir hoffen, mit diesem Buch das „UPO"[1]

---

1   Das „Unbekanntes Politische Objekt", ein Bonmot des früheren Kommissionspräsidenten Jacques Delors.

Europäische Union besser begreiflich zu machen und im schnellen Ablauf der Reformereignisse und dem Dickicht analytischer Konzepte Orientierungspunkte anzubieten.

Viele haben uns bei diesem Buch geholfen und unterstützt. Anregend waren die kritischen Reaktionen der Studentinnen[2] der FernUniversität Hagen, der Universität Mannheim und der TU Darmstadt auf frühere Fassungen des Textes. Wir möchten Arthur Benz danken, der uns gedrängt hat, unser Manuskript für das Kursprogramm der FernUniversität Hagen auszuarbeiten und damit den Grundstein für die deutsche Buchveröffentlichung gelegt hat. Rainer Eising hat den Kurstext mit großer Sachkunde und Sorgfalt bearbeitet. Für seine Kommentare und Anregungen sind wir ihm sehr zu Dank verpflichtet.

Als das Unternehmen begann, waren alle Autoren noch an der Universität Mannheim. Hier haben uns viele studentische Hilfskräfte unterstützt. Besonders hervorheben möchten wir Anders Mertzlufft, der das Projekt lange Zeit begleitet hat. Ideenreich und kritisch hat er uns viele Anregungen gegeben und gerade aus der Perspektive des Studenten viele wichtige Hinweise gegeben. Ein besonders herzlicher Dank gilt auch Ursula Horn, die im Sekretariat unermüdlich und mit großer Umsicht die unzähligen Fassungen des Textes bearbeitet hat und stets unser Rettungsanker war, wenn wir drohten die Übersicht zu verlieren. In verschiedenen Phasen waren einige studentische Hilfkräfte besonders engagiert, denen wir ebenfalls vielmals danken möchten: Anja Burg, Tina Kruft, Kristian Lempa, Diana Panke und Sladjana Milentijevic.

Das Buch wird gleichzeitig als Beitrag zur Stärkung der „European Studies" in China auf chinesisch erscheinen. Die Kooperation mit den chinesischen Europaforschern[3] hat uns viel Vergnügen bereitet und unsere Sicht der Dinge auch gelegentlich verrückt. Im gleichen Programm erscheint das Buch unseres Kollegen Fabrice Larat zur Geschichte der europäischen Integration[4], das die zeitgeschichtliche Perspektive der Integration Gesamteuropas in den Mittelpunkt stellt.

Mannheim/Darmstadt im August 2003

Beate Kohler-Koch, Universität Mannheim
Thomas Conzelmann, Technische-Universität Darmstadt
Michèle Knodt, Universität Mannheim

---

2   Wie immer gilt die weibliche Form auch für die männlichen Studenten.
3   Im Rahmen des „China-EU Higher Education Programme".
4   Das Original erscheint auf französisch (Larat 2003).

14

I Grundlagen

1 Die Erschließung eines sperrigen Gegenstandes

Dieses Einführungsbuch soll dazu dienen, die Entwicklung und die heutige Wirklichkeit der europäischen Gemeinschaftsbildung besser zu begreifen. Diesen Anspruch hat es mit vielen anderen Einführungen gemein. Trotzdem unterscheidet es sich von allen anderen und dafür gibt es zwei gute Gründe. Zum einen fällt die Antwort auf die Frage nach dem Gegenstand, d.h. was eigentlich die europäische Integration und die heutige Europäische Union (EU) ausmacht, unterschiedlich aus, denn jeder Autor geht mit einem anderen Problemverständnis an das Thema heran.[1] Unser Verständnis des Untersuchungsgegenstandes werden wir im folgenden Abschnitt und immer wieder in den einzelnen Kapiteln deutlich machen. Der andere Grund ist, dass wir uns dem Lernziel des selbstbestimmten Lernens verpflichtet fühlen und deswegen eine bestimmte didaktische Vorgehensweise gewählt haben.

Wir sprechen von europäischer Gemeinschaftsbildung im Sinne der Integration der – zunächst nur westeuropäischen – Staaten zu der heutigen Europäischen Union. Darin liegt eine bewusste Eingrenzung unseres Themas. Auch andere europäische Organisationen wie der Europarat, EFTA, die Benelux-Union oder der Nordische Rat drücken den Willen zur engeren zwischenstaatlichen Kooperation aus. Sie waren, zumindest in den Anfangsjahren Mitte des vergangenen Jahrhunderts, auch politisch sehr bedeutsam. Sie alle haben sich aber mit dem Status einer Internationalen Organisation[2] zufrieden gegeben, während die Europäischen Gemeinschaften von Anfang an eine supranationale Hoheitsgewalt über die Mitgliedstaaten erhielten und auf eine „weitere und vertiefte Gemeinschaft"[3] zielten. Diese Besonderheit ist auch der Grund, warum wir in diesem Buch nur im ersten Kapitel umfassend auf die europäischen Kooperationsbemühungen eingehen und uns anschließend auf die Europäischen Gemeinschaften (EG) bzw. die Europäische Union (EU) konzentrieren.

---

1 Dieses Buch ist von Politikwissenschaftlern geschrieben und bietet deshalb im wesentlichen eine politikwissenschaftliche Sicht.

2 Wenn wir „Internationale Organisation" (IO) mit großem I schreiben ist damit ein bestimmter Organisationstyp, nämlich die institutionalisierte Kooperation zwischen Staaten, gemeint.

3 Präambel des Vertrages über die Gründung der Europäischen Gemeinschaft für Kohle und Stahl (EGKS; weiterhin als EGKS-V zitiert), beschlossen 1951.

1.1 Der Untersuchungsgegenstand: „Gemeinschaftsbildung"

Besonderheiten
der EU und der
Integration Unser Untersuchungsgegenstand macht es dem Beobachter schwer, ihn zu erschließen:

- er ist im Verlaufe der Zeit steten Änderungen unterworfen;
- mit ihm und durch ihn verändert sich auch seine Umwelt; er ist international einmalig und höchst komplex;
- Gemeinschaftsbildung umfasst zwei Phänomene in einer Gestalt: die Veränderung der Beziehungen zwischen Staaten sowie ein politisches System, in dem regiert wird.

Stetigkeit der Veränderung: Unter der Oberfläche von Kontinuität zeigen sich erhebliche Veränderungen. Konstant geblieben ist die Bereitschaft zur Integration und – bezogen auf die EG/EU[4] – die institutionelle Grundstruktur der Zusammenarbeit. Aber der Antrieb für die Integration und der Kreis der Mitglieder haben sich ebenso sprunghaft verändert wie der Umfang der Tätigkeiten und die Verfasstheit des Systems.

Veränderung der Umwelt: Im internationalen Bereich haben wir es mit den Wechselprozessen von europäischer Integration und Globalisierung zu tun. Im Innenverhältnis dreht es sich um die „Europäisierung" nationaler Politik und eine grundlegende Veränderung von Staatlichkeit, die es fraglich erscheinen lässt, ob unsere gewohnten Organisationsformen von Demokratie noch aufrecht erhalten werden können.

Einmaligkeit und Komplexität: Zwar gibt es inzwischen in verschiedenen Teilen der Welt regionale Zusammenschlüsse[5], doch keiner davon ist über den Status einer Internationalen Organisation (IO) hinausgekommen. Die Supranationalität, d.h. insbesondere der Vorrang des Gemeinschaftsrechts über das Recht der Mitgliedstaaten, ist das besondere Kennzeichen der EG. Sie ist damit grundsätzlich anders als eine IO, aber sie ist auch kein Staat, denn die Zuweisung von Rechtsetzungskompetenz ist immer noch in der Hand der Mitgliedstaaten. Daher rührt ihre Bezeichnung als ein System „sui generis".[6] Diese Besonderheit bedeutet aber nicht, dass ein Vergleich mit anderen IO oder auch mit Staaten nicht wissenschaftlich ergiebig sein kann. Ähnliches gilt für ihre Komplexität. Sie sollte geradezu dazu ermuntern, möglichst einfache Beschreibungs- und Erklärungsmodelle zu finden, die entweder aus anderen Forschungsgebieten importiert oder Neuerfindung sein können.

Zweidimensionalität: Wir haben es mit Integration als Prozess und als Zustand zu tun. Integration ist zum einen die „Schaffung einer immer engeren Union der Völker Europas", wie es inzwischen in der Präambel zum EU-Vertrag (EU-V)[7] heißt. Mit dieser Dimension befasst sich die Lehre der Internationalen

---

4   Wenn der Gesamtzeitraum von der Gründung der ersten Europäischen Gemeinschaft bis zur heutigen Zeit angesprochen wird, werden die Abkürzungen sowohl für die Europäischen Gemeinschaften (EG) als auch für die Europäische Union (EU) gewählt.

5   Zu nennen wären z.B. für Afrika AU, Asien ASEAN, Südamerika Mercosur, Nordamerika NAFTA, den Pazifikraum APEC, etc. vgl. Fischer-Weltalmanach (jeweils aktuelle Auflage).

6   „Sui generis", lat. für „eigene Art".

7   Wenn nichts anderes vermerkt ist, so beziehen sich die Angaben zum EU Vertrag (EU-V) und zum EG Vertrag (EG-V) auf die seit 2003 geltenden Verträge, die in der Regierungskonferenz von Nizza (2000) beschlossen wurden.

Beziehungen. Sie versucht zu beschreiben und zu erklären, wie und warum vormals unabhängige Staaten sich zu einem immer engeren Verbund zusammenschließen. Gegenstand ihrer Untersuchung ist somit die Transformation des europäischen Staatensystems. Integration als Zustand[8] ist im politischen System der EU verkörpert; mit ihm befasst sich die Vergleichende Regierungslehre.[9] Sie interessiert sich für die politischen Willensbildungs- und Entscheidungsprozesse der EU, die Funktionsweise ihrer Institutionen, ihre Leistungsfähigkeit und ihre Legitimität. Zunehmend hat auch die Politikfeldanalyse (Policy-Forschung), die sich mit den Inhalten der europäischen Politik befasst, die EU für sich entdeckt.

Mit anderen Worten, unser Untersuchungsgegenstand hat mehrere Gesichter. Verschiedene Teildisziplinen der Politikwissenschaft versuchen jeweils aus ihrer eigenen Perspektive ein Profil zu zeichnen. Das Ergebnis ist eine Vielfalt von Darstellungen, die sich nicht leicht zu einem Gesamtbild zusammenfügen lassen. Die Bemühungen, ein klares Bild zu zeichnen, haben meist dazu geführt, dass man sich nur eine Perspektive zu eigen macht: Entweder steht die Integration als Prozess im Mittelpunkt oder das europäische politische System. Bei einigen Gesamtdarstellungen kann man schon am Titel ablesen, welcher Kategorie sie zuzuordnen sind: „The Choice for Europe" (Moravcsik 1998)[10] befasst sich mit dem Integrationsprozess, „Policy Making in the European Union" (Wallace/Wallace 2000) oder „The Political System of the European Union" (Hix 1999) mit dem Ordnungssystem der EU.[11] Die Mehrzahl der deutschen Einführungen bleibt zwar ebenfalls bei der Trennung, versammelt die unterschiedlichen Perspektiven aber meist in einem Buch. Einem Kapitel über die Entwicklung der europäischen Integration folgt die Analyse der institutionellen Struktur und der einzelnen Tätigkeitsfelder (Beutler u.a. 2001).[12] Häufig wird dabei implizit von einer Unterteilung in „Geschichte" und „Gegenwart" ausgegangen, bei der nur die Integration als historischer Prozess und das politische System als quasi statisches Phänomen der Gegenwart gesehen wird.[13]

---

8   Um Verwirrungen durch dieses doppelte Begriffsbedeutung zu vermeiden, wird in diesem Buch der Begriff Integration nur für den Prozess verwandt.

9   Einschränkend muss allerdings bemerkt werden, dass das politische System der EU meistens aber gerade nicht in vergleichender Perspektive erforscht wird, sondern von seiner Unvergleichlichkeit ausgegangen wird und man es sozusagen als Solitär betrachtet. Der traditionelle Begriff der „Vergleichenden Regierungslehre" soll hier synonym mit dem Begriff der „Vergleichenden Systemlehre" gebraucht werden, d.h. Untersuchungsgegenstand „ist das politische System als Ganzes und in seinen Teilen, die horizontal und vertikal gegliederten staatlichen Einheiten und der vorpolitische gesellschaftliche Raum (Parteien, Verbände, etc.)" (Nohlen 1991: 752).

10   Der Untertitel „Social purpose and state power from Messina to Maastricht" gibt die Zeitspanne an, nämlich von 1955 bis 1991.

11   Eindeutig ist auch „Decision-making in the European Union" (Peterson/Bomberg 1999) oder „The Institutions of the European Union" (Peterson/Shackleton 2002). Diese Titel haben wir bewusst herausgegriffen, weil sie aus unserer Sicht die besten Einführungen in das Thema sind. Ferner ist Richardson 2002 zu nennen.

12   Die Einführung von Beutler u.a. (2001) ist von Rechtswissenschaftlern geschrieben, für Politikwissenschaftler aber eine wichtige und gut zu lesende Lektüre; denn die EG ist im wesentlichen eine Rechtsgemeinschaft und die Funktionsweise des Rechts ist zu ihrem Verständnis unerlässlich.

13   Vgl. z.B. Pfetsch (1997), Thiel (1998), Woyke (1998) und List (1999). Als neuste Einführung ist das Buch von Tömmel 2003 zu nennen. Unter den englischen Einführungen folgen Archer/Butler (1996), McCormick (1996, 1999) und Dinan (1999) diesem Muster.

Wir halten *erstens* die Trennung nach politikwissenschaftlichen Teildisziplinen für problematisch, weil wir davon ausgehen, dass die Funktionsweise des europäischen Politischen Systems nicht unabhängig vom Prozess der Transformation der Staatenwelt zu verstehen ist. *Zweitens* halten wir die Gliederung nach „historischen Grundlagen der europäischen Integration" und „Europäische Union"
analytisch und didaktisch für riskant. Eine solche Vorgehensweise suggeriert,
dass Integration eine Angelegenheit der Vergangenheit sei, während aus unserer
Sicht die Untersuchung der gegenwärtigen Integrationsdynamik und deren Zukunft besonders vielversprechend ist. Ebenso wenig halten wir es für angemessen, die Vergangenheit des Politischen Systems zu vernachlässigen, weil frühere
institutionelle Weichenstellungen für seine heutige Erscheinungsform wichtig
sind. Wenn man die Integration lediglich als historischen Prozess hin zur heutigen Union darstellt, riskiert man vor allem, dass dem Leser der Perspektivwech-
sel und damit die Unterschiedlichkeit in der Fragestellung und in den jeweiligen
theoretischen Grundannahmen nicht deutlich wird. *Drittens* ist die Verbannung
der Integrationstheorie in ein gesondertes Kapitel aus unserer Sicht unbefriedigend. Zum einen werden häufig nur die sogenannten „Integrationstheorien" vorgestellt und es wird dabei versäumt darauf hinzuweisen, dass diese den Transformationsprozess nicht aber das Funktionieren des bestehenden politischen Systems zu
erklären suchen. Zum anderen lässt die abstrakte Darstellung den Leser allein, wenn
er die Theorie für eine empirische Analyse nutzbar machen möchte. Der schwierigen Aufgabe einer Verknüpfung von Theorie und Empirie entziehen sich viele Autoren, indem sie ihre Geschichte „naiv", d.h. nach dem Motto „Fakten sprechen für
sich"[14], erzählen und keine Brücke zu ihrem Theorienkapitel schlagen.

In diesem Buch möchten wir genau diese Schwachpunkte anderer Einführungen vermeiden. Wir werden aus dem reichhaltigen Angebot der Theorien eine
breite Palette auswählen, die entweder zur Erklärung von Integration oder auch
der systemischen Eigenschaften der EU herangezogen werden können. Diese
Theorien werden wir immer in Verbindung mit einer konkreten Forschungsfrage
vorstellen und – unterschiedlich ausführlich – zeigen, wie sie für ein empirisches
Untersuchungsdesign nutzbar gemacht werden können. Integration ist für uns
kein Kapitel der Vergangenheit, sondern ein zukunftsoffenes, spannendes Unternehmen. Vor allem möchten wir die Herausforderung annehmen, die Interdependenz zwischen Integration, Verfasstheit des Systems und dessen Leistungsfähigkeit und Problematik aufzuzeigen. Wir wollen deutlich machen, dass der Wille
zur Zusammenarbeit zu einem supranationalen Verfassungssystem geführt hat,
dessen politische Struktur und Funktionsweise man nur begreifen kann, wenn
man weiß, aus welchen Interessen heraus, mit welchen Leitideen und Ressourcen
und unter welchen externen Restriktionen dieses Ziel verfolgt wurde. Wir wollen
aufzeigen, dass das politische System gleichzeitig Effekte produziert, die zu einer
Verschiebung von Interessen führen, neue Handlungsrestriktionen schaffen und
Reformen des Systems nur noch in vorgegebenen Bahnen[15] zulassen. Besonders
folgenreich ist, dass das politische System der EU nicht außerhalb seiner Mit-

---

Wir empfehlen, eine Reihe von Einführungen einmal in die Hand zu nehmen und die Logik des Aufbaus anhand der Gliederung nachzuvollziehen.

14   Wer mehr über das wissenschaftstheoretische Vorverständnis des „naiven" Empirismus und
dessen Kritik wissen möchte, sei auf Hughes/Martin/Sharrock (1997: 24-75) verwiesen.

15   In der Fachsprache als „Pfadabhängigkeit" bezeichnet.

gliedstaaten angesiedelt ist, sondern diese in ein „Mehrebenensystem"[16] eingebunden sind. Gerade aus dieser Einbindung ergeben sich für die Mitgliedstaaten
neue Handlungsanreize und -zwänge, die diese wiederum zu neuen Initiativen der
Integration und institutionellen Veränderungen des europäischen Systems veran-
lassen. Die Besonderheit der EU kann man am besten mit der Bezeichnung des
„dynamischen Mehrebenensystems" auf den Begriff bringen (Kohler-
Koch/Jachtenfuchs 1996: 540-541).

1.2 Lernziel und didaktisches Programm

Das Ziel selbstbestimmten Lernens ist einfach formuliert, aber schwer umzuset-   Didaktische Aspekte
zen. Ziel ist, die Fähigkeit zu erwerben, den eigenen Erkenntnisprozess selbst zu
steuern. Er beginnt mit der selbstkritischen Prüfung, warum man sich mit einem
Gegenstand auseinandersetzt: Aus welchen Gründen scheint es der Mühe wert,
mehr über die Integration oder das europäische Mehrebenensystem zu wissen? Ist
es ein exemplarischer Fall, um eine allgemeine Entwicklung besser zu begreifen?
So könnte die EU als Fall genommen werden, um mehr über die Bedingungen
des Regierens in vernetzten Systemen zu erfahren. Oder beinhaltet die EU eine
besondere Problematik, die man nur bei eingehender Analyse erschließen kann?
Beispielsweise ist es höchst umstritten und nicht einfach zu diagnostizieren, ob
die Vertiefung der Wirtschafts- und Währungsunion nun mit einem Sozialabbau
oder einer Wohlfahrtssteigerung verbunden ist. Die Klärung des eigenen Er-
kenntnisinteresses führt zu gezielten Fragen und ist der erste notwendige Schritt
zu einem kritischen Umgang mit einem Buch.

Ein wissenschaftliches Buch erhebt nicht den Anspruch Wahrheiten zu vermitteln, sondern intersubjektiv nachvollziehbar einen Gegenstand zu beschreiben
und Wirkungszusammenhänge aufzuzeigen. Keine Darstellung und keine Theorie
kann den Anspruch erheben, „objektiv" zu sein. Sowohl die Präsentation historischer Fakten zum Integrationsprozess als auch die Erklärungsangebote, z.B. für
den Ausbau der europäischen Sicherheitspolitik, sind selektiv. Die Geschichte
lässt sich nicht in all ihren vielfältigen Einzelheiten und zahlreichen Zusammenhängen reproduzieren. Ebenso wenig kann man in einem Buch all die unterschiedlichen theoretischen Sichtweise berücksichtigen, die man zur Erklärung eines Sachverhaltes heranziehen könnte. Also sollte die kritische Prüfung darauf
gerichtet sein, ob ein Text den Anspruch der Wissenschaftlichkeit erfüllt, d.h. ob
es „intersubjektiv nachvollziehbar" ist.

Die erste wichtige Frage ist, ob eine Beschreibung oder auch eine Analyse
geboten wird. Wenn es um Beschreibung geht, ist zu fragen, ob sie naiv oder reflektiert ist, d.h. wird offen gelegt, unter welchen Gesichtspunkten die dargebote-
ne Information ausgesucht wurde? Wenn ein analytischer Anspruch erhoben
wird: wird gesagt und begründet, welche Problematik das Buch aufgreift? Ist die
Fragestellung und der Analyseprozess so nachvollziehbar, dass man als Leser
weiß, wie die Antworten zustande gekommen sind? Sind die Prämissen der Analyse theoretisch begründet? Nur wenn ein Text dieser kritischen Prüfung stand-
hält, kann man Distanz zu der Meinung eines Autors halten. Ein solcher Text

---

16   Zum Begriff des „Mehrebenensystems" vgl. Kap. 9.

führt den Leser, aber verführt ihn nicht, denn jeder Schritt auf dem Weg zur Erkenntnis ist nachprüfbar.

Selbstbestimmtes Lernen sollte über den kritischen Umgang mit Texten noch hinaus gehen. Wir möchten, dass unser Buch die Grundlage zur eigenen wissenschaftlichen Forschung legt. Theorien und Methoden sind der Schlüssel dazu.

Um dem Ziel des selbstbestimmten Lernens näher zu kommen, haben wir uns vorgenommen Darstellung und Analyse so aufzubereiten, dass der Text zu einem kritischen Studium einlädt. Deswegen werden konkurrierende Theorien und Methoden nicht nur vorgestellt, sondern ihre Umsetzung in der empirischen Forschung exemplarisch veranschaulicht.

Diese Überlegungen haben die Auswahl der Inhalte und die Art ihrer Präsentation bestimmt. Wir haben uns von vier Prinzipien leiten lassen:

Transparenz: Nicht nur was (Auswahl), sondern auch unter welchem Gesichtspunkt (theoriegeleitete Fragestellung) und wie (Analyseansatz, methodisches Vorgehen) die einzelnen Themen behandelt werden, wird offen gelegt.

Exemplarisches Vorgehen: Wir haben der intensiven Bearbeitung ausgesuchter Themenfelder den Vorzug vor einer flächendeckenden Behandlung des Untersuchungsgegenstandes gegeben.

Theoriegeleitete Analyse: Der Leser soll mit möglichst vielen Theorien, die in der Forschung zur europäischen Integration und zum europäischen System herangezogen werden, vertraut gemacht werden. Diese werden jedoch nicht abstrakt vorgestellt, sondern auf konkrete Fälle angewandt.[17]

Problematisierung: Um nicht dem Schein der Objektivität wissenschaftlicher Darstellungen zu erliegen, wird immer wieder aufgezeigt, wie eine Analyse unter anderen theoretischen Annahmen auch zu anderen Ergebnissen kommt.

1.3 Themenschwerpunkte und Perspektiven

Themen Fünf Themenkomplexe werden in unserem Buch behandelt, die jeweils unterschiedliche – aus unserer Sicht wichtige – Problematiken aufgreifen und sie empirisch und theoretisch bearbeiten:

Integrationsdynamik: In vier Kapiteln stellen wir die Frage nach den treibenden Kräften der (west)europäischen Integrationsdynamik.[18] Zunächst wird die manchem Leser bekannte Geschichte der europäischen Nachkriegsentwicklung in drei verschiedenen Versionen erzählt, um vorgefasste Meinungen zu erschüttern (Kap. 2). „Die Logik der Wirtschaftsintegration" (Kap. 3) arbeitet heraus, dass es kein Zufall war, dass die politische Zusammenarbeit über den Weg der wirtschaftlichen Kooperation gesucht wurde, und zeigt, dass Theorien nicht nur zur Erklärung taugen, sondern als Leitideen auch politische Relevanz gewinnen können. Ihre Dynamisierung durch den Binnenmarkt (Kap. 4) ist eine weitere wichtige Etappe der europäischen Wirtschaftsintegration. Welchen Kräften sie ihren

---

17 Zu beachten ist, dass dadurch nicht der Eindruck erweckt werden soll, dass gerade die jeweils ausgewählte Theorie am besten oder gar ausschließlich geeignet sei, einen bestimmten Gegenstand zu bearbeiten.

18 Parallel zu dieser Einführung wurde von Fabrice Larat eine „Histoire politique de l'intégration européenne" geschrieben, die durch eine Sammlung der wichtigsten Dokumente ergänzt wird. Sie erscheint 2003 in deutscher Übersetzung (Larat 2003).

Erfolg verdankt, ist umstritten und bietet sich somit als ein aufschlussreiches Lehrstück für Theorienkonkurrenz an. Die Wirtschafts- und Währungsunion (Kap. 5) hat zwei Anläufe gebraucht, um zu gelingen. An ihrem Beispiel wird vorgeführt, wie eine generelle theoretische Erklärung operationalisiert und methodisch umgesetzt wird, um die Gültigkeit der allgemeinen Aussagen für den konkreten Fall zu prüfen.

Die EU als politisches System: Der Erfolg der europäischen Kooperation liegt nicht zuletzt darin, dass die zwischenstaatliche Zusammenarbeit institutionell abgesichert wurde. Dabei ist es vor allem interessant zu erfahren, wie das Spannungsverhältnis zwischen dem Partikularinteresse der Mitgliedstaaten und dem Wunsch nach kollektiver Handlungsfähigkeit institutionell ausbalanciert wurde (Kap. 6). Lange Zeit galt die Gemeinschaft als reines Wirtschaftsunternehmen. Inzwischen ruht sie auf drei Säulen, d.h. die Wirtschaftsgemeinschaft wurde um die Außen- und Sicherheitspolitik (2. Säule) und die Innen- und Justizpolitik (3. Säule) ergänzt. Die raschen Fortschritte auf dem Gebiet der inneren Sicherheit werden offiziell rein funktionalistisch, nämlich als effektive Antwort auf ein gemeinsames Problem, erklärt. Das reizt dazu, nach alternativen Erklärungsmustern zu suchen und auch die Europäische Grundrechtscharta kritisch zu überprüfen (Kap. 7).

Transformation des Regierens und der Politik: Wie sich durch die Verlagerung von Kompetenzen nach Brüssel die Qualität der Politik verändert, lässt sich generell schwer beurteilen. Eine viel diskutierte These ist die strukturelle Asymmetrie zwischen Markt und Staat im Aufbau der Europäischen Gemeinschaften. Sie beinhaltet die Aussage, dass aus strukturellen Gründen die Wahrnehmung öffentlicher Aufgaben auf rein regulative Politik beschränkt sei und den marktschaffenden Maßnahmen Vorrang vor den marktregulierenden Eingriffen gegeben werde. Der Aufstieg der regulativen Politik und die Wahrscheinlichkeit eines Abbaus ökologischer und sozialer Standards zugunsten eines ungehinderten Wettbewerbs werden empirisch und theoretisch erörtert (Kap. 8). Das Handeln der EU greift tief in die Politik der Mitgliedstaaten ein, sie verändert die Art des Regierens und die Inhalte ihrer Politik (Kap. 9). Der paradoxe Befund ist, dass die nationalen Akteure nicht nur Autonomie verlieren, sondern auch Autonomie gewinnen. Wir zeigen, wie aus empirischer Forschung eine generelle These entwickelt wurde, die dann durch weitere Untersuchungen wieder überprüft wird. Die Frage nach der „Transformation des Regierens" wird dagegen nicht auf dem Weg der Induktion, sondern der Deduktion beantwortet. Ausgangspunkt ist die These, dass „Regieren ohne Regierung" in einem heterogenen Verbund zu einer ganz besonderen Form des Regierens führt. Für die Mitgliedstaaten entstehen daraus unterschiedliche Reibungsverluste und Anpassungszwänge. Schrittweise wird gezeigt, wie die theoretischen Annahmen operationalisiert und in ein Analyseraster für empirische Forschung umgesetzt werden können.

Normative Beurteilung europäischen Regierens: Es erscheint uns wichtig, dass die Frage nach den faktischen Veränderungen um die Frage nach der normativen Qualität des europäischen Regierens ergänzt wird. Da zunehmend politisch verbindliche Entscheidungen auf internationaler Ebene getroffen werden, ist die Frage nach der Legitimität internationalen Regierens von grundsätzlicher Bedeutung. Es besteht weitgehender Konsens, dass Legitimität ein Wert an sich und überdies für die Stabilität politischer Herrschaft unerlässlich ist. Was unter Legitimität zu verstehen ist und auf welche Weise sie institutionell gesichert werden kann, ist jedoch höchst umstritten. Wir stellen zum einen das theoretische Konzept der „empirischen Legitimität" vor, das nach der Unterstützungsbereitschaft der Bürger fragt und befassen uns mit den methodischen Problemen der Messung und den empirischen Befunden. Zum anderen nehmen wir die vor dem Hintergrund der normativen Demokratietheorie geführte Diskussion um das „Demokratiedefizit" der EU auf und untersuchen, ob die EU über den Ausbau der Rechte des Europäischen Parlamentes oder durch alternative Strategien demokratisiert werden kann (Kap. 10). Neben politischen Wahlen ist eine funktionierende und ausgewogene Interessensvermittlung wichtig für die demokratische Qualität eines politischen Systems. Es wird gezeigt, wie durch theoriegeleitete, systematisch angelegte Fallstudien und Befragungen strukturelle Ungleichgewichte in der Repräsentation von Wirtschafts- und Bürgerinteressen aufgedeckt werden können (Kap. 11).

Die EU im Weltsystem: Üblicherweise fragt man lediglich nach der Rolle der EU als Akteur auf der internationalen Bühne. Dabei wird übersehen, dass die EU selbst in eine internationale Ordnung eingebunden ist und auf konkurrierende Internationale Organisationen Rücksicht nehmen muss. Die Interdependenz hat weitreichende Folgen: Die EG muss in ihrer Außenwirtschaftspolitik nicht nur die Vorschriften der Welthandelsorganisation (WTO) beachten, sondern passt sich auch in ihrer institutionellen Entwicklung den Verfahren der WTO an (Kap. 12). In ähnlicher Weise wird der Ausbau der Außen- und Sicherheitspolitik der EU von ihrem Verhältnis zur NATO geprägt. Konkurrierende theoretische Erklärungsangebote werden herangezogen, um die zeitliche Dynamik und die besondere institutionelle Ausgestaltung dieser zweiten Säule der EU plausibel zu machen (Kap. 13). Die Osterweiterung der EU wie auch ihre Beziehungen zu weiteren Nachbarregionen zeigt die Pfadabhängigkeit europäischer Politik. Man griff auf eine bewährte Strategie zurück, nämlich durch die Einbindung und institutionalisierte Kooperation die politische und wirtschaftliche Stabilität des eigenen Umfeldes zu sichern (Kap. 14).

Es liegt in der Logik der inhaltlichen und didaktischen Anlage unseres Buches, dass wir auf ein abschließendes Fazit verzichten. Wir bieten nicht unser Resümee der europäischen Integration, sondern verweisen auf die Themengebiete, Fragestellungen und Theorieentwicklungen, die gegenwärtig im Mittelpunkt der wissenschaftlichen Diskussion stehen (Kap. 15).

Was in diesem Buch fehlt, ist die Darstellung der Inhalte der EU-Politik. Die EU nimmt inzwischen eine breite Palette öffentlicher Aufgaben wahr, die von der Agrarpolitik bis zur Zollpolitik reichen. Wer sich hier einen Überblick verschaffen möchte bzw. die zeitlichen Entwicklungen einzelner Politiken verfolgen möchte, sei auf „Europa von A bis Z" (Weidenfeld/Wessels 2002) bzw. das jährlich erscheinende „Jahrbuch der Europäischen Integration" (Weidenfeld/Wessels 1981ff.) und die Internetseiten der EU und der Bundesregierung (http://www.europa.eu.int; http://www.bundesregierung.de) verwiesen.[19]

---

19 Wer auf Informationen zur europäischen Integration aus dem Internet zugreifen möchte, sei auf die Linksammlung in „Europa von A-Z" (Weidenfeld/Wessels 2002) sowie das Europäische Dokumentationszentrum in Mannheim (http://www.uni-mannheim.de/edz/) verwiesen. Ebenfalls hilfreich ist das Portal von E*RPA* (European Research Papers Archive), das Zugriff zu einer Fülle von online Angeboten im Feld der Europäischen Integrationsforschung bietet – darunter Papiere des MZES, EIoP, etc. (http://eiop.or.at/erpa/erpaframe.html). Innerhalb der folgenden Kapitel werden ebenfalls auf die jeweilige Thematik bezogene Internetadressen angegeben.

2 Integration – Ein neues Kapitel in der europäischen Geschichte

2.1 Einführung: Zeitenwende

Die Unterschiede könnten nicht deutlicher ausfallen: Die Geschichte Europas ist in der ersten Hälfte des 20. Jahrhunderts von politischer und sozialer Instabilität, von zwischenstaatlicher Konfrontation und Kriegen und von Missachtung des Rechts und Rückgriff auf Gewalt geprägt (Hobsbawm 1995). Perioden der wirtschaftlichen Prosperität waren kurz und trügerisch. Versuche des zwischenstaatlichen Ausgleichs spärlich und letztendlich nicht erfolgreich. Politische Umbrüche veränderten die Mehrzahl der europäischen Staaten tiefgreifend. Monarchisch-autoritäre Systeme wurden in Demokratien umgeformt und diese wieder vom Faschismus verdrängt. Revolution und politische Unruhen erschütterten viele Teile Europas. Inflationen und die Weltwirtschaftskrise schufen Massenelend. Die Politik des Gegeneinanders wurde vom Streit um Macht und Territorien, um ideologische Vorherrschaft und nationale Größe genährt. Die Politik der Abgrenzung und der Geist des Wettkampfes herrschte selbst zwischen Staaten, deren Regime eine enge Geistesverwandtschaft aufwiesen wie die faschistischen Herrschaftssysteme. Zwischenstaatliche Konflikte, wie die deutsch-französische Erbfeindschaft, wurden zum Mythos. Der Kampf um Revision bzw. Zementierung der neu geschaffenen Verhältnisse schuf zusätzliche Konflikte. So war im Kampf gegen „das Diktat von Versailles"[19] jedes Mittel recht. Vertragsverletzungen und selbst der Rückgriff auf militärische Gewalt wurden seitens einiger Staaten als legitimes Mittel der Politik propagiert.

Die beiden Hälften des 20. Jahrhunderts

Die zweite Hälfte des 20. Jahrhunderts ist ein Kontrastprogramm. Europa wurde zwar in zwei feindliche Lager geteilt, doch der „Kalte Krieg" eskalierte nie zu militärischen Auseinandersetzungen in Europa. Politische und soziale Stabilität sind die vorherrschenden Charakteristika vor allem im westlichen Europa. Die Studentenunruhen Ende der 60er Jahre wurden rasch gesellschaftlich absorbiert und mündeten in friedliche Veränderungsprozesse. Im europäischen Osten wurden soziale und politische Massenproteste (1953 in der Deutschen Demokratischen Republik, 1956 in Polen und Ungarn, 1968 in der Tschechoslowakei) mit militärischer Gewalt niedergeschlagen. Stabilität wurde teils durch Oppression, teils aber auch wie im Westen durch steigende Wohlfahrt erzeugt. Für beide Teile Europas gilt, dass abgesehen von der Trennungslinie des Ost-West-Konfliktes nicht Abgrenzung, sondern Verflechtung und Integration politische Priorität hatten. Zwischenstaatliche Beziehungen wurden in ein dichtes Netz multilateraler Kooperation eingebunden und durch gemeinsame Institutionen geregelt.

---

19 In Versailles wurden die Friedensverhandlungen des 1. Weltkrieges geführt, die dem Deutschen Reich die alleinige Kriegsschuld zusprachen und Reparationen wie Gebietsabtretungen auferlegten.

Überstaatliches Recht wurde vor allem vom Europarat und den Europäischen Gemeinschaften geschaffen. Wohlfahrt, Stabilität und die Geltung des Rechts sind, zumindest für die Staaten Westeuropas, die prägenden Merkmale der Epoche nach dem 2. Weltkrieg. Wie ist dieser Übergang in ein neues geschichtliches Kapitel in Europa nun am besten zu beschreiben und zu erklären?

2.2 Geschichte der europäischen Integration

Die Blinden und der Elefant

Zu Beginn dieses Buches sollen Geschichten über die Geschichte erzählt werden. Wie lehrreich Geschichten sein können, hat Puchala (1971) gezeigt. Seine Geschichte vom Elefanten und den Blinden[20] geistert noch heute durch die integrationswissenschaftliche Literatur. Sie ist zur Metapher für die Schwierigkeit geworden, die europäische Integration zu begreifen:

Einige Blinde begegnen einem Elefanten. Jeder befühlt ihn, um zu begreifen wie dieses Tier aussieht. Der eine ertastet den Rüssel und schließt daraus, dass es groß und schlank sein müsse; ein anderer befühlt ein Ohr und stellt sich eine flache und dünne Gestalt vor. Jeder hat sorgfältig das Studienobjekt untersucht und doch kommt jeder zu einem anderen Schluss. Jeder hat genug empirische Evidenz gesammelt, um den Beschreibungen der anderen zu widersprechen und damit eine lebhafte Debatte über die Natur des Tieres zu entfachen. Doch die Beschreibungen erfassen weder einzeln noch in ihrer Addition die gesamte Gestalt des Elefanten.

Die Lehre aus der Erzählung ist, dass die Erkenntnis über einen Gegenstand davon abhängt, wie man sich ihm nähert. Jede Herangehensweise ist selektiv und erfasst nur einen Teil des „Elefanten". Genau dieses Problem soll dem Leser im ersten Kapitel ins Bewusstsein gerufen werden. Es soll deutlich gemacht werden, dass jede Forschung von einem bestimmten Blickwinkel ausgeht und folglich die Beschreibungen und Erklärungen je nach Fragestellung und theoretischer Perspektive variieren. Als Beispiel wurde die Geschichte der europäischen Integration gewählt, weil gerade deren Darstellung in der Literatur so wenig kontrovers behandelt wird. Dabei hat sie vielerlei Facetten und kann auf höchst unterschiedliche Weise interpretiert werden. Im folgenden wird anhand von drei Erzählungen illustriert, wie sich das Verständnis der Integrationsgeschichte wandelt, wenn man sich ihr von verschiedenen Theorieperspektiven nähert.

Theorie und das Verständnis der Integrationsgeschichte

Die folgenden Überlegungen gehen von zwei Grundannahmen aus:

– Jeder Forschung liegt explizit oder implizit ein Erkenntnisinteresse zugrunde. Aus welchen tieferen Gründen nach Erkenntnis gestrebt wird, ist zwar gesellschaftlich vermittelt, gleichzeitig aber auch individuell geprägt.[21] Je nach Erkenntnisinteresse wird von unterschiedlichen Grundannahmen über die „Natur" gesellschaftlicher und politischer Zusammenhänge ausgegangen (Fundamentalprämissen), die selbst nicht mehr zum Gegenstand der theoretischen Reflexion und der empirischen Analyse gemacht werden. Gleichzeitig bein-

---

20 Der Titel lautete „Of Blind Men, Elephants and International Integration".
21 Habermas hat vor allem mit seiner Veröffentlichung über „Erkenntnis und Interesse" (1968) die Diskussion hierüber wesentlich beeinflusst; er unterscheidet ein praktisches, ein technisches und ein emanzipatorisches Erkenntnisinteresse.

haltet ein Erkenntnisinteresse meist, aber nicht zwingend, eine Präferenz für eine bestimmte Theorieperspektive. Diese Theoriewahl erfolgt leider oft unreflektiert und wenig explizit. Damit sind wichtige Ausgangspunkte der Forschung vorgegeben.

- Jede Beobachtung, jede Datenerhebung und alle daraus abgeleiteten Schlüsse sind durch Theorie gefiltert. Wissenschaftliches Arbeiten zeichnet sich dadurch aus, dass anders als in unserer Lebenspraxis die theoretischen Vorannahmen offengelegt und reflektiert werden. Je komplexer ein Untersuchungsgegenstand ist, desto offenkundiger ist die Notwendigkeit, Theorie geleitet zu arbeiten. Gerade die europäische Integration ist durch eine verwirrende Vielfalt von Akteuren, Prozessen und Strukturen gekennzeichnet. Ohne Ordnungs- und Erklärungsschemata ist eine systematische Auswahl der Information und damit die intellektuelle Bewältigung des Wahrgenommenen nicht möglich. Theorien geben einen Leitfaden, um die vorgefundene Komplexität zu reduzieren, zu ordnen und wesentliche Zusammenhänge zu entschlüsseln.
- Politikwissenschaft ist gekennzeichnet durch Vielfalt. Aus der komplexen Lebenswelt werden einzelne Zusammenhänge herausgeschnitten, die dann zum Gegenstand der Untersuchung gewählt werden. Die Untersuchung selbst kann unter sehr unterschiedlichen Fragestellungen erfolgen. In ihr spiegeln sich das jeweilige Erkenntnisinteresse und die Wahl der theoretischen Perspektive wider. Es gibt konkurrierende Theorieansätze, die den historischen Sachverhalt in unterschiedlicher Weise aufarbeiten und folglich zu unterschiedlichen Erklärungsangeboten führen. So kommt es, dass ein historisches Phänomen wie die Geschichte der europäischen Integration auf sehr verschiedene Weise interpretiert werden kann.

Zusammenfassend soll festgehalten werden, was unter Theorie zu verstehen ist und welche Funktion Theorien im Erkenntnisprozess erfüllen.

Kasten 2.1: Funktion von Theorien

„Formal sind Theorien Sätze von Aussagen, die in einem logischen Zusammenhang stehen und die beanspruchen, der Wirklichkeit in überprüfbarer oder nachvollziehbarer Weise strukturell zu entsprechen. Sie dienen einer wissenschaftlichen Untersuchung als analytischer Bezugsrahmen, ermöglichen eine begrifflich-systematische Ordnung der Daten und befähigen dazu, aus den gewonnen Ergebnissen Schlüsse zu ziehen. Theorien haben daher eine vierfache Funktion:

- eine Selektionsfunktion, d.h. die Aufgabe aus einer Vielzahl von Daten relevante Fakten auszuwählen;
- eine Ordnungsfunktion, d.h. die Aufgabe, perzipierte Realität zu strukturieren;
- eine Erklärungsfunktion, d.h. die Aufgabe, Schlüsse zu ziehen und Einsichten zu vermitteln;
- eine operative Funktion, d.h. die Aufgabe, die Anwendung von Wissen in Forschung und politischer Praxis zu ermöglichen" (Haftendorn 1977: 298).

Die in der Literatur dominierende empirisch-analytische Aufarbeitung der europäischen Integration ist überwiegend von einem Erkenntnisinteresse geprägt, das man unter Rückgriff auf die Begriffe von Habermas als „technisch" bezeichnen könnte. Es geht um eine abgesicherte Beurteilung der Vernünftigkeit der gewählten politischen Strategien und ihrer effizienten Umsetzung im Sinne einer angemessenen Ziel-Mittel Relation. Diese Feststellung ist nur eine Tendenzaussage; im konkreten Fall sollte immer geprüft werden unter welchem Erkenntnisinteresse ein vorliegender Text bearbeitet wurde.

Integration   Auch die Bestimmung des Untersuchungsgegenstandes ist keineswegs eindeutig. „Integration" ist ein schillernder Begriff. Er wird zur Beschreibung eines tatsächlichen Phänomens und zur Umschreibung einer normativen Zielgröße eingesetzt. Er wird auf einen Prozess und auf einen Zustand angewandt und es werden unterschiedliche Merkmale als konstitutiv, d.h. als unerlässliche Wesensmerkmale herangezogen. In diesem Buch wird „Integration" in folgender Weise definiert:

Kasten 2.2: Definition Integration

> Integration ist die „... friedliche und freiwillige Zusammenführung von Gesellschaften, Staaten und Volkswirtschaften über bislang bestehende nationale, verfassungspolitische und wirtschaftspolitische Grenzen hinweg" (Kohler-Koch/Schmidberger 1996: 152).

Wir verwenden in diesem Kapitel den Begriff „Integration" als Prozess, genauer als den Prozess der politischen Integration. Die Zusammenführung der Wirtschaften und die Aufhebung der Grenzen zwischen den Gesellschaften wird nur soweit berücksichtigt werden, wie es zum Verständnis der Integration der europäischen Staaten zu einem übergreifenden politischen Verbund beiträgt. Die Fragen richten sich auf

— die Gründe, aus denen heraus eine Zusammenführung angestrebt wurde,
— die Bedingungen, die diesem Unternehmen förderlich oder hinderlich waren,
— wichtige Akteure und dominierende Handlungsrationalitäten,
— die Art und Richtung der Entwicklung,
— und das Ausmaß der damit verbundenen Veränderungen.

Bei dieser Betrachtung geht es um die Frage nach der Transformation des regionalen Staatensystems. Folglich haben sich vor allem Autoren aus dem Bereich der „internationalen Beziehungen" mit ihr beschäftigt.

2.3 Drei Erzählungen zur Geschichte der europäischen Integration

Zur weiteren Abklärung des Untersuchungsgegenstandes muss darüber hinaus auch die inhaltliche, räumlich und zeitliche Abgrenzung angegeben werden: Erstens geht es inhaltlich um Integration als politisches Phänomen, zweitens erstreckt sich die Untersuchung auf das gesamte Europa und drittens auf die Zeit nach dem 2. Weltkrieg bis zum Ende des 20. Jahrhunderts. Im Mittelpunkt der Untersuchung steht die Frage warum und wie sich das Nebeneinander und sogar Gegeneinander von Staaten zu regionalen Integrationsverbünden entwickelt hat. Diese Geschichte ist vielfach erzählt worden.[22] Aufschlussreich ist, dass die gleiche Geschichte recht unterschiedlich erzählt wird. Um die Unterschiede deutlich herauszustellen und die ihnen jeweils zu Grunde liegende gedankliche Konstruk-

---

22 Vgl. z.B. die Arbeiten von Herbst (1986); Loth (1991); Urwin (1993, 1997).

tion offen zu legen, haben wir aus der Fülle der Literatur drei Erzählungen herausdestilliert:

1. Große Männer machen Politik
2. Das Spiegelbild des Ost-West-Konfliktes
3. Die Dominanz der Sachlogik

Jede einzelne dieser Erzählungen kann man auf eine zentrale These zurückführen: Das Bewegungsgesetz ist entweder erstens der politische Wille der Verantwortlichen, zweitens die strukturellen Zwänge des internationalen Systems oder drittens die in der Sache begründeten Handlungserfordernisse. Um die jeweilige Kernthese herum ist die gesamte Argumentation einer Erzählung aufgebaut. Schlaglichtartig werden unterschiedliche Ausschnitte der komplexen Wirklichkeit beleuchtet: (1) Die Taten – und sehr viel häufiger – die Reden großer Männer, (2) die Phasen der Verschärfung und Entspannung des Ost-West Konfliktes, (3) die Dynamik wirtschaftlicher Verflechtung und die strukturelle Verankerung von Souveränitätsvorbehalten (im Rechtssystem z.B.). Die Unterschiede in der inhaltlichen Aussage und in der methodischen Vorgehensweise kann man darauf zurückführen, dass jeweils

a) ein anderes Politikverständnis und
b) ein anderer Theorieansatz

zugrunde liegt. Gerade in den historischen Darstellungen bleiben Politikverständnis und Theorieansatz meist implizit, d.h. dem Leser wird nicht offengelegt, durch welche Brille die Welt gesehen wird. Die folgenden Ausführungen sollen dazu verhelfen, die versteckten Weichenstellungen einer Argumentation aus einem Text herauszulesen. Deshalb wird zunächst die Darstellung referiert und dann anschließend ihr Konstruktionsprinzip erörtert.

2.4 Große Männer machen Politik

Die Erzählungen kreisen um historische Leitfiguren. Keine Darstellung versäumt es, die Rolle von Churchill, de Gaulle, Monnet, Schuman, de Gaspari und Adenauer hervorzuheben. Zu den politischen Führern aus den Kernländern der Gemeinschaft gesellen sich später einflussreiche Präsidenten der Europäischen Kommission wie Hallstein und Delors. Jede Initiative wird einer Person zugeschrieben; die gesamte Entwicklung des Integrationsprozesses ist eine Abfolge von Aktionen. Die Gründungsjahre der europäischen Integration lesen sich dann wie folgt:[23]

Ein akteursbezogener Ansatz

> Die strategische Initiative von Schuman (Außenminister Frankreichs) führt zur Europäischen Gemeinschaft für Kohle und Stahl (EGKS). Adenauer (deutscher Bundeskanzler) leistete tatkräftige Mithilfe zur Einbindung der Bundesrepublik. Der Plan Pleven (französischer Premierminister) schlägt die Schaffung einer europäischen Armee vor. Der Kompromiss zur Schaffung der Europäischen Wirtschaftsgemeinschaft (EWG) und der Europäischen Atomgemeinschaft (EAG/EURATOM) ist möglich, weil sich Adenauer (Bundeskanzler) gegen Erhard (deutscher Wirtschaftsminister) durchsetzt und Mollet (französischer Ministerpräsident) über die Einbindung der

---

23 Zugrunde gelegt wurde Loth (1996: 137-140); um es dem Leser leichter zu machen, den Text nachzuvollziehen, wurde der Text zusammengefasst und auf eine wörtliche Wiedergabe verzichtet.

Deutschen die Selbstbehauptung der Europäer gegenüber den USA zu stärken hofft. Stalin (Generalsekretär der KPdSU und Ministerpräsident der Sowjetunion) legt sein Veto gegen die Föderationspläne Bulgariens und Jugoslawiens ein, danach konnten die Länder im sowjetischen Machtbereich nur noch an Zusammenschlüssen unter der Führung der Sowjetunion wie dem Rat für Gegenseitige Wirtschaftshilfe (RGW/ Comecon) und dem Militärbündnis des Warschauer Paktes teilnehmen (vgl. Loth 1996: 137-140).

Die Beweggründe der Akteure sind politischer Natur; es geht darum die oft schwierige Balance zwischen nationaler Selbstbehauptung und regionaler Integration zu finden. Letztere resultiert nach Wilfried Loth aus drei Bedürfnissen:

- „dem Bedürfnis nach Schaffung größerer Wirtschaftsräume, die dem Produktivitätsfortschritt Rechnung trugen und damit einer Überwindung der Folgen der Weltwirtschaftskrise und des Krieges überhaupt erst ermöglichten;
- dem Bedürfnis nach Selbstbehauptung der geschwächten, europäischen Nationalstaaten gegenüber den neuen Weltmächten USA und Sowjetunion;
- und dem Bedürfnis, ja der Notwendigkeit, einen Integrationsrahmen für die Deutschen zu schaffen, der sie dauerhafter Kontrolle unterstellte, ohne zugleich abermaligen deutschen Revanchismus zu provozieren" (Loth 1996: 137).

Staatsmänner tauchen in den Bestandsaufnahmen zur Integrationsgeschichte aber nicht nur als Entscheidungsträger, sondern auch als einflussreiche Ideengeber auf.[24] Gerade wenn es um die Aufarbeitung der inhaltlichen Konzeptionen geht, rücken die partikularen Interessen in den Hintergrund und die Orientierung an Ideen und übergeordneten Werten wird deutlich hervorgehoben. Es wird an die lange Geschichte der europäischen Idee erinnert, an ihre Bedeutung in den Widerstandsbewegungen im 2. Weltkrieg und den großen Nachhall, den die Europäische Bewegung in der Öffentlichkeit der unmittelbaren Nachkriegszeit fand.[25] Hierzu zwei weitere Beispiele.

In der viel zitierten Rede des im zweiten Weltkrieg zu hohem Ansehen gelangten früheren britischen Premiers, Winston Churchill, sind die Leitgedanken der europäischen Idee zusammengefasst:

„What is this sovereign remedy? It is to recreate the European Family or as much of it as we can, and provide it with a structure under which we can dwell in peace, in safety and in freedom. We must build a kind of United States of Europe ...

The League of Nations did not fail because of its principles or conceptions. It failed because these principles were deserted by those states who had brought it into being. It failed because the governments of those days feared to face the facts, and act while time remained. This disaster must not be repeated ...

Germany must be deprived of the power to rearm and make another aggressive war. But when all this has been done, as it will be done, as it is being done, there must be an end to retribution ...

---

24 So räumt Derek W. Urwin wie viele andere Historiker der Zürich Rede von Churchill 1946 einen breiten Platz ein und beurteilt sie als „his most significant review of the question since losing the premiership. It helped spur federalists to greater efforts, stimulated existing bodies to increase their activities, and inspired the creation of new organisations" (Urwin 1997: 74).

25 Einen breiten Widerhall fand der – unter der aktiven Mitwirkung des abgewählten britischen Premiers Churchill und der kritischen Beobachtung der amtierenden Labour Regierung – vom Internationalen Komitee der Europäischen Einigungsbewegung ausgerichtete Haager Kongress im Jahr 1948.

I am now going to say something that will astonish you. The first step in the recreation of the European family must be a partnership between France and Germany ... The structure of the United States of Europe, if well and truly built, will be such as to make the material strength of a single state less important ... Under and within that world concept we must recreate the European family in a regional structure called, it may be, the United States of Europe. The first step is to form a Council of Europe ..." (Churchill 1946, abgedruckt in Nelsen/Stubb 1994).

Kasten 2.3: Europarat

Der hier angesprochene Europarat (Council of Europe) wurde als erste politische Organisation 1949 mit dem Ziel gegründet, Einheit und Zusammenarbeit in Europa zu fördern. Der Europarat ist eine eigenständige internationale Organisation. Seine Mitglieder haben sich auf eine enge, aber rein zwischenstaatliche Zusammenarbeit verpflichtet. Am meisten Bedeutung hat der Europarat durch seine Arbeiten zur Wahrung der Menschenrechte erlangt. In seinem Rahmen wurden die Europäische Menschenrechtskonvention (1950) und die europäische Sozialcharta (1965) erarbeitet. Der Europarat hat seinen Sitz in Strassburg; aufgrund der Namensähnlichkeit kommt es leicht zu Verwechslungen mit dem Europäischen Rat (European Council), der jedoch ein Organ der EU ist (vgl. Kapitel 6 und Schmuck 1996: 118-123).

Zurück blickend identifiziert Werner Weidenfeld (2000: 11-12)[26] fünf Motive zur Integration:

- „Der Wunsch nach einem neuen Selbstverständnis: Nach den nationalistischen Verirrungen sollte Europa die Möglichkeit neuer Gemeinschaftserfahrungen bieten. Ein demokratisch verfasstes Europa als Alternative zur abgelehnten nationalistischen Herrschaft.
- Der Wunsch nach Sicherheit und Frieden: Die einzelnen Nationalstaaten hatten den Zweiten Weltkrieg nicht zu verhindern vermocht, und man hoffte, dass ein geeintes Europa hierbei erfolgreicher sein und zugleich Schutz vor der Gefahr einer kommunistischen Expansion gewähren werde. Europa sollte eine Friedensgemeinschaft sein.
- Der Wunsch nach Freiheit und Mobilität: Über etliche Jahre hinweg hatten die Menschen unter kriegsbedingten nationalen Beschränkungen des Personen-, Güter- und Kapitalverkehrs gelitten. Insofern war es nur allzu verständlich, dass man sich nun die ungehinderte, freie Bewegung von Personen, Meinungen, Informationen und Waren wünschte.
- Die Hoffnung auf wirtschaftlichen Wohlstand: Das vereinigte Europa sollte die Menschen in eine Ära großer wirtschaftlicher Stabilität und Prosperität führen. Ein gemeinsamer Markt sollte den Handel intensivieren und effizientes ökonomisches Verhalten möglich machen.
- Die Erwartung gemeinsamer Macht: Die europäischen Staaten, die vor 1914 lange Zeit eine international dominierende Rolle gespielt hatten, hatten sich in zwei Weltkriegen zerfleischt. Die neuen Weltmächte USA und UdSSR zeigten Maßstäbe für neue, international relevante Machtgrößen, die weit über die Einheiten der vergleichsweise kleinen europäischen Nationalstaaten hinausgewachsen waren. Die westeuropäischen Staaten hofften, durch die politische Einigung vieles von der Macht gemeinsam zurückerlangen zu können, die sie einzeln verloren hatten".

---

26 Auch hier wurde ein Überblicksartikel aus einem Lexikon, nämlich von Weidenfeld/Wessels (2000) „Europa von A-Z" herangezogen.

Die Botschaft dieser und ähnlicher Texte bzw. Beschreibungen kann man dahingehend zusammenfassen, dass die europäische Integration als politisches Programm aufgefasst wird, das von klar benennbaren Akteuren getragen wurde. Bei den Akteuren handelt es sich meist um die politisch Verantwortlichen wichtiger europäischer Länder. Insofern kommt es immer wieder zur Gleichsetzung von Personen und Staaten. Staaten werden als Aktionseinheiten betrachtet: Sie haben ein einheitliches Interesse und handeln als Kollektiv. Nur selten wird in dieser Art Literatur darauf verwiesen, dass eine Regierung oder Opposition aus innenpolitischen Überlegungen heraus die Strategie der europäischen Integration verfolgte.[27] Die Motive des Handelns werden sowohl auf konkrete Interessen als auch auf übergeordnete und verallgemeinerbare Werte zurückgeführt. Danach orientieren sich politische Akteure rational an materiellen (Wohlfahrt, Sicherheit) und immateriellen (Status, Ansehen) Nutzen, aber auch an normativen Leitideen (Freiheit, Frieden, Demokratie). Sie handeln somit nicht nur zweckrational, sondern auch wertrational. Fortschritt in der europäischen Integration ist folglich dann zu erwarten, wenn die politisch Verantwortlichen vom Zweck und Wert der europäischen Integration überzeugt sind.

Kasten 2.4: Definition Akteur

> Die Politikwissenschaft verwendet gerne den Sammelbegriff „Akteur". Er kann sich auf ein handelndes Individuum, eine Organisation oder einen Staat beziehen. Es geht darum, ein politisches Handeln einem Subjekt, sei es einer natürlichen Person oder einer juristischen Person wie dem Staat, zuzuschreiben. Wörtlich genommen können Staaten nicht handeln; die Handelnden sind immer natürliche Personen, die kraft ihres Amtes (Regierung) Verpflichtungen für ein Kollektiv (Staat) eingehen können.

Bei dieser akteurszentrierten Betrachtungsweise sind die internationale Situation oder die inneren gesellschaftlichen Verhältnisse Rahmenfaktoren, die berücksichtigt werden, weil sie den Integrationsprozess zeitweise hemmen oder fördern können, die aber nicht als zentral erachtet werden. Der Analyse liegt ein Verständnis von Politik zugrunde, das die gesellschaftlichen Prozesse weitgehend ausblendet. Wie die politischen Präferenzen in der konkreten historischen Situation zustande kommen, ist nicht Gegenstand der Analyse, sondern wird durch die Annahme ersetzt, Politik sei „Einsicht in die Notwendigkeiten". Theoretisch ist diese Sichtweise sowohl mit einer „realistischen" als auch einer „idealistischen" Sichtweise zu vereinbaren.

Großtheorien: Realismus und Idealismus — Mit „Realismus" und „Idealismus" sind zwei konkurrierende Paradigmen der Politikwissenschaften angesprochen, die über Generationen hinweg die Theoriedebatte der Internationalen Beziehungen beeinflusst haben.

Kasten 2.5: Definition Paradigma

> Unter „Paradigma" wird im weiteren Sinne eine vorherrschende Sichtweise verstanden, die Leitgedanken und generelle Erklärungsmuster zur Verfügung stellt und damit den Erkenntnisprozess strukturiert. Wissenschaftliche Forschung neigt dazu, sich in-

---

27 So verweist beispielsweise Urwin (1997: 72) darauf, dass die bürgerlichen Parteien Italiens die europäische Integration als möglichen Stabilisierungsfaktor und Gegengewicht zur starken Stellung der Kommunistischen Partei in Italien sahen.

> nerhalb etablierter Paradigmen zu bewegen und dabei eigene Grundannahmen nicht mehr in Frage zu stellen und sich in ihrer Erklärungsfähigkeit zu erschöpfen bis sie schließlich von konkurrierenden Paradigmen verdrängt werden (Kuhn 1976). Bei Idealismus und Realismus hat ein solcher Paradigmenwechsel nicht stattgefunden, sondern es ist bei einem fortgesetzten Wettbewerb geblieben.

Der Begriff „Realismus" gibt zur Verwirrung Anlass. Ein mit der Terminologie nicht vertrauter Leser wird sich fragen, in welch merkwürdige Wissenschaft er wohl geraten sei, die ihre Theorieansätze danach unterteilt, ob sie realistisch sind oder nicht. „Realismus" macht nur als Gegenbegriff zum „Idealismus" Sinn. Der Begriff der „Realpolitik" wurde Mitte des 19. Jahrhunderts in bewusster Abgrenzung zu den pazifistischen Strömungen der Weltfriedensbewegungen und der universalistischen Dogmatik einflussreicher Völkerrechtslehrer kreiert.[28] Realpolitik wurde gleichgesetzt mit der Abkehr von abstrakten Zukunftsentwürfen einer Weltordnungspolitik und der Hinwendung zu den praktischen Fragen der politischen Gegenwart. Seit der damaligen Debatte hat sich an den kontroversen Grundpositionen wenig geändert.[29]

Realismus

Die „kosmopolitisch" orientierten Völkerrechtler gingen analytisch von der wachsenden Interdependenz der Staaten und dementsprechend der Nützlichkeit internationaler Organisation aus und waren normativ pazifistischen und anderen humanitären Zielen verpflichtet. Sie sahen sich vor die Aufgabe gestellt, „auf eine gemeinsame kosmopolitische Praxis der Rechtspolitik" hinzuarbeiten und sich mit der „Zukunftsidee des Weltstaates" (Gollwitzer 1972: 436, 437) bzw. mit der Organisation eines vereinigten Europa zu befassen. Der „nationalen Schule" des internationalen Rechts wurde ein verengtes und in der Konsequenz gefährliches Denken vorgeworfen. Aufgrund der dogmatischen Trennung zwischen dem innerstaatlich befriedeten Rechtsraum und der Unordnung der souveränen Staatenwelt bleibe für sie „... der Leviathan das einzige Refugium gegen die Anarchie, und in einem universellen Cäsarismus wird sich die einzige Friedenshoffnung finden lassen".[30]

Bei den „Realpolitikern" der damaligen Zeit stieß allerdings der Weltstaat auf wenig Interesse. Viele von ihnen teilten implizit die später von Morgenthau (1993: 4-16) so anschaulich formulierte anthropologische Prämisse, dass der Mensch nach Macht strebe. Die Gesellschaft wird somit durch objektive Gesetze regiert, die in der Natur des Menschen liegen. Durch den Wettkampf um mehr Einfluss und Prestige entwickelt sich eine Situation der Unsicherheit, die die Menschen dazu zwingt, Macht anzuhäufen, um ihre eigene Existenz zu sichern. Was für den Menschen gilt, gilt auch für Staaten: Eine gute Außenpolitik eines Staates zielt auf Machterhalt oder -erwerb.

Die Überlegungen der „Realpolitiker" kreisten zu jener Zeit um die Entwicklung des europäischen Staatensystems und eines möglichen zukünftigen Weltstaatensystems. Ihr Interesse war stärker auf die Praxis der aktuellen Politik, und das hieß damals Staatsbildung und imperiale Politik, gerichtet. Analytisch betrachtet gab es für sie zwei konstitutive Elemente politischer Ordnung: (a) Die Vereinheitlichung nach innen und die Abgrenzung nach außen als Fundament der

---

28 Der Titel des 1853 von August Ludwig von Rochau veröffentlichten Buches „Grundsätze der Realpolitik" hat nach allgemeiner Einschätzung zur Einführung des Begriffes geführt.

29 Zu den weltanschaulichen Strömungen der damaligen Zeit vgl. das Kapitel „Pazifismus und Realpolitik" in Gollwitzer (1972: 426-500).

30 James Lorimer (1885) in: Gollwitzer (1972: 439), Übersetzung des Autors.

staatlichen Organisation; (b) die Machtbalance zwischen den Staaten als Garant für internationale Stabilität und damit als einzig verlässliches Instrument zur Absicherung der eigenen staatlichen Existenz. Souveränität, Stabilität und Machtpolitik sind damit Eckpunkte realistischen Denkens.

In der realistischen Variante der Integrationsgeschichte nach dem 2. Weltkrieg wird der Selbstbehauptungswille der Europäer und die Notwendigkeit zur Bündelung der eigenen Kräfte in einer feindlichen Umwelt betont. Dies wird als einzig sinnvolle Antwort auf den Aufstieg der Supermächte ausgegeben.

Idealismus   Die idealistische Variante der europäischen Integrationserzählung argumentiert dagegen normativ. Jene Staatsmänner gelten als vorbildlich, die mit der europäischen Einigung Frieden und Demokratie erstreben. Das Projekt ist wünschenswert und machbar, weil es die aus der Geschichte und Kultur erwachsenden Gemeinsamkeiten der Europäer aufgreift und sich die friedensschaffende Kraft von gemeinsamen Institutionen zu Nutze macht. Die historische Bedingung ist günstig, weil der 2. Weltkrieg einen Motivationsschub gegeben hat und die globalen Veränderungen das Bewusstsein von Gemeinsamkeit stärkt.

Schaubild 2.1: Idealismus – Realismus

Idealismus	Realismus
an friedlicher internationaler Ordnung und der wirtschaftlichen Wohlfahrt aller orientiert	an Macht als Voraussetzung für das Obsiegen eigener Interessen orientiert
kosmopolitisches Denken: Völkergemeinschaft, Universalisierbarkeit des Rechts	partikulares Denken: Staatenkonkurrenz, Freiheit zur rechtlichen Selbstbestimmung
Handlungsorientierung ist veränderbar: Lernen durch Aufklärung und Institutionen	Motive des politischen Handelns sind ewig: Interesse und Macht
Das Individuum ist letztendlich verantwortlicher Akteur und Bezugspunkt aller Politik	Der Staat ist Akteur und relevante Größe der Politik

Einsicht in die Gemeinsamkeiten der Europäer bzw. der „Wille" zur Macht sind auf den ersten Blick plausible Erklärungsmuster. Ihre Überzeugungskraft verblasst jedoch, wenn man belegen kann, dass die gleiche Argumentation schon hundert Jahre zuvor vorgebracht wurde.[31] Der Erklärungsbedarf verschiebt sich dann auf die Frage, warum die Minderheitenmeinung von damals erst in dieser historischen Epoche zum handlungsleitenden Imperativ werden konnte?

2.5 Das Spiegelbild des Ost-West Konfliktes

Ein strukturalistischer Ansatz   Die oben ausgewerteten Arbeiten sind bei genauer Betrachtung Darstellungen zur Geschichte der westeuropäischen Integration. Interessanterweise sind die Analy-

---

31 Als Beleg möge hier ein Zitat genügen: „Das europäische Abendland war die zivilisierte Welt selbst und hatte keinen Grund, sich noch besonders als solche zu konstituieren. (...) Dies ist anders geworden, Rußland auf der einen und Amerika auf der anderen Seite drängen der westeuropäischen Staatengruppe das Bewusstsein auf, ein zusammengehöriges Ganzes zu sein und werden sie in beiden äußeren Gliedern der großen Dreiheit gegenüber nötigen, ihrer Zusammengehörigkeit eine Form und ihren solidarischen Interessen die Mittel der Gesamtmacht zu geben" (Julius Froebel, 1861/64 „Theorie der Politik II": 196f, zitiert nach Gollwitzer (1972: 461). Zur Ideengeschichte des Europäismus vgl. Heinz Gollwitzer (1964).

sen, welche die Integrationsgeschichte des gesamten europäischen Kontinents in den Blick nehmen, meist nach einem ganz anderen Interpretationsmuster aufgebaut. Sie zielen nicht auf Akteure und deren Motivationslagen, sondern auf Strukturen der internationalen Beziehungen. Nicht der geschichtliche Fortschritt zu einem vorgegebenen Integrationsziel, sondern die Zyklen und Phasenverschiebungen in einem fortlaufenden Prozess stehen im Mittelpunkt des Interesses. Den Befund kann man übersichtlich in einer Tabelle darstellen.

Schaubild 2.2: Verlauf der europäischen Integration*

| | Verlauf der europäischen Integration | |
Westeuropa	Gesamteuropa	Osteuropa
1947	ECE	
1948 Brüsseler Pakt + OEEC		Kominform
1949 NATO + Europarat		RGW
1951 EGKS		
1952 EVG		
1953 EPG		
1954 WEU		
1955		WPO
1957 EWG + EAG		
1960 EFTA		
1970 EPZ		
1973 EG 9	KSZE	
1979 EWS		
1981 EG 10		
1985-1987 EEA + EG 12		
1990	KSZE „Paris Charta"	
1991	NATO- Kooperationsrat	Auflösung WPO Auflösung RGW
1991-1993 Maastricht EU-V		
1993 EG-GASP-ZJI		
1994	OSZE	
1995 EG 15		
1995-1999 WWU + EURO + ESVP		
1997 Amsterdamer Vertrag		
2000 Vertrag von Nizza		
2002 EU – Verfassungskonvent		
2003 Beitrittsvertrag EG 25		

ECE = Europäische Wirtschaftskommission der Vereinten Nationen; OEEC = Organisation für Europäische Wirtschaftliche Zusammenarbeit; RGW = Rat für gegenseitige Wirtschaftshilfe; NATO = North Atlantic Treaty Organization (Nordatlantikpakt-Organisation); EGKS = Europäische Gemeinschaft für Kohle- und Stahl; EVG = Europäische Verteidigungsgesellschaft; EPG = Europäische Politische Zusammenarbeit; WEU = Westeuropäische Union; WPO = Warschauer Pakt Organisation; EWG = Europäische Wirtschaftsgemeinschaft; EAG = Europäische Atomgemeinschaft; EFTA = European Free Trade Association (Europäische Freihandelszone); EPZ = Europäische Politische Zusammenarbeit; KSZE = Konferenz für Sicherheit und Zusammenarbeit in Europa; EWS = Europäisches Währungssystem; EEA = Einheitlich

Europäische Akte; EG = Europäische Gemeinschaft; EU-V = Vertrag über die Europäische Union; GASP = Gemeinsame Außen- und Sicherheitspolitik; ZJI = Zusammenarbeit in der Justiz- und Innenpolitik; OSZE = Organisation für Sicherheit und Zusammenarbeit in Europa (ehemals KSZE); WWU = Wirtschafts- und Währungsunion; ESVP = Europäische Sicherheits- und Verteidigungspolitik

* Die Organisationen wurden mit dem Datum des Vertragsabschlusses aufgenommen. Technische Organisationen wie die Europäische Organisation für Kernforschung (CERN) oder auf sektorale Zusammenarbeit spezialisierte Organisationen wie die Europäische Forschungsinitiative (EUREKA) wurden in die Übersicht nicht aufgenommen.

Betrachtet man diese Übersicht, dann fällt folgendes auf:

- Europa hat sich nach dem 2. Weltkrieg in zwei Lager geteilt. Die ECE blieb für ein Viertel Jahrhundert die einzige, Staaten übergreifende Institution. Mit der KSZE wurde ein erneuter Versuch zur Institutionalisierung einer gesamteuropäischen Zusammenarbeit gestartet. Ihre Vertiefung, nämlich die Umwandlung einer ständigen Konferenz in eine Internationale Organisation, erfuhr sie erst nach dem Ende des Ost-West Konfliktes.
- Im Zeitverlauf gibt es zwei Verdichtungsphasen der Integration. Die eine fand Ende der 40er/Anfang der 50er Jahren und die andere Ende der 80er/Anfang der 90er Jahre statt.
- Die Integration weist im Westen mehr Dynamik auf als im Osten. Dies betrifft sowohl die Zahl der Organisationen – auch wenn nicht alle vereinbarten Organisationen bzw. Formen der Zusammenarbeit tatsächlich gegründet bzw. verwirklicht wurden (z.B. EVG und EPG) – als auch die Anzahl der beteiligten Staaten.

Der Blick auf diese Zeittafel suggeriert eine einfache Erklärung. Struktur und Verlauf der europäischen Integration sind ein Spiegelbild des Ost-West Konfliktes. Die Hoffnung auf eine gesamteuropäische Zusammenarbeit, die dem Wiederaufbau des vom Krieg zerstörten Europa dienen würde, wurde mit der Eskalation der sowjetisch-westlichen Interessengegensätze zum Kalten Krieg zu Grabe getragen. Die Europäische Wirtschaftskommission der Vereinten Nationen (ECE) wurde zwar 1947 noch gegründet, doch ihre Arbeit reduzierte sich in den folgenden Jahren auf rein technische Fragen. Die für Gesamteuropa angebotenen Marshall-Plan Mittel und die an sie gebundene Organisation für Europäische Wirtschaftliche Zusammenarbeit (OEEC) blieb dann bereits auf die Marktwirtschaften Westeuropas beschränkt, während der Rat für Gegenseitige Wirtschaftshilfe (RGW) der ausschließlichen wirtschaftlichen Zusammenarbeit zunächst der planwirtschaftlichen Staaten Osteuropas diente und später auf außereuropäische sozialistische Staaten ausgedehnt wurde.

Im Sicherheitsbereich ist die Auswirkung des Ost-West-Konfliktes noch einleuchtender darzustellen. Aus der Perzeption einer wachsenden militärischen und sicherheitspolitischen Bedrohung durch die Sowjetunion erwuchs ein starker Impuls für die Zusammenarbeit und ein Gefühl der wechselseitigen Verbundenheit zwischen den europäischen Staaten.[32] Sie erleichterte die Zusammenarbeit zwischen den ehemaligen Kriegsgegnern. An die Stelle der Konfrontation zwi-

---

32 Als frühe einschneidende Ereignisse sind hier der von einem einseitigen Diktat der Sowjetunion geprägte Friedensschluss mit Finnland im Jahr 1947 und die Ausschaltung der nicht-kommunistischen Kräfte in der Tschechoslowakei 1948 zu nennen. Beides verstärkte die Wahrnehmung eines hegemonialen Anspruchs der UdSSR in Europa.

schen den beiden europäischen Siegermächten Großbritannien und Frankreich und den ehemaligen Kriegsverbündeten Deutschland und Italien trat die Kooperation im Rahmen europäischer Institutionen. Es gab frühe eigene Anstrengungen der Europäer zur Bildung einer kollektiven Verteidigungs- und Sicherheitsstruktur, so der französisch-britische Beistandspakt von Dünkirchen im März 1947 und dessen Umwandlung 1948 in den sogenannten Brüsseler Pakt unter Einbeziehung der Benelux-Staaten. Allerdings wurde Deutschland aus diesen Institutionen der gegenseitigen Beistandverpflichtungen bewusst ausgeschlossen; ein Ziel des Brüsseler Paktes war es, sich gegen ein Wiederaufleben einer „aggressiven deutschen Politik" zur Wehr setzen zu können. Der Brüsseler Pakt orientierte sich mit der Konzentration auf Deutschland eher an den Sicherheitsinteressen der Vorkriegsjahre (vgl. auch Urwin 1993: 22-23). Auf die sich abzeichnende Konfrontation mit der Sowjetunion wurde erst 1949 mit der Gründung der *North Atlantic Treaty Organization* (NATO) unter Führung der USA eine politische Antwort gegeben. Wichtigstes Kennzeichen war von Anfang an die eindeutige politische und militärische Hegemonie der USA innerhalb dieses Bündnisses. Insofern gab die NATO keine signifikanten Impulse für eine Vertiefung der europäischen Zusammenarbeit. Auf der anderen Seite schuf die Einbindung der USA in das westeuropäische Bündnissystem möglicherweise erst das Klima, in dem sich die europäischen Regierungen den Fragen einer engen ökonomischen Kooperation zuwenden konnten.

Die Erzählung kann in dieser Weise fortgesetzt werden. Die Stärkung der westlichen Verteidigungsorganisation durch die Wiederbewaffnung der Bundesrepublik Deutschland und deren Einbeziehung in die NATO wurde auf östlicher Seite durch die Formalisierung der Verteidigungszusammenarbeit zwischen der Sowjetunion und ihren Verbündeten im Warschauer Pakt beantwortet. Damit war die Lagerbildung auf beiden Seiten abgeschlossen. Das Auf und Ab im Ost-West Konflikt hatte keinen bedeutenden Einfluss auf die Grenzen oder die Mitgliedschaft in den beiden Lagern. Der Wechsel von Phasen des Kalten Krieges und der Entspannungspolitik schlug sich im Stil des diplomatischen Umgangs, den Rüstungsstrategien und der von den Großmächten betriebenen Rüstungskontrollpolitik nieder. Nach einer längeren Phase der Entspannung zwischen Sowjetunion und USA in den 60er Jahren, war es dann die deutsche Ostpolitik, die erfolgreich die Weichen in Richtung einer vorsichtigen gesamteuropäischen Kooperation stellte. Doch erst die Politik der politischen und wirtschaftlichen Öffnung (Perestrojka und Glasnost) und in ihrer Folge die Aufgabe des Führungsanspruches der KPdSU löste die Nachkriegsstrukturen auf. RGW und Warschauer Pakt wurden aufgelöst; die Zusammenarbeit in der KSZE inhaltlich vertieft (Paris Charta von 1990) und organisatorisch gefestigt (OSZE); Europarat, NATO und später auch die EU wurden bzw. werden um osteuropäische Mitgliedstaaten erweitert; die Brücke zwischen NATO und Nachfolgestaaten der Sowjetunion wird durch den NATO-Kooperationsrat bzw. die „Partnership for Peace" (PfP) geschlagen.

Die Botschaft dieser Erzählung ist einfach zu entschlüsseln: Die Konfliktkonstellation und die Machtverteilung zum Ende des 2. Weltkrieges haben die Struktur des globalen Systems und damit zwangsläufig auch des europäischen Regionalsystems bestimmt. Der politische Antagonismus zwischen „realem Sozialismus" und „marktwirtschaftlichen Demokratien" zwang zur Parteinahme. Die (militärische) Machtkonzentration auf die beiden Supermächte verlangte die Unterordnung unter die jeweilige Hegemonialmacht.

Die theoretische Folie entspricht dem Neo-Realismus nach Kenneth N. Waltz (1979). Im Unterschied zu dem Realisten Hans J. Morgenthau (1993) ist für ihn nicht das menschliche Interesse an Macht der Kern aller Politik. Die Natur des Menschen ist unerheblich, wenn es Systemzwänge gibt, die das außenpolitische Handeln von Staaten in bestimmte Richtungen lenken. Ausgangspunkt seiner Überlegungen ist, dass (1) jedes System durch typische Strukturmerkmale gekennzeichnet ist, (2) politische Strukturen politische Prozesse formen und (3) die Staatenwelt ein System mit spezifischen Struktureigenschaften ist, die zu einer Gleichförmigkeit des außenpolitischen Handelns führen.[33]

Das internationale System ist im Unterschied zur staatlichen Ordnung dadurch gekennzeichnet, dass es keine Über- und Unterordnung gibt. Es gibt keine Monopolisierung der Gewalt in den Händen einer einzigen Regierung, kein dem Einzelnen übergeordnetes Rechtssystem, keine Sanktionsgewalt zur Durchsetzung vertraglich eingegangener Verpflichtungen. Alle Rechte und Pflichten liegen bei den einzelnen Einheiten des Systems, den Staaten. In diesem Sinne herrscht im internationalen System „Anarchie". In ihrem Verhältnis untereinander sind alle rechtlich gleichgestellt und jeder einzelne ist für seinen eigenen Hoheitsbereich „letztverantwortlich". „Souveränität" erlaubt nach innen völlige Gestaltungsfreiheit und schützt nach außen vor jeder Einmischung durch andere. Staaten sind nicht nur rechtlich gleich, sondern auch in der Erfüllung von Funktionen gleich. Sie nehmen, wenn auch in anderer Art und Weise die gesamte Bandbreite öffentlicher Aufgaben wahr – die Aufrechterhaltung von Ruhe und Ordnung, die Versorgung mit öffentlichen Gütern, sozialer Ausgleich und Vorsorge, Regulierung von Wirtschaft und Umwelt, äußere Sicherheit, etc. Unterschiede gibt es nur in ihrer Leistungsfähigkeit und diese hängt im wesentlichen von der Verfügung über Ressourcen ab. Diese unterschiedlichen Fähigkeiten weisen den Staaten ihren Platz im internationalen System zu. „States are differently placed by their power" (Waltz 1979: 97). Was für die Strukturierung des internationalen Systems zählt, ist aber nicht die Kapazität eines einzelnen Staates, sondern die Verteilung innerhalb des Systems. Die Machtverteilung ist die einzige Größe, die variabel ist, und folglich erklären sich aus ihr die unterschiedlichen Figuren des internationalen Systems. Die Konzentration der Macht auf nur zwei Supermächte, wie sie in der zweiten Hälfte des 20. Jahrhunderts gegeben war, begünstigt ein System der Bipolarität; eine breitere Streuung der Macht leistet unterschiedlichen Spielarten der Multipolarität Vorschub.

Schaubild 2.3: Staatenwelt in neo-realistischer Sicht

Kennzeichen des internationalen Systems der Staatenwelt	
Einheiten:	Staaten
Struktur/Ordnungsprinzip:	„Anarchie"
funktionale Differenzierung zwischen den Einheiten	keine
Machtverteilung zwischen den Einheiten	variabel

Wie setzt sich nun Struktur in Handeln um? Aus dem Prinzip der Anarchie ergibt sich der Zwang zum Selbstschutz. Die Verantwortung für das eigene Überleben liegt bei jedem Einzelnen; es ist ein System der „Selbsthilfe", in dem nur die Kon-

---

33 Zum Folgenden vgl. Waltz (1979: 79-101).

stellation der Macht und daraus abgeleitet die Stabilität des Gesamtsystems Sicherheit gewährt. Folglich war zur Zeit des Ost-West Konfliktes der Aufbau von Macht und Gegenmacht entlang der Linien des Systemkonflikts, die Bereitschaft zur engen Zusammenarbeit innerhalb der Lager und zur Unterordnung unter den Hegemon keine in das Belieben der einzelnen Staatsmänner gelegte politische Entscheidung, sondern war eine vom System vorgegebene Handlungsrationalität. Die Analyse innenpolitischer Auseinandersetzungen über Ziele und Strategien der Außenpolitik erübrigt sich in diesem Erklärungsansatz, weil sie nur zu marginalen Korrekturen der außenpolitischen Grundsatzentscheidungen beitragen können.

Mit diesem neo-realistischen Ansatz kann man gut den Verlauf der Grenzen der Lager, die Stabilität der Mitgliedschaft und die Veränderungen im zeitlichen Verlauf erklären. Ausgeblendet bleibt aber die Frage, warum ganz bestimmte Formen der Kooperation gewählt wurden und warum auf einigen Gebieten die Zusammenarbeit erfolgreicher war als auf anderen. Eine dritte Erzählung hilft uns, gerade diese Erklärungslücke zu schließen. Aus Gründen der Vereinfachung greifen wir nur die Schilderung des westeuropäischen Integrationsverlauf auf.

2.6 Die Dominanz der Sachlogik

Die Dynamik der westeuropäischen Integration kann man an der Vielzahl der gegründeten Organisationen, an der Ausweitung ihrer Kompetenzbereiche und an der Vergrößerung ihrer Mitgliederzahl festmachen. Selbst wenn man sich nur an diesen drei Kriterien orientiert, sind fünfzig Jahre Integrationsgeschichte kaum noch zu überblicken. Man braucht ein ordnendes Prinzip, das Übersichtlichkeit gewährleistet und – wenn es theoretisch begründet ist – auch Zusammenhänge verdeutlicht. Das Schaubild auf der folgenden Seite systematisiert die historischen Daten nach einem einfachen Schema: Die Organisationen sind nach ihrem Tätigkeitsprofil den großen „Sachbereichen" der Politik zugeordnet, nämlich Sicherheit, Herrschaft, Wohlfahrt.

Die Zuordnung zu den einzelnen Spalten lässt auf einen Blick erkennen, dass der Bereich Wohlfahrt bereits früh und seitdem kontinuierlich integriert wurde, wohingegen in den Bereichen Sicherheit und Herrschaft zwar immer wieder Vorstöße unternommen wurden, die aber bis in die jüngste Vergangenheit wenig erfolgreich waren. Die Europäische Gemeinschaft war und ist im wesentlichen eine Wirtschaftsgemeinschaft. Wie ist dieses Phänomen zu erklären? Die These ist, dass diese Verteilung des Integrationserfolgs keineswegs zufällig ist, sondern aus den Wesensmerkmalen der Sachbereiche erklärt werden kann. Ihr zugrunde liegt die theoretische Annahme, dass für einzelne Sachbereiche spezifische Problemstrukturen und Konfliktmuster typisch sind und davon die Chance der Kooperation abhängt.

Problemstruktureller Ansatz

Schaubild 2.4: Integration nach Sachbereichen

West-Europäische Integration		
Sicherheit	**Herrschaft**	**Wohlfahrt**

	Sicherheit	Herrschaft	Wohlfahrt
1951			EGKS Europäische Gemeinschaft für Kohle und Stahl, *1951, **1952
1952	EVG+*1952		
1953		EPG + 1952 Verhandlungen	
1954	WEU *1954, **1955		
1957			EWG, EAG *1957, **1958
1960			EFTA *,** 1960
1961	Politische Union 1961 Pleven Bericht		
1970/72		EPZ 1970 Davignon –Bericht	WWU 1970 Werner Plan
1973			EG 9 *1972, **1973
1978			EWS * 1978, ** 1979
1981			EG 10 *1979, **1981
1984		EU Verfassung 1984 EP Vorschlag	
1985-87			EEA *1986, **1987 EG 12 *1985,**1986
1988-94			WWU 1. Stufe ** 1990
1991-93	GASP	Maastricht EU-V *1992, **1993 – ZJI –	EG
1995			EG 15 *1994, **1995
1995-97	EDSI/GASP	Amsterdamer – V *1997, **1999 – ZJI –	EG
1994-98		Verfassung +	WWU 2. Stufe ** 1994
1999	ESVP *1999, **2003		WWU 3. Stufe EWI, EZB, EURO **1999
2000-2003	GASP/ESVP	Vertrag von Nizza; EU – Grundrechtscharta *2001, **2003 PJZ	EG
	Verfassungskonvent 2002-2003		

40

Die ursprüngliche Unterscheidung geht auf James Rosenau zurück. Ausgangspunkt seiner Überlegung war, „... dass die Funktionsweise eines politischen Systems von der Art der Probleme abhängt, die gerade anstehen" (Rosenau 1975:
318). Die These ist plausibel, nur wie reduziert man die Fülle von Problemen auf
ein überschaubares Maß und sortiert sie in einer Art und Weise, dass typische
Zusammenhänge erfassbar sind? Rosenau löst die Aufgabe indem er eine Typologie von „Problemkategorien" entwickelt, die jede für sich in einer bestimmten
Weise den politischen Prozess beeinflussen. Wichtig für unser Thema ist seine
„Werttypologie": Die Art der Werte und Interessen, die in einem „Sachbereich"[34]
vorherrschen, strukturieren den politischen Umgang der Akteure.[35] Übertragen
auf die europäische Integration heißt das, dass man aus der Problemstruktur eines
Sachbereiches die Kooperationsfähigkeit der Akteure ableiten kann. Ernst-Otto
Czempiel unterscheidet drei Sachbereiche: Sicherheit, Herrschaft, Wohlfahrt:

> „Der Wert der Sicherheit umfasst die physische Existenz, schützt sie gegen Bedro-
> hung von außen und innen. In seiner Binnendimension grenzt er dicht an den Bereich
> Herrschaft, in dem Freiheits- und Partizipationschancen für den einzelnen verteilt
> werden. Sie stellen die Erhaltung der Existenz sicher und dienen ihrer Entfaltung. Sie
> wird materiell im Bereich Wohlfahrt besorgt, durch die Zuteilung wirtschaftlicher
> Gewinne und Gewinnmöglichkeiten" (Czempiel 1981: 198).

Im Bereich der Herrschaft geht es um die allumfassende Allokationskompetenz,
d.h. wer an den Schalthebeln der Macht sitzt, der kann in das soziale Zusammenleben der Menschen hineinregieren, die Verteilung wirtschaftlicher Gewinne
umlenken, das Maß an Sicherheit bestimmen. Herrschaft wird deshalb um ihrer
selbst willen angestrebt und Auseinandersetzungen um sie sind besonders ge-
waltträchtig, weil über sie soviel zu erreichen ist.

Aus der Problemstruktur eines Sachbereichs lassen sich aber noch differenziertere Prognosen ableiten, wenn man Rosenaus Unterscheidung zwischen
Werten und Interessen um eine Konflikttypologie erweitert.[36] Herrschaftskon-
flikte sind typischerweise Konflikte um Werte: Es geht um Identität, beispielsweise um das Gefühl der Zugehörigkeit zu einer nationalen Gemeinschaft, der
gegenüber man sich zur Solidarität verpflichtet fühlt. Es geht um Legitimität, d.h.
um die Einschätzung der Rechtmäßigkeit des Anspruchs der Regierenden von ihren Bürgern Gefolgschaft zu verlangen. Werte sind aus der Sicht der Kon-
fliktparteien nicht verhandelbar, um sie wird gekämpft, wenn nötig mit Waffen-
gewalt.

Bei Interessenkonflikten geht es, aus dieser theoretischen Perspektive, nicht
um ein „entweder-oder", sondern ein „mehr-oder-weniger", Dabei sind Kompromisse leichter möglich, wenn die Güter teilbar sind. Selbst dann sind aber nicht

---

34   Rosenau spricht im Original von „issue area"; in seinem deutschen Artikel (1975) wurde
     die Übersetzung „Problembereich" gewählt; Czempiel (1981) und andere sprechen von
     „Sachbereich".

35   Rosenau definiert eine „issue area" als „... ein Bündel von Werten, deren Verteilung oder
     potentielle Verteilung unter den betroffenen oder potentiell betroffenen Akteuren so er-
     hebliche Differenzen hervorruft über a) die Art und Weise, auf welche die Werte zu ver-
     teilen seien, oder b) die horizontalen Ebenen, auf denen die Verteilungen zu autorisieren
     seien, dass diese Akteure sich in einer ganz bestimmten Art und Weise verhalten, um Un-
     terstützung für die Erlangung ihrer individuellen Werte zu mobilisieren" (Rosenau 1975:
     320).

36   Vgl. dazu ausführlicher Efinger/Rittberger/Zürn (1988: 86-97).

alle Interessenkonflikte gleichermaßen einfach zu regeln. Der Unterschied liegt zunächst darin, ob es sich bei dem Konfliktgegenstand um ein „relatives" oder um ein „absolutes" Gut handelt. Ein weiterer Unterschied besteht darin, ob die Verfügbarkeit der Güter begrenzt ist, so dass ein Null-Summen Konflikt entbrennt, oder die Güter vermehrbar sind, so dass beispielsweise durch Kooperation der Gewinn für alle vergrößert werden kann. Sicherheit ist ein relatives Gut: Unabhängig von dem Umfang der Bewaffnung fühlt ein Staat sich sicher, wenn er seinen potentiellen Feinden überlegen ist. Die Sicherheit, die der eine aus seiner Überlegenheit schöpft, ist für den anderen jedoch die Ursache seiner Bedrohung. Aus diesem Sicherheitsdilemma erklärt sich die Dynamik der Rüstungsspirale. Auch wenn alle Beteiligten interessiert sind, den Rüstungswettlauf wegen der damit verbundenen Kosten und Instabilitäten zu beenden, sind Vereinbarungen nicht leicht zu erzielen. Es steht nicht nur viel auf dem Spiel, nämlich die Sicherheit oder gar Existenz des eigenen Staates, sondern der Vorsprung des einen ist unweigerlich der Nachteil des anderen. Im Bereich der Wohlfahrt geht es dagegen um „absolut" bewertete Güter, deren Wert unabhängig davon besteht, wie viele davon ein anderer besitzt. Es macht aber einen Unterschied, ob das begehrte Gut knapp und endlich ist oder vermehrbar. In der unmittelbaren Nachkriegsphase war Kohle die wesentliche Energiequelle für die industrielle Produktion. Kohle war als Folge des Krieges ein äußerst knappes Gut und die Zuteilung von Produktionsquoten ein reiner Null-Summen Konflikt. Wer von der Lieferung der Kohle von Ruhr und Saar ausgeschlossen war, konnte im Wiederaufbau der Wirtschaft nicht mithalten. Um dieses Problem ging es bei der Gründung der EGKS. Grundlegend anders war die Interessenskonstellation bei der Gründung der EWG. Die Öffnung der Märkte konnte zwar zur Absatzeinbuße in einigen Branchen führen, die allgemeine Verbesserung der Wettbewerbsfähigkeit versprach aber einen wirtschaftlichen Wachstumsgewinn für alle.

Schaubild 2.5: Zusammenfassung der Typenbildung

Sachbereiche	Konflikttypologie	Kooperationsvorhersage
Czempiel (1981)	Efinger/Rittberger/Zürn (1988)	
Herrschaft	Wertekonflikt unteilbare Güter	Souveränitätsvorbehalt, enge Kooperation nur bei Fundamentalkonsens
Sicherheit	Interessenkonflikt relative, teilbare Güter	Kooperation im eigenen Lager, hegemoniale Absicherung
Wohlfahrt	Interessenkonflikt absolute, teilbare Güter – endlich – vermehrbar	hoher Kooperationsgrad erreichbar – problematisch bei Null-Summenspiel – einfach bei Positiv-Summenspiel

Aus diesen theoretischen Annahmen lässt sich schlussfolgern, dass die europäische Integration im Bereich Herrschaft nur schwierig vorankommt. Auseinandersetzungen kreisen um Wertpositionen, und Herrschaft ist kein teilbares Gut. Die letzte Entscheidung über die Ausübung von Herrschaftskompetenz kann nur an einer Stelle verortet sein: Die „Kompetenz-Kompetenz", d.h. das Recht über die Ausübung von Befugnissen zu entscheiden, liegt entweder bei den Staaten oder bei der supranationalen Organisation. Sicherheitskooperation ist relativ leicht unter befreundeten Staaten zu bewerkstelligen, weil das gegenseitige Vertrauen das Sicherheitsdilemma entschärft. Sicherheit ist aber nicht nur eine regionale

Angelegenheit, vielmehr richtet sich das Sicherheitsinteresse einiger Länder auch auf den außereuropäischen Raum. Hinzu kommt, dass die Verfügung über militärisches Potential eine Status- und Machtfrage auch innerhalb einer Allianz ist und dieses Wettbewerbselement die Kooperation belastet. Der wirtschaftlichen Zusammenarbeit lagen dagegen keine Hürden im Weg, zumal die gewählte Form der Kooperation neutralisierend wirkte. Man verzichtete bei der Gründung des Gemeinsamen Marktes auf steuernde Eingriffe der Politik und überließ die Allokation und Verteilungseffekte dem Markt. Solange die Wachstumsgewinne den Erwartungen entsprachen, wurden Einseitigkeiten in der Verteilung hingenommen.

Diese Prognosen werden durch den Verlauf der westeuropäischen Integration offenkundig bestätigt. Die wirtschaftliche Kooperation war am erfolgreichsten. Die zu erwartenden Wohlfahrtsgewinne führten zu einer Ausweitung der zunächst sektoralen Kooperation (EGKS) zu einer umfassenden Wirtschaftsgemeinschaft (EWG), die von einer Zollunion und einem Gemeinsamen Markt auf die Währung (EWU) und zahlreiche damit zusammenhängende Politikfelder (Strukturpolitik, Umwelt, Verbraucherschutz, Forschung und Technologie, Soziales) ausgedehnt wurde. Die Sicherheitskooperation im eigenen Lager wurde ebenfalls früh vereinbart, wurde aber im Bündnis mit den USA institutionalisiert. Im Bereich Herrschaft ist die Zurückhaltung am größten. Auch wenn die Zuständigkeit für viele einzelne Politikbereiche inzwischen nach Brüssel abgegeben wurde, so haben sich die Mitgliedstaaten der EU die Kompetenz-Kompetenz weiterhin selbst vorbehalten.

2.7 Fazit

Alle drei Erzählungen bereiten die Geschichte der europäischen Integration unterschiedlich auf. Alle drei Sichtweisen kommen zu plausiblen Ergebnissen, so dass nicht eine Geschichte plausibler erscheint als die andere. Vielmehr wirkt die jeweilige Darstellung der hier vorgestellten Geschichten stimmig und die Gründe, warum die Integration diesen und keinen anderen Verlauf genommen hat, sind einleuchtend. Die Geschichten unterscheiden sich in ihren Prämissen, ihren Annahmen über die theoretischen Wirkungszusammenhänge und somit in ihrer Identifikation der Einflussfaktoren für die Dynamik der europäischen Integration. Eine wissenschaftliche Auseinandersetzung mit der Geschichte verlangt, dass man sehr viel systematischer als es in diesen Erzählungen getan wird, die Auswahl der Einflussfaktoren begründet und Schritt für Schritt prüft, ob und in welchem Umfang sie bei den einzelnen Etappen des Integrationsprozesses von Bedeutung waren. Will man die unterschiedlichen Geschichten bewerten, so muss dies nach wissenschaftlichen Kriterien erfolgen. Die Frage ist, sind die Geschichten intersubjektiv nachvollziehbar, oder nicht. Reduziert man die Geschichten auf ihre Kernaussagen, kann man zudem herausfinden, ob sie sich in ihrer Erklärung der europäischen Integration widersprechen oder komplementär sind.

II Dynamik der Wirtschaftsintegration

3 Die Logik der Wirtschaftsintegration

3.1 Interessen und Ideen

Die europäische Geschichte des 20. Jahrhunderts ist durch den Ersten und den Zweiten Weltkrieg geprägt. Das Ausmaß an Zerstörung, gesellschaftlicher und wirtschaftlicher Destabilisierung riefen sowohl nach dem Ersten als auch nach dem Zweiten Weltkrieg beinahe zwangsläufig die Frage nach der künftigen Vermeidung von Kriegen hervor. Es ging dabei nicht allein um die Wiedererlangung von Sicherheit, Wohlfahrt und politischer Stabilität, sondern auch um deren dauerhafte Absicherung. Gleichwohl war die Politik, mit der man diese Ziele zu erreichen versuchte, völlig unterschiedlich. Nach dem Ersten Weltkrieg wurde Sicherheit gleichgesetzt mit der Schwächung der Kriegsgegner, Abrüstungsauflagen und Gegenmachtbildung. Wohlfahrt sollte vor allem durch Reparationsleistungen der Besiegten erreicht werden. Nach dem Zweiten Weltkrieg wurde dieser Ansatz nur für eine kurze Periode verfolgt. Statt dessen wurde die staatliche Machtpolitik des Gegeneinanders bald durch eine Politik des institutionalisierten Miteinanders abgelöst: Zusammenarbeit beim wirtschaftlichen Aufbau, Öffnung der Märkte und Bereitschaft zur Unterordnung unter supranationale Organisationen sind die kennzeichnenden Merkmale einer neuen Strategie, welche prägend für die (west-)europäische Nachkriegsgeschichte werden sollte.

Politische „Lehren" aus den Weltkriegen

In diesem Kapitel fragen wir, wie dieser Wechsel zu erklären ist. Wir greifen die geläufige These auf, dass aus dem Scheitern der Nachkriegsordnung nach dem Ersten Weltkrieg und den Zerstörungen des Zweiten Weltkriegs „Lehren" gezogen wurden und sich daraus eine neue Politik der politischen und wirtschaftlichen Kooperation ergab. Allerdings ist die These in dieser allgemeinen Formulierung banal: Die eigentlich interessante Frage ist, weshalb unter konkurrierenden Optionen eine *bestimmte* Option, nämlich die supranationale Gemeinschaftsbildung innerhalb eines bestimmten ökonomischen Sektors, gewählt wurde. Unsere These lautet, dass dies nur vor dem Hintergrund zweier Ideenstränge verständlich ist, welche die Entscheidung zugunsten einer Wirtschaftsintegration Europas nachhaltig beeinflusst haben:

Die Bedeutung politischer und wirtschaftlicher Ordnungsideen

— der wirtschaftliche Liberalismus, d.h. der Glaube an die Wohlstandsmehrung durch Freihandel und marktwirtschaftlichen Wettbewerb, sowie
— der Funktionalismus, d.h. der Glaube an die Sicherung des Friedens über den Weg der sachgemäßen Kooperation in Internationalen Organisationen.

Liberalismus und Funktionalismus

Beide Ordnungsideen beeinflussten in grundlegender Weise die zeitgenössischen Vorstellungen darüber, wie übergreifende Interessen der Allgemeinheit (Wohlfahrt, Sicherheit, politische Stabilität) unter den Bedingungen der Nachkriegssituation verfolgt werden konnten und sollten (vgl. auch Parsons 2002). Vorstellungen über Ursache-Wirkungszusammenhänge und über die Angemessenheit politischer Ziele spielten eine bedeutsame Rolle, weil sie die Festlegung eigener Präferenzen und die Wahl politischer Strategien beeinflussten. Mit anderen Worten: Ideen, nicht nur Interessen lenkten die Politik:

> „Interessen (materielle und ideelle), nicht: Ideen, beherrschen unmittelbar das Handeln der Menschen. Aber: Die ‚Weltbilder‘, welche durch ‚Ideen‘ geschaffen wurden, haben sehr oft als Weichensteller die Bahnen bestimmt, in denen die Dynamik der Interessen das Handeln fortbewegte" (Weber (zuerst 1920) 1963: 252).

Ideen-Ansätze in der Politikwissenschaft

Was ist daran bemerkenswert, wenn behauptet wird, dass Ideen eine Rolle für die Erklärung von Politik spielen? In der sozialwissenschaftlichen Analyse stehen Akteure und deren Interessen in der Regel im Mittelpunkt. Es wird also behauptet, dass das an Interessen ausgerichtete Handeln der Akteure soziale Phänomene (wie z.B. bestimmte politische Entscheidungen) bestimmt. Damit entsteht zwangsläufig die Frage, welche Faktoren darüber bestimmen, wie solche Interessen ausgeprägt sind. Eine häufig gegebene Antwort lautet, dass die gegebenen Rahmenbedingungen hierfür entscheidend sind: Aus der geographischen Lage eines Landes leiten sich bestimmte geopolitische Interessen ab; aus Ressourcenarmut oder einer bestimmten Struktur der einzelnen Volkswirtschaften bestimmte ökonomische Interessen, usw. „Ideen-Ansätze" gehen hier einen entscheidenden Schritt weiter: Es wird nämlich behauptet, dass es so etwas wie „objektiv gegebene" Rahmenbedingungen und dementsprechend klar geschnittene Interessendefinitionen in aller Regel nicht gibt. Ideen sind entscheidend, wenn Akteure versuchen, ihre Umwelt zu deuten und die eigenen Interessen angesichts dieser komplexen Umwelt zu definieren. Die wissenschaftliche Konsequenz hieraus ist, dass es zur Erklärung politischer Handlungen nicht genügt, eine (vermeintlich) objektive Schilderung der Handlungssituation und struktureller Zwänge zu geben und die empirisch zu beobachtenden Handlungsstrategien der Akteure als sachrationale Reaktion auf die Situation zu deuten. Die spannende Frage ist, durch welche Prozesse sich bestimmte Deutungen des Problems selbst, der Möglichkeiten zu seiner Lösung und der Kriterien angemessenen Handelns durchsetzen.[1]

---

1 Es gibt eine engagierte Diskussion zwischen Vertretern unterschiedlicher Richtungen von Ideen-Ansätzen, auf die hier aber nicht im Einzelnen eingegangen werden kann. Die zentrale Streitfrage ist, als wie weitgehend der Einfluss von Ideen aufzufassen ist. Eine zurückhaltende Auffassung argumentiert, dass Ideen dann von Bedeutung sind, wenn sie den handelnden Akteuren in komplexen Problemlagen eine „Straßenkarte" zur Verfügung stellen, mittels der die Akteure erkennen können, wie sie ihre Ziele am besten erreichen (z.B. Goldstein/Keohane 1993a). Hierdurch ändern sich aber nicht die Ziele bzw. Interessen der Akteure. Genau dies behaupten die Vertreter „konstruktivistischer" Ansätze. Für sie gibt es so etwas wie gegebene Ziele und Identitäten von Akteuren nicht. Vielmehr entwickeln die Akteure erst unter Rückgriff auf die von Weber erwähnten „Ideen" und „Weltbilder" ihre Identitäten und Interessen, wobei Ideen und Weltbilder ein Produkt von wahrheitsorientierten bzw. an normativer Angemessenheit ausgerichteten Diskursen sind. Wenn man Ideen einen so weitreichenden Einfluss zumisst, entsteht logischerweise auch ein Interesse an den Diskursen selbst, in denen neue Deutungen der Umwelt entstehen. Beispielhaft hierzu ist die Arbeit von Edler (2000), die in Kapitel 4.3.3 dieses Buches näher vorgestellt wird. Generell zur Diskussion um die Anwendung konstruktivistischer Ansätze auf europäische Politik Christiansen/Jørgensen/ Wiener (1999) und Checkel/Moravcsik (2001). Zu konstruktivistischen Ansätzen allgemein siehe die einführende Darstellung von Krell (2000: Kap. 11).

Wir können in diesem Kapitel keine detaillierte Antwort auf diese Fragen geben.[2] Wichtig ist uns aber, dass die zeitgenössische Deutung der politischen und wirtschaftlichen Situation nicht zwangsläufig war. Ausschlaggebend für die eingeschlagene Strategie der wirtschaftlichen Integration waren bestimmte Deutungen der Ursachen des Zweiten Weltkriegs, der Notwendigkeit zu einem politischen Neuanfang und der Vorteile wirtschaftlicher Kooperation, die den Grundstein für eine weitere politische Einigung legen sollten. Sowohl die Problemdeutung als auch die Wahl politischer Strategien lassen sich nicht einfach als Produkt objektiver Interessen verstehen. Vielmehr erfolgten sie vor dem Hintergrund der beiden bereits angesprochenen Ordnungsideen des wirtschaftlichen Liberalismus und der funktionellen Integration.

Ausgehend von diesen Überlegungen stellen wir in diesem Kapitel zunächst etwas ausführlicher die beiden genannten Ordnungsideen vor (Kap. 3.2 und 3.3). In Kapitel 3.4 prüfen wir den Einfluss dieser Ideen auf das Entstehen der „ersten" europäischen Gemeinschaft, nämlich der Europäischen Gemeinschaft für Kohle und Stahl (EGKS). Zur kritischen Prüfung gehört, dass man auch konkurrierende Erklärungen anbietet. Den Siegeszug dieser beiden ordnungspolitischen Konzepte kann man nämlich ganz unterschiedlich interpretieren: entweder als Einsicht in die Bedingungen sachgemäßer Politik zur Steigerung der allgemeinen Wohlfahrt oder als Strategie zur Festigung bestehender Herrschaftsverhältnisse. Das anschließende Kapitel 3.5 zeigt auf, wie sich die Logik der Wirtschaftsintegration von der sektoralen Kooperation in der EGKS über die Gründung der Europäischen Atomgemeinschaft (EAG oder auch EURATOM genannt) und der Europäischen Wirtschaftsgemeinschaft (EWG) weiterentwickelt hat. *Aufbau des Kapitels*

Im Mittelpunkt des gesamten Kapitels 3 steht die oben entwickelte These, dass bestimmte sozio-ökonomische Ordnungsvorstellungen die politischen Weichenstellungen entscheidend beeinflusst haben. Dies bedeutet nicht, dass andere geläufige Erklärungen der Integration – etwa der Wunsch Frankreichs zur sicherheitspolitischen Eindämmung Deutschlands[3] – abgelehnt werden. Uns interessiert aber besonders, welche Ideen dafür ausschlaggebend waren, dass man ausgerechnet in einer begrenzten Kooperation in einem bestimmten wirtschaftlichen Bereich den Schlüssel zur Sicherung des Friedens, zur Aussöhnung zwischen Deutschland und Frankreich und zum wirtschaftlichen Wiederaufbau sah. *„Ideen" als zentraler Erklärungsansatz*

3.2 Wirtschaftsliberalismus und Integration

Greift man die These aus Kapitel 3.1 auf, dass bestimmte Ordnungsideen es nahe legten, durch wirtschaftliche Integration die politisch gewünschte Zusammenarbeit zwischen Staaten voranzutreiben, dann stellen sich zwei Fragen. (1) Welche wirtschaftliche Logik steht dahinter? (2) Wie konnte sich die ökonomische Rationalität in politisches Handeln umsetzen?

Ludolf Herbst (Herbst 1986) zeigt in einer historischen Analyse, dass Integration bzw. Desintegration in der Zeit nach dem Zweiten Weltkrieg wichtige analytische Kategorien zur Diagnose der wirtschaftlichen Lage Europas waren. Das goldene Zeitalter der wirtschaftlichen Prosperität bis zum Ersten Weltkrieg wurde be- *Desintegration als Gegenwartsdiagnose*

---

2   Eine ausführlichere Behandlung der Bedeutung von Ideen findet sich in Kap. 4.3.3.
3   Vgl. dazu ausführlich Ziebura (1997).

griffen als Epoche der Integration, der wirtschaftliche Niedergang danach war die Zeit der Desintegration. Nach Ansicht führender Ökonomen[4] war der aus liberaler Sicht so begrüßenswerte Trend zu einer von politischen Grenzen und staatlichen Eingriffen ungehinderten Weltwirtschaft in der ersten Hälfte des 20. Jahrhunderts umgekehrt worden. Die Ursachen hierfür wurden darin gesehen, dass

– die politische Neuordnung Europas nach dem Ersten Weltkrieg vormals integrierte Wirtschaftsgebiete zerschnitt und kleinräumigere Wirtschaftseinheiten schuf;

– die von den Siegermächten des Ersten Weltkriegs vor allem Deutschland auferlegten Reparationszahlungen nicht nur einem merkantilistischen[5] Denken entsprangen, sondern auch eine entsprechende Politik förderten;

– mit der Entwicklung zur Massendemokratie[6] und schließlich – in ganz anderer Qualität – dem Aufkommen des Faschismus die staatliche Lenkung der Volkswirtschaft zur herrschenden Lehre und weit verbreiteten Praxis wurde; sowie

– mit der Weltwirtschaftskrise[7] eine völlige Desintegration der liberalen Weltwirtschaft einsetzte.

Klassische politische Ökonomie als Handlungsgrundlage

Die Ökonomen haben ihre Arbeiten nicht im wissenschaftlichen Elfenbeinturm geschrieben. Vielmehr gab es gute Gründe dafür, dass ihre oben skizzierten Aussagen Eingang in die Politik fanden: Die theoretischen Überlegungen konnten auf dem damals noch weitgehend unstrittigen[8] Gedankengut der „klassischen" politischen Ökonomie aufbauen, insbesondere den Arbeiten von Adam Smith und David Ricardo (Kasten 3.1). Zur theoretischen Fundierung kamen die breit angelegten empirischen Arbeiten von Röpke, Heckscher und anderen. Ihre Kernaussagen fanden einen europaweiten Widerhall und wurden durch die Emigration der führenden Repräsentanten auch in die USA hineingetragen.[9] Ebenso wichtig

---

4 Eine herausgehobene Rolle spielte in diesem Zusammenhang die Nationalökonomie. Zu nennen sind vor allem die Beiträge von Wilhelm Röpke (1938; 1950), Herbert Gaedicke und Gert von Eynern (1933) sowie des schwedischen Ökonomen Eli Hekscher (1955).

5 „Merkantilismus" ist ein in der zweiten Hälfte des 18. Jahrhunderts entwickelter Begriff zur Kennzeichnung einer auf die Förderung des Wohlstands des eigenen Staates gerichteten Politik. Im Hintergrund steht die Annahme begrenzter Ressourcen und eines Nullsummenspiels der wirtschaftlichen Erfolge einzelner Staaten, weshalb zu Mitteln der Privilegierung der eigenen Industrie und des Protektionismus auf Kosten anderer Staaten gegriffen wurde. Das von der klassischen oder „liberalen" Ökonomie entwickelte Gegenrezept ist das des Freihandels (Weber 1998).

6 Der Begriff der Massendemokratie ist nicht abwertend gemeint, sondern verweist auf die Unterschiede zwischen der für das 19. Jahrhundert in Europa typischen „Honoratiorendemokratie", die auf der Beschränkung des Wahlrechts auf die besitzende Klasse bzw. die Staffelung des Stimmgewichts nach Besitz beruhte, und der auf allgemeinem und gleichem Wahlrecht beruhenden Form von Demokratie.

7 Mit dem Begriff der „Weltwirtschaftskrise" wird der konjunkturelle Einbruch der Weltwirtschaft in den Jahren 1929 bis 1933 bezeichnet. Nach einem Börsenkrach („Schwarzer Freitag") in den USA kam es zu einem starken Kapitalabfluss in die europäischen Märkte. Die zur Abwehr der „importierten" Inflationsgefahr verfolgte deflatorische Politik führte zu Kreditverknappungen, starkem Rückgang der Produktion und schließlich zu Massenarbeitslosigkeit. Devisenbewirtschaftung und Abschottung nationaler Märkte waren die nächsten Schritte, die das bestehende System des liberalen Freihandels stark einschränkten.

8 Eine hervorragende vergleichende Analyse zur Nachkriegsrezeption keynesianischen Gedankenguts in verschiedenen westeuropäischen Staaten bietet Hall (1989).

9 Ausführlich belegt bei Herbst (1986: 168-171) und Machlup (1977).

war, dass konkrete wirtschaftspolitische Maßnahmen empfohlen wurden, die sich unter dem Begriff der „Integration" zu einem schlüssigen Gesamtkonzept bündeln ließen. „Integration" und „Desintegration" wurden somit die beiden Schlüsselbegriffe, mit denen die positiv gedeutete Entwicklung des 19. Jahrhunderts den Krisenerfahrungen des 20. Jahrhunderts gegenüber gestellt wurde.

Kasten 3.1: Adam Smith und David Ricardo: Die Lehre vom „Reichtum der Nationen" und das Theorem der komparativen Kostenvorteile

In der Volkswirtschaftslehre gibt es den Sammelbegriff der „Klassischen Theorie", als deren Begründer die englischen Nationalökonomen Adam Smith (1723-1790) und David Ricardo (1772-1823) gelten. Das Hauptwerk von Adam Smith, „Inquiry into the Nature and Causes of the Wealth of Nations" (1776), beschäftigt sich mit der Frage, weshalb einige Volkswirtschaften mehr Wohlstand erzeugen als andere. Seine Antwort stellt nicht nur die jeweiligen Faktorausstattungen heraus (z.B. Rohstoffe, Arbeitskräfte), sondern auch die Größe der jeweiligen nationalen Märkte und das Ausmaß „arbeitsteiligen" Wirtschaftens innerhalb dieser Märkte. Produktionsverfahren, in denen die Herstellung in einzelne Teilschritte zerlegt wird, laufen effizienter ab als traditionelle Verfahren. Die Anwendbarkeit solcher Verfahren ist allerdings von der jeweiligen Größe des Marktes bestimmt, denn die durch Arbeitsteilung zu erzielenden Zuwächse der Produktivität (und damit tendenziell der Produktion) laufen leer, wenn keine ausreichende Nachfrage nach den zusätzlich produzierten Gütern besteht. Eine Konsequenz hieraus ist die Kritik am Merkantilismus und die Forderung nach ungehindertem Gütertausch zwischen den Nationen bis hin zu einer weltweiten Arbeitsteilung.

Das auf David Ricardo zurückgehende Theorem der „komparativen Kostenvorteile" (entwickelt in dem Werk „On the Principles of Political Economy and Taxation" von 1817) baut auf diesen Überlegungen auf. Die Kernaussage lautet, dass wechselseitiger Handel selbst dann für zwei Länder (Land A und Land B) von Vorteil ist, wenn ein Land alle Güter kostengünstiger herstellen kann (etwa weil es in größerem Maße arbeitsteilige Verfahren anwendet). Die Empfehlung lautet, dass sich das überlegene Land A ausschließlich auf die Produktion der Güter konzentriert, bei dem es die relativ größten Kostenvorteile hat und den Bedarf an anderen Gütern durch Importe deckt. Auch für das andere Land (Land B) entsteht ein Vorteil, weil es nun Land A mit den Waren beliefern kann, die dieses Land selbst nicht mehr herstellt und mit deren Erlös es sehr viel mehr von den relativ kostenintensiven Gütern erstehen kann, als bei Eigenproduktion möglich gewesen wäre. Ebenso wie aus der Lehre von Adam Smith wird daraus die Forderung nach dem Abbau von Handelshemmnissen zwischen den Staaten abgeleitet.

Mit diesen beiden Modellen der klassischen Ökonomie lässt sich der Antrieb für das Entstehen einer internationalen Arbeitsteilung erklären und der wohlfahrtssteigernde Effekt des Freihandels demonstrieren. Die Voraussetzungen sind: Wettbewerb[10] und funktionierende Markt- und Preismechanismen, keine Behin-

---

10 Dem Wettbewerb wird eine Schlüsselrolle zugeschrieben, weil er mehrere wichtige Funktionen erfüllt (Harbrecht 1984: 133-136): Lenkungsfunktion – knappe Produktionsmittel werden effizient eingesetzt; Antriebsfunktion – Wettbewerb stimuliert Produktions- und Produktinnovationen; Konjunktur- und strukturpolitische Ausgleichsfunktion – Rigiditäten der Preise werden gemindert, die Reaktionszeiten der Unternehmen auf veränderte Marktdaten verkürzt und Schwankungen ausgeglichen; Gesellschaftspolitische Funktion – Kontrolle und Beschränkung privater Eigentumsmacht; Ordnungsfunktion – Koordinierung der Wirtschaft und Steuerung individueller Entscheidungen.

derung des Güteraustauschs durch Protektionismus, keine durch Zölle oder politisch festgelegte Wechselkurse künstlich erzeugten Kostenunterschiede zwischen den einzelnen Ländern. Diese Argumentation läuft darauf hinaus, dass es nur eine optimale Lösung gibt: den liberalisierten Weltmarkt, eine von politischen Einflussmöglichkeiten freie (Gold-)Währung und die multilaterale Abstimmung rechtlicher und technischer Rahmenbedingungen. In der Tat war dies auch der Kernbestandteil der insbesondere von den USA nach dem Zweiten Weltkrieg vorangetriebenen Neustrukturierung der Weltwirtschaft. Mit Organisationen wie dem Internationalen Währungsfonds (IWF) und dem Allgemeinen Zoll- und Handelsabkommen (GATT) sollten Freihandel und die Stabilisierung der Wechselkurse vorangetrieben und institutionell abgesichert werden.

Wie allerdings ist es dann zu erklären, dass neben den Bemühungen zur Liberalisierung der Weltwirtschaft die wirschaftliche Integration vor allem in der Region (West-)Europa vorangetrieben wurde? Und wie konnten die Ideen der Ökonomen politisch relevant werden? Diese Fragen werden in Kapitel 3.4 beantwortet. Vorher jedoch muss noch eine andere Frage geklärt werden: Warum wurde überhaupt in der Politik der Wirtschaftsintegration der Schlüssel zur Friedenssicherung in Europa gesucht? Und weshalb wurde mit der Wirtschaftsintegration zunächst in einem zwar wichtigen, letztlich aber nur begrenzten Sektor der Ökonomie (nämlich Kohle und Stahl) begonnen? Die Antwort hierauf lässt sich nicht aus der liberalen Wirtschaftstheorie, sondern aus den Überlegungen des Funktionalismus ableiten.

3.3 Funktionalismus und Integration

Funktionalismus Ähnlich wie die liberale Wirtschaftstheorie wurde auch der Funktionalismus vor dem Hintergrund zeitgenössischer Erfahrungen entwickelt.[11] Im Kern dreht es sich um die Möglichkeiten einer friedlichen Regelung von Konflikten. Die bahnbrechenden Arbeiten sind dabei die des Diplomaten David Mitrany (1933; 1943). Er entwickelte seine Ideen über die friedliche Regelung internationaler Konflikte vor und während des Zweiten Weltkrieges aufgrund der Erfahrungen mit dem Völkerbund.

Der Völkerbund war Teil eines umfassenden Konzeptes zur dauerhaften Sicherung des Weltfriedens nach dem Ende des Ersten Weltkrieges.[12] Die Zusammenarbeit aller Staaten in einer internationalen Organisation sollte sicherstellen, dass zwischenstaatliche Konflikte in multilateralen Verhandlungen aufgegriffen und durch friedlichen Interessenausgleich beigelegt wurden. Zusätzlich sollte außenpolitischen Aggressionen und der Unterwerfung schwächerer Staaten durch den kollektiven Widerstand der im Völkerbund vereinigten Staaten Einhalt geboten werden. Aber weder die Expansion Japans und Italiens noch die revisionistische und expansionistische Politik Deutschlands wurde letztendlich aufgehalten. Die Gründe für das Scheitern des Völkerbundes sah Mitrany wie viele andere in

---

11 Eine neuere kritische Darstellung des (Neo-)Funktionalismus findet sich bei Conzelmann (2003). Vgl. aber auch die älteren Arbeiten Senghaas-Knobloch (1969) und Welz/Engel (1993).

12 Vgl. den 14 Punkte-Plan des damaligen Präsidenten der USA, Woodrow Wilson, vom 8. Januar 1918.

der Politik der Großmächte, die – angefangen mit der Weigerung der USA, Mitglied zu werden – zu einer Marginalisierung des Völkerbundes geführt hatte. Die diplomatischen Aktivitäten wurden erneut auf die Konferenzdiplomatie im kleinen Kreise verlagert, bei der man in variabler Besetzung die jeweils unmittelbar interessierenden Themen bearbeitete.

Gerade die negative Erfahrung mit dieser diplomatischen Praxis ist der Ausgangspunkt für Mitranys Alternativkonzept: Ein von den Schwächen der Diplomatie und staatlicher Interessenpolitik befreites System der internationalen Zusammenarbeit, in dem Probleme nach sachlichen und nicht politischen Kriterien bearbeitet werden und das über diesen Weg Frieden dauerhaft sichert. Frieden, so seine zentrale These, kann nur als „working peace system" erreicht werden (Mitrany 1943). „Working" steht dabei nicht alleine für „funktionierend", sondern auch für „auf (Zusammen-)Arbeit begründet" und wird von Mitrany dem Begriff des auf wechselseitigem Schutz und Abgrenzung begründeten Friedens gegenübergestellt („protected peace"). Zum konkreten Ansatzpunkt für das funktionalistische Friedenskonzept werden damit Detailfragen wie die Regulierung bestimmter wirtschaftlicher Sektoren oder die Organisation von bestimmten grenzüberschreitenden Aufgaben (z.B. das internationale Postwesen oder die gemeinsame Nutzung von Wasserwegen). Die Organisation dieser zunächst weitgehend technischen Kooperation sollte im Rahmen von bereichsspezifischen Agenturen erfolgen, in denen nicht Politiker oder Diplomaten, sondern auf ihrem jeweiligen Gebiet ausgewiesene Experten und Verwaltungsfachleute „unpolitisch" zusammenarbeiten würden. Diese Zusammenarbeit von Fachleuten gilt dem Funktionalismus als friedenspolitisch bedeutsam, weil in ihr der Keim zu weiter gehender Kooperation gesehen wird: Der Zusammenhang der verschiedenen Regelungsbereiche sowie aus alltäglichen Kooperationserfahrungen entstehende Lernprozesse schaffen eine Tendenz zur gemeinschaftlichen Erledigung immer neuer Sachaufgaben. Aus dem ursprünglich begrenzten Programm der Zusammenarbeit erwächst somit ein in immer neue Bereiche ausgreifender Prozess der gemeinsamen Problemlösung, der auch die staatlich-territoriale Ordnung der Welt Schritt für Schritt relativiert und transformiert. Die institutionelle Form dieser Zusammenarbeit habe sich dabei an den konkreten Funktionserfordernissen des jeweiligen Sachbereichs und letztlich an der Befriedigung der Bedürfnisse der Bevölkerung zu orientieren – und eben nicht an politischen Entwürfen der jeweiligen Staatsmänner: „Form follows function" – mit diesem auch in der zeitgenössischen Architekturtheorie verwendeten Schlagwort ist der Funktionalismus bekannt geworden.

Es ist nicht einfach, einen Einfluss dieses funktionalistischen Konzepts auf den Beginn des europäischen Integrationsprozesses nachzuweisen. Aus Mitranys Schriften ließ sich nämlich keineswegs ein Aufruf zur regionalen Integration Europas herauslesen. Vielmehr wandte sich Mitrany bereits 1943 gegen „kontinentale" Integrationsbestrebungen und kritisierte die von der Pan-Europa-Bewegung vertretenen Pläne für eine europäische Föderation. Durch ihr starres Institutionengerüst könnten sie den wechselnden Erfordernissen funktionaler Kooperation nicht gerecht werden. Außerdem könnten durch die territoriale Abgrenzung nach außen sachlich begründete Kooperationsmöglichkeiten und -erfordernisse zerschnitten werden und damit neue Rivalitäten entstehen. Gleichwohl entsprach der erste Integrationsschritt (nämlich die Gründung einer *sektoral* organisierten, auf einen engen Aufgabenbereich zugeschnittenen „Europäischen Gemeinschaft für

„ A Working Peace System"

„Form follows function"

Kohle und Stahl") dem funktionalistischen Konzept und wurde von Mitrany in einem späteren Beitrag entsprechend begrüßt (Mitrany 1965).

Aus politischer Warte hatte der funktionalistische Ansatz gegenüber den zahlreichen idealistischen und föderalistischen Integrationsvorschlägen einen doppelten Vorzug (Herbst 1986: 199-200, 203-205): Zum einen war der Vorschlag einer auf einzelne Sachfragen bzw. Sektoren begrenzten Zusammenarbeit attraktiv, weil er praktische Kooperationsmöglichkeiten vorschlug und diese zugleich mit der Vision eines geeinten Europas verbinden konnte. Aus dieser Perspektive wurde der Funktionalismus – freilich entgegen seiner eigenen Prämissen – als Konzept zur Schaffung einer regionalen Integrationsgemeinschaft durch sektorale Kooperation gedeutet, und es war diese Deutung, die dem Funktionalismus politische Aufmerksamkeit verschaffte. Gegenüber konkurrierenden Ordnungsentwürfen (vor allem dem föderalistischen Konzept, das die Integration Europas durch die Einberufung einer verfassungsgebenden Versammlung voranbringen wollte) besaß der Funktionalismus den Vorzug, dass er einen konkreten Einigungswillen der europäischen Völker nicht voraussetzen musste und den Nationalstaaten einstweilen einen nur relativ geringen Souveränitätsverzicht abverlangte. Gleichzeitig verkörperte der Funktionalismus das Versprechen, dass in den eher nüchternen und technokratischen Zielsetzungen der ersten Integrationsschritte bereits der Keim für die künftige politische Vereinigung Europas lag (Herbst 1986: 199, 203).[13]

3.4   Gründung der EGKS

3.4.1 Gravitationsfeld für die wirtschaftliche Re-Integration Europas

Weshalb regionale Integration? | Freihandel plus institutionell abgesicherte Kooperation der Nationalstaaten in einzelnen, eher technisch definierten Fragen – so ließe sich grob vereinfachend das gedankliche Koordinatensystem im Europa der Nachkriegszeit beschreiben. Von hier bis zur Gründung der EGKS war es allerdings noch ein weiter Weg. Denn eigentlich wäre ein weltweiter (und nicht ein auf einige Staaten Westeuropas beschränkter) Abbau von Handelsschranken die Konsequenz aus der herrschenden Lehre gewesen. Auch die Konzentration auf einen bestimmten Sektor der Volkswirtschaft – eben Kohle und Stahl – war aus der Perspektive der Freihandelsdoktrin keineswegs zwingend. Vor diesem Hintergrund gilt es zu fragen,

---

13   In der empirischen Analyse wurde bald deutlich, dass politisches Handeln und nationale Eigeninteressen nicht hinter einer funktionalistischen Sachlogik zurückstanden. Vielmehr waren es stets politische Initiativen, welche die von Mitrany als „sachlogisch" konzipierte Verknüpfung von Integrationsprozessen voranbrachten oder auch aufhielten. Vor dem Hintergrund einer ex-post Analyse der Entstehung der EGKS (s. unten) entwickelte Ernst B. Haas (1958) deshalb das funktionalistische Grundgerüst in entscheidenden Punkten fort. Der „Neo-Funktionalismus" ist kein präskriptives Konzept wie dasjenige Mitranys, sondern eine vor dem Hintergrund empirischer Erfahrungen entwickelte Integrationstheorie. Sie versucht das Zustandekommen von Kooperation zu erklären und die weitere Entwicklung zu prognostizieren (hierzu ausführlicher Conzelmann (2003) sowie Kap. 4 des vorliegenden Bandes).

warum Wirtschaftsintegration zunächst im regionalen Maßstab vorangetrieben wurde und weshalb sie sich zunächst auf nur einen Sektor beschränkte.

Der Marshall-Plan als Anstoß zu regionaler Kooperation

Die regionale Perspektive war keine neue Überlegung zum Ende des Zweiten Weltkriegs. Die Untersuchungen über „die produktionswirtschaftliche Integration Europas" (Gaedicke/von Eynern 1933) hatten gezeigt, dass arbeitsteilige Wirtschaftsbeziehungen sich um einen Kern hochindustrialisierter Länder entwickeln. Die Bemühungen um eine engere wirtschaftliche Zusammenarbeit zwischen Deutschland und Frankreich zwischen beiden Weltkriegen waren von der Erwartung getragen, dass dies der Einstieg in eine umfassendere wirtschaftliche Liberalisierung sein könne. Die regionale Wirtschaftsintegration als mögliches Äquivalent oder als Zwischenschritt auf dem Weg zu einer liberalen Weltwirtschaft war somit kein fremder Gedanke. Zentral für die Durchsetzung dieser Vorstellung wurde schließlich eine kleine Gruppe von Ökonomen im Umfeld der amerikanischen Regierung. Sie waren überzeugt, dass intensive internationale Wirtschaftsbeziehungen nur auf regionalen „Gravitationsfeldern" aufgebaut werden könnten (Herbst 1986: 183). Vordringlich war, die nationale Zersplitterung der Märkte aufzuheben, die zwangsläufig „an uneconomic pattern for any reconstruction efforts"[14] produzieren würden. Die aus dieser Diagnose geborene politische und wirtschaftliche Antwort war der sogenannte Marshall-Plan der USA. Das im Frühjahr 1948 aufgenommene European Recovery Program (ERP) – so die offizielle Bezeichnung des Marshall-Plans – bot den Europäern umfangreiche finanzielle Hilfen, koppelte diese jedoch an die Bedingung eines Abbaus von Außenhandelsbarrieren und staatlichen Regulierungen. Der Zweck war dabei nicht rein wirtschaftlich, sondern auch politisch. Der durch den Marshall-Plan erhoffte wirtschaftliche Aufstieg sollte angesichts der sich abzeichnenden Auseinandersetzung mit der Sowjetunion soziale und politische Stabilität in Europa erzeugen.[15] Gleichzeitig sollte ein Anstoß zur Zusammenarbeit der europäischen Staaten gegeben werden, da die Verteilung der Gelder nur auf der Grundlage multilateraler Vereinbarungen der Empfängerländer erfolgen sollte. Dies implizierte auch eine engere Zusammenarbeit der europäischen Staaten mit dem ehemaligen Kriegsgegner Deutschland. Erst vor dem Hintergrund dieser Konstellation – Bewältigung regionaler Sicherheitsprobleme und wirtschaftliche Rekonstruktion zur Stabilisierung der politischen Lage in Europa – wird der regionale Zuschnitt der EGKS verständlich.[16]

3.4.2 Die Attraktivität funktionaler Kooperation

Schuman-Plan

Der eigentliche politische Anstoß zur Gründung der EGKS erfolgte zwei Jahre später. Am 9. Mai 1950 trat die französische Regierung mit einer weiteren Initia-

---

14   „Summary of Discussions on Problems of Relief, Rehabilitation, and Reconstruction of Europe" im US Department of State am 28. Mai 1947; zitiert nach Herbst (1986: 184, Fn. 91).

15   Zwar stand der Marshall-Plan ausdrücklich auch den osteuropäischen Staaten im Einflussbereich der Sowjetunion und der Sowjetunion selbst offen. Allerdings standen die westeuropäischen Staaten zweifelsohne im Zentrum der Überlegungen der Amerikaner (Herbst 1986: 184-185; Urwin 1993: 15-19).

16   Als vertiefende Literatur zu diesen Vorgängen sind neben den erwähnten Arbeiten von Herbst und Urwin vor allem Milward (1984) und Loth (2000) empfehlenswert. Siehe auch den Rückblick Robert Schumans auf diese Periode (Schuman 1953).

tive an die Öffentlichkeit, dem sogenannten Schuman-Plan (Kasten 3.2). Kernstück der unter der Leitung von Jean Monnet erarbeiteten[17] und vom französischen Außenminister Robert Schuman vorgestellten Initiative war die Unterstellung der französischen und deutschen Kohle- und Stahlproduktion unter eine gemeinsame „Hohe Behörde" und die sofortige Abschaffung von Zöllen für den grenzüberschreitenden Handel mit Kohle und Stahl.

Kasten 3.2: Der Schuman-Plan (Auszüge aus der Erklärung vom 9. Mai 1950)[18]

> „Europa lässt sich nicht mit einem Schlage herstellen und auch nicht durch eine einfache Zusammenfassung: Es wird durch konkrete Tatsachen entstehen, die zunächst eine Solidarität der Tat schaffen. (...) Zu diesem Zweck schlägt die französische Regierung vor, in einem begrenzten, doch entscheidenden Punkt sofort zur Tat zu schreiten.
>
> Die französische Regierung schlägt vor, die Gesamtheit der französisch-deutschen Kohle- und Stahlproduktion einer gemeinsamen Hohen Behörde zu unterstellen, in einer Organisation, die den anderen europäischen Ländern zum Beitritt offensteht. (...)
>
> So wird einfach und rasch die Zusammenfassung der Interessen verwirklicht, die für die Schaffung einer Wirtschaftsgemeinschaft unerlässlich ist und das Ferment einer weiteren und tieferen Gemeinschaft der Länder einschließt, die lange Zeit durch blutige Fehden getrennt waren."

Schuman selbst beschrieb seine Initiative später als einen „Sprung ins Dunkle"; d.h. es war keineswegs klar, dass sein Vorstoß Erfolg haben würde. Die Reaktionen in Frankreich, Deutschland und den anderen europäischen Staaten waren keineswegs einhellig positiv.[19] Für den Schuman-Plan sprach, dass er sowohl für Frankreich und für Deutschland konkreten Nutzen in Aussicht stellte. Für Frankreich ging es vor allem um die für die wirtschaftliche Modernisierung wichtige Versorgung mit Ruhrkohle bei gleichzeitigem Schutz der eigenen Produzenten. Kurzfristig ging es um die faire Verteilung von Produktionsquoten und langfristig um eine unter volkswirtschaftlichen Gesichtspunkten rationale Steuerung der Kohle- und Stahlindustrie, mit der Überkapazitäten und ruinöser Wettbewerb in Zukunft vermieden werden könnte. Die Idee des Funktionalismus – nämlich die technisch und wirtschaftliche Zusammenarbeit den Experten zu überlassen und auf eine internationale Organisation zu verlagern – sollte die zwischenstaatlichen Konflikte entschärfen,

---

17 Jean Monnet, Leiter des Commissariat au Plan (Planungsamtes) im französischen Wirtschaftsministerium. Zum Verständnis der Monnet bewegenden Überlegungen ist die Lektüre des sogenannten Monnet-Memorandums vom 3. Mai 1950 instruktiv (abgedruckt bei Ziebura 1997: 498-504). Zentrale Topoi sind die Befürchtung einer erneuten kriegerischen Auseinandersetzung in Europa, Sorge über das künftige ökonomische Potenzial Westdeutschlands und der Wille, mittels einer „konkreten und entschlossenen Aktion" (ebd.: 499) „die Formen der Vergangenheit aufzugeben und sich auf den Weg der Umgestaltung zu begeben" (ebd.: 503).

18 Der Schuman-Plan ist in der kommentierten Dokumentation bei Lipgens (1986: 293) und in der Veröffentlichung von Larat (2003: Dok. 3) zu finden.

19 Siehe hierzu neben Herbst (1986: 193-200) und Parsons (2002: 59-62) auch die Zusammenstellung von Dokumenten auf der Internetseite http://www.let.leidenuniv.nl/history/rtg/res1/schumanplan.html [Stand: 29.07.2003]. Sie bietet eine Übersicht über die politischen Reaktionen auf den Schuman-Plan und Dokumente zu den weiteren Geschehnissen bis hin zur Gründung der EGKS im Mai 1951.

die sich in der Vergangenheit aus dem deutsch-französischen Wirtschaftswettbewerb ergeben hatten, und außerdem die gesamtwirtschaftlich nicht wünschenswerte Kartellbildung unterbinden. Durch die „Solidarität der Produktion", – so die oft zitierte Passage aus dem Schuman-Plan – sollte zusätzlich „jeder Krieg zwischen Frankreich und Deutschland nicht nur undenkbar, sondern materiell unmöglich" gemacht werden. Damit war die vorgeschlagene Zusammenarbeit auf einem für die Produktion von Waffen und Kriegsgerät zentralen Sektor auch als politisches Projekt gekennzeichnet. In politischer Hinsicht ging es für Frankreich und die Benelux-Staaten – nicht zuletzt vor dem Hintergrund der beginnenden Auseinandersetzung zwischen Ost und West – um die Einbindung und damit Bändigung Deutschlands.[20] Für die gerade gegründete Bundesrepublik Deutschland führte die gleichberechtigte Kooperation auf dem Kohle- und Stahlsektor näher zum Ziel der außenpolitischen Anerkennung und der Aufhebung der einseitigen Kontrollen der deutschen Schwerindustrie.[21] Allerdings gab es auch starke Argumente gegen den Schuman-Plan – zum einen wegen der absehbaren Weigerung der Briten, an einem supranational orientierten Projekt teilzunehmen, zum anderen wegen der weit verbreiteten Ablehnung einer Zusammenarbeit mit dem früheren Kriegsgegner Deutschland. Entscheidend war in dieser Situation neben der persönlichen Autorität Schumans vor allem die zuvor dargestellte „funktionalistische" Stoßrichtung des Plans, mit der die EGKS als Friedensprojekt dargestellt werden und so auch Unterstützung in den skeptisch eingestellten Teilen der politischen und ökonomischen Eliten gewinnen konnte.

Mit der im April 1951 in Paris vereinbarten EGKS[22] wurde ein gemeinsamer EGKS-Gründung Markt und eine supranationale Organisation mit einer „Hohen Behörde" geschaffen, der weitreichende Kompetenzen zur Regulierung des Kohle- und Stahlmarktes zugestanden wurden. Ihre Entscheidungen waren rechtlich verbindlich, und zu deren Durchsetzung konnte der EGKS-Gerichtshof angerufen werden.[23] Die Philosophie, die bereits den Schuman-Plan prägte, kommt dabei auch in der Präambel des EGKS-Vertrages (EGKS-V) zum Ausdruck: Die Gemeinschaft werde in dem Bewusstsein gegründet, „dass Europa nur durch konkrete Leistungen, die zunächst eine tatsächliche Verbundenheit schaffen, und durch die Errichtung gemeinsamer Grundlagen für die wirtschaftliche Entwicklung aufgebaut werden kann".

Die Gründung der EGKS war damit nicht einfach eine sachnotwendige Reaktion der Europäer auf die besondere Situation der unmittelbaren Nachkriegszeit. Es handelte sich um einen politischen Prozess, in dem Leitideen des Wirtschaftsliberalismus und des Funktionalismus Lösungen für konkrete politische Probleme aufzeigten. Diese Ideen hatten die Funktion von „Weichenstellern" im Sinne Webers, weil sie bestimmte Interessendefinitionen nahe legten und bestimmte Handlungsoptionen als „vernünftig" und „gangbar" erscheinen ließen (Schaubild 3.1). Das Ergebnis war eine technokratisch angelegte Kooperation auf

---

20 Mit Beginn des Kalten Krieges in Europa und dem Ausbruch des Korea-Krieges, der als erste militärische Kraftprobe im Ost-West-Konflikt gesehen wurde, schien die wirtschaftliche und mittelfristig auch militärische Stärkung der BRD unumgänglich.

21 Hierzu und zur internationalen Konstellation neben der genannten Literatur auch Milward (1984: 149).

22 Gründungsmitglieder waren: Belgien, Luxemburg, die Niederlande, Frankreich, Italien und die Bundesrepublik.

23 Für eine genaue Beschreibung der Befugnisse vgl. den EGKS-Vertrag vom 18. April 1951.

einem sowohl für die Kriegsproduktion als auch für den Wiederaufbau zentralen Wirtschaftszweig (linke Seite des Schaubilds). Andere Handlungsoptionen – wie beispielsweise eine föderalistische Union Europas durch Einigung auf eine gemeinsame Verfassung oder ein auf mehrere Sektoren (und nicht nur Kohle und Stahl) ausgerichtetes Integrationskonzept schieden demgegenüber aus (rechte Seite des Schaubilds). Die gedanklichen Konzepte, welche die Sinnhaftigkeit solcher alternativer Formen der Kooperation nahe legten, waren zwar präsent, konnten aber als politische Leitidee keine vergleichbare Kraft für die Orientierung der Entscheidungsträger entfalten.

Schaubild 3.1: Handlungsoptionen nach dem Zweiten Weltkrieg

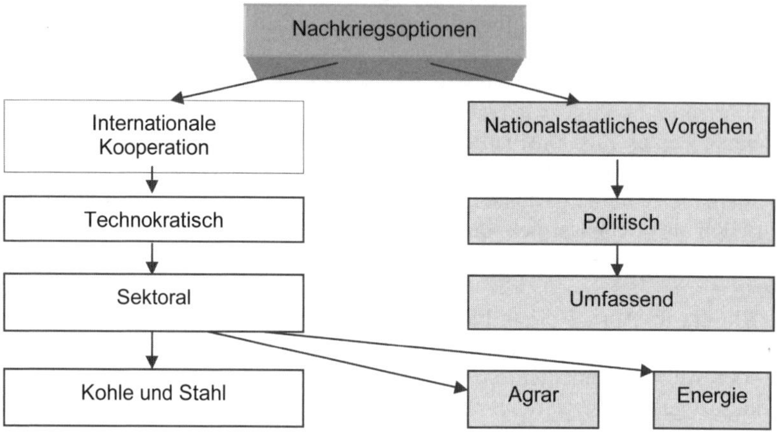

3.4.3 Rettung des Kapitalismus? Die neomarxistische Interpretation als konkurrierende Erklärung

Was ist „Neomarxismus"? Die Entstehung der EGKS wurde in den beiden vorangegangenen Kapiteln mit Hinweis auf bestimmte handlungsleitende Ideen erklärt, welche eine bestimmte „Logik der Wirtschaftsintegration" nahe legten. Es handelt sich hier um *eine* Möglichkeit, die Vorgänge zu erklären. Eine ganz andere Deutung geht auf die Theorien von Marx zurück, der sich seinerseits bereits kritisch mit der Lehre von Smith und Ricardo auseinandergesetzt und aus dieser Kritik seine eigene politische Ökonomie entwickelt hatte. Ausgangspunkt einer marxistischen Analyse ist die Bestimmung grundlegender sozioökonomischer Bedingungen (der sogenannten materiellen „Basis"), vor deren Hintergrund erst die juristischen, politischen und ideologischen Strukturen einer Gesellschaft oder einer Epoche (der sogenannte „Überbau") zu verstehen sind. Neo-marxistische (d.h. auf Grundprämissen von Marx argumentierende) Autoren konzentrieren deshalb ihre Analyse auf die historisch spezifischen sozioökonomischen Verhältnisse, d.h. die jeweils herrschenden Produktionsverhältnisse und den Entwicklungsstand der Produktivkräfte. Da dem Staat die Funktion der Sicherung der ökonomischen Verwertungsbedingungen zugeschrieben wird, werden politische Vorgänge im Lichte der Sicherung der grundsätzlich als krisenhaft unterstellten kapitalistischen Wirtschaftsweise gesehen. (Kasten 3.3).

Kasten 3.3: Grundelemente der marxistischen Politik-Analyse

Für Marxisten liegt der Grundwiderspruch des Kapitalismus in der gesellschaftlichen Produktion (durch die Masse der Arbeitenden) und der privaten Aneignung des erzeugten „Mehrwerts" (nämlich durch die Eigner der Kapitalgüter). Solange die Entlohnung der Arbeit Marktgesetzen unterliegt (also nicht politisch gesteuert wird) und die Ware Arbeit im Überfluss vorhanden ist, verhindert der Wettbewerb auf dem Arbeitsmarkt, dass das Lohnniveau über das Einkommensminimum steigt. Den „Mehrwert", also die Differenz zwischen Produktionskosten (einschließlich Kapitalertrag und Arbeitslohn) und dem Wert der Ware kann sich der Kapitalbesitzer aneignen. Die Aneignung des Mehrwerts ist jedoch nicht beliebig, sondern vom kapitalistischen System aufgezwungen. Der Wettbewerb auf dem Warenmarkt zwingt zu technisch-organisatorischer Rationalisierung und/oder zur Senkung der Löhne, um (in moderner Terminologie) die Kapitalerträge zu sichern.

Die Kapitalakkumulation bei gleichzeitiger Rationalisierung von Arbeitskraft führt zu einer Reduzierung von Arbeit, die auch den Mehrwert sinken lässt. Da dieser Verlust an Mehrwert nicht durch verschärfte Ausbeutung der Arbeit ausgeglichen werden kann, kommt es „zwangsläufig" zu einer tendenziell fallenden Profitrate. Die Verfügung über die Arbeitskraft wie über eine Ware, die einseitige Aneignung des Mehrwerts und der systemimmanente Zwang zur Ausbeutung sind Grundlagen des Klassenkonflikts. Überakkumulation des Kapitals, Unterkonsumption (aufgrund mangelnder Nachfragekraft bei sinkendem Einkommen) und fallende Profitraten führen zu den unausweichlichen Krisen. Solche „zyklischen Krisen" des Kapitalismus äußern sich in Überproduktion, welche nicht auf eine entsprechende Nachfrage trifft. Sie führen zur Vernichtung des Kapitals unterlegener Konkurrenten, Kapitalkonzentration und Monopolbildung und dadurch wiederum zu verschärfter Ausbeutung.

Ein Ausweg kann in der Erschließung neuer Absatz- und Investitionsmärkte im Ausland liegen. Auf diese Weise entsteht internationale Verflechtung, in der jedoch die zuvor bestehende Konkurrenzsituation der nationalen Kapitale nun auf internationaler Ebene reproduziert wird. Aus diesem Grund ist die Vergrößerung der Märkte nur vorübergehend entlastend, da auch auf internationaler Ebene die „Bewegungsgesetze" des Kapitalismus wirksam werden (insbesondere das Gesetz vom tendenziellen Fall der Profitrate bis hin zur zyklischen Krise mit der Folge der Bildung internationaler Monopole).

Die Überproduktionskrisen der Vergangenheit und die nationalen und internationalen Stahlkartelle der Vorkriegsära legen es nahe, die Gründung der EGKS marxistisch zu interpretieren. Goralczyk und Statz haben aus diesem Ansatz heraus die Erklärung in polit-ökonomischen Zusammenhängen gesucht und die besonderen Konkurrenzbedingungen in diesem Sektor herausgearbeitet. Dazu zählen vor allem:

Anwendung auf die EGKS

- die Konkurrenzsituation der westeuropäischen Wirtschaft mit den USA, welche „die Realisierung der Vorteile einer erweiterten Reproduktionssphäre für die nationalen Kapitale bei gleichzeitiger Abschließung gegen die auf viel höherem Produktivitätsniveau arbeitende Weltmarktkonkurrenz der USA" zu einem gemeinsamen Interesse „der europäischen Bourgeoisie" machte (Goralczyk 1975a: 45);
- der u.a. aus der niedrigeren Entlohnung der deutschen Arbeiter herrührende Konkurrenzvorteil der deutschen Industrie, der durch die Vereinigung in der EGKS aufgefangen werden sollte. Dabei schufen die einzelnen Staaten durch

Gründung der Montanunion eine „internationale monopolistische Organisation der Konkurrenz, [die] den lockeren und reversiblen Charakter privatmonopolistischer Absprachen überwinden [sollte]" (Statz 1975: 126-136; ebd.: 133).

Zur besseren Einordnung solcher Erklärungsansätze ist es wichtig, die besondere Rolle des Verhältnisses von Staat und Wirtschaft in marxistischen Ansätzen nochmals zu verdeutlichen. Der Staat steht nicht einfach abseits, sondern versucht durch aktive Gestaltung eines politischen Rahmens („Verwertungsbedingungen") die kapitalistische Wirtschaftsweise abzusichern. Funktionssicherung des Kapitalismus und Herrschaftssicherung der diese Wirtschaftsweise stützenden politischen und wirtschaftlichen Elite gehen dabei Hand in Hand. Gewendet auf die EGKS und die weiteren Integrationsschritte wird deshalb argumentiert, dass der Wirtschaftsintegration

„die – besonders durch die Weltwirtschaftskrise nach 1929 abgestützte – Erfahrung zugrunde [liegt], dass das kapitalistische Wirtschaftssystem nicht mehr dem anarchischen Profitstreben der Einzelkapitale überlassen werden kann, dass also das Regulativ des Profits, der das Wachstum wie die nationale und internationale Mobilität des Kapitals steuert, um das Regulativ der staatlichen Steuerung der Profitproduktion, des staatlichen Setzens von Verwertungsbedingungen ergänzt werden muss, das den Auswirkungen des Gesetzes vom tendenziellen Fall der Profitrate modifizierend entgegen tritt" (Deppe 1975: 177).

Die Sicherung profitabler Kapitalverwertung und die Bereitschaft der Regierungen, die Expansionsstrategie des Kapitals innerhalb eines räumlich begrenzten und von den USA abgeschotteten Marktes mit politischen Mitteln abzusichern, sind also die zentralen Bausteine des neomarxistischen Konzepts in der Erklärung der EGKS.[24] Allerdings spielt dieses Konzept in der heutigen wissenschaftlichen Diskussion nur noch eine untergeordnete Rolle. Wichtig bleibt der neomarxistische Ansatz aber, um Fragen nach der Verflechtung von Staat und Wirtschaft sowie nach den Verteilungswirkungen der europäischen Integration im Blickfeld zu behalten.

3.5 Von der EGKS zur EWG, von der EWG zur EU

Gescheiterte Integration der Außen- und Sicherheitspolitik

Der Erfolg der EGKS-Gründung zusammen mit einer veränderten sicherheitspolitischen Lage[25] führte bereits nach kurzer Zeit zu weiteren politischen Vorstößen, um die Integration auf andere Sachbereiche auszudehnen. Zu nennen sind Initiativen wie die Pläne für eine Europäische Verteidigungsgemeinschaft (EVG) und eine Europäische Politische Gemeinschaft (EPG). Allerdings wurden mit diesen Initiativen Kernbereiche der nationalstaatlichen Souveränität angetastet. Eine solch weitgehende Integration erwies sich zum damaligen Zeitpunkt als

---

24 Zu einer ähnlich aufgebauten Erklärung der Entstehung der Europäischen Wirtschaftsgemeinschaft (hierzu unten, Kapitel 3.5) siehe Goralczyk (1975a: 138-151).

25 Der Korea-Krieg hatte die Furcht vor weiteren „Stellvertreterkriegen" ausgelöst, denen man erfolgreicher regional als national zu begegnen hoffte.

nicht durchführbar.[26] Einstweilen blieb der Integrationsprozess auf den wirtschaftlichen Bereich beschränkt, der weniger deutlich Fragen des politischen Status der einzelnen Nationalstaaten berührte. Dabei standen sich unterschiedliche Konzepte gegenüber:

1. Ein Kreis führender Persönlichkeiten – unter der Führung von Jean Monnet – forderte eine weitere bereichsspezifische Integration nach dem Muster der EGKS. Dabei wurden insbesondere die Agrarmärkte und die Atomenergie ins Auge gefasst.
2. Von den Benelux-Staaten – insbesondere vom belgischen Außenminister Paul-Henri Spaak – wurde der Vorschlag vorangetrieben, eine die einzelnen Sektoren übergreifende Wirtschaftsgemeinschaft einzurichten. In ihrer Reichweite sollte sie über eine Zollunion hinausgehen und Elemente eines gemeinsamen Marktes beinhalten (siehe auch Kasten 3.4).
3. Dagegen stand der Vorschlag Großbritanniens und der neutralen Staaten Europas. Sie plädierten für eine lockere Wirtschaftskooperation in Form einer Freihandelszone, d.h. ohne die Einrichtung supranationaler Organe.

Alle drei Konzepte wurden in den folgenden Jahren weiter bearbeitet und teilweise realisiert. Auf einer Konferenz des Ministerrats der Montanunion im italienischen Messina (1955) erhielten die Vorschläge von Monnet und Spaak die Unterstützung der Minister.[27] Der Gedanke einer weiteren sektoralen Integration führte zur Gründung der Europäischen Atomgemeinschaft (EAG oder EURATOM), während das Konzept einer umfassenden wirtschaftlichen Integration in die Errichtung der Europäischen Wirtschaftsgemeinschaft (EWG) mündete. Grundlage sind die zwei sogenannten Römischen Verträge, die am 27. März 1957 in Rom unterzeichnet wurden. Mitglieder waren jeweils die sechs Staaten, die auch die EGKS bildeten. Mit dieser Entwicklung gab es nun drei „Europäische Gemeinschaften" (EGKS, EWG und EURATOM), welche jeweils getrennte Organe hatten. So gab es drei „Hohe Behörden", drei „Räte", jedoch nur zwei Versammlungen, Gerichtshöfe und Wirtschafts- und Sozialausschüsse, da die drei zuletzt genannten Organe von EURATOM und der EWG gemeinsam genutzt wurden. Dieser Zustand wurde erst durch die Verschmelzung der Räte und der Kommissionen im Jahr 1965 beendet, allerdings blieb die Bezeichnung „Europäische Gemeinschaften" gültig.

Mit der Gründung der beiden neuen Europäischen Gemeinschaften wurde die Auseinanderentwicklung der Integration der Sechs und der übrigen (west-) europäischen Staaten verfestigt. Diese blieben aus Skepsis gegenüber einer suprana-

Gründung von EURATOM und EWG

Konferenz von Messina

---

26 Der Vertrag zur EVG, der Voraussetzung für die Europäische Politische Gemeinschaft (EPG) war, scheiterte am 10. August 1954, als die französische Nationalversammlung die Befassung mit dem EVG-Vertrag ablehnte. Besonders kritisch wurde von der französischen Öffentlichkeit die nahezu gleichberechtigte Beteiligung der Bundesrepublik bewertet (Loth 1996: 139).

27 Vgl. hierzu das Schlusskommuniqué der Konferenz von Messina (Italien); in englischer Sprache online unter http://www.let.leidenuniv.nl/history/rtg/res1/messina.htm [Stand: 29.07.2003]; deutsch in: Auswärtiges Amt (1962: 2040ff). Gründungsphase und weitere Entwicklung der EWG in den 1960er und 1970er Jahren sollen hier nicht eingehend geschildert werden. Als weiterführende Literatur siehe Larat (2003). Aus der älteren Literatur sind von der Groeben (1982) und Küsters (1982) empfehlenswert.

tionalen Integration (Großbritannien, Dänemark, Norwegen) oder aus Gründen der politischen Neutralität (Schweiz, Österreich, Schweden) den neuen Gemeinschaften fern und verfolgten weiterhin das Konzept einer reinen Freihandelszone. Im Jahr 1960 gründeten die sechs genannten Staaten und Portugal die Europäische Freihandelszone (EFTA), die auch als bewusstes Gegengewicht zu den „Europäischen Gemeinschaften" angelegt war.[28]

Die EWG als Kern des europäischen Integrationsprozesses

Von den drei Gemeinschaften war die EWG die bei weitem Umfangreichste. Sie bildete in den Folgejahren das Kernstück des europäischen Integrationsprozesses, während die Bedeutung der EGKS und von EURATOM allmählich zurücktrat.[29] Die EWG konzentrierte sich nicht mehr auf einzelne Sektoren, sondern hatte zum Ziel, eine Zollunion und später einen gemeinsamen Markt für alle Wirtschaftsgüter und Dienstleistungen zu schaffen. Im Einklang mit den Aussagen der klassischen Ökonomie wurde die schrittweise Schaffung eines „Gemeinsamen Marktes" als Mittel der Wohlfahrtssteigerung verstanden. Gleichzeitig finden sich auch Bestandteile funktionalistischen Denkens im EWG-Vertrag – insbesondere in der Präambel, in der die Gründung der EWG als weiterer Schritt zur Verwirklichung des Friedens in Europa bewertet wird und sich die Staats- und Regierungschefs überzeugt zeigen, dass „Europa nur durch konkrete Leistungen, die zunächst eine tatsächliche Verbundenheit schaffen, und durch die Errichtung gemeinsamer Grundlagen für die wirtschaftliche Entwicklung aufgebaut werden kann".[30] Als Kern dieser „tatsächlichen Verbundenheit" galt die Zollunion, welche die Abschaffung sämtlicher Zölle an den „Binnengrenzen" der Gemeinschaft (also der zwischen den einzelnen Mitgliedstaaten verlaufenden Grenzen) sowie einen gemeinsamen Außenzoll innerhalb eines Zeitraums von zwölf Jahren ab Inkrafttreten des Vertrages (1. Januar 1958) vorsah.[31] Hinzu traten Vorschriften über die Niederlassungsfreiheit, die Freizügigkeit für Personen, Kapital, und Dienstleistungen sowie die Einführung einer gemeinsamen Außenhandelspolitik, einer Wettbewerbspolitik und von zwei Bereichspolitiken, nämlich einer – stark regulativ ausgerichteten – gemeinsamen Agrarpolitik und einer – erst spät in Angriff genommenen – gemeinsamen Verkehrspolitik.[32]

Zollunion

---

28 Hierzu und zur weiteren Entwicklung der EFTA vgl. Grosser/Woyke (1996).

29 Die Mechanismen der EGKS wurden trotz der Überproduktion und der steigenden Arbeitslosigkeit im Montansektor in den 1950er und 1960er Jahren nur vereinzelt angewandt (Statz 1975: 146-151). Mit der schwindenden Bedeutung der Kohle als Energieträger wurde die EGKS in den Folgejahren zunehmend marginalisiert. Der nur auf 50 Jahre abgeschlossene und am 23. Juli 2002 ausgelaufene EGKS-Vertrag wurde deshalb nicht mehr verlängert. EURATOM hingegen hat eine Reihe wichtiger Regelsetzungen im Umgang mit spaltbarem Material erreicht. Die Probleme liegen hier eher in der Überschneidung des ohnehin eng abgesteckten Aufgabenbereichs – die Förderung der friedlichen Nutzung der Kernenergie und die Organisation des Handels kerntechnisch verwendbarer Stoffe und Ausrüstungen – mit anderen Internationalen Organisationen, insbesondere der Internationalen Atomenergie-Organisation (IAEO) (Wittkämper 1996).

30 Allerdings ist darauf hinzuweisen, dass die territoriale Abgrenzung der neuen Gemeinschaften dem funktionalistischen Credo „form follows function" widersprach und aus diesem und anderen Gründen von Mitrany skeptisch gesehen wurde (Mitrany 1965; vgl. auch Rosamond 1999: 36-38).

31 Dieses Ziel konnte sogar zwei Jahre früher als nach dem Vertrag vorgesehen (nämlich 1968) verwirklicht werden.

32 Einen Sonderfall stellt die Assoziationspolitik (vgl. Kap. 12) dar.

Kasten 3.4: Stufen der wirtschaftlichen Integration[33]

Kern der wirtschaftlichen Integration ist die Bildung eines grenzüberschreitenden Marktes für alle wirtschaftlichen Betätigungen. Idealtypisch lassen sich vier unterschiedliche Integrationsstufen unterscheiden:

Freihandelszone: Abbau von Zöllen zwischen den beteiligten Staaten; kein gemeinsamer Außenzoll;

Zollunion: Beseitigung sämtlicher Zölle und anderer Abgaben an den Grenzen zwischen den beteiligten Staaten, Errichtung eines gemeinsamen Außenzolls;

Gemeinsamer Markt: Herstellung der vollen Freizügigkeit für Personen, Kapital, Güter und Dienstleistungen;

Wirtschaftsunion: Abstimmung der nationalen Wirtschaftspolitiken sowie ggf. Vereinbarung einer gemeinsamen Währung (Währungsunion).

Die hier vorgenommene Unterscheidung einzelner Integrationsstufen besagt nicht, dass die einzelnen Stufen in Reinform vorkommen und aufeinander folgen müssen. Das Beispiel der EWG zeigt, dass Staaten sofort untereinander eine Zollunion vereinbaren können und so die Stufe der Freihandelszone „überspringen". Gleichzeitig enthielt der EWG-Vertrag auch schon Vorschriften für einen Gemeinsamen Markt und – beispielsweise in der Wettbewerbs- und Agrarpolitik – Elemente einer Wirtschaftsunion.

Im EWG-Vertrag waren die einzelnen Schritte zur Verwirklichung der Zollunion und ihre zeitliche Abfolge genau festgelegt. Dies gilt nur in eingeschränktem Maße für die ebenfalls im EWG-Vertrag enthaltene Zielsetzung des Gemeinsamen Marktes. Zur Sicherung der Freizügigkeit als Kernbestandteil des Gemeinsamen Marktes wurden eine Reihe zusätzlicher Regeln – etwa zum Verbot jeglicher Diskriminierung, zur Kontrolle der Marktmacht von Unternehmen und zur Eindämmung von wettbewerbsverzerrenden politischen Eingriffen – vertraglich vereinbart, deren Ausübung und Kontrolle der Kommission bzw. dem Gerichtshof übertragen wurden. Den Mitgliedstaaten wurden durch die Möglichkeiten zur „Harmonisierung" einzelstaatlicher Politiken (Art. 100 EWG-V) und durch die „Generalklausel" des Artikels 235 EWG-V[34] eine Reihe von inhaltlich unscharf definierten Handlungsmöglichkeiten an die Hand gegeben. In der Tat haben die Regierungen der Mitgliedstaaten hiervon ausgiebigen Gebrauch gemacht, und zwar nicht nur, um die Marktintegration weiter voran zu treiben, sondern auch, um die negativen Auswirkungen eines völlig freien Wirkens der Marktkräfte zu neutralisieren (vgl. Kap. 8). Mehr und mehr haben sich so um den Gemeinsamen Markt weitere „Schichten" der politischen Kooperation angelagert. Insbesondere die Bereitschaft der EU-Regierungen, die einmal geschaffenen Institutionen zu nutzen, um eine Vielzahl von Sachproblemen kooperativ zu lösen, wurde zum Erfolgsrezept der europäischen Integration. Allerdings blieb die Verlockung stark, durch autonome Maßnahmen eigennützige Politik zu betreiben. Es bedurfte

---

33 Ausführlich hierzu Balassa (1962), ein kurzer Überblick über die theoretischen Grundlagen der verschiedenen Formen bei Swann (1995: 12-13).

34 Dieser Artikel besagt, dass die Gemeinschaft zur Erreichung dieser Ziele auch dann tätig werden kann, wenn der Vertrag keine ausdrücklichen Befugnisse hierzu vorsieht. Die Artikelnummerierungen in der Fassung des Vertrages von Nizza sind für den alten Art. 100 EWG-V nun Art. 94 EG-V; für Art. 235 EWG-V nun Art. 308 EG-V.

eines neuen Anlaufs, um die Verzerrungen des Gemeinsamen Marktes durch „nicht-tarifäre" Handelshemmnisse zu beseitigen.[35] Parallel zur Wirtschaftsintegration – allerdings außerhalb des institutionellen Gerüsts der Gemeinschaft und über lange Zeit nur schwach institutionalisiert – entwickelte sich so auch eine Kooperation der Mitgliedstaaten auf dem Gebiet der Außenpolitik sowie der Innen- und Justizpolitik. Zusammen mit dem ursprünglichen Kern der Gemeinschaft – der wirtschaftlichen Integration im Rahmen der EG – bilden diese beiden Bereiche heute die drei „Säulen" der Europäischen Union (Kap. 7 und 13).

3.6 Fazit

Die besondere politische und ökonomische Situation der Nachkriegszeit begünstigte die Suche nach neuen und unkonventionellen Lösungen. Kurzfristig drehte es sich für die Mitgliedstaaten der Montanunion um den friedensverträglichen Wiederaufbau des Kohle- und Stahlsektors. Langfristig stellte sich die Frage nach der dauerhaften institutionellen Absicherung des Friedens, nach der politischen und ökonomischen Einbindung und Kontrolle Deutschlands und nach einem Ausgleich zwischen Deutschland und Frankreich. Dieser anspruchsvolle Aufgabenkatalog konnte nicht durch einen großen Entwurf, sondern nur durch viele kleine Schritte bewältigt werden. Dabei ist es nicht zufällig, dass die europäische Integration auf einem Teilgebiet der Wirtschaft startete und bis heute im Kern ein wirtschaftspolitisches Unterfangen ist. Drei Gründe waren es, welche die wirtschaftliche Integration in der Situation der Nachkriegszeit als aussichtsreiches Projekt erscheinen ließen: *Erstens* handelt es sich um einen Sachbereich, in dem es sich nicht um Wertekonflikte drehte, sondern um Interessenkonflikte über vermehrbare Güter. Dies bedeutet, dass der Gewinn des einen Landes nicht gleichzeitig der Verlust eines anderen war, sondern für alle Beteiligten Gewinne in Aussicht standen. Die Gewinne waren die Wohlfahrtseffekte aus Freihandel und Arbeitsteilung, die mittels sektoraler Kooperation bzw. später durch die Errichtung eines Gemeinsamen Marktes realisiert werden sollten. Bedeutsam war auch, dass dieser Bereich einer technokratischen Regulierung zugänglich war. Die Marktschaffung und -überwachung auf einem bestimmten wirtschaftlichen Sektor und später die Errichtung von Zollunion und Gemeinsamem Markt eigneten sich hervorragend dazu, in Form eines Stufenplans herbeigeführt und als prinzipiell technisches Unterfangen dargestellt zu werden. Politische Auseinandersetzungen konnten so minimiert werden.

Zweitens war es einleuchtend, dass die durch Kooperation geschaffene „tatsächliche Verbundenheit" – so die Formel der Präambel des EGKS-V – ein erster Schritt auf dem Weg zu einer engeren politischen Zusammenarbeit der europäischen Völker war. Die wirtschaftliche Kooperation diente nicht nur der Steigerung der Wohlfahrt, sondern auch der Absicherung einer friedlichen Nachkriegs-

---

35 Unter nicht-tarifären Handelshemmnissen werden alle Faktoren verstanden, die den Austausch von Gütern und Dienstleistungen zwischen den Mitgliedstaaten erschweren oder verhindern, jedoch keine Zölle sind. Beispiele hierfür sind mengenmäßige Einfuhrbeschränkungen (Kontingente), nicht kompatible Industrienormen und Standards (z.B. für Elektrostecker oder Papierformate), oder nationale Gesundheitsschutz- und Umweltschutzvorschriften. Zur sog. Binnenmarktinitiative siehe unten, Kap. 4.

ordnung in Europa. Dass diese gedanklichen Konstrukte und kausalen Verbindungen einen Widerhall bei den Eliten und in der öffentlichen Diskussion fanden, hatte – *drittens* – mit der Verbreitung der Leitideen des wirtschaftlichen Liberalismus und des Funktionalismus zu tun. Die in der Situation der Nachkriegszeit als sachgerecht und angemessen wahrgenommenen Lösungen erlangten diese Qualitäten erst vor dem Hintergrund allgemein akzeptierter Ideenbestände. Politische Vorschläge wie die Gründung der EGKS und die Errichtung des Gemeinsamen Marktes hatten Erfolg, weil sie sich als Ausdruck solcher Leitideen präsentieren ließen. Die Leitideen dienten als Kristallisationspunkt von Akteurskoalitionen, weil es durch sie möglich war, unterschiedliche Interessen (wirtschaftlicher Aufbau, Friedenssicherung, europäische Einigung, Einbindung Deutschlands) miteinander zu versöhnen und plausible Zukunftsentwürfe zu präsentieren. Aus dieser Konstellation entstand eine „Logik der Wirtschaftsintegration", welche die zweite Hälfte des 20. Jahrhunderts in der (west-)europäischen Geschichte bestimmte.

4 Binnenmarkt: Die Dynamisierung des Integrationsgeschehens

4.1 Einführung: 1992 – Ein Sprung im Integrationsprozess

Dieses Kapitel befasst sich mit dem qualitativen Sprung, den der wirtschaftliche Integrationsprozess Mitte der 1980er Jahre mit dem Beschluss zur Schaffung eines Gemeinsamen Marktes bis 1992 machte. Durch das sogenannte Binnenmarktprogramm – in der politischen und wissenschaftlichen Debatte oft mit dem Kürzel „1992" belegt – wurden eine Reihe eigentlich technischer Maßnahmen zu einem Aktionsprogramm verknüpft, das eine enorme politische Dynamik entfachte und das die Institutionen der Gemeinschaft und ihren Politikprozess spürbar veränderte. Diese Veränderungen bestehen (1) im Hinblick auf die eingeschlagene Integrationsstrategie, (2) in bestimmten institutionellen Neuerungen (insbesondere dem vermehrten Gebrauch von Mehrheitsentscheidungen im Ministerrat) sowie (3) einer Neugewichtung marktschaffender und marktbegleitender Politik.

Veränderungen der Integrationsstrategie

Um die politische Dynamik zu verstehen, die das Binnenmarktprogramm entfachte, darf jedoch auch die Rolle der politischen Symbolik und der öffentlichen Vermittlung von Politik nicht vergessen werden. In den 1970er Jahren war die Gemeinschaft nach populärer Darstellung von einer Art Erstarrung befallen. Das Schlagwort „Eurosklerose"[1] machte die Runde. Nach dem großen Erfolg der vorzeitigen Vollendung der Zollunion im Jahre 1968 war der ambitionierte Versuch, eine Währungs- und Wirtschaftsunion und eine Politische Union noch in den 1970er Jahren zu schaffen, stillschweigend beerdigt worden. Der Beitritt Großbritanniens zur Europäischen Gemeinschaft 1973 führte zu einem Dauerkonflikt um die Höhe des britischen Beitrags zum Gemeinschaftshaushalt, der erhebliche politische Kräfte band und erst 1984 beigelegt werden konnte. Die Aufhebung der Zölle und Abgaben im Warenverkehr zwischen den Mitgliedstaaten hatten nur zu einem Teilerfolg geführt, da nach wie vor nicht-tarifäre Handelshemmnisse[2] den grenzüberschreitenden wirtschaftlichen Austausch erschwerten. Verschärft wurde das Problem dadurch, dass solche nicht-tarifären Hemmnisse von den Mitgliedstaaten teilweise bewusst als protektionistisches Instrument eingesetzt wurden.

„Eurosklerose"

Auch im Hinblick auf die volkswirtschaftliche Leistungsfähigkeit der EG-Staaten gab es Probleme: Stark verkürzt lautete die Lagebeurteilung, dass die europäischen Staaten in ihrer wirtschaftlichen Dynamik und ihren Entwicklungs-

---

1   Dies ist ein Wortspiel, das sich aus dem medizinischen Fachausdruckes „Sklerose" (z.B. Arteriosklerose) herleitet. Das Wort bezeichnet Krankheitszustände, die mit der Verkalkung oder Verhärtung von Gewebe einhergehen.

2   Unter nicht-tarifären Handelshemmnissen werden alle Faktoren verstanden, die den Austausch von Gütern und Dienstleistungen zwischen den Mitgliedstaaten erschweren oder verhindern, jedoch keine Zölle sind. Beispiele hierfür sind mengenmäßige Einfuhrbeschränkungen (Kontingente), nicht kompatible Industrienormen und Standards (z.B. für Elektrostecker oder Papierformate) oder nationale Gesundheitsschutz- und Umweltschutzvorschriften.

chancen den beiden wichtigsten Wettbewerbern – den USA und Japan – hinterher hinkten. Eine im Vergleich zu den vorausgegangenen Jahrzehnten hohe Arbeitslosenquote, insbesondere eine hohe strukturelle Arbeitslosigkeit, die Abwanderung forschungs- und technologieintensiver Industrien ins außereuropäische Ausland und ein verlangsamtes Wirtschaftswachstum der EG-Staaten waren die *Krisenindikatoren*, an denen man diese Wahrnehmung festmachte.[3] Als *Ursachen* für diese Entwicklung wurden vor allem die Zersplitterung der europäischen Märkte, zeitraubende Grenzformalitäten, in jedem Land abweichende Handelsvorschriften und vielfältige andere Barrieren gegen eine grenzüberschreitende Tätigkeit der europäischen Unternehmen angesehen.

In dieser von vielen handelnden Akteuren als krisenhaft wahrgenommenen Situation wurde das Binnenmarktprogramm lanciert. Es verkörperte nicht nur eine neue Integrationsstrategie, sondern mit dem Kürzel „1992" wurde auch ein einprägsames Symbol für einen wieder dynamischer ablaufenden Integrationsprozess geschaffen. Wie bereits bei der Gründung der EGKS verbanden sich mit dem Beschluss zur Verwirklichung von „1992" Hoffnungen auf eine wirtschaftliche und damit auch politische Stärkung der europäischen Staaten. Wohlfahrtsgewinn und politische Aufwertung durch mehr Integration war die einfache Formel, die hinter dem Erfolg des Binnenmarktprogramms stand. Die Wahrnehmung, dass durch einen weiteren Integrationsschritt handfeste Vorteile zu erwarten seien, prägte das politische Geschehen.

Unsere Diskussion des Binnenmarktprogramms ist wie folgt aufgebaut: In Kapitel 4.2 diskutieren wir ausführlich die Charakteristika der neuen Integrationsstrategie sowie die institutionellen Änderungen, die mit ihr einher gingen. In Kapitel 4.3 wenden wir uns der Frage zu, welche Erklärungsangebote die Wissenschaft für die Entstehung von „1992" und die durch dieses Programm ausgelöste politische Dynamik bereitstellt. Der Begriff „Binnenmarktprogramm" wird dabei im Folgenden weit ausgelegt. Wir benutzen den Begriff als Chiffre für die Gesamtheit der Beschlüsse, die im Zusammenhang mit dem politischen Entschluss zu „1992" und der Umsetzung dieses ambitionierten Programms stehen.

4.2 Charakteristika des Binnenmarktprogramms

4.2.1 Eine neue Integrationsstrategie

„Vollendung des Binnenmarkts"

Der materielle Inhalt der sogenannten Binnenmarktinitiative ist schnell umschrieben: Es handelt sich – in den Worten eines 1985 von der Kommission herausgegebenen Weißbuches[4] – um die „Vollendung des Binnenmarktes", also die

---

3 Zur wirtschaftlichen Entwicklung, ihren Bedingungen und Auswirkungen vgl. Tsoukalis (1997: 15-32).

4 Weißbücher sind von der Kommission veröffentlichte Dokumente, die Vorschläge für ein gemeinschaftliches Vorgehen in einem bestimmten Bereich beinhalten. Wird ein Weißbuch vom Rat positiv aufgenommen, kann aus ihm ein Aktionsprogramm für den betreffenden Bereich entstehen. Das 1985 vorgelegte Weißbuch „Vollendung des Binnenmarkts" ist ein gutes Beispiel für diesen Prozess: Es umfasste einen genauen „Gesetzesfahrplan" für 282 Rechtsakte, die für die Verwirklichung des Binnenmarktes als zentral benannt wurden; nach der Annahme des Weißbuchs durch den Rat wurde hieraus das Aktionsprogramm „1992".

Beseitigung jener Handelshemmnisse, die nach der Abschaffung der Zölle zwischen den Mitgliedstaaten verblieben waren.

Kasten 4.1: Binnenmarkt

Im Rahmen der EWG wurde die Zollunion bereits 1968 verwirklicht, die Verwirklichung des bereits 1957 im EWG-V vorgesehenen Gemeinsamen Marktes war damit jedoch noch nicht erreicht.[5] Der Gemeinsame Markt bzw. Binnenmarkt[6] unterscheidet sich vom anspruchsloseren Konzept der Zollunion[7] dadurch, dass nicht nur Zölle und Abgaben an den Grenzen, sondern auch alle anderen Vorschriften oder Praktiken verboten sind, welche den Handel zwischen den Mitgliedstaaten behindern oder den Wettbewerb zwischen den Produzenten verzerren können (sogenannte „nicht-tarifäre" Handelshemmnisse). Nachdem im Verlauf der 1970er und 1980er Jahre klar geworden war, dass viele Mitgliedstaaten nach wie vor eine offen oder versteckt protektionistische Politik betrieben, bedurfte es eines zusätzlichen politischen Anschubs – der sogenannten „Binnenmarktinitiative" – um u.a. den Gemeinsamen Markt zu verwirklichen.

In Titel III des EG-V (Art. 39-60) sind verschiedene „Grundfreiheiten" genannt, die als Kernbestandteile des Gemeinsamen Marktes gelten können. Hierzu zählen die

Freizügigkeit der Arbeitnehmer (jeder Bürger eines Mitgliedstaats darf in anderen Mitgliedstaaten der Gemeinschaft Arbeit suchen);

Niederlassungsrecht (Selbständige oder Gesellschaften können sich in anderen Mitgliedstaaten niederlassen, um dort Waren und Dienstleistungen anzubieten);

Dienstleistungsfreiheit (Dienstleistungen dürfen an Empfänger erbracht werden, die in anderen Mitgliedstaaten der Gemeinschaft ansässig sind);

Kapitalfreiheit (Freiheit der Kapitalflüsse und des Zahlungsverkehrs über die Grenzen hinweg).

Diese Prinzipien besagen, dass sich Waren, Personen, Dienstleistungen und Kapital frei über Grenzen bewegen können und das Recht auf Freizügigkeit innerhalb des Gemeinsamen Marktes haben. Damit dies reibungslos funktioniert, sehen der EWG-V bzw. der EG-V das Instrument der Rechtsangleichung vor. Durch Verordnungen und Richtlinien der Gemeinschaft wird die „Harmonisierung" von Rechtsregeln vorangetrieben. Dies bedeutet, dass alle nationalen Vorschriften, welche das Recht auf Freizügigkeit einschränken und Mobilität behindern könnten, abgeschafft bzw. so angepasst werden, dass keine handelshemmende Wirkung mehr von ihnen ausgeht (Art. 94 und 95 EG-V).

Solche nicht-tarifären (d.h. nicht auf Zöllen oder Abgaben beruhenden) Handelshemmnisse ergaben sich unter anderem aus den zahlreichen Vorschriften zum Schutz der Verbraucher, der Umwelt oder der Arbeitnehmer. Ein weiteres Beispiel sind unterschiedliche Vorschriften bei den technischen Standards. Eine handelshemmende Wirkung entfalten solche Vorschriften, weil durch sie entweder der Import einer Ware ganz untersagt wird oder das Produkt nach inländischen Vorgaben umgearbeitet werden muss. Auch die Freizügigkeit von Personen im Binnenmarkt und deren Recht, sich in anderen Mitgliedstaaten niederzu-

Das Problem nicht-tarifärer Handelshemmnisse

5   Wir verweisen hier nochmals auf die auf Belassa zurückgehenden Überlegungen zu verschiedenen Stufen der Wirtschaftsintegration (siehe hierzu die Darstellung in Kasten 3.4).
6   Die Begriffe „Binnenmarkt" und „Gemeinsamer Markt" sind beide im EG-V zu finden. Ihre Bedeutungsinhalte überlappen sich. Vgl. hierzu im Einzelnen Beutler u.a. (2001: 76).
7   Vgl. auch hierzu oben, Kasten 3.4.

lassen und dort Waren und Dienstleistungen anzubieten, kann durch staatliche Vorschriften behindert werden. Ein Beispiel hierfür sind berufsqualifizierende Abschlüsse oder sonstige Bildungszertifikate, die in den einzelnen Mitgliedstaaten jeweils unterschiedlich geregelt sind. Wenn solche Vorschriften den wirtschaftlichen Austausch zwischen den Mitgliedstaaten erschweren, stehen sie im Widerspruch zum Prinzip der Nichtdiskriminierung und den vier „Grundfreiheiten" des Binnenmarktes.

Gerade im Hinblick auf solche nicht-tarifären Handelshemmnisse erwies sich im Verlauf der 1970er und 1980er Jahre die Praxis der Angleichung von Rechtsvorschriften als zu schwerfällig (Kreile 1989; Young/Wallace 2000). Häufig zogen sich die entsprechenden Verhandlungen über einen Zeitraum von mehr als zehn Jahren hin und führten zu sehr komplizierten Regelwerken. Nicht zuletzt dieser Umstand war es, der zum Erscheinungsbild der „Eurosklerose" führte. Seit dem Beginn der 1980er Jahre kristallisierte sich so das unbefriedigende Funktionieren des Gemeinsamen Marktes als ein wichtiges Reformthema in der Europäischen Gemeinschaft heraus. Ein erster Versuch, diese Probleme zu bewältigen, wurde mit der Einrichtung eines speziellen Ministerrates für binnenmarktbezogene Fragen unternommen. Der entscheidende Durchbruch kam jedoch erst mit dem Beschluss zur durchgängigen Anwendung eines Prinzips, das aus der 1979 gefällten „Cassis de Dijon"-Entscheidung[8] des EuGH entwickelt wurde: nämlich das Prinzip der „wechselseitigen Anerkennung" (siehe Kasten 4.2). Vereinfacht gesprochen besagt das Prinzip, dass jeder Mitgliedstaat seinen Markt für Produkte anderer Mitgliedstaaten öffnen muss, solange sie im Einklang mit den entsprechenden Vorschriften des Erzeugerstaates in den Verkehr gebracht worden waren.

Prinzip der „wechselseitigen Anerkennung"

Kasten 4.2: Das Prinzip der „wechselseitigen Anerkennung"

> Die wechselseitige Anerkennung nationaler Vorschriften war eine revolutionäre Neuerung, weil sie die langwierigen Verhandlungen um die Harmonisierung einzelstaatlicher Vorschriften überflüssig machte. Solange ein Produkt den Vorschriften des erzeugenden Mitgliedstaates entsprach, konnten die anderen Mitgliedstaaten es nicht mehr mit der Begründung von ihren Märkten fernhalten, dass das betreffende Produkt mit ihren eigenen nationalen Vorschriften nicht vereinbar sei.
>
> Der Nachteil des Verfahrens liegt auf der Hand: Es existiert nicht mehr eine einzige, für alle europäischen Produzenten verbindliche Vorschrift, sondern eine Vielzahl national unterschiedlicher Regeln. Dies kann zu einem Problem werden, wenn einzelne Mitgliedstaaten über besonders laxe Regeln ihrer heimischen Industrie Wettbewerbs-

---

8   *Cassis de Dijon* ist ein französischer Likör aus Johannisbeeren. Sein Vertrieb in der Bundesrepublik war untersagt worden, weil Cassis einen Alkoholgehalt hat, der deutschen Standards für Likör nicht entsprach. Gegen diese Diskriminierung hatte Frankreich geklagt. Der EuGH entschied in Fortführung seiner früheren Rechtsprechung, dass nur solche Handelshemmnisse zulässig seien, die „zwingenden Erfordernissen" des Gesundheitsschutzes oder anderer öffentlicher Anliegen dienen, und hatte eine Abwägung mit den „Erfordernissen des freien Warenverkehrs, der eine der Grundlagen der Gemeinschaften darstellt", vorgenommen. Im konkreten Urteil argumentierte das Gericht, dass der Schutz der deutschen Verbraucher vor dem für deutsche Standards zu niedrigen (!) Alkoholgehalt von *Cassis* auch durch eine Kennzeichnung auf der Verpackung hätte erreicht werden können und das Einfuhrverbot somit überzogen war. Rechtssache 120/78, Sammlung 1979, S. 649. Ausführlich zu der grundsätzlichen Frage Beutler et al. (2001: Kap. 13.4.2.3).

vorteile verschaffen wollen. Aus diesem Grund sah der „neue Ansatz" vor, dass europäische Mindeststandards erlassen werden konnten, sofern dies zur Vermeidung von Wettbewerbsverzerrungen oder zum Schutz von Verbrauchern und Umwelt notwendig war. Eine weitere Sicherheit gegenüber zu niedrigen Standards besteht darin, dass die Mitgliedstaaten nationale Regelungen beibehalten können, wenn sie bestimmten Schutzzielen dienen (etwa dem Schutz der öffentlichen Sittlichkeit und Ordnung, der Verbraucher oder der Umwelt). Allerdings dürfen solche Schutzklauseln nicht willkürlich eingesetzt werden oder verschleierte Handelsbeschränkungen darstellen (Art. 30 EG-V). Im Zweifelsfall entscheidet der EuGH.[9]

In der Tat wurde das Prinzip der wechselseitigen Anerkennung zu einem Kernstück des sogenannten Binnenmarktprogramms, das 1985 vom Europäischen Rat verabschiedet wurde. Als Beratungsgrundlage und später als konkretes Aktionsprogramm diente das bereits erwähnte Weißbuch der Kommission zur „Vollendung des Binnenmarkts" (Kommission 1985). Im Kern bestand es aus zwei Teilen: Erstens einer Darstellung der Defizite der bisherigen Umsetzung des Gemeinsamen Marktes und der Behinderungen durch nicht-tarifäre Handelshemmnisse, sowie zweitens einer Liste von zunächst 300 (später geringfügig reduziert auf rund 280) Maßnahmen, die zur „Vollendung des Binnenmarktes" als notwendig betrachtet wurden. Als politische Zielvorgabe schlug die Kommission in ihrem Weißbuch die Umsetzung dieser Maßnahmen und die Abschaffung aller Binnengrenzen der Gemeinschaft bis zum 31. Dezember 1992 vor – daher der werbewirksame Slogan „1992" – und wies gleichzeitig auf die potenziellen politischen Implikationen des Programms hin. Zu ihnen zählte nicht zuletzt eine deutliche Ausweitung der Finanzmittel, die für die Kompensation der erwarteten räumlichen Polarisationseffekte bereit gestellt werden sollten.[10]

4.2.2 Mehrheitsprinzip und neue Politiken

Der Europäische Rat nahm im Juni 1985 in Mailand das Kommissionspapier mit nur sehr geringfügigen Änderungen an. Bis zum Ende des Jahres 1985 wurde außerdem eine Vereinbarung zwischen den Mitgliedstaaten in der Frage der notwendigen Anpassung der Gründungsverträge der Gemeinschaft erreicht. Eine besonders bemerkenswerte und folgenreiche Neuerung in diesem Zusammenhang war der Beschluss, in allen Fragen im Zusammenhang mit der Herstellung des Binnenmarktes künftig mit qualifizierter Mehrheit im Ministerrat abzustimmen (Art. 100a EWG-V, heute Art. 95 EG-V). Dies bedeutet, dass ein Mitgliedstaat in Binnenmarktfragen von den anderen Mitgliedstaaten überstimmt und gleichwohl verpflichtet werden kann, die beschlossenen Maßnahmen umzusetzen. Diese Veränderung des Vertrages bildete, zusammen mit einigen neu in den Vertrag aufgenommenen Politikkompetenzen der EG (hierzu unten), das Kernstück der

Mehrheitsentscheidungen in der Binnenmarktpolitik

---

9 Ein in der Forschung viel diskutiertes Thema ist, ob das Prinzip der wechselseitigen Anerkennung zu einem „Unterbietungswettbewerb" führt, also zu einer schrittweisen Erosion von nationalstaatlichen Regeln, die beispielsweise der öffentlichen Gesundheit, dem Schutz von Arbeitnehmern oder dem Umweltschutz dienen sollen (vgl. Kap. 8).

10 Diese Problemdimension fand unter dem Schlagwort des „Wirtschaftlichen und Sozialen Zusammenhalts" oder der „Kohäsion" der Gemeinschaft Eingang in den europapolitischen Jargon und in die Vertragstexte.

sogenannten Einheitlichen Europäischen Akte (EEA). Sie wurde 1986 förmlich von den Mitgliedstaaten verabschiedet und zum 1. Juli 1987 in Kraft gesetzt.

Auch nach der Verabschiedung der EEA beschränkte sich die Gemeinschaft fast ausschließlich auf den Bereich der wirtschaftlichen Integration. Die Initiativen zu einer außenpolitischen Abstimmung im Rahmen der sogenannten „Europäischen Politischen Zusammenarbeit" (EPZ, hierzu Kapitel 13) und die ersten Ansätze zu einer Kooperation in Fragen der inneren Sicherheit und der grenzüberschreitenden Kriminalitätsbekämpfung (hierzu Kapitel 7) liefen sozusagen am Rande des Gemeinschaftsgeschehens ab und fanden keine Erwähnung im EWG-V.[11] Gleichwohl markierte die EEA einen wichtigen Wandel in der bisherigen wirtschaftspolitischen Strategie: Erstmals wurde der Abbau der zwischenstaatlichen Handelshemmnisse, also die *marktschaffende* Politik, verknüpft mit einer deutlichen Ausweitung der *marktkorrigierenden* Politik. Hierzu zählt neben anderen Bereichen insbesondere die Regionalpolitik, die jetzt erstmals unter dem Titel „Wirtschaftlicher und Sozialer Zusammenhalt" eine Vertragsgrundlage erhielt.[12] Zur Erklärung dieses Vorgangs ist häufig darauf verwiesen worden, dass die Regionalpolitik der Preis war, den die wohlhabenden Mitgliedstaaten an die schwächeren Mitglieder für ihre Zustimmung zur EEA „bezahlen" mussten. Gleichwohl darf nicht übersehen werden, dass sich mit dem „Wirtschaftlichen und Sozialen Zusammenhalt" auch eine enorme Symbolkraft verband: Mit der Bezeichnung verdeutlichte die Gemeinschaft fortan, dass sie sich nicht nur als Unternehmen der Marktliberalisierung verstand, sondern auch eine politische und soziale Gemeinschaft bilden wollte. In den Folgejahren wurde das Ziel eines wirtschaftlichen Ausgleichs zwischen den Regionen der Mitgliedstaaten in einer Fülle von weiteren Politikbereichen verankert und zählt heute zu einem der konstitutiven Prinzipien der EG (ausführlich Conzelmann 2002: 63-114).

4.2.3 Die „Vorteile des Binnenmarktes"

Einer breiten Öffentlichkeit wurde das Binnenmarktprogramm mit einer 1988 im Auftrag der Kommission angefertigten Analyse unter der Federführung des italienischen Wirtschaftswissenschaftlers Paolo Cecchini bekannt gemacht. Unter dem programmatischen Titel „Die Vorteile des Binnenmarktes" (Cecchini 1988) wurde auf eingängige Weise argumentiert, dass die Kombination von Bürokratie, Grenzformalitäten und Protektionismus sowie die Vielfalt technischer Standards und Normen die Wirtschaftstätigkeit in den EG-Mitgliedstaaten hemmten. Unter den Bedingungen einer globalisierten Weltwirtschaft und der wirtschaftlichen Konkurrenz mit den USA und Japan sei die europäische Industrie durch fragmentierte Märkte auf vielfältige Weise behindert. In den kleinen Teilmärkten könne der Wettbewerb seine effizienzsteigernde Wirkung nicht vollständig entfalten. Angesichts dieser Probleme empfahl der Bericht eine weitreichende Liberalisierung und Deregulierung der Güter- und Faktormärkte und den Abbau noch bestehender Handelshemmnisse zwischen den Mitgliedstaaten. All dies werde zu

---

11 Zur EPZ siehe jedoch Titel III der EEA.
12 Weitere Beispiele für den Ausbau gestaltender Kompetenzen der Gemeinschaft sind die Forschungs- und Technologiepolitik und die Umweltschutzpolitik, die mit der EEA Eingang in den Vertrag fanden, jedoch – wie die Regionalpolitik – schon zuvor faktisch in die Gemeinschaftspolitik aufgenommen worden waren.

einer Senkung der Kostenbelastung der Unternehmen und zu einer Steigerung der Investitionsbereitschaft führen. Langfristig könne so Arbeitslosigkeit abgebaut und die Konkurrenzfähigkeit der europäischen Industrie gegenüber ihren Wettbewerbern verbessert werden (siehe Schaubild 4.1).

Schaubild 4.1: Die Vorteile des Binnenmarktes

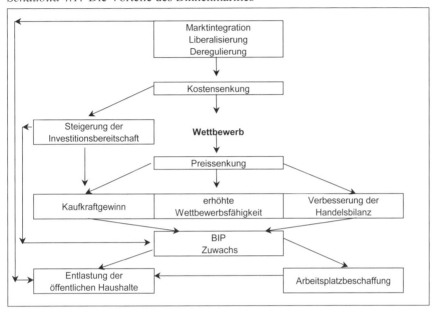

In Anlehnung an: Cecchini (1988: 135).

Die optimistischen Prognosen des Cecchini-Berichtes wurden über die Medien weit verbreitet und überwiegend positiv aufgenommen. Sachlich war die Aussicht entscheidend, durch den Binnenmarkt Zuwächse des Bruttoinlandsprodukts der europäischen Staaten zu erzielen und neue Arbeitsplätze schaffen zu können. Für die Gültigkeit der Vorhersagen sprach, dass der Bericht auf einer wissenschaftlichen Analyse beruhte, die herrschende Lehrmeinung widerspiegelte und sich auf eine umfangreiche Befragung von Unternehmen, also den entscheidenden Akteuren bei der Schaffung neuer Arbeitsplätze, stützte.

Gleichwohl wäre es naiv, mit dem Verweis auf den Cecchini-Bericht auch die politische Durchsetzung des Binnenmarktprojekts erklären zu wollen. Denn selbstverständlich gab es auch potenzielle Nachteile des Binnenmarktprogramms – insbesondere die bereits angesprochene Gefahr einer Verschärfung regionaler Unterschiede. Auch andere Befürchtungen machten die Runde, z.B. dass der freiere Wirtschaftsaustausch vor allem den Wohlhabenden nützen werde und soziale und ökologische Aspekte an den Rand gedrängt würden (beispielhaft Heine/Kisker/Schikora 1991). Zudem war nicht eindeutig zu bestimmen, in welchem Umfang die bisherige Wirtschaftsintegration tatsächlich zum Wachstum beigetragen hatte und ob die Wohlfahrtseffekte tatsächlich so beeindruckend ausfallen würden wie in der Analyse des Cecchini-Berichts vorhergesagt.[13] Zu fragen ist also, welche Faktoren dafür ausschlaggebend waren, dass „1992" und die EEA als politische Projekte durchsetzbar wurden. Im folgenden Abschnitt wenden wir uns dieser Frage zu. Wir geben dabei keine eigene Erklärung, sondern referieren unterschiedliche Erklärungsansätze, die in der Politikwissenschaft diskutiert werden.

4.3 Erklärungsansätze

Neue integrationstheoretische Debatten

Die erstaunliche politische Dynamik, die der europäische Integrationsprozess nach dem Beschluss zur Umsetzung des Binnenmarktprogramms gewann, löste auch ein starkes wissenschaftliches Interesse aus. Hatten sich in den Jahren vor 1985 nur relativ wenige Wissenschaftler mit der Europäischen Gemeinschaft beschäftigt, so stieg die Zahl der wissenschaftlichen Publikationen zu dem Thema nun rasch an. Die Diskussion bezog sich nicht alleine auf die Beschreibung des Prozesses, sondern ging auch mit einem erneuten theoretischen Interesse an der europäischen Integration einher. Die alte Frage, die im Zentrum der frühen Integrationstheorien gestanden hatte – nämlich, ob die europäische Integration als ein Projekt zur Überwindung des Nationalstaates zu interpretieren sei, oder ob es lediglich um die „klassische" zwischenstaatliche Interessenpolitik gehe – gewann unter veränderten Vorzeichen wieder an Aufmerksamkeit. Im Zentrum der Debatte stand die Frage, welche Faktoren den neu erwachten Integrationswillen der europäischen Staaten erklären können. Der naheliegende Untersuchungsgegenstand waren dabei die Prozesse, die zur Verabschiedung des Binnenmarktprogramms und der EEA führten. Von den wissenschaftlichen Beobachtern wurde teils auf die Bedeutung von zwischenstaatlichen Kompromissen verwiesen, teils auf die besondere Leistung der Kommission unter der Führung ihres neuen Präsidenten Jacques Delors. Der Erklärungsanspruch zielte aber über diesen konkreten Einzelfall hinaus: Es ging um die allgemeine Frage nach der Handlungsfreiheit der EG-Mitgliedstaaten unter den Bedingungen der europäischen Integration und um die Fähigkeiten der Kommission, wirkungsvolle und von den Handlungen der Mitgliedstaaten unabhängige Integrationsimpulse zu geben. Die gegensätzlichen Positionen dieser Debatte haben in den 1990er Jahren eine lebhafte theoretische Kontroverse ausgelöst.

Am Beginn der erneuten theoretischen Debatte in der Politikwissenschaft standen zwei Beiträge, die als gegensätzliche Interpretationsmuster der neu erwachten Integrationsdynamik präsentiert wurden: einerseits der supranational

---

13 Der durch die EG induzierte Wachstumseffekt ist in einer wissenschaftlichen Analyse nur schwer von anderen wachstumsfördernden Faktoren zu isolieren (Tsoukalis 1997: 15-20). Der Vergleich mit der Leistungsfähigkeit anderer Volkswirtschaften – etwa der Entwicklung des BSP/Kopf mit den Vereinigten Staaten – gibt gewisse Anhaltspunkte, ist aber auch problematisch: Die Steigerungsraten in der europäischen Wirtschaftsentwicklung können ebenso als Nachholeffekt eingestuft werden, da die Vereinigten Staaten nach dem Zweiten Weltkrieg auf einem wesentlich höheren Produktivitätsniveau starteten als die europäischen Staaten. Ökonomen, die eine systematische Analyse vorgenommen haben, kommen zu eher ernüchternden Aussagen. So argumentiert Kamppeter, dass die EG/EU-Staaten in den Jahren seit Ende des Zweiten Weltkriegs bei einer Reihe wichtiger Wirtschaftsindikatoren (Bruttosozialprodukt, Inflation, Arbeitslosigkeit und Beschäftigungswachstum) keineswegs bessere, sondern tendenziell schlechtere Werte erreicht haben als die „Referenzländer" USA, Kanada und Japan (Kamppeter 2000: 28-29).

orientierte Ansatz von Wayne Sandholtz und John Zysman (1989), andererseits der intergouvernemental ausgerichtete Erklärungsansatz von Andrew Moravcsik (1991). Die Diskussion zwischen diesen Autoren kreist im wesentlichen um die Frage, von welchen Akteuren (der Kommission oder den Mitgliedstaaten) die entscheidenden Impulse zur Verabschiedung des Binnenmarktprogramms und der EEA ausgingen.[14] In der Vorstellung dieser beiden gegenläufigen Interpretationen (Kapitel 4.3.1 und 4.3.2) legen wir ein stärkeres Gewicht auf die Sichtweise, die von Sandholtz und Zysman vertreten wird. Der Grund hierfür ist die ausführliche Diskussion der intergouvernementalen Deutung der europäischen Integration an anderer Stelle (Kapitel 5). Ein drittes Erklärungsmuster, dem in der Debatte um die Erklärung des europäischen Integrationsprozesses häufig zu wenig Gewicht beigemessen wird, konzentriert sich auf die Rolle von Ideen als erklärende Variable von Politik. Wir gehen deshalb in Abschnitt 4.3.3 auf den ideenzentrierten Ansatz von Garrett und Weingast (1993) sowie auf eine Arbeit von Jakob Edler (2000) ein.

4.3.1 1992: Die Kommission als Integrationsmotor

Das auffällige Zusammenfallen der „Wiederbelebung" des Binnenmarktes mit dem Antritt einer neuen Kommission unter Jacques Delors bildet den Ausgangspunkt der Analyse von Wayne Sandholtz und John Zysman. Ihr wichtigstes Argument lautet, dass es die Kommission geschafft habe, in einer Situation tiefgreifenden, wirtschaftlichen und politischen Wandels auf globaler Ebene[15] die entscheidenden Impulse für eine vertiefte Zusammenarbeit der europäischen Staaten zu geben. In Zusammenarbeit mit einer Unterstützergruppe von Wirtschaftsverbänden und transnational organisierten Unternehmen habe sie es vermocht, die Eliten entscheidender EG-Mitgliedstaaten hinter der gemeinsamen Vision eines wieder belebten europäischen Binnenmarktes zu vereinen. Ein wichtiges Forum hierbei sei der sogenannte *European Round Table of Industrialists* (ERT) gewesen, in dem sich bereits seit den frühen 1980er Jahren große europäische Firmen in einer lockeren Gesprächsrunde zusammengefunden hatten.[16]

Supranationale bzw. neo-funktionalistische Erklärung

Mit der Konzentration auf die Initiativrolle der Kommission suchen Sandholtz und Zysman die Erklärung für die neue Integrationsdynamik nach 1985 vor allem auf der supranationalen Ebene. Aus diesem Grund wird ihr Ansatz häufig als „supranational" bezeichnet. Zugleich greifen sie mit dem Verweis auf das Zusammenspiel von Kommission und transnationalen Wirtschaftseliten einen zentralen Topos „neo-funktionalistischen" Denkens auf (vgl. Kasten 4.3), weshalb ihr Erklärungsmodell häufig auch als Vertreter dieser Theorieströmung diskutiert wird.

---

14 Eine etwas ausführlichere und andere Akzente setzende Zusammenfassung der Debatte bietet List (1999: 88-94).

15 Hierzu zählen die Autoren den oben bereits diskutierten Wandel der Welthandelsbeziehungen, die Verschiebung des außenhandelspolitischen Kräfteverhältnisses zwischen den USA, Japan und Europa, sowie die sich nach dem Gipfeltreffen von Reykjavik 1986 abzeichnende Entspannung zwischen den militärischen Supermächten USA und Sowjetunion.

16 Zum European Round Table of Industrialists sind vor allem die Schriften von Maria Green Cowles einschlägig (1995; 1997; vgl. auch Rhodes/ van Apeldoorn 1997).

Kasten 4.3: Der Neo-Funktionalismus

Mit dem Begriff des Neo-Funktionalismus wird darauf abgehoben, dass wichtige Prämissen des (in Kapitel 3 am Beispiel der Arbeiten Mitranys diskutierten) Funktionalismus aufgegriffen werden.[17] Zwei solcher Prämissen seien kurz erwähnt: Zum einen die Vorstellung, dass die Integration vormals souveräner Nationalstaaten zunächst in einem bestimmten Politikfeld oder wirtschaftlichen Sektor beginne und von dort in andere Bereiche übergreifen könne, zum anderen die wichtige Rolle, die den Eliten beigemessen wird. Anders als bei Mitrany sind für den Neo-Funktionalismus allerdings nicht Experten und Techniker die relevanten Eliten, sondern gesellschaftliche Interessengruppen und politische Parteien. Movens der Politik sind die gesellschaftlichen Akteure, die aufgrund von Erfahrungen ihre Erwartungen verändern und mit neuen Forderungen auftreten. Prozesse der Umorientierung und des Lernens sind also zentral für den Verlauf der Integration.

Dieser Fokus auf gesellschaftliche Eliten ist auch für die Frage eines Übergreifens („*spill-over*") der Kooperation von einem bereits supranational organisierten Bereich in einen anderen Bereich wichtig. Im Neo-Funktionalismus ergibt sich dieses Übergreifen nicht (wie im klassischen Funktionalismus) alleine aus dem sachlichen Zusammenhang von Problembereichen und wirtschaftlichen Sektoren, der zu einer stetigen Ausdehnung von Kooperation führt. Zudem gibt es auch einen „politischen" *spill-over*, der durch die oben angesprochenen Lernprozesse politischer und ökonomischer Eliten angetrieben wird. Die politische Festigung der Kooperation wird von den Eliten als ein Wert an sich betrachtet und von einem Zuwachs an Loyalität gegenüber der supranationalen Ebene begleitet.[18] Drittens können sich für den Neo-Funktionalismus Schritte zur Vertiefung der Integration auch aus einem bewusst gesteuerten Prozess der Einbindung gesellschaftlicher Gruppen, der Mediation zwischen den einzelnen Staaten und dem Schnüren von Paketlösungen ergeben („*cultivated spill-over*", vgl. Nye 1970: 806-807). Eine zentrale Rolle kommt hier der Kommission zu. Sie vermittelt zwischen den Nationalstaaten und ihren jeweiligen partikularen Interessen und sorgt – in einer berühmten Formulierung – für ein „upgrading of common interest", also die Entdeckung gemeinsamer Interessen und den Ausbau von Kooperation zwischen den Mitgliedstaaten (Haas 1963: 368).

---

17 Der wichtigste neo-funktionalistische Autor ist Ernst B. Haas (1958; 1964). Zu nennen sind ferner Leon N. Lindberg, Joseph Nye und Philippe Schmitter; vgl. vor allem ihre Beiträge in Lindberg/Scheingold (1970). Eine aktuelle Überblicksdarstellung des Funktionalismus und Neo-Funktionalismus bei Conzelmann (2003). Siehe auch die ältere Arbeit von Senghaas-Knobloch (1969).

18 Eine weitere wichtige Fortentwicklung funktionalistischer Prämissen betrifft die von Mitrany unterstellte Trennung von Politik und Technik. Der Neo-Funktionalismus argumentiert hier, dass auch im Fall einer zunächst rein technisch angelegten Kooperation spätestens mit dem Aufbau einer trans- oder supranationalen Administration ein Prozess gradueller Politisierung in Gang gesetzt wird. Integration ist nicht nur technokratische Optimierungsstrategie, sondern enthält unweigerlich ein Element von Politik (Haas 1964: 23). Erfolgversprechende Integrationsprozesse beschränken sich nicht auf Netzwerke technisch-administrativer Eliten, sondern stützen sich auf eine Institutionalisierung der Kooperation. Ein weiterer Unterschied ist die Fixierung auf einen geographischen Raum. War Mitranys Blick noch auf eine internationale Kooperation gerichtet, so steht im Neo-Funktionalismus die regionale Gemeinschaft im Mittelpunkt. Zu ihr gehört ein supranationales Entscheidungssystem, dem in einem Prozess der kleinen Schritte zunehmend Kompetenzen übertragen werden. Durch einen fortschreitenden „Transfer von Souveränität und Loyalität" hin zu diesen neuen supranationalen Gemeinschaften werden diese in ihrer Position gegenüber den Nationalstaaten gestärkt.

Es ist allerdings darauf hinzuweisen, dass die Argumente von Sandholtz und Zysman keine neo-funktionalistische Analyse „in Reinform" darstellen, da sie Ansätze aus verschiedenen intellektuellen Traditionen zu einem komplexen Modell zusammenfügen. So verweisen die beiden Autoren darauf, dass neben der Rolle der Kommission auch der internationale Kontext und die weitgehend ähnlichen wirtschaftspolitischen Philosophien der britischen, deutschen und französischen Regierungen entscheidend waren. Allerdings bringen diese anderen Traditionen lediglich erlaubende Rahmenbedingungen ein, während die eigentliche Erklärung im Modell von Sandholtz und Zysman von neo-funktionalistischem Gedankengut geleistet wird (insbesondere durch den Verweis auf die Interaktion von supranationalen Akteuren und gesellschaftlichen Eliten).[19] Ihr Argument lautet, dass eine Erklärung die Interaktionen von drei Akteursgruppen beleuchten muss, nämlich der Kommission, der Wirtschaftseliten und der Regierungen:

> „Die Kommission macht Vorschläge und leistet Überzeugungsarbeit. Wirtschaftseliten üben einen unverzichtbaren Einfluss auf die Regierungen aus. Diese sind hierfür empfänglich, da sich sowohl weltwirtschaftliche als auch innenpolitische Veränderungen ergeben haben. (...) In diesem Kontext zeigten Initiativen der EG auf, dass es gemeinsame Handlungsmöglichkeiten auf der europäischen Ebene als Alternative zu nationalstaatlich gescheiterten wirtschaftspolitischen Strategien gab" (Sandholtz/Zysman 1989: 128, eigene Übersetzung).

Mit dieser Konzentration auf die Interaktion von politischen und wirtschaftlichen Eliten und der Kommission verneinen die beiden Autoren nicht die institutionell abgesicherte zentrale Rolle der Mitgliedstaaten in der Gemeinschaft. Es habe aber des politischen Unternehmertums der Kommission bedurft, um die Regierungseliten auf ein gemeinsames Vorgehen einzuschwören, sie hinter einem konkreten Aktionsprogramm zu vereinen und die vielfältigen Interessenkonflikte zwischen den Mitgliedstaaten zu überbrücken. Die Kommission ist kein alternatives Machtzentrum, sondern Katalysator zwischenstaatlicher Aushandlungsprozesse. Ihr entscheidender Einfluss liegt darin, dass ihr Handeln sich nicht darauf beschränkt, die Präferenzen der Mitgliedstaaten möglichst treffsicher zu antizipieren und daraus einen Kompromissvorschlag zu entwickeln. Es geht vielmehr darum, dass die Kommission durch das Angebot von Konzepten und die Einbindung von Akteuren ein kohärentes politisches Programm entwickeln und dabei selbst Akzente setzen konnte. Diese Leistung sei nicht zuletzt den politischen Qualitäten des damaligen Kommissionspräsidenten Jacques Delors zuzurechnen.[20]

4.3.2 Die Einheitliche Europäische Akte als Beispiel für „Staatskunst"

Andrew Moravcsik bezog sich in seinem 1991 erschienenen Beitrag direkt auf die oben kurz zusammengefasste Arbeit von Sandholtz und Zysman. Er bezweifelte, dass der Prozess, der zur Annahme des Weißbuchs Binnenmarkt durch den

Intergouvernementalismus

---

19 Vgl. auch die Auseinandersetzung von Sandholtz und Zysman mit dem Neofunktionalismus und ihren Vorschlag für die kritische Adaption neofunktionalistischen Gedankenguts (Sandholtz/Zysman 1989: 97-99).

20 Zur politischen Vorbereitung und Verhandlung des Binnenmarktprogramms siehe neben der bereits genannten Literatur auch die aufschlussreiche Monographie von Ross (1995).

Rat und die Verabschiedung der EEA führte, mit der Rolle der Kommission als politischer Unternehmerin und durch die Allianz zwischen Kommissionsbeamten und transnational organisierten Wirtschaftsinteressen (insbesondere dem ERT) zu erklären sei. Seine „liberal-intergouvernementalistische" Analyse[21] bringt ihn zu dem Ergebnis, dass die Konvergenz der ordnungspolitischen Vorstellungen und Interessen der wichtigsten Mitgliedstaaten der Gemeinschaft (Großbritannien, Frankreich und Deutschland), die sich unabhängig von der Gemeinschaftspolitik entwickelte, den politischen Prozess am besten erklärt.[22] Zugleich hätten in diesen Aushandlungsprozessen zwischen den Mitgliedstaaten weder das Parlament noch die Kommission entscheidende Bedeutung gehabt. In Bezug auf die Rolle von Jacques Delors argumentiert Moravcsik, dass die Entscheidung der Mitgliedstaaten zu einer neuen Integrationsinitiative in Form der Vollendung des Binnenmarktes bereits vor der Berufung Delors' zum Kommissionspräsidenten gefallen sei. Dessen politische Fähigkeiten hätten weniger in der Rolle eines supranationalen Unternehmers gelegen, als vielmehr darin, die *bereits bestehenden* Präferenzen der Mitgliedstaaten richtig erfasst und unter den Bedingungen eines extrem engen Handlungsspielraumes erfolgreich mit den Mitgliedstaaten interagiert zu haben. Insofern habe die Kommission nichts vermocht, was nicht ohnehin bereits im Denken und im Handeln der Mitgliedstaaten angelegt war.[23]

4.3.3 Der Einfluss von Ideen auf das Zustandekommen von „1992"

Ideentheoretische Ansätze

Eine weitere Interpretation des Zustandekommens des Binnenmarktprojektes stellt auf die Rolle von Ideen in diesem Prozess ab. Ein häufig zitierter Beitrag in diesem Zusammenhang stammt von Garrett und Weingast, die – ähnlich wie Moravcsik – im Rahmen eines intergouvernementalen Ansatzes argumentieren und deren zentrales Erklärungsproblem die Verabschiedung der EEA ist (Garrett/Weingast 1993: 187-191). Ihrer Analyse zufolge hatte sich zu Beginn der 1980er Jahre in der Gemeinschaft ein erheblicher Reformdruck aufgebaut, der jedoch zunächst folgenlos blieb, weil es zwischen den Mitgliedstaaten keine Einigkeit über den einzuschlagenden Weg gab. Zwar habe es – ausgehend von den in Kapitel 3 skizzierten Außenhandelstheorien und der Analyse des Cecchini-Berichtes – eine breite Übereinstimmung zugunsten einer weiteren Liberalisierung des Handels zwischen den Mitgliedstaaten gegeben. Auch das Problem der

---

21 Die theoretischen Prämissen dieser Perspektive werden in Kapitel 5 am Beispiel der Wirtschafts- und Währungsunion ausführlicher behandelt.

22 Siehe Scherpenberg (1996) für eine kritische Auseinandersetzung mit der These ordnungspolitischer Konvergenz zwischen den Mitgliedstaaten der Gemeinschaft.

23 Allerdings ist darauf hinzuweisen, dass Moravcsik diese Argumente in seinem später veröffentlichten Buch abgeschwächt hat (Moravcsik 1998: 314-378, insbes. 371-375). Moravcsik räumt nun der Kommission eine prominentere Stelle in seinem Erklärungsmodell ein. Das Argument lautet, dass diese eine wichtige Rolle als Manager und Mediator der zwischenstaatlichen Verhandlungen gespielt habe und es ihr darüber hinaus gelungen sei, Allianzen von substaatlichen Akteuren zu bilden, die sich aktiv für die Beschlussfassung zur EEA einsetzten. Die Kommission habe somit die Beschlussfassung der Mitgliedstaaten erleichtert und beschleunigt. Ihr sei damit eine „wichtige, aber letztlich zweitrangige Rolle im Schnüren des Verhandlungspakets" zugekommen (ebd.: 372, eigene Übersetzung). Die Kontroverse entzündete sich neu durch eine erneute modellhafte Zuspitzung seines Argumentes (Moravcsik 1999c) und eine konstruktivistische Erwiderung von Christiansen (2002).

mangelnden Wettbewerbsfähigkeit der EG-Staaten gegenüber den industriellen Wettbewerbern in Japan und den USA sei allgemein gesehen worden. Das Problem habe jedoch in der Auswahl eines geeigneten Weges zur Durchsetzung des Gemeinsamen Marktes bestanden. In dieser Situation sei ein einfaches und einleuchtendes Prinzip der Kooperation ebenso notwendig gewesen wie eine Institution, die über die Einhaltung des Prinzips habe wachen können.

Für diese Funktion habe sich vor allem das Prinzip der wechselseitigen Anerkennung angeboten, das von der Kommission auf Grundlage der oben (Kapitel 4.2.1) angesprochenen *Cassis de Dijon*-Entscheidung des EuGH entwickelt worden war. Die Wahl dieses Prinzips sei in der damaligen Handlungssituation keineswegs zwangsläufig gewesen; vielmehr habe es einer politisch vorangetriebenen Konstruktion dieses Prinzips als „offensichtliche" Lösung für das bestehende Kooperationsproblem bedurft. Das Kernargument von Garrett und Weingast lautet, dass es sich bei dem Prinzip der wechselseitigen Anerkennung um einen Schnittpunkt („*focal point*") gehandelt habe, an dem die Erwartungen der Akteure hinsichtlich möglicher Pfade der Kooperation konvergierten. Dabei – hier deckt sich das Argument von Garrett und Weingast mit der Analyse Moravcsiks – habe das Prinzip der wechselseitigen Anerkennung diese Rolle nur deshalb erfüllen können, weil es mit den Präferenzen der drei wichtigsten EG-Staaten (Deutschland, Frankreich und Großbritannien) vereinbar gewesen sei.

Eine weitaus radikalere Sicht zur Rolle von Ideen wird in der Arbeit von Jakob Edler (2000) vertreten. In ihr geht es allerdings nicht allgemein um die Binnenmarktinitiative, sondern um einen zentralen Bestandteil des Programms, nämlich die Forschungs- und Technologiepolitik der Gemeinschaft. Edlers zentrales Argument lautet, dass die „technologische Lücke" und der Wettbewerbsnachteil gegenüber den beiden Mitbewerbern USA und Japan keineswegs ein objektiver Tatbestand, sondern eine politische Wirklichkeitskonstruktion gewesen sei. Diese Wirklichkeitskonstruktion sei von der Kommission durch eine Vielzahl von Strategien (beispielsweise die Einberufung von Expertenkommissionen, die gezielte Vergabe von Auftragsstudien und die schrittweise Einbindung immer weiterer Kreise von Experten und Beamten in den entstehenden Diskurs) gezielt aufgebaut und gefördert worden. Die Diagnose einer technologischen Lücke und die daraus gezogene politische Schlussfolgerung – nämlich die grenzüberschreitende Kooperation von Industrieunternehmen und Forschungsinstituten in bestimmten Sektoren durch Fördergelder zu verstärken – habe sich zu einer Leitidee verdichtet, die politisch handlungsrelevant wurde. Sie habe schließlich nicht nur die Aufnahme einer forschungs- und technologiepolitischen Kompetenz der Gemeinschaft in den Vertrag möglich gemacht, sondern darüber hinaus auch die Verabschiedung von Förderprogrammen auf der supranationalen Ebene – und zwar beides *gegen* den anfangs beträchtlichen Widerstand der Mitgliedstaaten.

Die beiden vorgestellten Ansätze beruhen damit auf unterschiedlichen Prämissen hinsichtlich der Ausbildung von Interessen und der Rolle von Ideen in diesem Zusammenhang. Garrett und Weingast gehen davon aus, dass die Interessen der Mitgliedstaaten zum Zeitpunkt des Beginns von Verhandlungen feststehen und sich im Laufe der Verhandlungen nicht ändern. Ideen spielen in ihrer Analyse eine Rolle, wenn sie – wie das Prinzip der wechselseitigen Anerkennung – die Kooperation zwischen den (als rationalen Nutzenmaximierern konzipierten) mitgliedstaatlichen

Akteuren erleichtern.[24] Für Edler hingegen liegt die Bedeutung von Ideen gerade darin, dass sie die Wahrnehmung der Akteure hinsichtlich der Problemsituation und gangbarer und angemessener Lösungswege strukturieren. Dies bedeutet, dass von der Annahme feststehender Interessen abgegangen und danach gefragt wird, welche Bedeutung die Prozesse der Deutung der Umwelt und der möglichen Handlungsalternativen für die Entstehung und *Veränderung* von Präferenzen haben.[25] Garrett und Weingast hingegen blenden die Prozesse der Wirklichkeitsdeutung und der Genese von Präferenzen aus und konzentrieren sich auf die Prozesse des strategischen Aushandelns von Kompromissen vor dem Hintergrund bestehender Interessen.

4.3.4 Fazit

Relative Erklärungskraft der verschiedenen Ansätze

Bei der Verabschiedung des Binnenmarktprogramms und der EEA spielten eine Fülle von Faktoren zusammen. Hierzu zählen Veränderungen internationaler Handelsströme und des Charakters der globalen Arbeitsteilung, das Scheitern bisheriger Integrationsstrategien, der Einfluss neuer Ideen, die Rolle der Kommission als politischer Unternehmerin sowie hartes politisches Verhandeln zwischen den Mitgliedstaaten. Diese Faktoren greifen vielfältig ineinander und machen eine monokausale Erklärung der Ereignisse unmöglich (Young/Wallace 2000: 95). Gleichwohl lässt sich hieraus nicht der Schluss ziehen, dass alle der genannten Autoren „irgendwie" recht haben und der Streit der Wissenschaft somit überflüssig sei. Vielmehr muss gefragt werden, ob es bestimmte Gesichtspunkte gibt, die der einen oder der anderen Erklärungsstrategie eine höhere Aussagekraft verleihen.[26] So lässt sich beispielsweise argumentieren, dass das Entstehen der Binnenmarktinitiative und die durch sie ausgelöste politische Dynamik eher mit einem Ansatz zu verstehen ist, der Policy-Lernen, die politische Unternehmerrolle der Kommission und den Einfluss neuer Ideen miteinander verbindet. Der Verlauf der zwischenstaatlichen Verhandlungen um die von der Kommission vorgelegten Vorschläge und um die Vertragsrevision durch die EEA ist

---

24 Der Beitrag stammt aus einem Sammelband, der in der Diskussion um den Einfluss von Ideen auf Politik eine wichtige Rolle einnimmt (Goldstein/Keohane 1993b). In diesem Band wird generell davon ausgegangen, dass Ideen eine Rolle spielen, sofern (a) Unsicherheit der Teilnehmer über Ursache-Wirkungs-Zusammenhänge und die Implikationen bestimmter Handlungsstrategien besteht, wenn (b) eine Vielzahl von Kooperationsmöglichkeiten zwischen den Verhandelnden existiert, ohne dass ersichtlich wäre, durch welche Form der Kooperation die Teilnehmer das beste Ergebnis zu erwarten haben oder wenn (c) Transaktions- und Informationskosten bestehen, die es aus Sicht der Verhandelnden rational erscheinen lassen, zu erprobten (institutionalisierten) Verfahren zu greifen. Ideen können im Fall (a) Klarheit verschaffen und die Auffassungen über „rationales" Handeln prägen, bei (b) bestimmte Formen der Kooperation im Sinne eines „focal point" als naheliegend erscheinen lassen, bei (c) die Strategien ausrichten, weil etablierte Verfahren und Regeln stets einen ideellen Hintergrund haben, der aber nicht bei jeder Interaktion von Neuem in Frage gestellt wird. Der theoretische Hintergrund für diese Argumente kann an dieser Stelle nicht weiter ausgeführt werden (ausführlicher Goldstein/ Keohane 1993a; zur Kritik Wendt 1994).

25 Da die Wirklichkeit den Akteuren in dieser Sichtweise nur als „Konstruktion" (also als ein in Prozessen der Diskussion bestimmter Ideen ausgebildetes Gedankengebäude) zugänglich ist, handelt es sich um eine „konstruktivistische" Deutung der Rolle von Ideen (vgl. Krell 2000: Kap. 11).

26 Siehe hierzu auch die Diskussion bei List (1999: 95-96).

dagegen eher mit einem intergouvernementalen Ansatz zu erklären. In der Tat ist ein Grund für den Unterschied in den Ansätzen von Moravcsik einerseits und Sandholtz und Zysman andererseits, dass sich die Autoren auf unterschiedliche Facetten des Prozesses konzentrieren. So steht im Mittelpunkt des Beitrags von Sandholtz und Zysman das eigentliche Binnenmarktprogramm, wohingegen sich Moravcsik vor allem mit der Vertragsrevision von 1986 – der EEA – beschäftigt.

Anknüpfend an solche Überlegungen haben Paul Pierson (1996) sowie Armstrong und Bulmer (1998) eine „neo-institutionalistische" Interpretation vorgestellt: Demnach eigne sich der supranationale Ansatz eher dazu, die langfristigen Entwicklungen der Gemeinschaft, die schrittweise Einbindung der Mitgliedstaaten in ein Geflecht institutionalisierter Normen und Regeln und die Bindungskraft einmal beschrittener Politikpfade zu verstehen, während intergouvernementale Ansätze vor allem dann stark seien, wenn es um die Erklärung der zwischenstaatlichen Verhandlungen innerhalb eines bestimmten, abgegrenzten Zeitraumes geht. Die Kritik an intergouvernementalen Ansätzen lautet also nicht, dass sie eine verkürzte Sicht der Wirklichkeit hätten, sondern dass sie sich lediglich für die Erklärung eines bestimmten Realitätsausschnittes eigneten, während andere Entwicklungen außer Acht geraten. In der Tat konzentrieren sich die Beiträge von Andrew Moravcsik auf jene Episoden der europäischen Integration, in denen über eine Änderung der Gründungsverträge verhandelt oder fundamental wichtige Verhandlungslösungen erzielt wurden. Sie geben so eine plausible Momentaufnahme ab, ohne – um die von Pierson gebrauchte Metapher zu verwenden – sich zu einem vollständigen Film zusammenfügen zu lassen. Zwischen den Perioden der „großen" Verhandlungen zwischen den EG-Mitgliedstaaten liegen Phasen, in denen sich aus dem alltäglichen Funktionieren der Institutionen und der politischen Praxis neue Verfahren, neue Regeln des Umgangs miteinander und schleichende Kompetenzerweiterungen der Gemeinschaft ergeben. Ohne Publizität und nahezu unmerklich verändert sich damit die Grundlage, auf der zwischenstaatliche Verhandlungen stattfinden. Steht nach einigen Jahren wieder eine Regierungskonferenz an, so spielt zwar nach wie vor das zwischenstaatliche Aushandeln eine gewichtige Rolle, doch findet dies nun auf einer gänzlich anderen Grundlage statt als noch die vorherigen Verhandlungen. Insofern – so der Kern der Kritik – blende der intergouvernementalistische Ansatz die entscheidenden Dimensionen der Entstehung von Verhandlungs-Agenden und der darauf bezogenen mitgliedstaatlichen Präferenzen systematisch aus.

Die intergouvernementalistische Antwort auf solche Argumente besteht aus dem Verweis auf die prägende Kraft, die intergouvernementale Absprachen für die nachfolgenden Interaktionen im Rahmen der Gemeinschaftsinstitutionen besitzen.[27] Die Möglichkeit, dass sich quasi hinter dem Rücken der Mitgliedstaaten neue, von diesen nicht gebilligte Praktiken ergäben, seien gering. Selbst wenn dem so sei, so seien die Mitgliedstaaten in der Lage, derartige Entwicklungen wirkungsvoll einzudämmen. Der These von „nicht-intendierten Nebeneffekten" zwischenstaatlicher Vereinbarungen und von nicht mehr effektiv zu kontrollierenden institutionellen und politischen Entwicklungen sei deshalb zu widersprechen. Die mitgliedstaatli-

---

27 In seinem 1998 erschienenen Buch „The Choice for Europe" führt Moravcsik aus: „The most important such choices are five treaty-amending sets of agreements that propelled integration forward. Each grand bargain, three aimed at trade liberalization and two at monetary co-operation, set the agenda for a period of consolidation, helping to define the focus and pace of subsequent decision-making. The EC has evolved ... as a ,sequence of irregular big bangs'" (Moravcsik 1998: 1-2).

chen Regierungen seien in allen Phasen des Politikprozesses und nicht alleine bei den „großen" zwischenstaatlichen Verhandlungen in der Lage, die politische und institutionelle Entwicklung der Gemeinschaft zu kontrollieren.

5. Der qualitative Sprung zur Wirtschafts- und Währungsunion (WWU)

5.1 Einführung

Ziel dieses Kapitels ist es, die Währungsunion aus intergouvernementalistischer Sichtweise zu erklären. Das Kapitel dient dabei sowohl der Einführung in die Theorie des Intergouvernementalismus als auch der Erklärung des Zustandekommens der Währungsunion.[1] Die Konzeption des Kapitels als theoriegeleitete Erklärung soll den Unterschied zu deskriptiv-chronologisch angelegten Aufarbeitungen der Währungsunion deutlich machen, wie sie in vielen Lehrbüchern zu finden ist.[2]

5.2 Intergouvernementale Erklärungsansätze

Aus intergouvernementalistischer Sicht ist die Beantwortung einer Frage entscheidend, um das Phänomen der Europäischen Integration zu erklären: Warum sind souveräne Staaten bereit ihre zentralen Wirtschaftspolitiken zu koordinieren und dafür Souveränitätsrechte an internationale Institutionen abzugeben?

Intergouvernementalismus

Mitte der 1960er Jahre beantwortete Stanley Hoffmann diese Frage in Bezug auf die europäische Integration mit einer intergouvernementalistischen Erklärung und eröffnete damit eine konkurrierende Sichtweise zu den bisher vorherrschenden funktionalistischen Ansätzen.[3] Er verwies darauf, dass es die europäische Integration nicht vermocht habe, die Nationalstaaten in ihrem Handlungsspielraum wesentlich einzuschränken und sie obsolet werden zu lassen. Vielmehr seien Staaten – vertreten durch ihre Regierungen – nach wie vor die zentralen Akteure in den internationalen Beziehungen.

Hoffmann greift in seiner Theorie auf wesentliche Prämissen der „realistischen Schule" zurück (vgl. Welz/Engel 1993: 154-158; vgl. Kap. 2): Die Welt ist ein Staatensystem, das weder eine übergeordnete Autorität noch ein sanktionsbewehrtes Rechtssystem kennt. Staaten sind einheitlich handelnde Akteure, deren einziges Ziel die Selbstbehauptung ist. Kooperation zwischen Staaten ist ledig-

---

1   Das Kapitel lehnt sich – mit dem Einverständnis des Autors – an die Arbeit von Dieter Wolf (1999) an. Er hat die Währungsunion aus zwei theoretischen Perspektiven (funktionalistisch und intergouvernementalistisch) beleuchtet; nur letztere Perspektive wird hier aufgegriffen. Im folgenden Text haben wir uns bemüht, die theoriegeleitete Analyse knapp und verständlich aufzubereiten. Dort wo auf die Arbeit von Wolf zurückgegriffen wird, sind die Stellen selbstverständlich im Text gekennzeichnet.

2   Als Beispiele für – inhaltlich sehr solide – deskriptive Aufarbeitungen sei auf Thiel (1998: Kap. V) verwiesen.

3   Vgl. seinen zentralen Aufsatz von 1966, aber zur Kritik am Funktionalismus und Hoffmanns intergouvernementalistischen Thesen vor allem auch seine Aufsätzen von 1964 und 1982; für eine komprimierte Darstellung auch Welz/Engel (1993: 154-158).

lich Mittel zum Zweck: Sie wird gepflegt, solange sie der eigenen Stärke, Sicherheit und Wohlfahrt dient. Die Institutionalisierung der zwischenstaatlichen Zusammenarbeit in einer Internationalen Organisation ist im Zweifelsfalle nur eine temporäre Erscheinung. Entfallen die Vorteile, wird sie wieder aufgekündigt. Mit anderen Worten: Dauerhafter Souveränitätsverzicht und irreversible Unterordnung unter eine supranationale Autorität werden ausgeschlossen. Allerdings räumt Hoffmann ein, dass die Nationalstaaten einen Teil ihrer Handlungsfähigkeit eingebüßt haben und wesentliche Aufgaben wie die Gewährleistung militärischer Sicherheit und wirtschaftlicher Prosperität nur noch im Verbund mit anderen erfüllen können. Die Nachkriegsgeschichte lasse sich in dieser Weise gut erklären. Die europäischen Staaten haben ihre ökonomische und militärische Schwäche durch NATO und EG kompensiert, konnten sich so innenpolitisch stabilisieren und international mit neuem Selbstbewusstsein auftreten.

Liberaler Intergouvernementalismus

In der Folge griffen mehrere Autoren diesen Ansatz auf und entwickelten ihn weiter. Einer der prominentesten Vertreter ist Andrew Moravcsik. Er nennt seine Weiterentwicklung „liberalen Intergouvernementalismus", der die Analyse internationaler Beziehungen durch theoretische Annahmen über die Bildung nationaler Interessen ergänzt (Moravcsik 1993: 480). Der „liberale Intergouvernementalismus" beruht auf

1. der Annahme eines rational kalkulierenden staatlichen (gouvernementalen) Verhaltens,
2. einer liberalen Theorie der nationalen Präferenzbildung[4],
3. der Annahme, dass die europäische Politik sich aus dem intergouvernementalen Aushandlungsprozess ergibt, der folglich im Mittelpunkt der Analyse stehen sollte (Moravcsik 1993: 480).

Rationalismus

Ad 1. Grundlage ist die „rationalistische" Handlungstheorie[5]: Staaten als rationale Akteure handeln eigennützig (utilitaristisch); d.h. sie bewerten die sich ihnen bietenden Handlungsalternativen nach einem Kosten-Nutzen Kalkül auf der Basis gegebener Interessen. Unterschiedliche Handlungsoptionen ergeben sich daraus, dass ein Akteur entweder danach streben kann, bei gleichen Kosten einen möglichst hohen Nutzen oder den gleichen Nutzen bei möglichst geringen Kosten zu erringen. Aus der unterschiedlichen Dringlichkeit der Interessen und der möglichen Kombination von Handlungsoptionen entsteht eine Präferenzordnung, nach der sich staatliches Handeln ausrichtet.

Präferenzen

Ad 2. Moravcsik behandelt die nationale Präferenzbildung nicht als „black box", sondern erklärt sie aus den Prozessen der innerstaatlichen Willensbildung. Gesellschaftliche Gruppen verfolgen ihre Interessen, indem sie politische Lösungen zugunsten ihrer Präferenzen durchzusetzen suchen. In einem pluralistischen Wettbewerb ist eine Regierung mit unterschiedlichen Anforderungen konfrontiert. Bei ihrer Entscheidung, welche sie bevorzugt berücksichtigt und welche sie vernachlässigt, spielt die Parteienkonkurrenz und wahlstrategische Überlegungen eine wichtige Rolle. Der Grund für diese Annahme ist die Unterstellung, dass es je-

---

4 Die Bezeichnung „liberal" verweist darauf, dass (a) Individuen als relevante Akteure als Ausgangspunkte angenommen werden und (b) deren Handlungen hinsichtlich kollektiver Entscheidungen untersucht werden.
5 Der Gegenbegriff zu rationalem Handeln ist nicht irrationales, sondern normorientiertes Handeln.

der Regierung um politische Machterhaltung geht. Im Interesse dieser Machterhaltung, die sich in allgemeinen Wahlen entscheidet, streben Regierungen danach,
nicht zu eng an partikulare Interessen gebunden zu sein. Ein gewisser Handlungsspielraum ist überdies Voraussetzung für europäischen Verhandlungserfolg, der bei
gleichberechtigten Spielern und unterschiedlichen Interessen notwendigerweise auf
Kompromissen beruht. Europäische Politik hat einen paradoxen Effekt: Der Zwang
zum Kompromiss engt den Handlungsspielraum nationaler Regierungen ein und
verschafft ihnen gleichzeitig mehr Handlungsspielraum, nämlich gegenüber den nationalen Interessengruppen. Regierungen können ihre integrationspolitischen Entscheidungen mit außenpolitischen Notwendigkeiten und Verhandlungszwängen be-
gründen. Die nationalen Partikularinteressen werden mit dem Argument be-
schwichtigt, dass ohne die bedauerlichen Zugeständnisse überhaupt keine Entscheidung hätte getroffen werden können.

Ad 3. Verlauf und Ergebnis der Verhandlungen werden durch die Verhand- Verhandlungen
lungskonstellation geprägt. Staaten treffen mit divergierenden Präferenzen aufeinander. Selbst wenn Übereinstimmung herrscht, dass die sie alle betreffende
Herausforderung am besten durch gemeinsames Handeln bewältigt werden sollte,
so stimmen Vorstellungen über konkrete Ziele und Mittel selten überein. Dies erklärt sich meist aus der unterschiedlichen Betroffenheiten der Beteiligten. Wech-
selkursschwankungen verteuern für alle Produzenten internationale Handelsge-
schäfte, weil sie zum Schutz davor Risikoversicherungen abschließen müssen.
Diese Kosten fallen, je nach dem Grad der Außenhandelsverflechtung und der
Währungsstabilität zwischen den Handelspartnern, in unterschiedlicher Höhe an.
So ist erklärlich, dass Wirtschaftsunternehmen und Verbände in einem Land
nachdrücklicher auf eine Währungsunion drängen als in einem anderen.

Aus intergouvernementaler Sichtweise kann es nur dann zu gemeinsamen
Entscheidungen kommen, wenn eine weitgehende Interessenübereinstimmung
gegeben ist. Die Europäische Union produziert nicht von selbst ein Gemeinschaftsinteresse, vielmehr ist sie ein „international regime for policy-co-ordina-
tion" (Moravcsik 1993: 480). Folglich kann man aus dieser Sicht die europäische
Politik am besten durch die Analyse der nationalen Präferenzbildung und institu-
tionsabhängigen Verhandlungsstrategien begreifen. Wie Staaten interagieren
hängt von der Beschaffenheit der sog. „Politikarena" ab. Typische Merkmale der
Politikarena der EU sind nach Moravcsik (1993: 498f):

– die intergouvernementale Zusammenarbeit ist freiwillig; militärische oder
  wirtschaftliche Drohungen sind weder glaubwürdig noch legitim;
– ein hohes Informationsniveau; d.h. die nationalen Verhandler sind relativ gut
  über die Interessen und Präferenzen der anderen Teilnehmer informiert;
– niedrige Transaktionskosten der Verhandlung; d.h. während der Verhandlungen besteht ausreichend Möglichkeit alternative Vorschläge einzubringen
  und Kompromisse auszuhandeln bzw. durch Ausgleichszahlungen („side-
  payments") und thematische Verknüpfungen („linkages") die Verhandlungen
  voran zu bringen.

Einfluss auf den Verhandlungserfolg haben folglich jene Akteure, die etwas anzubieten haben. Wenn Zugeständnisse wenig Kosten verursachen, dem Verhandlungspartner aber einen hohen Gewinn sichern, ist eine Einigung leicht
möglich. Verhandlungsmacht beruht damit auf der Fähigkeit eines Staates (1)
zum Alleingang; (2) zur Ausgrenzung einzelner Teilnehmer und der Bildung al-

ternativer Koalitionen und (3) zum Angebot von Koppelgeschäften und Ausgleichszahlungen (Moravcsik 1993: 499).

Kasten 5.1: „Issue-Linkages", „package-deals" und „side payments"

> Es gibt unterschiedliche Strategien, um durch Tauschgeschäfte in Verhandlungen zu einer Annäherung zu kommen. „Issue-Linkages" (thematische Verknüpfungen, Koppelgeschäfte) und „package-deals" (Paketlösungen) sind in allen internationalen Verhandlungen bewährte Strategien, um durch eine Verknüpfung von Verhandlungsgegenständen, die inhaltlich häufig nichts mit einander zu tun haben, eine einseitige Verteilung von Vor- und Nachteilen auszugleichen. Die grundlegende Philosophie ist, dass eine Einigung zwischen unabhängigen Akteuren nur auf der Grundlage der Reziprozität zustande kommt. Ein solcher Ausgleich wird häufig auch durch gezielte Finanzhilfen (Ausgleichszahlungen, „side payments") geleistet.

Die Bedeutung der Europäischen Union ergibt sich daraus, dass sie die Kooperationsbedingungen der Akteure verbessert. Sie setzt günstige Rahmenbedingungen, indem sie die Verlässlichkeit der Verhandlungsvereinbarungen und die Berechenbarkeit des Verhandlungsverlaufs sichert. Vereinbarungen der EU sind bindend; eine Richtlinie oder Verordnung der EG schafft in allen Mitgliedstaaten unmittelbar gültiges Recht. Gemeinschaftsinstitution überwachen die Einhaltung des Rechts; bei Verstößen kann geklagt werden und es können Sanktionen verhängt werden. Die EG verfügt über Finanzmittel und administrative Unterstützung, die gewährt oder verweigert werden kann.

Aus der Perspektive des liberalen Intergouvernementalismus sind dies aber nur Rahmenbedingungen, die eine Vereinbarung erleichtern und absichern können. Entscheidend für den Erfolg der Integration bleibt die Interessenübereinstimmung der Mitgliedstaaten und die Verteilung von Verhandlungsmacht:

> „... the ‚liberal intergovernmentalist' argument – holds that European integration was a series of rational adaptations by national leaders to constraints and opportunities stemming from the evolution of an interdependent world economy, the relative power of states in the international system, and the potential for international institutions to bolster the credibility of interstate commitments" (Moravcsik 1998: 472).

5.3 Vom theoretischen Modell zur empirischen Analyse: Die Einigung auf die Währungsunion

Moravcsik (1995) selbst hat seine Aussage durch die systematische historische Analyse von fünf weichenstellenden Verhandlungen seit dem Start der Europäischen Wirtschaftsgemeinschaft untermauert. Seine grundsätzlichen theoretischen Annahmen kann man aber auch in ein stärker formalisiertes Analysekonzept übertragen.[6] Dieser Weg soll hier gewählt werden, um den Analyseprozess möglichst transparent zu machen. Der erste Schritt ist die Operationalisierung einer Theorie.

---

6 Darin folgen wir wieder Wolf (1999: 64-67), auf den sich die folgenden Ausführungen stützen.

Kasten 5.2: Operationalisierung

> Die Operationalisierung – hier die Umsetzung der theoretischen Annahmen des Inter-
> gouvernementalismus zur Analyse des Zustandekommens der Währungsunion – ist
> Voraussetzung für jede theoriegeleitete empirische Forschung. Dieser Arbeitsvorgang
> umfasst alle „Operationen", die zur näheren Konkretisierung der unterstellten Zusam-
> menhänge, zur Erfassung und Messung möglicher Indikatoren beitragen (vgl. zur
> Verwendung des Begriffs in der Methodenlehre auch M. Schmidt, 1995).

Zum Zweck der Operationalisierung wird auf den situationsstrukturellen Ansatz von Zürn (1992) zurückgegriffen. Dieser geht davon aus, dass sich Interaktionsergebnisse in einer Konfliktsituation mit Hilfe einer spieltheoretischen Modellierung der unterschiedlichen Spielsituationen vorhersagen lassen. Spielsituationen sind aufgrund von drei Merkmalen zu charakterisieren: (1) die beteiligten Akteure, (2) deren Handlungsoptionen bzw. Verhaltensalternativen sowie (3) deren Interessenlagen, die sich in der Präferenzordnung widerspiegeln (Zürn 1992: 137). Zürn modelliert diese unterschiedlichen Situationen in verschiedenen Spielformationen. Unter Rückgriff auf die Spieltheorie kann er dann aus der Verhandlungssituation, somit der Spielsituation, Aussagen über den wahrscheinlichen Verhandlungsverlauf machen. Zürn identifiziert dabei vier Typen sogenannter „mixed-motive games" (Zürn 1992: 153). Er geht davon aus, dass sich alle relevanten Verhandlungen in den internationalen Beziehungen, so auch in der EG, einer dieser vier Kategorien zuordnen lassen:

Situations-strktureller Ansatz

– Koordinationsspiele ohne Verteilungskonflikte
– Koordinationsspiele mit Verteilungskonflikten
– Dilemmaspiele
– Rambospiele

Bei beiden Typen von Koordinationsspielen, im Gegensatz zu Kooperationsspielen haben die Akteure gemeinsame Interessen. Es kann davon ausgegangen werden, dass Koordinationsspiele ohne Verteilungskonflikte die am wenigsten problematische Situation darstellen, da es sich um reine Kommunikationsprobleme handelt, die durch klare Absprachen vermieden werden können. Ist man sich einig, die Schwankungen zwischen den europäischen Währungen in engen Grenzen zu halten, dann müssen lediglich klare Regeln für die Interventionen der nationalen Notenbanken bestehen. Dies war der Fall beim Europäischen Währungssystem (EWS), das 1979 realisiert wurde und dessen Hauptzweck es war, die für Handel, Investition und Wirtschaftswachstum als schädlich angesehene Instabilität der Währungen zu verringern. Das EWS war ein Festkurssystem. Für jede der daran teilnehmenden Währungen wurde der Leitkurs gegenüber der Währungseinheit ECU (Durchschnittswert der Gemeinschaftswährungen) festgelegt. Abweichungen der täglichen Devisenkurse waren nur im Rahmen bestimmter Margen (Bandbreiten) zulässig. Waren diese Margen erreicht (Interventionspunkte), mussten die Notenbanken an den Devisenmärkten intervenieren, d.h. die jeweils schwächere Währung aufkaufen bzw. die stärkere Währung verkaufen. Durch diese Koppelung bewegten sich die europäischen Währungen wie eine „Schlange" (ausführlich Thiel 1998: 153-161).

Koordinationsspiele

Koordinationsspiele mit Verteilungskonflikten führen nicht so leicht zur Einigung. Der Wille zum gemeinsamen Handeln ist zwar da, aber es gibt in der Regel unterschiedliche Auffassungen darüber, aufgrund welcher Kriterien und nach welchem Schlüssel die Kosten zu tragen sind. Interventionen auf den Währungsmärkten sind kostspielig. Wer garantiert, dass der Kurs der schwachen Währung, die man mit harten Devisen aufgekauft hat, wirklich stabil bleibt? Sollten die Kosten der Intervention hauptsächlich dem Weichwährungsland aufgebürdet werden oder von allen gleichmäßig getragen werden? Dies war eines der Probleme des EWS. Die eben beschriebenen Interventionen fanden meist durch Notenbanken statt, deren Währungen schwach notiert waren. Meist fanden die Interventionen noch vor Erreichen des Interventionspunktes statt. Die Notenbanken mit der stärkeren Währung waren in diesem Fall nicht zur Intervention verpflichtet (vgl. Thiel 1998: 155).

Dilemmaspiel   Dilemmaspiele wiederum zeichnen sich dadurch aus, dass die Akteure ihren Nutzen maximieren wollen und kein gemeinsames Interesse aufweisen. Die dominante Strategie ist zunächst das unkooperative Verhalten, dass durchaus in einigen Spielen zu schlechteren Ergebnissen führen kann. Können dort suboptimale Ergebnisse durch Kooperation vermieden werden, wird kooperiert. In diesen Spielen haben wir es oft mit einem typischen Trittbrettfahrerproblem zu tun. Beispielsweise kommt eine strikte Politik der Geldwertstabilität der großen EU Staaten aufgrund der Handelsverflechtung auch denen zu Gute, die selbst eine ausgabenfreudigere Politik betreiben.

Rambospiele   Rambospiele modellieren die am schwersten zu lösenden Verhandlungssituationen. Die Annahme ist, dass einer der Beteiligten durch Kooperationsverweigerung genau das erreichen kann, was er will. Die internationale Währungskrise, die Anfang der 70er Jahre zum Zusammenbruch des Bretton Woods System führte, wurde dadurch ausgelöst, dass die USA ihre Interessen durch einen Alleingang am besten gewahrt sahen (vgl. Thiel 1998: 153-161).

Bei der Beschreibung der vier Spieltypen ist schon deutlich geworden, dass ein eindeutiger Zusammenhang zwischen Situationsstruktur und Einigung auf eine gemeinsame Politik unterstellt wird. Abstrakt lassen sich folgende Voraussagen treffen[7]:

Schaubild 5.1: Modellierung des Zusammenhangs von Situationsstruktur und Einigung

Ist die Situationsstruktur gleichzusetzen mit,	dann ist die Wahrscheinlichkeit einer Einigung
Koordinationsspiel ohne Verteilungskonflikt,	sehr hoch
Koordinationsspiel mit Verteilungskonflikt,	hoch
Dilemmaspiel,	gering
Rambospiel,	sehr gering

Aufgrund dieser allgemeinen Überlegungen kann man für einen konkreten Fall einen vielversprechenden Untersuchungsplan entwickeln. Die Schritte sind:

1. die Identifikation der für die Entscheidungsfindung relevanten Akteure;
2. die Klärung der alternativen Handlungsoptionen;

---

7   Zürn identifiziert zusätzlich sekundäre Einflussfaktoren (wie u.a. ein langer und dunkler Schatten der Zukunft, hohe Transaktionsdichte, asymmetrische Machtverteilung etc.), die ein Aushandlungsergebnis beeinflussen können. Diese haben vor allem in Dilemma- und Rambospielen höheren Einfluss auf eine Einigung; sie werden im Folgenden nicht berücksichtigt (Zürn 1992: 240-148).

3. die Erhebung der Präferenzen der jeweiligen Akteure;
4. die Diagnose der Situationsstruktur (vgl. Zürn 1992: 240-248).

Im Idealfall kann dieses Analysekonzept nicht nur dazu verhelfen, nachträglich z.B. die Einigung auf eine europäische WWU zu erklären, sondern auch die Einigungschancen für künftige Verhandlungen vorauszusagen.

Der Vorteil dieser Modellierung ist, dass es klare Aussagen gibt und einfach zu handhaben ist. Wer die Verhandlungen über die WWU verfolgt hat, wird aber sofort darauf verweisen, dass die Abstimmung zwischen den Mitgliedstaaten nur die eine Seite der Medaille war. Die andere war geprägt von den innenpolitischen Auseinandersetzungen, die nicht nur die Festlegung der nationalen Präferenzen, sondern häufig auch unmittelbar die europäischen Verhandlungen beeinflussten.

Um diese Dimension zu erfassen, greifen wir, wieder in Anlehnung an Wolf (1999), den Zwei-Ebenen Ansatz auf.[8] Er hilft uns, die vom liberalen Intergouvernementalismus so nachdrücklich betonte Verknüpfung zwischen der nationalen und internationalen Ebene in unsere Operationalisierung zu integrieren. Der Zwei-Ebenen Ansatz erfasst die Positionen der nationalen Interessengruppen, die im analysierten Politikfeld wichtig sind. Stimmen sie mit der Haltung der Regierung überein, so hat man den Fall eines Gleichklangs. Die Trennung der Handlungsebenen bringt bei dieser Interessenkonstellation keinen Erkenntnisgewinn. Besteht dagegen ein Positionsunterschied, so sind die Folgen unterschiedlich, je nachdem, ob die Interessengruppen eine integrationsfreundlichere Haltung einnehmen als die Regierung, also national sozusagen in Führung gehen (Unterstützer-Position) oder integrationsfeindlicher sind, d.h. im Zweifelsfall Obstruktion betreiben (Widerstands-Position).[9] Diese unterschiedlichen nationalen Konstellationen kombinieren sich auf der europäischen Ebene zu folgenden Paarungen:

In einer „Unterstützer-Unterstützer Situation" sind die wesentlichen gesellschaftlichen Akteure (beider Staaten) stärker an der Integration interessiert als die jeweiligen Regierungen und üben folglich einen Druck zur Einigung aus. Bei „Widerstand-Widerstand Situationen" sind im Gegenteil die wesentlichen gesellschaftlichen Akteure weniger an der Integration interessiert als die Regierungen und werden vereint bremsen. In einer „Unterstützer-Widerstand Situation" ist jeweils auf einer Seite die einflussreiche gesellschaftliche Gruppe stärker interessiert als die Regierung.

Aus Platzgründen und aus didaktischen Gründen – für die Umsetzung eines theoretischen Modells sollte die Demonstration an einem Beispiel genügen – soll hier darauf verzichtet werden, alle Situationsstrukturen mit allen Ebenenkombinationen darzustellen. Als Beispiel wurde jene Situationsstruktur ausgewählt, die für Verhandlungen in der EG charakteristisch ist und den Fall der Währungsunion auch am besten erfasst, nämlich ein Koordinationsspiel mit Verteilungskonflikt. Aus der Situationsstrukturanalyse wurde vorausgesagt, dass es mit hoher Wahrscheinlichkeit zu einer Einigung kommt. Mit Hilfe des Zwei-Ebenen Ansatzes kann hier nun eine genauere Aussage getroffen werden. Schematisch dargestellt sieht das so aus:

---

8   Im Anschluss an die Arbeiten von Putnam (1988) hat das „two-level-game" eine begriffliche Karriere gemacht. Meist wird es jedoch nur als Metapher verwandt. Wir stützen uns hier auf Zangl (1994, 1998), der es ursprünglich zur Hypothesenbildung im Fall internationaler Regime benutzt hat.

9   Ausführlich dazu Zangl (1994: 295-303); kurz in Wolf (1999: 65).

Schaubild 5.2: Koordinationsspiel mit Verteilungskonflikt (KMV) und
unterschiedlichen Positionen zwischen Interessengruppen
und Regierungen

Situationsstruktur	Wahrscheinlichkeit der Einigung
KMV allgemein	hoch
Differenzierung nach Verhältnis nationale Gesellschaft – Regierung	
(1) Unterstützer – Unterstützer	sehr hoch
(2) Widerstand – Widerstand	mittel
(3) Unterstützer – Widerstand	hoch

Vgl. Wolf (1999: 66), eigene Bearbeitung

Die folgenden Abschnitte zeigen, wie dieses Analysemodell auf die Untersuchung der Einigung über die Währungsunion übertragen werden kann.

5.4 Intergouvernementalistische Erklärung der Währungsunion

Bei der Übertragung des intergouvernementalen Erklärungsansatzes auf das empirische Beispiel der Währungsunion sind wie bereits erwähnt (1) die für die Entscheidungsfindung relevanten Akteure zu identifizieren; (2) die alternativen Handlungsoptionen zu klären; (3) Präferenzen der jeweiligen Akteure herauszufiltern und (4) die Situationsstruktur zu definieren.

Ad 1: Identifizierung der für die Entscheidungsfindung relevanten Akteure

Relevante Akteure Zunächst sollte geprüft werden, um welche Art von Entscheidung es sich handelt und wer gemäß EG-Vertrag formal befugt ist, diese zu treffen bzw. in wichtiger Funktion an ihr mitzuwirken. Die Einführung einer europäischen Währungsunion war keineswegs eine Routineentscheidung, sondern konstitutioneller Natur. Es ging eindeutig um eine Ausweitung der vertraglichen Kompetenzen der damaligen EG, also um Vertragsänderung. Mit anderen Worten: Jede Regierung und die Kommission können Entwürfe vorlegen, das Europäische Parlament kann Stellung nehmen, aber nur der Rat und Europäische Rat sind gefragt, wenn es darum geht das Verfahren in Gang zu setzen. Verhandelt wird nämlich in einer speziellen Regierungskonferenz und die Vertragsänderung kann nur rechtswirksam werden, wenn sie von den nationalen Parlamenten ratifiziert wird. Somit ist eindeutig: Nationale Regierungen waren die zentralen Akteure; die nationalen Parlamente – bzw. wenn ein obligatorisches Referendum vorgeschrieben ist die Wahlbevölkerung – verfügten abschließend über eine Vetomacht.

Entscheidungssituationen Es gab zwei entscheidende Beschlüsse, der eine hat verfahrensmäßig die Weichen gestellt, der andere inhaltlich:

I. Auf der Gipfelkonferenz des Europäischen Rates 1988 in Hannover fiel die Entscheidung, eine Expertengruppe, den sogenannten „Delors-Ausschuss" einzusetzen, dessen Bericht auf dem Gipfel der Staats- und Regierungschefs in Madrid im Juni 1989 als Verhandlungsgrundlage akzeptiert wurde.

90

II. Die Entscheidung über das Verfahren zur Einrichtung der Währungsunion fiel auf der Regierungskonferenz 1990-91, in der die Währungsunion als Teil des Maastrichter Vertrags beschlossen wurde.

Welche Akteure verbergen sich hinter den nationalen Regierungen? Zum einen wurden die Regierungs- und Staatschefs selbst aktiv, zum anderen waren es die Außenminister und als Vertreter des zuständigen Fachressorts vor allem die Finanzminister. Unmittelbar beteiligt waren ferner die nationalen Zentralbanken, während interessierte gesellschaftliche Gruppen wie die Kreditwirtschaft, Versicherungen und Industrie oder Expertengruppen aus der Wissenschaft nur über Stellungnahmen, Gespräche, etc. oder über die Öffentlichkeit ihre Interessen einbringen konnten. Im Hinblick auf die Ratifizierung durch die Parlamente bzw. die Annahme des Vertrages in einem Referendum war die öffentliche Resonanz besonders wichtig.

Unter idealen Bedingungen wäre eine umfassende Erhebung der Positionen aller Akteure in allen Mitgliedstaaten der EU erstrebenswert. Aus Gründen der Überschaubarkeit der Analyse und der Klarheit der Aussagen ist es aber vertretbar, vergleichbare Positionen zu Meinungslagern zusammenzufassen und die vielfältigen Handlungsoptionen auf die entscheidenden Fragen zu reduzieren. Auf diese Weise lassen sich zwei Gruppen identifizieren, die konträre Meinungen vertraten. Innerhalb dieser Gruppen lassen sich jeweils Führungsländer identifizieren, die stellvertretend für die anderen Gruppenmitglieder sind. Nach einer kurzen Darstellung der anstehenden Entscheidung werden die sich gegenüberstehenden Akteursgruppen identifiziert, danach werden die möglichen Handlungsalternativen dargestellt, die Präferenzordnungen der Akteure aufgezeigt, und schließlich die Situationsstruktur in den multilateralen Verhandlungen dargestellt.

Ad (I): Entscheidungen des Europäischen Rates 1988 und 1989[10]

Bevor wir die Entscheidungen des Europäischen Rates 1988 und 1989 untersuchen, sollten wir uns vergegenwärtigen, warum diese Gipfeltreffen so bedeutend sind und in welchem Kontext sie standen. Ende der 1980er Jahre stand die Vollendung des Binnenmarktes auf der Tagesordnung (vgl. Kap. 4). Konkret ging es um die Schaffung der vierten Freiheit des Binnenmarkts, der Kapitalmarktliberalisierung. In einem gemeinsamen Binnenmarkt, in dem es keine Beschränkungen für Kapitalbewegungen zwischen den Mitgliedstaaten mehr gibt, sind die Mitgliedstaaten in ihrer Geldpolitik voneinander abhängig. Versucht zum Beispiel ein Land, seine Geldpolitik zu lockern und die Zinsen stärker zu senken, als es im Vergleich mit den anderen Gemeinschaftswährungen angezeigt ist, reagieren die Finanzmärkte schnell und ziehen Kapital ab. Dem betroffenen Land bleibt nicht viel mehr übrig als entweder wieder auf den früheren wirtschaftlichen Kurs zurückzuschwenken oder dem Druck der Märkte nachzugeben und seine Währung abzuwerten. Greift ein Land zur Abwertung, stört es damit den Binnenmarkt. Die Wettbewerbsverhältnisse verändern sich schlagartig. Für die Länder, deren Währung entsprechend aufgewertet werden, entstehen Wettbewerbsnachteile. Im abgewerteten Land steigen durch die Abwertung die Importpreise und der Preis- und Kostendruck verstärkt sich. Ein Ausweg wäre die Einführung von Kapitalexportbeschränkungen, was wiederum gegen die

Kapitalmarkt und Geldpolitik

---

10 Für die Prüfung der intergouvernementalistischen Hypothesen vgl. Wolf (1999: 195-231 und 262-270), auf den sich diese Ausführungen stützen.

Freizügigkeit im Binnenmarkt verstoßen würde. Vor allem haben Frankreich und Italien immer wieder darauf hingewiesen, dass die im Binnenmarktprogramm vorgesehene Kapitalmarktliberalisierung und die Beseitigung der Kapitalverkehrskontrollen den Mitgliedsregierungen essentielle Instrumente für die Wechselkursstabilisierung der eigenen Währung wegnähmen, ohne dass dafür ein brauchbarer Ersatz im Programm vorgesehen sei. Der könne u.a. in einer einheitlichen Währung samt gemeinsamer Geldpolitik und Europäischer Zentralbank liegen.

Hinzu kam, dass zum damaligen Zeitpunkt das EWS (s. oben) nur unzureichend funktionierte. Die Schwankungsbreiten der Währungen mussten bis auf +/- 15% erhöht werden, so dass man kaum noch von einem stabilen Währungssystem sprechen konnte. Die enge Ankoppelung des EWS an die D-Mark bedeutete, dass gerade die Schwachwährungsländer die höchsten Anpassungsleistungen erbringen mussten. Diese Länder sahen sich damit in Abhängigkeit von der Politik der Bundesregierung im Wirtschaftsbereich und der Bundesbank im Währungsbereich. Damit gab es auch einen politischen Grund, die Währungspolitik auf die Tagesordnung der Europäischen Gemeinschaft zu setzen.

Dem ersten konkreten Schritt zur Beratung der Währungsunion waren mehrere Memoranden der Wirtschafts- und Finanzminister aus Frankreich und Italien und des deutschen Außenministers Genscher vorangegangen. Genscher hatte ein Expertengremium von einigen „Weisen" vorgeschlagen, um den Status quo der Zusammenarbeit zu analysieren und einen Vorschlag für die zukünftige währungspolitische Integration zu unterbreiten. Die Initiative von Genscher (Anfang 1988) erregte sogleich den Widerspruch des zuständigen Fachkollegen. Finanzminister Stoltenberg wollte keine Diskussion über Veränderungen der bisherigen EWS. Er verwies auf die noch ausstehende Kapitalmarktliberalisierung und die ungenügende Konvergenz der nationalen Volkswirtschaften. Dies entsprach auch der Haltung der Deutschen Bundesbank. Der Finanzminister unterschätzte den Gestaltungswillen des eigenen Kabinetts und den Einigungswillen der Mitgliedstaaten. Deutschland hatte im Januar 1988 die Ratspräsidentschaft übernommen und war wie seine Vorgänger und Nachfolger bemüht, am Schluss eine Erfolgsbilanz vorlegen zu können. Schon im April 1988 einigte man sich im ECOFIN Rat[11] auf eine einheitliche Linie zur Öffnung des Kapitalverkehrs bis 1990. Genscher sah dies als eine günstige Voraussetzung, um den Weg in Richtung auf eine einheitliche Währung einzuschlagen. Unterstützung fand er bei Kanzler Helmut Kohl, der den anstehenden Gipfel in Hannover zu einem integrationspolitischen Durchbruch nutzen wollte. Mit nachdrücklicher Unterstützung von Frankreich und Italien setzte Kohl auf diesem Gipfel gegen den heftigen Widerstand von Premierministerin Thatcher den modifizierten Genschervorschlag zur Einsetzung einer Expertenkommission durch. Als Zugeständnis an Großbritannien einigte man sich darauf, in den Ausschuss die Präsidenten und Gouverneure der nationalen Zentralbanken einzubinden; der amtierende Kommissionspräsident Delors wurde zum Vorsitzenden des Ausschusses ernannt (Delors-Ausschuss).

Interessenkoalitionen
Bei den Verhandlungen über die Einsetzung des Delors-Ausschusses hatte es Koalitionen zwischen den Mitgliedstaaten gegeben, in denen die unterschiedlichen Interessen in zwei Lagern gebündelt waren:

Großbritannien hatte die Führungsrolle in einer losen Koalition mit Frankreich, Italien und Spanien eingenommen;

---

11   Rat der Wirtschafts- und Finanzminister.

Deutschland führte eine Koalition mit den Niederlanden, Dänemark und Luxemburg an, die in ihren Präferenzen homogener waren.

Welche Handlungsalternativen standen zur Diskussion? Unter systematischen Gesichtspunkten gab es vier mögliche Strategien, von denen aber nur drei ernsthaft erörtert wurden (vgl. Dyson 1999; Wolf 1999: 206f): Handlungsalternative

1. die Schaffung einer Währungsunion auf Grundlage eines Europäischen Zentralbank-Systems. D.h. die Übertragung der währungspolitischen Befugnisse auf eine gemeinsame Behörde und die Einführung einer gemeinsamen Währung unter deren Verantwortung;
2. die Einführung einer Parallelwährung neben den nationalen Währungen. Die nationalen Notenbanken würden ihre Zuständigkeit behalten, die Koordinierung intergouvernemental erfolgen;
3. die unveränderte Fortführung des Europäischen Währungssystems;
4. ein freies Floaten der Währungen im Falle des Zerfalls des EWS.

Diese Optionen können den Präferenzen der Akteure wie folgt zugeordnet werden:[12]

Großbritannien nahm in seiner sehr heterogenen Gruppe eine Flügelposition ein. Das Kabinett wollte keine weiteren nationalen Kompetenzen auf die supranationale Ebene übertragen. Schon gar nicht im Bereich der Währung, die ein Symbol nationaler Souveränität und eine Stärke des Vereinigten Königreiches war. Die Regierungen Frankreichs und Italiens hatten zu verstehen gegeben, dass sie ihre Bereitschaft, der Kapitalmarktliberalisierung zuzustimmen, durchaus noch einmal überdenken könnten, sollte die britische Regierung völlig blockieren. Ein Veto wollte die britische Regierung jedoch auch nicht einlegen, zumal sie die Vollendung des Binnenmarktes auf keinen Fall gefährden wollte. Ihre Präferenz war die Aufgabe des EWS und die Einführung des ECU als Parallelwährung, um der Gefahr eines freien Floaten zu entgehen. Dies entsprach am besten einer liberalen Wirtschaftspolitik: Der Markt würde für eine faktische Verdrängung der nationalen Währungen sorgen und gleichzeitig gewährleisten, dass der ECU so stabil wie die härteste Währung in der Gemeinschaft wäre. Die Gefahr politischer Interventionen zu Lasten der Geldwertstabilität wären damit ebenso gebannt wie die einer politischen Entscheidung bevor die wirtschaftliche Entwicklung reif dazu war. Nicht zuletzt würde ein Scheitern des Experiments den Marktkräften und nicht der Politik angelastet werden. Ein Europäisches Zentralbanksystem war aus Sicht der britischen Regierung mit Abstand erst die zweitbeste Lösung. Großbritannien

Die „*Bank of England*" zeigte sich in der Öffentlichkeit zwar loyal zur Regierung, vertrat jedoch mehr oder weniger offen einen pro-integrativen Standpunkt. Dies hatte zwei Gründe: (1) Von einem Europäischen Zentralbanksystem versprach sich die britische Zentralbank die politische Unabhängigkeit vom Schatzamt und steigenden Einfluss auf die europäische Geldpolitik. (2) Die Zentralbank war darüber hinaus in höherem Maße an einer einheitlichen Steuerung der Geldmenge zur Inflationsbegrenzung interessiert als die Regierung. Aus Sicht der „Bank of England" versprach man sich selbst vom EWS eindeutig mehr Vorteile als von einer Parallelwährung. Nach ihrer Einschätzung war es der Stabilitätserfolg der Deutschen Bundesbank, der ihr zu einer berechenbaren und kontinuierlichen Politik verhalf.

---

12 Vgl. zur detaillierten Analyse Wolf (1999: 207-219).

Wie oben bereits erwähnt wurde die zweite Gruppe von der *Bundesregierung Deutschland* angeführt. Deren Position war jedoch intern (wie oben beschrieben) uneinheitlich. Die Auffassungsunterschiede zwischen Außenminister Genscher und Finanzminister Stoltenberg veranlassten Bundeskanzler Kohl mehrmals dazu, richtungsweisend einzugreifen. Er unterstützte dabei die Haltung Genschers, der den Zugewinn an internationaler Handlungsfähigkeit durch ein europäisches Zentralbanksystem betonte: die EG gewänne vor allem im Verhältnis zu Nordamerika und Asien weltweit an Gewicht. Darüber hinaus hatte es den Anschein, dass man eher bereit war Kompetenzen in einem Bereich abzugeben, in dem die Verantwortung ohnehin nicht bei der Regierung, sondern bei der Bundesbank lag. Eine Parallelwährung wurde eher noch in Kreisen der Wissenschaft denn in der Politik als zweitbeste Lösung akzeptiert. Der Status quo des EWS war keine Alternative, da es von den Partnerstaaten als unerwünschtes Hegemonialsystem unter deutscher Führung eingeschätzt wurde und Quelle ständiger Irritationen war.

Die *Deutsche Bundesbank* sah keinen Sinn in einer überstürzten Währungsintegration. Noch war die Kapitalmarktliberalisierung nicht durchgeführt; das EWS kämpfte mit starken Schwankungsbandbreiten und die Volkswirtschaften waren gemessen an wichtigen Indikatoren immer noch weit auseinander. Die Bundesbank plädierte daher für den Status quo. Sie fand es nicht störend das EWS zu dominieren und sah keinen Anlass auf ihre Autonomie zu verzichten. Jede andere Lösung als die Beibehaltung des EWS hätte einen Einflussverlust bedeutet. In der Einführung einer Parallelwährung sah sie eine Gefahr für die Stabilität der europäischen Währungen.

Aus der Kombination dieser Präferenzordnungen ergibt sich folgende Konstellation für das Zwei-Ebenen Spiel:[13] Die Regierungen haben gegenteilige Interessen, wollen aber zu einem Ergebnis kommen. Weder Alleingang noch Blockade waren glaubwürdige Handlungsalternativen, so dass es relativ zügig zu einer Einigung kommen konnte. Die Verhandlungssituation entsprach einem typischen Koordinationsspiel mit Verteilungskonflikt. Die Position der Regierung wird auf beiden Seiten durch eine abweichende Haltung eines wichtigen innenpolitischen Akteurs, nämlich der Zentralbank relativiert. Diese Konstellationen ergeben sich aus der Präferenz der Deutsche Bundesbank für ein weniger integriertes System und der Forderung der britischen Zentralbank nach mehr Integration. Die deutsche Regierungsposition hat sich in der Verhandlung durchgesetzt. Das erste Zugeständnis an die Forderung Großbritanniens war die Einsetzung der Notenbankchefs anstatt der unabhängigen Experten in den Delors-Ausschuss, wie noch von Genscher vorgeschlagen. Im nachhinein wurde dieser Kompromiss als gelungene Einbindungsstrategie der deutschen Regierung bewertet, die den Präsidenten der Bundesbank zur Mitarbeit im Delors-Ausschuss verpflichtete und so auf Linie brachte. Thatcher sah darin eine Garantie, dass der Status quo der gemeinsamen Währungspolitik zwar gründlich untersucht werde, ein brauchbares Einigungsszenario aber nicht produziert werden könne. Ihre Hoffnung lag dabei darauf, die Diskussion über weitere Integrationsschritte auf die lange Bank zu schieben. Die britische Regierung erlag dabei der Fehleinschätzung, dass sie sich zum einen auf die Loyalität des britischen Zentralbankgouverneurs und die ablehnende Haltung des Präsidenten der deutschen Bundesbank Pöhl verlassen

---

13 Vgl. die Fassung der verschiedenen Präferenzen in eine Auszahlungsmatrix in Wolf (1999: 219).

könne. Doch ging die britische Zentralbank klar in eine Widerstandsposition und Pöhl gab der Forderung der übrigen Mitglieder der Kommission nach einem tragfähigen Konzept zur Schaffung einer Währungsunion nach. Der Delors-Ausschuss legte somit als offiziellen Vorschlag die Position der Europäischen Zentralbank vor. Dieser Vorschlag blieb jedoch bei den Staats- und Regierungschefs umstritten. Die britische Regierung befand sich nun allerdings in einer schlechteren Position als zuvor. Im eigenen Land musste sie sich mittlerweile mit einer offen ausgesprochenen integrationsfreundlichen Haltung ihrer Zentralbank auseinandersetzen. Ihre Hoffnung auf eine Interessenkoalition mit der Deutschen Bundesbank war mit der Unterschrift aller Ausschussmitglieder unter den Delors-Bericht zerstoben.

Auf dem Gipfel von Madrid im Juni 1989 akzeptierten dann alle EU Regierungen den Delors-Bericht als Grundlage für weitere Gespräche. Der Europäische Rat beschloss auf seinem Gipfel im Dezember 1989 in Straßburg die Einberufung einer Regierungskonferenz zur Wirtschafts- und Währungsunion. Damit waren die Weichen zu Lasten der Präferenzen der britischen Regierung in Richtung einer institutionalisierten Vergemeinschaftung der Währungspolitik gestellt.

Ad (II) Die Regierungskonferenz von Maastricht[14]

Der Delors-Bericht war die Grundlage, auf der die Regierungskonferenz die [Maastricht] weiteren Entscheidungen zu treffen hatte. Die dramatischen Veränderungen im politischen Umfeld – Zusammenbruch der kommunistischen Regime in Ost- und Mitteleuropa, die Perspektive einer deutsch-deutschen Einigung – ließen erwarten, dass es nicht nur um die technokratische Ausgestaltung der vorhandenen Vorlage ging. Die Staats- und Regierungschefs fassten im Frühjahr 1990 den Entschluss, parallel auch über eine politische Union zu beraten. Umstritten war der Starttermin der Verhandlungen. Die Regierungen Frankreichs und Italiens drängten auf einen raschen Start. Die britische Regierung zeigte deutlich ihre ablehnende Haltung; sie hielt die Regierungskonferenz für überflüssig. Der deutsche Kanzler wollte den Beginn auf alle Fälle nach den anstehenden Bundestagswahlen ansetzen (Ende 1990). Der Wahlkampf sollte unter keinen Umständen mit dem Thema Europäische Währungsunion belastet werden.

Im Gegenzug für die Bereitschaft Kohls, vorab einem definitiven Abschluss der Verhandlungen samt Ratifikation der Ergebnisse vor 1993 zuzustimmen, ging insbesondere der französische Staatspräsident Mitterand auf diesen deutschen Starttermin ein. Die Konferenz wurde Ende Dezember 1990 eröffnet und startete die Arbeit in 1991. Die entscheidende Frage war, wann die angestrebte Institutionalisierung vollzogen werden sollte.

Die beiden sich gegenüberstehenden Gruppen wurden wieder von je einem [Koalitionen und] großen Mitgliedstaat angeführt. [Strategien]

Frankreich führte die Koalition der Südländer der Gemeinschaft, ergänzt um Irland und Belgien.

Auf der anderen Seite standen die Niederlande, Luxemburg, Dänemark und in einigen Fragen auch Großbritannien, das mit einem ablehnenden Generalvorbehalt in der Regierungskonferenz mitverhandelte. Angeführt wurde diese zweite Gruppe von der *Bundesrepublik Deutschland*.

---

14 Auch für diesen Teil der Prüfung der intergouvernementalistischen Hypothesen vgl. Wolf (1999: 195-31 und 262-272), auf den sich diese Ausführungen stützen.

Die zur Debatte stehenden Handlungsalternativen waren:

1. *Lokomotivstrategie*: Die Einrichtung einer Zentralbank ist der erste Schritt zu einer Wirtschafts- und Währungsunion, weil eine einheitliche Währungspolitik erst die Voraussetzungen für eine Konvergenz der wirtschaftlichen Entwicklung schafft. Solange dezentral Geld- und Währungspolitik betrieben wird, fehle der notwendige Anreiz, für einen Gleichlauf der wirtschaftlichen Entwicklung zu sorgen.

2. *Krönungsstrategie*: Die Angleichung der wirtschaftlichen Entwicklung ist Voraussetzung für eine Währungsunion. Ohne ausreichende Konvergenz kann auf den Korrekturfaktor der Auf- und Abwertung von Währungen nicht verzichtet werden, es sei denn, man wäre zu umfangreichen Transferzahlungen oder einer Politik des leichten Geldes und den damit verbundenen Inflationstendenzen bereit.

3. *Status quo Strategie*: Eine weitere Alternative war die Beibehaltung des EWS im Falle eines Scheiterns der Verhandlungen.

Vor allem die britische und die deutsche Regierung verfochten die Krönungsstrategie. Sie wollten auf alle Fälle vermeiden, dass ein System installiert wurde, bei dem eine mächtige Notenbank das Instrument der gemeinsamen Währungspolitik zu wirtschaftspolitischen Interventionen nach dem Stile der französischen „planification" nutzen würde. Implizit übernahm man damit den Vorwurf, Frankreich und Italien versuchten wirtschaftslenkende Elemente in die europäische Politik einzuführen.

Frankreich Die *Regierung Frankreichs* sowie der übrigen Länder der ersten Gruppe propagierten die Lokomotivstrategie. Frankreich wollte den Einigungsprozess schnell vorantreiben und damit drei Ziele erreichen:

– die asymmetrisch empfundenen Bedingungen und Anpassungsleistungen des EWS beseitigen;
– die Mitsprache bei der Formulierung der Geldpolitik zurückgewinnen;
– eine politische Anerkennung dafür erhalten, dass das Land seit mehreren Jahren einen strikten Stabilitätskurs verfolgte.

Dies ließe sich jedoch nur mit einer schnellen Institutionalisierung der Währungsunion erreichen.

Dazu kam, dass die deutsch-deutsche Einigung nicht nur in französischen Regierungskreisen die Angst vor einem größeren und wirtschaftlich stärkeren deutschen Nachbar wachsen lies. Ihn wollte man schnellstens in eine fest institutionalisierte wirtschaftspolitische Kooperation einbinden. Allerdings war sich die französische Regierung auch der wirtschaftlichen Probleme aufgrund der deutsch-deutschen Einigung bewusst und hatte Verständnis für eine Verlängerung der Übergangszeit und die Einführung monetärer und ökonomischer Konvergenzkriterien. Als Gegenforderung wurde verlangt, dass bei Erfüllung der Kriterien der Eintritt in die Währungsunion automatisch erfolge.

Die *französische Zentralbank*, ein wichtiger aber nicht unabhängiger binnenstaatlicher Akteur orientierte sich an den Vorgaben der Regierung.

Deutschland Die *deutsche Regierung* bekam in der zweiten Hälfte des Jahres 1991 Unterstützung von der niederländischen Regierung, die aufgrund ihrer Ratspräsidentschaft eine wichtige Rolle spielte. Die Bundesregierung selbst befand sich in einem Dilemma, das sich in der fortgesetzten Auseinandersetzung zwischen Außenministerium auf der einen und Finanzministerium, unterstützt durch die

Bundesbank, auf der anderen Seite deutlich machte. Das Auswärtige Amt und das Bundeskanzleramt waren für eine rasche Einigung und die zügige Errichtung der Europäischen Zentralbank (EZB). Ihnen ging es nicht zuletzt darum, die Bedenken der westeuropäischen Partnern gegenüber einem wiedererstarkten vereinigten Deutschland zu zerstreuen. Parallel zu diesen außenpolitischen Rücksichtnahmen mussten innenpolitische Entwicklungen bedacht werden. Zum ersten Mal seit Gründung der EWG gab es in Deutschland laut vernehmbar kritische Stimmen gegen eine weitergehende Integration. In der Bevölkerung begrüßte nur eine Minderheit die europäische Währungsunion. Man sah keine guten Gründe für die Aufgabe der DM und setzte den Verlust mit wachsender Inflationsgefahr gleich. Wenn schon ein europäisches Währungssystem, dann mit einer unabhängigen EZB nach dem Vorbild der Bundesbank und mit der vertraglichen Fixierung strikter Konvergenzkriterien. Unterstützt wurde diese Forderung vor allem durch die Bundesbank und das Finanzministerium – vor allem erstere trug ihre Forderungen mit Vehemenz vor. Dies führte dazu, dass auch der Bundeskanzler und Außenminister Genscher, trotz ihrer generellen Bereitschaft zur Lokomotivstrategie, vor allem die Notwendigkeit der Erfüllung der ökonomischen Kriterien sowie einer autonomen Zentralbank unterstrichen, so dass insgesamt die deutsche Regierung die Krönungsstrategie als erste Wahl ansahen.

Die *Bundesbank* konnte sich im Grunde genommen für keine der beiden Strategien erwärmen und hätte gerne das EWS-System beibehalten. Doch sie hatte ein starkes institutionelles Interesse, in der politischen Diskussion nicht marginalisiert zu werden. Die Erfahrung, dass ihr Votum in einer zentralen währungspolitischen Entscheidung nicht berücksichtigt worden war, war nur allzu präsent. Sie hatte bei der deutsch-deutschen Wirtschafts- und Währungsunion davor gewarnt, die Ost Mark 1:1 in DM umzutauschen, war jedoch schlicht übergangen worden. Bei der ebenso wichtigen Entscheidung über ein europäisches Währungssystem wollte man nicht wieder durch eine zu dezidierte Haltung im Vorfeld der Verhandlungen Gefahr laufen, jede Mitsprachemöglichkeit zu verlieren. Man zeigte sich unter drei Bedingungen bereit die Krönungsstrategie zu akzeptieren:

– Anwendung strikter Konvergenzkriterien,
– Unabhängigkeit der Zentralbank,
– lange Übergangszeiten für die wirtschaftliche Anpassung und mit dem Moment des Vollzugs der Währungsunion die sofortige Übergabe der Verantwortung an das Europäischen Zentralbanksystem.

Die Bundesbank verwies dazu auf die funktionale Notwendigkeit, die Währungsunion durch eine Politische Union zu ergänzen, verhehlte aber nicht, dass sie eine solche Entwicklung der Gemeinschaft nicht zutraute.

Zusammengefasst lässt sich die Präferenzordnung der staatlichen und gesellschaftlichen Akteure folgendermaßen darstellen: Auch die zweite Verhandlungsrunde zur Währungsunion war ein Koordinationsspiel mit Verteilungskonflikten: Man ist sich grundsätzlich über das Ziel einer europäischen Währungsunion einig, aber nicht über den Weg und die Ausgestaltung. Diese waren Gegenstand hartnäckiger Verhandlungen.

Die Fronten waren schnell klar. Die französische Regierung verfocht weiter ihre Lokomotivstrategie. Ihre Durchsetzungsfähigkeit hatte aber dadurch gelitten, dass sie den Verhandlungspartnern keine wichtigen Zugeständnisse mehr anbieten konnte, nachdem die Entscheidung zur Kapitalmarktliberalisierung gefällt worden war.

Die deutsche Regierung konnte dagegen Zugeständnisse erwarten, weil sie auf die massive Opposition der Bundesbank hinweisen konnte. Die Regierung machte deutlich, dass sie selbst durchaus geneigt wäre, einer raschen Einigung ihre Zustimmung zu geben. Allerdings sprachen inzwischen auch wirtschaftliche Gründe aus deutscher Sicht für ein vorsichtiges Vorgehen. Noch im Verlaufe der Verhandlungen sah sich die Bundesbank zur geldpolitischen Intervention gezwungen, um mögliche Inflationsgefahren infolge der deutsch-deutschen Einigung abzuwenden. Diese Entwicklung stützte die Position derer, die strikte Konvergenzkriterien für den Übergang zur Währungsunion verlangten.

WWU-Stufenplan
In den Verhandlungen gelang es der Gruppe um Frankreich zwar noch verbindliche Daten für die dritte Stufe festzulegen. An der Krönung der WWU durch die EZB erst in der dritten Stufe und nicht deren Einführung in der ersten Stufe konnte sie jedoch nichts ändern.

Die erste Stufe der Währungsunion begann 1990 noch vor Abschluss des Maastrichter Vertrags und dauerte bis 1994. Hierfür waren noch keine institutionellen Veränderungen und damit kein neuer Vertrag notwendig. Bevor am 1. Januar 1994 die 2. Stufe beginnen konnte, mussten verschiedene Voraussetzungen erfüllt werden:

– der Vertrag über die Europäische Union musste in Kraft sein;
– alle Beschränkungen des Kapitalverkehrs im Binnenmarkt mussten aufgegeben werden;
– das Verbot, Ausgaben der öffentlichen Hand durch die Zentralbank zu finanzieren, mussten in allen Mitgliedstaaten gelten und die Zentralbankverfassungen gegebenenfalls entsprechend geändert werden (vgl. Thiel 1998: 174).

Schaubild 5.3: Währungsunion, gemäß EG-V (Maastricht) in drei Stufen

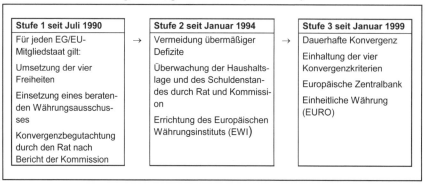

Stufe 1 seit Juli 1990		Stufe 2 seit Januar 1994		Stufe 3 seit Januar 1999
Für jeden EG/EU-Mitgliedstaat gilt:	→	Vermeidung übermäßiger Defizite	→	Dauerhafte Konvergenz
Umsetzung der vier Freiheiten		Überwachung der Haushaltslage und des Schuldenstandes durch Rat und Kommission		Einhaltung der vier Konvergenzkriterien
Einsetzung eines beratenden Währungsausschusses				Europäische Zentralbank
Konvergenzbegutachtung durch den Rat nach Bericht der Kommission		Errichtung des Europäischen Währungsinstituts (EWI)		Einheitliche Währung (EURO)

In der zweiten Stufe mussten alle Mitgliedstaaten die Unabhängigkeit ihrer Zentralbanken schaffen. Mit dieser Stufe wurde gleichzeitig als neue Institution das Europäische Währungsinstitut (EWI) mit Sitz in Frankfurt geschaffen (vgl. Art. 117 EG-V). Es war eine Art Übergangsinstitut, dass eigens für diese Stufe im Prozess der Schaffung der Währungsunion gegründet worden war. Ihm oblagen die technischen Vorbereitungen für die Einführung des Europäischen Systems der Zentralbanken und der einheitlichen Währung in der nächsten Stufe der Währungsunion. Bei Eintritt in diese letzte Stufe wurde es wieder aufgelöst und die Europäische Zentralbank trat an seine Stelle. Mit der Ratifizierung des Vertrags über die Europäische Union (Maastricht) haben die Mitgliedstaaten der „Unumkehrbarkeit des Übergangs der Gemeinschaft in der 3. Stufe der Wirtschafts- und Währungsunion" zugestimmt.[15]

Konvergenzkriterien

Für alle Mitgliedstaaten hing ihr Eintritt in die dritte Stufe der Wirtschafts- und Währungsunion davon ab, ob sie sich für die Einführung der einheitlichen Währung qualifizieren konnten. Die Kriterien zur Beurteilung dieser Qualifikation wurde anhand von Konvergenzkriterien überprüft. Art. 121 EG-V listet folgende Kriterien auf:

– „Erreichung eines hohen Grades an Preisstabilität, ersichtlich aus einer Inflationsrate, die der Inflationsrate jener – höchstens drei – Mitgliedstaaten nahe kommt, die auf dem Gebiet der Preisstabilität das beste Ergebnis erzielt haben;
– eine auf Dauer tragbare Finanzlage der öffentlichen Hand, ersichtlich aus einer öffentlichen Haushaltslage ohne übermäßiges Defizit im Sinne des Artikels 104 Abs. 6 (d.h., dass das Defizit der öffentlichen Haushalte 3% und der öffentliche Schuldenstand 60% des Bruttoinlandsprodukts nicht überschreiten darf. Bei der Bewertung soll berücksichtigt werden, ob das öffentliche Defizit nur ausnahmsweise die Obergrenze überschreitet und ob der Schuldenstand rückläufig ist);
– Einhaltung der normalen Bandbreiten des Wechselkursmechanismus des EWS seit mindestens zwei Jahren ohne Abwertung gegenüber der Währung eines anderen Mitgliedstaats;
– Dauerhaftigkeit der von dem Mitgliedstaat erreichten Konvergenz und seiner Teilnahme am Wechselkursmechanismus des Europäischen Währungssystems, die im Niveau der langfristigen Zinssätze zum Ausdruck kommt."

Das EZB-System

Am 1. Januar 1999 wurde die dritte Stufe erreicht. An der Währungsunion beteiligt sind Belgien, Deutschland, Spanien, Frankreich, Irland, Italien, Luxemburg, Niederlande, Österreich, Portugal, Finnland und Griechenland.[16] Dänemark, Schweden und Großbritannien nehmen nicht an der Währungsunion teil. Das damit beschlossene und seit 1.1.1999 eingesetzte Europäische System der Zentralbanken sieht wie folgt aus:

---

15 So die Formulierung im Protokoll über den Übergang zur dritten Stufe der Wirtschafts- und Währungsunion, das dem EG- und EU-Vertrag angehängt ist. In der Überarbeitung des EG-Vertrags durch den Amsterdamer Vertrag sind die Bestimmungen zur Wirtschafts- und Währungsunion in Titel VII des EG-V gefasst. Die Währungspolitik wird darin in Kapitel 2, 3 und 4 geregelt.
16 Griechenland ist am 1.1.2001 der dritten Stufe der Währungsunion beigetreten.

Schaubild 5.4: Europäisches System der Zentralbanken (ESZB) [17]

5.5 Fazit: Ergebnis der integrationstheoretischen Erklärung

Die Analyse deckt einen komplexen Prozess der Entscheidungsfindung auf und kommt zu einem plausibles Ergebnis. Akteure und Prozesse stehen im Mittelpunkt der Untersuchung. Dies entspricht der Kernthese der die Analyse leitenden Theorie, die der gesamten Untersuchung zugrunde liegt: Politik beruht auf den Entscheidungen befugter Akteure, die unter den gegebenen äußeren Handlungsrestriktionen ihre Interessen optimal zu verwirklichen suchen. Entscheidungen werden durch Verhandlungen kanalisiert, deren Logik durch die jeweils gültigen Entscheidungsverfahren bestimmt wird. Bei Vertragsänderungen gilt Einstimmigkeit. Regierungen agieren aber nicht unabhängig von gesellschaftlichen Akteuren; je nach Politikfeld treten andere Mitspieler auf. Nur unter Berücksichtigung dieser erweiterten Interessenskonstellation lässt sich das Verhandlungsergebnis mit hoher Wahrscheinlichkeit voraussagen.

Die strukturellen Bedingungen, aufgrund derer die einzelnen Akteure ihre jeweiligen Präferenzen formulieren, werden jedoch nicht näher beleuchtet. Sie sind vorgegeben und gelten für den Zeitraum der Verhandlungen als weitgehend

---

17 Vgl. auch Woyke (1998: 244); eigene Bearbeitung. Das vorrangige Ziel der EZB ist es, die Preisstabilität zu gewährleisten. Grundlegende Aufgaben des ESZB sind: die Geldpolitik der Gemeinschaft festlegen und ausführen, Devisengeschäfte durchzuführen, offizielle Währungsreserven der Mitgliedstaaten zu halten und verwalten und das reibungslose Funktionieren der Zahlungssysteme zu fördern. „Bei der Wahrnehmung der ihnen durch diesen Vertrag und die Satzung des ESZB übertragenen Befugnisse, Aufgaben und Pflichten darf weder die EZB noch eine nationale Zentralbank noch ein Mitglied ihrer Beschlussorgane Weisungen von Organen oder Einrichtungen der Gemeinschaft, Regierungen der Mitgliedstaaten oder anderen Stellen einholen oder entgegennehmen" (Artikel 108 EG-V). Die EZB unterbreitet lediglich dem Europäischen Parlament, dem Rat und der Kommission sowie dem Europäischen Rat einen Jahresbericht (vgl. Art. EG-V 113).

konstant. Ebenso wenig rücken institutionellen Bedingungen oder die kognitiven Restriktionen in den Blick, die Einfluss auf die Form der Interaktion oder auf die Verständigung über bestimmte Inhalte haben könnten. Mit anderen Worten, nach Abschluss einer Analyse sollte man sich immer vergegenwärtigen, welche grundlegenden Zusammenhänge man unterstellt hat und welche Einflussgrößen berücksichtigt wurden und welche nicht.[18]

---

18 Wer an einer detaillierten Aufarbeitung über den Einfluss einzelner Akteure interessiert ist, der sei auf Dyson/Featherstone (1999) verwiesen; wer mehr über den Einfluss privater Akteure wissen möchte, der lese Schwarzer/Collignon (2003) und wer die Bedeutung von Ideen kennenlernen will, dem sei Dyson (2003) empfohlen.

III Die EU als politisches System und ihre Politik

6 Die Funktionsweise des EG-Systems

6.1 Einführung: Die institutionelle Absicherung der Integration

Die Formulierung dieser Überschrift ist Programm, sie drückt die zentrale These des folgenden Textes aus: Die Besonderheit der europäischen Zusammenarbeit liegt in ihren Institutionen. Sie verleihen ihr Dauer und verbürgen ein reibungsloses Funktionieren.[1] Um diese These deutlich zu machen wird in einem ersten Abschnitt (Kap. 6.1.1) die grundsätzliche Bedeutung von Institutionen beleuchtet. Daran anschließend wird die besondere Funktion der EG[2] als Institution (Kap. 6.1.2) und die organisatorische Umsetzung zentraler Handlungsprinzipien (Kap. 6.1.3) behandelt. Die EG soll wie jede andere bewusst geschaffene Institution bestimmten Zielen dienen. In ihren Prinzipien und Normen verkörpern sich bestimmte Leitideen des politischen Handelns, deren Umsetzung durch Regeln und Verfahren gesichert wird. Die EG wurde mit Organen und Ressourcen ausgestattet, um als Institution handlungsfähig zu werden. Diese konstituieren das „politische System". Was unter einem politischen System zu verstehen ist, wird kurz in Kapitel 6.2 erläutert. Daran anschließend werden die Organe der EG (Kap. 6.2.2) und deren Zusammenwirken im gemeinschaftlichen Willensbildungsprozess (Kap. 6.3) dargestellt.

6.1.1 Bedeutung von Institutionen

Gleich ob man in der Politik oder im Privatleben eine feste Bindung eingeht, man möchte Gewissheit, dass die – vereinbarten oder spontan entwickelten – Spielregeln der Beziehung von Dauer sind und nicht bei jeder gemeinsamen Unternehmung neu ausgehandelt werden müssen. Abstrakt gesprochen geht es um Handlungskoordination und dabei um die Verlässlichkeit und Berechenbarkeit der Handlungsweisen. Institutionen nehmen den Akteuren diese Aufgabe ab. Sie stehen über den individuellen Akteuren und geben die Normen, Rollen und sozialen Regeln vor, nach denen die Akteure ihr Handeln organisieren.

(Randnotiz: Institutionen)

---

1   „Nothing is possible without individuals, nothing is durable without institutions" (Jean Monnet 1976: 360).

2   Es sei daran erinnert, dass mit der Vertragsrevision von Maastricht die EU geschaffen wurde und dass trotzdem immer noch neben dem EU-Vertrag der EG-Vertrag fortbesteht. Im folgenden werden nur die Organe der EG gemäß EG-V (Nizza) behandelt, weil das supranationale System der EG mit dem intergouvernementalen System der EU (Gemeinsamen Außen- und Sicherheitspolitik und polizeilichen und justitiellen Zusammenarbeit) nicht zu vergleichen ist. Die Organe der EU werden in Kap. 13 im Zusammenhang mit der Darstellung der GASP dargestellt.

Kasten 6.1: Institutionen

> „Institutionen sind verhaltensregulierende und Erwartungssicherheit erzeugende soziale Regelsysteme" (Czada 1995: 205). Sie sind auf Dauer angelegt und funktionieren unabhängig von den einzelnen Akteuren. Indem sie die soziale Interaktion strukturieren, entlasten sie das Individuum und schaffen jenes Maß an Verlässlichkeit, das für die Inangriffnahme und Verfolgung von Kooperation erforderlich ist.

Institutionen bewirken Regelmäßigkeiten. Umgekehrt kann aber nicht jede Regelmäßigkeit auf eine Institution zurückgeführt werden. Festgefahrene Machtstrukturen können ebenfalls zu immer gleichbleibenden Verhaltensmustern führen, ohne dass sie durch Institutionen abgesichert sind. Gesellschaftliche Institutionen wie Familie und Ehe sind Produkt kultureller Entwicklungen und gezielter politischer Einflussnahme. Politische Institutionen haben ihrerseits auch historisch-kulturelle Wurzeln, sind aber häufig gezielt entwickelt und erdacht. Institutionen garantieren und beschränken die Freiheit des individuellen Handelns. Sie geben vor, welches Verhalten angemessen und damit sanktionsfrei ist, welche Ansprüche und Forderungen legitim sind und welche Reaktionen der anderen Seite man mit Fug und Recht erwarten kann.[3]

Kasten 6.2: Politische Institutionen

> Politische Institutionen sind „Regelsysteme der Herstellung und Durchführung verbindlicher, gesamtgesellschaftlicher Entscheidungen" (Göhler 1994: 22). Ihre Leistung besteht darin, „Ordnung und Orientierung" für das menschliche Handeln zu bieten (ebenda: 38).

Politische Institutionen unterscheiden sich von anderen Institutionen durch ihre Verortung in der Politik.

Kasten 6.3: Politik

> Kern der Politik sind die kollektiv verbindlichen Entscheidungen, welche einer Gesellschaft ihre Entwicklungsrichtung und den Individuen ihre Entfaltungsspielräume vorgeben. Ihr wesentliches Charakteristikum ist, dass sie von gesamtgesellschaftlicher Relevanz sind und überindividuelle Geltung beanspruchen. Politik umfasst eine formale (die politische Ordnung, Verfassung; englisch „polity"), eine prozessuale (politische Meinungsbildung und Entscheidungsfindung; englisch „politics") und eine inhaltliche (Staatstätigkeit, Wahrnehmung öffentlicher Aufgaben; englisch „policy") Dimension.

---

3   Am Beispiel einer allen bekannten Institution, nämlich der Familie, kann man die Wirkungsweise von Institutionen verdeutlichen: Man ist Teil der Familie und bekommt unabhängig von eigenen Wünschen und Vorstellungen eine bestimmte Rolle – als Ehefrau, Ehemann, Vater oder Mutter – zugeschrieben. Mit dieser Rolle sind bestimmte Verhaltenserwartungen verbunden, die sich an Regeln orientieren, die man nicht selbst gesetzt oder mit den anderen Familienmitgliedern vereinbart hat. D.h. die Institution Familie wirkt normierend und verhaltensregelnd auf den Rollenträger ein. Er ist mit Erwartungen konfrontiert, von denen er weiß, dass er sie erfüllen sollte – wenn er nicht anecken will. Gleichermaßen gehen Außenstehende und die anderen Familienmitglieder davon aus, dass er diese Erwartungen auch tatsächlich erfüllt.

Die Leistung von politischen Institutionen ist somit, Ordnung zu schaffen und Orientierung zu geben. Institutionen sind handlungsorientierend, aber sie handeln nicht selbst.[4] Umgangssprachlich heißt es oft, Institutionen handeln. Nach politikwissenschaftlichem Verständnis ist dies falsch; es beruht auf einer Verwechslung von Institutionen und Organisationen. Organisationen sind eine Verkörperung von Institutionen. Organisationen sind durch ihre Organe handlungsfähig. Verwirrend ist, dass im allgemeinen Sprachgebrauch der Begriff Institution häufig nicht in dem hier vorgestellten Sinne gebraucht wird, sondern zur Bezeichnung bestimmter politischer Gremien wie Kommission oder Rat der EG. Die deutsche Fassung des EG-Vertrages verwendet die exakte Bezeichnung „Organe der Gemeinschaft" (Teil V EG-V). Diese Sprachregelung soll auch hier eingehalten werden.[5]

6.1.2 Die Funktion der europäischen Institutionen

Die Funktion der europäischen Institutionen ist im Kern die gleiche wie die aller anderen Institutionen: Handlungskoordinierung. Diese Handlungskoordinierung soll zu einer Verstetigung der Kooperation der beteiligten Staaten und der Verwirklichung gemeinsamer Ziele führen. Abstrakt gesehen geht es folglich darum, die *Regelhaftigkeit* von Verhalten sicher zu stellen und damit *Erwartungssicherheit* zu gewährleisten, die ihrerseits wiederum die Grundlage für dauerhafte Kooperationsbeziehungen ist. Die Kooperation ist jedoch nicht Selbstzweck, sondern ist Voraussetzung für einen Gewinn an Sicherheit und Wohlfahrt. Man war und ist überzeugt, dass „einverständliches Vorgehen" (Präambel EG-V) gemeinsame Vorteile bringt. Die „Reduzierung von Transaktionskosten" als hauptsächliche Leistung auch der europäischen Institutionen steht im Vordergrund der Arbeiten des liberalen Intergouvernmentalismus (für eine detaillierte Diskussion vgl. Kap. 5). Die Vorteile der institutionalisierten Zusammenarbeit können aber auch weitergefasst werden: Sie tragen zur *Identifizierung gemeinsamer Probleme* bei und fördern die *Mobilisierung kollektiver Anstrengungen* einschließlich der gemeinsamen Suche nach möglichst *innovativen Lösungsstrategien*. Mit anderen Worten, man setzt auf einen Prozess, der zum *„upgrading of common interests"* (Haas 1958) führt. Der Kooperationsgewinn erschöpft sich folglich nicht darin, dass vorhandene Ressourcen zusammengelegt werden und gemeinsam gehandelt wird, wenn immer eine Interessenübereinstimmung besteht. Vielmehr wird erwartet, dass durch die Dauerhaftigkeit der Zusammenarbeit Gemeinsamkeiten erst entdeckt und Möglichkeiten kollektiven Handelns ausgelotet werden. Es wird auch nicht von einem vorgegebenen „Gemeinschaftsinteresse" ausgegangen, son-

EU-Institutionen

---

4 Am Beispiel der Familie kann dies ebenfalls gut verdeutlicht werden. Eine Familie kann als solche nicht handeln, sondern nur die Akteure in der Familie wie Vater, Mutter, Kind. Ob einer dieser Akteure „für die Familie" sprechen kann, ist durch soziale und rechtliche Rollenzuweisung festgelegt.

5 Die Bezeichnung „Institution" wird häufig aus anderen Sprachen übernommen, ohne sich jedoch das damit verbundene nationale Rechtsdenken zu eigen zu machen. Ausführlich zum Organbegriff (Hilf 1982: 14-17).

dern unterstellt, dass bei der Verfolgung der partikularen Eigeninteressen Bereiche von gemeinsamem Interesse diagnostiziert werden.[6]

Über diese allgemeinen Funktionsleistungen hinaus sind die europäischen Institutionen Instrument zur Verwirklichung bestimmter Ansprüche und Ziele. Mit anderen Worten, sie dienen – soweit das bei komplexen Systemen überhaupt möglich ist – der politischen *Zielsteuerung*. Das politische System ist im Nationalstaat durch die Verfassung vorstrukturiert; in der EU ist es das durch die Verträge (EU-V, EG-V).

Analysiert man die Präambeln des EG- bzw. EU-Vertrags, entdeckt man die logische Stringenz zwischen allgemein formulierten hohen Ambitionen, klar umrissenen Zielen und den im anschließenden Vertragstext niedergelegten konkreten Vorgaben. Die Zielerreichung ist nicht beliebig. An die Aufzählung der Ziele schließt sich unmittelbar die Einschränkung an: „Die Ziele der Union werden nach Maßgabe dieses Vertrages entsprechend den darin enthaltenen Bedingungen ... verwirklicht" (Art. 2 EU-V).[7] Mit anderen Worten, die Verträge geben das Programm vor, nach dem die vereinbarten Ziele angesteuert werden sollen. Die in den Verträgen genannten Bedingungen betreffen zum einen die inhaltliche Gestaltung der gemeinschaftlichen Politik und zum anderen die Modalitäten der Entscheidungsfindung. Gerade der EG-Vertrag enthält eine wohldurchdachte Hierarchie von Prinzipien und Normen, die konkreten Zielen und Maßnahmen zugeordnet sind. Aufgabe der Gemeinschaft ist die Verwirklichung der Wohlfahrtsziele[8], die durch die Errichtung eines Gemeinsamen Marktes und einer Wirtschafts- und Währungsunion sowie durch die im Vertrag festgelegten gemeinsamen Politiken verwirklicht werden sollen. Der Gemeinsame Markt seinerseits beruht auf dem Prinzip der Freizügigkeit. Zur Gewährleistung dieses Prinzips gibt es konkrete normative Vorgaben. Eine zentrale Norm ist die Nichtdiskriminierung, die sowohl die Freiheit des Warenverkehrs als auch die Freizügigkeit der Arbeitskräfte und den freien Dienstleistungs- und Kapitalverkehr absichert. Sie ist auch Grundlage des Wettbewerbsrechts, taucht bei der Unionsbürgerschaft, bei der Gleichstellung von Mann und Frau und bei anderen sozialen Themen auf.

Zu den institutionellen Regelungen gehört aber nicht nur die Vorgabe von Prinzipien und Normen, die bei der Gestaltung der Materie der Gemeinschaftspolitik zu beachten sind, sondern auch die Festlegung von Prinzipien und Verfahren für die Entscheidungsfindung.

---

6 Ziebura (1966) hat schon früh darauf verwiesen, dass es einen feinen, aber entscheidenden Unterschied zwischen „Gemeinschaftsinteresse", nämlich dem Interesse der Gemeinschaft an sich, und „gemeinsamem Interesse", nämlich dem den Mitgliedstaaten gemeinsamen Interesse gibt.

7 Art. 5 EG-V Nizza schreibt vor: „Die Gemeinschaft wird innerhalb der Grenzen der ihr in diesem Vertrag zugewiesenen Befugnisse und gesetzten Ziele tätig".

8 Art. 2 EG-V (Nizza) präzisiert die Wohlfahrtsziele wie folgt: „eine harmonische, ausgewogene und nachhaltige Entwicklung des Wirtschaftslebens, ein hohes Beschäftigungsniveau und ein hohes Maß an sozialem Schutz, die Gleichstellung von Männern und Frauen, ein beständiges, nichtinflationäres Wachstum, einen hohen Grad an Wettbewerbsfähigkeit und Konvergenz der Wirtschaftsleistungen, ein hohes Maß an Umweltschutz und Verbesserung der Umweltqualität, die Hebung der Lebenshaltung und der Lebensqualität, den wirtschaftlichen und sozialen Zusammenhalt und die Solidarität zwischen den Mitgliedstaaten".

6.1.3 Institutionelle Balance

Die EG/EU lebt in einem steten Spannungsverhältnis zwischen der notwendigen Rücksichtnahme auf die Interessen der einzelnen Mitgliedstaaten und dem Wunsch zur Kooperation, um auf diesem Wege gemeinsame Interessen verfolgen zu können. Folglich sollten institutionell zwei sich widersprechende Handlungsprinzipien mit einander versöhnt werden: Politische Entscheidungen sollten sowohl *autonomieschonend* als auch *gemeinschaftsförderlich* sein.[9]

autonomieschonend und gemeinschaftsverträglich

Die zugrunde liegende Überlegung ist, dass die Kompromissbereitschaft der Mitgliedstaaten schnell an ihre Grenzen stoßen wird, wenn keine Rücksicht auf ihre spezifischen Gegebenheiten genommen wird. Auch wenn sich die Mitgliedstaaten der EU in vielen Fällen in einer ähnlichen Situation befinden – als Beispiel sei nur verwiesen auf die Umweltbelastung durch Verkehr, die illegale Einwanderung, die Verschärfung des internationalen Wettbewerbs, die Überalterung der Gesellschaften –, so werden die damit verbundenen Probleme doch häufig jeweils anders beurteilt. Und selbst wenn man zu einer gleichen Problemdefinition kommt, gibt es immer noch Unterschiede in der Art und Weise, wie ein Problem angegangen wird. Folglich ist es unter dem Gesichtspunkt der Achtung der nationalen Identität der Mitgliedstaaten (Art. 6 EU-V) und dem der Effizienz politischen Handelns häufig geboten, dass eine Gemeinschaftspolitik Spielräume für autonome Gestaltung offen lässt. Beharren aber die Mitgliedstaaten nachdrücklich auf ihrer Autonomie, kommt eine Gemeinschaftspolitik erst gar nicht zustande.[10] Daher müssen institutionelle Vorkehrungen getroffen werden, damit gleichzeitig auch gemeinschaftsförderlich gehandelt wird. Mit gemeinschaftsförderlich ist gemeint, dass jeder bei der Verfolgung seiner eigenen Interessen mitbedenkt, welche Rückwirkungen dies auf die Partner hat, wo die Grenzen des Zumutbaren für die anderen Partner liegen und ob das eigene Verhalten die Zukunft der Integration gefährden könnte. Auch wenn die Akteure beide Prinzipien als grundsätzlich gleichberechtigt und vernünftig betrachten, so genügt es nicht, sie in die Formulierung der Verträge aufzunehmen. Man muss ihnen Geltung dadurch verschaffen, dass die Entscheidungsfindung entsprechend organisiert ist. Die Umsetzung wird unter dem Stichwort der „institutionellen Balance" diskutiert.

Nach der Logik der Gründungsverträge[11] wird die institutionelle Balance in der Gemeinschaft dadurch aufrecht erhalten, dass alle wesentlichen politischen

Tandem Kommission – Rat

---

9   Das von Scharpf (2003: 244-247) verwendete Begriffspaar „autonomieschonend" und „gemeinschaftsverträglich" bezieht sich auf die Merkmale von Politiken, nicht auf Verfassungsprinzipien bzw. auf die Verhaltensorientierung der Akteure. Zur Übertragung föderalistischer Prinzipien auf die Europäische Gemeinschaft vgl. Friedrich (1972: 27-35).

10   Die Diskussion um einen möglichen Autonomieverlust durch die europäische Integration kann aber auch auf eine zweite und ganz andere Weise geführt werden. Richtet man den Blick auf die zentralen Akteure des Handelns, nämlich die Regierungen, so lässt sich behaupten, dass die EU-bedingte Einbuße an eigenständiger Handlungsbefugnis zu einem Gewinn an Handlungsfähigkeit führen kann. Die – gewissermaßen paradoxe – Feststellung lautet, dass „Regierungen, indem sie sich gegenseitig binden, zugleich auch Fesseln ablegen und auf diese Weise in der Gesamtrechnung ein Mehr an Autonomie und Handlungsfähigkeit gewinnen können" (Wolf 1997: 273; vgl. auch Grande 1996; Kohler-Koch 1996a: 366-369).

11   Dies gilt vor allem für die sogenannten „Römischen Verträge", d.h. die Verträge der EAG und EWG; der EWG-V ist zwar Grundlage des EG-V, durch die Aufwertung des EP ist

Entscheidungen nur durch das Zusammenspiel von zwei Organen mit jeweils widersprechenden Loyalitäten zustande kommen. Auf der einen Seite steht die Kommission als Verkörperung des Gemeinschaftsinteresses, auf der anderen Seite der Rat, der sich aus den Vertretern der Mitgliedsregierungen zusammensetzt und an der Wahrung einzelstaatlicher Autonomie interessiert ist.[12] Beide Organe sind im Entscheidungsprozess so untrennbar miteinander verbunden, dass man von Kommission und Rat als „Tandem" spricht.

Die Metapher macht deutlich, dass eine Entscheidung nur zustande kommt, wenn beide bereit sind, sich in die gleiche Richtung zu bewegen und nur zügig voran kommen, wenn sie sich mit der gleichen Geschwindigkeit bewegen. Die Kommission als Verkörperung des Gemeinschaftsinteresses soll die Gemeinschaftspolitik vorantreiben, sie soll immer wieder die Mitgliedstaaten zum Handeln anstoßen, sie aber nicht überrollen. Folglich wurde die Kommission mit einem Initiativrecht ausgestattet und dem Rat die Entscheidungsgewalt gegeben. Um allfällige Handlungsblockaden zu vermeiden, soll nach den Verträgen der Rat prinzipiell mit Mehrheit entscheiden (Art. 205, Abs. 1 EG-V).[13] Die Suche nach einem mehrheitsfähigen Kompromiss wird dadurch erleichtert, dass die Kommission ihren Vorschlag im Laufe der Verhandlungen jederzeit zurückziehen und verändern kann (Art. 250, 2 EG-V).

Auf den ersten Blick wenig verständlich ist, warum der Rat selbst im Falle der Einstimmigkeit nicht unabhängig von der Kommission entscheiden kann. Der Rat kann nur eine Entscheidung treffen, wenn ein Vorschlag der Kommission vorliegt. Mit anderen Worten, die Kommission hat nicht nur ein Initiativrecht, sie hat ein Initiativmonopol. So soll verhindert werden, dass spätere Regierungen einvernehmlich beschließen, hinter den erreichten Integrationsstand zurückzugehen. Der Sperrklinkeneffekt ergibt sich aus der Verfahrensvorschrift: kein Beschluss des Rates ohne Vorschlag der Kommission, kein Vorschlag der Kommission ohne Rechtsgrundlage im Vertrag.[14] Weiterhin kann der Rat auf Vorschlag der Kommission mit qualifizierter Mehrheit entscheiden; hat er Änderungswünsche, kann die Entscheidung nur einstimmig fallen. Die Logik ist, dass Sonderwünsche eingedämmt werden sollen, denn wer immer seine eigenen Interessen berücksichtigt finden möchte, ist darauf angewiesen, dass sie im Vorschlag der Kommission enthalten sind, d.h. sie müssen sich in eine Mehrheitsmeinung einfügen und verhandelbar sein. Auf der anderen Seite entspringt die Regelung, dass der Rat einstimmig unabhängig von der Position der Kommission entscheiden kann, dem Grundsatz, dass ein demokratisch nicht legitimiertes Organ nicht den Willen der Mitgliedstaaten behindern darf.

Sinn der institutionellen Balance ist somit, den Interessenausgleich zwischen den Beteiligten so zu lenken, dass eine allseits befriedigende Politikentscheidung produziert und gleichzeitig die langfristige Zusammenarbeit stabilisiert wird. Maßstab für das institutionelle Arrangement der Verträge und deren zwischenzeitliche Entwicklung ist somit zunächst einmal diese doppelte Zielvorgabe.

---

die Stellung von Kommission und Rat und damit die Funktion des Tandem jedoch verändert worden (s.u.).

12 Zur ausführlichen Darstellung der Organisation und Funktion der beiden Organe vgl. das Unterkapitel 6.2.2.

13 Gilt nur für den EG-Vertrag, nicht den EU-V.

14 Mittlerweile ist diese Verfahrensvorschrift insofern aufgeweicht worden, als nun der Rat die Kommission auffordern kann, Vorschläge zu unterbreiten (Art. 208 EG-V).

6.2 Das politische System der EG

6.2.1 Die EG – ein politisches System

Die EG wird im Fachjargon üblicherweise mit dem Begriff „politisches System" belegt. Damit wird nicht auf eine spezifische Systemtheorie, wie sie z.B. von David Easton (1965), Talcott Parsons (1969) oder Niklas Luhmann (1984) entwickelt wurde, zurückgegriffen.[15] Vielmehr wird mit dem Begriff signalisiert, dass man die EG/EU unter den gleichen allgemeinen Gesichtspunkten analysieren möchte, wie man Nationalstaaten als „politische Systeme" untersucht: Man sucht nach der spezifischen Funktion, die dieses Teilsystem für das gesellschaftliche Gesamtsystem erbringt und fragt nach seiner internen Struktur und Funktionsweise. Zugrunde liegt die Vorstellung, dass die heutigen Gesellschaften durch die Ausdifferenzierung in Teilsysteme – wie z.B. Wirtschaft, Recht, Kultur, Wissenschaft – gekennzeichnet sind, die jeweils spezifische Aufgaben erfüllen und nach unterschiedlichen Funktionslogiken operieren. Die Besonderheit des politischen Systems liegt in seiner Funktion: Im engeren Sinne betrachtet geht es um die Herstellung allgemein verbindlicher Entscheidungen zur Verarbeitung öffentlicher, d.h. gesamtgesellschaftlich relevanter Probleme; im weiteren Sinne um die Erzeugung legitimer Herrschaft (vgl. Kap. 10). Diese Funktionsleistung kann nur vom politischen System als Ganzes und nicht von einzelnen Organen erwartet werden. Somit ist die Frage beispielsweise nach der Funktionsfähigkeit oder Legitimität des Rates oder der Kommission falsch gestellt. Nicht die Untersuchung eines einzelnen Elementes des Systems, sondern nur deren Zusammenwirken in der Gesamtheit des Systems kann zu einem ausgewogenen Urteil führen.

Die Verwendung des Systembegriffs ist hilfreich, weil sie die Komplexität der Wirklichkeit auf ein einfaches gedankliches Konstrukt reduziert, das man auf ganz unterschiedliche politische Gebilde anwenden kann.

Kasten 6.4: System

> Eine aus einzelnen Teilen (Elementen) gebildete Einheit, die einem bestimmten Organisationsprinzip verpflichtet ist, aus dem sich die Anordnung der Elemente zueinander (Struktur), ihre Interaktionsmuster (Prozesse) und Interaktionsergebnisse (Entscheidungsinhalte) ergeben.

Zur Analyse eines politischen Systems sollten in einem ersten Schritt folglich die Strukturen, nämlich die Komposition der Organe mit ihren jeweiligen Zuständigkeiten, und die Prozesse, d.h. das Zusammenwirken der Organe aufgrund von vorgegebenen Handlungsprinzipien und Entscheidungsverfahren, aufgearbeitet werden. Da die EG kein historisch gewachsenes politisches System ist, sondern gezielt konstruiert wurde, um ganz bestimmte Funktionen zu erfüllen, ist es besonders spannend zu verfolgen, wie die gewünschten Funktionen durch konkrete strukturelle und prozedurale Vorkehrungen erfüllt werden sollten.

EG als politisches System

---

15 Für einen ersten Überblick, vgl. das Stichwort „Systemtheorie und Politik" von Richard Münch (1995).

Auch wenn über den Charakter der europäischen Gemeinschaftsbildung ge-
stritten wird, so gibt es doch einen breiten Konsens, dass die Funktion des politischen Systems EG/EU darin besteht, die *gemeinschaftliche Handlungsfähigkeit
des Staatenverbundes* sicherzustellen.[16] Die Gemeinschaftsverträge gaben und
geben ein Arbeitsprogramm vor: Es geht um die Öffnung der Märkte, den Abbau
der wechselseitigen Diskriminierung und die Vereinbarung gemeinsamer Politiken. Dieses Programm kann nur dann erfolgreich abgearbeitet werden, wenn Entscheidungen zustande kommen, diese befolgt werden und unter den Beteiligten
die Bereitschaft besteht, ihre Zusammenarbeit auch auf weitere Bereiche auszudehnen, soweit es zur Verwirklichung der festgelegten Ziele erforderlich ist. Organstruktur und Willensbildungsverfahren mussten folglich den Anforderungen
von Entscheidungseffizienz und Verbindlichkeit genügen, gleichzeitig aber auch
die Heterogenität der Interessen zum Ausdruck kommen lassen. Das Spannungsverhältnis zwischen dem Wunsch nach gemeinschaftlicher Handlungsfähigkeit
und der Verteidigung nationaler Autonomie drückt sich in der Konstruktion der
Organe und ihrer wechselseitigen Abhängigkeit aus. In der Verfassungswirklichkeit verleihen Kommission, Europäisches Parlament, Gerichtshof und Rech-
nungshof dem gemeinsamen Interesse Ausdruck. Der Rat verkörpert die Interessen der Mitgliedstaaten. Rat und Kommission werden von einem Wirtschafts-
und Sozialausschuss sowie einem Ausschuss der Regionen mit beratender Aufgabe unterstützt (Art. 7, Abs. 2 EG-V)[17], die ihrerseits vor allem als Anwalt der
Einzelinteressen auftreten. Der Europäische Rat ist kein Organ der EG; er ist eine
Verstetigung der Gipfelkonferenzen der Staats- und Regierungschefs und nimmt
einen prominenten Platz in der intergouvernemental konstruierten EU ein.

Schaubild 6.1: Die Organe der EG im Überblick

Gemeinschaftsinteresse	Partikularinteresse
– Kommission	– Rat
– EuGH	– Wirtschafts- und Sozialausschuss
– Europäisches Parlament	– Ausschuss der Regionen
	Europäischer Rat *(kein Organ der EG)*

6.2.2 Organe der Europäischen Gemeinschaft

Die Vorstellung erfolgt nach einem einheitlichen Muster: Dargestellt werden
Aufgaben und Befugnisse, Zusammensetzung und Arbeitsweise. Dabei geht es
jeweils darum, die Rolle der einzelnen Organe im Gesamtgefüge der EG zu beleuchten. Im Anschluss daran werden die Entscheidungsverfahren und die daraus
resultierenden Interaktionsbeziehungen behandelt.

---

16 Staatenverbund ist eine Wortschöpfung des deutschen Bundesverfassungsgerichts anläss-
    lich der Klage gegen den Vertrag von Maastricht. Damit präzisierte das BVerfG den sui
    generis Charakter der EU ohne sich in der rechtswissenschaftlichen Kontroverse über die
    Nähe des Systems eher zu einem Staatenbund und einem Bundesstaat festzulegen (Win-
    kelmann 1994).

17 In europarechtlichen Erörterungen meist als Hilfsorgane oder als Nebenorgane (Hilf 1982:
    17) eingestuft.

Schaubild 6.2: Die Organisationsstruktur der EU

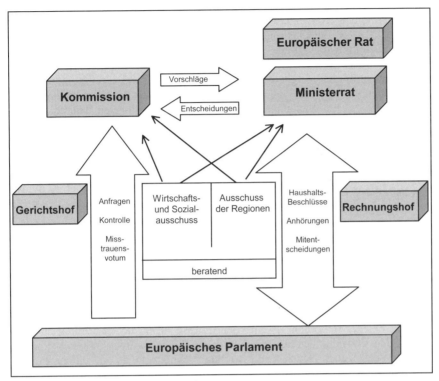

Quelle: Woyke (1995) und eigene Bearbeitung

Die Kommission[18]

Der Kommission kam von Anfang an eine zentrale Stellung im Gemeinschaftsgefüge der EG zu.[19] Ihr Auftrag ist „... das ordnungsgemäße Funktionieren und die Entwicklung des Gemeinsamen Marktes zu gewährleisten" (Art. 211 EG-V), d.h. die allgemeinen Vertragsziele mit Leben zu füllen. Zu diesem Zweck wurde ihr (1) eine aktive Rolle im Entscheidungsprozess, (2) die Sorge für die Anwendung und Umsetzung des Gemeinschaftsrechts und (3) gewisse Verwaltungsvollmachten zugesprochen.

Europäische Kommission

Das Initiativrecht verleiht der Kommission die Macht, die notwendigen Gesetzgebungsmaßnahmen in Gang zu setzen. Weil in der Mehrzahl der Fälle der Rat nur auf Vorschlag der Kommission entscheiden kann, das Initiativrecht also ein Initiativmonopol ist, kann die Kommission den Zeitpunkt, den Inhalt, die

Initiativrecht

18 Neben der Sekundärliteratur sind vor allem die Kommentare zum Gemeinschaftsrecht hilfreich z.B. Groeben (1997) (fortlaufend). Ausführlich und analytisch gehaltvolle Darstellungen aus jüngerer Zeit bieten Edwards/Spence (1997); Hooghe (2001) und Nugent (2001).

19 Die Hohe Behörde der EGKS hatte noch weitreichendere Befugnisse; in den Vertragsabschlüssen von EAG und EWG wurden mit dem Namenswechsel auch die Befugnisse eingeschränkt.

Form und Reichweite einer europäischen Politikinitiative vorgeben.[20] Allerdings muss sie sich im Rahmen des Vertrages bewegen und sie ist darauf angewiesen, eine Mehrheit im Rat – und bei Anwendung des Mitentscheidungsverfahrens auch im EP – zu finden. Folglich sucht sie bereits in der Phase der Entscheidungsvorbereitung die Voraussetzung für eine breite Koalition zu schaffen. Dazu gehört die Lancierung der ersten Ideen in Grün- und Weißbüchern und die enge Abstimmung mit den Mitgliedstaaten auf der Arbeitsebene, die Einbindung relevanter Interessengruppen und regelmäßige Absprachen mit dem Parlament. In dieser Phase des Entscheidungsprozesses lädt sie die nationalen Beamten, Abgeordneten und Interessenvertreter ein. In der Phase der Entscheidungsfindung im Rat bzw. zwischen Rat und EP ist die Kommission ebenfalls ständig präsent und zwar nicht nur als ein Verhandlungspartner unter anderen, sondern als möglicher Katalysator der Entscheidungsfindung. Sie kann nämlich durch die Zurücknahme und Veränderung ihres Vorschlages dazu beitragen, dass ein Kompromiss gefunden wird.

Komitologie

Die exekutiven Befugnisse der Kommission sind gering, obwohl laut Vertrag der Rat der Kommission die Durchführung der von ihm beschlossenen Vorschriften überträgt (Art. 202 EG-V). Der Rat kann aber nicht nur die Modalitäten der Durchführung festlegen, sondern lässt auch die Arbeit der Kommission von Ausschüssen nationaler Vertreter begleiten. Daraus hat sich ein flächendeckendes System der „Komitologie" (Ausschusswesen der Kommission – Begriff kommt aus dem Französischen) entwickelt, das beratend und kontrollierend den Handlungsspielraum der Kommission beschränkt. Hinzu kommt, dass die Kommission mangels eigener Behörden bis auf wenige Ausnahmen die Umsetzung des EG-Rechts den Verwaltungen der Mitgliedstaaten überlassen muss. Sie verwaltet allerdings den eigenen Haushalt, die wichtigen Strukturfonds und etliche Förderprogramme beispielsweise für Bildung, Forschung und Technologie oder Umweltschutz (Levy 1997). Die Möglichkeit, über Ausgaben Politik zu machen, sind in der Gemeinschaft mangels Finanzmasse aber höchst beschränkt (vgl. Kap. 8).

Hüterin der Verträge

Die Kommission ist neben dem Gerichtshof verantwortlich für die Einhaltung der Verträge und die Umsetzung des Gemeinschaftsrechts. Die Kommission nimmt Stellung, wenn ein Mitgliedstaat, ein Bürger der EG oder ein anderes Organ gegen eine Verpflichtung aus dem Vertrag verstößt.[21] Gleiches gilt, wenn ein Staat die beschlossenen Verordnungen und Richtlinien nicht rechtzeitig oder in nicht angemessener Weise umsetzt. In der Praxis genügt in den meisten Fällen eine Abmahnung. Anderenfalls kann die Kommission ein Vertragsverletzungsverfahren einleiten und in dessen Rahmen Klage vor dem EuGH einreichen (Art. 226 EG-V). Die Kommission braucht kein umfassendes Kontrollsystem, denn

---

20 Das Initiativmonopol gilt nicht für den 2. und 3. Pfeiler und zur Zeit auch nicht für die Bereiche, die erst mit dem Vertrag von Amsterdam aus dem 3. in den 1. Pfeiler übertragen wurden, nämlich die Visa-, Asyl- und Einwanderungspolitik (Art. 67, Abs. 1). Ebenso ist das Initiativrecht der Kommission in der Abstimmung der Wirtschafts- und Beschäftigungspolitik beschränkt, weil hier die vertraglichen Kompetenzübertragungen noch begrenzt sind (Art. 99, Abs. 2 und 4 bzw. Art. 128, Abs. 4 EG-V). In der Währungspolitik ist die EZB frei, eigene Verordnungen zu erlassen (Art. 110 EG-V) und sie nimmt auch in der auswärtigen Währungspolitik eine Vorrangstellung gegenüber der Kommission ein (Art. 111 EG-V); vgl. Kap. 5.

21 Besondere Kontrollbefugnisse sind der Kommission in Wettbewerbsangelegenheiten (Art. 86 EG-V) und bei staatlichen Beihilfen (Art. 88 EG-V) eingeräumt.

meistens findet sich eine Regierung oder eine betroffene Interessengruppe, welche die Aufmerksamkeit der Kommission auf die Vertragsverstöße lenkt. Ihrerseits hat sie das Recht „alle erforderlichen Auskünfte einzuholen und alle erforderlichen Nachprüfungen vorzunehmen" (Art. 284 EG-V).

Diese Aufgaben- und Kompetenzzuweisung macht es verständlich, dass der Kommission in der Literatur immer wieder die Rolle als „Hüterin des Vertrages" und „Motor der Integration" zugeschrieben wird, wohingegen die Mitgliedstaaten die Rolle als „Herren der Verträge" ausfüllen.[22] Wie wird nun die Rolle der Kommission durch ihre Zusammensetzung und ihre Arbeitsweise abgesichert?

Aufbau der Kommission

Voraussetzung für eine erfolgreiche Maklertätigkeit ist ihre Unabhängigkeit. Diese wird der Kommission nicht nur vertraglich zugesichert (Art. 213 EG-V), sondern durch den Rekrutierungsmodus erreicht. Mit Kommission ist das politische Leitungsgremium der 20 Kommissare gemeint[23], das von den Regierungen nur im gegenseitigen Einvernehmen ernannt und während ihrer fünfjährigen Amtszeit nicht verändert werden darf. Die politische Kontrolle übt das EP aus, das gegen die Kommission einen Misstrauensantrag einbringen und sie geschlossen zum Rücktritt zwingen kann. Dieses Kontrollrecht erwies sich als stumpfes Schwert, weil das Verlangen nach einem kollektiven Rücktritt im Zweifelsfall als überzogene politische Forderung eingestuft wurde[24] und das EP keinen Einfluss auf die Neuberufung hatte. Bereits mit dem Vertrag von Amsterdam wurde das Verfahren verändert, um den Einfluss des EP zu stärken und gleichzeitig die Position des Präsidenten der Kommission hervorzuheben (Art. 214 EG-V): Die Regierungen benennen – seit Nizza mit qualifizierter Mehrheit – den Präsidentschaftskandidaten der zukünftigen Kommission; dieser bedarf der Zustimmung des EP. Im Einvernehmen mit ihm einigen sie sich auf die weiteren Mitglieder der Kommission. Diese stellen sich mit dem Präsidenten einem Zustimmungsvotum des EP und werden dann von den Regierungen (mit qualifizierter Mehrheit) ernannt. Die weitergehende Forderung des EP, einzelnen Kommissionsmitgliedern das Misstrauen aussprechen zu können, wurde nicht aufgenommen. Die Forderung war nach der Kritik an der Santer Kommission populär, verkennt aber, dass damit die Handlungsfähigkeit des Kollegiums und die Führungskapazität des Präsidenten beschädigt werden kann.[25] Der nachfolgende Kommissionspräsident Prodi ist dem Parlament entgegen gekommen und hat allen Kommissionsmitglie-

---

22 Hallstein, von 1958 bis 1967 Präsident der Kommission der EWG, bezeichnete die Kommission als „Motor, Wächter und ehrlicher Makler" (Hallstein 1979: 82). Diese Begriffe fanden früh Eingang in die europarechtliche Diskussion.

23 Noch im Amsterdamer Vertrag war festgehalten, dass der Kommission mindestens ein Staatsangehöriger jedes Mitgliedstaates angehören muss, jedoch nicht mehr als zwei Mitglieder der Kommission dieselbe Staatsangehörigkeit besitzen dürfen. Nach den Vereinbarungen von Nizza wird ab der nächsten Amtsperiode im Jahr 2005, in dem die EU auf 25 Mitglieder gewachsen sein wird, jeder Mitgliedstaat einen Kommissar stellen (Art. 213, Abs. 1 EG-V).

24 Aus diesem Grund scheiterte der Misstrauensantrag gegen die Kommission unter Führung des Kommissionspräsidenten Santer im Januar 1999. Die Kommission trat trotzdem zurück, weil sich nicht nur der Verdacht der Verfehlungen einzelner Kommissare verhärtet hatte, sondern die Kommission von einem Sachverständigenausschuss bescheinigt wurde, dass sie die Kontrolle über die Verwaltung verloren habe.

25 Dieses Argument findet sich auch auf der nationalen Ebene. Im Interesse einer größeren Regierungsstabilität und Handlungseffizienz wurde diese Vorkehrung der Weimarer Verfassung nicht ins Grundgesetz der Bundesrepublik Deutschland aufgenommen.

dern eine schriftliche Bestätigung abverlangt, dass sie auf Aufforderung freiwillig zurücktreten werden.

Verwaltung Der Kommission untergeordnet ist ein Verwaltungsapparat mit derzeit ca. 16.000 Stellen. Die Unabhängigkeit der Verwaltung soll dadurch gewährleistet werden, dass alle Dauerbeschäftigten den Status eines europäischen Beamten haben und die Rekrutierung auf Grundlage eines Eignungstests erfolgt. Nach französischem Muster muss man einen „Concours", also eine Auswahlprüfung, bestehen um auf eine Liste aufgenommen zu werden. Bei Regelernennungen wird von dieser Liste rekrutiert. Um den multinationalen Charakter der Kommission zu gewährleisten, ist Nationalität neben der Fachkenntnis ein wichtiges Kriterium. Der Unterbau der Kommission ist in Fachabteilungen, die sogenannten Generaldirektionen gegliedert, für die einzelne Kommissare zuständig sind. Das Prinzip der Ressortzuständigkeit wird durch das Kollegialitätsprinzip relativiert, d.h. dass die Kommission als Kollegialorgan alle Entscheidungen gemeinsam trifft. Wichtig für die Koordination zwischen den Generaldirektionen sind die sogenannten Kabinette. Jedes Kommissionsmitglied hat einen persönlichen Stab[26], der für die reibungslose Kommunikation innerhalb des Kollegiums und mit den Spitzenbeamten der Generaldirektionen zuständig ist.

In welcher Weise die institutionellen und administrativen Reformen der letzten Jahre die Rolle der Kommission verändert haben, ist umstritten. Der Ernennungsvorgang und die vertragliche Zuweisung einer politischen Führungsrolle (Art. 219 EG-V) stärkt die Position des Präsidenten. Ob dies eine Ausstrahlung nach innen haben wird, muss die 1999 in Angriff genommene Verwaltungsreform zeigen. In der Außenwirkung steht der Präsident in Konkurrenz zum „Hohen Vertreter" (vgl. Kap. 13) und zur Präsidentschaft des Rates. In der Außenwirtschaftspolitik kommt der Kommission dagegen eine wichtige Rolle als Verhandlungsführer der EG zu (vgl. Kap. 12). Wie stark die gestaltende Kraft der Kommission insgesamt ist, wird von Beobachtern unterschiedlich beurteilt. Zum einen ist die Anbindung an die Mitgliedstaaten über die Komitologie nach wie vor eng, und die Mitgliedstaaten haben durch die Stärkung der intergouvernementalen Kooperation im 2. und 3. Pfeiler eine Aufwertung erfahren. Die Einführung des Mitentscheidungsverfahrens geht nach allgemeiner Einschätzung zu Lasten der Kommission. Weitere Reformen im Zuge der Aufnahme neuer Mitglieder, wie beispielsweise die Abstufung einiger Kommissare auf den Rang von Stellvertretern, könnten eine zusätzliche Schwächung bedeuten. Zuletzt sollte nochmals daran erinnert werden, dass die Rechtsposition der Kommission nur innerhalb der ersten Säule so stark ist. In den intergouvernemental konstruierten Säulen der Außen- und Sicherheitspolitik und der polizeilich und justiziellen Zusammenarbeit spielt sie nur eine untergeordnete Rolle. Allerdings wird ihr auch hier und sogar selbst in den Regierungskonferenzen ein bedeutender informeller Einfluss zugeschrieben.[27]

---

26 Sie sind nicht mehr wie früher die persönlichen Vertrauten gleicher Nation, sondern sollen den multilateralen Charakter der EU widerspiegeln.

27 Ob und in welchem Umfang die Kommission dabei die Rolle eines „politischen Unternehmers" einnimmt, ist in der Literatur umstritten. Sehr zurückhaltend äußert sich Moravcsik 1999c; zu einer positiven Einschätzung kommt Christiansen 2002.

Der Rat[28]

Aufbau des Rates

Der Rat ist nominell betrachtet ein Paradox: Er ist eine Versammlung der nationalen Exekutive, die in der EG die Legislativfunktion ausübt. Der Rat ist immer noch das zentrale Entscheidungsorgan und spielt damit eine dominierende Rolle[29], auch wenn das EP durch die Vertragsänderungen der zurückliegenden Dekade ein größeres Mitspracherecht erhielt. Er besteht aus je einem Vertreter jedes Mitgliedstaates auf Ministerebene.[30] Je nachdem, welche Sachmaterie zu beschließen ist, treffen sich die Außenminister als „Rat Allgemeine Angelegenheiten" oder als Fachminister im Rat „Wirtschafts- und Finanzfragen" (ECOFIN), Landwirtschaft, Umwelt, etc. Die fachliche Segmentierung in mehr als 20 Fachräte ist ein Problem für die Kohärenz der europäischen Politik. Sie wird weder durch die Beteiligung der Kommission – auch deren Repräsentant vertritt Ressortinteressen – noch durch den Unterbau des Rates behoben. Das Generalsekretariat ist ohnehin eher für den reibungslosen Ablauf der Ratstreffen zuständig[31], während die inhaltliche Vorbereitung im Ausschuss der Ständigen Vertreter (AStV)[32] geleistet wird (Art. 207 EG-V).[33] Ständig in Brüssel anwesend ist aber nur eine kleine Gruppe von Ministeriumsvertretern.[34] Ihre Aufgabe ist die Delegation und Koordination der Arbeit der zahlreichen, häufig parallel tagenden Arbeitsgruppen, zu deren Sitzungen die für die Sacharbeit Zuständigen aus den einzelnen Hauptstädten anreisen.

Beschlussfassung im Rat

Im Spannungsverhältnis zwischen gemeinschaftlicher Handlungsfähigkeit und nationaler Interessenwahrung sind die Regeln der Entscheidungsfindung elementar. In der EG gilt:

„Soweit in diesem Vertrag nichts anderes bestimmt ist, beschließt der Rat mit der Mehrheit seiner Mitglieder" (Art. 205 EG-V). Bei den einzelnen Sachentscheidungen sieht der Vertrag aber nur selten die reine Mehrheitsentscheidung (derzeit 8 von 15 Staaten, nach der Erweiterung 13 von 25, bzw. Repräsentation von 62 Prozent der Gesamtbevölkerung der EU) vor; in der Mehrheit der Fälle ist Einstimmigkeit und nach den Vertragsrevisionen von Amsterdam und Nizza zunehmend die qualifizierte Mehrheit vorgeschrieben. Bei qualifizierter Mehrheit sind die Stimmen der Mitgliedstaaten gewichtet und es ist sowohl eine Mindestzahl der Stimmen (258 von 345)[35] als auch der mitstimmenden Länder (18 von 27)[36] festgelegt.[37] Bei den Regierungsverhandlungen in Nizza wurde anschaulich

---

28 Vgl. insbesondere Haynes-Renshaw/Wallace (1997).
29 Noch stärker ist seine Rolle im 2. und 3. Pfeiler, wo er allerdings dem Europäischen Rat untergeordnet ist; Kommission und EP sind hier eher Randfiguren, vgl. Kap. 7 und 13.
30 Ausnahmen sind die Regelungen in Art. 121 und 122 EG-V, über die Einführung einer einheitlichen Währung; hier tagt der Rat in Zusammensetzung der Staats- und Regierungschefs.
31 Bis Anfang der 90er Jahre führte es eine „Schattenexistenz" (Hayes-Renshaw 1999). Mit dem Ausbau der GASP hat es eine Aufwertung erfahren, vgl. Kap. 13.
32 Nach der französischen Abkürzung auch COREPER genannt.
33 Agrar, Wirtschaft/Finanzen, Außenbeziehungen werden in Sonderausschüssen vorbereitet.
34 Die Leitung hat üblicherweise ein Diplomat des Außenministeriums.
35 Ausgehend von 27 Mitgliedstaaten.
36 Ausgehend von 27 Mitgliedstaaten.
37 Die sogenannte „doppelte Mehrheit" kann auf Antrag eines Mitgliedstaates erforderlich werden. Danach muss ein entsprechender Mehrheitsbeschluss nicht nur die Mehrheit der

vorgeführt, wie schwierig die Einigung auf die Gewichtung der Stimmen ist. Es muss immer ein Kompromiss gefunden werden, der sowohl die einzelstaatlichen Interessen als auch allgemein anerkannte Prinzipien der Repräsentation berücksichtigt. Das Interesse der Mitgliedstaaten ist ambivalent. Sie streben einerseits nach Maximierung ihres Einflusses durch eine Vergrößerung des eigenen Stimmenanteils, andererseits ist es im Interesse jedes einzelnen Mitgliedsstaates, die gemeinschaftliche Handlungsfähigkeit nicht zu gefährden. Außerdem sind jeweils andere Stimmenverhältnisse von Bedeutung, je nachdem, ob man Entscheidungen eher verhindern will oder eine Mehrheit für seine Interessen findet. Die Auseinandersetzung wird in der Regel nicht mit dem Argument eigener Kontroll- und Gestaltungsinteressen, sondern mit dem Verweis auf allgemein geltende Prinzipien geführt. Dem Prinzip der völkerrechtlichen Gleichheit der Staaten steht das Prinzip der Gewichtung der staatlichen Repräsentation nach Bevölkerungsgröße gegenüber. Im Streit um die Stimmengewichtung wird kaum noch auf den Grundsatz der völkerrechtlichen Gleichheit zurückgegriffen, es sind vielmehr die Argumente von nationaler Identität und Minderheitenschutz, die von Seiten der kleinen Mitgliedstaaten zur Verteidigung ihrer stimmenmäßigen Übergewichtung eingebracht werden. Die großen Mitgliedstaaten pochen dagegen auf das Demokratieprinzip und fordern ein ihrer Bevölkerungsgröße angemessenes Stimmengewicht. Abweichend davon verfocht Frankreich in Nizza nachdrücklich das Prinzip der „Gleichwertigkeit", mit dem es die Gleichbehandlung mit Deutschland einforderte. Das Verhandlungsergebnis ist ein Kompromiss, der unterschiedliche Interessen und Prinzipien berücksichtigt.

Schaubild 6.3: Stimmengewichtung im Rat und im Europäischen Parlament

Land	Bevölke-rungszahl in Mio.	Bevölke-rungszahl in %	Stimmen Rat	Stimmen Rat in %	Sitze EP	Sitze EP %
Luxemburg	0,4	0,11	2	2,3	6	0,96
Irland	3,8	1,01	3	3,45	15	2,4
Finnland	5,2	1,38	3	3,45	16	2,6
Dänemark	5,3	1,41	3	3,45	16	2,6
Österreich	8,1	2,15	4	4,6	21	3,35
Schweden	8,9	2,37	4	4,6	22	3,51
Portugal	10	2,66	5	5,75	25	3,99
Belgien	10,2	2,71	5	5,75	25	3,99
Griechenland	10,5	2,79	5	5,75	25	3,99
Niederlande	15,9	4,23	5	5,75	31	4,95
Spanien	39,4	10,48	8	9,2	64	10,22
Italien	57,7	15,35	10	11,49	87	13,89
Frankreich	58,7	15,62	10	11,49	87	13,89
Großbritannien	59,6	15,86	10	11,49	87	13,89
Deutschland	82,2	21,87	10	11,49	99	15,81
EG Summe	375,9		87		626	

Quelle: http://www.europarl.eu.int/presentation/default_de.htm; http://ue.eu.int/de/info/index.htm [Stand: 30.01.2003] und eigene Berechnungen

---

Ratsstimmen, sondern auch mindestens 62 Prozent der Gesamtbevölkerung der Europäischen Union repräsentieren (Art. 205, Abs. 2 EG-V).

Angesichts des zähen Feilschens um die Verteilung der Stimmen in Nizza könnte aus dem Blick geraten, dass in der Praxis in der EG weitgehend das Konsensprinzip herrscht. Man verhandelt bis keine Delegation mehr offenen Widerspruch erhebt. Der Unterschied zur Einstimmigkeit ist zum einen, dass keine förmliche Abstimmung stattfindet. Zum anderen ergibt sich eine andere Verhandlungsdynamik, wenn die Suche nach dem Konsens von einem möglichen Veto überschattet ist oder nur die Verärgerung eines überstimmten Mitgliedstaates zu bedenken ist.[38]

Das Europäische Parlament (EP)[39]

Organisation des EP

Das EP hat die spektakulärsten Veränderungen durchlaufen. Von einer „Beratenden Versammlung" aus Delegierten der nationalen Parlamente hat es sich zu einem (seit 1979) direkt gewählten Parlament mit ausgeweiteten Legislativ-, Kontroll- und Haushaltsbefugnissen entwickelt. Zusammensetzung und interne Organisation zeigen, dass es das Repräsentationsorgan eines Staatenverbundes mit dem Willen zur stärkeren Einheitlichkeit ist. Laut Vertrag besteht es aus „Vertretern der Völker der in der Gemeinschaft zusammengeschlossenen Staaten" (Art. 189 EG-V). Folglich gilt nicht der Gleichheitsgrundsatz „ein Bürger, eine Stimme", sondern es wird auch im EP den kleinen Staaten eine Überrepräsentation zugestanden, um „eine angemessene Vertretung" (Art. 190, Abs. 2 EG-V) zu gewährleisten (vgl. Schaubild 6.3). Jedes Land sollte eine Mindestzahl an Abgeordneten ins EP entsenden können, damit die politischen Grundströmungen repräsentiert sind. Mit der Erweiterung der EU verschärft sich der Zielkonflikt: Die Kommunikation in und zwischen den Fraktionen sowie die gesamtparlamentarische Entscheidungseffizienz erfordern ein überschaubares Gremium,[40] für die überwiegend kleinen Beitrittsstaaten muss eine „angemessene Vertretung" gewährleistet sein, und für die großen Mitgliedstaaten das Prinzip der demokratischen Repräsentativität beachtet werden. Die interne Arbeitsorganisation des EP folgt den typischen Mustern eines Arbeitsparlamentes, d.h. es gibt ein ausdifferenziertes Ausschusswesen. Den Ausschussvorsitzenden und Berichterstattern kommt eine erhebliche Bedeutung im Willensbildungsprozess zu (Corbett u.a. 2000).[41] Für den Verlauf der innerparlamentarischen Willensbildungsprozesse ist die Fraktionsbildung nach parteipolitischer Zugehörigkeit ausschlaggebend. Allerdings haben es nur die sozialdemokratisch/sozialistischen, die christdemokratisch/konservativen und die liberalen Parteien geschafft sich zu einem übernationalen Parteiverbund zusammenzuschließen und sich in einer Fraktion zu organi-

---

38 Der Europäische Rat regelte am 26./27.10.2002 die genaue Stimmgewichtung im Ministerrat sowie die Sitzverteilung im Europäischen Parlament für den Zeitraum der Erweiterung bis 2009. Danach sollen die 50 Sitze im Europäischen Parlament, die Bulgarien und Rumänien zugedacht wurden, zwischen 2004 und 2009 auf die Mitgliedstaaten aufgeteilt werden, vgl. Schlussfolgerungen des Vorsitzes (http://europa.eu.int/council/off/conclu, [Stand: 12.11.2002]).

39 Von den jüngeren Darstellungen sind Maurer (1999), Smith (1999) sowie Maurer u.a. (2003) lesenswert.

40 Das EP umfasst derzeit 626 Abgeordnete und soll nach Festlegung im Amsterdamer Vertrag auch in Zukunft die Zahl von 700 nicht überschreiten (Art. 189 EG-V).

41 Zur aktuellen Organisationsstruktur und personellen Besetzung der wichtigen Führungspositionen vgl. die Homepage: http://www.europarl.eu.int [Stand: 30.01.2003].

sieren. Die Grünen finden sich in zwei Fraktionen wieder, während alle anderen Fraktionen deutlich gemischt sind.[42] Neben den aus den nationalen Parlamenten bekannten politischen Konfliktlinien (wohlfahrtsstaatliche vs. marktwirtschaftliche links-rechts Orientierung, wertkonservativ vs. liberal) ist die Einstellung zu Europa zusätzlich fraktionsbildend. Die Konservativen, die nach den Wahlen von 1999 erstmalig die größte Fraktion stellen, und die Sozialdemokraten sind traditionsgemäß die beiden stärksten Gruppen im EP. Zusammen mit der Fraktion der Liberalen bilden sie den „klassischen" Kern der in der parlamentarischen Arbeit pro-europäisch ausgerichteten Fraktionen (Janssen 1999: 404).

Die parteipolitische Konkurrenz hält sich im EP in recht engen Grenzen. Zum einen ist die EU kein parlamentarisches System, in dem die Parlamentsmehrheit die Regierung stützen muss und die Opposition sich über ihre Kritik an der Regierung profiliert. Zum anderen sind die Fraktionen in ihrer ideologischen Ausrichtung wenig homogen und von nationalen bzw. regionalen Interessen geprägt. Nicht zuletzt kann sich das EP gegenüber dem Rat nur durchsetzen, wenn Konservative und Sozialdemokraten sich zu einer großen Koalition zusammenfinden.[43]

Kompetenzen des EP

Die institutionellen Reformen haben dem EP in den letzten Jahren einen deutlichen Zugewinn an Kompetenzen gebracht.[44] Gemessen an den klassischen Funktionen eines Parlaments im parlamentarischen System ist die Bilanz aber immer noch mager. „Das EP ist an dem Prozess, der zur Annahme der Gemeinschaftsakte führt, ... beteiligt" (Art. 192 EG-V). Dies ist eine elegante Umschreibung dafür, dass das EP weder die Gesetzgebungsinitiative noch die volle Gesetzgebungskompetenz (Legislativfunktion) hat. Es ist auf eine Mitwirkung beschränkt; teils wird es nur gehört, teils kann es mitentscheiden. Auf die Zusammensetzung der eigentlichen politischen Gestaltungsorgane, nämlich Kommission und Rat, hat das EP kaum bzw. gar keinen Zugriff (Wahlfunktion). Kommission und Rat müssen dem EP Rechenschaft über ihre Arbeit abgeben (Kontrollfunktion), aber nur gegenüber der Kommission verfügt das EP über einschneidende Sanktionsmöglichkeiten, nämlich das Misstrauensvotum und die Verweigerung der Haushaltsentlastung. Die Finanzhoheit, d.h. die Entscheidung über die Einnahmen der EG, ist dem EP ganz entzogen, es kann nur bei der Bestimmung der Ausgaben mitwirken (Budgetfunktion). Allerdings wird auch die Verwendung des Haushalts zu einem nicht unerheblichen Teil durch Beschlüsse des Rats (obligatorische Ausgaben) festgelegt. Mit Ausnahme des Beitritts neuer Mitglieder[45] hat das EP auch keinen Einfluss auf die Weiterentwicklung des Verfassungssystems der EU (Systemgestaltungsfunktion), weil institutionelle Reformen und die „Kompetenz-Kompetenz", d.h. die Befugnis Kompetenzen von den Mitglied-

---

42 In der Fraktion der UEN (Fraktion Union für das Europa der Nationen) sind v.a. die Parteien der extremen Rechten versammelt, wie z.B. die italienische „Alleanza Nazionale". Die Fraktion der EDD (Fraktion für das Europa der Demokratien und der Unterschiede) ist ein Auffangbecken für Europaskeptiker, das von der französischen Partei „Chasse, Pêche, Nature, Tradition" bis zur britischen „United Kingdom Independence Party" reicht (vgl. Schaubild 6.4).

43 Im Legislativverfahren wird in der Regel die absolute Mehrheit der Mitglieder des EP verlangt (z.B. Art. 251, Abs. 2 EG-V) und beim Misstrauensvotum gegen die Kommission 2/3 der Stimmen und die Mehrheit der Mitglieder (Art. 201 EG-V).

44 Dazu ausführlich Maurer (1998, 1999).

45 Die Erweiterung der EU unterliegt der Zustimmung des EP (Art. 49 EU-V).

staaten auf die EU zu verlagern, den Mitgliedstaaten vorbehalten ist. Selbst die Entscheidung über eine „verstärkte Zusammenarbeit" zwischen einer Gruppe von Mitgliedstaaten vollzieht sich ohne Mitsprachemöglichkeit des EP. Allerdings sollte man nicht übersehen, dass institutionelle Vertragsänderungen häufig nur kodifiziert haben, was durch informelle Vereinbarungen zwischen den Organen bereits praktisch erprobt war und der faktische politische Einfluss des EP beispielsweise bei der Besetzung der Kommission (s.o.) über seine formalen Rechte hinausreicht.

Schaubild 6.4: Zusammensetzung EP (5. Wahlperiode: 1999-2004)

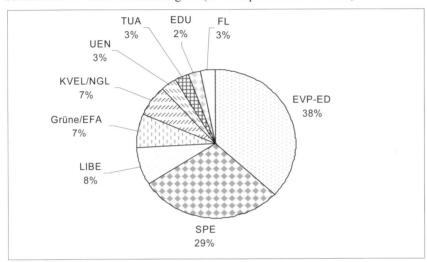

Quelle: http://www.europarl.eu.int [Stand: 8.11.2002]; eigene Berechnungen

EVP-ED = Fraktion der Europäischen Volkspartei und europäischer Demokraten; SPE = Fraktion der Sozialdemokratischen Partei Europas; LIBE = Fraktion der Liberalen und Demokratischen Partei Europas; Grüne/EFA = Fraktion der Grünen im Europäischen Parlament/Freie Europäische Allianz; KVEL/NGL = Konföderale Fraktion der Vereinigten Europäischen Linken/Nordische Grüne Linke; UEN = Fraktion Union für das Europa der Nationen; TUA = Technische Fraktion Unabhängiger Abgeordneter (gemischte Fraktion); EDU = Fraktion für das Europa der Demokratien und Unterschiede; FL = fraktionslos.

Das EP versucht kontinuierlich und hartnäckig seinen politischen Einfluss auszudehnen. In der Gesetzgebung kommt ihm ein ausdifferenziertes Ausschusswesen[46] und die zunehmende Beachtung durch die Interessengruppen zugute (Kap. 11). Ebenso profitiert es von dem Legitimitätsvorschuss, den Parlamente in repräsentativen Demokratien genießen.[47]

---

46 Das EP ist ein typisches „Arbeitsparlament", bei dem die Ausschüsse wesentlich die Meinungsbildung des Plenums vorstrukturieren. Die derzeit 17 Ausschüsse gleichen der sektoralen Organisationsstruktur von Kommission und Rat.

47 Zum Beitrag des EP zur Legitimität des EG-Systems, vgl. Kapitel 10.

Der Europäische Gerichtshof (EuGH)[48]

Kennzeichen der Supranationalität der EG ist der Gerichtshof (EuGH). Medium der Integration ist das Recht. Der Gerichtshof „sichert die Wahrung des Rechts bei der Anwendung und Auslegung dieses Vertrages" (Art. 220 EG-V). Zu seiner Entlastung wurde 1988 zusätzlich ein Gericht erster Instanz eingerichtet, das für Entscheidungen über einzelne, vom Rat festgelegte Gruppen von Klagen zuständig ist (Art. 225 EG-V). Entsprechend der Zahl der Mitgliedstaaten besteht der EuGH aus 15 Richtern, die im wechselseitigen Einvernehmen – ohne Mitwirkung von Kommission oder EP – von den Regierungen ernannt werden.[49] Ihre Arbeit wird von acht Generalanwälten unterstützt, die für die Schlussanträge zu dem verhandelten Rechtsstreit zuständig sind.

Kasten 6.5: Klagearten vor dem EuGH

Klagearten nach dem EG-Vertrag:

Klagen wegen Vertragsverletzung – Diese Klagen ermöglichen es dem Gerichtshof zu prüfen, ob die Mitgliedstaaten ihren gemeinschaftsrechtlichen Verpflichtungen nachgekommen sind.

Nichtigkeitsklagen – Mit diesen Klagen können Mitgliedstaaten, Rat, Kommission und unter bestimmten Umständen das Parlament die Nichtigerklärung von Rechtsakten der Gemeinschaft oder von Teilen dieser Rechtsakte beantragen; Einzelpersonen können die Nichtigerklärung von Rechtsakten fordern, die sie unmittelbar und individuell betreffen.

Untätigkeitsklagen – Diese Klagen gestatten es dem Gerichtshof, die Rechtmäßigkeit der Untätigkeit eines Gemeinschaftsorgans zu prüfen, und gegebenenfalls dessen Schweigen oder Nichthandeln formell zu beanstanden.

Schadensersatzklagen – Mit diesen Klagen wird die außervertragliche Haftung der Gemeinschaft geltend gemacht. Der Gerichtshof hat hier darüber zu entscheiden, ob die Gemeinschaft für einen Schaden aufzukommen hat, den ihre Organe oder Bediensteten in Ausübung ihrer Amtstätigkeit verursacht haben.

Rechtsmittel – Schließlich können beim Gerichtshof Rechtsmittel gegen Urteile des Gerichts erster Instanz eingelegt werden. Sie sind auf Rechtsfragen beschränkt.

Vorlagen zur Vorabentscheidung – Der Gerichtshof ist auch für Entscheidungen in einem anderen, höchst wichtigen Verfahren zuständig. Er ist zwar seinem Wesen nach der höchste Hüter des Rechts in der Gemeinschaft, nicht aber das einzige zur Anwendung des Gemeinschaftsrechts befugte und verpflichtete Rechtsprechungsorgan. Um eine wirksame Anwendung des Gemeinschaftsrechts zu sichern und zu vermeiden, dass die Unterschiede zwischen den für die einzelnen nationalen Gerichte geltenden Auslegungsregeln zu einer divergierenden Interpretation des Gemeinschaftsrechts führen, haben die Verträge das Vorlageverfahren eingeführt. Hat ein nationales Gericht in einer Rechtssache, für deren Ausgang es auf Gemeinschaftsrecht ankommt, Zweifel über dessen Auslegung oder Gültigkeit, so kann es – und muss es mitunter – dem Gerichtshof die entsprechenden Fragen zur Vorabentscheidung vorlegen.

Quelle: http://www.curia.eu.int/de/pres/comp.htm [Stand: 8.11.2002]

---

48 Vgl. v.a. Wolf-Niedermaier (1997).
49 Der EuGH ist eine „ewige Kammer": alle drei Jahre werden drei der 15 Richter auf jeweils 6 Jahre neu ernannt. Für ausführliche Informationen, vgl. die Homepage des EuGH: http://www.curia.eu.int.

Im Unterschied zum ausdifferenzierten Rechtssystem der Staaten ist der EuGH allzuständig: Er entscheidet in Verfassungsfragen, in Verwaltungsangelegenheiten, in Zivilstreitigkeiten und ist nicht zuletzt Schiedsgericht und Gutachterinstanz. Die Vertragsverletzungsverfahren richten sich in der Mehrzahl der Fälle gegen säumige oder nachlässige Mitgliedstaaten, die das EG Recht nicht fristgerecht oder entgegen den Intentionen der Gemeinschaft umgesetzt haben.[50] Die Liste der Klagen und Verurteilungen zeigt ein eindeutiges Nord-Süd Gefälle. Mit der Anstrengung einer Nichtigkeitsklage wehren sich dagegen meist Staaten oder einzelne Wirtschaftsakteure gegen unerwünschte Eingriffe der EG. Untätigkeitsklagen wurden gelegentlich gegen Rat oder Kommission eingereicht, um die Vertragserfüllung anzumahnen.

Kompetenzen des EuGH

Vielfach wird der EuGH als eigentlicher Motor der Integration betrachtet, denn seine Einzelentscheidungen haben immer wieder zu grundsätzlichen Weichenstellungen in Richtung vertiefte Integration geführt (Wolf-Niedermaier 1997).[51] Die Direktwirkung des Gemeinschaftsrechts,[52] der Vorrang des Gemeinschaftsrechts vor nationalem Recht und sein Sperrklinkeneffekt[53] wie auch das Prinzip der gegenseitigen Anerkennung zur Durchsetzung der Freizügigkeit des Warenverkehrs[54] gehen alle auf Entscheidungen des EuGH zurück. Entscheidend für die Durchsetzung des europäischen Rechts und die Einheitlichkeit des europäischen Rechtsraumes ist das Zusammenspiel zwischen EuGH und nationalen Gerichten. Die innerstaatlichen Gerichte sind befugt und verpflichtet, Gemeinschaftsrecht wie innerstaatliches Recht anzuwenden. Dies tun sie grundsätzlich selbstständig, aber in Zweifelsfällen kann bzw. bei letztinstanzlichen Gerichten muss der EuGH um die Auslegung oder Anwendbarkeit des europäischen Rechts ersucht werden (Art. 234 EG-V). Diese „Vorabentscheidungsverfahren" machen einen Großteil der Urteile des EuGH aus und werden als Beleg für die „Effektivität des ‚Dialogs' der Gerichtsbarkeiten" (Beutler u.a. 2001: 326) gewertet.

Rolle des EuGH in der EU

Der Wirtschafts- und Sozialausschuss (WSA)[55]

Die Einrichtung eines beratenden Wirtschafts- und Sozialausschusses[56] knüpfte zum einen an nationale Verfassungstraditionen an, zum anderen war sie eine Reaktion auf die politischen Konstellationen zur Gründungszeit von EGKS bzw. EWG. Die Einbindung der organisierten Interessen sollte den innerstaatlichen Interessengrup-

Sozialpartner

---

50 So verstieß z.B. der Bundestag mit seinem Gesetz, in dem er als Entschädigung für die Diskriminierung nach Geschlecht bei einem Einstellungsverfahren den Klägerinnen nur die entstandenen Bewerbungskosten erstattete, gegen die Gleichstellungsrichtlinie. Die Bundesregierung musste sich verpflichten, den beanstandeten „Portoparagraphen" neu zu regeln. Zu diesem und anderen Fällen vgl. Pfarr (1986).

51 Zu Details, siehe die Rechtsprechungsstatistik des Gerichtshofes (http://www.curia.eu.int/en/stat/index.htm, Stand: 8.11.2002).

52 Richtlinien bedürfen der Umsetzung in nationales Recht. Ein Bürger kann sich aber unter bestimmten Umständen auf das in der Richtlinie verbürgte Recht auch dann berufen, wenn eine solche Umsetzung in seinem Land noch nicht erfolgt ist.

53 Damit ist gemeint, dass mit der Rechtsetzung der EG die Tür für eine abweichende nationale Regelung geschlossen ist und durch eine spätere Gesetzgebung auf nationaler Ebene nicht wieder geöffnet werden kann.

54 Vgl. die Auswirkung des Cassis de Dijons Falls auf den Binnenmarkt, Kap. 4.

55 Vgl. v.a. Vierlich-Jürke (1998).

56 In der EGKS firmierte sein Äquivalent unter der Bezeichnung „Beratender Ausschuss".

pen den Zugang zu Rat und Kommission eröffnen, pro-integrativ wirken und gleichzeitig den Gemeinschaftsorganen die Akzeptanz ihrer Maßnahmen signalisieren. Seine Mitglieder werden aus nationalen Listen, die von den einzelnen Regierungen vorgelegt werden, einstimmig vom Rat ernannt. Die offene Formulierung, wonach der WSA „aus Vertretern der verschiedenen wirtschaftlichen und sozialen Bereiche der organisierten Zivilgesellschaft" (Art. 257 EG-V) besteht, hat bereits in der Vergangenheit den Regierungen einen weiten Handlungsspielraum eingeräumt und ließ, wenn der Widerstand der Etablierten nicht zu groß ist, immer wieder neue Interessenorganisationen zu. Bislang haben sich drei ungefähr gleich große Gruppen im WSA organisiert: Arbeitgeber, Arbeitnehmer und „Verschiedene Interessen"[57]. Seine anfängliche Bedeutung hat er rasch wieder eingebüßt.[58] Die Interessengruppen haben sich autonom in Brüssel organisiert und für wichtige Konsultationsaufgaben wurden entweder alternative Gremien wie der Beschäftigungsausschuss (Art. 130 EG-V) eingerichtet oder sie wurden auf die Sozialpartner übertragen, denen eine privilegierte Stellung eingeräumt wurde (Art. 138, 139 EG-V). Die zunehmende Marginalisierung des WSA konnte auch nicht durch die Ausweitung seiner Kompetenzen – sachliche Ausdehnung der obligatorischen Anhörung, fakultatives Anhörungsrecht, Stellungnahmen aus eigener Initiative – aufgefangen werden. Er reagierte auf seinen Funktionsverlust mit einer Straffung seiner internen Organisation und einer stärkeren Ausrichtung seiner Arbeit auf das Arbeitsprogramm der Kommission.[59] Nicht zuletzt hat er die EU-interne Diskussion um „partizipatorische Demokratie" und den „Brückenschlag zwischen Europa und seinen Bürgern" aufgegriffen und sein neues Selbstverständnis als „institutioneller Mittler der organisierten Zivilgesellschaft" auch im Vertrag von Nizza verankern können.[60] Es wird eine längere Zeit brauchen, um zu erkennen, ob und in welcher Weise sich diese Neudefinition bisher in einer anderen Art der Rekrutierung, der Kompetenzen oder Tätigkeit des WSA niederschlagen wird.[61]

Der Ausschuss der Regionen (AdR)[62]

Regionale Vertretung

In den Vertragsverhandlungen von Maastricht haben sich Deutschland und Belgien auf Druck ihrer Länder bzw. Regionen massiv für die Errichtung eines Ausschusses der Regionen eingesetzt. In ihm wurde ein Instrument gesehen, um den fortschreitenden Kompetenzverlust der subnationalen Gebietskörperschaften

---

57 Für die vertragliche Regelung der Zusammensetzung vgl. für den WSA Art. 257 EG-V, Art. 258 EG-V und Art. 259 EG-V, für den AdR Art. 263 EG-V.

58 Zur frühen Entwicklungsgeschichte vergleiche Zellentin (1962).

59 Im Zuge einer Geschäftsordnungsänderung wurden die Leitungsgremien verschlankt, die Zahl der Fachausschüsse reduziert und das Willensbildungsverfahren stärker in die Ausschüsse verlegt; zur programmatischen Ausrichtung an der Kommission gehören die Stellungnahmen zu Grün- und Weißbüchern, in denen der Weg künftiger Politik markiert wird (Steppacher 1999: 118-121).

60 Zum Selbstverständnis vgl. die Broschüre Europäischer Wirtschafts- und Sozialausschuss (1998). Nach Artikel 257 EG-V Nizza besteht der WSA nun „aus Vertretern der organisierten Zivilgesellschaft".

61 Der WSA hat 2002/2003 die Aufgabe übernommen, den „Dialog" des Verfassungskonventes mit den Organisationen der Zivilgesellschaft zu organisieren; vgl. z.B. zum „7th information and dialogue meeting" http://www.esc.eu.int/pages/en/acs/press_rels/cp_eesc_24_2003_en.doc [Stand: 10.06.2003].

62 Vgl. v.a. Tauras (1997).

124

durch verbesserte Mitsprachemöglichkeiten auf europäischer Ebene auszugleichen. Die erheblichen Vorbehalte anderer Regierungen führten dazu, dass der AdR keineswegs das autonome Vertretungsorgan ist, dass sich einige Regionen gewünscht haben. Das kommt in seiner Zusammensetzung und seinen Befugnissen zum Ausdruck. Der AdR ist Vertretungsorgan nicht nur der Regionen, sondern auch der lokalen Körperschaften (Art. 263 EG-V).[63] Die Auswahl der Vertreter liegt weitgehend in der Hand der Regierungen der einzelnen Mitgliedstaaten, auf deren Vorschlag sie vom Rat einstimmig auf vier Jahre ernannt werden. Seine Befugnisse gleichen denen des WSA: Obligatorische und fakultative Anhörung von Rat, Kommission und seit Amsterdam auch vom EP sowie Stellungnahmen auf eigene Initiative (Art. 265 EG-V).

Der AdR wurde in den Vertragsverhandlungen von Maastricht sehr hoch gehandelt. In Reden einzelner Ministerpräsidenten deutscher Länder klang es, als ob eine Umstrukturierung der Gemeinschaft zu einem „Europa der Regionen" bevorstünde. Inzwischen wird der AdR eher als „Papiertiger" eingestuft. Seine interne Heterogenität erschwert eine geschlossene Vertretung spezifisch regionaler Interessen. Die Zusammenarbeit leidet unter der unterschiedlichen Herkunft der Repräsentanten. Sie kommen aus unterschiedlichen parteipolitischen Lagern, die einen aus Regionen, die anderen aus Kommunen, aus unitarischen, regionalisierten oder föderalen Staaten und aus reichen oder armen Gebieten. Eine besondere Hürde sind die eklatanten Unterschiede in der verfassungsrechtlichen Kompetenzausstattung und in der ökonomischen Macht der Regionen. So ist es nicht verwunderlich, dass gerade die leistungsfähigen Regionen ihre Interessen am AdR vorbei direkt in Brüssel vertreten.

Der Europäische Rat (ER)[64]

Der ER ist kein Organ der EG, sondern das machtvolle Gremium der intergouvernementalen Zusammenarbeit der EU (Art. 4 EU-V). In ihm kommen mindestens zweimal jährlich die Staats- und Regierungschefs sowie der Präsident der Kommission zusammen. Er ist die Fortsetzung der Gipfelkonferenzen, die zunächst nur gelegentlich und seit 1974 regelmäßig zusammen kamen, um unterhalb der Schwelle der Vertragsveränderung die Gemeinschaft weiterzuentwickeln. Dies ist auch heute noch seine wesentliche Funktion: er „gibt der Union die für ihre Entwicklung erforderlichen Impulse und legt die allgemeinen politischen Zielvorstellungen für diese Entwicklung fest" (Art. 4 EU-V). Diese Richtlinienkompetenz gilt für Grundsatzfragen wie die Einberufung und das Mandat von Regierungskonferenzen, die Festlegung der Kriterien der Erweiterung[65] oder Weichenstellungen für umfassende Reformen wie die Agenda 2000. Er legt die Richtlinien und Grundsätze der im EU-Vertrag geregelten Außen-, Sicherheits-, Polizei- und Justizpolitik fest. In der EG wurde ihm nur eine Nebenrolle zuge-

---

63 Es gilt der gleiche, nach Größe der Länder unterschiedliche Zahlenschlüssel wie beim WSA.

64 Die Darstellung von Wessels (1980) ist inzwischen veraltet; Monographien aus jüngerer Zeit sind jedoch wenig empfehlenswert.

65 So legte der ER in den Kopenhagener Kriterien die über die Verträge hinausgehenden Bedingungen für den Beitritt der mittel- und osteuropäischen Staaten fest, vgl. Kap. 14.

wiesen.[66] Auch in diesem Fall hat der ER keine Rechtsetzungskompetenz. Demzufolge ist er auch nicht der Kontrollfunktion von EP oder EuGH unterworfen.[67]

Seine enge Funktionsbeschreibung reflektiert den Wunsch, den ER nicht in das Tagesgeschäft der EG hereinzuziehen oder ihn zur Appellationsinstanz werden zu lassen. Die Vorbehalte der Fachminister und der Kommission haben aber nicht verhindern können, dass die Staats- und Regierungschefs immer wieder Entscheidungen der EG an sich gezogen haben und – wie bei den Verhandlungen über die Agenda 2000 – im Detail die Einzelheiten einer Paketlösung festgelegt haben. Zunehmend hat der ER die Rolle eines politischen „agenda setter" übernommen. Der ER setzt Themen auf die Tagesordnung, die nach Einschätzung der Regierungen von allgemeinem öffentlichen Interesse sind, und vereinbart gemeinschaftliche Aktionen.

Veränderungen in der institutionellen Balance

Institutioneller Wandel

Seit den 90er Jahren hat der ER erheblich an Bedeutung gewonnen.[68] Dies ist nicht einfach aus der Funktionszuschreibung des ER zu erkennen, sondern wird erst deutlich, wenn man seine Rolle im Zusammenhang mit den neuen Tätigkeitsfeldern der EU und der Aufwertung und Einrichtung weiterer Gremien der intergouvernementalen Zusammenarbeit sieht. Der Ausbau der Außen-, Sicherheits- und Verteidigungspolitik (Kap. 13), die engere Kooperation im Bereich innere Sicherheit und Strafverfolgung (Kap. 7) haben vor allem den ER, aber auch den Rat und das Generalsekretariat aufgewertet. Die neu geschaffenen Gremien für die 2. Säule sind alle intergouvernemental organisiert. Weniger die Ernennung eines „Hohen Vertreters" als dessen Zuordnung zum Generalsekretariat rückt ihn dichter an die Mitgliedstaaten. Das Gewicht der Mitgliedstaaten wurde nicht zuletzt dadurch erhöht, dass die Ratspräsidentschaften eine politische Führungsrolle beanspruchten, was angesichts der vielen Grundsatzbeschlüsse, die auf der Tagesordnung standen, auch nicht verwundert. Insofern ist zu fragen, ob das letzte Jahrzehnt überhaupt ein guter Maßstab für die weitere Entwicklung des Institutionengefüges der EG ist. Es war eine Zeit der raschen Systemveränderung (allein drei Vertragsänderungen) und der Expansion durch die Erweiterung von 12 auf 25 Mitgliedstaaten. Die Frage ist, ob der Ausbau der intergouvernementalen Elemente zu einer Aufweichung der supranationalen Charakteristika der EG führen wird oder umgekehrt von der Supranationalität der EG eine Sogwirkung auf die anderen Pfeiler der EU ausgeht. Die vergleichsweise gut eingefahrene Maschinerie der EG ist den neuen intergouvernementalen Gremien im Sinne einer zügigen Meinungsbildung und der Kleinarbeit von zwischenstaatlichen Konflikten deutlich überlegen. Unter diesem Gesichtspunkt ist vor allem die Ent-

---

66 Er ist in die Formulierung der Grundzüge der Wirtschaftspolitik der EU Staaten eingebunden (Art. 99 EG-V), prüft anhand des Jahresberichtes von Rat und Kommission jährlich die Beschäftigungslage und zieht Schlussfolgerungen daraus (Art. 128 EG-V).

67 Der ER ist lediglich verpflichtet, dem EP nach jedem Treffen Bericht zu erstatten und jährlich einen Fortschrittsbericht der Union vorzulegen.

68 Die zunächst nur latent angelegten Funktionen füllt er inzwischen aktiv aus. Dies wird besonders augenfällig, wenn man den Katalog der Funktionen bei Wessels (1980: 274-300) mit dessen Schilderung seiner weiteren Entwicklung bis hin zum zentralen „Entscheidungsproduzenten" (in strittigen finanziellen und institutionellen Fragen) vergleicht (Wessels 2002a: 184-188).

wicklung der „Komitologie" wichtig, die eine Fessel aber auch eine Stütze der Kommission sein kann (Joerges/Vos 1999).

6.3 Entscheidungsverfahren[69]

Die Union ist im Unterschied zu einem Staat nicht allzuständig, sondern erhält ihre Kompetenzen einzeln zugewiesen. Daher gibt es kein allgemein geltendes Entscheidungsverfahren, sondern bei jeder Kompetenz ist festgelegt, nach welchem Verfahren ein Beschluss zustande kommt. So vielfältig die Materien sind, so unterschiedlich sind auch die Entscheidungsvorschriften. Sie variieren nicht nur zwischen den drei Pfeilern der EU, sondern auch innerhalb der einzelnen Pfeiler.[70] Jede Vertragsreform wird als Verbesserung der Systematik angekündigt und endet darin, dass mühsam Artikel für Artikel um einen Kompromiss gerungen wird. Selbst einzelne Politikbereiche – z.B. Umwelt – werden nach einer verwirrenden Vielzahl von Verfahren bearbeitet. Die Vielfalt ergibt sich aus den Möglichkeiten zur Kombination dreier Elemente: (1) beteiligte Organe und Einrichtungen, (2) Abstimmungsregel und Quorum, (3) Sequenzen und Fristen. Im folgenden sollen nur die wichtigsten Verfahren der Rechtsetzung[71] im EG Vertrag behandelt werden.

Kommission und Rat können – teils gemeinsam mit dem Parlament – verbindliche Beschlüsse in Gestalt von Verordnungen, Richtlinien und Entscheidungen treffen; Empfehlungen und Stellungnahmen sind nicht verbindlich. Einzelne Sachfragen werden häufig durch Entscheidungen geregelt, während bei einer komplexen Materie eher die Form der Richtlinie gewählt wird, die einer Rahmengesetzgebung gleichkommt und flexibler angewandt werden kann. Der Unterschied besteht in den Adressaten und der Art der Verbindlichkeit (vgl. Schaubild 6.5).

Schaubild 6.5: Beschlüsse nach EG Recht

	Adressaten	Wirkung
Verordnung	jeder Mitgliedstaat	in allen Teilen verbindlich; gilt unmittelbar
Richtlinie	jeder Mitgliedstaat, an den sie gerichtet wird	hinsichtlich des zu erreichenden Ziels verbindlich, überlässt den innerstaatlichen Stellen die Wahl der Form und der Mittel
Entscheidung	diejenigen, die sie bezeichnet	in allen Teilen verbindlich; gilt unmittelbar

In der Regel entscheidet der Rat auf Vorschlag der Kommission. Nach dem Umfang der Beteiligung des EP kann man folgende Verfahrensarten unterteilen[72]:

---

69 Eine Besonderheit stellt die Gesetzgebung unter Einschluss der Sozialpartner dar (Shaw 2000: 267).

70 In ihrem Bericht an die Reflexionsgruppe zur Vorbereitung der Vertragsverhandlungen von Amsterdam identifizierte die Kommission 22 unterschiedliche Verfahrenstypen.

71 Nicht eingegangen wird auf das Haushaltsverfahren, das in Art. 272 EG-V geregelt ist, und das Entscheidungsverfahren in der Wirtschafts- und Währungsunion aufgrund der besonderen Verfassung dieses Bereiches (Seidel 1998); vgl. auch Kap. 5.

72 Das Zusammenarbeitsverfahren nach Art. 252 EG-V ist ähnlich komplex wie das Mitentscheidungsverfahren. Es ist nur noch für wenige Beschlüsse im Bereich der Wirtschafts- und Währungspolitik (Art. 99, 102, 103, 106 EG-V) vorgeschrieben, in allen anderen Fällen wurde es durch das Mitentscheidungsverfahren ersetzt. Es ist eher aus historischen Gründen interessant, weil es erstmalig dem EP ein weitgehendes Mitbestimmungsrecht eröffnete und zur Revision interner Verfahren führte, durch die das EP seinen Einfluss optimal zu nutzen versuchte.

Einfaches Verfahren: Keine Beteiligung des EP z.B. bei der Festlegung des Gemeinsamen Zolltarifs (Art. 26 EG-V).

Anhörungsverfahren: Der Rat entscheidet nach Anhörung des EP.[73] Das EP hat nur beratende Funktion, denn der Rat muss die Stellungnahme des EP nicht berücksichtigen, er muss sie aber abwarten, weil ansonsten der Beschluss nichtig wäre. Dies war das reguläre Verfahren im EWG Vertrag, das immer noch für den wichtigen Bereich des Binnenmarktes und selbst für die Ausdehnung der Befugnisse der EG gilt. Selbst bei einigen neuen Vertragsregeln wurde das EP auf eine beratende Rolle beschränkt (Shaw 2000: 255).

Zustimmungsverfahren: Der Rat kann nicht ohne Zustimmung des EP entscheiden, was allerdings nur in wenigen Fällen wie der Festlegung des Wahlverfahrens des EP oder der Erweiterung der EU zutrifft.

Mitentscheidungsverfahren: Ein kompliziertes mehrstufiges Verfahren, das darauf angelegt ist, Konsens zwischen Rat und EP zu erreichen. Der Rat und auch das EP können den Rechtsakt scheitern lassen (vgl. Schaubild 6.6).

Durch die Vertragsrevisionen der letzten Jahre wurden sowohl die Einstimmigkeitsentscheidungen deutlich reduziert, als auch die Anwendung des Mitentscheidungsverfahrens deutlich ausgedehnt.[74] Für die neu in die Verträge aufgenommenen Kompetenzen gilt allerdings häufig die Einstimmigkeit und keine oder nur geringe Mitwirkungsrechte des EP, so dass sich insgesamt ein gemischtes Bild ergibt.

Für die 6 wichtigsten Entscheidungsverfahren, die man nach der Art der Beteiligung des Parlaments unterscheiden kann, ist jeweils aufgeführt, welche Abstimmungsmodalitäten nach den Vorschriften des EU- und EG-Vertrages gelten.

Die Änderung der Vorschriften sagt noch nichts über ihre Nutzung aus. Empirische Untersuchungen über die Beteiligungsmodalitäten des EP haben ergeben, dass nach wie vor die Masse der Entscheidungen ohne Beteiligung des EP getroffen wird, weil es sich im wesentlichen um exekutive Festlegungen (Tarife, Preise, etc.) handelt. Bei Legislativakten stieg dagegen die Beteiligung des EP, aber auch hier dominiert zahlenmäßig immer noch das einfache Anhörungsverfahren.[75] Insgesamt kann man aber eine deutliche Aufwertung des EP konstatieren. Das EP konzentriert sich stärker als zuvor auf die Legislativarbeit, was an dem Rückgang von allgemeinen Stellungnahmen, Anfragen, etc. sowie an Revisionen der Geschäftsordnung und an interinstitutionellen Abkommen zur effizienteren Gestaltung der Verfahren abzulesen ist. Im Mitentscheidungsverfahren wird ein hoher Prozentsatz der parlamentarischen Änderungsanträge berücksichtigt. Dessen Einführung hat im übrigen keineswegs zu der befürchteten Verschleppung der Entscheidungen geführt. Im Gegenteil, die Verfahrensdauer beim Mitentscheidungsverfahren ist deutlich rückläufig und Verzögerungen sind eher dem Rat als dem EP anzulasten (Maurer 1998).[76] Auch das Vermittlungsverfahren wird in der Regel zügig gehandhabt. Sein Nachteil ist, dass seine Arbeit sich unter Ausschluss der (Parlaments-) Öffentlichkeit vollzieht und somit die Legitimität des Verfahrens beeinträchtigt ist (Kap. 10). Die quantitative Auswertung

---

73 In deutlich weniger Fällen ist die obligatorische Anhörung des WSA und noch seltener des AdR vorgesehen.

74 Vgl. die Übersicht in Maurer (2001: 140).

75 Zahlen bei Maurer (1998: 214).

76 Maurer verweist allerdings darauf, dass bei durchschnittlicher Betrachtung ein hoher Anteil der Rechtsakte dem gemeinsamen Standpunkt des Rates entspricht, die starke Schwankung der Zahlen im Zeitverlauf aber keine Tendenzaussage zulassen.

erschließt aber nicht mögliche Verhaltensänderungen von Rat und EP in Antizipation des Vermittlungsverfahrens. Beobachter verweisen darauf, dass das EP sehr viel sorgfältiger als vor Einführung des Vermittlungsverfahrens seine Änderungsanträge prüft und der Rat nicht erst das Vermittlungsverfahren abwartet, um den Positionen des EP entgegenzukommen. Die Verhaltensstrategien beider Organe haben sich deutlich verändert. Problematisch ist, dass dabei mehr auf die Effizienz der Zusammenarbeit als auf die Stärkung demokratischer Kontrolle geachtet wurde (Shackleton/Raunio 2003).

Schaubild 6.6: Mitentscheidungsverfahren nach Art. 251 EG-V

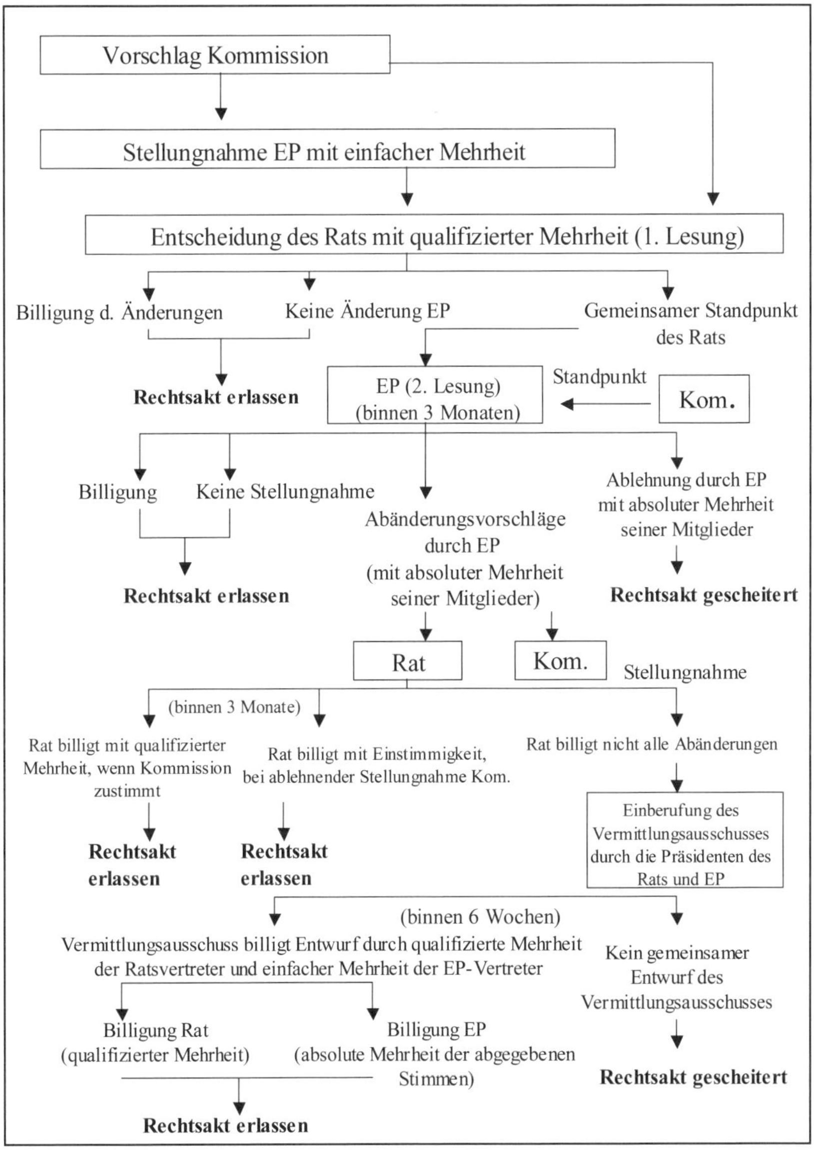

Vorschlag Kommission

Stellungnahme EP mit einfacher Mehrheit

Entscheidung des Rats mit qualifizierter Mehrheit (1. Lesung)

Billigung d. Änderungen — Keine Änderung EP — Gemeinsamer Standpunkt des Rats

Rechtsakt erlassen

EP (2. Lesung) (binnen 3 Monaten) ← Standpunkt Kom.

Billigung — Keine Stellungnahme

Rechtsakt erlassen

Abänderungsvorschläge durch EP (mit absoluter Mehrheit seiner Mitglieder)

Ablehnung durch EP mit absoluter Mehrheit seiner Mitglieder

Rechtsakt gescheitert

Rat — Kom. — Stellungnahme

(binnen 3 Monate)

Rat billigt mit qualifizierter Mehrheit, wenn Kommission zustimmt

Rat billigt mit Einstimmigkeit, bei ablehnender Stellungnahme Kom.

Rat billigt nicht alle Abänderungen

Rechtsakt erlassen

Rechtsakt erlassen

Einberufung des Vermittlungsausschusses durch die Präsidenten des Rats und EP

(binnen 6 Wochen)

Vermittlungsausschuss billigt Entwurf durch qualifizierte Mehrheit der Ratsvertreter und einfacher Mehrheit der EP-Vertreter

Kein gemeinsamer Entwurf des Vermittlungsausschusses

Billigung Rat (qualifizierter Mehrheit) — Billigung EP (absolute Mehrheit der abgegebenen Stimmen)

Rechtsakt gescheitert

Rechtsakt erlassen

129

Schaubild 6.7: Entscheidungsverfahren

Beteiligung des EP	Einstimmigkeit		Qualifizierte Mehrheit		Einfache Mehrheit		Besondere Mehrheiten > QM		Summe	
		%		%		%		%		%
Anhörung	38 EG	18,0	29 EG	13,74	2 EG	0,95	2 EG	0,95	71 EG	33,65
	4 EU	9,30	1 EU	2,32	1 EU	2,32	1 EU	2,32	7 EU	16,28
Kooperation	0	0	4 EG	1,89	0	0	0	0	4 EG	1,89
Mitentscheidung	4 EG	1,89	41 EG	19,43	0	0	0	0	45 EG	21,33
Zustimmung	6 EG	2,84	4 EG	1,89	0	0	5 EU	11,63	10 EG	4,74
	1 EU	2,32							6 EU	13,95
Unterrichtung	0	0	9 EG	4,26	0	0	1 EG	0,47	10 EG	4,74
							3 EU	6,97	3 EU	6,98
Keine	20 EG	9,47	41 EG	19,43	5 EG	2,37	7 EG	3,32	71 EG	33,65
Beteiligung	9 EU	20,93	8 EU	18,6	4 EU	9,30	6 EU	13,95	27 EU	62,79
Summe	68 EG	32,23	128 EG	60,66	7 EG	3,32	8 EG	3,79	211 EG	
	14 EU	32,56	9 EU	20,93	5 EU	11,63	15 EU	34,88	43 EU	

Quelle: Maurer (2001: 139) mit freundlicher Genehmigung des Autors.

6.4 Fazit

Die EU, ein System „sui generis"

Die Ausführungen dieses Kapitels zeigen, dass die EU ihre Bezeichnung als ein System „besonderer Art" (sui generis) zu Recht trägt. Zwei Besonderheiten sind dem EU-System allerdings sozusagen vorgelagert: (1) Es ist ein unfertiges System. Der Kreis der Mitglieder und die Aufgabenzuweisung haben sich in der Vergangenheit und werden sich in der Zukunft weiter verändern. (2) Die weichenstellenden Entscheidungen, nämlich über Mitgliedschaft, Aufgabenbereiche und Verfassung, werden nicht im, sondern außerhalb des politischen Systems der EU getroffen. Die Folge ist zum einen ein regelmäßiger Verfassungswandel und zum anderen eine besondere Verfassungsordnung. Nur wenn man im Gedächtnis behält, dass die Mitgliedstaaten die „Herren der Verträge" sind, versteht man die hervorgehobene Rolle der Kommission als „Hüterin" der Verträge. Ihre Initiativfunktion und Mediatorenrolle soll sicherstellen, dass die Mitgliedstaaten die vertraglich vereinbarten Ziele erreichen und sich auf dem Weg dorthin nicht im Gestrüpp ihrer widerstreitenden Interessen verfangen.

Charakteristika der EU-Institutionen

Die Verfassungsordnung der EG unterscheidet sich auch sonst von den Verfassungen ihrer Mitgliedstaaten: eine ungewöhnliche Aufteilung von Legislativ- und Exekutivfunktionen, unterschiedliche Entscheidungsverfahren in Abhängigkeit von der zu entscheidenden Materie, die komplexen Verfahren der Willensbildung. Auch diese Besonderheiten erklären sich aus externen Bedingungen. Bei seiner Aufgabe, aus der Vielfalt der Interessen einen einheitlichen Willen zu bilden, ist das politische System der EG auf sich allein gestellt. Weil die europäischen Gesellschaften transnational nicht integriert sind und auch die transnationale politische Infrastruktur (Parteien, Verbände, Öffentlichkeit) relativ, d.h. im Verhältnis zu den Mitgliedstaaten, schwach ist, muss die gesamte Integrationsleistung vom politischen System selbst erbracht werden. Dies erklärt die Besonderheiten des Systems: (1) die Art und Weise wie die Gemeinschafts- und Partikularinteressen organisiert und im Entscheidungsprozess zusammengebunden sind, (2) die Tatsache, dass die EG ein institutionalisierter Verhandlungsmarathon ist, und (3) der – nur vordergründig paradox erscheinende – Wechsel zwischen der

130

hervorgehobenen Stellung der Mitgliedstaaten in der Phase der Entscheidung und ihrer Unterordnung unter supranationales Recht. Die Funktionsfähigkeit des Verhandlungssystems EU kann aber nicht allein durch formale Verfassungsstrukturen garantiert werden, sondern ist auf ein systemkonformes Verhalten der Akteure angewiesen. Die Aufgabenerweiterung der EU hat den auf ersten Blick paradox erscheinenden Effekt, dass zwar die Vielfalt der Interessen, gleichzeitig aber auch die Konsensorientierung der Akteure wächst. Das Bewusstsein, auf lange Zeit und in vielen wichtigen Feldern der Politik wechselseitig abhängig zu sein, beeinflusst das Verhalten im Einzelfall. Man verfolgt zwar seine Interessen hartnäckig, vermeidet aber alles, was die vertrauensvolle Zusammenarbeit dauerhaft stören könnte. Das Recht ist eine weitere Klammer für die Funktionsfähigkeit des europäischen Systems. Eine Besonderheit ist seine hervorgehobene Bedeutung und seine „Spezifität". Im nationalen System genügt es, die Willensbildungsverfahren und die Präferenzen der Akteure zu kennen, um eine Politik annähernd treffsicher vorauszusagen. In der EG ist zusätzlich die genaue Kenntnis der Rechtsgrundlagen einer jeden Politik und der Rechtsprechung des EuGH erforderlich.

Eine weitere Besonderheit des europäischen politischen Systems, nämlich die Dominanz der bürokratischen Kooperation, hängt ebenfalls eng mit der nationalen Abgrenzung der gesellschaftlichen Systeme und der Schwäche der europäischen Parteien zusammen. In der EU wird Politik ohne europäische (partei-)politische Auseinandersetzung gemacht, d.h. die (partei-)politischen Kontroversen finden nicht transnational, sondern innerhalb der Mitgliedstaaten statt und werden durch die Handlungslogiken und Konfliktkonstellationen dieser politischen Systeme gefiltert. Die verschiedenen Strategien der Vernetzung und der Schaffung direkter Partizipationsmöglichkeiten sind der Versuch, die transnationale gesellschaftliche Integration voranzutreiben und damit den Zustand der Union als Staatenverbund zu überwinden.[77]

Der Verweis auf diese Zusammenhänge soll das Verständnis der Besonderheiten des europäischen Systems erleichtern, birgt aber die Gefahr von zwei Missverständnissen, denen gleich entgegengetreten werden soll. Zum einen ist die Verfassungsordnung der Union nicht allein durch funktionale Überlegungen geprägt, sondern ebenso sehr von normativen Gesichtspunkten, wie der Verbesserung der demokratischen Legitimität, und von einzelstaatlichen Interessen, wie der langfristigen Sicherung von Verhandlungsmacht. Zum anderen können Theorien und Analyseansätze, die aus der Beschäftigung mit nationalen politischen Systemen entwickelt wurden, sehr wohl auf die EU angewandt werden. Das gilt insbesondere für die Verhandlungs- und Koalitionstheorien, die am Beispiel des Regierungssystems der USA entwickelt wurden (Hix 1999: 56-98; Pappi/Henning 2003).

---

77 Aufgrund seiner beschränkten Legislativfunktion, vor allem aber aufgrund der hohen Mehrheitsschwellen im Mitentscheidungsverfahren (Schaubild 6.6) und der fraktionsinternen Interessenheterogenität, ist auch im EP der parteipolitische Konflikt geschwächt. Am deutlichsten ist er noch in Fällen, in denen der Rechts-Links-Konflikt greift wie im Beispiel der Sozialpolitik (Schnorpfeil 1996).

7 Bürgerrechte und öffentliche Ordnung

7.1 Einführung

Eines der potenziell bedeutsamsten und doch zugleich in der wissenschaftlichen Dritte Säule Literatur wie der öffentlichen Diskussion am wenigsten beachteten Felder der Zusammenarbeit zwischen den EU-Mitgliedstaaten ist die sogenannte dritte Säule der Europäischen Union. Für sie gibt es verschiedene Bezeichnungen: Im Maastrichter Vertrag firmierte die sogenannte dritte Säule als „Zusammenarbeit in den Bereichen Inneres und Justiz" und umfasste neben der polizeilichen und justiziellen Kooperation auch Fragen der gemeinsamen Asyl- und Migrationspolitik. Nach Amsterdam tritt der neue Titel „Polizeiliche und justizielle Zusammenarbeit in Strafsachen" auf, in der offiziellen Rhetorik der Union findet sich nun auch der wohlklingende Slogan „Raum der Freiheit, der Sicherheit und des Rechts". Hinter diesen geänderten Bezeichnungen stecken sowohl inhaltliche Veränderungen als auch bestimmte Legitimationsstrategien, mittels derer die europäische Zusammenarbeit in Straf- und Justizsachen als Antwort auf das Sicherheitsbedürfnis der EU-Bürger präsentiert wird.

Der Bereich der dritten Säule umfasst eine ganze Reihe von Politikbereichen. Hierzu zählen:

- die Zusammenarbeit der nationalen Polizei- und Justizbehörden;
- die gemeinsame Asyl- und Migrationspolitik der Mitgliedstaaten; sowie
- die Aufhebung von Grenzkontrollen zwischen den Mitgliedstaaten der EU-15 (mit Ausnahme Großbritanniens und Irlands).

Bei dieser Aufgliederung der einzelnen Sachbereiche handelt es sich um eine Aufbau des Kapitels Trennung für analytische Zwecke. In der Praxis fließen sie teilweise ineinander und weisen eine Reihe von Gemeinsamkeiten auf – insbesondere eine stark akzentuierte Rolle der zwischenstaatlichen Zusammenarbeit und eine weitgehend inkrementelle Politikentwicklung, in der den Initiativen der jeweiligen Ratspräsidentschaften und bestimmten EU-Mitgliedstaaten eine wichtige Rolle zukommt (Kasten 7.1; vgl. auch Den Boer/Wallace 2000).[1] In Kapitel 7.2 werden wir gleichwohl die Entstehung der Kooperation in den einzelnen Bereichen getrennt voneinander behandeln, um so eine größere Übersichtlichkeit zu erzielen. Kapitel 7.3 nimmt dann wieder eine synthetische Perspektive ein und befasst sich mit verschiedenen Ansätzen zur Erklärung des Zustandekommens von Kooperation in diesen Bereichen. Das abschließende Kapitel 7.4 geht der Frage der rechts-

---

1 Die Entwicklung der einzelnen Kooperationsbereiche kann nur oberflächlich skizziert werden. Ausführliche Überblicke finden sich in den Annual Review-Bänden des Journal of Common Market Studies sowie in den einschlägigen Artikeln des Jahrbuchs der Europäischen Integration.

staatlichen Problematik dieser Politik nach und fragt in diesem Zusammenhang nach der Bedeutung der EU-Grundrechtscharta.

Kasten 7.1: Entscheidungsverfahren und Inhalt der dritten Säule

Das Entscheidungsverfahren unterscheidet sich deutlich von der Entscheidungsfindung im Bereich der Europäischen Gemeinschaft (erste Säule). Grundsätzlich zielt die Zusammenarbeit auf die Koordinierung einzelstaatlicher Politik, die Verabschiedung gemeinsamer Standpunkte und Maßnahmen und den Abschluss von Übereinkommen ab. Die *Kommission* hat bereits im Maastrichter Vertrag ein Initiativrecht für bestimmte Materien bekommen, teilt allerdings dieses Initiativrecht mit den Mitgliedstaaten. Es liegt also kein Initiativmonopol vor. Das *Europäische Parlament* hat ein Informations- und Anhörungsrecht, jedoch kein wirksames Kontrollrecht (Art. 39 EU-V). Der *Europäische Gerichtshof* konnte ursprünglich nur auf Beschluss des Rates zur Auslegung der innerhalb der dritten Säule gefassten Beschlüsse herangezogen werden. Inzwischen hat er ein allgemeiner definiertes Auslegungsrecht, das allerdings der gesonderten Anerkennung durch die Mitgliedstaaten bedarf (Art. 35 EU-V). Einige Besonderheiten gelten für den sogenannten „Schengen-Besitzstand", der ab 1997 in den Ersten Pfeiler der EU überführt wurde (Kapitel 7.2.3).

7.2 Das Entstehen der „Dritten Säule" der EU

7.2.1 Zusammenarbeit der Polizei- und Justizbehörden

TREVI-Gruppe Lange bevor die Zusammenarbeit in den Fragen der Innen- und Justizpolitik zu einem offiziellen Bestandteil des Vertrages wurde, hatten sich bereits verschiedene Foren der polizeilichen Zusammenarbeit der EG-Mitgliedstaaten gebildet. Diese waren allerdings nicht innerhalb des organisatorischen Kontextes der Europäischen Gemeinschaft angesiedelt. Neben dem bekannten Beispiel Interpol ist speziell die TREVI-Gruppe[2] zu nennen, die 1975 mit dem Ziel einer Bekämpfung des grenzüberschreitenden Terrorismus gegründet wurde. Erreicht werden sollte dies durch einen erleichterten Datenaustausch zwischen den einzelstaatlichen Verfolgungsbehörden und die gemeinsame Ausrüstung und Ausbildung von Antiterror-Einheiten der nationalen Polizeikräfte (Den Boer/Wallace 2000: 494; Hix 1999: 316-317). Neben zwei mit diesen Zielen beschäftigten Arbeitsgruppen gab es seit Mitte der 1980er Jahre eine TREVI-Arbeitsgruppe zum Drogen- und Waffenhandel. Eine Reihe weiterer „Ad-hoc"-Gruppen trat später hinzu. Unter diesen ist insbesondere eine Ad-hoc-Gruppe für Fragen der illegalen Einwanderung erwähnenswert, die sich zur Keimzelle der späteren gemeinsamen Asyl- und Migrationspolitik entwickelte. Bemerkenswert war auch die Einrichtung einer *European Drugs Intelligence Unit*, die zur Keimzelle des Europäischen Polizeiamtes (Europol) wurde.

Europol Zu Beginn der 1990er Jahre bestand damit bereits eine relativ dichte organisatorische Verflechtung zwischen den einzelstaatlichen Polizeibehörden. 1992

---

2 TREVI ist die Abkürzung für Terrorisme, Radicalisme, Extremisme, Violance International. Zudem erinnert das Akronym an den Trevi-Brunnen in Rom. In der italienischen Hauptstadt fand die erste Zusammenkunft der Gruppe statt.

wurden eine Reihe von Vertragsvorschriften im EU-Vertrag von Maastricht vereinbart, die diese Zusammenarbeit auf eine festere rechtliche Grundlage stellten. In Artikel K.1 (9) dieses Vertrages wurden die Bekämpfung des Terrorismus, des Drogenhandels, schwerwiegender internationaler Kriminalität und grenzüberschreitende Betrügereien als „Angelegenheiten von gemeinsamem Interesse" definiert. Eine weitere bemerkenswerte Neuerung war der im selben Artikel erstmals erwähnte „Aufbau eines unionsweiten Systems zum Austausch von Informationen im Rahmen eines Europäischen Polizeiamtes (Europol)".

Eine vom Europäischen Rat in Maastricht beauftragte Arbeitsgruppe beschäftigte sich in den Folgejahren mit dem Aufbau eines Informationssystems in den Bereichen Drogenhandel, Geldwäsche und organisiertes Verbrechen als erstem Schritt zur Verwirklichung von Europol.[3] Die im Juli 1995 unterzeichnete Europol-Konvention[4] war ein weiterer Schritt zur Institutionalisierung der neuen Behörde. Diese Konvention sieht folgendes vor:

– die Zuständigkeit von Europol gilt für weite Bereiche der Kriminalität, insbesondere Terrorismus, Menschenhandel, Straftaten gegenüber Kindern, illegalen Drogen- und Waffenhandel, Bestechung sowie Rassismus und Fremdenfeindlichkeit;

– die vorrangige Aufgabe von Europol ist die Koordination der Aktivitäten nationaler Polizeidienststellen, nicht jedoch die Aufnahme eigener Ermittlungen. Europol hat also keine exekutiven Kompetenzen im Bereich der Strafverfolgung.

Auch wenn die Inhalte der Europol-Konvention sinngemäß in den Amsterdamer Vertrag (Art. 29-30 EU-V[5]) aufgenommen wurden, gab es einige Hindernisse, bevor Europol seine Arbeit aufnehmen konnte. Insbesondere ein Zusatzprotokoll zur Konvention war wegen der sehr weitgehenden Immunitätsrechte für die Europol-Beamten umstritten.[6] Auch der Wortlaut des Art. 30 (2) a) EU-V Amsterdam sorgte für Diskussionen, da er von einigen Beobachtern als mögliches Einfallstor für eigene Ermittlungsbefugnisse von Europol gewertet wurde (Den Boer 1997: 500-503). Am 1. Juli 1999 hat das Europäische Polizeiamt dann offiziell seine Arbeit aufgenommen. Seine Aufgaben sind seither dynamisch erweitert worden. Im Zusammenhang mit der Einführung des Euro-Bargelds wurde ihm eine Kompetenz zur Bekämpfung von Geldfälschung zugewiesen; nach dem 11. September 2001 wurde Europol um eine Einheit zur Bekämpfung von Terrorismus ergänzt.

Parallel zu der Arbeit von Europol wurde 1998 ein neues Kooperationsforum für die justizielle Zusammenarbeit („Europäisches Justizielles Netz") beschlos- *Eurojust*

---

3 In den Folgejahren wurde der Arbeitsauftrag schrittweise um Fragen des illegalen Handels mit spaltbarem Material, der Geldwäsche, des internationalen Autodiebstahls und des Menschenschmuggels erweitert (Fisahn 1998). Zur Frühzeit der Polizeikooperation in diesen Bereichen vgl. den Überblick von Bruggemann (1995).

4 Amtsblatt EG Nr. C 316 vom 27. November 1995, S. 2.

5 Der Wortlaut wurde durch den Vertrag von Nizza nicht berührt.

6 Auf deutschen Druck findet sich in Artikel 17 des Immunitätenprotokolls für Europol (Amtsblatt Nr. C 221 vom 19. Juli 1997, S. 2) eine Einschränkung der Immunität von Europol-Bediensteten im Falle künftiger exekutiver Befugnisse der Organisation. Im November 2002 wurde mit Verweis auf den Art. 30 (2) EU-V eine Überarbeitung des Immunitätsprotokolls beschlossen (Abl. Nr. C 312 vom 16. Dezember 2002, S. 1)

sen, das mittlerweile in der neuen Behörde „Eurojust" mit Sitz in Den Haag aufgegangen ist. Sie soll vor allem für eine bessere Koordination der einzelstaatlichen Staatsanwaltschaften und der von ihnen geführten Ermittlungsverfahren analog zum Modell von Europol sorgen. Eine konkrete Aufgabenbeschreibung findet sich erstmals in Art. 31 des EU-Vertrages in der Fassung von Nizza.

7.2.2 Migrations- und Asylpolitik

Asylpolitik

Im Vergleich zur Polizeizusammenarbeit entwickelte sich die zwischenstaatliche Kooperation in diesem Bereich vergleichsweise langsam. Erst 1986 wurde unter dem Dach von TREVI die bereits erwähnte Ad-hoc-Arbeitsgruppe für Fragen der illegalen Zuwanderung gegründet. Im Jahr 1990 unterzeichneten die Mitgliedstaaten der EG die Dubliner Konvention über Asylfragen, ein Jahr später folgte eine zweite Konvention über die Kontrolle der Außengrenzen der Gemeinschaft (Hix 1999: 314). Im Gefolge dieser Schritte wurden die Asylpolitik und die Einwanderungspolitik 1992 in den Maastrichter Vertragstext als „Angelegenheiten von gemeinsamem Interesse" aufgenommen.[7] Die Mitgliedstaaten beschränkten sich in diesem Bereich jedoch weitgehend auf die Verabschiedung gemeinsamer Standpunkte und Empfehlungen und machten von der Möglichkeit zum Beschluss gemeinsamer Maßnahmen keinen intensiven Gebrauch (Hix 1999: 315).

Amsterdamer Vertrag und dritte Säule

Mit dem Vertrag von Amsterdam ist die Asyl- und Einwanderungspolitik in die erste Säule der Gemeinschaft übernommen worden. Dieser Vergemeinschaftungsschub wurde allerdings nur um den Preis einer teilweisen „Aufweichung" der supranationalen Charakteristika der EG-Säule im Entscheidungsverfahren und in der gerichtlichen Kontrolle erreicht (Beutler u.a. 2001: 460). Dem Artikel 63 EG-V zufolge beschließt die Union unter anderem

- gemeinsame Mindeststandards für die Anerkennung von Nicht-EU-Bürgern als Flüchtlinge oder als Asylbewerber;
- Maßnahmen zur ausgewogenen Verteilung von Asylbewerbern und Flüchtlingen auf die einzelnen Mitgliedstaaten;
- gemeinsame Maßstäbe für die Einreise und den Aufenthalt von Nicht-EU-Bürgern in der EU.

Die Beschlussfassung zu diesen Materien vollzieht sich nicht in gleicher Geschwindigkeit wie im Bereich der Binnenmarktgesetzgebung. Momentan arbeitet der Rat die sogenannte „Tampere-Agenda" ab, die auf dem Gipfel im Oktober 1999 verabschiedet wurde. Sie sieht eine Fülle von Maßnahmen zur Vereinheitlichung der einzelstaatlichen Regeln im Asyl- und Zuwanderungsbereich und zur besseren Koordination von Grenzkontrollen und Asylverfahren vor. Allerdings liegen die Präferenzen der meisten Mitgliedstaaten nicht bei einer Harmonisierung der einzelstaatlichen Politiken nach dem Vorbild der Binnenmarktpolitik, sondern bei einer Verbesserung der Koordination zwischen den einzelstaatlichen Dienststellen (Monar 2002).

---

7   Artikel K.1, Nummern 1 und 3 EU-V in der Fassung des Maastrichter Vertrages.

136

7.2.3 Das Schengener Abkommen und die Aufhebung von Grenzkontrollen

Die vier Grundfreiheiten der Römischen Verträge umfassen nicht nur die Frage der Freizügigkeit des Kapitalverkehrs und das Angebot von Dienstleistungen in einem anderen Mitgliedstaat (Dienstleistungsfreiheit), sondern sind auch auf den freien Personenverkehr gemünzt. Diese Vertragsbestimmung ist die Keimzelle der seit den 1980er Jahren betriebenen Aufhebung jeglicher Grenzkontrollen zwischen den meisten (nicht allen!) Mitgliedstaaten der EU. Innerhalb der EU als ein „Raum ohne Binnengrenzen" (Art. 14, Abs. 2 EG-V) sollen nicht nur Warenkontrollen (wie die Erhebung von Zöllen), sondern auch Personenkontrollen an den Binnengrenzen der Gemeinschaft wegfallen, um einen ungehinderten Reiseverkehr der Unionsbürger zu ermöglichen.

Schengener Abkommen

Das Mittel zur Verwirklichung dieses Ziels ist das sogenannte „Schengener Übereinkommen" (benannt nach dem Ort der Vertragsunterzeichnung in Luxemburg). Es wurde im Juni 1985 zwischen Deutschland, Frankreich und den Benelux-Staaten abgeschlossen. Kern des Abkommens ist der Wegfall jeglicher Personenkontrollen zwischen diesen Staaten bei einer gleichzeitigen Verstärkung der polizeilichen Zusammenarbeit und bestimmten Schritten zur Vereinbarung einer gemeinsamen Asyl- und Visapolitik. Die Umsetzung erfolgt durch ein 1990 abgeschlossenes zweites Abkommen, dem allerdings nicht alle Mitgliedstaaten der EU angehören. Irland und das Vereinigte Königreich sind dem Abkommen ferngeblieben, während die Nicht-EU-Mitglieder Norwegen und Island als assoziierte Mitglieder dem Schengener Abkommen beigetreten sind.[8] Konkret bedeutet dies, dass parallel zu den Politiken des „dritten Pfeilers" eine zweite Kooperationsstruktur entstanden ist. Neben der Wirtschafts- und Währungsunion sind die Schengen-Regelungen damit das wichtigste Beispiel für die Praxis des sogenannten „opting out" bzw. einer „flexiblen Integration", d.h. der ungleichmäßigen Teilnahme der Mitgliedstaaten an bestimmten Aspekten der EG- oder der EU-Beschlüsse. Die Praxis der „flexiblen Integration" hat durch die Vorschriften des Amsterdamer Vertrags und des Vertrags von Nizza zur sogenannten „verstärkten Zusammenarbeit" zwischen einzelnen Mitgliedstaaten (Art. 40-40b sowie 43-45 EU-V) eine vertragliche Verankerung gefunden.[9]

Sie wurde erstmals bedeutsam, als im Zuge der Verhandlungen zum Amsterdamer Vertrag beschlossen wurde, die Zusammenarbeit in der Asyl- und Einwanderungspolitik und die Kontrolle der Außengrenzen in die erste Säule der Europäischen Union (Titel IV, Art. 61-69 EG-V) zu überführen.[10] Die in diesem Bereich vor 1997 nach den Verfahren des EU-V verabschiedeten Konventionen und Beschlüsse (der sogenannte „Schengen-Besitzstand") gelten nun als Bestandteil des Gemeinschaftsrechts und sind in den meisten Mitgliedstaaten direkt

Überführung des „Schengen-Besitzstandes" in den EG-Vertrag

---

8 Die Erklärung für diese Besonderheit liegt darin, dass die drei skandinavischen Mitgliedstaaten der EU bereits seit langem in einer Passunion mit Norwegen und Island vereint sind, die nun Teil des Schengener Abkommens geworden ist.

9 Zur kritischen Diskussion der Flexibilitätsbestimmungen aus rechtswissenschaftlicher Sicht Shaw (1998), Ehlermann (1999), aus politikwissenschaftlicher Sicht Stubb (2000), Wallace (2000).

10 Die dritte Säule trägt deshalb heute den Titel „Polizeiliche und justizielle Zusammenarbeit in Strafsachen", während sie im Maastrichter Vertrag noch unter dem Titel „Bestimmungen über die Zusammenarbeit in den Bereichen Justiz und Inneres" firmierte.

anwendbar (mit Ausnahme von Großbritannien, Irland und mit Einschränkungen Dänemark – siehe hierzu Kasten 7.2). Allerdings besagt die Überführung dieser Politikbereiche in den EG-V nicht, dass die üblichen Verfahren der Entscheidungsfindung greifen. So besitzt die Kommission ein mit den Mitgliedstaaten geteiltes Initiativrecht, allerdings nicht – wie sonst in den Politiken der ersten Säule – ein Initiativmonopol. Der Gerichtshof kann nur von letztinstanzlichen Gerichten (und nicht, wie üblich, von jedem mitgliedstaatlichen Gericht) angerufen werden (Art. 68 EG-V). Ein weiterer wichtiger Unterschied ist ein besonderes Entscheidungsverfahren für die unter dem Titel IV EG-V behandelten Materien, das allerdings erst fünf Jahre nach dem Inkrafttreten des Amsterdamer Vertrages (also ab dem 1. Mai 2004) gelten wird. Bei diesem Verfahren wird die Kommission deutlich gestärkt, da sie nun alle Initiativen der Mitgliedstaaten auf ein Tätigwerden der Union prüfen (und evtl. ablehnen) kann. Zum selben Stichtag soll auch ein Beschluss gefasst werden, in welchem Umfang die Materien des Titels IV künftig dem Mitentscheidungsverfahren (Art. 251 EG-V) unterliegen sollen. Dies würde bedeuten, dass auch das Parlament von den Mitgliedstaaten vorgeschlagene Maßnahmen in diesen Bereichen ablehnen kann. Für eine Reihe von Bereichen gilt dieses neue Verfahren bereits heute.[11]

Kasten 7.2: Schengen als Beispiel einer „verstärkten Zusammenarbeit"

Eine Lektüre der einschlägigen Protokolle 2-5 zum EU-V in der Fassung von 1997 offenbart, wie außerordentlich komplex eine „verstärkte Zusammenarbeit" in der Sache aussehen kann. Im Kern besagen die Protokolle zu Großbritannien und Irland, dass diese Länder weiterhin Kontrollen an ihren Außengrenzen durchführen können und durch die Beschlussfassungen innerhalb des Titels IV EG-V nicht gebunden sind. Allerdings können sie fallweise erklären, bestimmte Bestandteile innerhalb ihrer Hoheitsgebiete doch anwenden zu wollen („opt in"), was dann von den anderen EU-Staaten genehmigt werden muss.

Noch kurioser sind die Regelungen für Dänemark. Das Land hat zwar das Schengener Durchführungsabkommen unterzeichnet, hat aber 1992 von den anderen Mitgliedstaaten Zugeständnisse erhalten, dass es sich nicht an der Zusammenarbeit im Bereich Justiz und Inneres beteiligen muss. (Hintergrund war die gescheiterte Ratifikation des Maastrichter Vertrags in einem Referendum von 1992 und die Neuverhandlung einiger Vertragsvorschriften im Vorfeld des erfolgreichen zweiten Referendums 1993; vgl. Kapitel 10.3.3). Auf dieser Grundlage hat Dänemark zwar den „Schengen-Besitzstand" anerkannt, nimmt aber nicht an dessen Fortentwicklung teil. Somit muss das Land nach jeder Beschlussfassung der anderen Mitgliedstaaten in diesem Bereich entscheiden, ob es die Regelungen anwenden will oder nicht. Bei einem positiven Entscheid ist Dänemark hierdurch nur nach Völkerrecht und nicht nach EU-Recht gebunden (d.h. es bedarf einer gesonderten Ratifikation durch den dänischen *Folketing*; vgl. Protokoll 5 (5) EU-V Amsterdam).

---

11   Vgl. Art 67 (3) und (4) EG-V Amsterdam und Art. 67 (5) EG-V Nizza.

7.2.4 Nach Amsterdam: Ein „Raum der Freiheit, der Sicherheit und des Rechts"

Die Überführung des „Schengen-Besitzstandes" in den EG-Vertrag (der ja vor allem die Politiken der wirtschaftlichen Integration und des Binnenmarktes regelt) ist gewissermaßen die logische Konsequenz aus der gedanklichen und politischen Verknüpfung der Migrations- und Asylpolitik mit der Verwirklichung des Binnenmarkts und dem Abbau von Binnengrenzen. Dabei lassen sich für diese Verknüpfung sachliche und politische Gründe benennen. Der sachliche Grund liegt darin, dass die Grenzen zwischen den Mitgliedstaaten nicht nur wirtschaftliche Bedeutung haben (Erhebung von Zöllen), sondern auch Kontrollfunktionen im Hinblick auf die Kriminalitätsbekämpfung und die Anwendung von Visa-, Pass-, und Asylvorschriften erfüllen bzw. erfüllten. In politischer Hinsicht stellt das Schengener Abkommen die polizeiliche und justizielle Zusammenarbeit und die Abstimmung der Zuwanderungs- und Asylpolitik in einen Zusammenhang mit der Schaffung des Binnenmarktes und hält so eine wichtige zusätzliche Legitimationsquelle für diese Politik bereit.

Die dritte Säule nach Amsterdam

Wie durchsetzungskräftig die Verknüpfung der Politiken des dritten Pfeilers mit den Politiken des Binnenmarkts ist, lässt sich nicht zuletzt an den Geschehnissen seit dem Inkrafttreten des Amsterdamer Vertrags zeigen. Mit dem neu formulierten Artikel 2 EU-V wurde die Garantie des freien Personenverkehrs in eine enge „Verbindung mit geeigneten Maßnahmen in bezug auf die Kontrollen an den Außengrenzen, das Asyl, die Einwanderung, sowie die Verhütung und Bekämpfung der Kriminalität" gestellt. Die „Erhaltung und Weiterentwicklung der Union als Raum der Freiheit, der Sicherheit und des Rechts" sind nun ein vertragliches Ziel der Union, dem der gleiche Stellenwert wie die Schaffung des Binnenmarkts, der wirtschaftliche und soziale Zusammenhalt, die Währungsunion und die Gemeinsame Außen- und Sicherheitspolitik zukommt.

Die Bedeutung dieser Politik wurde dadurch unterstrichen, dass der Rat bereits im Dezember 1998 in Wien – also noch vor dem Inkrafttreten des Amsterdamer Vertrags – einen „Aktionsplan" beschloss, der geeignete Maßnahmen zur Verwirklichung des „Raums der Sicherheit, der Freiheit und des Rechts" identifizierte.[12] Der „Wiener Aktionsplan" bildete fortan die Grundlage für die weiteren Aktivitäten der Union. Der Europäische Rat im Oktober 1999 in Tampere bekräftigte, dass seine Verwirklichung „ein absolut prioritärer Punkt der politischen Agenda sein und auch bleiben [wird]".[13] Die im Wiener Aktionsplan enthaltenen Maßnahmen, die von der Kommission angekündigten oder bereits eingebrachten Vorschläge sowie die von den einzelnen Mitgliedstaaten für wünschenswert erachteten Rechtsakte lassen ein Gesetzgebungsprogramm von ähnlicher Bedeutung wie die „1992"-Initiative zum Binnenmarkt erwarten. Ein bemerkenswerter Beschluss des Europäischen Rats in diesem Zusammenhang ist die Einrichtung eines sogenannten „Scoreboard" (Anzeigetafel)-Mechanismus, mit dem die Fort-

Der Wiener Aktionsplan

---

12 Online: http://ue.eu.int/ejn/data/vol_a/1_Programmes_de_travail_plans_d_action/13844en.html [Stand: 29.07.2003]. Siehe auch ABl. EG Nr. C 19 vom 23. Januar 1999, S. 1.

13 Europäischer Rat in Tampere am 15. und 16. Oktober 1999, Schlussfolgerungen des Vorsitzes. Online: http://europa.eu.int/council/off/conclu/oct99/oct99_de.htm [Stand: 29.07.2003]. Ausführlich und kritisch zum Wiener Aktionsplan und zum Gipfel von Tampere Monar (2000a: 26-32).

schritte der Mitgliedstaaten bei der Verwirklichung der beschlossenen Maßnahmen überwacht werden und Druck auf Nachzügler ausgeübt werden soll.[14]

7.3 Erklärungen: Warum, wann und weshalb auf EU-Ebene?

7.3.1 Das Rätsel

Politiken der dritten Säule als „high politics"

In den frühen Jahren der Integrationsforschung spielte die Denkfigur einer Differenzierung zwischen „high politics" („hohe Politik", die sich auf Kernbereiche der nationalen Souveränität bezieht) und „low politics" (weniger souveränitätsrelevante Bereiche) eine Rolle (Hoffmann 1966). Es wurde argumentiert, dass sich die Mitgliedstaaten nicht zuletzt deshalb auf eine Kooperation im wirtschaftlichen Bereich hätten verständigen können, weil dieser Bereich zu den „low politics" gehöre. Integration in Bereichen der „high politics", also in Fragen wie der Kontrolle der eigenen Außengrenzen und der Zuwanderung von Ausländern, sei hingegen politisch schwierig durchzusetzen. Vor diesem Hintergrund stellt sich die Frage, weshalb sich die EU-Mitgliedstaaten überhaupt zu einer Zusammenarbeit auf dem Gebiet der Innen- und Justizpolitik bereitgefunden haben. Erklärungsbedürftig ist auch das geradezu atemberaubende Tempo, in dem dieser Bereich an Bedeutung gewonnen hat. Quantitativ lässt sich seine Bedeutung daran festmachen, dass die Arbeiten im Zusammenhang mit der Innen- und Justizpolitik mittlerweile rund 40 Prozent der Ressourcen des Generalsekretariats des Rates beanspruchen. Zugleich hat sich eine äußerst komplexe Arbeitsstruktur innerhalb des Rates herausgebildet (Monar 2000a: 18-19). In qualitativer Hinsicht ist vor allem der Sprung von einer locker koordinierten intergouvernementalen Zusammenarbeit zu Beginn der 1990er Jahre hin zu der heute sehr umfassenden Kooperation bemerkenswert. Diese schneidet tief in die nationale Souveränität ein und berührt die Freiheitsrechte des einzelnen Bürgers in potenziell erheblichem Maße.

Konkurrierende Interpretationen

In den folgenden Absätzen wollen wir beispielhaft zwei miteinander konkurrierende Erklärungen für diese Entwicklung vorstellen und diskutieren. Dabei stellt die erste Argumentation auf die Sachnotwendigkeit der Kooperation in diesem Bereich ab und folgt somit eher der regierungsamtlichen Sichtweise. Kritischere Stimmen vermuten in den Politiken der polizeilichen Zusammenarbeiten, der Grenzkontrollen und der Migrations- und Asylpolitik eine schleichende Selbstermächtigung des Staates, welche durch den Aufbau entsprechender Bedrohungsszenarien und Legitimationsdiskurse politisch abgesichert wird.

---

14 Siehe hierzu die Mitteilung der Kommission „Anzeiger der Fortschritte bei der Schaffung eines „Raumes der Freiheit, der Sicherheit und des Rechts" in der Europäischen Union, KOM 2000 (167) endg. Online: http://europa.eu.int/eur-lex/de/com/pdf/2000/com2000 0167de01. pdf. [Stand: 29.07.2003].

7.3.2 Konsequenz offener Grenzen?

Eine sowohl in der Literatur als auch den Vertragstexten und offiziellen Verlautbarungen der Union verbreitete Erklärung argumentiert nach der Logik von Handlungsbedarf: Die Zusammenarbeit in der Innen- und Justizpolitik ist eine Antwort auf „objektive" Problemlagen:

Erste Erklärung: Handlungsbedarf unter den Bedingungen offener Grenzen

- Die Öffnung der Grenzen nach Mittel-, Ost- und Südosteuropa bringe einen unkontrollierten Zustrom von Arbeitsmigranten und Flüchtlingen (Bosnien, Kosovo) mit sich sowie eine Intensivierung bestimmter Formen der Kriminalität wie Menschenhandel, Prostitution und Autoschieberei.
- Die Abschaffung der Grenzkontrollen an den „Binnengrenzen" der Union sei notwendiger Bestandteil des Binnenmarktes, erschwere jedoch eine effektive Strafverfolgung und die Kontrolle von Einwanderung. Deshalb müsse die Bekämpfung der Kriminalität und die Begrenzung von Zuwanderung auf andere Weise sichergestellt werden.
- Durch den zunehmend grenzüberschreitenden Charakter von Kriminalität wird die auf die nationalen Hoheitsgebiete beschränkte Arbeit der Polizei zunehmend ineffektiv (Hix 1999: 319-321).

Diese Argumente können zweierlei leisten: Zum einen machen sie plausibel, dass aufgrund der gemeinsamen Probleme der Mitgliedstaaten ein Interesse an Zusammenarbeit besteht. Zum anderen unterstreichen sie die Dringlichkeit, gerade auf diese konkreten Probleme der Abstimmung der Polizei- und Justizbehörden und einer gemeinsamen Asyl- und Einwanderungspolitik zu reagieren. Im Einklang mit neofunktionalistischen Ansätzen lässt sich argumentieren, dass fortschreitende wirtschaftliche Integration und offene Grenzen sowohl gemeinsame Probleme erzeugen als auch die Tendenz verstärken, bestimmte Probleme als „Angelegenheiten gemeinsamen Interesses" auf der europäischen Ebene lösen zu wollen. Dieser Sichtweise zufolge brachten der Stichtag 31.12.1992 zur „Vollendung des Binnenmarkts" und die zwischen den EU-Staaten beschlossene Abschaffung von Grenzkontrollen einen akuten Handlungsdruck mit sich, auf den nur zu diesem Zeitpunkt und nur innerhalb der EU reagiert werden konnte. Das „offenkundige Ungenügen rein nationaler Gegenmaßnahmen ... und [die] durch bereits bestehende Kooperationsmechanismen geförderte Konvergenz der Interessen" (Monar 2000a: 19) hätten so zu einer verstärkten Kooperation geführt. Diese Erklärung stellt somit vor allem auf die Frage ab, weshalb eine grundsätzliche Bereitschaft zur Kooperation besteht und in welchen Politikfeldern sie erfolgt.

Allerdings hat sie auch ihre Probleme: Wie zuvor geschildert, hat sich die Kooperation der EU-Mitgliedstaaten in den Bereichen Polizei und Justiz, Einwanderung und Grenzkontrollen aus verschiedenen Quellen gespeist und unterlag verschiedenen Themenkonjunkturen. So wurde die TREVI-Gruppe ursprünglich als Reaktion auf politisch motivierten Terrorismus gegründet, konzentrierte sich in den 1980er Jahren jedoch stärker auf Fragen des Drogenhandels. Heute hat sich Europol die Bekämpfung einer Vielzahl von Verbrechen zum Ziel gesetzt – von internationalem Waffenhandel über Passfälschungen bis hin zum Angebot von Kinderpornographie im Internet (Fisahn 1998). Diese Probleme existieren teilweise schon viel länger als die EU-Kooperation, stehen nur bedingt im Zusammenhang mit dem Binnenmarkt und der Aufhebung der Grenzkontrollen im „Schengen-Raum" und sind vor allem nicht als spezifisch *europäisches* Problem

Bewertung

zu begreifen. Dass sich die Fülle und Schnelligkeit der verfolgten Initiativen als sachnotwendige Konsequenz aus der Verwirklichung des Binnenmarktes ergibt und die Konsequenzen nur auf EU-Ebene gezogen werden können, lässt sich deshalb nicht überzeugend behaupten. Allerdings kann unterstellt werden, dass die Praxis erfolgreicher Kooperation im Rahmen der EU generell die Bereitschaft zur gemeinsamen Problembearbeitung erhöht. Es ließe sich also argumentieren, dass die Bereitschaft zur Kooperation im Bereich Inneres und Justiz eine Folge vorangegangener Lernerfahrungen ist. Problematisch ist hier, dass dieses Argument zu allgemein bleibt und keine brauchbaren Erklärungen beispielsweise für den Zeitpunkt des Beginns der Kooperation liefert.

Ein weiteres Problem der auf „sachgerechte Problembearbeitung" abstellenden Interpretation ist ihre Annahme, dass politische Problemlagen eine quasi objektiv feststellbare Realität seien, auf die Politik dann sachrational reagiert. Das Gegenargument lautet, dass Bedrohungsszenarien stets auch politische Konstrukte darstellen, die im politischen Prozess entstehen und insofern nicht getrennt von den hinter ihnen stehenden Interessen gedacht werden können. Die politisch motivierte Konstruktion von Wirklichkeit ist kritisch zu betrachten, weil sie zur Legitimation umstrittener Politik dienen kann. Mit ihr lassen sich beispielsweise bestimmte Machtpositionen legitimieren und intransparente politische Verfahren rechtfertigen. Die Selbstdarstellung der Regierenden als uneigennützige Akteure, die auf Verlangen der Bürger einen „Raum der Freiheit, der Sicherheit und des Rechts" schaffen und auf diese Weise „den Bürgern ein hohes Maß an Sicherheit ... bieten" (Art. 29 EU-V), sollte deshalb nicht ohne kritische Rückfrage übernommen werden.

7.3.3 Strategie staatlicher Herrschaftssicherung

Ablenkungsmanöver in politischen Krisen?

Eine an diese Überlegungen anknüpfende Antwort auf die Fragen nach dem „wann" und „in welchem Rahmen" lautet, dass es sich bei dieser Politik um ein Instrument zur Demonstration politischer Aktivität handelt. Diese Erklärung stellt auf kurzfristige Themenkonjunkturen und einen in der öffentlichen Diskussion erzeugten „Handlungsbedarf" ab. In der Tat scheinen vermehrte Aktivitäten und neue Zielsetzungen der dritten Säule häufig mit aktuellen politischen Diskussionen und Aufmerksamkeitskonjunkturen zu korrelieren.[15] Es lässt sich somit fragen, in welchem Umfang die europäische Zusammenarbeit in den Bereichen Inneres und Justiz als Legitimationsstrategie gebraucht wird, um konkrete „Erfol-

---

15 Ein Beispiel hierfür ist die Nennung von „Rassismus und Fremdenfeindlichkeit" und „Straftaten gegenüber Kindern" in Artikel 29 EU-V. Diese erst mit dem Amsterdamer Vertrag in den EU-V aufgenommenen Zielsetzungen stehen im Zusammenhang mit der Welle fremdenfeindlicher Anschläge in Deutschland und anderen Ländern zu Beginn der 1990er Jahre und mit dem Dutroux-Skandal in Belgien. Auch die Beschäftigung von TREVI mit Fußball-Hooligans im Gefolge der Katastrophe im Brüsseler Heysel-Stadion ist in diesem Kontext zu nennen. Monar (2000a, 2000b) argumentiert, dass es einzelnen nationalen Regierungen gelungen sei, Verbrechen wie den organisierten sexuellen Missbrauch von Kindern oder Gewalttätigkeiten bei Fußballspielen als europäische Probleme zu präsentieren und auf diese Weise auch die nationalen Debatten zu diesen Themen in eine bestimmte Richtung zu lenken.

ge" der europäischen Integration vorzuweisen und von Defiziten in anderen Bereichen abzulenken.

Verfechter dieses Erklärungsansatzes haben sich vor allem auf den „Raum der Freiheit, der Sicherheit und des Rechts" im Vertrag von Amsterdam und den Europäischen Rat von Tampere im Jahr 1999 konzentriert. Das Argument lautet, dass durch die Zusammenarbeit in diesen Bereichen relativ leicht plausible Erfolge der europäischen Integration demonstriert werden konnten, nachdem die EU im Zusammenhang mit dem Kosovo-Krieg und dem Rücktritt der Santer-Kommission stark in die Kritik geraten war. Zudem sei die Zusammenarbeit in der Innen- und Justizpolitik von einigen Regierungen als wichtiges Instrument gesehen worden, mit dem sich die Union „bürgernäher" ausgestalten lasse. Nicht sachliche Probleme, sondern politische Krisen im Kontext der EU werden also bei dieser Erklärungsstrategie als die Triebkräfte der Politikentwicklung in der dritten Säule gesehen (Monar 2000a: 20; Monar 2000b: 138). Attraktiv an dieser These ist, dass sie eine Antwort auf die Frage ermöglicht, weshalb die Innen- und Justizkooperation gerade im Rahmen der EU erfolgt. Das europäische Mehrebenensystem bietet strukturell hervorragende Möglichkeiten, durch europäische Politik Aktivismus zu demonstrieren und innenpolitische Debatten in eine andere Richtung zu lenken. Gleichzeitig ist gemeinsames Handeln in diesem Bereich populär, es entspricht ganz den Erwartungen der europäischen Bürgerinnen und Bürger.[16]

Ein möglicher Einwand lautet, dass sich die von den Regierenden erhofften Legitimitätsgewinne nur dann einlösen lassen, wenn sich politische Aktivität als Reaktion auf tatsächlich vorhandene und aktuell diskutierte Bedrohungen präsentieren lässt. Solche Bedrohungsperzeptionen sind aber nicht kurzfristig und nach Belieben formbar. Dieser Einwand greift jedoch möglicherweise zu kurz. Denn die Frage, woher das Wissen der Gesellschaft und der Politik über „Bedrohungen" und über sachgerechte Antworten auf diese Problemlagen stammt, führt ins Zentrum der Staatsmacht zurück. Wie an verschiedenen Stellen in diesem Buch betont wird, spielen in der europäischen Politik nicht-öffentliche Expertise und Politiknetzwerke eine große Rolle. Dies gilt auch für die Zusammenarbeit in der Innen- und Justizpolitik. Die Definitionshoheit über „sachgerechte" Politik haben in diesem Bereich jene Organisationen, die von einer verstärkten Zusammenarbeit besonders profitieren: nämlich die Polizei- und Justizbehörden selbst. In den Worten von Fisahn liegt

Wer definiert „Bedrohungen"?

> „die Definitionsmacht über das [kriminelle, Verf.] Bedrohungsszenario ... nicht etwa ... im politischen Zentrum, das die Polizei ... programmiert, sondern diese [die Polizei, Verf.] ist selbst in der Lage, über Bedrohungsszenarien Rechtfertigungs- und Legitimationsdiskurse zu initiieren und in die Politik hineinzutragen, weil diese [die Politik, Verf.] auf die professionelle Analyse angewiesen ist" (1998: 363).

Die These lautet also, dass Bürokratien die Rechtfertigung für ihre eigene Existenz und den Ausbau ihrer Kompetenzen selbst erzeugen können. Diese Rechtfertigungen finden dann möglicherweise als quasi objektive Analysen Eingang in die Politik. Auf diese Weise kann beispielsweise erklärt werden, weshalb die Aufhebung von Grenzen und die Freizügigkeit in den öffentlichen Diskursen stets *auch* als Sicherheitsbedrohung thematisiert werden, obgleich ein überzeugender

„Herrschafts-sicherung"?

---

16 In den Bevölkerungsumfragen des EUROBAROMETER werden Themen des Asyls und der Verbrechensbekämpfung bei den europäischen Bürgern immer wieder als drängende Probleme genannt (Hix 1999: 323-325).

Nachweis für den Zusammenhang zwischen Freizügigkeit und steigender Kriminalität nicht existiert (vgl. auch Hix 1999: 325-327; Lavenex 2000).

Aufbauend auf diesen Überlegungen hat Hans-Jörg Trenz (2002: 63-87) die Kooperation der EU-Staaten im Bereich der dritten Säule als Strategie der „binnenorientierten Herrschaftssicherung" und somit als Beispiel für das von Klaus Dieter Wolf (1997; 2000) entwickelte Theorem der ‚Neuen Staatsräson' diskutiert: Es liege „grundsätzlich im ‚Interesse des Staates an sich selbst', die Sicherheitsbedürfnisse des Publikums zu provozieren, Gefährdungen zu identifizieren, und sich dann als Schutz vor diesen anzubieten" (Trenz 2002: 66). Allerdings ergibt Trenz' Analyse, dass diese Strategie nur bedingt erfolgreich ist. Das Interesse der Exekutiven an der Vermeidung von Öffentlichkeit und Absicherung von Herrschaft stoße auf die Gegenwehr einer liberalen, europäisch organisierten Öffentlichkeit, welche eben jene Herrschaftsstrategien sowie die faktischen Erfolge in der Bereitstellung von Sicherheit kritisch hinterfrage. Die auf Herrschaftssicherung gerichtete Inanspruchnahme von Politikfeldern im europäischen Mehrebenensystem trage ihre Negation (in Form einer transnational kommunizierenden und Partizipation einfordernden Bevölkerung) unauflöslich in sich.

Bewertung Welchen Erklärungsbeitrag zum Entstehen der Politiken des dritten Pfeilers und zum Zeitpunkt ihrer Einrichtung können diese Ansätze leisten? Zunächst ist zu betonen, dass es den vorgestellten Autoren nicht nur um diese Frage geht, sondern auch um eine normativ gefärbte Kritik an bestimmten Entwicklungstendenzen der Innen- und Justizkooperation. Insoweit Erklärungen für die geschilderten Entwicklungen gegeben werden, stellen sie vor allem auf die zentrale Rolle von Regierungen ab. Sie nutzen in dieser Perspektive strukturelle Eigenschaften des europäischen Mehrebenensystems (beispielsweise dessen mangelnde Transparenz), um ihr Interesse an Machterhalt und Machtausweitung zu verfolgen. Regierungen folgen nicht den Sachnotwendigkeiten, sondern manipulieren absichtsvoll die öffentliche Wahrnehmung von Problemlagen, um so die Grundlage für ihre Selbstermächtigung zu schaffen. Attraktiv an dieser Sichtweise ist vor allem, dass sie eine kraftvolle politische und normative Kritik an der Innen- und Justizkooperation ermöglicht. Problematisch ist allerdings, dass sie die Frage nach den Möglichkeiten einer parlamentarischen, gerichtlichen und/oder publizistischen Kontrolle der Exekutive auf der Ebene von Annahmen beantwortet und nicht als empirische Angelegenheit behandelt. Auch wird den Exekutiven undifferenziert ein uniformes und zynisches Machterhaltungsinteresse unterstellt. Mit diesem Argument ließe sich beispielsweise nur schwer vereinbaren, dass die Verhandlungen zwischen den Mitgliedstaaten um die Übertragung von Kompetenzen auf die EU im dritten Pfeiler nur sehr langsam vorankommen (Monar 2002).

7.4 Rechtsstaatliche Kontrolle und europäische Grundrechte

Freiheit und Recht:
Eine Frage der
Definition Bemerkenswert am „Raum der Freiheit, der Sicherheit und des Rechts" ist nicht nur die neu angestoßene politische Dynamik, sondern auch die Art und Weise, in welcher Konzepte wie „Freiheit" und „Recht" definiert werden. Freiheit wird weniger als Freiheit vor staatlichen Eingriffen definiert denn als Mandat staatlicher Stellen zur Schaffung bestimmter Bedingungen, in denen

> „Freiheit ... in einem Rahmen der Sicherheit und des Rechts in Anspruch genommen werden kann. ... Die Bürger können von der Union zu Recht erwarten, daß sie der

durch schwere Kriminalität bedingten Bedrohung ihrer Freiheit und ihrer gesetzlichen Rechte entgegengewirkt. Dies erfordert gemeinsame Anstrengungen, um unionsweit Kriminalität und kriminelle Organisationen zu verhüten und zu bekämpfen."[17]

Der „Wiener Aktionsplan" deutet den Begriff des Rechts zu „Gerechtigkeit" um und definiert:

> „Justice must be seen as facilitating the day-to-day life of people and bringing to justice those who threaten the freedom and security of individuals and society. This includes both access to justice and full judicial cooperation among Member States."[18]

Im Hintergrund steht hier der paternalistische Staat, der seinen Bürgern bestimmte Freiheitsrechte einräumt und Freiheit und Recht als „Dienstleistungen" bereitstellt. Gleichzeitig soll die rechtsstaatliche und demokratische Kontrolle der Aktivitäten nicht in erster Linie über die üblichen institutionellen Mechanismen erreicht werden. Die entscheidenden Beschlüsse werden durch zwischenstaatliche Vereinbarung getroffen, so dass weder Europäisches Parlament noch EuGH involviert sind. Auch mit der Eingliederung des Schengen-Besitzstandes in den EG-V bleibt es bei der Vorherrschaft intergouvernementaler Entscheidungsverfahren und einer eingeschränkten gerichtlichen und parlamentarischen Kontrolle. Dies gilt auch für die Auslagerung bestimmter Tätigkeitsbereiche in eine der politischen und demokratischen Kontrolle nur noch schwer zugängliche Behörde wie Europol. Gleiches dürfte in Zukunft für Eurojust gelten. Als Ersatz für diese fehlenden Kontrollmöglichkeiten baut die EU auf einen „offenen Dialog mit der Bürgergesellschaft".[19] Im Zweifel dienen solche Verfahren jedoch eher der öffentlichkeitswirksamen Bestätigung ohnehin feststehender Politiken als einer wirksamen Kontrolle öffentlichen Handelns. Dieser Zustand ist bedenklich, weil die Tätigkeiten der EU im Zusammenhang mit dem „Raum der Sicherheit, der Freiheit und des Rechts" tief in die Freiheitsrechte der einzelnen Bürger einschneiden. Diesen Umstand hat der Rat implizit anerkannt, wenn er (in den Schlussfolgerungen von Tampere) das Ziel formuliert, dass „eine ausgewogene Entwicklung unionsweiter Maßnahmen zur Kriminalitätsbekämpfung unter gleichzeitigem Schutz der Freiheit und der gesetzlich verbürgten Rechte der Einzelperson wie auch der Wirtschaftsteilnehmer erreicht werden" soll.[20]

In diesem Zusammenhang ist es bemerkenswert, dass der Rat die Einberufung des Konvents zur Erarbeitung der europäischen Grundrechtscharta (Kasten 7.3) in einen „engen Zusammenhang" mit dem Aufbau des „Raums der Freiheit, der Sicherheit und des Rechts" stellt.[21] Auch in der Präambel der Charta wird die

Europäische Grundrechtscharta

---

17 Europäischer Rat in Tampere am 15. und 16. Oktober 1999, Schlussfolgerungen des Vorsitzes, Ziffer 2 und 6.

18 Abl. EG Nr. C 19 vom 23. Januar 1999, Ziffer 15.

19 Europäischer Rat in Tampere am 15. und 16. Oktober 1999, Schlussfolgerungen des Vorsitzes, Ziffer 7.

20 Europäischer Rat in Tampere am 15. und 16. Oktober 1999, Schlussfolgerungen des Vorsitzes, Ziffer 40.

21 Der Beschluss zur Erarbeitung der Charta und zur Einberufung eines Konvents war bereits auf dem Gipfel von Köln im Juni 1999 gefallen. Die für die Charta einschlägigen Passagen aus den Schlussfolgerungen von Köln und Tampere finden sich online unter http://ue.eu.int/df/intro.asp?lang=de [Stand: 29.07.2003]. Wir können uns an dieser Stelle nicht mit der Frage beschäftigen, welche Erklärungen für die Erarbeitung der Grundrechtscharta gefunden werden können. In der Literatur findet sich häufig das Argument, dass sie – ebenso wie der „Raum der Freiheit, der Sicherheit und des Rechts" – als Versuch zur

Verbindung zwischen Grundrechtsschutz und dem Aufbau eines „Raums der Freiheit, der Sicherheit und des Rechts" ausdrücklich erwähnt.[22] Diese neue Initiative der EU ist nicht nur wegen des neuen und in Zukunft vermutlich verstärkt zum Einsatz kommenden Konventsmodells bemerkenswert (Kasten 7.4). Vor allem ist es das erste Mal, dass die schon seit dem Vertrag von Maastricht vertraglich verankerte Bindung der EU an die Achtung der Menschenrechte und der Grundfreiheiten sowie der Rechtsstaatlichkeit (Artikel 6 EU-V) in konkrete Formen gegossen wird. Zu fragen ist also, ob durch die Grundrechtscharta einigen bedenklichen Tendenzen in der Innen- und Justizpolitik der EU (insbesondere der fehlenden öffentlichen Kontrolle und dem ungeklärten Schutz von Persönlichkeitsrechten) wirkungsvoll Einhalt geboten werden kann.

Kasten 7.3: Die EU-Grundrechtscharta

> Die auf dem Gipfel von Nizza gemeinsam von den Staats- und Regierungschefs, der Kommission und dem Europäischen Parlament proklamierte Charta ist in verschiedene Unterabschnitte gegliedert, die jeweils spezifische Grundrechte enthalten:
>
> 1. *Menschenwürde* (Recht auf Leben und körperliche Unversehrtheit,[23] Verbot von Folter, Todesstrafe und Sklaverei);
> 2. *Grundfreiheiten* (Schutz der Wohnung und der Privatsphäre, Gedanken-, Gewissens- und Religionsfreiheit, Meinungs- und Versammlungsfreiheit, Freiheit von Kunst und wissenschaftlicher Forschung, Asylrecht, Eigentumsrecht u.a.);
> 3. Verschiedene *Gleichheitsrechte* (Diskriminierungsverbote aufgrund von Geschlecht, Rasse, Alter, Behinderung, Kultur, Sprache oder Religion);
> 4. Relativ breit gefasste *soziale Schutzrechte* (unter anderem Recht auf Sozialleistungen, Gesundheitsschutz, angemessene Arbeitsbedingungen und „Zugang zu einem Arbeitsvermittlungsdienst"[24], Schutz vor ungerechtfertigter Entlassung und Mitbestimmung in den Unternehmen, jedoch auch alte Zielsetzungen des Vertrages wie ein hohes Niveau des Umwelt- und Verbraucherschutzes);
> 5. *Politische und andere Bürgerrechte* (u.a. Wahlrecht zum Europäischen Parlament und bei den Kommunalwahlen, Dokumentenzugang, Petitionsrecht zum Europäischen Parlament, Anrufung des Bürgerbeauftragten, Freizügigkeit, Recht auf eine „gute Verwaltung"); sowie
> 6. *Justizielle Schutzrechte* (Gesetzmäßigkeit, Verhältnismäßigkeit, gerichtlicher Zugang, Unschuldsvermutung und Verteidigungsrechte, Verbot der Doppelbestrafung).

Bewertung   Die Charta löst einen Zustand ab, in dem der Umfang und das Schutzniveau der Grundrechte in der EU aus den Verfassungsbestimmungen der Mitgliedstaaten, der unter dem Dach des Europarats verabschiedeten Europäischen Menschen-

---

Stützung der Legitimität der EU zu werten ist (vgl. auch „Ein Debakel als Geburtsstunde eines europäischen Wertekatalogs" in: „Die Welt" vom 14. September 2000).

22 „Die Union [gründet sich] auf die unteilbaren und universellen Werte der Würde des Menschen, der Freiheit, der Gleichheit und der Solidarität. Sie stellt die Person in den Mittelpunkt ihres Handelns, indem sie die Unionsbürgerschaft und einen Raum der Freiheit, der Sicherheit und des Rechts begründet."

23 In diesen Vertragsartikel ist ein Verbot des reproduktiven Klonens und der kommerziellen Verwertung menschlichen Lebens aufgenommen.

24 Dies ist eine Kompromissformulierung, welche das im ursprünglichen Entwurf vorhandene „Recht auf Arbeit" ersetzt.

rechtskonvention (EMRK) sowie dem Richterrecht des EuGH abzuleiten waren. In diesem Sinne begründet die Charta keine neuen Rechte, will jedoch laut ihrer Präambel den „Schutz der Grundrechte ... stärken, indem sie in einer Charta sichtbarer gemacht werden".[25] Die Bedeutung der Charta liegt somit vor allem in der politischen Signalwirkung. Die EU möchte sich künftig als Union der Bürger verstehen und nicht als Zusammenschluss von Staaten. Die Grundrechtscharta ist als Bestandteil der „Unionsbürgerschaft" der EU[26] zu sehen, wobei sie die bislang vor allem auf die Rechte als „Marktbürger" gemünzte Definition der Unionsbürgerschaft um allgemeine Freiheitsrechte und politische Rechte ergänzt.

Die konkreten Wirkungen dieser größeren Sichtbarkeit lassen sich einstweilen noch nicht abschätzen. Es ist unklar, ob die potenziell bedenklichen Einschnitte der Innen- und Justizkooperation in die Grundrechte der Bürger durch die Charta gemildert werden können. Auf der einen Seite gibt es erste Beispiele, in denen die Vorschriften der Grundrechtscharta zum Datenschutz und zu den sozialen Grundrechten eine Rolle in einzelstaatlichen Gerichtsverfahren gespielt haben (Pernice 2001: 195). Andererseits ist die Charta bislang lediglich proklamiert, nicht jedoch formell in die EU-Verträge aufgenommen worden. Die Beratung über diese Frage ist eine der wichtigen Aufgaben des sogenannten „Post-Nizza-Prozesses" (Kasten 7.4). Erst wenn die Charta – wie vom EU-Verfassungskonvent vorgeschlagen[27] – zu einem Bestandteil des Vertragstextes wird, sind die öffentlichen Organe in ihrer Beschlussfassung und in der Umsetzung von EU-Recht an sie gebunden. Die konkrete Auslegung der Schutzrechte wird dann durch den EuGH erfolgen. Das Richterrecht des EuGH wird also letztlich über die Bedeutung der Grundrechtscharta entscheiden. Auch wenn „notwendige" Einschränkungen der Grundrechte durch Gesetz möglich sein werden,[28] besteht anhand der bisherigen Rechtsprechung des Gerichtshofs kein Anlass zu der Vermutung, dass er einem eventuellen Machterhaltungsinteresse der Mitgliedstaaten blindlings folgen wird.

Kasten 7.4: Das Konventsmodell und der „Post-Nizza-Prozess"

Die Erarbeitung der Grundrechtscharta erfolgte durch einen „Konvent" aus 62 hochrangigen Personen des öffentlichen Lebens. Zu ihnen zählten je ein Vertreter der nationalen Regierungen, ein Vertreter der Kommission, 16 Mitglieder des EP und 30 Mitglieder der nationalen Parlamente. Den Vorsitz führte der frühere deutsche Bundespräsident und Verfassungsrichter Roman Herzog. Die einzelnen Repräsentanten besaßen nur eine indirekte demokratische Legitimation, da sie von den jeweiligen entsendenden Organisatio-

---

25 Amtsblatt EG Nr. C 364 vom 18. Dezember 2000; online: http://ue.eu.int/df/docs/de/ ChartedE.pdf [Stand: 29.07.2003].

26 Hierzu zählen z.B. das aktive und passive Wahlrecht zum EP bzw. bei Kommunalwahlen für EU-Bürger, die sich dauerhaft in anderen Mitgliedstaaten der EU aufhalten, das Petitionsrecht an das EP oder den Bürgerbeauftragten, der konsularische Schutz durch andere Mitgliedsländer in Drittstaaten und das Recht auf freien und ungehinderten Aufenthalt im EU-Raum (vgl. auch Wiener 1998).

27 Zum Verfassungskonvent ausführlicher Kap. 10.4.2.

28 Artikel 52 der Charta. Allerdings darf hierdurch nicht der „Wesensgehalt" der in der Charta anerkannten Rechte und Freiheiten eingeschränkt werden. Darüber hinaus sollen Einschränkungen „nur vorgenommen werden, wenn sie notwendig sind und den von der Union anerkannten dem Gemeinwohl dienenden Zielsetzungen oder den Erfordernissen des Schutzes der Rechte und Freiheiten anderer tatsächlich entsprechen" (Artikel 52 der Charta).

nen bestimmt wurden. Die Sitzungen des Gremiums erfolgten öffentlich, unter anderem fanden Anhörungen mit Vertretern der „Zivilgesellschaft" statt.

Allgemein wurde die rasche Arbeit des Konvents gewürdigt, die zu einem für alle Mitgliedstaaten akzeptablen Ergebnis führte. In der Tat war die Proklamation der Grundrechtscharta einer der wenigen Lichtblicke des EU-Gipfels von Nizza im Dezember 2000. Für den sogenannten „Post-Nizza-Prozess", in dem es neben dem künftigen Status der Grundrechtscharta auch um die Kompetenzabgrenzung zwischen der EU und den Mitgliedstaaten, die Vereinfachung des Vertrages und die Rolle nationaler Parlamente in der EU-Politik ging (hierzu Müller-Graff 2001), wurde erneut ein Konvent einberufen. Dieser legte im Juni 2003 den Entwurf eines Verfassungsvertrags vor (vgl. Kap. 10.4.2); auf Vorschlag des Konvents soll die Grundrechtscharta Teil der neuen EU-Verfassung werden.

IV Transformation des Regierens

8 Aufstieg der regulativen Politik

8.1 Einführung

In den vorangegangenen Kapiteln 3, 4 und 6 haben wir immer wieder auf den Kernbestandteil des europäischen Integrationsprozesses verwiesen: nämlich die Politik der Freizügigkeit von Waren, Personen, Kapital und Dienstleistungen unter dem Dach des Binnenmarktes. Anders als die Politiken der Währungsintegration (Kapitel 5), der Zusammenarbeit in der Innen- und Justizpolitik (Kapitel 7) und der EU-Außenbeziehungen (Kap. 12-14) wird die Binnenmarktpolitik maßgeblich durch das Zusammenspiel von Kommission, Rat und Gerichtshof bestimmt. Der supranationale Charakter der Binnenmarktpolitik kommt auch darin zum Ausdruck, dass dieser Bereich in der sogenannten ersten Säule der Europäischen Union, also dem Einzugsbereich des EG-V angesiedelt ist. Allerdings umfasst der EG-V bzw. die „erste Säule" nicht alleine marktschaffende Politiken, sondern auch eine ganze Reihe von marktkorrigierenden Politiken (vgl. Kapitel 3 und 4). Zu ihnen zählt beispielsweise die EG-Umweltpolitik, die Struktur- und Regionalpolitik der Gemeinschaft oder die EG-Sozialpolitik.

In der Diskussion in Kapitel 6.3 haben wir bereits auf die unterschiedlichen Handlungsinstrumente hingewiesen, die der Gemeinschaft in den genannten Politikbereichen zur Erreichung ihrer Ziele zur Verfügung stehen. In erster Linie sind dies Verordnungen und Richtlinien, also bestimmte Rechtsakte, die von der Kommission vorgeschlagen und vom Ministerrat beschlossen werden. Sie haben in der Regel den Charakter von Ver- oder Geboten: die Mitgliedstaaten verpflichten sich wechselseitig, in einem bestimmten Sachgebiet handelsverzerrende Vorschriften zu harmonisieren oder Initiativen zu ergreifen, um beispielsweise die Umwelt besser zu schützen. Die Gemeinschaft wird also tätig, indem sie regelnd in die Politiken der Mitgliedstaaten eingreift. Der Fachausdruck für diese Form staatlicher Tätigkeit lautet „regulative Politik". Diese Politik steht im folgenden Kapitel im Mittelpunkt. Unsere Ausgangsthese lautet, dass regulative Politik in der Europäischen Gemeinschaft einen besonderen Stellenwert einnimmt. Die Beschäftigung mit der Funktionsweise und den Formen regulativer Politik lohnt, weil sie aufschlussreich für das Funktionieren der Gemeinschaft als Ganzes ist und zugleich Hypothesen über bestimmte Probleme der europäischen Gemeinschaftsbildung anbietet. Um die zentrale Rolle regulativer Politik in der EG zu kennzeichnen, haben Autoren wie der italienische Politikwissenschaftler Giandomenico Majone die Europäische Gemeinschaft als einen „regulativen Staat" bezeichnet (Majone 1996: 229-234).[1]

Die Europäische Gemeinschaft als „regulativer Staat"

---

1   Dabei wird der Begriff „Staat" im Sinne von politischem System verwendet. Zur Vermeidung von Begriffsverwirrungen sprechen wir im Folgenden von dem Aufstieg regulativer Politik in der EU, nicht jedoch von der EU als „regulativem Staat".

Die erste Frage muss natürlich lauten, was genau mit regulativer Politik gemeint ist. Dieser Begriff stammt aus dem Bereich der sogenannten Policy-Forschung, die sich mit den Inhalten der staatlichen Politik („Staatstätigkeit") befasst (Windhoff-Héritier 1987: 7-20; Alemann 1994: 299-300). In der älteren Literatur werden drei Formen von Staatstätigkeit unterschieden, nämlich regulative, distributive und redistributive Politik (Lowi 1964). Der Unterschied zwischen diesen unterschiedlichen Typen von Politik besteht darin, dass es sich bei der distributiven und der redistributiven Politik typischerweise um die Verteilung oder Umverteilung von Werten (z.B. Geldleistungen für Rentner und Arbeitslose, die Universitäten oder den Straßenbau) dreht, während sich regulative Politik mit dem Erlass von Regeln für das Zusammenspiel der Wirtschaftssubjekte oder das Verhalten der Bürger befasst. Sie wird deshalb treffend als „verhaltensnormierende Policy ohne Leistungscharakter" bezeichnet (Windhoff-Héritier 1987: 39).[2]

Eine typische Aufgabe regulativer Politik nicht nur in der EG ist es, Märkte zu schaffen und funktionsfähig zu halten. Als Beispiele hierfür können die Überwachung staatlicher Beihilfen und die Kontrolle von Fusionen ebenso wie die Auflösung staatlicher Monopole in bestimmten Sektoren gelten (z.B. Energieversorgung, Telekommunikation). Darüber hinaus wird der Aufstieg regulativer Politik auch im Zusammenhang mit der Korrektur unerwünschter Nebenwirkungen eines freien Marktgeschehens diskutiert. Hier handelt es sich um Regelungen des Umweltschutzes (z.B. die Begrenzung von Schadstoffemissionen bei Kraftfahrzeugen und Industrieanlagen), der Arbeitsbedingungen (z.B. wöchentliche Höchstarbeitszeiten, Sicherheitsbestimmungen am Arbeitsplatz) oder des öffentlichen Gesundheitsschutzes (z.B. Höchstwerte für Rückstände von Pestiziden in Nahrungsmitteln). Die Zusammenfassung beider Formen der Staatstätigkeit unter dem Begriff „regulative Politik" ist gerechtfertigt, weil es sich beide Male um einen politisch motivierten, regelnden Eingriff in das Wirtschaftsgeschehen handelt.

Die Diskussion ist im Hinblick auf die EG bedeutsam, weil die Gemeinschaft sowohl in den Bereichen der marktschaffenden Politik als auch der marktkorrigierenden Politik tätig ist und diese Tätigkeiten einen guten Teil ihrer Aktivität ausmachen. Historisch ging es dabei zunächst vor allem um die Schaffung eines funktionsfähigen und freien Marktes durch die Beseitigung von Zöllen und das Verbot wettbewerbsverzerrender Eingriffe der Mitgliedstaaten. Später kam das Binnenmarktprogramm dazu, dessen Kernbestandteil der Abbau anderer Handelshemmnisse als Zölle war (vgl. Kap. 4). Mit diesem Prozess ging ein Verlust der Mitgliedstaaten an autonomer Kontrolle des Wirtschaftsgeschehens einher. Teils war dieser Verlust an Steuerungsmöglichkeiten gewollt, teils wurden jedoch auch unerwünschte Folgen durch den Abbau nationaler Gestaltungsrechte (etwa in Fragen des öffentlichen Gesundheitsschutzes oder der Umweltstandards) befürchtet. Die politische Antwort auf den Verlust von Regelungsrechten auf der nationalen Ebene (De-Regulierung) war der Aufbau von Regelungskompetenz auf der supranationalen Ebene (Re-Regulierung). Dabei handelt es sich nicht alleine um eine technische Frage. Durch die Vereinbarung gemeinsamer Standards und Regeln im Rahmen der Gemeinschaft werden für alle Marktteilnehmer glei-

---

2   Einer der wichtigsten Kritikpunkte an der Unterscheidung Lowis lautet, dass die Kategorien nicht trennscharf sind und reelle Politik in der Regel aus einem Geflecht distributiver, re-distributiver und regulativer Politikbestandteile zusammengesetzt ist. Siehe zu dieser Kritik beispielsweise Windhoff-Heritier (1987).

che Wettbewerbsbedingungen geschaffen und gleichzeitig politische Eingriffsmöglichkeiten in das Marktgeschehen bewahrt.

Aufbau des Kapitels

Vor diesem Hintergrund werden wir uns in diesem Kapitel mit zwei Fragen auseinandersetzen. Die erste Frage lautet, ob die Politikgestaltung in der EG tatsächlich vor allem regulativen Charakter hat und – falls ja – wie sich der Aufstieg regulativer Politik erklären lässt. Nachdem wir zunächst etwas genauer auf die Theorie der regulativen Politik eingegangen sind (Kap. 8.2.1), diskutieren wir die Frage, weshalb die Verwendung regulativer Politik als Steuerungsinstrument für die Europäische Gemeinschaft besonders attraktiv ist (Kap. 8.2.2). Daran anschließend zeigen wir anhand empirischer Indikatoren die besondere Bedeutung dieses Politiktyps für die EG auf (Kap. 8.2.3).

Die zweite Frage ist, ob das Zusammenspiel von De-Regulierung auf nationaler und Re-Regulierung auf europäischer Ebene zu einer anderen Qualität von Politik führt. Wird der Abbau nationaler Gestaltungsmöglichkeiten durch einen Aufbau gleichwertiger Instrumente auf der europäischen Ebene kompensiert oder handelt es sich bei der EG um einen „Markt ohne Staat"? Hinter diesem Schlagwort steht die These, dass die EG vor allem zur Entfesselung der Marktkräfte beigetragen hat, aus strukturellen Gründen jedoch nicht zu einer anspruchsvollen ökologischen und sozialen Kontrolle des Marktes fähig ist. Das Ergebnis einer solchen Konstellation wäre dann eine allmähliche Aufweichung ökologischer und sozialer Standards durch die europäische Integration. Ob diese Befürchtung berechtigt ist, diskutieren wir in Kap. 8.3.

8.2 Der regulative Charakter der Europäischen Gemeinschaft

8.2.1 Theorie der regulativen Politik

Distributive Politik

Die ursprünglich von Theodore Lowi (1964) eingeführte Unterscheidung zwischen regulativer, distributiver und redistributiver Politik versteht sich nicht als reines Klassifikationsschema nach den Inhalten von Politik, sondern als analytisches Instrument. Die These Lowis lautet, dass sich die Art des politischen Konfliktaustrags je nach dem betreffenden Politiktypus unterscheide. Die erwarteten oder wahrgenommenen Kosten und Nutzen einer Politik prägten die Reaktionen der Betroffenen und damit auch das Ausmaß und die Richtung von politischen Auseinandersetzungen.

Distributive und redistributive Politik

So sei distributive Politik, d.h. der Einsatz staatlicher Mittel z.B. für Kindergeld oder den Ausbau des Straßen- und Schienenverkehrs, im Allgemeinen wenig konfliktträchtig. Eine solche Politik nutze der Mehrheit der Bevölkerung, während ihre Kosten aus dem Steueraufkommen breit gestreut seien und somit keinen Anlass zu politischen Auseinandersetzungen gäben. Im Gegensatz dazu seien redistributive Politiken konfliktträchtiger. Hier geht es nämlich um die Umverteilung von Einkommen etwa zwischen einzelnen Regionen, Altersgruppen oder sozialen Schichten der Gesellschaft. Anders als bei der distributiven Politik mit ihren unklaren Verteilungswirkungen ließen sich „Gewinner" und „Verlierer" einer Maßnahme klar benennen. Ein typisches Beispiel hierfür sind umlagefinanzierte Rentensysteme, Sozialhilfeleistungen oder Einkommenstransfers zwischen einzelnen Regionen eines Landes (wie z.B. beim „Solidaritätszuschlag" zur Finanzierung der deutschen Einheit). Politische Auseinandersetzungen können entstehen, wenn ein bestimmter Interessenverband oder eine bestimmte Region eines Landes auf die Verteilungswirkungen hinweist und versucht, tatsächliche oder vermeintliche Verlierer gegen die betreffende Maßnahme zu mobilisieren.

Wie sieht es nun mit der regulativen Politik aus? Grundsätzlich ist das Ziel regulativer Politik nicht (Um-)Verteilung, sondern Verhaltenssteuerung. Aus diesem Grund ist zunächst einmal von einer – im Vergleich zu distributiver oder redistributiver Politik – relativ niedrigen Intensität von Konflikten auszugehen. Gleichwohl werden natürlich durch regulative Politiken ebenfalls Kosten und Nutzen verteilt. Entscheidend für den Konfliktaustrag ist dann, *wie breit* Kosten und Nutzen jeweils gestreut sind. In der Europäischen Gemeinschaft sind dabei alle vier denkbaren Kombinationen anzutreffen, die James Q. Wilson (1980) identifiziert hat (Schaubild 8.1).

Schaubild 8.1: Typen regulativer Politik

		Verteilung des Nutzens einer regulativen Politik	
		breit	eng
Verteilung der Kosten einer regulativen Politik	breit	Majoritäre Politik	Klientelistische Politik
	eng	Politisches Unternehmertum	Interessengruppenpolitik

Ein Beispiel für breit gestreuten Nutzen und breit gestreute Kosten sind Regelungen zum Arbeitsschutz. Die Chancen für die Verabschiedung einer solchen Politik sind ungewiss, weil aufgrund der breiten Streuung von Kosten und Nutzen weder die Gewinner noch die Verlierer der Politik einen Anreiz haben, sich für oder gegen eine Maßnahme zu engagieren. Folglich sind politische Initiativen der im Rat versammelten Vertreter der Mitgliedstaaten notwendig, um diese Fragen als relevantes Problem für die europäische Ebene zu definieren. Einem anderen Muster folgt die regulative Politik, wenn der Nutzen breit gestreut ist und die Kosten auf bestimmte Akteure konzentriert sind. Die durch europäisches Recht vorangetriebene Einführung von Abgasreinigungssystemen (Katalysatoren) für alle Kraftfahrzeuge ist ein Beispiel für eine solche Politik. Die Chancen für die Verabschiedung einer solchen Politik sind normalerweise gering, weil die Verlierer der Politik (in diesem Fall die Kfz-Hersteller) einen Anreiz zur Organisation von Widerstand haben, während die Nutznießer dieser Politik so breit gestreut sind, dass für sie effektive Hindernisse für die Organisation von Widerstand bestehen.[3] Überwunden werden konnte der Widerstand in diesem Fall dadurch, dass die Einführung von Katalysatoren als Maßnahme im öffentlichen Interesse dargestellt wurde und die Kosten an die Verbraucher bzw. die den Kauf von Katalysatoren subventionierende Allgemeinheit weitergegeben werden konnten. Wird durch öffentliche Politik ein kleiner Kreis von Bürgern begünstigt, während die Kosten der Allgemeinheit aufgebürdet werden, so spricht man von klientelistischer Politik. In diesem Fall ist, ebenso wie im Fall der engen Streuung von Kosten *und* Nutzen, der

---

3 Dieses Argument baut auf dem bekannten Argument von Mancur Olson auf, dass es für große Gruppen schwieriger ist, eine Vertretung ihrer Interessen zu organisieren als für kleine Gruppen. Der Grund ist, dass für den Einzelnen nur wenig Anreize bestehen, sich für die Verwirklichung kollektiver Ziele einzusetzen, da das Verhältnis von Aufwand und individuellem Ertrag ungünstig und die Gefahr des Trittbrettfahrens durch andere (also das Einstreichen von Nutzen, ohne selbst einen Beitrag geleistet zu haben) allgegenwärtig ist (Olson 1968).

relativ geräuschlose Konfliktaustrag die Regel. Gewinner bzw. Verlierer einer Maß-nahme haben zwar einen hohen Anreiz zur Organisation und Vertretung ihrer Inter-essen, doch wird die Öffentlichkeit meist keine Notiz nehmen. Der Grund ist, dass keine oder keine signifikanten Kosten für die Allgemeinheit auftreten und die Re-gulierung häufig technisch komplexe Materien betrifft. Die Verhandlungen sind von der Teilnahme von Funktionären, Beamten und wissenschaftlich ausgewiesenen Experten geprägt, während Parlamente, Parteien und die Medien kaum Notiz neh-men. Eine Vielzahl von Verhandlungen auf der europäischen Ebene folgt diesem Muster (vgl. auch Kap. 11).

8.2.2 Weshalb ist regulative Politik für die EG attraktiv?

Die These vom Aufstieg der regulativen Politik beruht auf zwei Argumenten: Er-stens, dass sich das Tätigkeitsspektrum der EG insgesamt ausgeweitet hat, zweitens, dass diese vermehrte Tätigkeit vor allem in Form regulativer Politik stattfindet. Für die zweite Behauptung gibt es eine Reihe struktureller Gründe, die wir zunächst be-handeln wollen. Dabei folgen wir im Wesentlichen der Argumentation Giandome-nico Majones (1996; 1997). Sie stellt zum einen auf den geringen Umfang der Haushaltmittel der Gemeinschaft ab, zum anderen auf die „Nachfrage" der Mit-gliedstaaten und der Industrie nach regulativer Politik, die von der Kommission mit einem entsprechenden „Angebot" befriedigt wird. Im folgenden Kapitel 8.2.3. geht es dann um die These einer Ausweitung des Tätigkeitspektrums der Gemeinschaft, die wir anhand einer Reihe empirischer Indikatoren diskutieren.

Aufstieg regulativer Politik in der EU

Schaubild 8.2: Öffentliche Ausgaben der EU und der Mitgliedstaaten
(2000, Schätzwerte)

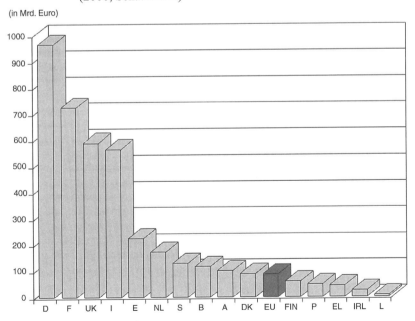

Quelle: Kommission (2000: 41).

Gründe: geringe finanzielle Kosten

Ein erster Grund für die Bedeutsamkeit regulativer Politik ist unmittelbar einsichtig: Da die Gemeinschaft über einen nur verhältnismäßig kleinen eigenen Haushalt verfügt, kann sie sich überhaupt nicht in distributiven oder redistributiven Programmen großen Stils engagieren. Schaubild 8.2 zeigt, dass der Umfang des Gemeinschaftshaushaltes relativ klein ist, nämlich nur wenig größer als der Haushalt Finnlands und kleiner als die Haushalte von zehn der 15 Mitgliedstaaten. In absoluten Zahlen liegt der Umfang des Haushalts der Gemeinschaft bei weniger als 2,5 Prozent der Gesamtausgaben aller Mitgliedstaaten zusammen und bei wenig mehr als einem Prozent des kombinierten BIP der Mitgliedstaaten (Schaubild 8.3).

Schaubild 8.3: Relative Bedeutung des Gemeinschaftshaushalts

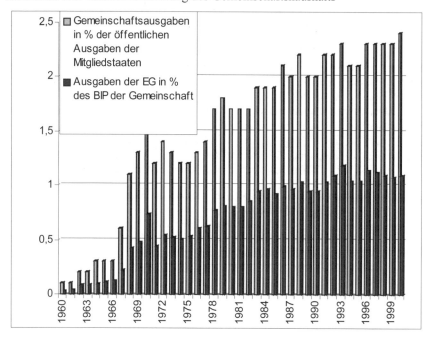

Quelle: Zahlen aus Kommission (2000): Haushaltsvademecum, eigene Berechnungen.

Alle Versuche der Kommission und des Parlaments, die Gemeinschaft finanziell besser auszustatten, sind bislang am Veto der Mitgliedstaaten gescheitert. Dies ist nicht nur mit der Sparpolitik im Zusammenhang mit der europäischen Wirtschafts- und Währungsunion zu erklären. Eine Ausweitung des Haushalts zugunsten distributiver Politik ist in einem inhomogenen Verband wie der Europäischen Gemeinschaft kaum durchzusetzen. Umverteilungsmaßnahmen führen zu Verteilungskonflikten und damit zu politischen Auseinandersetzungen, die innerhalb des politischen Systems der EG kaum zu bewältigen wären (vgl. auch Kap. 10).[4]

---

4   Ein größeres Gewicht redistributiver Politik wäre auch durch Umschichtungen im Haushalt nicht zu erreichen. Bereits heute wird ein großer Teil des Gemeinschaftshaushalts (ca. 80 Prozent) für die Gemeinsame Agrarpolitik und die Strukturpolitik der Gemeinschaft

Allerdings lässt sich mit diesen Argumenten nur erklären, weshalb sich die Gemeinschaft nicht in Programmen mit Verteilungscharakter engagiert, nicht jedoch, weshalb sie stattdessen einen so starken Akzent in der regulativen Politik hat setzen können. Majone erklärt dies damit, dass sowohl de-regulative als auch re-regulative Politik durch eine entsprechende „Nachfrage" der Mitgliedstaaten sowie der Industrie stimuliert wird, und dass dieser Nachfrage nach regulativer Politik durch ein entsprechendes „Angebot" der Kommissionsbürokratie entsprochen wird.

Nachfrage nach De-Regulierung: In einer ganzen Reihe wirtschaftlicher Sektoren lässt sich beobachten, dass eine Nachfrage der Mitgliedstaaten nach de-regulativer Politik besteht. Als Beispiele lassen sich die De-Regulierung der Telefon- und Energiemärkte und der Versicherungsbranche nennen. De-Regulierung verschafft den Unternehmen einen größeren Markt, auf dem sich die Wettbewerbsfähigen durchsetzen können. Zur Stützung ihrer eigenen wettbewerbsstarken Industrie und/oder wegen des allgemeinen Wohlfahrtsgewinns aus mehr Wettbewerb lässt sich erwarten, dass bestimmte Mitgliedstaaten als Fürsprecher einer De-Regulierung (und damit eines Abbaus nationaler Gestaltungsrechte) auftreten. Eine ähnliche Logik gilt auch für bestimmte Unternehmen, die ebenfalls als Nachfrager von nationaler De-Regulierung durch europäische Politik auftreten.[5] Allerdings ist hinsichtlich einer Nachfrage nach de-regulativer Politik zu bedenken, dass es in der Regel die wettbewerbsfähigen Industrien bzw. die Mitgliedstaaten mit einer wettbewerbsfähigen Industrie sind, die sich von größeren Märkten Wettbewerbsvorteile für die heimische Industrie versprechen können. Für weniger wettbewerbsfähige Industrien oder Mitgliedstaaten stellt dagegen Liberalisierung und De-Regulierung eine potenzielle Bedrohung dar.[6] Eine Einigung auf de-regulative Politik ist in solchen Fällen häufig nur durch Koppelgeschäfte bzw. unter dem Druck eines Urteils des EuGH möglich (vgl. auch Scharpf 1999: 98-99).

Nachfrage nach Re-Regulierung: Die Errichtung eines großen Marktes und der durch Regelungen der einzelnen Mitgliedstaaten unbehinderte Warenaustausch birgt auch in anderer Hinsicht Probleme. Nationale Regeln erfüllen häufig eine Schutzfunktion, die im öffentlichen Interesse liegt – etwa die Bewahrung der Umwelt, der Schutz der öffentlichen Gesundheit und die Gewährung bestimmter

Nachfrage nach de- und re-regulativer Politik

---

verwendet, welche eindeutig (Strukturpolitik) bzw. in Teilaspekten (Agrarpolitik, vgl. Rieger 1996) redistributive Züge tragen. Eine Umschichtung innerhalb des gegebenen Haushaltsvolumens etwa zugunsten der Strukturpolitik würde also nur wenig zusätzliche Wirkungen entfalten. Die vielen hundert kleineren Förderprogramme, welche die Gemeinschaft neben diesen beiden Politiken unterhält, dienen oft eher der flankierenden Unterstützung bestimmter Regelungsgehalte und haben finanziell nur wenig Bedeutung.

5 Vor allem große Unternehmen sind daran interessiert, einen möglichst großen Absatzmarkt durch Abbau der nationalen Regeln für ihre Produkte zu finden. Exporte ermöglichen die Ausdehnung der Produktion und bringen Kostensenkungen mittels der Steigerung der Produktivität. Zusätzliche Investitionen der Unternehmen sind die Folge. So ist es nicht weiter verwunderlich, dass der European Round Table of Industrialists als Vertreter der europäischen Großunternehmen zu den entschiedensten Verfechtern des Binnenmarktprojekts gehörte (vgl. Kap. 4).

6 Empfehlenswerte Studien über die Konfliktkonstellationen zwischen liberalisierungswilligen und eher protektionistisch eingestellten Mitgliedstaaten sind Eising (2000) (am Beispiel der Liberalisierung der Energiemärkte) und Héritier (1997) (am Beispiel der Liberalisierung des europäischen Güterkraftverkrs).

Sicherheits- und Gesundheitsstandards für die Arbeitnehmer. Da solche Regeln mit Kosten für die Unternehmen verbunden sind, können sie eine wettbewerbsverzerrende Wirkung haben. Umgekehrt erlauben niedrige Schutzstandards zugunsten der Arbeitnehmer bzw. zugunsten der Umwelt eine billigere Produktion. Die hierdurch möglicherweise entstehenden Wettbewerbsverzerrungen werfen die Frage nach der Vereinbarkeit nationaler Regeln mit den Prinzipien des Gemeinsamen Marktes auf. Die radikale Lösung – nämlich die Abschaffung solcher nationaler Regeln als „nicht-tarifäre Handelshemmnisse" – ist häufig politisch nicht vertretbar, weil damit auch die beabsichtigte Schutzwirkung verloren geht. Eine mit dem Gemeinsamen Markt vereinbare Alternative zur Beibehaltung nationaler Vorschriften kann allerdings die Re-Regulierung auf europäischer Ebene sein. Dies bedeutet, dass nationale Regeln abgeschafft und durch europäische Regeln ersetzt werden. Damit werden für alle Wirtschaftssubjekte im Gemeinsamen Markt gleiche Wettbewerbsvoraussetzungen geschaffen.

Ein naheliegender Einwand lautet, dass die Re-Regulierung auf europäischer Ebene am Einspruch der Akteure scheitern wird, die von der Existenz ungleicher nationaler Standards profitieren. Dies werden vor allem diejenigen Industrien bzw. Mitgliedstaaten sein, in deren Heimatmarkt ein niedrigeres Regulierungsniveau anzutreffen ist und die deshalb günstiger produzieren können als ihre Wettbewerber. Auch Industrien, die trotz eines hohen Regulierungsniveaus in ihrem Heimatmarkt wettbewerbsfähig sind, werden sich potenziell gegen eine europäische Regulierung zur Wehr setzen. Die Prognose würde also lauten, dass Re-Regulierung auf europäischer Ebene schwer durchsetzbar ist. Allerdings übersieht dieses Argument, dass europäische Regulierung aus verschiedenen Gründen auch attraktiv für bestimmte Akteure sein kann. Erstens liegt es im Interesse aller Mitgliedstaaten, das historisch im Europa der Nachkriegszeit gewachsene Modell eines ökologisch und sozial gebändigten Kapitalismus nicht einfach aufzugeben. Ein freies Spiel der Marktkräfte hat es in keinem der Mitgliedstaaten der Gemeinschaft gegeben, und nicht zuletzt auf diese Weise konnte der gesellschaftliche Frieden bewahrt werden. Zweitens erleichtert die Vereinheitlichung von Produktregulierungen und Vermarktungsvorschriften den Unternehmen den Export in die Nachbarländer und bringt ihnen Planungssicherheit. Gemeinsame europäische Regeln sind häufig gegenüber den Unwägbarkeiten einer Situation vorzuziehen, in der die national unterschiedlichen Regeln bestehen bleiben und der Export alleine aufgrund des Prinzips der wechselseitigen Anerkennung erfolgt.[7] Drittens können innovative und reaktionsschnelle Unternehmen von europäischen Regeln profitieren, etwa wenn sie bestimmte Umweltschutztechnologien anbieten können, die mit europäischen Regeln kompatibel sind. Die Prämie für solche Unternehmen ist nicht nur der Absatz der Produkte auf dem größeren europäischen Markt, sondern möglicherweise auch die Etablierung technischer Standards, an die sich die Wettbewerber anpassen müssen. Viertens kann über die Vereinbarung europäischer Regeln auch eine inhaltliche Korrektur der bestehenden nationalen Vorschriften erreicht werden. Dies ist für Akteure interessant, die

---

7   Zum Prinzip der wechselseitigen Anerkennung siehe Kap. 4. Die Unwägbarkeit besteht
     vereinfachend gesprochen darin, dass das Prinzip der wechselseitigen Anerkennung nur
     gilt, solange die Gemeinschaft keine Regeln erlassen hat. Insofern bietet eine bestehende
     europäische Regulierung größere Planungssicherheit. Hinzu kommt, dass das Prinzip der
     wechselseitigen Anerkennung unter Verweis auf die Schutzvorschriften des Art. 30 EG-V
     von den Mitgliedstaaten unterlaufen werden kann.

mit nationalen Regelungen unzufrieden sind und auf eine europäische Regelung spekulieren, die eher ihren Interessen entspricht.

Angebot von Regulierung und politischer Aktivismus der Kommission: Während es also bei den Mitgliedstaaten bzw. gesellschaftlichen Akteuren durchaus ein Interesse an europäischer Regulierung geben kann, ist die Kommission häufig gerne bereit, auf diese Nachfrage mit einem entsprechenden „Angebot" zu reagieren. Es ist eine alte Erkenntnis bürokratietheoretischer Arbeiten, dass Organisationen wie die Europäische Kommission institutionelle Eigeninteressen entwickeln, die sich auf die Vermehrung politischer Macht, ihres Budgets und ihres Prestiges richten. Sobald reguliert wird, also eine Delegation von Kompetenzen an die Europäische Kommission erfolgt, bedeutet dies eine Ausdehnung ihres Handlungsspielraums. Dank ihres Initiativrechts und ihrer vielfältigen Einflussmöglichkeiten im Prozess der Rechtsetzung kann die Kommission diesen Spielraum nutzen, um ihre eigene Durchgriffsmöglichkeit auf einen bestimmten Politikbereich auszudehnen. Wenn also eine supranationale Regelung im Interesse einzelner Mitgliedstaaten liegt – sei es, weil diese sich Wettbewerbsvorteile für ihre eigene Industrie erhoffen, sei es, weil sie den nachteiligen Auswirkungen eines liberalisierten Binnenmarktes für den Schutz der Umwelt oder für die Arbeitnehmer einen Riegel vorschieben wollen – ergibt sich eine Interessenkoalition zwischen der Kommission und *einigen* Regierungen der Mitgliedstaaten. Über die Vorlage von Kompromissangeboten oder von anerkannt sachkundigen Regulierungsvorschlägen kann es der Kommission gelingen, die Zustimmung auch anderer Staaten zu gewinnen und eine bestimmte Regulierung politisch durchsetzbar zu machen. Häufig ist auch zu beobachten, dass die Kommission Koalitionen mit substaatlichen Akteuren – beispielsweise einzelnen Interessenverbänden, Expertengruppen oder Gebietskörperschaften – eingeht und so gangbare und mit den Adressaten der Politik abgestimmte Verhandlungslösungen „anbieten" kann. Sofern es ihr gelingt, eine ausreichende Zahl von Regierungen von der Sinnhaftigkeit dieser Vorschläge zu überzeugen,[8] kommt eine Dynamik in Gang, bei der es nicht mehr um das „Ob", sondern nur noch um das „Wie" europäischer Regulierung geht.

Die geschilderten theoretischen Überlegungen münden in ein Modell, in dem die „Nachfrage" einzelner Akteure nach regulativer Politik und das von der Kommission in Konsultation mit einzelnen Regierungen und gesellschaftlichen Akteuren entwickelte „Angebot" zusammenspielen. Das Ergebnis ist eine vermehrte Aktivität der Gemeinschaft, die sich vor allem in der Form regulativer Politik (im Gegensatz etwa zu distributiver Politik) äußert. Die erwünschte Liberalisierung der Märkte wird durch De-Regulierung auf nationaler Ebene erreicht, die erwünschte ökologische und soziale Zivilisierung des Marktgeschehens durch eine Re-Regulierung auf europäischer Ebene. Ein wichtiges Beispiel hierfür ist der Bereich der Umweltpolitik. Hier wurde im Jahr 1973 das erste „Aktionsprogramm" der Gemeinschaft gestartet, das seitdem kontinuierlich fortgeschrieben wurde. Bildungsfragen, Forschung und Verbraucherschutz sind weitere Gebiete, auf denen die Gemeinschaft in den 1970er Jahren aktiv wurde. In den 1980er Jahren kamen dann Bereiche wie Kultur, Tourismus und Telekommunikation

Angebot von regulativer Politik

Folge: Ausweitung des Tätigkeitsspektrums der EG

---

8 Es sei daran erinnert, dass im Bereich der Binnenmarktrechtsetzung entsprechend der Vorschrift des Art. 95 EG-V nach dem Mehrheitsprinzip entschieden wird. Es ist deshalb nicht notwendig, alle Mitgliedstaaten hinter einer Maßnahme zu vereinen.

hinzu, so dass sich ein zunehmend weites Feld von Politikbereichen ergab, in denen die Gemeinschaft auf die ein oder andere Weise regulierend eingriff. Auf diese Weise ist der Kompetenzkatalog der EG im Laufe der Jahre zunehmend ausdifferenziert und komplex geworden. Keinesfalls lässt sich die EG heute noch als reines Freihandelsregime verstehen, da sie eine Fülle von Regelungen getroffen hat, welche die Marktkräfte einhegen und gemeinschaftsverträglich ausgestalten.

8.2.3 Der Aufstieg der regulativen Politik

Empirische Messung

Die geschilderte Aktivität der Gemeinschaft im Bereich der regulativen Politik lässt sich auch anhand einer Reihe empirischer Indikatoren verdeutlichen. Betrachtet man zunächst die absolute Zahl der „Produktion" von Vorschriften und Regeln durch die EG, so fällt auf, dass diese im Zeitverlauf stetig ansteigt (Schaubild 8.4). Über Zeit ergibt sich hierdurch ein stetig „dichteres" Geflecht von gemeinschaftlichen Regelungen (Schaubild 8.5).[9]

Schaubild 8.4: Rechtsakte der EU-Organe 1952-1998

Zeitspanne	Zahl der Rechtsakte 1952-1998
1952-1962	248
1963-1972	1.673
1973-1982	10.040
1983-1992	25.567
1993-1998	15.271
Summe	52.799

Quelle: CELEX Database, in: Maurer u.a. (2002).

Schaubild 8.5: In Kraft befindliche Rechtsakte der EG/EU, 1983-1998

	1983	1984	1985	1986	1987	1988	1989	1990	1992	1993	1994	1995	1996	1997	1998
Summe	4566	4439	4768	5127	5730	6093	7072	6879	7254	7621	8732	8852	9528	9793	9767

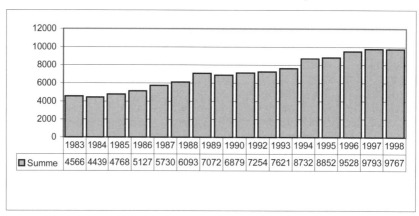

Quelle: Mit freundlicher Genehmigung übernommen aus Maurer u.a. (2002).

9 Eingeschlossen sind Verordnungen, Richtlinien, Entscheidungen sowie Empfehlungen und Stellungnahmen.

Aus diesen Daten lässt sich zunächst einmal lediglich ablesen, dass sich die Regelungskompetenz der EG insgesamt erheblich vergrößert hat.[10] Um die tatsächliche Bedeutung dieser Entwicklung für die Politikgestaltung der Mitgliedstaaten zu ermessen, bedarf es aber eines Vergleichs mit der Dichte der nationalen Rechtsetzungsaktivitäten. Einen solchen Vergleich hat Manfred G. Schmidt (1999) für den Zeitraum seit 1950 vorgenommen. Dabei hat er die Verschiebungen bei der Wahrnehmung öffentlicher Aufgaben über Zeit und in einzelnen Politikfeldern abgeschätzt. Der Grad der „Europäisierung" von Politikfeldern wird dabei anhand einer Skala bestimmt, die von rein nationaler Zuständigkeit (1) bis zur ausschließlichen Gemeinschaftskompetenz (5) reicht. Das folgende Schaubild 8.6 fasst die aggregierten Ergebnisse für die einzelnen Politikfelder zusammen.[11]

Schaubild 8.6: Die Europäisierung der öffentlichen Aufgaben in der Bundesrepublik Deutschland 1950-2000, in politikfeldspezifischen Mittelwerten[12]

Politikfeld	1950	1957	1968	1992	2000
Außenpolitik	1	1	2	2,5	2,5
Politisch-konstitutionelle Felder	1	1	1	2,3	2,7
Sonst. klassische Felder des Innen- und Justizministeriums	1	1,2	1,4	1,6	1,8
Sozialpolitik	1	1,1	1,3	1,5	1,8
Bildung und Wissenschaft	1	1	1,4	1,8	1,8
Wirtschaft und Arbeitsmarkt	1	1,2	1,8	2,5	3,2
Umweltschutz und Energie	1	2,0	2,0	2,5	2,5
Sonstige	1	1	1	1	1

Quelle: Zusammenfassung von M. Schmidt (1999: 390-391).

Die Zahlenangaben in den rechten Spalten sind Einordnungen in eine Skala von 1 bis 5, wobei den Zahlenwerten folgende Beschreibungen zugeordnet sind: (1) alle politischen Entscheidungen werden in nationaler Verantwortung gefällt; (2) nur Ansätze einer europäischen Vergemeinschaftung; (3) Politikprozesse auf beiden Ebenen mit Übergewicht der nationalen Ebene; (4) Politikentscheidungen auf beiden Ebenen mit Übergewicht der europäischen Ebene; (5) alle politischen Entscheidungen werden in europäischer Verantwortung gefällt (Übersetzung der Klassifizierungen aus dem Englischen). Die Werte für das Jahr 2000 sind eine Extrapolation.

Die Auswirkungen der geschilderten Entwicklungen lassen sich unter zwei Blickwinkeln diskutieren. Es kann *erstens* gefragt werden, welche Folgen der Aufstieg der regulativen Politik auf die Politikgestaltung in den Mitgliedstaaten hat. Zur Veränderung von Politikinhalten und Politikprozessen auf Ebene der Mitgliedstaaten gibt es mittlerweile eine Vielzahl von Studien, aus deren Ergebnissen sich jedoch bislang kein einheitliches Bild ergibt (vgl. Kap. 9).[13] Eine zweite Diskus-

Problembereiche europäischer Regulierung

---

10 Vergleiche für empirische Beispiele Majone (1997: 144-145), Wessels (1997: 694-695) und M. Schmidt (1999: 390-391).

11 Schmidt hat die einzelnen Politikfelder in bis zu 16 Unterkategorien ausdifferenziert; wir haben seinen politikfeldspezifischen Mittelwert übernommen (1999: 390-391).

12 Die Tabelle vermittelt ein anschauliches Bild, sie hat aber eher illustrativen Charakter, da das Problem, mit welchem Gewicht einzelne Teilbereichspolitiken in den Europäisierungsgrad des Gesamtbereichs eingehen sollen, offen gehalten wird.

13 „[T]here are no simple generalizations to be made about the member-states' adjustment to Europeanization, given the mediating factors influencing outcomes" (V. Schmidt 2001: 13). Und nicht zufällig haben A. Héritier und ihre Mitautoren die Ergebnisse ihrer Forschungsarbeiten unter den Titel „Differential Europe" gestellt (Héritier et al. 2001).

sion ist die Frage, ob durch De-Regulierung auf nationaler und Re-Regulierung auf supranationaler Ebene nicht die in den EG-Mitgliedstaaten eingespielte Balance zwischen freiem Wirken der Marktkräfte und dem Schutz sozialer und ökologischer Anliegen in Richtung „Markt" verschoben wird. Anders formuliert dreht es sich um die „Qualität" der europäischen Regulierung: Wird durch sie ein einigermaßen anspruchsvolles Schutzniveau erreicht, oder ist eine europäische Regulierung nur auf dem Niveau des kleinsten gemeinsamen Nenners möglich, so dass sich eine Angleichung der Regeln „nach unten" (also in Richtung eines verringerten Schutzniveaus) ergibt?

8.3 Führt europäische Regulation zu einem Unterbietungswettbewerb?

8.3.1 Ein „Markt ohne Staat"?

Markt ohne Staat? Die Annahme, dass die regulative Politik der Gemeinschaft zu einem tendenziell anspruchsloseren Schutzniveau führen könnte, speist sich aus zwei Überlegungen: *Erstens* hat der Prozess der De-Regulierung weniger institutionelle Hürden zu überwinden als der Prozess der Re-Regulierung auf supranationaler Ebene. Der wichtigste Grund ist, dass die Liberalisierung der Märkte von der Kommission in Zusammenarbeit mit dem Gerichtshof auch gegen den Willen der mitgliedstaatlichen Regierungen vorangetrieben werden kann, während die Regulierung die Zustimmung der Mitgliedstaaten – und zwar je nach Vertragsvorschrift aller Mitgliedstaaten oder einer qualifizierten Mehrheit – erfordert (Scharpf 1999; 2003). Re-Regulierung ist auf Konsens oder zumindest weitgehende Übereinstimmung angewiesen. Das Problem liegt darin, dass die Vereinbarung niedriger Schutzstandards den Widerstand der Arbeitnehmer und Umweltschützer in „hoch regulierenden" Mitgliedstaaten provoziert, also solchen Ländern, in denen sich historisch ein im EG-Vergleich hohes Schutzniveau entwickelt hat. Umgekehrt ruft die Vereinbarung hoher Schutzstandards Anpassungskosten und damit Widerstand der Produzenten in den „niedrig regulierenden" Mitgliedstaaten hervor. Damit besteht die Gefahr, dass entweder keine Einigung zustande kommt oder lediglich eine Einigung auf dem kleinsten gemeinsamen Nenner stattfindet und die Schutzstandards insgesamt absinken.

Zweitens besteht seit der Einführung des Prinzips der „wechselseitigen Anerkennung" die Gefahr, dass nationale Schutzstandards unter Wettbewerbsdruck geraten. Das Prinzip besagt, dass jeder Mitgliedstaat seinen Markt für Produkte anderer Mitgliedstaaten öffnen muss, solange sie im Einklang mit den entsprechenden Vorschriften des Erzeugerstaates, d.h. den national gültigen Schutzstandards des Herkunftslandes, in den Verkehr gebracht worden sind (vgl. Kap. 4). Dies führt zu einer Situation, in der die niedrig regulierenden Länder ihre Produkte ungehindert im ganzen Binnenmarkt vertreiben können. Dabei können die Unternehmen dieses Landes die Kostenvorteile ausnutzen, die sie durch das Fehlen von Schutzvorschriften für Arbeitnehmer und Umwelt gegenüber ihren Mitbewerbern aus hoch regulierenden Ländern genießen. Dadurch geraten die Regierungen der hoch regulierenden Mitgliedstaaten politisch unter Druck, ihre eigenen nationalen Regeln auf das Niveau der niedrig regulierenden Mitgliedstaaten oder sogar noch darunter abzusenken, um der heimischen Industrie ebenfalls Wettbewerbsvorteile zu verschaffen. Falls sie dies nicht tun, laufen sie Gefahr, dass Arbeitsplätze in ihren Ländern verloren gehen oder Unternehmen gänzlich in Richtung niedrig regulierender Länder abwandern. Es entsteht ein „Unterbietungswettbewerb", bei dem einzelne Mitgliedstaaten versuchen, über den Abbau von Schutzstandards Wettbewerbsvorteile zu erringen. Die Konsequenz dieses Unterbietungswettbewerbs könnte die Unterhöhlung sämtlicher Regulierungen zum Schutz der Arbeitnehmer und der Umwelt bzw. zur Gewährleistung von Produktsicherheit sein, während eine Regulierung auf europäischer Ebene nur schwer möglich ist.

Beide Überlegungen führen zu der These, dass in der Europäischen Gemeinschaft ein institutionell verankertes Ungleichgewicht zwischen marktschaffenden (de-regulierenden) und marktkorrigierenden (re-regulierenden) Maßnahmen existiert, welches ein Absinken von Schutzniveaus bewirkt. Während De-Regulierung von den Organen der Gemeinschaft auch gegen den Willen der Mitgliedstaaten vorangetrieben werden kann, sind für die Re-Regulierung zeitraubende Verhandlungen nötig. Die beunruhigende Folge ist das zeitliche Hinterherhinken und qualitative Zurückbleiben europäischer Re-Regulierung hinter der von Kommission und Gerichtshof kraftvoll vorangetriebenen De-Regulierung. In der wissenschaftlichen Debatte wird diese Diskussion unter dem Schlagwort „Markt ohne Staat" (Joerges 1991; Kapteyn 1996; Scharpf 1999) geführt. „Staat" wird mit dem „Sozialstaat" der westeuropäischen Nachkriegsdemokratien gleichgesetzt. Die These ist, dass ein Ausbalancieren von marktschaffenden und marktkorrigierenden Maßnahmen auf der europäischen Ebene nicht möglich ist und unter den Bedingungen des Binnenmarktes etablierte Normen wie eine gerechte Verteilung von Wohlstand, der Schutz der Umwelt oder kultureller Besonderheiten sich nicht mehr verwirklichen lassen.

Diese Aussagen wollen wir in den folgenden Abschnitten kritisch diskutieren: Trifft es zu, dass auf der europäischen Ebene eine im Vergleich zu den Mitgliedstaaten wenig anspruchsvolle Regulierung zu erwarten ist? Welche Faktoren können gegebenenfalls dazu beitragen, dass diese Logik durchbrochen wird? Dabei nehmen wir zweierlei Differenzierungen vor: Zum einen diskutieren wir die *Politikprozesse* der Re-Regulierung auf europäischer Ebene (Kap. 8.2.2). Hier lautet die These, dass Prozessdynamiken der europäischen Politikgestaltung unter bestimmten Bedingungen die Logik des Unterbietungswettbewerbs durchbrechen können (Eichener 1996; Héritier 1995; Héritier u.a. 1996). Die andere Differenzierung bezieht sich auf den *Gegenstand* der Re-Regulierung. Wir diskutieren die These von Scharpf (1999; 2003), dass sich das Problem des Unterbietungswettbewerbs vor allem im Bereich der produktionsbezogenen (im Unterschied zu produktbezogenen) Regelungen stellt (Kap. 8.2.3).

8.3.2 Verlust und Wiedererlangung politischer Steuerungsfähigkeit

Einwände gegen den „Markt ohne Staat"

Ein *erster* naheliegender Einwand gegen die These des Unterbietungswettbewerbs hängt mit der Ausweitung von Mehrheitsentscheidungen im Ministerrat zusammen. Die oben angesprochene Schwierigkeit der Kompromissfindung zwischen den Mitgliedstaaten besteht vor allem dann, wenn eine Re-Regulierung bereits von einem Mitglied blockiert werden kann. Durch die Vertragsänderungen seit Verabschiedung des Binnenmarktprogramms sind jedoch in immer mehr Politikfeldern qualifizierte Mehrheitsentscheidungen eingeführt worden. Heute ist

Qualifizierte Mehrheiten

es vor allem bei der Binnenmarktrechtsetzung möglich, einzelne Mitgliedstaaten im Ministerrat zu überstimmen und ihnen auch gegen ihren Willen Sicherheits- oder Umweltschutzstandards aufzuerlegen. Sobald sich eine Mehrheit der Mitgliedstaaten zur Verabschiedung einer supranationalen Regelung bereitgefunden hat, kann die unterlegene Minderheit diese Regelung auch nicht mehr durch das Prinzip der wechselseitigen Anerkennung unterlaufen.[14] Die Blockade einer supranationalen Re-Regulierung oder ihre Nichtbeachtung im Stadium der Umsetzung ist damit keine Option mehr. Die logische Folge ist, dass sich die Diskussion vom „Ob" einer Regelung auf das „Wie" verlagert.

Hohes Schutzniveau

In diesem Zusammenhang kommt ein *zweiter* Einwand zum Tragen. Die Kommission ist vertraglich verpflichtet (Art. 95, Abs. 3 EG-V) bei ihren Regulierungsvorschlägen für die Binnenmarktpolitik „in den Bereichen Gesundheit, Sicherheit, Umweltschutz und Verbraucherschutz von einem hohen Schutzniveau" auszugehen. Hinzu kommt, dass das Parlament bei der Binnenmarktrechtsetzung nach dem Verfahren der Mitentscheidung (Art. 251 EG-V) zu beteiligen ist, d.h. es kann einen Vorschlag endgültig ablehnen (vgl. Kap. 6). Dabei hat sich das Europäische Parlament in der Tendenz für ein hohes Schutzniveau bei den Regelungen des Umwelt- oder des Arbeitnehmerschutzes stark gemacht. Beide institutionellen Vorkehrungen führen dazu, dass die Option einer gemeinschaftlich vereinbarten niedrigen Regulierung entfällt. Entweder das gesamte Rechtsetzungsverfahren scheitert (d.h. die national unterschiedlichen Regelungen bestehen fort) oder es kommt zu einer von Kommission, Parlament und der Mehrheit der Mitgliedstaaten getragenen anspruchsvollen Einigung. Sobald absehbar ist, dass keine Mehrheit gegen die Verabschiedung einer gemeinsamen Regelung zustande kommen wird, ist es für die Gegner einer anspruchsvollen Regulierung deshalb häufig attraktiver, sich ihre Zustimmung durch Ausgleichszahlungen, großzügige Übergangsfristen oder Zugeständnisse in anderen Fragen „abkaufen" zu lassen als auf Blockadekurs zu gehen.[15] Der Grund ist nicht nur der Gewinn aus dem Tauschgeschäft, sondern auch der oben angesprochene Umstand, dass das Fortbestehen unterschiedlicher Regeln im Binnenmarkt für die heimische Industrie ebenfalls Kosten und Unwägbarkeiten birgt.

---

14 Aufgrund des Prinzips des Vorrangs des Gemeinschaftsrechts greift die wechselseitige Anerkennung nationaler Regelungen bekanntlich nur solange, wie keine entsprechende Regelung auf der supranationalen Ebene verabschiedet wurde.

15 Adrienne Héritier und ihre Mitarbeiter/-innen (Héritier 1995) haben detailliert aufgezeigt, dass es in solchen Prozessen zu einem „Flickenteppich" unterschiedlicher Regelungsinstrumente und -philosophien kommen kann. Die Verabschiedung einer europäischen Regelung wird dadurch vorangebracht, dass unterschiedliche Regelungsanliegen additiv in das Verhandlungsergebnis einfließen, was nicht unbedingt der Kohärenz der Regelung, jedoch einem hohen Schutzniveau zuträglich sein kann.

Eine im Zusammenhang mit diesen Überlegungen stehende *dritte* Relativierung des Unterbietungswettbewerbs wird durch die von Adrienne Héritier und ihren Mitarbeiter/-innen herausgearbeiteten Logiken des „ersten Schrittes" bzw. des „regulativen Wettbewerbs" nahe gelegt. Der Begriff des regulativen Wettbewerbs stellt darauf ab, dass es zwischen einzelnen Mitgliedstaaten eine Konkurrenz um eine möglichst nahe an den jeweiligen nationalen Regeln liegende inhaltliche Ausgestaltung europäischer Regulierung gibt.[16] Dieser Wettbewerb findet vor allem zwischen den Mitgliedstaaten statt, die sich in einer bestimmten Sachfrage durch ein hohes Regulierungsniveau auszeichnen. Für diese wären die Anpassungskosten im Falle der Verabschiedung einer europäischen Regelung, die nicht zu ihren eigenen Vorschriften passfähig ist, besonders hoch.[17] Da stets die Möglichkeit besteht, dass die Kommission aus eigener Initiative einen Regelungsvorschlag einbringt, ist es für diese Staaten rational, die Vorteile eines „Frühstarters" zu nutzen. Derjenige Mitgliedstaat, der sich als erster dazu entscheidet, einen Regelungsvorschlag einzubringen bzw. die Kommission in einem bestimmten Bereich zu unterstützen, hat die Chance, dem Regelungsvorschlag der Kommission seinen Stempel aufzudrücken und damit seine eigene Regelungsphilosophie für den gesamten Binnenmarkt durchzusetzen.[18] Es kommt also zu einer „Flucht nach vorne" der hoch regulierenden Mitgliedstaaten. Durch dieses Verhalten wird nicht nur der Aktivismus der Kommission angeregt, sondern auch tendenziell ein hohes Schutzniveau erreicht, da es „immer ... die hoch regulierenden [Mitgliedstaaten sind, welche] ... in der regulativen Politikgestaltung miteinander um den ersten Schritt ... konkurrieren und die Kommission für ihren Politikvorschlag zu gewinnen [versuchen]" (Héritier 1995: 8). Für die niedrig regulierenden Mitgliedstaaten hingegen ist es – wie oben ausgeführt – das Beste, abzuwarten, ob überhaupt eine Regelung zustande kommt und sich gegebenenfalls ihre Zustimmung zu einem Regelungsvorschlag politisch vergüten zu lassen (Héritier 1995: 12-13).

Die *vierte* Einschränkung, die wir hinsichtlich der These vom Unterbietungswettbewerb machen müssen, betrifft den Umstand, dass die Verbindung zwischen Regierung und heimischer Industrie häufig nicht so eng ist wie es im Modell unterstellt wird. So kann es vorkommen, dass eine Regierung der heimischen Industrie bestimmte Anpassungskosten gar nicht ersparen will und sich deshalb auf der supranationalen Ebene für eine anspruchsvolle Regelung stark macht. Aus der Sicht der Regierung ist dies durchaus rational, denn sie kann so-

---

16 Diese Begriffsverwendung weicht allerdings vom üblichen Verständnis des „regulativen Wettbewerbs" ab. Meist ist mit regulativem Wettbewerb der – nicht zuletzt von den unterschiedlichen nationalen Regeln geprägte – Wettbewerb zwischen verschiedenen Investitionsstandorten gemeint, der sich unter anderem in dem im Text behandelten Unterbietungswettbewerb niederschlagen kann.

17 Der Grund ist, dass diese Mitgliedstaaten meist eine Bürokratie zur Implementation der Regeln eingerichtet haben und den nationalen Unternehmen bereits Kosten für die Anpassung an diese Regeln aufgebürdet wurden.

18 Zwar besitzt die Kommission formal das Initiativmonopol. Sie kann also nicht gezwungen werden, einen Regelungsvorschlag zu unterbreiten. Allerdings ist die Kommission aufgrund ihrer vergleichsweise geringen personellen Kapazitäten überhaupt nicht in der Lage, ohne die Zuarbeit der Mitgliedstaaten sachangemessene Regelungsvorschläge zu unterbreiten. Deshalb – jedoch auch, um die Durchsetzungschancen der Vorschläge im Rat zu steigern – berücksichtigt die Kommission in der Praxis in allen Stufen des Rechtsetzungsverfahrens die Haltungen und Vorschläge der Mitgliedstaaten (siehe auch Kap. 6).

wohl ihre politischen Ziele erreichen – etwa eine grundlegende Modernisierung der heimischen Industrie oder ein höheres Umweltschutzniveau – als auch die politischen Kosten ihrer Politik vermeiden, weil sie die Verantwortung auf die Regierungen der anderen Mitgliedstaaten oder die Kommission abwälzen kann. Häufig ist dann das Argument zu hören, dass man auf europäischer Ebene in Verhandlungszwänge eingebunden sei; in Wirklichkeit jedoch kommt es der Regierung durchaus gelegen, unter Verweis auf europäische Zwänge ihre eigenen Reformvorhaben zu verwirklichen. Eine ähnliche politische Logik existiert, wenn sich die von den Regierungen entsandten Fachminister – sie und ihre jeweiligen Mitarbeiter sind es, die in der Regel die Verhandlungen auf europäischer Ebene führen – von einer anspruchsvollen Regelung eine Ausweitung ihrer eigenen Kompetenzen erhoffen. Es kann durchaus ein kollektives Interesse aller Umweltminister an einer anspruchsvollen europäischen Regelung existieren, sofern diese Regelung ihnen zusätzliche Ressourcen, politische Legitimität oder mehr Kompetenzen (etwa in der Zuständigkeit für ein neues Politikfeld) verschafft. Die politische Segmentierung der EU – verbunden mit der Mehrebenenstruktur europäischen Regierens – ermöglicht es den Verhandelnden, in Allianz mit ihren europäischen Partnern ihre Eigeninteressen durchzusetzen und sich aus der Bindung an die heimischen Interessen oder aus bestimmten institutionellen Zwängen zu befreien (ausführlicher Kap. 9).

8.3.3 Produktbezogene und produktionsbezogene Regulierung

Produkt- und Produktions-regulierung
Die Frage, wie wahrscheinlich ein Unterbietungswettbewerb ist, lässt sich nicht nur im Hinblick auf die Verhandlungslogik im europäischen Mehrebenensystem beantworten, sondern auch im Hinblick auf die zu regulierende Materie: Handelt es sich dabei um eine Regulierung der Sicherheitsanforderungen bzw. der technischen Merkmale, die ein bestimmtes Produkt zu erfüllen hat, oder geht es dabei um Produktionsbedingungen und die Produktionskosten für ein bestimmtes Gut? Diese Unterscheidung produktbezogener und produktionsbezogener Regeln wird vor allem von Fritz Scharpf (1999; 2003) vorgenommen. Seine These lautet, dass in den beiden Bereichen aufgrund von Unterschieden der Wettbewerbsbedingungen und der Mobilität von Produktionsfaktoren unterschiedliche Wahrscheinlichkeiten für das Eintreten eines Unterbietungswettlaufs bestehen.

Im Hinblick auf die Regulierung bestimmter Produkte lässt sich argumentieren, dass niedrige Regulierungsstandards nicht immer das wahrscheinlichste Ergebnis der Konkurrenz von Produkten unterschiedlicher Herkunft in einem gemeinsamen Markt sind. Produkte, die strengen Sicherheitsanforderungen genügen und dementsprechend teurer hergestellt wurden, sind im Wettbewerb nicht unbedingt unterlegen, sofern sich die höheren Sicherheits- oder Gesundheitsstandards als Verkaufsargument nutzen lassen. Beispiele sind Siegel wie „Made in Germany" oder eine lebensmittelrechtliche Regulierung wie das deutsche Reinheitsgebot für Bier. Voraussetzung für das Funktionieren dieses „Zertifizierungsmechanismus" ist allerdings, dass die Verbraucher in anderen Ländern über solche nationalen Regulierungsunterschiede informiert sind und dass diese Unterschiede den Nutzen des Produkts für die Verbraucher (subjektiv) beeinflussen. Ein zweiter Grund, weshalb höhere Qualitätsanforderungen nicht zum Wettbewerbsnachteil führen müssen, besteht in einer Besonderheit der Vertragsvorschriften zum

Binnenmarkt. Danach haben einzelne Mitgliedstaaten weiterhin die Möglichkeit, einseitig höhere Schutzstandards anzuwenden oder aus Gründen der öffentlichen Gesundheit oder des Umweltschutzes bestimmte Güter vom Vertrieb im eigenen Markt auszuschließen.[19] Diese Möglichkeit unterliegt zwar einer strengen Prüfung durch die Kommission und den Gerichtshof (Art. 95, Abs. 5-9 EG-V), kann aber – wie im Beispiel der BSE-Krise – zu einer effektiven Abschottung nationaler Märkte führen. Für die Produzenten aus niedriger regulierenden Ländern kann es unter solchen Bedingungen attraktiv sein, sich mit ihren eigenen Produktstandards „nach oben" zu bewegen, um sich so den Zugang zu anderen Märkten offen zu halten. Voraussetzung hierfür ist, dass der höher regulierte Markt als Absatzmarkt hinreichend attraktiv ist, um die durch höhere Standards verursachten Kostensteigerungen wieder auffangen zu können (Scharpf 1999: 87-91).

Die geschilderte Logik läuft allerdings im Fall produktionsbezogener Regeln leer. Diese Regeln, die auf den Schutz der Umwelt oder die soziale Absicherung der Arbeitnehmer am Standort der Produktion abzielen, führen zu einer Verteuerung der Produktion und damit zu höheren Preisen, ohne dass die Güter hierdurch eine für den Verbraucher erkennbar höhere Qualität erhalten. Aus diesem Grund, so die Annahme von Scharpf, wird vor allem bei produktionsbezogenen Regeln die Logik des Unterbietungswettbewerbs greifen. Allerdings gibt es auch hier Gegenkräfte, sofern die Absenkung des Schutzniveaus oder die Abschaffung der betreffenden Regeln politischen Widerstand erzeugen und/oder als moralisch verwerflich gelten.[20]

Auch im Hinblick auf die supranationale Re-Regulierung lassen sich in theoretischer Hinsicht unterschiedliche Einigungschancen prognostizieren. Bei produktionsbezogenen Regeln birgt eine anspruchsvolle Regulierung klare Wettbewerbsnachteile für die bislang niedrig regulierenden Länder, weshalb sich diese einer Vereinbarung europäischer Standards tendenziell widersetzen werden. Im Bereich der produktbezogenen Regulierung ist die Anreizstruktur günstiger für die Vereinbarung europäischer Lösungen, da von der Verabschiedung eines gemeinsamen Standards alle Unternehmen profitieren können. Die politischen Auseinandersetzungen werden sich dann eher auf die Höhe des Regulierungsniveaus konzentrieren als auf die Frage, ob überhaupt eine europäische Regelung vereinbart werden soll (Scharpf 1999: 96-106).

8.4 Fazit

Wir haben gesehen, dass die Karriere der regulativen Politik eines der hervorstechenden Merkmale der Politikgestaltung in der Europäischen Gemeinschaft ist. Nicht nur, weil der Gemeinschaft die Finanzen für eine umfangreiche distributive und redistributive Tätigkeit fehlen, konzentriert sich ihre Tätigkeit vornehmlich auf den Bereich der regulativen Politik. Auch die Nachfrage von Regierungen der

---

19 Die rechtliche Grundlage hierfür sind Art. 95, Abs. 4 und 5 sowie Art. 30 EG-V.
20 Beispiele für solche Regeln, die innerhalb der EU gegen einen Unterbietungswettbewerb immun sind, sind das Verbot der Kinderarbeit oder die Beschäftigung von Arbeitnehmern unter eindeutig gesundheitsgefährdenden Bedingungen. Die Abschaffung oder Verringerung von Schutzregeln in diesen Bereichen ist innenpolitisch nicht durchsetzbar und verstößt gegen europäische Grundwerte.

Mitgliedstaaten und von Unternehmen im vollendeten Binnenmarkt wirkt auf eine Ausweitung der regulativen Politik hin. Für diese Akteure bietet ein deregulierter europäischer Binnenmarkt die Möglichkeit einer Vergrößerung von Absatzmärkten, von Produktivitätsfortschritten und von zusätzlichen Investitionen. Die institutionelle Struktur der Gemeinschaft, insbesondere die starke Stellung der Kommission und des Europäischen Gerichtshofes, haben dafür gesorgt, dass dieser Nachfrage entsprochen wurde. Gleichzeitig hat sich hinsichtlich der marktbegleitenden oder re-regulierenden Politiken eine rege Tätigkeit der Europäischen Gemeinschaft entwickelt. Die soziale und ökologische Einhegung des Kapitalismus ist auf der europäischen Ebene in Gang gekommen, auch wenn sie aufgrund der Abstimmungserfordernisse im Ministerrat der Durchsetzungsgeschwindigkeit der De-Regulierung hinterherhinkt. Hinsichtlich des Schutzniveaus der europäischen Regulierung ist festzustellen, dass die Logik eines Unterbietungswettbewerbs nicht in allen Politikbereichen anzutreffen ist und es durchaus Beispiele anspruchsvoller europäischer Regelungen gibt. Allerdings gilt dieser Befund nur für manche Politikbereiche und in erster Linie für produktbezogene Regelungen, während einem hohen Schutzniveau im Bereich der produktionsbezogenen Regelungen höhere negative Anreize entgegenstehen. Insofern dürfen die hier thematisierten Gegenkräfte gegen den Unterbietungswettbewerb nicht vorschnell verallgemeinert werden.

Ein Thema, das wir in den theoretischen Ausführungen zu diesem Kapitel angerissen, aber nicht weiter vertieft haben, ist die Frage nach der demokratischen Qualität der mit der regulativen Politik verbundenen Politikprozesse. Wir haben argumentiert, dass regulative Politik sich häufig mit vergleichsweise komplexen Regelungsmaterien befasst und von spezialisierten Ausschüssen und Expertengruppen geprägt wird. In der Tat ist die regulative Politik dasjenige Feld, in dem die Proliferation einer kaum noch überschaubaren Anzahl von Ausschüssen, interadministrativen Netzwerken und von der Kommission organisierten Experten- und Adressatenzirkeln am deutlichsten sichtbar ist. Hinzu tritt die Aktivität europäischer Normungsorganisationen und Regulierungsagenturen, die eine immer bedeutendere Rolle in der materiellen Ausgestaltung europäischer Politik übernehmen (Joerges/Falke 2000; Joerges/Vos 1999). In das Rampenlicht der öffentlichen Debatte dringen diese Aktivitäten selten – nicht nur wegen der technischen Komplexität der behandelten Materien, sondern auch wegen des Umstandes, dass sich Gewinner und Verlierer regulativer Maßnahmen häufig nicht eindeutig identifizieren lassen. Zudem lassen sich auch sachliche Argumente dafür finden, regulative Politik nicht einer öffentlichen und zwangsläufig politisch geführten Diskussion zu unterwerfen, da öffentlicher Druck zu opportunistischen (d.h. nicht sachgerechten) regulativen Entscheidungen führen kann. Vor diesem Hintergrund werden sich in der künftigen Diskussion vor allem zwei Fragen an die regulative Politik richten (vgl. auch Majone 2002): Zum einen die Klärung des rechtlichen und politischen Status von Regulierungsagenturen im Institutionengefüge der EU und die Abgrenzung von den Aufgaben der Kommission. Zum anderen wird es eine Aufgabe der künftigen Verfassungsentwicklung der EU sein, diese administrativen Netzwerke im Bereich regulativer Politik stärker an Mechanismen der öffentlichen Diskussion und Rechenschaftslegung rückzubinden (vgl. hierzu ausführlicher Kap. 10)

9 Transformation des Regierens im europäischen Mehrebenensystem

9.1 Einführung: Regieren

Zwei Fragen stehen im Mittelpunkt dieses Kapitels: (1) Wie wird in einem politi- Regieren
schen System regiert, das keine Regierung kennt? (2) Wie verändert sich durch
die Einbindung in die EU die Art und Weise, in der in den Mitgliedstaaten regiert
wird? Es geht darum, die typischen Eigenschaften des europäischen Regierens zu
erfassen und eine möglichst gut begründete Einschätzung der Richtung und des
Ausmaßes der Transformation zu geben. Beschreibung und Prognose sind aber
nur stichhaltig, wenn man eine gut begründete Aussage darüber treffen kann, von
welchen Änderungen Regieren abhängt und wie Veränderungen induziert werden. Aus diesem Grund wird der Darlegung des analytischen Konzepts breiter
Raum eingeräumt.

Regieren kann offensichtlich nicht mit dem gleichgesetzt werden, was eine
Regierung tut.[1] Ginge es nur um „Staatstätigkeit" im Sinne der hierarchischen
Formation und Exekution eines einheitlichen Willens, dann könnte man weder in
den internationalen Beziehungen, noch in der EU von Regieren sprechen.[2] Doch
auch hier finden kollektive Willensbildungsprozesse statt, die zu gemeinschaftli-
chem Handeln führen. In beiden Fällen geht es darum, dass der Wille selbstbe-
stimmter Akteure auf ein bewusst gewähltes Ziel hin zusammengefasst wird und
dieser kollektive Wille durch Entscheidung oder Koordination verbindlich gemacht wird. „Wesensmerkmal von Regieren ist, dass bewusst eine politische
Zielbestimmung vorgenommen und gezielte Anstrengungen unternommen werden, die sicherstellen, dass sich das Verhalten der ... Akteure darauf ausrichtet"
(Kohler-Koch 1993: 116).

Wie sich dieser Prozess vollzieht, hängt von den beteiligten Akteuren, den Regieren in der EU
auf der Tagesordnung stehenden Themen und vor allem den Institutionen ab, die
den Prozess strukturieren. Aus methodischen Gründen ist es ratsam, sich auf die
institutionellen Unterschiede zu konzentrieren, denn die Präferenzen der Akteure
und die sich aus den Themen ergebenden Konfliktkonstellationen auf der europäischen Ebene unterscheiden sich nicht systematisch von denen der staatlichen
Ebene. Institutionen organisieren kollektive Willensbildung, legen die Verteilung
von Handlungsressourcen fest und geben die Prinzipien, Normen und Regeln vor,
nach denen legitimer Weise gehandelt werden soll. Sie sind in den Verfassungs-

---

1   Die heutige Politikwissenschaft geht überwiegend von diesem verengten Begriff des Re-
     gierens aus, vgl. Stichwort Regieren in Band 7 „Politische Begriffe" des Lexikons der Po-
     litik (Schüttemeyer 1998: 546). Für einen weiteren Begriff vgl. „Regieren" in Holtmann
     (2000: 582).
2   Die Diskussion um Regieren im internationalen Bereich und in der EU wird meist unter
     dem Begriff „governance" geführt.

ordnungen, im europäischen Fall in den Verträgen der EU und EG, verankert. Die Verfassungswirklichkeit wird aber nicht nur von den Verfassungsnormen, sondern auch von den Routinen der politischen Praxis gestaltet. Eine institutionelle Analyse ist nicht blind für Interessen und Macht. Institutionen werden gebaut und ausgefüllt von Akteuren, die in Interessen- und Machtkonflikten stehen. Diese lassen sich von konkurrierenden oder gesellschaftlichen Vorstellungen über den Sinn von Politik und die Legitimität kollektiven Handelns leiten.

Gestützt auf diese Grundüberlegungen sollen im folgenden drei Thesen entwickelt und geprüft werden:

1. In der EU hat sich aufgrund ihrer besonderen institutionellen Eigenschaften und gesellschaftlichen Strukturbedingungen eine besondere Art des Regierens entwickelt, die wir „Regieren im Netzwerk" nennen möchten.
2. Die europäische Art zu regieren ist in unterschiedlichem Maße kompatibel mit der vorherrschenden Art des Regierens in den einzelnen Mitgliedstaaten. Dies führt zu entsprechenden Reibungsverlusten, übt Anpassungsdruck aus, eröffnet aber auch Chancen zur Veränderung.
3. Der europäische Modus des Regierens, d.h. „Regieren im Netzwerk" verbreitet sich, aber nicht uneingeschränkt und in einzelnen Politikfeldern auf unterschiedliche Weise, in den Mitgliedstaaten der EU.[3]

9.2 Das europäische Mehrebenensystem: Regieren im Netzwerk[4]

Regieren im Mehrebenensystem

Die Beschreibung des politischen Systems der EU mit seiner komplexen Organstruktur und der Einbindung vielfältiger Akteure in den Entscheidungsprozess, wie in Kapitel 6 aufgezeigt, hat bereits deutlich gemacht, dass sich das EU-System grundsätzlich von dem eines Nationalstaates unterscheidet. In der politikwissenschaftlichen Europaforschung hat sich zur Charakterisierung dieses Systems der Begriff des Mehrebenensystem (engl.: multi-level system) etabliert.[5] Dabei lassen sich zwei Lesarten unterscheiden: Zum einen werden die „Ebenen" im Sinne territorial organisierter Gebietskörperschaften (EU-Nationalstaat-Region) verstanden, bei der anderen dreht es sich um „Ebenen" im Sinne ineinander greifender Handlungssysteme. Letztere Perspektive liegt der Diskussion in diesem Kapitel zugrunde.

Die unterschiedliche Begriffsverwendung geht mit unterschiedlichen Analyseinteressen einher. Die Diskussion um das Verhältnis Region – Staat – EU kreist um Fragen der Kompetenzverschiebung zwischen den Ebenen, um Autonomie, Identität und politische Selbstbestimmung sowie die künftige „Verfasstheit" der

---

3 Vgl. dazu ausführlich den Sammelband Kohler-Koch/Eising (1999), in dem theoretisch begründet wird, warum mit einer Transformation des Regierens in der EU zu rechnen ist, und in dem diese These in zahlreichen Fallstudien überprüft wird.
4 Vgl. dazu ausführlicher Kohler-Koch (1996; 1999).
5 Angestoßen wurde die Diskussion durch die Beschäftigung mit der Regional- und Strukturpolitik; vgl. vor allem die Beiträge von Gary Marks (1992, 1993) sowie Hooghe/Marks (2001).

EU.[6] Werden die Ebenen dagegen als ineinander greifende Handlungssysteme verstanden, so ist damit gemeint, dass eine bestimmte Materie der europäischen Politik in aller Regel nicht nur auf einer politischen Handlungsebene, sondern Ebenen übergreifend behandelt wird und so Willensbildungsprozesse auf supranationaler, nationaler und regionaler Ebene miteinander verflochten werden.[7] Dabei rückt vor allem die Frage der Interdependenz der Willensbildungsprozesse zwischen den Ebenen ins Blickfeld. Im Zentrum stehen hier drei Fragen: (1) welche Veränderungen von „Staatlichkeit" durch die europäische Integration hervorgerufen werden,[8] (2) welche typischen Formen des „Regierens" sich in einem solchen System feststellen lassen, und (3) wie sich eine effiziente und zugleich demokratische Politikgestaltung in Mehrebenensystemen bewerkstelligen lässt (Kohler-Koch 1998a; zur Legitimation des Systems, vgl. Kap. 10).

Aus dieser Perspektive heraus lassen sich vier Charakteristika des Regierens im Mehrebenensystem hervorheben: (a) die Ausbildung einer Vielzahl von Verhandlungsarenen, in denen einzelne Aspekte eines Sachthemas bearbeitet werden, (b) der in diesen Arenen vorherrschende Konfliktregelungsmodus der Verhandlung, (c) die „Vernetzung" als vorherrschender Typus des Regierens, (d) die in den Verträgen verankerte starke Position der Exekutiven in allen Phasen des europäischen Entscheidungsprozesses.

(a) Vervielfachung der Verhandlungsarenen: Die Übertragung von Kompetenzen auf die EG bedeutet in aller Regel nicht, dass ein Politikfeld nun ausschließlich auf der europäischen Ebene geregelt wird. Vielmehr werden einige Teilaspekte immer noch national, andere in wechselseitiger Abstimmung als „Angelegenheit von gemeinsamen Interesse", wieder andere in ausschließlicher Kompetenz der EG geregelt. Diese Entwicklung führt dazu, dass in einem bestimmten Politikfeld gleichzeitig auf der innerstaatlichen, der zwischenstaatlichen und der supranationalen Ebene verhandelt wird. Nicht übersehen werden darf, dass viele Probleme zusätzlich außerhalb der EU in anderen internationalen Organisationen bearbeitet werden. Diese Ausdehnung des Handlungsfeldes wird mit dem Begriff des „erweiterten Mehrebenensystems" eingefangen (Knodt 2001). Die Vervielfältigung der zuständigen Gremien und damit verbunden die steigende Zahl der beteiligten Akteure erhöht die Transaktionskosten. Die Aufgaben der Koordinierung und die Zahl der möglichen und auch notwendigen Interaktionsbeziehungen steigen exponentiell. Nur noch ressourcenstarke und effizient organisierte Akteure können hier ihre Interessen verfolgen. Regierungen sind gegenüber organisierten Interessen – mit Ausnahme von global operierenden Konzernen – in einem eindeutigen Wettbewerbsvorteil. Überlappungen bei der Aufteilung von Zuständigkeiten erlauben es zudem, die Wahl des Forums, in dem ein Problem vornehmlich bearbeitet werden soll, strategisch zu wählen. Ein Gesichtspunkt dabei

Arenen der Verhandlung

6　Anzutreffen ist diese Verwendung in der Literatur über die europäische Regional- und Strukturpolitik, in Diskussionen über die Rolle subnationaler Akteure (Regionen) in der Europapolitik sowie in der neueren Regionalismusdiskussion. Für einen zusammenfassenden Überblick über diese sehr weit verzweigte Diskussion, vgl. Benz (1993), Conzelmann (1996), Knodt (1998b), sowie die Beiträge in LeGalès/Lequesne (1998) und Conzelmann/Knodt (2002).

7　Vgl. dazu Kohler-Koch (1998c), Grande (2000), Knodt (2001).

8　Siehe hierzu, ausgehend von einem jeweils unterschiedlichen Verständnis von „Staatlichkeit" (Héritier u.a. 1994), Kohler-Koch/Eising (1999) sowie Jachtenfuchs/Kohler-Koch (1996: 22f.).

ist, welche Zugangsmöglichkeiten für gesellschaftliche Akteure bestehen, die man als potentielle Kooperationspartner oder als Kräfte der Obstruktion einschätzt.

(b) Verhandlungen als Entscheidungsmodus: Bereits die Beschreibung der Funktionsweise des politischen Systems der EU (Kap. 6) hat einen Charakterzug deutlich hervortreten lassen: Die EU ist ein Verhandlungssystem par excellence. Sie ist der Konstruktion nach immer noch ein Staatenverbund, der zwar eng verzahnt und auf gemeinschaftliches Handeln verpflichtet ist, aber nicht über Hierarchie, sondern nur über die Koordination seiner auf Autonomie bedachten Mitgliedstaaten funktioniert. Das Zusammenspiel der Organe ist nur auf dem Papier sequenziell geordnet. In der Praxis interagieren vor allem Rat und Kommission ständig. Das reicht von den ersten Vorüberlegungen eines Kommissionsvorschlages bis hin zur Durchführung von Ratsbeschlüssen. Durch das Mitentscheidungsverfahren ist inzwischen auch das EP in dieses Verhandlungssystem eingebunden. Gibt es tiefgreifende Meinungsunterschiede, so steht am Ende des Entscheidungsprozesses der Vermittlungsausschuss zwischen EP und Rat (vgl. Kap. 6). Bei fortgesetzter Meinungsverschiedenheit zwischen EP und Rat kann nur die Verhandlung im kleinen Kreis noch ein Gesetzgebungsverfahren retten. Dieser Mechanismus stärkt bereits in früheren Phasen des Entscheidungsprozesses die Bereitschaft zum wechselseitigen Interessenausgleich.

Das europäische Verhandlungssystem ist in der täglichen Praxis aber viel tiefer gefächert als diese Interorganbeziehungen erkennen lassen. Die Entscheidungen werden in einer kaum noch überschaubaren Vielzahl von Ausschüssen vorverhandelt.[9] In diese transnationalen Interaktionsprozesse sind die nationalen Bürokratien inzwischen in einem solchen Umfang einbezogen, dass Wessels von „zwischenstaatlichen Verwaltungssträngen" spricht und in ihnen ein „Zeichen staatlichen Wandels" sieht (Wessels 2000: 21).[10] Vorgeschaltet oder parallel hierzu finden auf nationaler Ebene Verhandlungen zur interministeriellen Koordinierung oder zur Abstimmung mit einflussreichen gesellschaftlichen Akteuren statt. Sowohl auf nationaler als auch auf europäischer Ebene drängen Interessengruppen von sich aus in die Verhandlungen hinein, sind aber auch als Gesprächspartner willkommen, weil sie den Interessen der Regierungen und Gemeinschaftsorganen dienlich sind. Sie liefern Expertenwissen und Informationen über Akzeptanz, und ihre Einbindung lässt erwarten, dass die Implementation der Beschlüsse reibungsloser vonstatten geht. Nicht zuletzt hat die Kommission ein institutionelles Eigeninteresse, ihre Positionen durch eine Allianz mit den Vertretern gesellschaftlicher Gruppen zu stärken (Kap. 11).

Die kontinuierliche und häufig langjährige Zusammenarbeit hat zum Entstehen sektoraler „Politikgemeinschaften" geführt, die bei einem Neuzuschnitt der Verhandlungsgegenstände oder bei dem Versuch, zu Paketlösungen zu kommen, manchmal zu Themen übergreifenden Verhandlungsnetzwerken verknüpft werden. Die besondere Struktur der EU als ein Mehrebenen- und Multi-Arenen-

---

9   In den 1990er Jahren wurden in der EG jährlich ca. 10.000 Sitzungen von Ausschüssen registriert, wobei hier nur die Sitzungen mitgezählt wurden, für die Dolmetscher eingesetzt wurden (Wessels 2000: 16, Graphik A.1).

10   Er schätzt, dass ca. 40% der deutschen Ministerialbürokratie inzwischen daran beteiligt ist (Wessels 2000: 17).

system (Héritier 2001) wird nicht durch Abstimmungen in autorisierten Gremien, sondern durch ein diffiziles Konsensmanagement gesteuert.

(c) „Vernetzungstypus" des Regierens: Der Typus des Regierens in einem System wird durch zwei Dimensionen charakterisiert. Dem Organisationsprinzip und der in einem politischen Gemeinwesen vorherrschenden Verfassungsidee.

„Vernetzung" als Typ des Regierens

Das Organisationsprinzip bezeichnet die Art und Weise in der in einer Gesellschaft die kollektive Willensbildung organisiert ist. Wenn man Demokratie als Herrschaft eines Volkes, durch das Volk und für das Volk definiert,[11] dann muss man immer noch eine Antwort auf die Frage finden, wie angesichts widerstreitender Interessen der kollektive Wille des Volkes zu organisieren ist. Es geht dabei nicht um die Art der Abstimmung in den Organen der Regierung, sei es Legislative oder Exekutive, sondern um die sehr viel grundsätzlichere Frage, auf Grund welcher Mehrheit eine Regierung gebildet werden soll, deren politische Entscheidungen von der Gesamtheit der Bürger als legitim und damit als allgemein verbindlich anerkannt werden. Wir greifen hier die Überlegungen von Lijphart (1999) auf, der zwischen den Typen der „Mehrheits-Demokratie" und der „Konsensdemokratie" unterscheidet. Regiert nur die jeweilige Mehrheit (Mehrheitsprinzip), dann kommen die Interessen der Minderheit nicht zum Zuge. Der Versuch, möglichst alle an der Regierung zu beteiligen (Konsensprinzip), kann dazu führen, dass eine Minderheit die Mehrheit an der Verfolgung ihrer Interessen behindert. Regieren nach dem Mehrheitsprinzip heißt, dass ein hoher Wert auf Entscheidungseffizienz gelegt wird. Wenn Regierungen beispielsweise nach dem Prinzip der „minimum winning coalition" (Riker 1962: 32f.) gebildet werden, d.h. wenn nur so viele Koalitionspartner in die Regierung aufgenommen werden, wie für Abstimmungen im Parlament unbedingt erforderlich sind, dann ist die Kompromissfindung optimiert. Regieren nach dem Konsensprinzip bedeutet dagegen, möglichst alle widerstreitenden Interessen in die gemeinschaftliche Willensbildung einzubinden. Eine Regierung umfasst nicht nur die in Wahlen siegreiche Mehrheit, sondern bindet ein möglichst breites Spektrum gesellschaftlicher Interessen ein. Entscheidungen werden durch Verhandlung und nicht durch Abstimmung getroffen. Nicht die möglichst ungehinderte Interessendurchsetzung der Mehrheit, sondern die Rücksichtnahme auf Minderheiten ist das Ziel. Es geht nicht darum, Entscheidungen effizient herbeizuführen, sondern ihre Geltung abzusichern. Zugrunde liegt die Überlegung, dass die aktive Beteiligung an einem Kompromiss die Anerkennung einer Entscheidung als rechtmäßig stützt und damit die Folgebereitschaft der Bürger sichert.

Organisationsprinzip

Wir gehen wie Lijphart von der Annahme aus, dass die Prinzipien nicht zufällig Anwendung finden, sondern in Abhängigkeit von der Struktur einer Gesellschaft entwickelt werden. Je homogener eine Gesellschaft ist, desto eher ist es für die Herrschaftsunterworfenen erträglich, nach dem Mehrheitsprinzip regiert zu werden. Dies gilt umso mehr, wenn die Konfliktstrukturen in der Gesellschaft und die Verfahren des Machterwerbs so angelegt sind, dass die Opposition von heute die Regierungsmehrheit von morgen sein kann. Wettbewerb prägt das politische Klima, der aber dank des vorhandenen Grundkonsenses die Gesellschaft nicht spaltet. Ist eine Gesellschaft dagegen in Lager mit je eigener sprachlicher,

Prinzipien des Regierens

---

11 Häufig zitiert in der berühmten Formulierung von Abraham Lincoln „government of the people, by the people, for the people" (Rede von Gettysburg, 1863).

religiöser, etc. Identität getrennt, muss immer mit der Gefahr der politischen Spaltung gerechnet werden. Eine nur auf Mehrheit gestützte Herrschaft würde vor allem dann als Fremdbestimmung empfunden, wenn die Minderheit dauerhaft keine Chance hat, beispielsweise als kleiner Koalitionspartner Teil einer Regierungsmehrheit zu werden. Folglich einigt man sich im Interesse des gedeihlichen Zusammenlebens auf das Prinzip der „Konkordanz": Allparteienregierungen, Vetorechte für Minderheiten, Proporz bei der Besetzung von Ämtern und eine auf breite Übereinkunft gerichtete Verhandlungskultur. Dies sind die typischen Merkmale von Konsensdemokratien.

Die strukturellen Kontextbedingungen einer Gesellschaft führen allerdings nicht zwangsläufig zu einer bestimmten politischen Verfassungskonstruktion. Vielmehr folgen wir Lehmbruch (1991) in der Annahme, dass politische Systeme von Eliten gestaltet werden, die zwar unter funktionalen Gesichtspunkten entscheiden, sich dabei aber von historischen Erfahrungen und Verfassungsideen leiten lassen. Die politische Ordnung eines Landes zu verstehen verlangt „... the reconstruction of meanings and interpretations that support their institutionalization" (Lehmbruch 1991: 148).

Verfassungsideen

Neben Organisationsprinzipien sind Verfassungsideen die zweite richtungsweisende Größe für die Konstruktion eines politischen Gemeinwesens. Verfassungsideen reflektieren grundlegende Auffassungen vom „Sinn der Politik" (Hannah Arendt) bzw. von dem, was eine „vorbildliche" politische Ordnung ausmacht (Max Weber). Idealtypisch kann man dabei zwei Konzepte unterscheiden: In einem Konzept wird der Sinn der Politik darin gesehen, der Selbstentfaltung des Individuums größtmöglichen Raum zu lassen und seine persönliche Wohlfahrt zu fördern; im anderen geht es um das Gemeinwohl einer Gesellschaft, die sich in einem politischen Verband (z.B. Nation) zusammengeschlossen hat. Das Gemeinwohl ist in einem solchen Verständnis nicht einfach die Summe individueller Interessen bzw. Resultat eines pluralistischen Interessenswettbewerbs. Vielmehr wird Gemeinwohl mit dem Wohl einer Gemeinschaft und der Orientierung an grundlegenden Werten gleich gesetzt.

Verfassungsideen haben sich in Phasen des historischen Umbruchs (amerikanische Unabhängigkeit, französische Revolution) herausgebildet und sind über lange Epochen der Verfassungsgeschichte entwickelt (und verworfen) worden. Sie haben ihren Niederschlag in den Verfassungstexten gefunden und sind in den gesellschaftlichen Vorstellungen über den Sinn und die Legitimität von Politik präsent. Als „gesatzter" normativer Rahmen und als Leitideen sind sie dauerhaft und robust; Wandel vollzieht sich eher schrittweise und verläuft in vorgegebenen Bahnen.

Systemtypen

Organisationsprinzip und *Verfassungsidee* sind demnach die konstitutiven Elemente, nach denen sich politische Systeme und die in ihnen vorherrschenden Modi des Regierens unterscheiden lassen. Kombiniert man sie, dann erhält man vier Systemtypen, in denen nach unterschiedlicher Art und Weise regiert wird.

174

Schaubild 9.1: Unterscheidung von Systemtypen

		Organisationsprinzip	
		Mehrheitsprinzip	*Konsensprinzip*
Verfassungsidee	*Gemeinwohl*	Etatismus	Konkordanz
	Eigennutz	Pluralismus	Vernetzung

Quelle: Kohler-Koch 1999: 23

Das EU-System entspricht dem Typus der Vernetzung.[12] Seine gesellschaftliche Struktur ist weit heterogener als in den einzelnen Mitgliedstaaten. Hinzu kommt, dass diese Mitglieder tief verankerte Identitäten haben und hartnäckig auf die Berücksichtigung ihrer Eigenheiten bedacht sind.[13] Dem entspricht die Orientierung der EU an den Interessen der Mitglieder und ein utilitaristisches Verständnis von Politik. Pluralismus ist ebenso wie in den USA anerkanntes Prinzip, doch im Unterschied zu den USA funktioniert die EU nicht nach dem Mehrheitsprinzip, sondern ist ein Verhandlungssystem. In diesem Punkt weist sie die größte Ähnlichkeit zum Konkordanzsystem beispielsweise der Schweiz auf.

(d) Institutionelle Startvorteile der Exekutiven: Das Initiativmonopol der Kommission und die Entscheidungskompetenz des Rates sind die beiden institutionellen Pfeiler des EG-Systems, die der Exekutive ihre zentrale Position im europäischen Entscheidungsprozess verleihen. Aufgrund der Verfahrensvorschriften haben Kommission und die Präsidentschaft des Rates zusätzliche weitreichende Möglichkeiten, den Ablauf des Entscheidungsprozesses zu beeinflussen. Die wechselseitige Abhängigkeit der beiden Organe führt zu einer stetigen, engen Zusammenarbeit, die für Außenstehende wenig transparent ist und den Zugang zur Politik erschwert.

Exekutive als Schnittstellenakteur

Dank der Eigenheiten des europäischen Entscheidungsprozesses genießen die Exekutiven strategische Vorteile gegenüber gesellschaftlichen Akteuren. Für die breite Öffentlichkeit, für Parteien und Interessenverbände ist es schwierig, die simultan in mehreren Arenen laufenden Verhandlungen und Entscheidungsprozesse zu beeinflussen oder auch nur inhaltlich zu verfolgen. Aus diesem Umstand erwächst das „Paradox der Schwäche" (Grande 1996). Die These ist, dass die Regierungen der Mitgliedstaaten durch die europäische Integration zwar die Fähigkeit zu unilateralen Entscheidungen verloren haben, jedoch dieser Autonomieverlust national durch die zunehmende Immunisierung gegenüber den Forderungen der jeweiligen Parlamente, einer kritischen Öffentlichkeit und intermediären Organisationen mehr als wett gemacht wird. Zwar ist das Ergebnis im Hinblick auf Experten und Interessenverbände insofern zu relativieren als sich diese zunehmend transnational organisiert bzw. ihren Aktionsraum um die europäische Ebene erweitert haben. Sie sind in die Arenen der EU-internen Willensbildung eingezogen, weil im Interesse einer sachgerechten Politik nicht auf ihre Zuarbeit verzichtet werden kann (vgl. Kap. 11). Die Einbindung gesellschaftlicher Akteure

---

12 Ein Beispiel für den Typ Etatismus wäre Frankreich, Prototyp des pluralen Systems die USA und Großbritannien, das klassische Beispiel eines Konkordanzsystems ist die Schweiz (zur Typologie vgl. Kohler-Koch 1999: 20-26).

13 Gleichzeitig ist aber auch zu beachten, dass sich Gruppen mit vergleichbaren Interessen in mehreren Mitgliedstaaten zunehmend transnational vernetzten.

liegt aber im freien Ermessen der Exekutive und folgt weitgehend einer von Interessen gesteuerten Tauschlogik.

Generell ist die herausgehobene Rolle der Exekutiven ein Charakteristikum europäischer Politik. Es gibt eine ganze Reihe von Belegen dafür, dass sie im europäischen Mehrebenensystem jene „Schnittstellenpositionen" einnehmen, die in horizontal und vertikal verflochtenen Verhandlungssystemen im wahrsten Sinne des Wortes entscheidend sind (Benz/Scharpf/Zintl 1992; Grande 2000: 16f.). Dies führt nicht zu einer prinzipiellen Abschließung der Exekutiven von ihrem gesellschaftlichen Umfeld, jedoch zu einer verdichteten Kontrolle des Zugangs gesellschaftlicher Akteure zur Politikgestaltung. Gleichzeitig bleibt die demokratische Kontrolle unzureichend.

Als Fazit kann festgehalten werden: Funktionale Ausdifferenzierung und Ebenen übergreifende Kompetenzverteilung in der Europäischen Union ruft eine Vielzahl von Akteuren auf den Plan. Soweit sie über entscheidungsrelevante Ressourcen verfügen, versucht man über den Weg der Verhandlungen zu tragfähigen Kompromissen zu kommen. Die umfassende Einbindung einer Vielzahl von Akteuren in einer kaum noch überschaubaren Anzahl von Verhandlungsarenen ist charakteristisch für die Willensbildung in der EU. „Regieren im Netzwerk" bringt die augenfällige Erscheinungsform dieses Systems auf den Begriff.

9.3 Transformation durch Europäisierung

Transformation des Regierens

Die Ausgangsthese lautet nun, dass die besondere Art des Regierens in der EU auf die Mitgliedstaaten übergreift, zumal „Regieren im Netzwerk" eine enge Einbindung der nationalen und sub-nationalen Ebene beinhaltet. Die durch die EU bewirkten Anpassungsprozesse werden in jüngster Zeit intensiv untersucht. Der hierfür gewählte Begriff der „Europäisierung" ist allerdings vieldeutig (Jachtenfuchs/Kohler-Koch 2003; Olsen 2002).[14] Zum einen wird Europäisierung verwendet, um das Entstehen eines politischen Systems auf der europäischen Ebene zu kennzeichnen (Risse u.a. 2001: 3). Zum anderen wird Europäisierung als Begriff gebraucht, um die Anpassung der nationalen Systeme an die EU zu beschreiben.[15] Wird die EU als Ausgangspunkt für den Prozess der Europäisierung gewählt, so läuft man leicht Gefahr, sie als reine Reaktion auf externe Vorgaben zu begreifen. Europäisierung ist aber kein mechanistischer Anpassungsprozess,

---

14 Jachtenfuchs/Kohler-Koch (2003) unterscheiden in der Europäisierungsdebatte drei Stränge, Olsen dagegen differenziert vier verschiedene Verwendungen, wobei er noch Integration als politisches Projekt einbezieht (2002: 923f.).

15 So führen Ladrech (1994) und Radaelli (2000) den Begriff der Europäisierung ein, um den adaptiven Prozess von nationalen Organisationen an eine veränderte europäische Umwelt zu beschreiben. Beide untersuchen die „Reorientierung" nationaler Akteure hin zur EU-Ebene sowie die „Inkorporierung" von auf der EU-Ebene konsolidierten Werten, Normen, Regeln etc. in die nationale Politikgestaltung. Ähnlich auch Héritier (2001), die ausgehend von supranationaler Gesetzgebung die Adaptionsprozesse auf nationaler Ebene bei der inhaltlichen Ausgestaltung nationaler Politiken sowie der administrativen Strukturen analysiert.

sondern das Ergebnis einer bewussten Politik von Akteuren.[16] Um dies zu verdeutlichen, übernehmen wir nicht die in der Forschung übliche Perspektive von oben nach unten in Form einer Wirkungsanalyse europäischer Politik, sondern wechseln die Blickrichtung. Wir sprechen von Europäisierung, wenn Akteure vor Ort, d.h. in ihrem jeweiligen lokalen, regionalen oder nationalen Umfeld sich gezielt darauf einstellen, dass sie nun unter veränderten Handlungsbedingungen leben. Durch die EU hat sich ihr Aktionsraum erweitert, was neue Handlungsmöglichkeiten eröffnet, aber auch bestehende Handlungsoptionen verbauen kann.[17] Sie bewegen sich in einem Mehrebenensystem und verändern durch ihre Interaktionen ihr eigenes Umfeld. Sie laden die EU ein, in ihren Bereich hineinzuregieren und tragen dazu bei, dass institutionelle Wandlungsprozesse vorangetrieben oder aufgehalten werden.

Auf welchem Weg kann man nun einen Einblick in diese Prozesse gewinnen, der es erlaubt, generelle Handlungsmuster zu erkennen? Zum einen bedarf es eines durch Theorie geschärften Blicks für mögliche Veränderungen. Zum anderen braucht man Methoden, die es ermöglichen, aus der Vielfalt realer Gegebenheiten verallgemeinerbare Unterschiede und Gemeinsamkeiten herauszufiltern. Wenn wir die Kernaussage der Theorie des Neo-Institutionalismus übernehmen, wie sie von March und Olsen (1989) entwickelt wurde,[18] dann ist die Annahme naheliegend, dass (a) die institutionellen Spezifika des europäischen Mehrebenensystems zu einer Transformation des Regierens auch innerhalb der nationalen politischen Systeme führen, dass (b) diese Transformation in Richtung eines Regierens in Netzwerken weist und dass (c) die historisch gewachsenen institutionellen Strukturen der einzelnen Mitgliedstaaten einen wesentlichen Unterschied in Bezug auf die Schnelligkeit und die Richtung der Veränderung ausmachen.

Eine lohnenswerte Methode diese Hypothese zu testen ist, dass man möglichst viele empirische Fälle vergleichend untersucht. Es wird im Einzelnen genau geprüft, welche Veränderungen stattgefunden haben und welche Faktoren dabei eine wesentliche Rolle gespielt haben. Je mehr Politikfelder berücksichtigt werden können und je mehr Länder in die vergleichende Untersuchung einbezogen werden können, desto verlässlicher ist das Ergebnis. Auf einer solchen breit angelegten Untersuchungsgrundlage beruht das Buch über „The Transformation of Governance in the EU" (Kohler-Koch/Eising 1999). Fallstudien haben demgegenüber den Vorteil, dass sie einen tiefen Einblick in den jeweiligen Verlauf der Anpassungsprozesse und die besonderen Bedingungen und Wirkungszusammenhänge gewähren. Ihre Grenzen liegen darin, dass sie immer nur wenige Länder und Fälle in eine vergleichende Untersuchung einbeziehen können und die Ergebnisse bereits vorliegender Fallstudien sich meist nicht ergänzen, weil ihre Fragestellung, theoretischen Ausgangsüberlegungen und zentralen Kategorien

---

16 Damit soll nicht geleugnet werden, dass Handeln auch nicht intendierte Konsequenzen haben kann und Akteure nicht immer die von ihnen erzeugten Europäisierungseffekte im Auge hatten.

17 Kurzgefasst definieren wir Europäisierung als „Erweiterung des Wahrnehmungshorizontes und des politischen Handlungsraumes um die europäische Dimension"; es geht um „enlarging the scope of the relevant unit of policy-making" (Kohler-Koch 2000a: 22).

18 Einen sehr guten Überblick über die konkurrierenden Ansätze des Neo-Institutionalismus gibt Immergut (1998).

nicht vergleichbar sind.[19] Strebt man eine systematische Vergleichbarkeit an, so ist man bei einem so komplexen Gegenstand wie der EU mit ihren (derzeit noch) 15 Mitgliedstaaten gezwungen auf einen formalisierten Weg der Datenerfassung und Datenauswertung zurückzugreifen. Dies kann beispielsweise in Form von Befragungen geschehen. Anders als bei einer Fallstudie, die eine eingehende Beobachtung und Rückfragen, ja sogar eine Neuformulierung der Hypothesen im Laufe des Untersuchungsprozesses erlaubt, produziert eine Befragung nur selektive, nämlich durch die Fragen eingegrenzte Antwortmöglichkeiten. Folglich müssen die Hypothesen über die wahrscheinlichen Wirkungszusammenhänge detaillierter ausgearbeitet und in die Fragen übertragen werden.

Vivien Schmidt hat in ihren empirischen Arbeiten die Frage nach der Verträglichkeit bzw. Unverträglichkeit der politischen Systeme mit dem europäischen System eingehend aus vergleichender Perspektive untersucht (1999, 2001). Ihre Typen ähneln teilweise der oben unter 9.2 c) entwickelten Systematisierung, gehen aber mehr ins Detail, weil sie differenzierter das Verhältnis Staat und Gesellschaft sowohl in der Phase der Politikformulierung als auch in der Phase der Politikimplementation erfasst. Das EU-System beschreibt sie als quasi-pluralistisches System, ähnlich dem der USA, jedoch weniger offen für den Einfluss von organisierten Interessen. Die Entscheidungskultur bezeichnet sie als kooperativ und eher technokratisch denn politisch geprägt. Sie untersucht vier nationale Systeme, die sie wie folgt klassifiziert: (1) Frankreich, Großbritannien und Italien ordnet sie dem etatistischen Typ zu. Ihr Charakteristikum ist, dass sie sich nur begrenzt für organisierte Interessen öffnen, der politische Wettbewerb auf Konflikt angelegt ist, Entscheidungen unter politischen Gesichtspunkten und von oben getroffen werden. (2) Die Bundesrepublik Deutschland ordnet sie dagegen dem korporatistischen Typ zu: Als wichtig eingestufte Interessen genießen privilegierten Zugang zur Politikformulierung, Entscheidungen werden überwiegend konsensual getroffen, sind im Vergleich zu den anderen Staaten weniger politisiert und werden nur selten an der Spitze der Hierarchie gefällt (V. Schmidt 1999: 156). Wenn nun die politische Willensbildung von der nationalen auf die europäische Ebene verschoben wird, so das Fazit der empirischen Studie, ergeben sich daraus weniger Reibungsverluste für die korporatistisch organisierte Bundesrepublik als für die etatistischen Systeme Frankreichs, Großbritanniens und Italiens. Ausschlaggebend für das weiterhin ungestörte Verhältnis von Politik und Gesellschaft und die Effektivität der Interessendurchsetzung ist offensichtlich die Passfähigkeit der Systeme. Die Bundesrepublik ist hier im Vorteil, weil sie als Bundesstaat bezüglich der Organisation gesellschaftlicher Akteure und deren Zugang zum politischen System der kooperativen Entscheidungskultur und der im föderativen System verankerten Verhandlungsmechanismen dem EU System recht ähnlich ist. Dagegen ergeben sich beispielsweise aus der abweichenden Art der Interessensvermittlung in einem unitarischen System wie Frankreich Probleme. Im französischen System haben Interessengruppen in der Phase der Politikformulierung wenig Einflussmöglichkeiten; dies wird durch eine größere Flexibilität in der Implementation der Gesetzesvorschriften kompensiert, sei es durch weite Ermessensspielräume der Verwaltung, sei es durch die Gewährung zahlreicher Ausnahmen. Regulative Vorgaben der EG lassen diese Art der Flexi-

---

19 Um diesen Schwachpunkt zu vermeiden, wurde für die in Kohler-Koch/Eising (1999) enthaltenen Studien ein theoretischer Rahmen vorgegeben.

bilität nicht zu, so dass die betroffenen Akteure mit der für sie wenig erträglichen Situation konfrontiert sind, dass sie bei der Formulierung der Politik bei ihrer Regierung kein Gehör finden und das Ergebnis des politischen Prozesses nun ohne wenn und aber übernehmen müssen. Diese Reibungsverluste haben über die Zeit jedoch einen positiven Effekt. Nicht nur haben die französischen Interessengruppen sich inzwischen erfolgreich auf europäischer Ebene organisiert, sondern die mangelnde Passfähigkeit hat zu größeren Anstrengungen um politische Innovationen als in Deutschland geführt (V. Schmidt 1999: 170-172).

Insgesamt bescheinigt Vivien Schmidt somit unitarischen Staaten einen höheren Anpassungsdruck durch Europäisierung als föderalen Staaten. Auch Börzel konstatiert, dass im deutschen Fall, „die Institutionen des kooperativen Föderalismus einfach auf den Bereich europäischer Angelegenheiten übertragen werden" (Börzel 2000: 239). Institutioneller Wandel auf der nationalen Ebene ist somit in nur geringem Ausmaß feststellbar. Bezogen auf föderale Staaten und insbesondere die Bundesrepublik Deutschland lautet eine weitere These, dass der Anpassungsprozess die Institution des „kooperativen Bundesstaates als solche eher gestärkt als transformiert" hat (Börzel 2000: 240). Damit würde der kooperative Föderalismus durch Europäisierungsprozesse weiter vorangetrieben und in seinem spezifischen System der Konsensorientierung und Verflechtung zementiert.

Andere Studien jedoch haben gezeigt, dass auch Föderalstaaten einem hohen Anpassungsdruck ausgesetzt sind und enorme Anpassungsleistungen erbringen. Neuere Forschung hat zudem gezeigt, dass dieser Anpassungsprozess nicht zwangsläufig zur Stärkung der bestehenden Institutionen beigetragen hat (vgl. Knodt 2002). Mit anderen Worten, nicht nur die Wahrscheinlichkeit einer Transformation des Regierens in Abhängigkeit von Systemtypen, sondern auch die Mechanismen der Transformationsdynamik müssen in Hypothesen gefasst werden. Im Folgenden soll zunächst die Ausdifferenzierung des Analysekonzeptes und später die empirischen Ergebnisse einer darauf aufbauenden Studie gezeigt werden.[20]

Die erste Hypothese lautet, dass die unterschiedlichen Dimensionen von Institutionen nicht in gleichem Maße für Veränderungen offen sind (vgl. Schaubild 9.2). Die zweite Hypothese ist, dass die Art der Einwirkung nicht nur verschiedene Formen annehmen kann, sondern dass in Abhängigkeit hiervon die Veränderungen auch unterschiedlich ausfallen. Ausgangspunkt der Überlegungen ist, dass die formale Organisation des Politikprozesses und die Verteilung politischer Macht auf die jeweils zuständigen politischen Körperschaften, die politische Wirklichkeit nicht vollständig erklären können. Regieren wird gleichermaßen von den im politischen Entscheidungsprozess faktisch anerkannten Prinzipien und der vorherrschenden Auffassung von „gutem Regieren" geprägt. Zusätzlich werden bewährte Problemlösungsmuster in Entscheidungsstrategien übernommen und schlagen sich in administrativen Routinen, nach denen regiert wird, nieder.

Institutioneller Wandel

---

20 Grundlage ist ein Forschungsprojekt über „Regionen als Handlungseinheiten in der europäischen Politik" (REGE). Zur genaueren Darstellung s. unten.

Schaubild 9.2: Dimensionen politischer Institutionen

Verfassungsmäßige Organisation von Politik	Routinen und politische Praxis	Legitimationskonzepte und Handlungsrationalitäten
verfassungsmäßige Kompetenzzuschreibung	erprobte Strategien der Problembearbeitung	Leitideen guten Regierens
Kodifizierte Entscheidungsverfahren	eingeübte Verfahren der Entscheidungsfindung und Umsetzung von Politik	anerkannte Kriterien sachgemäßer Problemlösung
Formalisierte Repräsentationsregeln	etablierte Kooptationssysteme	Begründung von politischer Autorität

Quelle: Kohler-Koch (1998c: 20) erweitert und bearbeitet

Die analytische Zerlegung von politischen Institutionen macht deutlich, dass Institutionen nicht allein durch gezielte Verfassungspolitik geschaffen werden, sondern ebenso das Ergebnis sozialer Prozesse sind. Der absichtsvolle Aufbau von Institutionen durch die dazu berufenen Akteure ist nur *ein* Aspekt des Gesamtprozesses. Institutionelle Entwicklungen ergeben sich auch aus der Interaktion der vielen involvierten Akteure und können von diesen intendiert sein oder nicht.

Arten des Wandels   Diese Differenzierung eröffnet auch den Blick für unterschiedliche Möglichkeiten zur Einflussnahme auf institutionellen Wandel. Drei Wege stehen offen:

1. *Vorgabe*: In diesem Fall handelt es sich um rechtlich verbindliche Entscheidungen der EG, durch die beispielsweise die Kompetenzverteilung auf nationaler Ebene verändert wird oder bestimmte Handlungsvorgaben gemacht werden. Verbindlich können unter anderem die Abstimmungsverfahren zwischen verschiedenen politischen Ebenen (Bund, Länder, Gemeinden z.B. in der Strukturpolitik) oder zwischen Politik und Gesellschaft (z.B. konzertierte Aktionen in der Beschäftigungspolitik) festgelegt werden. Dies kann sowohl für Prozesse der Politikformulierung (z.B. bei der Erarbeitung von Programmen) als auch für die Implementation einer Politik (z.B. Umsetzung der Umweltschutzpolitik „legalistisch" über einklagbare Grenzwerte, „bürokratisch" durch Abstimmungen zwischen Industrie und Verwaltung oder „partizipatorisch" durch Informationspflichten der Produzenten und Bürgerbeteiligung)[21] gelten. Nicht zuletzt können materielle Ziele in einer Weise verbindlich definiert werden (z.B. Vorrang des Wettbewerbs vor dem Vorsorgeprinzip in der Energiepolitik), die zu einer Veränderung von Handlungsprinzipien und Neugewichtung von Akteuren (z.B. Kommunen oder Unternehmen) führen können.

2. *Einbindung*: In der Formulierung und teils auch bei der Ausführung europäischer Politik arbeiten die relevanten politischen und gesellschaftlichen Akteure eng und kontinuierlich zusammen und sind so ständig mit neuen Ideen, unterschiedlichen Handlungsstrategien und Verhaltensroutinen, konfrontiert. Hierdurch können Lernprozesse angestoßen werden. Lernen kann aber auch bewusst induziert werden. Die Kommission hat zunächst im Bereich der Regionalpolitik das Prinzip der „Partnerschaft" eingeführt, es schrittweise auf andere Politikbereiche ausgedehnt und ihm offizielle Anerkennung durch die

---

21 Zu den unterschiedlichen Verfahren der Regulierung des Umweltschutzes vgl. den Überblick von Lenschow/Knill (1999), zur Europäisierung der deutschen Verfahren Jung (2000).

180

Verankerung in Richtlinien und im Vertrag geschaffen. In der praktischen Umsetzung bedeutet das Prinzip, dass sub-nationale Akteure wie Regionen oder Kommunen, bzw. gesellschaftliche Gruppen vor Ort wie Arbeitgeber- und Gewerkschaftsverbände oder Nicht-Regierungsorganisationen, in die europäische Politik eingebunden und damit gezielt mit anderen Handlungsprinzipien und Verfahrensmodalitäten konfrontiert werden. Die offen bekundete Erwartung der Kommission ist, dass diese Interaktionsprozesse zur Neuorientierung und langfristig auch zu institutionellen Reformen führen. Naheliegend ist, dass vor allem durch die Einübung einer Praxis im europäischen Kontext Routinen auch in den Mitgliedstaaten verändert werden.

3. *Angebot*: Überzeugen ist die weichste Form der Einflussnahme. Wie man aber an den wechselnden Konjunkturen wirtschaftspolitischer Paradigmen und ihrer sukzessiven Verbreitung durch die ganze westliche Welt ablesen kann,[22] kann die Entwicklung und Propagierung ordnungspolitischer Ideen höchst folgenreich sein. Die Kommission hat vor allem in den beiden zurückliegenden Jahrzehnten immer wieder versucht, durch „geistige Führerschaft" Politik zu machen. Sie hat bei der Lancierung des Binnenmarktprogramms ebenso wie bei der Durchsetzung einer europäischen Forschungsförderung auf die Macht des Arguments vertraut und war damit erfolgreich. Die Kommission beschränkt ihr politisches Marketing aber nicht nur auf einzelne Politikbereiche. Vielmehr hat die Kommission unter der Präsidentschaft von Romano Prodi sich das strategische Ziel gesetzt, die Reform des europäischen Regierens zu betreiben (Kommission 2001c: 8). Sie propagiert aktiv ihre Präferenzen für bestimmte Ordnungsprinzipien, ein verändertes Verhältnis von Politik und Gesellschaft, Korrekturen in den Kompetenzzuweisungen und neue Verfahren bei der Formulierung und Umsetzung von Politik. Die meisten Reformansprüche sind an die Mitgliedstaaten adressiert. Durch ihre Öffentlichkeitsarbeit sucht die Kommission Bündnispartner unter den Bürgern und in nationalen Eliten, um ihre Vorstellungen durchzusetzen.[23]

Welche Form der Einflussnahme ist nun bezogen auf welche Dimensionen politischer Institutionen zu erwarten? Die EU ist ein Staatenverbund und somit kann keine Entscheidung direkt in die verfassungsmäßigen Rechte der Mitgliedstaaten eingreifen. Jede Vertragsänderung auf europäischer Ebene hat aber indirekte Auswirkungen auf die nationalen Systeme. Die Kompetenzübertragung in der Gesetzgebung ist hier exemplarisch: Sie verändert – wie beabsichtigt – das Verhältnis zwischen europäischen und nationalen Befugnissen, greift aber gleichzeitig – als unbeabsichtigte Folge – auf nationaler Ebene in die institutionelle Balance zwischen Exekutive und Legislative ein oder verändert das Machtverhältnis zwischen Bund und Ländern beispielsweise in Deutschland. Anders ist der Fall bei der regulativen Politik der EG, denn wenn Verfahrensvorschriften für die Umsetzung einer Politik vorgegeben werden, dann ist die Wirkung beabsichtigt. Folglich wäre zu fragen, ob die beabsichtigte Wirkung eintrifft und ob es über den unmittelbar betroffenen Bereich hinaus einen „spill-over" in andere, benach-

Wirkungsmechanismen und Institutionen

---

22 Als Beispiel sei hier an die Verbreitung der neo-liberalen Deregulierungspolitik vom Reaganism über Thatcherism bis hin zur deutschen „Politik der Wende" erinnert (Hall 1989).

23 So war die Vorbereitung und Nacharbeit des Weißbuches zum „Europäischen Regieren" von einer aktiven Öffentlichkeitsarbeit vor allem über das Internet begleitet; vgl. http://europa.eu.int/comm/governance/index_en.htm [Stand: 15.07.03].

barte Politikfelder gibt. Die Bedeutung der Einbindung oder des ordnungspolitischen Diskurses ist schwerer zu erfassen, weil ihre Wirkungen indirekt sind und weil Wirkungen eher Änderungen in institutionellen Praktiken und Leitideen statt in formal gesetzten Verfahren nach sich ziehen, die ihrerseits empirisch schlecht zu fassen sind.

Das Schaubild 9.3 gibt eine Übersicht, über die Art und Weise, in der institutionelle Veränderungen erfolgen können. Dabei werden typische Verfahren der Änderung und die Dimensionen, in denen sich die institutionellen Veränderungen vollziehen, aufgegeben.[24]

Schaubild 9.3: Vermittlungsprozesse institutioneller Änderungen

Art	Verfahren der Änderung	Bezug der Änderung

Vorgabe	Verfassungsrevision:
	– Vertragsänderung
	– formale intergouvernementale
	  bzw. Inter-Organ Absprachen
		formale Organisation von Politik
		– Zuweisung von Rechten und
		  Zuständigkeiten
		– Festlegung von Entscheidungs-
		  verfahren
		– Auswahl der Repräsentations-
		  mechanismen

Einbindung	Aufbau von und Einbindung in Politiknetzwerke Verankerung von Handlungsprinzipien in politischen Programmen	Interaktionsstrukturen – Beteiligungschancen und Beziehungsstrukturen – eingeübte Routinen
Angebot	aktive Propagierung erstrebenswerter Ordnungsprinzipien	ordnungspolitische Leitideen Rationalitätskriterien gemeinschaftlicher Politik Kriterien sachgemäßer Problemlösung

Quelle: Kohler-Koch (1998c: 22)

Die in diesem Schaubild modellhaft zusammengefassten Zusammenhänge liefern ein ausdifferenziertes Analyseraster, mit dessen Hilfe die Transformation des Regierens im Mehrebenensystem der EU systematisch erforscht werden kann. Als erstes ist zu fragen, in welchem Umfang und auf welche Weise die nationalen Systeme solchen Vorgaben, Einbindungen und Angeboten der EU ausgesetzt sind. Anschließend ist zu prüfen, ob und in welcher Variation empirisch erkennbare Folgen auftreten. Schließlich sind diese Folgen unter dem Gesichtspunkt der Funktionsfähigkeit und Stabilität der Systeme und anhand des Maßstabes demokratischer Legitimität zu werten.[25]

---

24 Diese Tabelle ist allerdings nicht erschöpfend, weil davon auszugehen ist, dass z.B. auch durch die Einbindung in Netzwerke ordnungspolitische Leitideen beeinflusst werden können. Aus Gründen der besseren Lesbarkeit wurde in der letzten Spalte der Bezug immer nur auf eine statt alle drei Dimensionen reduziert.

25 Die Auswertungen stützen sich schwerpunktmäßig auf eigene Forschung.

9.4 Europäisierung und Eigensinnigkeit nationaler Systeme

Fragt man nach Umfang und Dynamik von Vorgaben, Einbindung und Angebot, so ist das Ergebnis eindeutig: Direkte verfassungspolitische Eingriffe in die nationalen Systeme hat es nicht gegeben, aber die Verlagerung von Kompetenzen auf die EU hat zu einer weitgehenden „Europäisierung öffentlicher Aufgaben" (M. Schmidt 1999) geführt. Die Regelungskompetenz der EG hat sich, wenn auch nach Politikfeldern deutlich unterschiedlich, erheblich vergrößert und damit sind tiefgreifende Auswirkungen auf die institutionelle Ordnung der Mitgliedstaaten verbunden. Zum einen ist eine nachhaltige Verschiebung im Verhältnis der exekutiven und legislativen Gewalt festzustellen. Weitere „Verlierer" der Kompetenzverschiebungen, die sich allerdings mit der Durchsetzung institutioneller Reformen gewehrt haben, sind die Gliedstaaten in den föderal organisierten Mitgliedstaaten. So haben die deutschen Länder institutionelle Anpassungen sowohl auf europäischer Ebene als auch auf nationaler Ebene erreicht.

Empirischer Nachweis von Institutionellem Wandel

Die Folgen von Einbindung und Ideenangebot sind noch schwieriger zu verfolgen und in der empirischen Forschung wenig berücksichtigt.[26] Im Folgenden wollen wir Mannheimer Forschungsprojekte vorstellen, die sich mit diesen Fragen unter anderem am Beispiel der Regional- und Strukturpolitik der EU beschäftigt haben (Kohler-Koch u.a. 1998, Knodt 1998a, Conzelmann 2002). Dieser Politikbereich eignet sich vor allem deshalb gut für die Untersuchung einer „Transformation" nationalstaatlichen Regierens, weil die europäische und die mitgliedstaatliche Politikgestaltung über verschiedene Instrumente aneinander gekoppelt sind.

Das Beispiel regionalen Regierens

Die politischen Aufgaben der EG wurden 1975 um die Strukturfondsförderung erweitert. Dies entsprach dem Ziel, langfristig eine größere ökonomische Konvergenz zwischen den Mitgliedstaaten der Gemeinschaft zu erreichen.[27] Als Instrument wurde der Regionalfonds (EFRE) eingesetzt. Daneben dienen der bereits bestehende Sozial- (ESF) und Agrarfonds (EAGFL) ebenfalls strukturpolitischen Maßnahmen.[28] Im Gegensatz zu den letztgenannten Strukturfonds, die auf spezielle Probleme oder Sektoren gerichtet sind, sollte über die Bereitstellung von Fördermitteln für sogenannte Problemgebiete mit dem Regionalfonds aktiv in die wirtschaftliche Entwicklung der Mitgliedstaaten eingegriffen werden. In der Diskussion um den Fonds kam seine Eigenschaft als Kompensationsinstrument für territorial wirkende Benachteiligungen, vor allem für kaum industrialisierte oder infolge von Strukturkrisen mit dem Verlust ihrer ökonomischen Leistungsfähigkeit bedrohten Gebiete, zum Tragen.

Regionalpolitik der EU

---

26 Für eine kritische Auswertung jüngster Forschungsergebnisse vgl. Kohler-Koch (2002a) sowie Cowles u.a. (2001).

27 Zwar hatten die Unterzeichnerstaaten der Römischen Verträge bereits in deren Präambel ihren Willen dargelegt, ‚ihre Volkswirtschaften zu einigen und deren harmonische Entwicklung voranzutreiben, indem sie den Abstand zwischen einzelnen Gebieten, und den Rückstand weniger begünstigter Gebiete verringern', doch die konkrete Umsetzung in eine eigenständige Politik bedurfte der nachhaltigen Forderungen einzelner Mitgliedstaaten (vor allem im Zuge der Erweiterungsrunden).

28 Die drei Strukturfonds werden durch alle Reformen hindurch in dieser Art beibehalten und im Jahre 1993 durch den Fischereifonds (Finanzinstrument für die Ausrichtung der Fischerei (FIAF)) ergänzt. Mit dem Maastrichter Vertrag wurde 1992 zusätzlich ein Kohäsionsfonds geschaffen, der für die Mitgliedstaaten Spanien, Portugal, Griechenland und Irland Finanzbeihilfen für den Ausbau transeuropäischer Netze in den Bereichen Umwelt und Verkehr bereitstellte.

Die europäische Regionalpolitik begann als ‚klassische' Ausgleichspolitik. Das Instrumentarium bestand aus der Bereitstellung von Subventionen für Investitionen in vorab abgegrenzten Problemgebieten. Gefördert wurden Industrieansiedlungen, Teile des tertiären Sektors sowie Infrastrukturmaßnahmen, die der wirtschaftlichen Entwicklung eines Gebietes dienen. Die Charakteristika der frühen Strukturfondsförderung bestanden darin, dass zum einen die Mittelvergabe aufgrund der Disparitäten zwischen den Mitgliedstaaten, und nicht zwischen einzelnen Regionen, nach einem Länderschlüssel erfolgte. Zum anderen wurde die EG-Politik aufgrund der fehlenden Kompetenzen als ‚ergänzend' zu den Politiken der Mitgliedstaaten konzipiert. Letzteres wurde durch das Prinzip der Kofinanzierung gesichert. Danach wurden nur solche Projekte von der Gemeinschaft gefördert, die auch auf nationalem Niveau öffentliche Unterstützung im Rahmen regionaler Fördermaßnahmen erfuhren. Damit machte sich die Gemeinschaft abhängig von den unterschiedlichen Systemen der Förderung, der Rahmenplanungen und der Implementation in den Mitgliedstaaten.

Diese Defizite aufzuarbeiten war Anstoß und Zielsetzung der Reform der Strukturfondsförderung 1988. Folgende inhaltlichen Punkte standen im Mittelpunkt der Neuordnung 1988: (1) alle Strukturfonds der Gemeinschaft sowie die übrigen Finanzierungsinstrumente sollten *regionalpolitischen Zielsetzungen* zu Gute kommen; (2) die Mittel der Fonds sollten ausschließlich durch *Programme* eingesetzt werden; (3) die Beziehung zwischen der Gemeinschaft und den Mitgliedstaaten sollte durch das *Prinzip der ‚Partnerschaft'* geregelt werden (Verordnung Nr. 2052, 1988). Darüber hinaus wurde finanziell eine reale Verdopplung der Strukturausgaben beschlossen. Diese sollten sich von 7 Mrd. ECU im Jahre 1989 auf 14 Mrd. im Jahre 1993 entwickeln. Die Revision der Strukturfonds 1993, die keine fundamentalen Neuerungen, sondern eine Konsolidierung der bestehenden Strategien anstrebte, brachte eine erneute massive Erhöhung der Mittel. Für die Förderperiode von 1994 bis 1999 wurden diese von 18,6 Mrd. ECU auf 30 Mrd. ECU aufgestockt (Delors II-Paket).

Eine erneute Reform der Strukturpolitik im Rahmen der Agenda 2000 straffte inhaltlich die Zielsetzungen, scheiterte aber in Bezug auf die finanzielle Konsolidierung der europäischen Regionalpolitik am Willen einiger Mitgliedstaaten. Die Reform war durch die bevorstehende Erweiterung der Gemeinschaft notwendig geworden. Das Politikfeld der Regionalpolitik bietet sich besonders für die empirische Beantwortung unserer Fragen an.[29]

Nach der Reform von 1988 hatte die europäische Regionalpolitik, dank ihrer deutlich besseren finanziellen Ausstattung und eindeutigen programmatischen Ausrichtung, erheblich an Bedeutung gewonnen. Das Prinzip der „Partnerschaft" wurde nicht nur als Ziel hoch gehalten, sondern die Kommission achtete darauf, dass es in der politischen Praxis auch umgesetzt wurde. „Partnerschaft" war dabei nur eine Facette des von der Kommission breiter propagierten Konzeptes „kooperativen Regierens". Wie hatte sich diese neue Politik nun in Leitideen, Interaktionsmustern und formaler Organisation in den Regionen niedergeschlagen?

---

29 Ausführlich zur Entwicklung dieser Politik und zur Rolle regionaler Akteure bei der Umsetzung in den einzelnen Mitgliedstaaten Klemmer (1998), Knodt (1998b), Conzelmann (2002), Heinelt u.a. (2001).

Die Anlage und die Ergebnisse unseres eigenen Forschungsprojektes zur Rolle der Regionen[30] wollen wir hier ausführlicher referieren, um das (methodische) Vorgehen und die (überraschenden) empirischen Befunde einer solchen Forschung herauszuheben. Ein Ziel der Untersuchung war zu diagnostizieren, wie und wodurch regionales Regieren sich wandelt. Wir wollten wissen, ob und in welchem Ausmaß durch institutionelle Reformvorgaben, Einbindungsstrategien und die Verkündung von Paradigmen (1) die Leitideen „guten Regierens", (2) die Interaktionsbeziehungen zwischen staatlichen und privaten Akteuren und (3) gegebenenfalls die formalen Organisationsstrukturen verändert wurden.[31]

Schaubild 9.4: Zustimmung zur kooperativen Politik[32]

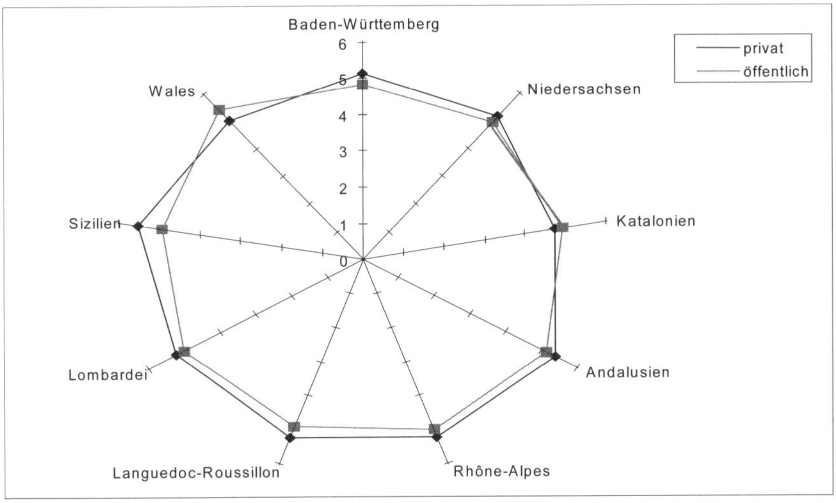

Quelle: REGE Daten, MZES 1996

Die Untersuchung förderte zwei überraschende Ergebnisse zu Tage: Zum einen die erstaunlich hohe und breite Akzeptanz der Leitidee und zum anderen deren

---

30 In dem Projekt „Regionen als Handlungseinheiten in der europäischen Politik" (REGE) wurden regionale Eliten aus unterschiedlichen Funktionsbereichen (Wirtschaftsverbände, Arbeitgeberverbände, Kammern, Gewerkschaften, Firmen, halb-öffentliche/intermediäre Organisationen wie Technologietransferstellen, Forschungsinstituten etc., Parteien, Vertreter der Legislative und der Administration) in neun Regionen (jeweils eine im Landesvergleich überdurchschnittlich und eine unterdurchschnittlich entwickelte Region, nämlich Baden-Württemberg/Niedersachsen, Rhône-Alpes/Languedoc-Roussillon, Lombardei/Sizilien, Katalonien/Andalusien und Wales) aus den fünf großen europäischen Mitgliedstaaten mit unterschiedlicher Verfassungsstruktur (Deutschland, Frankreich, Italien, Spanien, Großbritannien) befragt.

31 Zur ausführlichen Beschreibung des Untersuchungsdesigns vgl. Kohler-Koch (1998c); zur Bedeutung der Einbindung vgl. Larat (1998); zur Bedeutung der Angebote von Leitideen vgl. Kohler-Koch (1998e).

32 Die hier ausgewählte Frage zielte auf die Wertschätzung „vertrauensvoller Zusammenarbeit zwischen Staat und Gesellschaft", Schaubild 6 zeigt die jeweiligen Werte auf einer 6er Skala von 1=„stimme überhaupt nicht zu" bis 6=„stimme voll zu". Die aus den Kontrollfragen gewonnenen Daten bestätigen das Ergebnis. Der Fragebogen ist abgedruckt in Kohler-Koch u.a. (1998: 293-307). Aus Darstellungsgründen wurden die Punkte in der Graphik verbunden und der Anfangspunkt der Skala bei Null gewählt.

geringe praktische Relevanz. Überraschend war nicht nur, auf welch hohe Zustimmung das Prinzip „kooperativen Regierens" stieß (s. Schaubild 9.4), sondern auch, dass kaum Unterschiede auszumachen waren. Keine der für den internationalen und den innerstaatlichen Vergleich ausgesuchten Variablen ergab eine signifikante Variation: Die nationalen Verfassungsunterschiede waren ebenso irrelevant wie das unterschiedliche wirtschaftliche Leistungsniveau der Regionen. Auch die Herkunft der Akteure spiegelte sich im Antwortverhalten nicht messbar wider.

Haben sich diese Überzeugungen nun auch in der politischen Praxis niedergeschlagen? Hier zeigten sich nun deutliche Unterschiede.[33] Partnerschaft und Kooperation werden in den untersuchten Regionen nämlich höchst selektiv und in sehr unterschiedlicher Weise gehandhabt. Ausgerechnet solche Regionen, die in ihrer Selbstdarstellung die „neue Politik" des kooperativen Miteinanders preisen und eine veränderte Rolle des Staates – nicht mehr die hierarchische Steuerungsinstanz, sondern der Mittler und Moderator gesellschaftlicher Interessen – verkündet haben, pflegen Interaktionsbeziehungen, die ganz anders aussehen.[34] Als Beispiel soll hier Baden-Württemberg herangezogen werden (Knodt 1998b). Die staatlichen Stellen (Ministerien und nachgeordnete Behörden) sind zwar mit gesellschaftlichen Organisationen eng vernetzt, aber die enge wechselseitige Vernetzung erfasst nur einen Teil der Gesellschaft, nämlich Wirtschaft und Wissenschaft, wohingegen die Gewerkschaften in der Peripherie angesiedelt sind. Die Dichte der Interaktionsbeziehungen und die Zentralität der staatlichen Akteure, unter ihnen besonders hervorgehoben die Staatskanzlei und das Wirtschaftsministerium, widerlegen auch die Selbstdarstellung eines Systems mit „flachen Hierarchien". Sizilien dagegen stellt sich im Rahmen unseres Projektes als ein Musterbeispiel für kooperative Politik dar: Die Analyse zeigte ein dichtes Netz von Beziehungen, das alle gesellschaftlichen Organisationen umfasst und nicht zentral in einem Knotenpunkt zusammenläuft (Grote 1998a: 84; 1998b: 256-287).

Fähigkeit zur strategischen Interaktion

Wie ist dieser Widerspruch zwischen Einstellung und Verhalten zu erklären? Eine mögliche, aber in einer einmaligen Untersuchung nicht zu überprüfende Antwort ist, dass Leitprinzipien schneller in das Repertoire von Argumentationsmustern aufgenommen werden als dass sie in Organisationsbeziehungen umgesetzt werden können. Für die Plausibilität dieser Annahme spricht zum einen, dass die Änderung von Organisationen einen erheblichen Kraftaufwand erfordert. Zum anderen konnte in Interviews und durch Fallstudien festgestellt werden, dass sich zwar nicht die formalen Verfahren der Interaktion geändert hatten, aber der Stil der Kommunikation währenddessen. Die Gesamtauswertung der Untersuchung[35] legt aber eine andere Interpretation nahe. Anerkannte Leitprinzipien des Handelns wie „kooperatives Regieren" sind ein starkes Argument, um beispielsweise die Forderung nach Beteiligung im politischen Willensbildungsprozess zu untermauern. Sobald sie jedoch in Konkurrenz zu anderen Leitprinzipien geraten, die ebenso anerkannt und in einer gegebenen Situation als wichtiger eingestuft

---

33 Aus methodischen Gründen konnte die Dynamik der Entwicklung, d.h. der möglicherweise wachsende Einfluss der europäischen Paradigmen über die Zeit nicht erfasst werden. Der Vergleich zwischen den Regionen gibt aber aufschlussreiche Informationen.

34 Die Beziehungsstrukturen wurden durch eine Netzwerkanalyse erfasst (vgl. Grote 1998a; Grote 1998b).

35 Die Ergebnisse stützen sich vor allem auf die statistische Auswertung der insgesamt mehr als 1.200 erhaltenen Fragebogen sowie Interviews und einige Fallstudien.

werden, verlieren sie ihre Überzeugungskraft. Für den konkreten Fall heißt dies, dass Effizienz mit Dialogbereitschaft konkurrierte. Die staatlichen Stellen in Baden-Württemberg sind in den eigenen Augen und in den Augen vieler anderer in einer hervorragenden Position, um die gesellschaftlichen Interessen des Landes zu bündeln und wirkungsvoll gegenüber Brüssel zu vertreten. Dank ihrer materiellen Ressourcen und ihrer administrativen Leistungsfähigkeit haben sie die Rolle des Anwalts übernommen und damit ihre Zentralität behauptet. In Sizilien konnte sich eine solch zentrale Rolle der Regionalregierung nicht herausbilden, weil ihr Geld, Personal und Verwaltungseffizienz fehlen. Ebenso wichtig wie die Verfügung über Ressourcen und Handlungskapazitäten ist die politische Machtfrage. Die Umsetzung der Idee von Partnerschaft wird immer durch den parteipolitischen Wettbewerb begrenzt sein.[36] Die periphere Position der Gewerkschaften in Baden-Württemberg im Vergleich zur engen Vernetzung von Politik, Wirtschaft und Wissenschaft ist nicht zufällig, sondern Ausdruck einer Jahrzehnte währenden Dominanz der christdemokratisch-liberalen Allianz. Im Vergleich mit Niedersachsen wird deutlich, dass der Fähigkeit zur strategischen Interaktion ebenfalls eine zentrale Bedeutung zukommt. Den staatlichen Akteuren in Niedersachsen gelingt es weder innerhalb der Region, noch in der Beziehung zur europäischen Ebene stabile Kommunikationsstrukturen auszubilden.

Ein weiteres Mannheimer Forschungsprojekt (Conzelmann 2002) untersuchte die Frage nach EU-induzierten Veränderungen nationalstaatlichen Regierens am Beispiel nationalstaatlicher Politikinstrumente. Gefragt wurde für den deutschen und den britischen Fall, ob sich die europäische Einbindung in einer entsprechenden Annäherung der nationalen Politiken an das europäische Modell niederschlägt. Unser Ergebnis lautet hier, dass eine eindeutig auf die EU zurückgehende Anpassung nationalstaatlicher Politikinstrumente (ein Wandel durch „Vorgabe") nur da erfolgte, wo Veränderungen durch die Kontrolle staatlicher Beihilfen durch die Kommission erzwungen wurden. Alle anderen Veränderungen hatten einen anderen Charakter[37]: Es wurden lediglich kosmetische oder rhetorische Annäherungen an das europäische Politikmodell vorgenommen, paradigmatische Grundsätze der jeweiligen mitgliedstaatlichen Regionalpolitik blieben unangetastet. Die Ergebnisse der Analyse widersprechen somit der Ausgangsvermutung, dass die Kofinanzierung mitgliedstaatlicher Regionalpolitik durch die EG und die wettbewerbspolitische Kontrolle staatlicher Regionalsubventionen einen tiefgreifenden inhaltlichen Einfluss auf Förderschwerpunkte, Fördergebiete und Förderphilosophie haben würde. Statt einer allmählichen Annäherung mitgliedstaatlicher Politik an das supranationale Modell kommt es zur faktischen Entkopplung der mitgliedstaatlichen und der supranationalen Politik und zur Ausbildung zweier weitgehend unverbunden nebeneinander stehender („paralleler") Politikstränge. Damit ist gemeint, dass es in beiden Mitgliedstaaten ein Nebeneinander von (jeweils nationalen und europäischen) Fördergebietskarten und Fördermöglichkeiten gibt, wobei die notwendige nationale Kofinanzie-

---

36 Als Beleg kann man die politische Entwicklung in Schweden anführen: In dem Moment, in dem durch Verfassungsreform und Wandel der Wählerpräferenzen ein regelmäßiger Wechsel in den Regierungsmehrheiten zu erwarten war, zerfiel das „schwedische Modell" der staatlich-gesellschaftlichen Konzertierung.

37 Ein Beispiel ist die 1993 erfolgte Einführung von regionalisierten Strukturen und „partnerschaftlichen" Ansätzen in der britischen Regionalpolitik und im deutschen Fall die seit 1995 mögliche Förderung von in der Region aufgestellten Entwicklungskonzepten.

rung der EG-Maßnahmen häufig aus Programmen erfolgt, die nicht regionalpolitisch ausgerichtet sind.

Auch wenn die Auswirkungen auf die Ebene der Instrumente begrenzt blieben, wurde ein zentrales Ergebnis der REGE-Studie bestätigt: Das europäische Politikmodell ist zu einem Referenzpunkt für alle jene Akteure geworden, die mit der Ausgestaltung nationaler Politik unzufrieden sind. Durch die europäische Politik werden sie mit neuen Vorstellungen über „angemessene" Politik ausgestattet, erhalten ein neues Selbstbild als legitime regionalpolitische Akteure und finden organisatorische und finanzielle Unterstützung durch die EU-Kommission. Die Veränderung nationaler Politik innerhalb des europäischen Mehrebenensystems wird damit nicht nur durch die supranationale Ebene, sondern vor allem auch von den Akteuren auf der mitgliedstaatlichen Ebene und deren geänderten Handlungsorientierungen vorangetrieben. Allerdings reibt sich diese Veränderungsdynamik an etablierten Institutionenordnungen auf der Ebene der Mitgliedstaaten. Je fester dort bestimmte Leitideen der Regionalpolitik institutionalisiert und durch politikfeldübergreifende Institutionen abgesichert sind, desto unwahrscheinlicher ist ein tiefgreifender Wandel der Politik. Vor allem durch diesen Umstand erklärt sich der weitaus statischere Politikprozess der Bundesrepublik im Vergleich zu Großbritannien.

9.5 Fazit: Transformation des Regierens – Einheit in Vielfalt

Das Ergebnis unserer eigenen Forschung in Mannheim[38] und die Auswertung der Literatur machen zwei Dinge sehr deutlich: (1) Eine stichhaltige Einschätzung über eine mögliche Transformation des Regierens ist nur zu gewinnen, wenn man systematisch fragt, was sich verändern kann. Arbeiten, die eine allgemeine Beurteilung vermitteln wollen, bleiben meist sehr diffus. Arbeiten, die einen konkreten Einzelfall (oder einige wenige Vergleichsfälle) untersuchen, kommen zwar zu klaren Aussagen, doch die Mosaiksteine solcher Einzelergebnisse lassen sich nur schwer zu einem Gesamtbild zusammenfügen. (2) Der Gesamteindruck, der sich aus unserer Forschung ergibt, ist a) Veränderung durch europäische Politik wird Teil der erlebten Realität und des strategischen Kalküls politischer Akteure spätestens seit Beginn der 1990er Jahre, b) es gibt einen Trend hin zur Vernetzung und Verhandlung, c) Vorgaben und Angebote der EU werden nicht passiv übernommen, sondern nach eigenen Vorstellungen in bestehende Muster eingearbeitet. Für die europäische Ebene gilt, dass aufgrund ihrer Verfassungsstruktur und der Notwendigkeit, jeweils einen umfassenden Konsens zu erreichen, die Strategie der Vernetzung dominiert. Je mehr öffentliche Aufgaben auf europäischer Ebene wahrgenommen werden, desto mehr wird sich dieses transnationale Vernetzungssystem ausweiten. Mit anderen Worten: Die Überwölbung der National-

---

38 Neben dem Rege Projekt sind noch eine Reihe weiterer Forschungs- bzw. Dissertationsprojekte zu nennen, deren Ergebnisse in unser Fazit einfließen: z.B. Conzelmann, Edler, Eising, Finke, Hellmann, Jachtenfuchs, N. Jung, S. Jung, Knodt, Larat, Quittkat, Schmidberger, Schuhbauer. Zu den Veröffentlichungen laufender und abgeschlossener Forschungsarbeiten vgl. die Publikationsseiten des Mannheimer Zentrums für Europäische Sozialforschung (MZES): http: //www.mzes.uni-mannheim.de/publi2_D.html [Stand: 8.11.2002].

staaten durch das politische System der EU verändert die Art und Weise in der regiert wird. Wenn eine Politik auf europäischer statt auf einzelstaatlicher Ebene entschieden wird, verändern sich die Spielregeln für die Mitwirkung der Verfassungsorgane und die Zusammenarbeit von Staat und Gesellschaft.

Dies gilt für die Phase der Politikformulierung. Ob in der Phase der Umsetzung der Politik ebenfalls die Zuständigkeiten und die Verfahrensprozesse verändert werden, hängt zum einen davon ab, ob für die Implementation einer Politik überhaupt europäische Vorgaben gemacht werden und ob diese von denen im jeweiligen Mitgliedstaat abweichen. Eine erste, einfache Annahme ist, dass die Passfähigkeit der Systeme entscheidend ist (Cowles u.a. 2001). Es gibt aber reichlich Vermeidungsstrategien, um dem Druck einer Anpassung zu entgehen: Man begrenzt sich auf symbolische Aktionen, wendet die Vorgaben nur isoliert auf den speziellen Fall an oder inkorporiert sie in etablierte Strukturen und Prozesse. „I'll do it my way" ist das vorherrschende Motto (Große Hüttmann/Knodt 2000; Knodt 2002), das aber nicht zwangsläufig zu einer Konservierung bestehender Politiken, sondern auch zu ihrer Innovation führen kann. Die Europäisierung findet „in nationalen Farben"[39] und in jedem Politikfeld unterschiedlich statt. Ob die nationale Einfärbung überwiegt, kann nicht nur aufgrund der formalen Bedingungen von „Passfähigkeit" vorausgesagt werden. Politische Kräfteverhältnisse und Konfliktstrukturen sind häufig entscheidend, denn was von europäischer Seite vorgegeben oder angeboten wird, mag eine bisherige Minderheitenposition so stärken, dass gegebenenfalls sogar ein radikaler Wechsel erfolgt.

Die Varianz nach Ländern, Regionen und Politikfeldern sollte aber nicht darüber hinweg täuschen, dass Regieren auf europäischer und nationaler Ebene sich immer noch grundsätzlich unterscheidet. Dies wurde durch die Präsentation einiger empirischer Ergebnisse in diesem Kapitel deutlich. Deshalb lässt sich die „Netzwerkpolitik" nicht nahtlos auf die Mitgliedstaaten übertragen. Politik in EU-Mitgliedstaaten schöpft ihre Rechtmäßigkeit aus der Legitimität einer – parlamentsgestützten – Regierung, die sich in Wahlen zu verantworten hat. In ihr konzentriert sich immer noch die Entscheidungsmacht, folglich ist Machtstreben auf die Erringung der Regierungsmacht abgestellt. Dieser Machterwerb ist dem parteipolitischen Wettbewerb unterworfen und folglich dominiert die Logik des Parteienwettbewerbs, auch die Bereitschaft zur Akzeptanz europäischer Innovationen. Leitprinzipien des Regierens sind nicht parteipolitisch neutral, Kompetenzzuweisungen und Verfahren können politische Kräfteverhältnisse verändern und werden so je nach politischem Lager auf unterschiedliche Zustimmung stoßen.

Vor diesem Hintergrund ist es nicht verwunderlich, dass Transformation, selbst dort wo sie stattfindet, nicht zur Konvergenz nationaler Politik führt. Für eine abgewogene Beurteilung transnationaler Transformationsprozesse dürfen zusätzlich der internationale Kontext und die von der Europäisierung unabhängigen gesellschaftlichen Veränderungen nicht unberücksichtigt bleiben.[40]

---

39 So die beliebte Formulierung der früheren DDR Führung, um ihren Anspruch auf Eigenständigkeit gegenüber dem Führungsanspruch der Sowjetunion zu rechtfertigen.

40 Die Globalisierungsliteratur bietet eine Fülle von Thesen über den Trend zur Netzwerkpolitik. Zu den unterschiedlichen Typen weltpolitischer Ordnungen vgl. Kohler-Koch (2000c).

V Demokratie und politische Partizipation

10 Auf der Suche nach Legitimität

10.1 Einführung

Die Europäische Union ist eine Form politischer Herrschaft, welche die Ausschließlichkeit des Herrschaftsanspruches der Nationalstaaten unterhöhlt. Die auf nationaler Ebene vorgenommene Regelung von Sachfragen und Verteilung von Werten wird zunehmend durch die supranationale Politik der EU überlagert. In einer Fülle von Sachbereichen wird auf der supranationalen Ebene Politik „gemacht" – etwa wenn die Vertreter der nationalen Regierungen im Ministerrat Entscheidungen treffen oder der Europäische Rat Aktionen vereinbart, wenn die Kommission über die Zulässigkeit von staatlichen Beihilfen oder Fusionen zwischen Unternehmen entscheidet, oder wenn die Europäische Zentralbank geld- und zinspolitische Eckdaten vorgibt. Die Ausübung von Herrschaft im europäischen Integrationsverbund bedeutet, dass von der EU verbindliche, mit dem Anspruch der Allgemeingültigkeit versehene Entscheidungen getroffen werden.

Die EU als System politischer Herrschaft

Die Diskussion der *Legitimität* (lat. *legitimitas* = Rechtmäßigkeit) von Herrschaft richtet sich auf die Frage, mit welchen guten Gründen sich die Herrschaftsausübung – die immer auch eine Einschränkung der Freiheit und Selbstbestimmung des Einzelnen bedeutet – rechtfertigen lässt. Konkreter: Mit welchen anerkennungswürdigen Gründen kann die Befolgung dieser Entscheidungen auch von denen verlangt werden, die mit der Entscheidung inhaltlich nicht einverstanden sind? In demokratischen Verfassungsstaaten lautet die Antwort auf diese Frage, dass Herrschaft im Einklang mit bestimmten Grundprinzipien ausgeübt wird: Demokratie und Rechtsstaatlichkeit sind hier an erster Stelle zu nennen. Rechtsstaatlichkeit bedeutet, dass Herrschaft nach Maßgabe einer Rechtsordnung (der Verfassung und den auf ihr beruhenden Gesetzen) ausgeübt wird. So wie der einzelne Bürger an das Gesetz gebunden ist, ist auch die Herrschaftsausübung an Regeln gebunden. Dieses „Legalitätsprinzip" verhindert, dass ein Eingriff in die Freiheit oder das Eigentum der Bürger willkürlich oder unter Verletzung der Grundrechte ausgeübt wird. Das Demokratieprinzip besagt, dass die Ausübung der Herrschaft auf den Willen des Volkes zurückgeführt werden kann. Die praktische Umsetzung dieses Grundsatzes erfolgt dann über Wahlen und Abstimmungen, mittels derer das Volk das politische Führungspersonal auswählen oder seine Zustimmung zu bestimmten inhaltlichen Entscheidungen geben kann. Zentral am Gedanken legitimer Herrschaft ist also, dass die Herrschenden in der Ausübung der Herrschaft an bestimmte Prinzipien gebunden sind und erst auf Grund der Beachtung dieser Prinzipien Gehorsam einfordern können. Die klassische Formulierung dieses Gedankens aus soziologischer Perspektive stammt von Max Weber (Kasten 10.1).

Legitimität: Begriff

Kasten 10.1: Max Weber: Drei Typen legitimer Herrschaft

In *Max Webers* berühmtem Aufsatz „*Die drei reinen Typen der legitimen Herrschaft*" (1992, zuerst 1922) werden drei Idealtypen legitimer Herrschaft unterschieden, nämlich die legale, die traditionelle und die charismatische Herrschaftsform. Zentral ist dabei die Frage, auf welchen Faktoren „die Chance, Gehorsam für einen bestimmten Befehl zu finden", beruht (Weber 1992: 151). Dabei geht es nicht alleine darum, weshalb Menschen zur Fügsamkeit gegenüber Befehlen bereit sein können, sondern durch welche die Beherrschten *und* die Herrschenden verpflichtenden „Rechtsgründe" Herrschaft ihrem Wesen nach abgestützt wird. Herrschende und Beherrschte teilen also die Prinzipien, auf denen der Herrschaftsanspruch aufbaut, und die Herrschaft gilt als legitim, solange die Prinzipien grundsätzlich beachtet werden.

Der Typus legaler Herrschaft verkörpert dabei die heute allgemein als legitim anerkannte Herrschaftsform. Dieser Typus beruht auf Legitimität „kraft Satzung. (...) Gehorcht wird nicht der Person kraft deren Eigenrecht, sondern der gesatzten Regel, die dafür maßgebend ist, wem und inwieweit ihr zu gehorchen ist. Auch der Befehlende selbst gehorcht ... einer Regel: dem ‚Gesetz' ...“ (1992: 151-152, Hervorhebung im Original).[1]

Ausgehend von diesen Gedanken werden wir in diesem Kapitel die Frage diskutieren, ob und in welchem Umfang die von der EU ausgeübte Herrschaft als „legitim" gelten kann. Dabei geht es uns ausschließlich um die aus der Beachtung demokratischer Prinzipien herrührende Legitimität von Herrschaft. Die These, dass es in dieser Hinsicht ein Problem gibt, wird häufig unter dem Schlagwort des „Demokratiedefizits" der EU diskutiert. Konkret wird uns deshalb auf den folgenden Seiten die Frage beschäftigen, ob ein solches „Demokratiedefizit" in der EU besteht und wie es gegebenenfalls behoben werden kann.

Aufbau des Kapitels   Wir gehen dabei in drei Schritten vor: Zunächst diskutieren wir die These des „Demokratiedefizits" etwas genauer und stellen Autoren vor, die behaupten, dass es ein solches Demokratiedefizit nicht gibt (Kapitel 10.2). Ein Argument in diesem Zusammenhang lautet, dass das Integrationsprogramm der EU von der Zustimmung der Regierungen bzw. der nationalen Gesetzgeber in vollem Umfang gedeckt sei. Ein zweites Argument besagt, dass der demokratische Standard der EU den Vergleich mit den Mitgliedstaaten nicht zu scheuen braucht. Ein „Defizit" bestehe nur dann, wenn man einen unrealistisch hohen Standard von Demokratie anlege. Der zweite Schritt besteht darin, die Frage der demokratischen Legitimität der EU einer empirischen Diskussion zu unterziehen. Wir untersuchen, ob die Bürgerinnen und

---

1   Die beiden anderen von Weber unterschiedenen Herrschaftstypen – traditionelle und charismatische Herrschaft – beruhen auf anderen Legitimitätsgründen. Traditionelle Herrschaft bezieht ihre Legitimität daraus, dass sie sich auf alten Gebrauch und Bewährtheit berufen kann: „kraft Glaubens an die Heiligkeit der von jeher vorhandener Ordnungen und Herrengewalten. (...) Gehorcht wird der Person kraft ihrer durch Herkommen geheiligten Eigenwürde: aus Pietät. Der Inhalt der Befehle ist durch Tradition gebunden, deren rücksichtslose Verletzung seitens des Herrn die Legitimität seiner eigenen, lediglich auf ihrer Heiligkeit ruhenden, Herrschaft selbst gefährden würde" (Weber 1992: 154). Charismatische Herrschaft hingegen gewinnt ihre Legitimität „kraft aktueller Hingabe an die Person des Herrn und ihre Gnadengaben. (...) Ganz ausschließlich dem Führer rein persönlich um seiner persönlichen, unwertäglichen Qualitäten willen wird gehorcht, nicht wegen gesatzter Stellung oder traditionaler Würde" (ebd.: 159).

Bürger die Politik der EU als legitim wahrnehmen. Als Grundlagen dieser Diskussion verwenden wir zum einen Umfragedaten, zum anderen Material über gescheiterte Volksabstimmungen und Proteste gegen die Politik der EU (Kapitel 10.3). Das Ergebnis von Kapitel 10.2 und 10.3 lautet dabei, dass es tatsächlich Anlass zur Sorge gibt, dass also zumindest in gewisser Hinsicht ein „Defizit" an Demokratie in der EU besteht. Vor diesem Hintergrund fragen wir im dritten Schritt, wie der demokratische Standard europäischer Politik verbessert werden kann (Kapitel 10.4). Dabei richtet sich der Blick zunächst auf das Europäische Parlament und verschiedene Vorschläge zu seiner Aufwertung, bevor wir uns den demokratierelevanten Vorschlägen im Rahmen des EU-Verfassungskonvents und im Weißbuch „Europäisches Regieren" zuwenden. Abschließend diskutieren wir Beiträge, die in einer „Parlamentarisierung" der EU den falschen Weg sehen und vor diesem Hintergrund alternative Vorschläge zur Demokratisierung der EU unterbreiten. Aufgrund der sehr unterschiedlichen Zugänge zum Problem der Legitimität europäischer Politikgestaltung verzichten wir auf ein abschließendes Fazit. Wir verweisen stattdessen auf die zusammenfassenden Abschnitte in den Kapiteln 10.2.4, 10.3.4 und 10.4.4.

10.2 Das bestrittene Demokratie-Defizit

Ausgangspunkt unserer Überlegungen ist, dass der europäischen Integration nicht *per se* die demokratische Legitimität abgesprochen werden kann. Der europäische Integrationsprozess ist von demokratisch gewählten Regierungen in Gang gesetzt worden und wird – bedingt durch die zentrale Stellung des Rates im Entscheidungsprozess der Gemeinschaft – zu einem guten Teil weiterhin von diesen gestaltet und kontrolliert. Die Zustimmung zu den Gründungsverträgen und zu den späteren Vertragsänderungen ist von den nationalen Parlamenten bzw. direkt von den Völkern in Referenden erteilt worden. In immer mehr Materien hat auch das direkt gewählte Europäische Parlament das Recht zur Mitentscheidung. Die Frage ist jedoch, ob die Rückbindung europäischer Politik an den politischen Willen der Regierungen sowie des EP und der nationalen Parlamente eng genug ist, um die demokratische Legitimität europäischer Politik zu gewährleisten: Ist das, was auf europäischer Ebene geschieht, durch die Zustimmung der Bürgerinnen und Bürger bzw. ihrer Repräsentanten in Parlamenten und Regierungen gedeckt? Ist gewährleistet, dass die Aktivitäten der Gemeinschaftsorgane den durch diese Zustimmungsakte verliehenen Spielraum nicht überschreiten? Erst wenn eine oder mehrere dieser Fragen verneint werden müssen, kann man von einem „Defizit" an Demokratie sprechen. Der Eingriff europäischer Politik in die Freiheitsrechte des Einzelnen wäre dann nicht ausreichend demokratisch legitimiert.

Das Vorliegen eines solchen Defizits wäre hingegen zu bestreiten, sofern „Brüssel" nur reine Ausführungsaufgaben übernimmt, das Integrationsprogramm inhaltlich genau abgegrenzt ist, keine Politik gegen den Willen der Mitgliedstaaten stattfinden kann und deren Handeln auf der europäischen Ebene wiederum unter ausreichender demokratischer Kontrolle der nationalen oder des europäischen Parlaments steht. Eine zusätzliche Legitimierung wäre dann nicht notwendig, vielleicht nicht einmal wünschenswert, da jede zusätzliche Mitsprache eines weiteren Akteurs die Entscheidungsprozesse verlangsamt und potenziell die Effizienz der Aufgabenerfüllung auf europäischer Ebene vermindert.

<aside>Was ist ein „Defizit" an Demokratie?</aside>

10.2.1 Die Gemeinschaft als Zweckverband

Die EG als „Zweckverband" Eine Argumentationslinie *gegen* das Bestehen eines europäischen Demokratiedefizits stammt von Hans-Peter Ipsen (1972). Er bezeichnete die Europäische Wirtschaftsgemeinschaft und die anderen europäischen Gemeinschaften als „Zweckverbände funktioneller Integration" (Kasten 10.2).

Kasten 10.2: Die Gemeinschaften als „Zweckverbände funktioneller Integration"

> Mit dem Begriff des Zweckverbandes wird die Europäische Gemeinschaft als Einrichtung zur Erfüllung eines bestimmten Integrationszwecks begriffen, die sich durch strikte „Sachbezogenheit" (Ipsen 1972: Rz. 8/27: 197) auszeichnet. Bestimmte Aufgaben, die vormals von den Staaten wahrgenommen wurden, seien „in einem Prozess ,funktioneller Entflechtung' ... gemeinschaftlicher Erledigung zugewiesen worden". Die „Aussonderung einzelner Bereiche ... zu zweckverbandlicher Gemeinschaftserledigung" habe das zentrale Ziel, einen Gemeinsamen Markt zu schaffen, in dem „sich die Marktgesetze ohne staatlich-hoheitliche Beschränkungen entfalten können". Die somit geschaffene Struktur sei „als funktionelle – und eben nicht institutionelle – Integration" zu kennzeichnen. Ipsen sieht einen grundsätzlichen Unterschied zwischen Zweckverband und „Staatlichkeit ... als umfassender geistig-sozialer Wirklichkeit [und] potenziell unbeschränkter Kompetenzfülle" (Ipsen 1972: Rz 8/29, 8/30 und 8/27: 197-199).

Die Bezeichnung als „Zweckverband" bestreitet, dass durch die Europäische Gemeinschaft überhaupt politische Ermessensentscheidungen getroffen werden können.[2] Ein Zweckverband bedarf keiner eigenen Legitimation über die Aufgabenzuweisung durch die Regierungen hinaus, da „alle Wahrnehmung öffentlicher Gemeinschaftsgewalt zu ihrer Realisierung *vorab* gebunden ist. (...) Kein Gemeinschaftsorgan ist zu autonomer Anreicherung oder Variation der Zielbestimmungen und Gemeinschaftsaufgaben befugt" (Ipsen 1972: Rz. 6/47: 163, Hervorhebung im Original). Ipsen wendet sich deshalb auch entschieden gegen eine Aufwertung der – damals noch so genannten – „Versammlung" zu einem direkt gewählten Europäischen Parlament, wie sie bereits zur damaligen Zeit im Vertrag vorgesehen war (Art. 138, Abs. 3 EWG-V).

Die EG als Wirtschaftsverfassung Zu einem ähnlichen Ergebnis kommt die Interpretation der EG-Verträge als „Wirtschaftsverfassung".[3] Der zentrale Gedanke lautet, dass der Kern des Integrationsprojekts die Abschaffung aller wirtschaftserheblichen Grenzen zwischen den europäischen Völkern ist. Die Legitimation der Gemeinschaft liegt darin, dass sie mit der Abschaffung von Markthindernissen gerade nicht in die Freiheitsrechte des Einzelnen eingreift, sondern diesen erst Geltung verschafft. Voraussetzung hierfür sei allerdings, dass die Gemeinschaft ihrem Kernauftrag der Verwirklichung wirtschaftlicher Freiheitsrechte verpflichtet bleibe und zu gesellschaftspolitischer Gestaltung und wirtschaftlicher Intervention nicht ermächtigt

---

2   „Zweckverbände" sind im deutschen juristischen Sprachgebrauch öffentlich-rechtliche Einrichtungen, die z.B. im Auftrag mehrerer Gemeinden oder Kommunen bestimmte Aufgaben nach Kriterien der Sachgemäßheit erfüllen. Häufig anzutreffen sind Zweckverbände im Bereich der Trinkwassergewinnung und der Abwasserbeseitigung.

3   Mestmäcker (1978; 1994); als Sekundärliteratur Joerges (1991: 229-231); Kirchhof (1992: 858-860).

werde. Aus dieser Überlegung heraus ergibt sich dann auch eine Skepsis gegenüber direkter Kontrolle der Gemeinschaftstätigkeit durch die Regierungen oder die Parlamente der Mitgliedstaaten (vgl. z.B. Mestmäcker 1994: 627).[4]

10.2.2 Die EU als Staatenverbund

Das Maastricht-Urteil des Bundes-verfassungsgerichts

Eine dritte relevante Diskussion in diesem Zusammenhang dreht sich um den Begriff des „Staatenverbunds", der vom Staatsrechtler und früheren Richter am Bundesverfassungsgericht Paul Kirchhof (1992) geprägt wurde. Der Begriff erlangte Bekanntheit durch seine Verwendung in einem Urteil des Bundesverfassungsgerichts, an dem Kirchhof selbst mitgewirkt hatte. In diesem ging es um die Frage, ob der Maastrichter Vertrag eine Verletzung des Artikels 20, Abs. 2 des deutschen Grundgesetzes begründe („Alle Staatsgewalt geht vom Volke aus").[5] Die Beschwerdeführer hatten gerügt, dass der Maastrichter Vertrag die Gestaltungskompetenzen des Deutschen Bundestages in ihrer Substanz aushöhle. Die Politikbereiche, über die das deutsche Parlament in freier Verantwortung entscheiden könne, beschneide der Maastrichter Vertrag so weitgehend, dass das Demokratieprinzip des Grundgesetzes verletzt sei.[6] In seinem Urteil prüft das Gericht, ob die Abgrenzung der Kompetenzen der EG/EU hinreichend bestimmt ist und ob die Ausübung dieser Kompetenzen ausreichend gegen eine „schleichende" Kompetenzerweiterung geschützt ist. Das Gericht sieht dies als gegeben an, so dass das Gesamtergebnis lautet, dass der momentane Stand der Integration nicht mit einer Aushöhlung des Demokratieprinzips des Grundgesetzes gleichzusetzen sei und den nationalen Parlamenten ausreichend Kontrollrechte gegenüber von ihnen nicht gewünschten Entwicklungen der europäischen Integration verblieben.

EU als Staatenverbund

Auch hier wird also das Vorliegen eines Demokratiedefizits bestritten. Gleichwohl geht das Bundesverfassungsgericht über die zuvor dargestellte Argumentation von Ipsen und Mestmäcker hinaus, indem es die Ausübung von Herrschaft durch die EU als gegeben ansieht und die Notwendigkeit einer parlamentarischen Kontrolle der EU-Politik bejaht. Die Interpretation der EU als „Staatenverbund"[7] besagt dabei, dass bei der demokratischen Legitimierung eu-

---

4 Zum Verständnis dieser Position ist zu bedenken, dass es sich für Mestmäcker weniger um die faktische Entwicklung der EG dreht, als darum, aus einer Analyse der Vertragstexte und dem aus ihnen zu entnehmenden Integrationszweck Wesensmerkmale der Gemeinschaftsbildung abzuleiten. Seine Konzeption hat damit eine stärker präskriptive Qualität, weil sie versucht, „die unklaren oder auch widersprüchlichen Formelkompromisse des Textes [gemeint ist der EWG-V, Verf.] in einer theoretisch konsistenten Konzeption aufzuheben" (Joerges 1991: 230).

5 BVerfGE 89 (155) vom 12.10.1993, online verfügbar unter http://www.oefre.unibe.ch/law/ dfr/bv089155 [Stand: 31.07.2003]. Weitere Dokumente bei Winkelmann (1994).

6 Dieser Vorwurf bezog sich zum einen auf die weitreichenden neuen Kompetenzen, die der Europäischen Union mit dem Maastrichter Unionsvertrag übertragen wurden, nämlich die Gemeinsame Außen- und Sicherheitspolitik und die Zusammenarbeit in der Innen- und Justizpolitik. Zum anderen dreht es sich um den Beschluss zur Schaffung der Wirtschafts- und Währungsunion. Die Kläger befürchteten einen „Automatismus", der weitere Kompetenzerweiterungen der EU – etwa in der Steuer- und Haushaltpolitik – nach sich ziehen würde.

7 „Der Unionsvertrag begründet einen Staatenverbund zur Verwirklichung einer immer engeren Union der – staatlich organisierten – Völker Europas (Art. A EU-V), keinen sich auf ein europäisches Staatsvolk stützenden Staat" (8. Leitsatz zum Urteil des Bundesverfassungsgerichtes).

ropäischer Politik vor allem die nationalen Parlamente als Repräsentationsorgane der „Staatsvölker" (und nicht das Europäische Parlament) gefragt seien. Folglich seien auch „der Ausdehnung der Aufgaben und Befugnisse der Europäischen Gemeinschaft vom demokratischen Prinzip her Grenzen gesetzt. Dem Deutschen Bundestag müssen Aufgaben und Befugnisse von substanziellem Gewicht verbleiben".[8] Allerdings macht das Gericht an verschiedenen Stellen deutlich, dass

> „im Maße des Zusammenwachsens der europäischen Nationen zunehmend ... die Vermittlung demokratischer Legitimation durch das von den Bürgern der Mitgliedstaaten gewählte Europäische Parlament [erfolgt]. Entscheidend ist, dass die demokratischen Grundlagen der Union schritthaltend mit der Integration ausgebaut werden".[9]

Mit dieser Argumentation berücksichtigt das Gericht auch, dass sich europäische Politik heute nicht mehr als bloße Ausführung einer vertraglich verliehenen Kompetenz bezeichnen und somit auch legitimieren lässt. So ist in den Worten von Graf Kielmansegg die Politikgestaltung durch supranationale Organe „zunehmend diskretionäres Entscheidungshandeln in einem relativ weiten Raum europäischer Politikkompetenz und als solches rechtfertigungsbedürftig" (Kielmansegg 2003: 56).

10.2.3 Der Vergleich zu den Mitgliedstaaten

Kein Demokratiedefizit beim Anlegen „realistischer" Maßstäbe

Ein neuerer Beitrag von Andrew Moravcsik (2002) setzt genau an diesem Punkt an und kommt überraschenderweise dennoch zu dem Ergebnis, dass es ein demokratisches Defizit der EU nicht gebe. Die Lösung des Rätsels liegt darin, dass Moravcsik als Messlatte für die Feststellung von Defiziten nicht bestimmte normative Kriterien verwendet, sondern die bestehende Regierungspraxis in den Mitgliedstaaten der EU. Die Zuweisung bestimmter Funktionen an spezialisierte Agenturen und deren relative Abschottung von öffentlicher Diskussion und parlamentarischer Kontrolle sei eine etablierte Praxis, für die es starke normative und pragmatische Rechtfertigungen gebe.[10] Spiegelbildlich zu diesem Argument behauptet Moravcsik weiter, dass die Mehrzahl jener Politikentscheidungen, für die eine starke demokratische Kontrolle benötigt werde, bei den Mitgliedstaaten verbleibe. Dies gelte sowohl für redistributive Politiken (Regional- und Sozialpolitik)[11] als auch für Bereiche wie die

---

8 4. Leitsatz zum Urteil des Bundesverfassungsgerichtes. Siehe zur weiteren Information Neue Juristische Wochenschrift (NJW) (1993: 304-307) und Europäische Zeitschrift für Wirtschaftsrecht (EuZW) (1993: 66-67).

9 Leitsätze 3 a) und 3 b) des Urteils. In der Urteilsbegründung wird näher ausgeführt, dass durch die europäische Integration „das vom Volk gewählte Repräsentationsorgan, der Deutsche Bundestag, und mit ihm der wahlberechtigte Bürger notwendig an Einfluss auf den politischen Willensbildungs- und Entscheidungsprozess [verliert]. (...) Der Mitgliedstaat – und mit ihm seine Bürger – gewinnt freilich auch Einflussmöglichkeiten durch die Beteiligung an einer Willensbildung der Gemeinschaft zur Verfolgung gemeinsamer – und damit auch eigener – Zwecke" (BVerfGE 89 (155): 182-183).

10 Gründe für diese Abschottung liegen für ihn speziell in der Komplexität der zu behandelnden Sachfragen, dem weitgehenden Desinteresse der Bevölkerung an diesen Materien und der Gefahr der Einflussnahme mächtiger Wirtschaftsinteressen. Eine öffentliche Befassung und ein Interessenkampf zwischen einzelnen Gruppen der Bevölkerung bringe somit keinen legitimatorischen Zugewinn und stelle die Sachgerechtigkeit der Aufgabenerledigung in Frage.

11 Selbstverständlich erkennt Moravcsik an, dass die EG über eine Regional- und Sozialpolitik verfügt. Sein Argument lautet aber, dass diese Politikbereiche auf EG-Ebene entwe-

198

Steuergesetzgebung und die unmittelbar souveränitätsrelevanten Politikbereiche der zweiten und dritten Säule. Für die relativ bescheidene Zahl öffentlicher Aufgaben, für welche die EU zentrale Verantwortung trage – so sein drittes Argument – sei der existierende Standard demokratischer Kontrolle jedoch keineswegs defizitär. Vielmehr gebe es effektive Kontrollmechanismen gegenüber einer willkürlichen oder undemokratischen Ausübung von Kompetenzen durch die Kommission oder andere nicht gewählte Agenturen. Solche Fesseln sind für Moravcsik vor allem die zentrale Position des Rates und die wachsende Bedeutung des EP im supranationalen Entscheidungsprozess, die geringe fiskalische Ausstattung, die fehlende Kompetenz-Kompetenz sowie die kaum vorhandene Umsetzungskompetenz der EU. Eine weitergehende Demokratisierung der EU sei nicht nur unnötig, sondern auch aus normativen Gründen nicht wünschenswert (Moravcsik 2002: 615-617). Seine Schlussfolgerung lautet, dass

> „solange die politischen Prozeduren [der EU] konsistent mit der existierenden nationalen demokratischen Praxis sind und es *prima facie* eine normative Begründung für diese Praktiken gibt ... können wir keine negativen Schlussfolgerungen über die demokratische Legitimität der EU ziehen, welche allein auf einer Analyse ihre nicht-partizipatorischen Eigenschaften beruhen" (ebd.: 622, eigene Übersetzung).

10.2.4 Bewertung

In diesem Kapitel haben wir Autoren kennen gelernt, die für die EU ein „Defizit" an Demokratie bestreiten. Sie tun dies auf der Grundlage einer speziellen rechtlichen oder politischen Interpretation der Gemeinschaft oder vor dem Hintergrund eines Vergleichs mit der demokratischen Qualität der Mitgliedstaaten. Die Auseinandersetzung mit diesen Stimmen kann dabei auf zweierlei Weise erfolgen: Man kann *erstens* den hier vorgestellten Analysen eine konkurrierende Interpretation des Regierens in der EU gegenüberstellen. Sie würde darauf abstellen, dass durch die Zustimmung der Regierungen auf Gipfeltreffen oder in den Ministerräten und durch die Beteiligung des Europäischen Parlaments keine ausreichende Legitimität entsteht, um die weitreichenden Eingriffe der EU in die nationalstaatliche Politik und in die Freiheitsrechte der Bürgerinnen und Bürger zu rechtfertigen. Als Argument wären hier insbesondere die nach wie vor schwachen Kontroll- und Sanktionsmöglichkeiten des Europäischen Parlaments[12] zu nennen. Zudem spielt bei den Wahlen in den Mitgliedstaaten, jedoch auch bei den Wahlen zum Europäischen Parlament die Europapolitik in der Regel nur am Rande eine Rolle, so dass eine demokratische Kontrolle der Europapolitik und der in ihr zentralen Streitfragen nicht wirklich stattfindet.[13] Auch für die nationalstaatlichen Parlamente zeigt die Forschung, dass den Abgeordneten eine wirkungsvolle Kontrolle der Europapolitik kaum möglich ist. Einrichtungen wie der Europaausschuss des Deutschen Bundestages können hieran nicht wirklich etwas ändern (Sterzing/Tidow 2001; Maurer/Wessels 2002).

Bestehende demokratische Defizite

---

der als regulative Politik betrieben werden (Sozialpolitik) oder lediglich über einen stark begrenzten finanziellen Handlungsspielraum verfügen (Regionalpolitik).

12 Zur vertieften Auseinandersetzung mit der Rolle des Europäischen Parlaments siehe unten, Kapitel 10.4.1.

13 Die Wahlen zum EP werden überdies häufig als wenig wichtige und stark von nationalen Themen geprägte „Nebenwahlen" („second order elections"; vgl. Reif 1985) eingestuft.

Ein *zweites* Argument würde sich speziell gegen die Interpretation von Andrew Moravcsik richten. Ein Defizit der EU an demokratischer Legitimität zu bestreiten, weil ihre Mitgliedstaaten auch keinen höheren Demokratiestandard aufweisen, ist widersinnig. Schließlich werden von der Analyse eines durch die EU verursachten Demokratiedefizits die Mitgliedstaaten ja gerade nicht ausgenommen. Viele der demokratietheoretisch bedenklichen Entwicklungen entstehen dadurch, dass demokratische Verfahren in den Mitgliedstaaten durch die EU-Einbindung ausgehöhlt werden, diese realen Verluste demokratischer Qualität jedoch nicht auf der europäischen Ebene aufgefangen werden können. Würde man die bestehende Praxis der Politikgestaltung als normativen Maßstab verwenden, so verlöre die Politikwissenschaft ihren normativen Horizont und ihre Kritikfähigkeit. Doch auch in empirischer Hinsicht lässt sich Kritik üben: So ist das Argument problematisch, dass legitimitätsrelevante Politikbereiche unter nationalstaatlicher Kontrolle verbleiben und auf europäischer Ebene nur eine technokratische Ausführung von unproblematischen delegierten Aufgaben erfolgt. Beispielsweise werden die von Moravcsik genannten „legitimitätsrelevanten" Politikbereiche (wie die Sozialpolitik, die Steuergesetzgebung und distributive Politiken) in fundamentaler Weise durch die Stabilitätskriterien der Währungsunion bzw. die diese Kriterien überwachende Kommission beeinflusst. Auch eine intergouvernementale Organisation von Politikbereichen (wie in den Politiken des zweiten und dritten Pfeilers) bietet keineswegs eine Gewähr für ausreichende demokratische Kontrolle (vgl. Kap. 7 und 13).

Unser eigenes Fazit lautet, dass es sehr wohl Anlass zur Sorge im Hinblick auf den demokratischen Gehalt des Regierens in der EU gibt.[14] Vor diesem Hintergrund ist die Suche nach einer Verbesserung der demokratischen Qualität europäischen Regierens eine drängende Aufgabe. Bevor wir in Kapitel 10.4 diese Diskussion etwas ausführlicher aufrollen, wollen wir jedoch die Frage nach der sogenannten „empirischen Legitimität" des Regierens in der EU stellen.

10.3 Empirische Legitimität

Legitimität als Unterstützungsbereitschaft

Diskutiert man die Frage der „empirischen Legitimität" eines politischen Systems, so verwendet man ein Verständnis von Legitimität, das sich nicht auf den Charakter der Herrschaftsform, sondern auf den „Legitimitätsglauben" der Bevölkerung bezieht (vgl. auch Nohlen 1998). Als Material zur Diskussion dieser Frage dienen dabei Daten, die durch die Befragung eines (repräsentativen) Querschnitts der Bevölkerung gewonnen werden. Der einzelne Bürger und seine Einstellungen stehen im Mittelpunkt des Interesses.[15] In unserem Zusammenhang sind vor allem die Meinungsumfragen bedeutsam, die im Auftrag der Kommission für das sogenannte Eu-

---

14 An vielen Stellen des vorliegenden Buches finden sich kritische Auseinandersetzungen mit dieser Thematik, die wir hier nicht im Einzelnen wiederholen können.

15 Nur am Rande sei auf den gedanklichen Hintergrund dieses Vorgehens in der sogenannten behavioralistischen Schule der Politikwissenschaft hingewiesen (von US-amerik. „behavior" = Verhalten). Es wird davon ausgegangen, dass politische Prozesse vor allem anhand klar beobachtbarer empirischer Phänomene (wie dem Verhalten von Individuen) analysiert werden sollten. Implizit wird dabei unterstellt, dass sich politische Ergebnisse auch auf dieses Verhalten zurückführen lassen; den institutionellen Strukturen, innerhalb derer dieses Handeln stattfindet, wird damit eine nachrangige Bedeutung zugewiesen. (Ausführlich hierzu der Handbucharticle Falter 1994).

robarometer[16] durchgeführt werden. Die Nutzung dieser Daten ist naheliegend, weil das Eurobarometer unterschiedliche Facetten der Bevölkerungseinstellungen zur EU erfasst, die eine Schlussfolgerung auf den Legitimitätsglauben der Bürger zulassen. Darüber hinaus liegen Daten über lange Jahre hinweg für alle Länder der EU vor. Bevor wir in Kapitel 10.3.2 über einige ausgewählte Ergebnisse des Eurobarometers berichten, wollen wir in Kapitel 10.3.1 etwas näher auf den theoretischen Hintergrund der diskutierten Indikatoren eingehen.

10.3.1 Theoretisches Konzept und empirische Messung

Die Konzeptualisierung von Legitimität als empirisch messbares, auf individuelle Einstellungen gerichtetes Konzept steht in der Tradition zweier grundlegender politikwissenschaftlicher Arbeiten aus den 1960er Jahren von *Seymour M. Lipset* und von *David Easton*.[17] Ihre Arbeiten drehen sich um die Frage, in welchem Umfang es eine bestimmte Herrschaftsordnung schafft, einen Legitimitätsglauben der Bevölkerung zu erzeugen und aufrechtzuerhalten. Die Autoren gehen dabei von der These aus, dass ein politisches System umso stabiler ist, je mehr „Unterstützung" es von der Bevölkerung erhält. Die Unterstützungsbereitschaft der Bürger ist selbst wieder abhängig davon, wie gut das System die Anforderungen der Bürger befriedigen und insofern einen Legitimitätsglauben erzeugen und aufrecht erhalten kann. Den theoretischen Hintergrund bietet die Systemtheorie David Eastons (Kasten 10.3).

Kasten 10.3: Die Systemtheorie David Eastons

> Für Easton ist Politik, d.h. die autoritative Verteilung von Werten, am besten zu verstehen, wenn man das Verhältnis von Staat und Gesellschaft als eine System/Umwelt-Beziehung konzeptionalisiert (Easton 1965). Das politische System ist stabil, wenn es sich optimal den Anforderungen aus seiner Umwelt anpasst. Dabei gibt es eine zirkuläre Beziehung zwischen den Anforderungen an das System, dem sogenannten *Input*, der Umsetzung des Input in „Staatstätigkeit" bzw. die Wahrnehmung öffentlicher Aufgaben (dem sogenannten *Output*), und der angesichts dieser Leistungen neu formulierten Anforderungen an das System bzw. die Bereitschaft zu dessen Unterstützung. Je besser die Ergebnisse des politischen Systems mit den Erwartungen der Gesellschaft harmonieren, desto eher ist dessen Fortbestand gesichert.

Das Problem an diesen Ansätzen ist natürlich die Frage, wie ein als „Unterstützung" definierter Legitimitätsglaube gemessen werden kann. Ein erster Schritt auf dem Weg hin zur „Operationalisierung" dieses Konzepts (vgl. oben, Kasten 5.2) ist eine von Easton selbst vorgenommene Unterscheidung zwischen spezifischer und diffuser Unterstützung. Spezifische Unterstützung entsteht, wenn ein Individuum mit der „Leistung" des politischen Systems (Output) bzw. der Leistung bestimmter Entscheidungsträger zufrieden ist (Easton 1975: 437). Sie beruht auf individuellen Nutzenerwägungen und hat einen kurzfristigen (beispielsweise auf eine bestimmte Regierung und ihre Politik bezogenen) Charakter. Die diffuse

Easton und Lipset als Vorläufer

Operationalisierung des Konzepts

16 Die Ergebnisse sind online zugänglich unter http://europa.eu.int/comm/public_opinion [Stand: 30.07.2003].
17 David Easton (1965): A Systems Analysis of Political Life; Seymour M. Lipset (1960): Political Man.

Unterstützung richtet sich demgegenüber auf eine generelle Bewertung des politischen Systems, also entweder auf seine langfristige Leistungsfähigkeit oder auf eine grundsätzliche Überzeugung, dem System Gehorsam zu schulden.[18] Hier spielen kurz- oder langfristige Nutzenerwartungen keine Rolle mehr; es dreht sich allein um die Frage, ob das politische System um seiner selbst willen Unterstützung verdient. Easton versteht diffuse Unterstützung damit als einen

> „Vorrat an zustimmenden Einstellungen oder gutem Willen, der es den Mitgliedern einer politischen Gemeinschaft erlaubt, von ihnen abgelehnte oder als ungünstig wahrgenommene Ergebnisse des Politikprozesses gleichwohl zu akzeptieren bzw. hinzunehmen" (1965: 273, eigene Übersetzung).

Diese Definitionen laden zur Formulierung von Fragen ein, die im Rahmen von empirischen Erhebungen verwendet werden können. Genau dies ist der vom Eurobarometer eingeschlagene Weg.[19]

10.3.2 Instrumentelle, reflexive und affektive Unterstützung der europäischen Integration

Instrumentelle, reflexive und affektive Unterstützung

Ein Beispiel für die Adaption der Gedanken Eastons und ihrer Verknüpfung mit den Daten des Eurobarometer ist die Arbeit von Schmidberger. Er unterscheidet drei Spielarten der Unterstützung, nämlich *instrumentelle, reflexive* und *affektive* Unterstützung (Schmidberger 1997: 62-66). Die Kategorie der *instrumentellen* Unterstützung ist dabei weitgehend deckungsgleich mit dem von Easton verwendeten Terminus der „spezifischen Unterstützung". Dabei wird die Zufriedenheit mit der Leistung des politischen Systems als Funktion der Vorteile einer Mitgliedschaft in der Gemeinschaft gesehen, insbesondere von deren wirtschaftlichen Wohlfahrtseffekten. Die Kategorie *reflexive* Unterstützung nimmt den Gedanken der langfristigen Outputzufriedenheit auf. Es wird gefragt, ob die EU unabhängig von kurzfristigen Vorteilserwägungen als angemessener Rahmen für die Lösung gesellschaftlicher Probleme anerkannt wird. Die *affektive* Unterstützung schließlich „löst sich ganz von der Frage nach den wahrgenommenen Leistungen der EU und rückt den Aspekt der Genese einer staatenübergreifenden Identität und eines staatenübergreifenden Gemeinschaftssinnes in der Bevölkerung in den Mittelpunkt der Aufmerksamkeit" (ebd.: 65-66). Gefragt wird, ob sich die Bevölkerungen der einzelnen Mitgliedstaaten als Gemeinschaft erfahren und der Integrationsprozess von einem stabilen wechselseitigen Vertrauen der Völker zueinander gestützt wird.

Instrumentelle Unterstützung

Als Messlatte für die instrumentelle Unterstützung wird üblicherweise die Frage des Eurobarometer herangezogen, ob die Mitgliedschaft des eigenen Landes in der EU Vorteile hat (ebd.: 110-118; Hix 1999: 139-140). In Schaubild

---

18 In den Worten von Easton ist Legitimität „the conviction on a part of the member that it is right and proper for him to accept and obey the authorities and to abide by the requirements of the regime" (1965: 278). Legitimität ist somit Quelle der Gehorsamsbereitschaft.

19 Selbstverständlich sind die Überlegungen Eastons nicht nur vom Eurobarometer, sondern auch von einer Vielzahl anderer Forscherinnen und Forscher aufgenommen worden (Westle 1989). Einen ersten wichtigen Schritt zur Übertragung des Easton'schen Konzeptes auf die EU leisteten Leon Lindberg und Stuart Scheingold (1970). Aktuellere Beiträge neben Schmidberger sind Niedermayer (1995), Gabel (1998a und b), Hix (1999), Thomassen/Schmitt (1999).

10.1 sind die Antworten der EU-Bürger auf diese Frage in Form der „Nettounterstützung"[20] abgetragen. Diese steigt im Zeitraum zwischen 1984 und 1991 von etwas mehr als 20 Prozent auf einen Wert von über 45 Prozent an. Ab 1991 (dem Zeitpunkt der Beschlussfassung zum Maastricht-Vertrag und der Beendigung des Ost-West Konfliktes) sinkt der Wert jedoch wieder rapide ab und pendelt in der zweiten Hälfte der 1990er Jahre um die 20-Prozent-Marke. Auch wenn dieser Rückgang bemerkenswert ist, so überwiegt immer noch bei weitem der Anteil derer, die die Mitgliedschaft ihres Landes als Vorteil betrachten.

Schaubild 10.1: Instrumentelle Unterstützung: Vorteile der Mitgliedschaft[21]

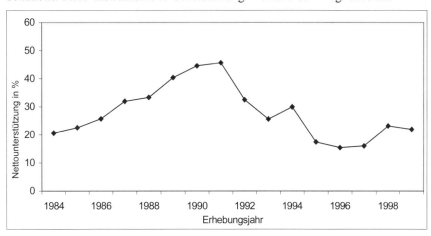

Quelle: Mannheimer Eurobarometer Trend-File 1970-1999.

Der Fragetext lautet: „Hat Ihrer Meinung nach [das jeweilige Heimatland des Befragten] insgesamt gesehen durch die Mitgliedschaft in der Europäischen Gemeinschaft (ab 1993: Europäischen Union) Vorteile oder ist dies nicht der Fall?" Antworten: „hatte Vorteile", „hatte keine Vorteile", „weiß nicht".

---

20 Dies ist der Wert, der sich aus der Subtraktion der negativen Antworten von den positiven Antworten ergibt. In Schaubild 10.1 bezeichnet die Nettounterstützung den Anteil der Befragten, die „hatte Vorteile" antworteten, abzüglich der Antworten „hatte keine Vorteile". Die Befragten, die mit „weiß nicht" antworteten, werden nicht berücksichtigt. Hätten beispielsweise in einem bestimmten Jahr 60 Prozent der Befragten mit „hatte Vorteile", 30 Prozent mit „hatte keine Vorteile" und 10 Prozent mit „weiß nicht" geantwortet, so würde sich aus diesen Zahlen eine Nettounterstützung von 30 Prozent (60 abzüglich 30) ergeben.

21 Methodische Anmerkung: Die in diesem und den folgenden Schaubildern angegebenen Werte sind arithmetische Mittelwerte der jeweiligen nationalen Einzelergebnisse. Eine Gewichtung anhand der Bevölkerungszahlen wurde nicht vorgenommen. Lagen für ein Kalenderjahr mehrere Befragungen vor, so wurde zunächst der arithmetische Mittelwert der nationalen Einzelwerte berechnet und dann der Durchschnitt für die EU insgesamt. In diesem und den folgenden Schaubildern ist weiter zu beachten, dass Daten des Eurobarometer jeweils für unterschiedliche Grundgesamtheiten von Ländern erhoben wurden. Teilweise wurden im Zeitverlauf auch wechselnde Frageformulierungen verwendet. Dies bedeutet, dass die in den Schaubildern und im Text angegebenen Zahlenwerte durch solche Faktoren beeinflusst sein können. Unterschiedliche Untersuchungszeiträume der Schaubilder 10.1-10.3 ergeben sich daraus, dass nicht für alle Fragen Daten für längere Zeiträume vorliegen. Zur vertiefenden Diskussion methodischer Probleme im Zusammenhang mit der Auswertung von Daten des Eurobarometer siehe Schmidberger (1997: 94-95).

Als Indikator für eine „reflexive" Unterstützung können die Antworten auf die Frage genommen werden, ob die Bürger der Mitgliedstaaten „alles in allem gesehen für oder gegen die derzeitigen Bemühungen zur Vereinigung Westeuropas" sind (Schmidberger 1997: 97-98, 133-142). Es ergibt sich ein Bild, das einige Ähnlichkeiten mit der Verlaufskurve der instrumentellen Unterstützung aufweist (Schaubild 10.2). Die Nettounterstützungswerte liegen zum Beginn der 1980er Jahre auf einem Niveau von etwas mehr als 40 Prozent, sinken bis 1984, steigen dann bis 1993 an und fallen anschließend auf einen Wert um 30 Prozent ab. Im Einklang mit den theoriegeleiteten Erwartungen sind allerdings die Ausschläge bei diesem auf langfristige Zufriedenheit abstellenden Indikator weniger stark als bei der relativ kurzfristig angelegten „instrumentellen" Unterstützung. Auch fällt auf, dass die Werte dieses Indikators über den gesamten Zeitraum höher liegen als bei der „instrumentellen" Unterstützung. Offensichtlich gibt es so etwas wie eine generelle Unterstützung für die europäische Integration, die unabhängig von der kurzfristigen „Leistung" des politischen Systems ist. Dass die Werte der Nettounterstützung durchgängig zwischen 30 und 50 Prozent liegen und nie auch nur annähernd in den Minusbereich abrutschen (dies wäre der Fall, wenn die Zahl der Gegner die Zahl der Befürworter übestiege), ist ein starker Beleg dafür, dass es keine tiefgreifende Legitimitätskrise der europäischen Integration gibt. Allerdings ist auch hier der ab Beginn der 1990er Jahre sinkende Unterstützungswert auffällig.

Schaubild 10.2: Reflexive Unterstützung: Befürwortung der Vereinigung
Europas

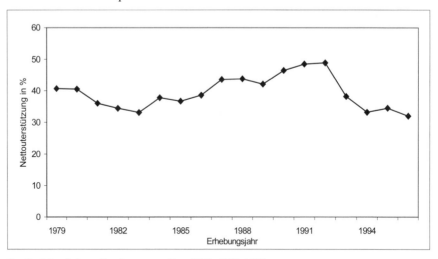

Quelle: Mannheimer Eurobarometer Trend-File 1970-1999.

Der Fragetext lautet: „Sind Sie alles in allem gesehen für oder gegen die derzeitigen Bemühungen zur Vereinigung Westeuropas?" (Antworten: „sehr dafür", „etwas dafür", etwas dagegen", „sehr dagegen", „weiß nicht"). Die Nettounterstützung wurde hier berechnet, indem die addierten Werte für die beiden negativen Antwortoptionen von der Summe der Werte für die beiden positiven Antwortoptionen subtrahiert wurde.

Eine weitere, auf die „reflexive Unterstützung" bezogene Messgröße sind die Antworten auf die Eurobarometer-Frage nach dem Funktionieren der Demokratie in der EU.[22] Nach den Umfragen zu schließen sind zumindest in Frankreich, Spanien, Italien und Deutschland die Befragten mehrheitlich mit dem Funktionieren der Demokratie in der EU unzufrieden (Schmidberger 1997: 143). In der Analyse der Nettounterstützung ergeben sich für die Gesamtheit der EU-Staaten Werte, die um Null pendeln, d.h. Zufriedene und Unzufriedene halten sich ungefähr die Waage. Zugleich erfährt die Frage, ob eine wichtigere Rolle für das Europäische Parlament gewünscht wird,[23] in den von Schmidberger untersuchten Staaten (Deutschland, Frankreich, Italien, Spanien) eine starke Befürwortung (ebd.: 143-145). Allerdings ist die Interpretation der Daten heikel: Zum einen korreliert Demokratiezufriedenheit *positiv* mit der Unterstützung einer wichtigeren Rolle des EP (d.h. wer auf die erste Frage mit „ja" antwortet, antwortet tendenziell auch auf die zweite Frage mit ja). Dies widerspricht der intuitiven Vermutung, dass sich eine Unzufriedenheit mit der Demokratie in der EU im Wunsch nach einer Aufwertung des Europäischen Parlaments niederschlägt. Zum anderen liegt die Vermutung nahe, dass einige Befragte auf die Frage nach der „Demokratie in der EU" auch ihre Einstellungen zum Funktionieren der nationalen Demokratie zu Protokoll geben. Gleichwohl ist auf Grund dieser Ergebnisse die vorsichtige Vermutung angebracht, dass auch in der Wahrnehmung der für das Eurobarometer befragten Personen die demokratische Legitimität der EU zu wünschen übrig lässt.[24]

Wie steht es nun mit der „affektiven" Unterstützung der europäischen Integration? Zur Beantwortung dieser Frage wird häufig die Eurobarometer-Frage nach dem „Gefühl, ein Europäer zu sein" genommen (Duchesne/Frognier 1995; Schmidberger 1997: 156-162; Scheuer 1999). Auffällig ist der geringe Anteil derer, die sich gleichzeitig als europäische und nationale Bürger fühlen bzw. sich überwiegend als Europäer identifizieren (Schaubild 10.3).[25] Nach wie vor identifizieren sich die Befragten ausschließlich oder überwiegend mit ihrer Nation. Während gerade in diesem Zeitraum die politische Zusammenarbeit Schritt um Schritt vertieft wurde, verharrt das Gefühl der europäischen Identität weiterhin auf niedrigem Niveau und zeigt sogar eine leicht abnehmende Tendenz. Dies widerspricht eindeutig den Hypothesen der Neo-Funktionalisten, dass zunehmende Integration eine europäische Identität entstehen lasse (Schmidberger 1997: 159).

(Randnotiz:) Affektive Unterstützung

---

22 „Sind Sie mit der Art und Weise, wie die Demokratie in der Europäischen Union funktioniert, alles in allem ‚sehr zufrieden', ‚ziemlich zufrieden', ‚ziemlich unzufrieden', ‚völlig unzufrieden'"?

23 „Würden Sie es persönlich lieber sehen, wenn das Europaparlament eine wichtigere oder eine weniger wichtige Rolle spielen würde als dies zur Zeit der Fall ist"? (Antwortoptionen: „Wichtigere Rolle", „weniger wichtige Rolle", „gleiche Rolle / sollte so bleiben", „weiß nicht").

24 Wir haben für die beiden genannten Fragen auf die Erstellung von Schaubildern verzichtet, da sich die Frageformulierungen im Zeitverlauf geändert haben und die Fragen jeweils in unregelmäßigen Abständen erhoben wurden.

25 Hier ist es allerdings schwierig, einen längerfristigen Trend auszumachen, weil die Frageformulierung 1992 geändert wurde. Aus diesem Grund wurden auch nur die Daten seit 1992 herangezogen.

Schaubild 10.3: Affektive Unterstützung: Gefühl, ein „Europäer" zu sein

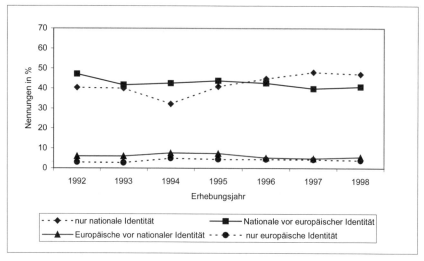

Quelle: Mannheimer Eurobarometer Trend-File 1970-1999.

Der Fragetext lautet: „In der nahen Zukunft, sehen Sie sich da ‚...nur als [Nationalität]‘, ‚...als [Nationalität] und Europäer/in‘, ‚...als Europäer/in und [Nationalität]‘, ‚...nur als Europäer/in‘"?

Wer unterstützt die EU? Untersucht man die Bevölkerungseinstellungen zur EU eingehender, so fallen die deutlichen Abweichungen im Antwortverhalten auf. Korreliert man die Antworten mit Individualdaten, d.h. den Eigenschaften der Befragten, ergeben sich signifikante Zusammenhänge. Wer hoch gebildet, gut informiert, jung und postmaterialistisch ausgerichtet ist, der unterstützt die europäische Integration stärker, sieht für das eigene Land eher Vorteile in der EU-Mitgliedschaft, empfindet sich mehr als Europäer und entwickelt insgesamt mehr Vertrauen und ein europäisches Zusammengehörigkeitsgefühl als seine Mitbürger (Niedermayer 1995; Gabel 1998a; 1998b). Mit anderen Worten, Unterstützung für Europa ist eher unter den Eliten zu finden, die auch die öffentliche Diskussion zu Europa maßgeblich bestimmen. Ein weiterer entscheidender Faktor ist die jeweilige Nationalität der Befragten. Je nach nationaler und selbst regionaler Zugehörigkeit variieren die Antworten. Diese und andere sogenannte „Kontextvariablen" (wie Dauer der Mitgliedschaft des eigenen Landes, finanzielle Zuwendungen an Land oder Region aus dem EU-Haushalt, Grenzlage der eigenen Region etc.) sind aber weniger erklärungskräftig als die individuellen Eigenschaften der Befragten.[26]

10.3.3 Ein Ende des „permissive consensus"?

Permissive consensus Welche Schlussfolgerungen lassen sich nun aus diesen Befragungsergebnissen ableiten? Vergleicht man sie mit der politischen Integrationsentwicklung, dann

---

26 Deren relative Bedeutung wird bei Whitten/Palmer/Gabel (2002) nachgewiesen. Dass sie als Kontextvariablen eine untergeordnete Bedeutung haben, weist Schmidberger (1997) mit Hilfe der Mehrebenenmethode nach.

tut sich eine Schere auf: Auch wenn die Werte durchgehend im positiven Bereich liegen, sinkt die Unterstützungsbereitschaft in der Bevölkerung ab dem Beginn der 1990er Jahre, also just zu der Zeit, zu der weitgehende Schritte zur engeren wirtschaftlichen, sozialen und politischen Vergemeinschaftung unternommen wurden. Heißt das, dass das Tempo und vielleicht auch die Richtung der Integration die Bürgerinnen und Bürgern der EU überfordern? Sind wir am Ende des sogenannten „permissive consensus", des wohlwollenden Einverständnisses angekommen, das die Integration in früheren Jahren befördert hat (Kasten 10.4)?

Kasten 10.4: Der „permissive consensus"

Mit diesem ursprünglich von Lindberg und Scheingold (1970) in die Diskussion gebrachten Schlagwort wurde ein doppelter Umstand bezeichnet: zum einen die relativ breite Übereinstimmung der Bürger, dass die europäische Integration ein erstrebenswertes Ziel sei, zum anderen ihre weitgehende Unkenntnis des konkreten Integrationsprojektes, das Eliten weitgehend unbeachtet von der Öffentlichkeit vorantrieben (ebd.: 41). Die wohlwollende Grundhaltung und die aus Unkenntnis erwachsende Passivität erlaubten Fortschritte der Integration, solange die Bürger sich nicht in ihren eigenen Belangen direkt negativ betroffen fühlten. Sollte der Integrationsprozess allerdings kritische Bereiche der nationalen Souveränität berühren, so eine hieraus abzuleitende Hypothese, so könnte der „permissive consensus" zu einem Ende kommen (ebd.: 62, 274-277; vgl. auch Reif 1992).

Die Diskussion um das mögliche Ende des „wohlwollenden Einverständnisses" wird meistens dann neu gestartet, wenn die in vielen EU-Mitgliedstaaten notwendigen Volksabstimmungen über die Annahme von Vertragsänderungen scheitern oder wenn protestierende Bauern Barrikaden auf den Brüsseler Straßen errichten. Wie verbreitet sind solche populären Äußerungen des Unmuts und in welchem Umfang steckt hinter ihnen tatsächlich eine Ablehnung des Integrationsprozesses?

Im Hinblick auf die Volksabstimmungen greifen wir die gescheiterte Abstimmung zur Ratifikation des Maastrichter Vertrags in Dänemark und das gescheiterte Referendum zum Vertrag von Nizza in Irland heraus. Beide Ereignisse werden häufig als Hinweis auf die schwindende Bereitschaft der Bürger gewertet, den weiteren Integrationsprozess wohlwollend zu dulden. Die folgende Interpretation aus einem Lehrbuch zur EU soll zitiert werden, weil sie weitgehend mit dem Tenor der Medien und den Schlussfolgerungen der Politiker übereinstimmt:

Gescheiterte Referenden

„Indeed, public disquiet over the elitism and obscurity of Community decision making .... burst into the open in 1992 during the Maastricht Treaty ratification crisis. (...) Governments learned a costly lesson: As the Community encroaches more and more on people's daily lives and the distinction between domestic affairs and Community affairs disappears, the public wants greater openness and involvement in Community decision making" (Dinan 1994: 291).

Bei näherer Untersuchung erscheint diese Auslegung sehr vordergründig. Denn häufig spielen bei den Referenden nationale Faktoren die entscheidende Rolle, während die Beschäftigung mit dem eigentlich zur Abstimmung stehenden Vertragswerk eher oberflächlich ist. So weist eine Untersuchung zu den Maastricht-Referenden (Franklin/Van der Eijk/Marsh 1995) nach, dass das Scheitern des dänischen Referendums und die nur knappe Annahme des französischen Referen-

Kritik

dums weniger mit der Unpopularität der europäischen Integration zu tun hatte als vielmehr mit der Unpopularität der Regierungen, die den Vertrag verhandelt hatten. Die Autoren können eine klare Korrelation zwischen einem positiven Votum im Referendum und der allgemeinen Zufriedenheit mit der Arbeit der Regierung zeigen. Zu dieser Deutung passt auch, dass sich beim zweiten Referendum in Dänemark weniger als 20 Prozent der Abstimmenden über die Konzessionen der EU gegenüber Dänemark im Klaren waren,[27] und dass sich nach dem Regierungswechsel zu den Sozialdemokraten unter Ministerpräsident Paul N. Rasmussen ein signifikanter Anteil von sozialdemokratischen Anhängern für die Unterstützung des zweiten Referendums entschied. Was das Scheitern des ersten irischen Referendums zum Vertrag von Nizza angeht, so lag auch hier der Grund offensichtlich nicht in einer Ablehnung des Integrationsprozesses. Vielmehr gelang es den Befürwortern der Ratifikation nicht in erforderlichem Maße, die Bevölkerung zu mobilisieren.[28] Beim zweiten Referendum nahm der Vertrag von Nizza ohne Schwierigkeiten die Hürde, weil nun auch die Befürworter an die Urne gegangen waren. Die Schlussfolgerung lautet, dass weniger der Inhalt des Vertrages, sondern die Vermittlung seiner Vorteile in der öffentlichen Diskussion das Problem des ersten Referendums war (Sinnott/Thomsen 2001). Insgesamt scheint es also unangemessen zu sein, aus den beiden gescheiterten Referenden in Dänemark und Irland eine Legitimitätskrise der europäischen Integration ableiten zu wollen. Die Dramatisierung dieser beiden Ereignisse verdeckt nicht nur, dass in beiden Fällen die zweiten Referenden jeweils eine Mehrheit für die Ratifizierung der Verträge erbrachten, sondern auch, dass in allen anderen Mitgliedstaaten die Ratifikation problemlos und durch große Mehrheiten der Parlamente bzw. der Bevölkerungen erfolgte.

Politischer Protest
Die Unterstützung der Bürger für den Fortgang des Integrationsprozesses kann jedoch auch an der unmittelbaren Äußerung von politischem Protest abgelesen werden.[29] Hierzu zählen alle Formen des Protestverhaltens, also beispielsweise Streiks, Demonstrationen, Blockaden und andere Formen des öffentlich artikulierten Unmuts. Eine „Europäisierung" kann in dreierlei Weise erfolgen (Imig/Tarrow 2000: 76-77; Rucht 2000): Es kann einen EU-bezogenen *Anlass* des Protestes geben, der *Mobilisierungsraum* der Protestiererenden kann transnational sein, also mehrere Mitgliedstaaten umfassen, oder die europäischen Institutionen können *Adressaten* des Protestes sein. Die folgenden Beispiele geben einen ersten Eindruck:

---

27 In Reaktion auf das Scheitern des ersten Referendums hatte sich im Oktober 1992 eine Koalition von sieben der acht im dänischen Parlament vertretenen Parteien für ein zweites Referendum ausgesprochen, allerdings bestimmte Anpassungen und „Opt Out"-Klauseln verlangt. Der Europäische Rat von Edinburgh im Dezember 1992 gewährte Dänemark Ausnahmeregelungen für die geplante gemeinsame Währung, für weitere Schritte hin zu einer europäischen Verteidigung und im Hinblick auf die innen- und justizpolitische Zusammenarbeit.

28 Bei dem im Juni 2001 abgehaltenen Referendum richteten sich 53,9 Prozent der abgegebenen Voten gegen die Ratifikation des Vertrages von Nizza. Allerdings lag die Beteiligung am Referendum mit nur 34,8 Prozent der Stimmberechtigten außerordentlich niedrig.

29 Für einen ersten Einblick in die demokratietheoretische Diskussion über die Bedeutung direkter und unkonventioneller Formen der politischen Partizipation, zu denen der öffentlich geäußerte politische Protest gezählt wird, vgl. Schultze (1995: 404-405).

Schaubild 10.4: Europäisierung sozialer Proteste?

März 1971	In Brüssel demonstrieren 75.000 Bauern gegen eine angekündigte Kürzung von Agrarsubventionen und liefern sich Straßenschlachten mit der Polizei.
März 1990, Januar 1992, Winter 1996/97	In Dänemark, Holland, Deutschland, Italien und Griechenland protestieren Bauern gegen Maßnahmen der EG mit Blockaden von Straßen, Flughäfen und Grenzverbindungen.
September 1995	10.000 Motorradfahrer protestieren in Brüssel gegen eine von der EU geplante Maßnahme, die das Tuning von Motorrädern einschränkt.
März 1997	Die Schließung des Renault-Werkes in Vilvoorde (Belgien) führt zu Arbeiterprotesten in anderen europäischen Ländern und ist einer der Triebkräfte des „Marschs der Arbeitslosen" im Sommer 1997 zum EU-Gipfel in Amsterdam.
Sommer 1997	Deutsche Bergbauarbeiter protestieren gegen die Kürzung von Subventionen für den Kohlebergbau. Die Regierung Kohl hatte die Kürzungen in einen inhaltlichen Zusammenhang mit den Qualifikationskriterien für die dritte Stufe der Wirtschafts- und Währungsunion gerückt.
November 1997	In Italien protestieren eine Million Bauern gegen die von der EG verhängten Sanktionen wegen Überschreitung der Milchquoten.
Frühjahr 1999	In vielen europäischen Ländern Bauernproteste gegen die ‚Agenda 2000'; Höhepunkte sind Demonstrationen mit mehr als 40.000 Teilnehmern in Brüssel und Madrid.
Juni/November 1997, Dezember 2000	Arbeitslose und Globalisierungsgegner protestieren vor den Tagungsgebäuden von EU-Gipfeln für ein „soziales Europa".
Herbst 2000	Ein in Großbritannien beginnender Protest gegen hohe Treibstoffpreise schwappt auf nahezu alle anderen Mitgliedstaaten (sowie einige Beitrittsanwärter) über.

Quelle: Imig/Tarrow 2000; Rucht 2000; Imig/Tarrow 2003

„Europäisierung" des politischen Protests?

Die Zusammenstellung suggeriert, dass die Vertiefung der Integration von zunehmenden Protesten begleitet ist, und dass mit dem Bedeutungszuwachs der EU sich der politische Protest in und gegen „Brüssel" formiert. Eine systematische Überprüfung, die sich nicht auf solche impressionistischen Zusammenstellungen verlässt, führt eindeutig zu dem gegenteiligen Ergebnis: Von einer generellen „Europäisierung" des Protestes kann einstweilen keine Rede sein (Rucht 2000). Zwar steigt seit einigen Jahren die Zahl der Proteste, die eine EU-Politik zum Anlass haben, und diese Proteste sind zunehmend transnational organisiert (Reising 1998; Imig/Tarrow 2000: 84-85; kritisch Rucht 2000).[30] Allerdings sind nach wie vor die einzelnen Mitgliedstaaten die wichtigsten Mobilisierungsräume und die nationalen Institutionen die wichtigsten Adressaten des Protestes. Dies gilt auch dann, wenn es sich um Themen mit einem expliziten EU-Bezug dreht. Gleichzeitig richtet sich nur ein verschwindend geringer Anteil aller Proteste an die europäischen Institutionen (Imig/Tarrow 2003).

Die positiven Seiten politischen Protests

Zugleich ist es problematisch, europäischen Protest undifferenziert als Beleg für eine sinkende Unterstützungsbereitschaft der EU-Bürger gegenüber der europäischen Integration zu werten. Ganz im Gegenteil kann er als Ausdruck dafür gelten, dass die Bürger deutlicher als zuvor die tatsächliche Bedeutung der EU wahrnehmen und ihre Stimme zur Geltung bringen wollen. Gerade wenn Parteien und Parlament als Ansprechpartner ausfallen, wie es in der EU weitgehend der Fall ist, gewinnt der öffentliche Protest politische Bedeutung. Dabei ist zu be-

---

30 Zu den Bedingungen der Europäisierung sozialer und politischer Proteste vgl. Imig/Tarrow (2000: 77-81); Rucht (2000: 196-198); Imig/Tarrow (2003). Zu den allgemeinen Bedingungen kollektiven Handelns vgl. Kap. 11.3.

denken, dass die oben angeführten Protest-Beispiele zunächst einmal ein Beispiel für den Entzug von „spezifischer" Unterstützung sind und nicht als Belege für eine generell sinkende „diffuse" Unterstützung gewertet werden können.[31] Es ließe sich sogar argumentieren, dass unter demokratischen Gesichtspunkten die aktiv geäußerte Kritik positiver einzuschätzen sind als eine auf Desinteresse und Unkenntnis beruhende passive Hinnahme. Auch hier lautet also das Ergebnis, dass die Proteste gegen europäische Politik nicht ohne weiteres als Beleg für eine generelle Krise der europäischen Integration angesehen werden sollten. Vielmehr können sie auch ein Indiz für den Beginn einer transnationalen Kommunikation sein, die selbst wieder eine wichtige Voraussetzung für das Entstehen einer politischen Gemeinschaft auf europäischer Ebene ist: „As they [European protests] become more common, they would give a more robust indication of the growth of European citizenship than public opinion polls purporting to prove that citizens of the EU member states ‚feel' European" (Imig/Tarrow 2000: 86; vgl. auch Imig/Tarrow 2003).

10.3.4 Fazit zur empirischen Legitimität

Interpretations-
probleme empirischer
Legitimität

Die Beurteilung der empirischen Legitimität eines politischen Systems ist keineswegs so einfach wie es zunächst den Anschein hatte. Zunächst ist nochmals darauf hinzuweisen, dass „Unterstützung" sehr stark mit den wahrgenommenen Leistungen eines Regimes zu tun hat. Es wird also in erster Linie eine Aussage über die Zufriedenheit der Bürger mit dem Funktionieren des politischen Systems der EU und seine hieraus entstehende Legitimität getroffen. Über die demokratische Qualität des Systems ist damit nur dann etwas ausgesagt, wenn man annimmt, dass sich fehlende Partizipationsmöglichkeiten über kurz oder lang in einem Entzug von Unterstützung niederschlagen. Selbst unter dieser Einschränkung sind Unterstützung und Ablehnung nur vordergründig eindeutige Indikatoren. Brauchbare Informationen gewinnt man nur, wenn man zunächst theoretisch differenziert, auf welches Objekt sich Unterstützung bzw. Ablehnung richtet, welche Formen von Protest oder Unterstützung es gibt und welche Bedeutung diesen jeweils zukommt. Das nächste Problem ist, zuverlässige Daten zu finden. Das Eurobarometer wird seit Jahren gepflegt und weiterentwickelt und hat sich im Vergleich zu anderen Umfrageinstrumenten für die vergleichende Europaforschung bewährt (Schmidberger 1997: 93-94). Die Forschung über die Europäisierung des politischen Protestes steht dagegen noch ganz am Anfang und damit ist die Generalisierungsfähigkeit der Aussagen noch begrenzt.

Unter diesen Einschränkungen ist als Ergebnis festzuhalten, dass die empirischen Daten keineswegs so eindeutig eine sinkende Unterstützungsbereitschaft be-

---

31 Auffällig bei den oben angeführten Beispielen ist, dass Themen und Akteure auf einige wenige Wirtschaftssektoren konzentriert sind, der Protest sich gegen Politiken mit klar erkennbaren distributiven Auswirkungen richtet und die Protestierenden existentiell von der europäischen Politik betroffen sind. Diese Merkmale treffen insbesondere auf den Agrarbereich zu, einen Wirtschaftszweig, der unmittelbar von der EG-Politik abhängig ist und seit Jahren unter erheblichem Reformdruck steht. So ist es nicht verwunderlich, dass die Proteste der Bauern sich weitgehend europäisiert haben. Neben den Bauern sind vor allem Fischer und Bergleute als Träger von gegen EU-Politik gerichteten Protesten zu nennen (Imig/Tarrow 2003).

legen wie dies in den Medien oder auch in der Literatur häufig behauptet wird. Zusätzlich ist es offen, ob die wachsende Distanz der Bürger, die man aus einigen Umfragedaten herauslesen kann, wirklich ursächlich mit der europäischen Integration in Zusammenhang gebracht werden kann. Ebenso plausibel ist die Annahme, dass darin ein allgemeiner Trend, nämlich einer sinkenden Bereitschaft zur politischen Beteiligung, zum Ausdruck kommt, der auf ganz andere Faktoren zurück zu führen ist (van Deth 2000). Angesichts dieses uneinheitlichen und uneindeutigen Ergebnisses erscheint es vorschnell, von einer Legitimitätskrise der europäischen Integration zu sprechen. Gleichwohl darf die Debatte damit nicht für beendet erklärt werden. Zunächst geben die Umfrageergebnisse und das Auftauchen politischen Protests keinen Grund für eine Entwarnung. Wichtiger ist, dass in unseren Augen die Diskussion um demokratische Legitimität unangemessen verkürzt würde, wenn sie allein unter dem Gesichtspunkt der „empirischen Legitimität" geführt würde. Die normative Perspektive ist eine wichtige Ergänzung der Untersuchung der „empirischen Legitimität", weil nur sie die Kategorien und Kriterien bietet, um sich mit den Grundannahmen der „empirischen Legitimität" kritisch auseinander zu setzen. Darüber hinaus kann nur sie Maßstäbe an die Hand geben, um Reformen, die eine Verbesserung demokratischer Legitimität versprechen, zu beurteilen. Deshalb wollen wir uns im folgenden Kapitel 10.4 mit der Frage befassen, in welche Richtungen die normative politische und wissenschaftliche Debatte weist. Im Zentrum unserer Diskussion stehen dabei verschiedene Vorschläge zur Demokratisierung der EU, welche in der politischen und akademischen Debatte kursieren.

10.4 Die normative Diskussion um den Legitimationsbedarf europäischer Politik

Bei der Diskussion dieser Frage steigern wir Schritt für Schritt die Komplexität der Überlegungen. Wir beginnen in Kapitel 10.4.1 mit dem in der Diskussion häufig zu hörenden Vorschlag, die Mitsprache des Europäischen Parlaments zu verbessern. Wir diskutieren die Rolle des Parlaments im EU-Entscheidungssystem und präsentieren eine Reihe von Argumenten, die für oder gegen diese Strategie vorgebracht werden können. Zu den Gegenargumenten zählt, dass das in den repräsentativen Demokratien Westeuropas bewährte Modell einer parlamentarischen Kontrolle des Handelns von Regierungen und Exekutive nicht ohne weiteres auf die EU übertragen werden kann. Auch würde eine Ausweitung der Rechte des EP vermutlich nur wenig demokratischen Zugewinn bringen, wenn sie nicht von einer Gesamtreform des Entscheidungssystems begleitet werden würde. Vor diesem Hintergrund richten wir unsere Aufmerksamkeit in Kapitel 10.4.2 auf die Demokratisierungsvorschläge, die im Rahmen des EU-Verfassungskonvents bzw. im Weißbuch der Kommission „Europäisches Regieren" (Kommission 2001c) vorgebracht worden sind. Auch hier ziehen wir ein skeptisches Fazit. Im dritten Schritt (Kapitel 10.4.3) wenden wir uns der Suche der Politikwissenschaft nach Ansatzpunkten für ein „europafähiges" Konzept von Demokratie zu (Benz 1998a). Diese Vorschläge verweisen darauf, dass die repräsentative parlamentarische Demokratie nicht die einzige institutionelle Form ist, mit der den normativen Maßstäben von Selbstbestimmung und friedlichem Zusammenleben Geltung verschafft werden kann (vgl. auch Greven 2000: 38). Die verschiedenen Vor-

Aufbau des Kapitels

schläge zu einer Verbesserung der demokratischen Legitimität der EU messen wir an den Antworten auf drei Fragen, nämlich

1. Ermöglichen sie eine gleiche und ungehinderte Teilhabe der Bürgerinnen und Bürger (bzw. der von ihnen gewählten Repräsentanten) an der europäischen Willensbildung? (Frage der *Zugangsbedingungen*)
2. Gibt es institutionalisierte Mechanismen der Verantwortlichkeit, durch welche die Entscheidungsträger gezwungen werden, die Willensäußerungen der Bürgerinnen und Bürger zur Kenntnis zu nehmen? (Frage der *Sanktionsmöglichkeiten*)
3. Berücksichtigen Sie in ausreichendem Maße die Besonderheiten der Entscheidungsfindung in der Europäischen Union bzw. das Problem des Fehlens eines europäischen „demos"? (Frage der *Kontextangemessenheit*)

Die Qualität der Zugangsbedingungen, der Sanktionsmöglichkeiten und der Kontextangemessenheit sind folglich die Kriterien für unsere Bewertung.

10.4.1 Das Europäische Parlament als Garant von Legitimität?

Parlamentsfunktionen und parlamentarische Demokratie
Die besondere Attraktivität der parlamentarischen Demokratie liegt darin, dass sie belastbare Mechanismen der Willensbildung und Sanktionsmöglichkeiten gegenüber der politischen Führung bereit hält und insofern demokratische Legitimität erzeugen kann. Idealtypisch lassen sich dabei drei Funktionen des Parlaments unterscheiden: Erstens stellt es Verfahren bereit, mit denen Interessen artikuliert und Öffentlichkeit hergestellt werden können. Die in einer Gesellschaft vorhandenen Interessen werden im Parlament durch gewählte Abgeordnete repräsentiert (*Artikulations- und Repräsentationsfunktion*). Eine zweite wichtige Parlamentsfunktion ist die Mitwirkung bei der Gesetzgebung sowie in der Erstellung und Verabschiedung des Haushalts (*Legislativ- und Budgetfunktion*). Drittens übernehmen im parlamentarischen Regierungssystem[32] die Parlamente die zentrale Rolle bei der Auswahl der politischen Führung. Die Regierung ist von der Zustimmung einer sie stützenden Mehrheit im Parlament abhängig und kann diese auch verlieren; sinnfällig kommt dies etwa in der Wahl und Abwahl des Bundeskanzlers durch den Deutschen Bundestag zum Ausdruck (*Wahl- und Kontrollfunktion*).[33]

Das Europäische Parlament
Legt man diese Kategorien als Raster an das Europäische Parlament an, so werden gerade in der historischen Perspektive dessen Defizite rasch deutlich. Zwar wurde die Bedeutsamkeit parlamentarischer Prinzipien bereits in den Gründungsverträgen der Gemeinschaft anerkannt, doch blieben die Rechte der (damals noch so genannten) Versammlung begrenzt. Sie hatte zunächst lediglich das Recht, vor den Entscheidungen des Ministerrates gehört zu werden. In späteren Jahren hat die Versammlung immer mehr Rechte gewinnen können und ist politisch aufgewertet worden. Seit 1979 werden die Abgeordneten direkt durch die

---

32 In präsidentiellen Regierungssystemen und semi-präsidentiellen (Frankreich) wird die Spitze der Regierung direkt vom Volk gewählt und ist – anders als der deutsche Bundeskanzler – dem Parlament gegenüber nicht rechenschaftspflichtig.

33 Die hier nur sehr skizzenhaft erfolgte Benennung von idealtypischen Parlamentsfunktionen steht in der Tradition von Montesquieu sowie insbesondere von Walter Bagehot (1872).

212

Bevölkerung gewählt und der offizielle Titel „Europäisches Parlament" wurde eingeführt. Mit den Vertragsrevisionen von 1986 (Einheitliche Europäische Akte), 1992 (Maastricht), 1997 (Amsterdam) und 2000 (Nizza) sind Entscheidungsverfahren eingeführt worden, die Entscheidungen des Ministerrates gegen das Votum des Parlaments erschweren oder ganz unmöglich machen.[34] Mit dem Amsterdamer Vertrag wurde erstmals die Notwendigkeit der Bestätigung der Kommission durch das Parlament eingeführt (Art. 214 EG-V). Es scheint sich somit in der faktischen Entwicklung eine verfassungspolitische Aufwertung des EP abzuzeichnen, die bis heute keinesfalls abgeschlossen ist. Allerdings kann das EP die klassischen Parlamentsfunktionen bis heute nur eingeschränkt wahrnehmen. Seine Legislativ- und Haushaltsrechte bleiben – auch wenn der Haushaltsbereich oft als Gegenbeispiel angeführt wird – beschränkt, seine Rolle bei der Bestellung des politischen Personals ist auf eine nachträgliche Zustimmung begrenzt (ausführlich hierzu Kap. 6.2).

In den folgenden Absätzen diskutieren wir kurz einige Vorschläge zur Aufwertung des Parlaments und fragen, inwieweit diese zu einer besseren demokratischen Legitimität der EU beitragen können. Wir verwenden dabei die oben genannten idealtypischen Parlamentsfunktionen als Gliederungsprinzip.[35]

Legislativfunktion: Die Diskussionen in diesem Bereich richten sich in erster Linie auf die Ausweitung des Mitentscheidungsverfahrens (Art. 251 EG-V) in diejenigen Politikbereiche, in denen heute noch das weniger anspruchsvolle Verfahren der Zusammenarbeit gilt (Art. 252 EG-V) oder das Parlament lediglich eine konsultative Rolle spielt (insbesondere in den Bereichen der zweiten und dritten Säule). Vorgeschlagen wird insbesondere die uniforme Anwendung des Mitentscheidungsverfahrens für die Politikbereiche der ersten Säule.[36] Darüber hinaus werden verstärkte Kontroll- und Sanktionsmöglichkeiten des EP im Bereich der zweiten und dritten Säule gefordert. Diese Diskussion wird momentan vor allem im Zusammenhang mit der geplanten Neuordnung der EU-Vertragsstrukturen im Rahmen des Verfassungskonvents geführt (Kapitel 10.4.2)

Wahlfunktion: Zweitens gibt es Stimmen, die eine Aufwertung des Europäischen Parlaments vor allem durch ein stärkeres Gewicht bei der Auswahl der Führung der Gemeinschaftsorgane erreichen wollen. Dabei dreht es sich nicht nur um die Kommission, sondern beispielsweise auch um die Bestellung der Richter am Gerichtshof oder der Leitung des ESZB bzw. der EZB. Im Vordergrund steht

Vorschläge zur Aufwertung des EP

---

34 Allerdings ist das EP in vielen Politikbereichen – vor allem denen der zweiten und der dritten Säule –immer noch zum Zuschauen verdammt. In einer Reihe anderer Bereiche (denen, für die das Verfahren der Zusammenarbeit – Art. 252 EG-V – gilt), kann das Parlament zwar die Zustimmungserfordernis im Rat in die Höhe treiben, jedoch keine Entscheidungen verhindern.

35 Zur Diskussion weiterführender verfassungspolitischer Vorschläge siehe die Diskussionen bei Abromeit (1998: 25-29) und Kohler-Koch (2000b; 2000d).

36 Auch wenn das Mitentscheidungsverfahren seit dem Vertrag von Amsterdam in den Politikbereichen der ersten Säule regelmäßig angewendet wird, gibt es nach wie vor Ausnahmen für einzelne Sachmaterien. So gilt das sogenannte „Anhörungsverfahren" z.B. im Bereich der Verkehrspolitik (Art. 71, Abs. 2 EG-V), der Wettbewerbspolitik (Art. 83, Abs. 1 und Art. 89 EG-V), der Sozialpolitik (Art. 137, Abs.1 und 2 EG-V) und der Umweltpolitik (Art. 175, Abs. 2 EG-V). Das Verfahren der Zusammenarbeit (Art. 252 EG-V) wird in verschiedenen Fragen im Zusammenhang mit der Wirtschafts- und Währungsunion angewandt (z.B. Art 99, Abs. 5 EG-V). Diese Ausnahmen sind sachlich nicht begründet, sondern lassen sich nur mit Souveränitätsvorbehalten der Mitgliedstaaten erklären.

jedoch die Diskussion um eine Aufwertung der Rolle des EP bei der Wahl des Kommissionspräsidenten und die parlamentarische Bestätigung der einzelnen Kommissare (anstelle des gesamten Kollegiums). Dabei wird implizit unterstellt, dass der Kommission die Funktion einer politisch verantwortlichen Regierung der EU zukomme oder künftig zukommen solle (vgl. Abromeit 1998: 27-28).[37]

Repräsentationsfunktion: Eine häufig geäußerte Kritik an der demokratischen Qualität des Europäischen Parlaments richtet sich auf die unterschiedlichen Wahlverfahren in den einzelnen Mitgliedstaaten und die ungleiche Verteilung der Sitze im EP.[38] Beides führt zu Abstrichen an der Repräsentativität des Parlaments. Ein weiteres Problem ist, dass bei der Aufstellung der Kandidaten die strategischen Entscheidungen nationaler Parteien durchschlagen, was vor allem bei Ländern mit Listensystem auffällig ist. Eine Abhilfe wäre die Aufstellung von Kandidaten durch die europäischen Parteienbünde oder eine Abkehr vom Listensystem zugunsten des Wahlkreissystems. In eine ganz andere Richtung gehen die Vorschläge, die eine Aufwertung der Repräsentationsfunktion des EP durch eine politische Bindung seiner Voten an vorausgegangene Voten der nationalstaatlichen Parlamente erzielen wollen.

Bewertung: Probleme der Kontextangemessenheit

Diese Ansätze zu einer Stärkung der Legislativ-, Wahl- und Repräsentationsfunktionen des EP sind zunächst einmal formale Vorschläge. Sie streben eine Verbesserung der Zugangsbedingungen der Bürger bzw. ihrer parlamentarischen Vertreter zu politischen Entscheidungen an oder verstärken die Sanktionsmöglichkeiten des EP. Die Vorschläge werden jedoch meist vorgebracht, ohne dass die Bedingungen zur faktischen Wahrnehmung dieser Rechte im Kontext des europäischen Mehrebenensystems reflektiert werden. Erst auf Grund einer Prüfung ihrer kontextgebundenen Wirkungen lässt sich beurteilen, ob die Vorschläge tatsächlich zu einer gesteigerten demokratischen Legitimität der europäischen Politik führen oder nicht. Hier setzt die Kritik an; die Einwände der Kritiker lassen sich grob danach unterscheiden, ob sie (1) die Aufwertung des Parlaments aufgrund der Komplexität des EU-Entscheidungssystems für wenig erfolgversprechend halten oder ob sie (2) den Sinn einer Aufwertung des Parlaments auf Grund mangelnder „vorpolitischer" Voraussetzungen bezweifeln. Zu solchen Voraussetzungen gehören vor allem ein intaktes politisches Gemeinschaftsgefühl eines europäischen „demos" und eine funktionierende europäische Öffentlichkeit.

Problem 1: Das EP in den Entscheidungsprozessen

Ad (1): Ein zentrales Merkmal des Entscheidungsprozesses auf EU-Ebene ist die ausgeprägte Prozesslogik. Die Kommission befindet sich durch ihr Initiativmonopol in einer zentralen Stellung, sie alleine entscheidet (im Bereich der ersten Säule) darüber, ob, wann und in welcher Gestalt sie dem Rat einen Gesetzesvorschlag unterbreiten will. Das Problem liegt weniger im „Ob", sondern im „Wann" und „Wie" einer Regelung. Häufig finden bereits im Entwurfsstadium

---

37 In der aktuellen Reformdiskussion des EU-Konvents wird genau dieses Problem vom deutsch-französischen Vorschlag einer „Doppelspitze" der EU aufgegriffen. So soll zwar die Kommission durch die Wahl ihres Präsidenten durch eine qualifizierte Mehrheit der EP-Abgeordneten gestärkt werden. Gleichzeitig jedoch soll dem Kommissionspräsidenten ein von den Regierungschefs bestellter ständiger Präsident des Europäischen Rats zur Seite gestellt werden, so dass das supranationale Element wieder geschwächt werden würde (vgl. auch Kap. 10.4.2).

38 So vertritt jeder Abgeordnete aus Luxemburg (6 Sitze im EP) rund 70.000 Bürgerinnen und Bürger, während die Zahl für einen deutschen Abgeordneten (99 Sitze im EP) bei rund 830.000 zu vertretenden Bürgerinnen und Bürgern liegt.

214

eines Vorschlags ausgedehnte Konsultationen mit Experten und Interessengruppen statt, mit deren Hilfe die Kommission ihre Vorschläge gegenüber dem Rat als „bürgernah" und „sachgerecht" (weil ausreichend abgestimmt mit Sachverständigen und Adressaten der Politik) präsentieren kann. Die Kommission nutzt ihren institutionellen Startvorteil, um den Vorschlägen bereits zum Zeitpunkt der ersten Befassung im Parlament eine relativ scharfe inhaltliche Konturierung zu verleihen (vgl. Schaubild 6.6 sowie Peterson/Bomberg 1999). Die Gestaltungsrechte des Parlaments greifen also erst dann, wenn viele inhaltliche Festlegungen schon getroffen sind, so dass es de facto nur über eine Vetokompetenz verfügt. Hinzu kommt, dass eine Ablehnung politisch kostspielig ist und für die Abänderung oder die endgültige Ablehnung von Gesetzesvorschlägen die absolute Mehrheit der Stimmen notwendig ist. Dies zwingt faktisch die beiden großen ideologischen Blöcke im EP dazu, sich auf eine gemeinsame Position zu einigen. Große Koalitionen im Parlament behindern aber den öffentlichen Meinungsstreit und lassen den politischen Beobachter im Unklaren darüber, welche Optionen überhaupt zur Wahl stehen. Eine Ausweitung der legislativen Rechte des Parlaments würde an diesen Problemen nichts ändern können.

Ein ganz anderes Problem ist, dass eine Vielzahl der europäischen Regelungsvorschläge nur noch bestimmte Rahmengrundsätze festlegen und die konkrete Ausführung dem Komitologie-Verfahren überlassen. An ihm sind Vertreter der Kommission, der Bürokratie der Mitgliedstaaten und funktionaler Interessen zentral beteiligt, während die demokratisch legitimierten Vertreter des EP nur mit beratender Funktion teilnehmen (ausführlicher zur Komitologie Kap. 10.4.3).[39] Auch hier stößt also eine Ausdehnung der Legislativkompetenzen an die Grenzen ihrer Wirksamkeit. Die Schlussfolgerung aus diesen Überlegungen lautet, dass eine Parlamentarisierungsstrategie im Sinne einer Verbesserung der Sanktions- und Kontrollmöglichkeiten des EP nur bedingt einen demokratischen Zugewinn bringt, solange zentrale Merkmale der Entscheidungsfindung auf europäischer Ebene unangetastet bleiben.

Ein Vorschlag zur grundsätzlichen Umverteilung von Funktionen zwischen den Regierungen, dem Parlament und den Strukturen der funktionalen Interessenvermittlung stammt von Arthur Benz (1998a; 1998b; 2000). Er zielt darauf ab, die jeweils spezifischen Legitimationsmöglichkeiten, welche die parlamentarische, gouvernementale und assoziative Repräsentation von Interessen bieten, in einem kombinierten Modell zu nutzen, anstatt alleine auf die Aufwertung der parlamentarischen Legitimation zu setzen. Benz schlägt vor, Demokratisierung und Transparenz durch die Verlagerung von Initiativ- und Kontrollfunktionen auf das EP, auf die nationalen und regionalen Parlamente und auf verbandliche Strukturen zu erreichen. Dieser radikale Vorschlag entkleidet die Kommission ihres bisherigen Initiativmonopols. Ihre Rolle wird damit auf die eines Sekretariates und „ehrlichen Maklers" zwischen den Mitgliedstaaten zurückgestutzt, die weiterhin die Entscheidungsrechte behalten sollen. Gleichzeitig werden die Parlamente deutlich aufgewertet (Benz 1998a: 358-360).[40] Aus heutiger Sicht ist es

Reform des Entscheidungs-systems?

---

39 Zwar kann das Parlament die Entwürfe der Kommission rügen, doch muss die Kommission diesen Einwand lediglich prüfen, die Reaktion steht ihr frei (Amtsblatt EG Nr. L 184 vom 17. Juli 1999, S. 23-26).

40 Der Charme eines solchen Modells liegt darin, dass es „einerseits mehrere, sich ergänzende Zugangskanäle für Interessen bietet, ... andererseits ein System wechselseitiger Kontrolle von politischer Machtausübung darstellt" (Benz 1998a: 352-353.). Eine offensicht-

allerdings unwahrscheinlich, dass eine solche tiefgreifende Reform politisch durchsetzbar wäre.

Problem 2: Fehlende Voraussetzungen der parlamentarischen Demokratie

Ad (2): Demokratische Legitimität ist nicht nur vom Vorhandensein eines Repräsentativorgans abhängig, sondern auch von den vorpolitischen Voraussetzungen, die das Funktionieren einer parlamentarischen repräsentativen Demokratie erst ermöglichen. Repräsentation und Mehrheitsentscheidungen haben nur dann Gehalt, wenn das Parlament tatsächlich eine politische *Gemeinschaft* repräsentiert, die beispielsweise durch gemeinsame historische Erfahrungen und eine gemeinsame Kultur begründet sein kann und sich durch Kommunikation in einer politischen Öffentlichkeit immer wieder neu reproduziert. Ein solches europäisches Gemeinschaftsgefühl im Sinne einer Erinnerungs-, Erfahrungs- und Kommunikationsgemeinschaft existiert auf der europäischen Ebene jedoch bislang allenfalls in Ansätzen (Kielmansegg 2003; vgl. auch Greven 1998). Die Diskussion muss damit über die oben bereits angesprochenen Repräsentationsdefizite hinausgehen. Es dreht sich vielmehr um die Frage, ob es in einem nach sprachlichen, kulturellen und politischen Grenzen fragmentierten Europa ein belastbares Zusammengehörigkeitsgefühl, grenzüberschreitende Kommunikation und eine genuin europäische Aggregation von gesellschaftlichen Interessen geben kann, das Parlament also tatsächlich eine „Artikulations- und Repräsentationsfunktion" für das europäische Volk übernehmen könnte. Erst wenn diese Fragen bejaht werden können, haben politische Debatten und Entscheidungen im Europäischen Parlament eine tatsächliche Bedeutung als Abbild eines europäischen Meinungsstreits und als Ausdruck des politischen Willens einer europäischen Gesellschaft.

Hindernisse transnationaler Kommunikation

Die Hindernisse für grenzüberschreitende Kommunikation und die transnationale Aggregation gesellschaftlicher Interessen sind vielfältig. Unter ihnen ist die Vielsprachigkeit sicherlich das elementarste. Sie verhindert, dass eine ständige freie Diskussion zwischen *allen* sozialen Kräften stattfinden kann, in der Interessen und Ideen artikuliert, politische Ziele diskutiert und in europäischen Parteien und Interessengruppen gebündelt werden. Grenzüberschreitende Kommunikation und die transnationale Aggregation von Interessen bleibt heute auf ein kleines Segment der Bevölkerung begrenzt, das sich durch hohe formale Bildung und hohen Berufsstatus auszeichnet (Gerhards 1993). Europäische Politik vermag es (mit Ausnahme europäischer Großereignisse wie den Gipfeltreffen des Rates oder spezifischen Sachfragen wie der BSE-Krise und dem erzwungenen Rücktritt der Europäischen Kommission 1999) nur selten, die Aufmerksamkeitsschwelle der Medien in *allen* Mitgliedstaaten zu überwinden und zu einer wirklichen europäischen Debatte zu führen.

Entstehen einer europäischen Öffentlichkeit?

Wie steht es mit den Möglichkeiten zur Überwindung dieser Barrieren und schließlich auch den Chancen zur Ausbildung einer belastbaren kollektiven Identität der EU-Bevölkerung als „Europäer"? Das Bundesverfassungsgericht hat in dem bereits erwähnten Urteil zum Maastrichter Vertrag eine optimistische Haltung eingenommen.[41] Zu einer optimistischen Einschätzung kommt auch Klaus

---

liche Gefahr des Modells ist jedoch die Blockade politischer Entscheidungen. Dieser Gefahr begegnet Benz durch den Vorschlag einer „losen Kopplung" der genannten Repräsentationssysteme.

41 Zwar wird das Fehlen einer europäischen Öffentlichkeit eingeräumt, dann jedoch argumentiert, dass „derartige tatsächliche Bedingungen ... sich, soweit sie noch nicht bestehen, im Verlauf der Zeit im institutionellen Rahmen der Europäischen Union entwickeln [können]. Eine solche Entwicklung hängt nicht zuletzt davon ab, dass die Ziele der Gemein

Eder aufgrund seiner Forschungsergebnisse (2000; vgl. auch Trenz 2002). Eder konstatiert, dass zunehmend transnational organisierte „Kommunikationsgemeinschaften" entstehen, die nicht notwendig durch Sprache oder Volkszugehörigkeit, sondern durch gemeinsame Anliegen und Wertbezüge zusammengehalten werden. Ihre Auseinandersetzung mit strittigen Themen der EU-Politik kann sie zum Katalysator einer „europäischen" Öffentlichkeit machen, sofern die Kritik an EU-Maßnahmen in einem Mitgliedstaat Resonanz unter Gleichgesinnten in anderen Mitgliedstaaten findet. Auch die Bemühungen der EU-Akteure zur Rechtfertigung ihrer Politik richten sich an die Öffentlichkeit aller Mitgliedstaaten. Ein solches Interaktionsmodell legt es nahe, dass bereits heute eine auf EU-Politik bezogene Kommunikation über die nationalen Grenzen hinweg stattfindet. In längeren Zeiträumen gedacht kann aus transnationaler Kommunikation schließlich auch die Grundlage für eine gemeinschaftliche politische Willensbildung entstehen. Das für Umverteilungsentscheidungen notwendige „belastbare Gemeinschaftsgefühl" könne sich somit auch in anderer Weise entwickeln als auf der Grundlage nationaler Zugehörigkeit. Dementsprechend fordert Eder, die Entwicklung einer „europäischen Öffentlichkeit" als empirische Forschungsfrage zu verstehen und nicht ihre Unmöglichkeit aus theoretischen Vorannahmen abzuleiten.

Demgegenüber verweisen Skeptiker wie Graf Kielmansegg auf die nur schwer zu überwindenden Barrieren zwischen sprachlich abgegrenzten „partikularen Kommunikationsgemeinschaften" (2003: 58) und auf die fundamentale Bedeutung eines nationalstaatlichen Zusammengehörigkeitsgefühls (vgl. auch Gerhards 1993; Grimm 1995). Auch die politischen Konfliktlinien in der Europäischen Union verliefen nach wie vor entlang nationaler Grenzziehungen (vgl. auch Abromeit 1998: 35-36; Sbragia 2002). Die Chancen zur politisch gestalteten Auflösung dieser territorialen Segmentierung und ihre Ablösung durch eine kollektive Identität der „Europäer als Europäer" werden somit skeptisch eingeschätzt: „Kollektive Identitäten stehen nicht einfach zur Disposition der Politik. (...) Sie lassen sich nicht nach Belieben und in Zeiträumen, die der Politik verfügbar sind, aufbauen oder zerstören" (Kielmansegg 2003: 58). Aufbauend auf solchen Überlegungen ist das gemeinsame Credo der Skeptiker, dass die Aufwertung des Europäischen Parlaments im Institutionengefüge der EU eher symbolischen Charakter hätte und keine zusätzliche Legitimität erzeugen würde (vgl. auch Abromeit 1997: 110-111; 1998: 29-37; Benz 1998b: 348). Für die Optimisten hingegen wäre das EP eine – wenn auch nicht die einzige – Arena, in der transnationale Kommunikation stattfinden und zu einem bedeutsamen Faktor im Prozess europäischer politischer Willensbildung werden kann.

---

schaftsorgane und die Abläufe ihrer Entscheidungen in die Nationen vermittelt werden. Parteien, Verbände, Presse und Rundfunk sind sowohl Medium als auch Faktor dieses Vermittlungsprozesses, aus dem heraus sich eine öffentliche Meinung in Europa zu bilden vermag ... . Auch der Europäische Rat ist um mehr Offenheit und Transparenz der europäischen Entscheidungsprozesse bemüht" (BVerfGE 89 (155): 185).

10.4.2 Die Verfassungsdebatte im Konvent und das Weißbuch „Europäisches Regieren"

Die im vorherigen Abschnitt kurz skizzierte Diskussion um institutionelle Änderungen des europäischen Institutionengefüges hat durch die im Juni 2003 vorläufig abgeschlossene Arbeit des „Europäischen Verfassungskonvents" einen neuen Impuls erhalten. Im Rahmen dieser Diskussion dreht es sich allerdings nicht nur um eine Ausweitung der Rechte des Europäischen Parlaments, sondern um eine weitreichende Umgestaltung des Institutionengerüsts der EU: Nicht weniger als der Abschluss eines „europäischen Verfassungsvertrags" wird auf der Grundlage des Konventsentwurfs zum Zeitpunkt der Fertigstellung dieses Buches verhandelt.[42] Die politische Entscheidung hierüber liegt jedoch nicht beim Konvent, sondern verbleibt bei den Staats- und Regierungschefs bzw. den nationalen Parlamenten, die eine Vertragsänderung ratifizieren müssen.[43]

Der Gipfel von Nizza als Anstoß für den EU-Konvent

Der politische Anstoß zur Einberufung des EU-Konvents[44] erfolgte auf dem Gipfel von Nizza im Dezember 2000. Dies gilt zum einen inhaltlich: Die in Nizza auf die Frage der Abstimmungsmodalitäten in Rat und Parlament verkürzte verfassungspolitische Diskussion sollte im Rahmen des sogenannten „Post-Nizza-Prozesses" weitergeführt und vertieft werden. Ein zweiter Anstoß ist auf der prozeduralen Ebene zu suchen: Einer der wenigen Erfolge des allgemein als unbefriedigend empfundenen Gipfels von Nizza war die Proklamation der Europäischen Grundrechtscharta (vgl. hierzu ausführlicher Kap. 7.4). Die weitgehend geräuschlose und erfolgreiche Arbeit des Konvents hob sich für viele Beobachter in bemerkenswerter Weise von den kräftezehrenden und von nationaler Interessenpolitik geprägten Aushandlungsprozessen des Gipfels von Nizza ab. Bereits im Laufe des Jahres 2001 fiel vor diesem Hintergrund die Entscheidung, die künftige Verfassungsdiskussion ebenfalls nach dem Konventsmodell zu führen (ausführlicher Göler 2002: 99-101). Das Mandat des Konvents bestand in der Beantwortung einer Reihe von Fragen, welche ihm vom Europäischen Rat von Laeken (Dezember 2001) in seiner Erklärung zur „Zukunft der Europäischen Union" aufgegeben wurden. Die Fragen wurden dabei in vier Themengebieten gebündelt, wobei für unseren Zusammenhang vor allem der Komplex „Mehr Demokratie, Transparenz und Effizienz in der Europäischen Union" von Bedeutung ist.[45] So-

---

42 Weitere Themen der Verfassungsdiskussion – die hier nicht explizit behandelt werden – sind beispielsweise die Einrichtung eines europäischen Außenministers, eine klarere Abgrenzung von gemeinschaftlichen und mitgliedstaatlichen Kompetenzen und die Eingliederung der EU-Grundrechtscharta (vgl. Kap. 7.4) in den Vertrag. Die Bezeichnung als „Verfassungsvertrag" ist ein Kompromiss zwischen den unterschiedlichen Auffassungen der Mitgliedstaaten hinsichtlich der Wünschbarkeit einer europäischen Verfassung. Mit dieser Wortschöpfung soll ausgedrückt werden, dass das neue Regelwerk ein funktionales Äquivalent zu den nationalstaatlichen Verfassungen sein soll, in seiner rechtlichen Qualität freilich den Charakter eines völkerrechtlichen Vertrags haben wird. Vgl. hierzu Marhold (2002: 252-253).

43 Wobei in einigen Mitgliedstaaten mit der Durchführung von Referenden zu rechnen ist.

44 Allgemeine Informationen zur Zusammensetzung und Arbeit des Konvents sowie eine Fülle von Dokumenten unter http://european-convention.eu.int/bienvenue.asp?lang=DE [Stand: 30.07.2003].

45 Die drei anderen Themenbündel richten sich auf (1) die Trennung von Kompetenzen zwischen der mitgliedstaatlichen und der europäischen Ebene und die künftige Anwendung des Subsidiaritätsprinzips, (2) die Vereinfachung der Instrumente der Union (Verhältnis

weit innerhalb dieses Komplexes Fragen der Stärkung demokratischer Legitimität der EU angesprochen sind,[46] drehte es sich um die Fragen:

– wie künftig eine bessere Beteiligung der mitgliedstaatlichen Parlamente an der EU-Politik sichergestellt werden kann;
– in welchen Materien die Stellung des Europäischen Parlaments durch Ausweitung des Mitentscheidungsverfahrens (Art. 251 EG-V) gestärkt werden soll;
– ob eine Reform des Wahlverfahrens zum EP notwendig ist;
– mit welchem Verfahren künftig der Präsident der Kommission gewählt werden soll (vom Rat nach Zustimmung des Parlaments wie momentan, allein vom Europäischen Parlament, oder – im Wege direkter Wahlen – von den Bürgerinnen und Bürgern der Mitgliedstaaten);
– welche Rolle der Rat künftig im Rechtsetzungsprozess haben soll, und ob eine – begrenzte – Öffentlichkeit der Ratssitzungen und besserer Zugang zu den Ratsdokumenten zu mehr Transparenz und Demokratie beitragen können.

Die genannten Fragen spielen – wie zuvor ausgeführt – in der Diskussion um das EU-Demokratiedefizit eine zentrale Rolle. In den folgenden Absätzen wollen wir kurz umreißen, in welcher Weise sie in dem vom Konvent vorgelegten „Entwurf eines Vertrags über eine Verfassung für Europa"[47] beantwortet werden. Auch wenn wir zu einzelnen Passagen des Konventsentwurf kritische Anmerkungen machen werden, halten wir uns aus zwei Gründen mit einem Urteil über den legitimatorischen Zugewinn dieser Vorschläge zurück: Zum einen ist noch nicht abzusehen, welche Bestandteile des Entwurfs sich die Regierungskonferenz zu eigen machen wird. Auch wenn der Europäische Rat von Thessaloniki im Juni 2003 den Entwurf des Konvents als gute Ausgangsbasis für die weiteren Verhandlungen bezeichnete,[48] werden mit großer Sicherheit noch Modifikationen er-

---

von Richtliniengesetzgebung zu nicht bindenden Instrumenten – Empfehlungen, Stellungnahmen und die sogenannte „offene Methode der Koordinierung"), sowie (3) die Neuordnung der Verträge. Angesprochen sind hier die Fragen der künftigen Struktur der EU (Trennung EG/EU und die „Tempelkonstruktion" der drei Säulen EG, GASP und Innen- und Justizkooperation), sowie die Frage, ob die EU künftig einen „Basisvertrag" (evtl. angereichert um die Grundrechtscharta) und einen auf die einzelnen Politikbereiche gerichteten zweiten Vertrag haben soll (Erklärung von Laeken vom 15. Dezember 2001, abgedruckt in Internationale Politik 1/2002: 123-130). Online unter: http://www.europa.eu. int/futurum/ documents/offtext/doc151201_de.htm [Stand: 30.07.2003].

46 Im Hinblick auf die „Effizienz der Entscheidungsfindung" wird beispielsweise die verstärkte Anwendung von Mehrheitsentscheidungen im Rat, eine Vereinfachung des Mitentscheidungsverfahrens, eine Reduktion der Fachministerräte, eine Reform der Ratspräsidentschaft und eine bessere Abstimmung zwischen Rat, Kommission und Hohem Vertreter in der Außenpolitik angeregt.

47 Entwurf eines Vertrags über eine Verfassung für Europa, dem Präsidenten des Europäischen Rats in Rom überreicht am 18. Juli 2003; Dokument CONV 850/03; online: http://european-convention.eu.int/docs/Treaty/cv00850.de03.pdf [Stand: 30.07.2003].

48 Europäischer Rat in Thessaloniki am 19. und 20. Juni 2003, Schlussfolgerungen des Vorsitzes, Ziffer 5; online: http//europa.eu.int/european_council/conclusions/index_de.htm [Stand: 30.07.2003].

folgen.[49] Dies lässt allein schon die lebhafte Debatte erahnen, die begleitend zu den Konventsdiskussionen auf politischer und publizistischer Ebene erfolgt.[50] Zum anderen lässt sich die demokratische Qualität einer Verfassung erst dann wirklich ermessen, wenn sie einige Zeit in der Praxis angewendet worden ist.

Im Verfassungsentwurf werden die folgenden Vorschläge gemacht:

Demokratierelevante Vorschläge im Konventsentwurf

Stellung der nationalen Parlamente: Eine Aufwertung der nationalen Legislativen soll durch ein verbessertes Informationsrecht über gesetzgeberische Vorhaben der Union sowie durch einen „Frühwarnmechanismus" erreicht werden.[51] Durch ihn können mitgliedstaatliche Parlamente auf eine potenzielle Verletzung ihrer Zuständigkeiten entsprechend der noch im Einzelnen zu bestimmenden Kompetenzordnung und der Ausgestaltung des Subsidiaritätsprinzips hinweisen. Dabei müssen die Kommission, das EP und der Ministerrat die Stellungnahmen der nationalen Parlamente „berücksichtigen". Wenn sich mindestens ein Drittel der nationalen Parlamente gegen einen Regelungsvorschlag wendet, muss die Kommission ihren Vorschlag „überprüfen".[52] Vom Tisch ist auch der Vorschlag eines neuen EU-Organs („Senat"), in dem die nationalen Parlamente vertreten sein sollten. In einigen Bereichen ist eine fallweise Beteiligung der nationalen Parlamente vorgesehen.

Aufwertung des EP: Sie soll auf zweierlei Weise abgesichert werden: Zum einen durch eine größere Mitsprache bei der Wahl des Kommissionspräsidenten (siehe unten), zum anderen durch die Ausdehnung des Mitentscheidungsverfahrens (Art. 251 EG-V) auf Bereiche, in denen heute noch eine weniger weitreichende Beteiligung des EP gilt. Angesprochen ist hier insbesondere der Bereich der Innen- und Justizkooperation, in dem zukünftig generell das Mitentscheidungsverfahren gelten soll. Das Anhörungsverfahren gilt in diesem Bereich nur noch für einige Materien, beispielsweise Vorschriften des Familienrechts und der Erlass von Vorschriften im Bereich der polizeilichen Zusammenarbeit. In wiederum anderen Bereichen (politische Kontrolle von Europol und Eurojust) wird die Beteiligung des EP fallweise festgelegt. In anderen Bereichen (z.B. der Gemeinsamen Außenpolitik, Steuergesetzgebung, Teilen der Umweltpolitik und der Koordinierung der mitgliedstaatlichen Beschäftigungspolitik) soll es generell nur ein Anhörungsrecht des EP geben. Gänzlich ausgeschlossen ist das EP vom Bereich der Gemeinsamen Sicherheits- und Verteidigungspolitik. Für den Haushaltsbereich wird ein an das Mitentscheidungsverfahren angelehntes Beschluss-

---

49 Ein wichtiger Streitpunkt in diesem Zusammenhang ist die künftige Gestalt der Kommission, in der nach den Vorstellungen des Konvents nicht mehr jeder Mitgliedstaat mit einem stimmberechtigten Mitglied vertreten sein soll (Art. I-25 des Konventsentwurfs).

50 In deutscher Sprache kann die Diskussion abgesehen von der Tagespresse vor allem in den Zeitschriften „Integration" und „Internationale Politik" verfolgt werden. Siehe auch: http://european.convention.eu.int/amendemTrait.asp?lang=DE [Stand: 30.07.2003].

51 Protokoll über die Rolle der nationalen Parlamente in der Europäischen Union (Anhang zum Entwurf des Verfassungsvertrages); online: http://european-convention.eu.int/docs/Treaty/cv00820.de03.pdf [Stand: 30.07.2003].

52 Protokoll über die Anwendung der Grundsätze der Subsidiarität und der Verhältnismäßigkeit (Anhang zum Entwurf des Verfassungsvertrags Ziffern 5 und 6; online: http://european-convention.eu.int/docs/Treaty/cv00850.de03.pdf [Stand: 30.07.2003].

verfahren und das Ende der Trennung zwischen „obligatorischen" und „nicht obligatorischen" Ausgaben vorgesehen.[53]

Reform des EP-Wahlverfahrens: Hier bleibt es bei der auch bisher bestehenden (Art. 190 (4) EG-V) Aufforderung an die Organe der Gemeinschaft, Maßnahmen zu ergreifen, um eine „allgemeine unmittelbare Wahl ... nach einem einheitlichen Verfahren in allen Mitgliedstaaten oder im Einklang mit den allen Mitgliedstaaten gemeinsamen Grundsätzen" zu ermöglichen (Art.III-232).

Wahl des Kommissionspräsidenten: Die in den Anfängen des Konvents diskutierte Direktwahl des Kommissionspräsidenten durch die Bevölkerung wird es nun nicht geben. Stattdessen ist eine Modifikation des bisherigen Wahlverfahrens (Art. 214 EG-V) vorgesehen: Auf Vorschlag einer qualifizierten Mehrheit des Europäischen Rates wählt die Mehrheit des Parlaments den Präsidenten. Das bisher zu beachtende „Einvernehmen" mit der Gesamtheit des Rates und die abschließende Benennung durch den Rat fallen weg (Art. I-26 (1) des Entwurfs). Eine in ihren Einzelheiten noch nicht einzuschätzende Stärkung des EP ist in Art. I-25 (5) des Entwurfs vorgesehen: Ihm zufolge ist „die Kommission als Kollegium dem Europäischen Parlament verantwortlich". Ob sich hieraus eine über die bereits bestehenden Regeln zu einem parlamentarischen Misstrauensvotum (Art. 201 EG-V) hinausgehende Verantwortlichkeit ergeben könnte, ist unklar. Frankreich, das der Idee eines gestärkten Kommissionspräsidenten bis zuletzt ablehnend gegenüberstand, hat sich mit seinem Vorschlag einer „Doppelspitze" durchgesetzt, d.h. zusätzlich zum Kommissionspräsidenten soll es nach den Vorstellungen des Konvents einen von den Regierungschefs mit qualifizierter Mehrheit bestellten ständigen Präsidenten des Europäischen Rats geben (Art. I-21 des Entwurfs).

„Transparenz": Art I-49 des Konventsentwurfs verpflichtet alle Organe der Union zu „weitest gehender Beachtung des Grundsatzes der Offenheit". Im Einzelnen ist vorgesehen, die Sitzungen des Ministerrats in bestimmten Fällen öffentlich zu machen und ein weitgehendes Einsichtsrecht in Dokumente der Gemeinschaft zu verwirklichen (vgl. auch Art. III-305 des Entwurfs).

Auch wenn zum heutigen Zeitpunkt nicht absehbar ist, welche dieser Vorschläge von den Regierungen der Mitgliedstaaten tatsächlich aufgegriffen werden, ist bereits die Richtung absehbar, in der nach Möglichkeiten zur Verbesserung der demokratischen Qualität gesucht wird: nämlich durch die Vertiefung und Ausweitung bereits bestehender Verfahren, wobei die Aufwertung des Europäischen Parlaments im Mittelpunkt steht. Dabei wird die oben diskutierte Frage nach den gesellschaftlichen und kulturellen Voraussetzungen einer funktionsfähigen europäischen Demokratie allem Augenschein nach nicht gestellt. Hiervon einmal abgesehen, ist der demokratische Zugewinn durch die Konventsvorschläge als nicht sehr groß einzustufen – und zwar auch dann, wenn die Vorschläge in Gänze übernommen werden sollten. Das sicherlich wichtigste Plus wäre die angestrebte Mitentscheidungskompetenz für alle Haushaltsbereiche sowie im Bereich der polizeilichen und justiziellen Zusammenarbeit, über deren demokratische Qualität wir in Kapitel 7 ein skeptisches Urteil gefällt haben. Allerdings ist bei beiden Materien keineswegs ausgemacht, dass sie von der nächsten ver-

Demokratisierungs-
bilanz

---

53 Hierzu Artikel III-310 des Verfassungsentwurfs. „Obligatorische Ausgaben" betreffen vor allem den kostenträchtigen Agrarbereich, hier ist die Mitsprache des Parlaments bislang auf Vorschläge begrenzt, denen der Rat nicht folgen muss (Art. 272, Abs. 4-6 EG-V).

tragsändernden Regierungskonferenz tatsächlich in das Mitentscheidungsverfahren übernommen werden. Die angestrebte Wahl des Kommissionspräsidenten durch das EP ist hinsichtlich ihrer demokratischen Qualität unklar. Möglicherweise führt der Vorschlag zu einer Aufwertung der EP-Wahlen (so z.B. Jopp/Matl 2003: 104), möglicherweise aber auch nur zu einer eher symbolischen Veränderung des bisherigen Verfahrens, weil nach wie vor ein Konsens zwischen EP und Rat erforderlich ist. Sollte der Vorschlag der „Doppelspitze" verwirklicht werden, so würde dies eine Rückstufung des Kommissionspräsidenten und damit auch des Verfahrens seiner Wahl bedeuten.[54] Was die Mitsprache der nationalen Parlamente anbelangt, so wird auch diese voraussichtlich eher symbolischen Charakter haben.

Demokratie durch „Transparenz"?

Eine zweite potenziell demokratierelevante Diskussion hat der Konvent unter dem Motto des „Dialogs" mit Interessengruppen und der „Zivilgesellschaft" geführt. Verbesserungen sollen vor allem über die Aufnahme eines bislang nicht in den Verträgen enthaltenen Artikels zur „partizipatorischen Demokratie" erreicht werden. Dem vorgeschlagenen Artikel I-46 zufolge sollen

> „die Organe der Union ... den Bürgern und den repräsentativen Verbänden in geeigneter Weise die Möglichkeit [geben], ihre Ansichten in allen Bereichen des Handelns der Union öffentlich bekannt zu geben und auszutauschen. Die Organe der Union pflegen einen offenen, transparenten und regelmäßigen Dialog mit den repräsentativen Verbänden und der Zivilgesellschaft. Um die Kohärenz und die Transparenz des Handelns der Union zu gewährleisten, führt die Kommission umfangreiche Anhörungen der Betroffenen durch".[55]

Bei diesem Vorschlag handelt es sich in gewisser Weise um den vertragsrechtlichen Nachvollzug einer ohnehin schon bestehenden Praxis. Gleichwohl wirft die Aufnahme dieses Prinzips in den Verfassungsvertrag Fragen auf, die bereits im Zusammenhang mit der Diskussion um das Weißbuch „Europäisches Regieren" der Kommission gestellt worden sind (Kommission 2001c).[56] Der normative Hintergrund einer „partizipatorischen" Einbeziehung gesellschaftlicher Akteure liegt in dem Ziel, sowohl die Qualität europäischer Politik zu verbessern als auch ihre Nachvollziehbarkeit und Akzeptanz bei der Bevölkerung zu steigern. Problematisch hieran ist vor allem, dass sich diese Mitsprache auf „das Handeln" der Union beziehen soll und die Einbeziehung der Zivilgesellschaft vor allem unter dem Stichwort der „Transparenz der Entscheidungsfindung" geführt wird. Vordringliches Anliegen ist damit die Steigerung der fachlichen Qualität der Politik und ihre Akzeptanz bei den Betroffenen. Dies gibt einer selektiven Auswahl der Interessen durch die Exekutive Vorschub. Weder eine *gleichmäßige* Einbezie-

---

54 In jedem Fall verbietet sich ein Vergleich mit der Wahl des Bundeskanzlers durch den Bundestag, weil die Kommission keine politischen Lenkungsfunktionen haben wird und weil die Wahl durch das EP mit qualifizierter Mehrheit erfolgen soll – faktisch also im Konsens der beiden großen Fraktionsgemeinschaften im EP.

55 Ziffern (1)-(3). Ferner ist in diesem Artikel ein Bürgerbegehren auf Tätigwerden der Union vorgesehen.

56 Das Weißbuch befasst sich neben der Frage des institutionellen Aufbaus der Union vor allem mit der Frage der Einbeziehung subnationaler Akteure. Eine kritische Diskussion des Weißbuchs „Europäisches Regieren" im Hinblick auf die Legitimitätsproblematik der EU bietet Kohler-Koch (2003a). Vgl. auch die Ergebnisse eines im Rahmen des Jean Monnet-Programms durchgeführten Symposiums, dessen Ergebnisse online verfügbar sind: http://jeanmonnetprogram.org/papers/01/010601.html [Stand: 30.07.2003].

hung gesellschaftlicher Akteure noch die Aufnahme von gesellschaftlichen Anliegen unabhängig von konkreten Regelungsvorhaben der EU sind gewährleistet. Auch ist nicht vorgesehen, dass Verbände bei einer Nichtbeachtung ihrer Anliegen über Sanktionsmöglichkeiten verfügen. Diese Problematik wollen wir im folgenden Kapitel unter dem Stichwort des „deliberativen Supranationalismus" vertiefen.

10.4.3 Die EU als post-parlamentarische Demokratie

Die Diskussion der beiden vorangegangen Abschnitte hat zu einem skeptischen Urteil geführt: Weder die Aufwertung des EP noch die anderen im Konvent diskutierten Vorschläge zur Direktwahl des Kommissionspräsidenten und zur Einbeziehung nationaler Parlamente können vermutlich den Weg aus dem Demokratiedilemma der EU weisen. Dies liegt weniger an den durchaus begrüßenswerten Absichten zur Aufwertung des EP und der nationalen Parlamente als an den prinzipiellen Problemen einer „Parlamentarisierung" der Union, wie sie in Kapitel 10.4.1 angesprochen worden sind. Nicht umsonst spielt bereits auch in den Beratungen des Konvents die Suche nach nicht-parlamentarischen Legitimationsstrategien eine Rolle. Weitaus lebhafter ist die Debatte um eine „post-parlamentarische" Demokratie jedoch innerhalb der Politikwissenschaft. Im Mittelpunkt steht hier die Frage, wie die demokratische Kontrolle und Rückbindung von Herrschaft „jenseits" des etablierten Modells parlamentarischer Kontrolle erfolgen kann. Dieser Diskussion wenden wir uns nun abschließend zu. Ausgangspunkt unserer Überlegungen ist, dass sich die „Interventionspunkte", an denen – ausgehend vom komplexen Charakter des europäischen Mehrebenensystems – „Partizipation ansetzen könnte und sollte" (Abromeit 1997: 110), zumindest in Ansätzen bereits heute benennen lassen. Dies sind

Alternative Formen der Legitimation

1) der Ausbau bzw. die demokratieverträgliche Integration der auf Vernetzung und Einbindung von gesellschaftlichen Gruppen abstellenden Formen der Legitimierung der EU;
2) die verbesserte Ausgestaltung von Verfahren demokratischer Kontrolle, die allerdings nicht auf das Vorhandensein eines europäischen „demos" (also eines durch Sprache, Kultur oder andere Gemeinsamkeiten vereinten „Volkes") angewiesen sind.

Ad (1): Eines der Kernprobleme der Diskussion um Legitimität – so hatten wir eingangs argumentiert – ist die Frage, mit welchen anerkennungswürdigen Gründen sich öffentliche Herrschaft rechtfertigen lässt. Dabei ist es denkbar, dass diese Rechtfertigung nicht nur auf der „Input-Seite" (also der demokratischen Kontrolle von Herrschaft), sondern auch auf der „Output-Seite" zu finden ist. Entscheidungen können auch dann als legitim gelten, wenn sie aus „guten Gründen", d.h. unter Abwägung von wohl überlegten Gesichtspunkten, erfolgt sind. Das Modell des deliberativen Supranationalismus (Joerges/Neyer 1998; Neyer 1999) zielt auf die Entdeckung von Verfahren ab, mit denen das Zustandekommen solcher wohlerwogener Entscheidungen gesichert werden kann. Dabei dreht es sich nicht alleine um rein sachliche Diskussionen zwischen Fachleuten und spezialisierten Bürokraten, sondern auch um die Einbringung normativ verstandener „guter Gründe" in die Politik. Hierzu kann beispielsweise die Berücksichtigung

Deliberativer Supranationalismus

der Interessen nicht repräsentierter Minderheiten zählen oder die Inklusion der Interessen von Entscheidungsbetroffenen, die keine Stimme im Entscheidungsprozess haben. Der besondere Charme deliberativer Verfahren liegt darin, dass sie für ein wenig belastbares Gemeinwesen wie die Europäische Union als besonders geeignet erscheinen. Sie können nicht nur auf die Existenz eines „vorpolitischen" Zusammengehörigkeitsgefühls verzichten, sondern haben in den Augen ihrer Befürworter sogar das Potenzial, ein solches Gemeinschaftsgefühl zu erzeugen (Schmalz-Bruns 1999). Der integrative Impuls erfolgt aus dem Abgleich von Handlungsorientierungen in vernunftorientierten, grenzüberschreitenden und funktional abgegrenzten Diskursen. An die Stelle des parlamentarischen Verfahrens, das zwischen den widerstreitenden Sachinteressen eines Kollektivs zu vermitteln sucht, tritt ein System vernunftorientierter Selbstregelung in funktional abgegrenzten Gemeinschaften. Folgebereitschaft ist dabei eine Folge der Qualität der Deliberation und der durch sie produzierten „sachgerechten Lösungen".

Anwendungsbeispiele Komitologie, Partnerschaftsprinzip und EU-Konvent

Reale Anknüpfungspunkte sehen die Befürworter des Modells vor allem in der europäischen „Komitologie". Es handelt sich dabei um ein System von funktional abgegrenzten Ausschüssen, in denen spezialisierte Bürokraten und Experten zusammenarbeiten. Die Zugangsbedingung zu diesen Ausschüssen ist fachliche Zuständigkeit oder sachliche Kompetenz, um so die kooperative Beratung und Umsetzung von Politik zu ermöglichen. Parlamentarische Vertreter können, müssen aber nicht gehört werden.[57] Auch das in der europäischen Regionalpolitik verankerte Partnerschaftsprinzip folgt einem ähnlichen Gedanken: Die Entscheidungen über die Vergabe von Fördermitteln werden nicht per Mehrheitsbeschluss getroffen, sondern in einem auf Dauer und Konsensstiftung angelegten Diskussionsprozess aller „interessierten" Kräfte aus der Region (vgl. Heinelt 1998). In jüngerer Zeit wird auch das Verfahren des EU-Konvents als Beispiel für einen „deliberativen Supranationalismus" diskutiert (Maurer 2003).

Die Probleme der Verfahren des deliberativen Supranationalismus liegen auf der Hand: Zum einen sind Prozesse der Deliberation zeitaufwendig und setzen bei den Beteiligten relativ anspruchsvolle Handlungsorientierungen voraus. Es dreht sich nicht nur um die intellektuellen und sozialen Fähigkeiten zu anspruchsvoller Deliberation, sondern auch um die Fähigkeit zu verständigungsorientiertem Handeln und dem Eindenken in die Sinn- und Normwelten anderer Akteure. Zum anderen können die Zugangsbedingungen zu solchen funktionalen oder sektoralen Aushandlungszirkeln nicht gleichberechtigt strukturiert sein, da sie sich aus der Verfügung über Expertise und aus fachlicher Zuständigkeit ergeben. Zur ungleichen Beteiligung kommt die Gefahr der selektiven Handhabe von Zugangsmöglichkeiten, da „Sachkunde" keine objektivierbare Eigenschaft ist. Eine öffentliche Rechenschaftspflicht fehlt (Kohler-Koch 2000b: 34-35) und die Frage, welche institutionellen Mechanismen garantieren können, dass tatsächlich verständigungsorientiert gehandelt wird, ist weitgehend ungeklärt. Angesichts dieser Defizite besteht zumindest potenziell die Gefahr „einer Entartung in eine faktisch elitäre Experten- oder Technokratenherrschaft" (Wolf 2000: 201-202).

---

57   Ausführlicher hierzu Neyer (1997; 1999); Vos (1997); Wessels (1998); House of Lords (1999). Eine offizielle Darstellung der Komitologie auf der Internetseite der EU: http://europa.eu.int/scadplus/leg/de/cig/g4000k.htm [Stand: 30.07.2003]. Vgl. auch den Beschluss des Rates zu den Komitologieverfahren vom 28. Juni 1999 (Amtsblatt EG Nr. L 184 vom 17. Juli 1999, S. 23-26).

Ad (2): Gerade aus dem zuletzt genannten Grund ist es möglicherweise er- System von Vetorechten
folgversprechender, die demokratische Qualität des europäischen Entscheidungsprozesses durch ein System nachträglicher Kontrollen zu sichern, welches die
politischen Akteure zur vorausschauenden Antizipation von Anliegen der Bevölkerung bewegt. Ein solches Modell wird von Heidrun Abromeit vorgeschlagen
(1997; 1998). Der Kern des Vorschlags ist ein „System von Vetorechten" (Abromeit 1997: 116-119), durch das funktional oder regional zugeschnittene Öffentlichkeiten (*demoi*) eine Regelung auf europäischer Ebene blockieren und zur
Entscheidung an die Mitgliedstaaten zurück verweisen können (vgl. mit einem
ähnlichen Vorschlag auch Zürn 1996: 49-50). Das Problem eines fehlenden europäischen Volkes (*demos*) wird also durch seine Auflösung in viele kleine Öffentlichkeiten oder Betroffenengemeinschaften (*demoi*) gelöst. Dabei sind verschiedene schwierige Fragen zu beantworten – etwa der Zuschnitt dieser regionalen und sektoralen Öffentlichkeiten, die Frage, auf welche Materien solche Referenden mit Veto-Charakter anzuwenden sind, sowie welche Quoren für die Initiierung eines Referendums und die Zurückweisung einer europäischen Regelung
durch ein solches Referendum notwendig sind.[58] Interessant ist in unserem Zusammenhang vor allem die Frage, ob durch ein solches System nicht die Entscheidungseffizienz und damit die Legitimität europäischen Regierens nachhaltig
beschädigt würde. Drei Argumente sprechen dafür, dass dem nicht so ist: Erstens
wird durch ein negatives Referendum nicht grundsätzlich eine Beschlussfassung
verhindert, sondern lediglich die Beschlussfassung auf der europäischen Ebene.
Dies könnte als Bremse gegenüber allzu forscher Vergemeinschaftung und als
Anreiz für „autonomieschonende" Regelungen der Gemeinschaft dienen. Zweitens *könnte* das Modell dazu führen, dass die heute üblichen langwierigen Aus-
handlungsverfahren und Paketlösungen zwischen den Regierungsvertretern dra-
stisch verkürzt werden. Möglicherweise führt die stets latente Vetodrohung zu
einem Zwang, auf „undurchsichtige und kostenintensive Paketlösungen" zu verzichten und statt dessen „plausible Konzepte für einzelne Politikbereiche" anzubieten (Abromeit 1997: 120). Drittens schließlich ist zu bedenken, dass eine Verringerung des Integrationstempos auch gute Seiten haben kann, insoweit der
Tempoverlust mit einer verbesserten Akzeptanz europäischer Politik einhergeht
(vgl. auch Kohler-Koch 2000b: 38). Ein Problem des Vorschlags ist jedoch, dass
den regionalen und sektoralen *demoi* lediglich eine nachträgliche Kontrolle europäischer Politik zugebilligt wird. Gestaltungskompetenzen sind in diesem Modell
nicht enthalten, auch wenn die Vetodrohung durch sektorale und regionale Öffentlichkeiten zu einer Berücksichtigung von Anliegen bereits in der Beratungs-
phase von Politik führen kann. Eine offene Frage ist auch, ob es im Sinne einer
sachgerechten Problemlösung ein erfolgversprechender Weg ist, die nationale
Ebene als Residualebene für gescheiterte europäische Regulierung beizubehalten.
Schließlich erfolgt der Anstoß zu europäischer Politik häufig deshalb, weil eine
Regelung auf der nationalen Ebene als nicht sinnvoll oder – wie im Fall der BSE-
Krise – sogar als kontraproduktiv erscheint.

---

58 Siehe hierzu die ausführliche Diskussion bei Abromeit (1997: 117-119; 1998: Kap. 5).

10.4.4 Fazit zur normativen Legitimität

Der selektive Durchgang durch die verschiedenen in der Politikwissenschaft angebotenen Vorschläge zur Demokratisierung der Europäischen Union hat gezeigt, dass es durchaus produktive und kreative Reaktionen auf das Legitimationsdefizit der EU gibt. Dabei wurde als wichtigstes Problem der Parlamentarisierungsstrategie die fehlende Kontextangemessenheit benannt. Die Aufwertung von Wahl- und Legislativfunktionen des Parlaments kann vermutlich nur dann einen nennenswerten Legitimationsgewinn bringen, wenn zugleich auch andere Aspekte des EU-Entscheidungssystems reformiert werden. Ein weiteres wichtiges Problem ist die bislang nur sehr bruchstückhaft bestehende europäische Öffentlichkeit. Es fehlt damit eine wichtige Voraussetzung, die den parlamentarischen Debatten und dem parlamentarischen Mitwirkungsanspruch erst den gesellschaftlichen Unterbau verleiht. Der demokratische Zugewinn durch das deliberative Modell ist davon abhängig, dass die Beteiligten die notwendigen Diskursvoraussetzungen mitbringen und institutionelle Schranken gegen eine Eliten- und Technokratenherrschaft eingebaut werden. Die ungeklärten Zugangsbedingungen und die fehlenden Sanktions- und Kontrollmöglichkeiten der Öffentlichkeit gegenüber den deliberativen Zirkeln sind die offenen Flanken dieses Modells. Das Modell der regionalen und sektoralen Vetorechte schneidet in dieser Hinsicht vermutlich besser ab. Es werden wirkungsvolle Sanktionsmöglichkeiten eingeführt und es wird – über den Zwang zur Antizipation von Betroffeneninteressen – ein indirekter Zugang der Bevölkerung zur EU-Entscheidungsfindung etabliert. Allerdings müssen auch diese Modelle noch den praktischen Beweis erbringen, dass sie tatsächlich ein Mehr an Legitimität erwirtschaften können. Andernfalls besteht die Gefahr, dass sie lediglich dazu beitragen, „die Eigenlogik des Integrationsprozesses gegen fundamentale demokratische Prinzipien abzuschirmen und die faktischen Ermäßigungen am normativen Gehalt der Idee demokratischer Selbstbestimmung auch theoretisch zu sanktionieren" (Schmalz-Bruns 1998: 369).

Ein ganz anderes Problem ist die Tendenz der öffentlichen Meinung und der Politik, eine demokratiefreundliche Institutionenreform nur als Übertragung wohlbekannter Modelle denken zu können. Die Vorstellung, dass sich die Europäische Union zu einem Bundesstaat entwickeln werde und eine Aufwertung der parlamentarischen Kontrolle der richtige Weg zur Demokratisierung sei, beherrscht die Debatte. Zu erklären ist dies nicht nur mit der Übertragung von Erfahrungen, sondern auch mit der hohen Suggestivkraft des Parlamentarismuskonzepts und den kraftvollen Mythen, die sich mit ihm verbinden. Die *faktische* Debatte läuft deshalb in eine ganz andere als die von den diskutierten Modellen gewiesene Richtung. Das parlamentarische Modell und – in schwächerer Form – das von der Kommission voran getriebene Konzept einer Einbindung der Zivilgesellschaft werden die wahrscheinlichen Gewinner der Debatte um eine Demokratisierung der EU sein, auch wenn der legitimatorische Mehrwert mit Fug und Recht bezweifelt werden kann (Kohler-Koch 2000b; 2000d).

226

11 Organisierte Interessen in der europäischen Politik

11.1 Einführung

In diesem Kapitel wird der Leser eingeladen, die schrittweise Konkretisierung Aufbau des Kapitels von theoretischen Überlegungen und empirischer Analyse nachzuvollziehen. Ausgangspunkt ist die These, dass die Organisation gesellschaftlicher Interessen in einem demokratischen System legitim und funktional ist, solange Ungleichgewichte in der Repräsentation von Interessen und ihr Einfluss auf die Politik sich in erträglichem Rahmen halten. Der Maßstab für die Bewertung des „Erträglichen" ist zum einen durch subjektive Wertentscheidungen, zum anderen durch das theoretische Verständnis, was einen demokratischen Staat ausmacht, vorgegeben (Kap. 11.1). Im Mittelpunkt der Analyse steht die Frage nach den Bedingungen für die unterschiedliche Organisations- und Handlungsfähigkeit von gesellschaftlichen Interessen. Das Kapitel ist so aufgebaut, dass zunächst die theoretischen Erklärungsangebote vorgestellt (Kap. 11.2) und mit den Daten der empirischen Forschung kontrastiert werden (Kap. 11.3). Dabei wird offenkundig, dass sich die Besonderheiten in der Organisation europäischer Interessen nur erfassen lassen, wenn man den Mehrebenencharakter der EU berücksichtigt (Kap. 11.4).

Insgesamt gewinnt man einen realitätsnäheren Einblick, wenn man neben den Eigenschaften der Akteure die Bedingungen in den Blick nimmt, die ihnen das politische System, in dem sie handeln, auferlegt. Von den eindimensionalen Erklärungsansätzen kommt man so zum komplexen Analysemodell von „Mitgliederlogik" und „Einflusslogik" (Kap. 11.5). Die „Einflusslogik", d.h. die prägende Kraft der besonderen Eigenschaften des EU-Systems wird im folgenden Abschnitt behandelt (Kap. 11.6). Anschließend wird die sehr viel schwieriger zu klärende Frage nach dem Einfluss von Verbänden aufgegriffen und an einem konkreten Beispiel exemplarisch typische Wesenszüge europäischer Interessenvermittlung herausgearbeitet (Kap. 11.7). Abschließend werden die wichtigsten Befunde zusammengefasst (Kap. 11.8). Ein Thema, nämlich die Bedeutung von Interessengruppen für den Fortschritt der Integration, wird in diesem Kapitel ganz bewusst ausgeklammert, weil damit ein anderer Fragekomplex angesprochen wird und dieser bereits in einem vorangegangenen Kapitel behandelt wurde.[1]

---

1 Diese Frage stand in den Anfangsjahren der EG im Mittelpunkt der neo-funktionalistischen Theoriebildung. Sie wurde anlässlich der Binnenmarktinitiative neu aufgegriffen, vgl. Kap. 4. Einen Überblick über Interessenvermittlung und Integration gibt Kohler-Koch (1992: 82-88).

11.2 Illegitime Machtausübung oder Beitrag zur Regierungsfähigkeit?

Je nach staatstheoretischem Verständnis fällt das Urteil über die Rolle organisierter Interessen unterschiedlich aus.

Herrschaft und Verbände

„Herrschaft der Verbände?" Die knappe, provokante Frage im Titel des Buches von Eschenburg (1955) brachte eine damals weitverbreitete Sorge auf den Nenner: Machtvolle Verbände durchdringen die Politik und setzen partikulare Interessen auf Kosten des Gemeinwohls durch. Sie stellen sich nicht der demokratischen Kontrolle durch Wahlen, weil sie im Unterschied zu Parteien keine Parlaments- und Regierungsverantwortung anstreben: Sie agieren unter Ausschluss der Öffentlichkeit im Vorzimmer der Macht[2], wo sie in persönlichen Gesprächen mit Abgeordneten oder Vertretern von Regierung und Verwaltung ihren Belangen Gehör zu verschaffen suchen. Damit verstoßen sie gegen Grundprinzipien demokratischer Politik, nämlich demokratische Verantwortlichkeit und Transparenz. Die Kritik entzündete sich vor allem an der Einseitigkeit der Interessenrepräsentation, weil aus dem damals vorherrschenden staatsrechtlich orientierten Theorieverständnis der Staat das Gemeinwohl verkörpert und bei einseitiger Einflussnahme seine Pflichten zu verletzen droht.

Neo-Pluralismus

Die konkurrierende Auffassung des (Neo-)Pluralismus sieht dagegen das Wesensmerkmal der Demokratie (Fraenkel 1991)[3] gerade in dem Nebeneinander konkurrierender Interessen. Gemeinwohl ist keine vorab bestimmbare und durch den Staat definierte Größe, sondern das Resultat der politischen Auseinandersetzungen in einer Gesellschaft, in der die vielfältigen Interessen sich autonom organisieren und nach allgemein akzeptierten und rechtlich fixierten Verfahrensregeln darum wetteifern, ihrer Position im politischen Prozess Geltung zu verschaffen. Verbände spielen danach eine positive Rolle, weil sie es dem Individuum erst erlauben, seine generalisierungsfähigen Interessen in den gesellschaftlichen Diskurs einzubringen und einem rationalen Interessenausgleich zuzuführen. Probleme ergeben sich erst, wenn das erwartete „Kräfteparallelogramm"[4] der organisierten Interessen sich nicht einstellt, sondern es aus strukturellen Gründen systematisch zu Ungleichgewichten und damit zur einseitigen Dominanz einzelner Interessen kommt.

Interessengruppen im kooperativen Staat

Die Weiterentwicklung der Theoriediskussion, die eine neue Sichtweise des Staates einführte, veränderte erneut die Einschätzung der Rolle organisierter Interessen. Die These des Übergangs vom „souveränen Staat" zum „kooperativen Staat" (Ritter 1979) beinhaltet, dass der Staat der Gesellschaft nicht mehr übergeordnet ist und sie hierarchisch zu steuern vermag, sondern dass er ein Funktionssystem neben anderen eigenständigen Funktionssystemen ist. Die Funktionslogik der Teilsysteme lässt sich effizient nicht von außen, d.h. durch autoritative staatliche Vorgaben beeinflussen, sondern nur durch Zusammenarbeit. Die zunehmende gesellschaftliche Differenzierung und fortschreitende Interdependenz der Teilsysteme bindet den

---

2   Der Ausdruck „Lobby" leitet sich aus der englischen Bezeichnung des Vorraumes des Parlamentes ab.

3   Erstmals veröffentlicht 1964.

4   Der Annahme liegt die Vorstellung eines spontanen Prozesses von Aktion und Reaktion zu Grunde, so dass die Organisation von Interessen, beispielsweise die Entstehung der Arbeiterbewegung, in ihrer Bedeutung dadurch relativiert wird, dass die Akteure mit gegenläufigen Interessen, in diesem Fall die Arbeitgeber, sich ebenfalls organisieren.

Staat so in ein verzweigtes Netz von Verhandlungsbeziehungen ein, was sowohl als Verlust an staatlicher Handlungsfähigkeit, als auch als Gewinn an gesellschaftlicher Problemlösungskapazität gesehen wird (Scharpf 1992: 96). Die Rolle organisierter Interessen wechselt von der Interessenvertretung zur Interessenvermittlung. Sie werden selbst aktiv Mitwirkende im Prozess der gesellschaftlichen Steuerung.[5] Ihre Einbindung ist „... als eine rational begründbare Steuerungserweiterung des politischen Handelns in modernen Gesellschaften anzusehen" (Braun 1997: 23). Verbände nehmen damit eine intermediäre Stellung ein, denn sie haben zwar weiterhin die Aufgabe, die Belange ihrer Mitglieder im politischen Prozess zur Geltung zu bringen, aber sie müssen gleichzeitig die mit dem Staat und anderen machtvollen Verbänden getroffenen Vereinbarungen gegenüber ihren Mitgliedern vertreten und auf deren Einhaltung hinarbeiten. Nur ein „verpflichtungsfähiger" Verband wird als politischer Verhandlungspartner ernst genommen.

Mit dem Konzept des Neo-Korporatismus (Lehmbruch 1977, 1979; Schmitter 1974; Schmitter/Lehmbruch 1979; Streeck/Schmitter 1985)[6] wurde das Phänomen der institutionalisierten Zusammenarbeit zwischen Staat und Verbänden[7] theoretisch erfasst, d.h. es wurde ein Erklärungsmodell für die beobachteten Strukturen und Prozesse geboten und es wurden die Bedingungen für eine erfolgreiche Beteiligung der Verbände genannt. Vor allem Lehmbruch hat herausgearbeitet, dass die Eigenschaft der Verbände – offiziell anerkannte, flächendeckende Organisationen mit Monopolanspruch auf die Repräsentation ihres Sektors und hoher Verpflichtungsfähigkeit – nicht hinreichend die Entstehung und Stabilität neo-korporatistischer Strukturen erklären können. Vielmehr handle es sich um ein Regulierungssystem, das den Ansprüchen „administrativer Interessenvermittlung" Rechnung trage und dessen Entstehung „... has to be understood as the outcome of a *strategic choice* on the part of political elites in a critical juncture to restructure a ... policy network adapted to international contingencies with which the traditional state structures were not fit to cope" (Lehmbruch 1991: 136-137, Hervorhebung im Original).[8]

Das Zusammenspiel von Staat und Verbänden wird folglich unter ganz anderen Vorzeichen untersucht. Es geht nicht mehr um die Einflussnahme partikularer gesellschaftlicher Interessen auf den das Gemeinwohl verkörpernden Staat, sondern um die Funktionsleistung von Verbänden für effizientes Regieren. Die kritische bis ablehnende Haltung gegenüber Interessenpolitik vollzieht einen Schwenk hin zu einer durchgängig positiven Einschätzung: „Intermediäre Strukturen der Interessenvermittlung ... tragen wesentlich zur Regierungsfähigkeit moderner Demo-

Neo-Korporatismus

---

5   Steuerung wird sehr viel komplexer als zuvor gesehen. Man verwirft das hierarchische Modell als realitätsfern, in dem Steuerung mit der einseitigen Vorgabe eines steuernden Akteurs gleichgesetzt wurde, der von einem Adressaten Befolgung erwarten kann. Steuerung wird auch nicht mehr als linearer Prozess verstanden, bei dem durch die Setzung eines Steuerungsziels, die Wahl und den Einsatz von Steuerungsmitteln eine Steuerungswirkung erreicht wird. Vielmehr betrachtet man Steuerung „...als kollektiv organisierten und institutionalisierten Prozess der strukturellen Kopplung zwischen politischen und teilsystemischen Akteuren...", der eine eigene Interaktionsdynamik produziert (Braun 1997: 45).

6   Zur Übersicht vgl. den Lexikon Beitrag von Voelzkow (2000).

7   Zunächst standen vor allem die „konzertierten Aktionen" von Staat, Gewerkschaften und Arbeitgeberverbänden, mit denen die wirtschaftliche Globalsteuerung in der sozialen Marktwirtschaft abgesichert werden sollte, im Vordergrund der Aufmerksamkeit.

8   Lehmbruch bezieht sich in seinem Text ausdrücklich auf die Schweiz; es scheint uns aber vertretbar, seine Aussage zu verallgemeinern.

kratien bei" (Eichener 2000: 254). Das zugrunde liegende normative Kriterium ist Effizienz. Die Inkorporierung organisierter Interessen soll die Steuerbarkeit der Gesellschaft erleichtern und die Qualität der Problemlösung verbessern.

Chancengleichheit und Partizipation

Damit sind die beiden anderen normativen Fragen, die in der traditionellen Verbände-Forschung eine so große Rolle spielten, aber noch nicht beantwortet, nämlich: Wie steht es mit 1. der Chancengleichheit und 2. der demokratischen Verantwortlichkeit und Partizipation der Bürger?

1. In pluralistischen Systemen soll das „Kräfteparallelogramm" der gesellschaftlichen Interessen ein Übergewicht einseitiger Forderungen verhindern. In neo-korporatistischen Systemen wird erwartet, dass die „Tauschlogik" eine Mäßigung gruppenegoistischer Ziele bewirkt. Aber auch ausgehandelte Regelungen können Vor- und Nachteile ungleich verteilen, wenn die Organisations- und Durchsetzungsfähigkeit gesellschaftlicher Interessen ungleichgewichtig ist. Mit anderen Worten: Chancengleichheit ist ein Problem, unabhängig davon, ob wir es mit „pressure group politics" nach dem pluralistischen Modell oder mit Verhandlungssystemen nach dem neo-korporatistischen Modell zu tun haben.

2. Demokratische Verantwortlichkeit im Sinne der Rückkoppelung politischer Entscheidungen an die Bürger setzt Transparenz und Zurechenbarkeit der Entscheidungen voraus. Wenn Regieren zunehmend in vernetzten Verhandlungssystemen stattfindet, erschweren die dort herrschenden komplexen Willensbildungsstrukturen die Transparenz. Hinzu kommt ein latenter Zielkonflikt zwischen Effizienz und Demokratie: Aus Sicht der Beteiligten heißt effiziente Interessenvermittlung, dass die Experten zu Wort kommen und die Partizipation anderer Akteure und die Öffnung der Verhandlungen für die politische Öffentlichkeit auf ein Minimum reduziert wird. Nicht zuletzt erweisen sich gerade jene Gruppen, wie oligarchische Großorganisationen und politische Aktivistengruppen als erfolgreiche Lobbyisten, die ihren Mitgliedern wenig Raum für politische Teilnahme gewähren (Teubner 1978).

Eine fundierte Beurteilung der europäischen Interessenpolitik setzt folglich voraus, dass die Bedingungen für die Organisation gesellschaftlicher Interessen im europäischen System untersucht wird. Hierauf konzentriert sich der nächste Abschnitt.

11.3 Die europäische Präsenz partikularer Interessen

Organisierung von Interessen in der EU

Für eine erste Annäherung an das Thema folgen wir der These, die implizit vielen Arbeiten über europäische Interessenpolitik zugrunde liegt[9]: Rational handelnde Akteure versuchen durch kollektive Aktion Schaden abzuwenden und ihren Nutzen zu optimieren.[10] Folglich ist zu erwarten, dass die Vertiefung der europäischen In-

---

9   Vgl. z.B. Greenwood 2003 sowie die Beiträge in Greenwood/Aspinwall (1998) mit Ausnahme des Beitrages von Cram (1998).

10   Eine gute Einführung in die Theorie rationalen Handelns bietet Braun (1999). Ausgangspunkt der hier vorgestellten Theorie ist ein verengter Rationalitätsbegriff: Der vernünftig handelnde Mensch steht am Anfang aller Politik. Der Begriff der Vernunft wird aber dadurch, dass man das Menschenbild von Hobbes übernimmt, einseitig definiert: „Der Mensch ist in erster Linie Bedürfniswesen und sein primäres Streben ist die Befriedigung dieser Bedürfnisse" (Braun 1999: 29). Folglich ist rationales Handeln das Abwägen von Alternativen unter dem Gesichtspunkt von Eigennutz und Interesse. Diese theoretische

tegration die Organisation von Interessen im europäischen Raum vorantreibt. Für die empirische Untersuchung hat man damit ein schlichtes Analysemodell: Die unabhängige Variable ist der „Integrationsfortschritt", den man anhand der Kriterien Marktverflechtung, Kompetenztransfer und Umfang der regulativen, der distributiven und re-distributiven Politik erfassen kann.[11] Die abhängige Variable ist „Interessenorganisation", die anhand der wachsenden Präsenz, des organisatorischen Ausbaus und der finanziellen Ausstattung der Verbände gemessen werden kann.

Untersucht man die Entwicklungsgeschichte der europäischen Verbände, so scheinen die Daten auf den ersten Blick die Annahme zu bestätigen: die Gründung und Vertiefung der EG/EU war von einem deutlichen Wachstum der Interessenorganisationen auf europäischer Ebene begleitet. Die Einrichtung der EWG löste einen Gründungsboom von Euroverbänden, d.h. auf die Europäische Gemeinschaft spezialisierte Interessenorganisationen, aus. Mehr als hundert nationale Dachverbände schlossen sich Ende der 1950er, Anfang der 1960er zu europäischen Verbandsföderationen zusammen. Das Binnenmarktprogramm bewirkte zwanzig Jahre später eine erneute Steigerung von europäischen Interessenvertretungen und mit jeder weiteren Vertiefung der EU hat sich der Kreis der Akteure kontinuierlich erweitert. Eine genauere Analyse zeigt aber Erscheinungen, die in das einfache Erklärungsschema nicht hineinpassen (Kohler-Koch 1992: 92-97, 105-108; Eising u.a. 2002). Zwei wichtige Phänomene seien hier herausgegriffen:

Wachstumsverlauf: Die Gleichung „Bedeutungszuwachs der EG/EU ~ Wachstum der Verbände" geht nicht auf. Zum einen ergibt die differenzierte Analyse, dass zahlreiche Organisationen nicht in Reaktion, sondern in Antizipation eines Bedeutungsgewinns der EG/EU gegründet wurden. Zum anderen haben die europäischen Zusammenschlüsse nicht durchgängig von der Vertiefung der Integration profitiert. In einer ersten Phase, in der Maßnahmen der positiven Integration einsetzten, wurden die Euroverbände ausgebaut und organisatorisch gestrafft; neben die bestehenden Dachverbände traten Fachverbände für einzelne Sektoren bzw. Wirtschaftsbranchen. Sobald aber mit der tiefgreifenden Neuregulierung eines Sektors durch die EG/EU zu rechnen war, war die Reaktion keineswegs immer eine Stärkung der Euroverbände, sondern häufig – alternativ oder ergänzend – der Ausbau der europäischen Niederlassungen von nationalen Verbänden und Unternehmen. In den 1990er Jahren verlangsamte sich das gesamte Wachstum, was mit Sättigungserscheinungen – die Mehrzahl der industriellen Branchen und Sektoren waren bereits auf europäischer Ebene vertreten – und Konzentrationsprozessen – vor allem Zu-

Seitenrand:
Entwicklungsgeschichte

Wachstum europäischer Interessenvertretung

Prämisse wird mit einer ebenfalls vereinfachenden methodischen Prämisse, nämlich dem „methodologischen Individualismus" verknüpft. Dieser unterstellt, dass kollektives Handeln generell, einschließlich der Organisation von Gruppen und der Errichtung politischer Institutionen, aus der Analyse individueller Wahlhandlungen erklärt werden kann.

11 Die Wahl der Parameter beruht auf der Annahme, dass Integration in unterschiedlicher Weise eine Veränderung der Kosten-Nutzen Situation bewirkt: (1) die schrittweise Öffnung der Grenzen fördert wirtschaftliche Verflechtung, verschärft den Wettbewerb und verändert damit indirekt auch die sozialen Lebenschancen. (2) Sehr viel direkter spürbar ist die regulative Politik, d.h. wenn von Brüssel aus Gebote und Verbote ausgesprochen werden. Besonders konfliktträchtig ist (3) die Preis- und Finanzpolitik, die unmittelbare Einkommenswirkungen (z.B. in der Landwirtschaft) hat bzw. die Verteilung oder Umverteilung von Mitteln betrifft. Mit anderen Worten, die Verlagerung von Rechtssetzungsbefugnissen und Budgethoheit sowie der Umfang, in dem diese tatsächlich ausgeübt werden, sind wichtige Einflussgrößen. Die schwierige Frage, welches Gewicht diesen einzelnen Größen zukommt, ist damit allerdings nicht beantwortet.

sammenschlüsse von verwandten Spezialverbänden – zu erklären ist. Zu vermerken ist, dass eine deutliche Diskrepanz zwischen der Expansion der Kompetenzerweiterung und der Regulierungstätigkeit der EU (Kap. 8) und der Entwicklung der Euroverbände gemessen an finanzieller und personeller Ausstattung besteht. Mit wenigen Ausnahmen sind es kleine Büros mit wenig Personal; selbst die relativ gut ausgestatteten Dachverbände wie UNICE und Europäischer Gewerkschaftsbund haben deutlich kleinere Budgets als beispielsweise ihre deutschen Mitgliedsverbände. Auch der Zahlenvergleich zwischen europäischen Verbänden und nationalen Verbänden ist aufschlussreich. Das von der Europäischen Kommission aufgelegte Verzeichnis umfasste Anfang 2003 insgesamt 686 Verbandsorganisationen.[12] Zur gleichen Zeit hatten sich 1.673 Verbände in das Verzeichnis des Deutschen Bundestages eintragen lassen.[13] Die Zahl der nationalen Verbände ist damit nicht nur vergleichsweise sehr hoch, auch ihre Wachstumsrate ist erstaunlich: In den zurückliegenden 30 Jahren hat sich die Zahl der eingetragenen Verbände fast verdreifacht.[14] Selbst in den Jahren der Errichtung des Binnenmarktes, in denen die europäische Gesetztätigkeit sprunghaft anstieg, ließen sich über 400 weitere nationale Verbände in Deutschland registrieren.

Repräsentativität

Repräsentativität: Die einfache Gleichung „Betroffenheit führt zu kollektivem Handeln" stimmt nicht in der zeitlichen Perspektive und auch nicht im Vergleich der Interessen untereinander. Besonders gewichtig gemessen an Personal und Finanzmitteln waren von Anfang an der Europäische Industrieverband (UNICE)[15], der Zusammenschluss der Industrie- und Handelskammern, der heute unter dem Namen EUROCHAMBRES firmiert, der Verband der öffentlichen Unternehmen und Arbeitgeber (CEEP)[16], und der europäische Verband der europäischen Landwirte (COPA)[17] aber auch der europäische Sparkassenverband, bei

---

12 Frühere Verzeichnisse der Kommission enthielten zum Teil höhere Zahlen, die aber nie die Grenze von 1.000 überschritten. Erfasst werden immer nur die auf europäischer Ebene organisierten Verbände. Die Datenbank CONECCS http://europa.eu.int/comm/civil_society/ coneccs/start.cfm?CL=en [Stand: 29.07.2003], die im September 2001 ins Netz gestellt wurde, ist immer noch mit erheblichen Mängeln behaftet. Dazu gehört vor allem, dass die Liste unvollständig ist, weil der Eintrag freiwillig ist und keine Vorteile verschafft. Etliche Verbände lassen sich aus Unwissen oder Mittelknappheit nicht eintragen. Außerdem erscheint die Zuordnung der Verbände zu den vorgegebenen Kategorien (Sektor der Tätigkeit; Organisationstyp) recht willkürlich. Die von professionellen Organisationen erstellten einschlägigen Verzeichnisse führen für die 1990er Jahre 1.600 bis 1.800 Organisationen auf, weil sie alle Typen von Interessenvertretungen, z.B. auch die Vertretungen nationaler oder regionaler Verbände und Gewinn orientierte Dienstleistungsunternehmen wie Beratungsbüros, auf EU Fragen spezialisierte Anwaltskanzleien, etc. aufnehmen, vgl. Philip/Gray (1996).

13 Es handelt sich ebenfalls um die freiwillige Eintragung in eine öffentliche Liste. Der Eintrag ist allerdings wichtig, weil nur solche Verbände vom Bundestag gehört werden, die in der Liste verzeichnet sind. Aufgenommen werden nur private (also keine öffentlichen Körperschaften) und national organisierte Interessensvertretungen, vgl. Geschäftsordnung des Deutschen Bundestages http://www.bundestag.de/verwalt/archiv/archiv011.html [Stand: 29.07.2003].

14 Die Zahl der registrierten Verbände stieg von 635 Ende 1973 auf 1.760 Mitte 2002; vgl. Beilage zum Bundesanzeiger.

15 Die Abkürzung UNICE geht auf die französische Benennung des Verbandes zurück (Union des Industries de la Communauté européenne).

16 Centre Européen des Entreprises.

17 Comité des Organisations Professionnelles Agricoles de l'Union Européenne.

dem strukturelle Gegebenheiten des Sektors der Grund für eine frühe und starke Organisation waren[18]. Ein weiterer gewichtiger Verband, nämlich der Europäische Gewerkschaftsbund (EGB) wurde erst 1973 gegründet. Die Verbraucherinteressen haben sich zwar schon 1962 auf europäischer Ebene zusammengeschlossen (BEUC)[19], blieben aber wie auch das 1974 gegründete Europäische Umweltbüro (EEB)[20] ein Leichtgewicht. Eine systematische Auswertung der Daten[21] bestätigt diesen ersten Eindruck. Es gibt ein deutliches Ungleichgewicht im Zahlenverhältnis zwischen den Produzenteninteressen und den Interessen von Arbeitnehmern, Verbrauchern, Umweltschützern, aber auch bezogen auf das Verhältnis von Industrie zu Handel und Handwerk.

Schaubild 11.1: Verteilung der Interessenorganisationen nach Politikfeldern

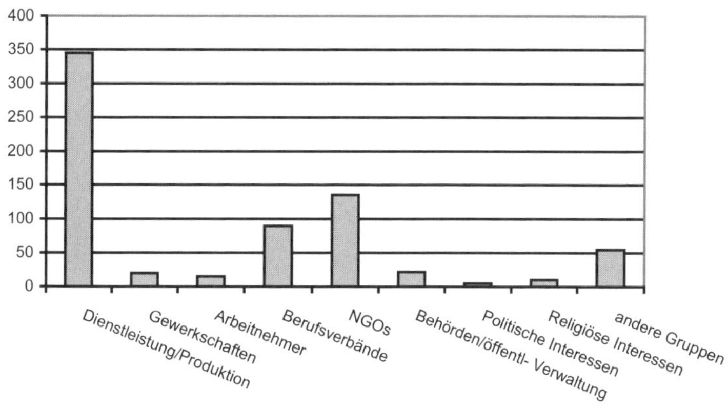

Quelle: CONECCS 2003

Das Schaubild macht die ungleiche Verteilung der Interessenvertretung augenfällig. Die Präsenz einer europäischen Organisation ist offenkundig nicht nur von der Intensität der jeweiligen Interessen, sondern von weiteren Faktoren abhängig. Folglich muss das Analysemodell um zusätzliche theoretische Annahmen erweitert werden. Gesucht sind Faktoren, die in typischer Weise die Bereitschaft und Fähigkeit zum organisatorischen Zusammenschluss behindern. Die Restriktionsgründe können zum einen in den Eigenschaften der Akteure und zum anderen in der Logik des kollektiven Handelns liegen.

Strukturelle Ungleichgewichte: Offe (1973) hat darauf verwiesen, dass nicht jedes gesellschaftliche Interesse die gleiche Chance hat, verbandsförmig repräsentiert zu werden. Er nennt zwei Voraussetzungen: Organisationsfähigkeit und Konfliktfähigkeit. Nach Offe sind Interessen „organisationsfähig", wenn sie „in ausreichendem Umfang diejenigen motivationalen und materiellen Ressourcen

Ungleiche Organisations- und Konfliktfähigkeit

---

18 Entscheidend für den Ausbau eines relativ großen Verbandes war, dass auf Grund des Regionalprinzips die Sparkassen nicht in Konkurrenz zueinander standen.
19 Bureau Européen des Unions de Consommateurs.
20 European Environmental Bureau.
21 Die Auszählung beruht auf dem Verzeichnis der Kommission von 2003, vgl. Datenbank CONECCS.

mobilisieren können, die zur Etablierung eines Verbandes oder eines ähnlichen Instruments der Interessenvertretung erforderlich sind" (ebd.: 369). Eindeutige Partikularinteressen, vor allem wenn sie existenzieller Bedeutung sind, können leichter organisiert werden als diffuse Interessen, die zwar vielen gemein sind, aber niemanden unmittelbar und existenzbedrohend berühren. Mit anderen Worten: „Organisierbar sind nur solche Interessen, die sich als Spezialbedürfnisse einer sozialen Gruppe interpretieren lassen" (ebd.: 369). ‚Konfliktfähigkeit' ist eine weitere unabdingliche Voraussetzung für politischen Einfluss. Sie beruht auf der Fähigkeit, eine für die Funktionsfähigkeit der Gesellschaft notwendige Leistung kollektiv zu verweigern oder diese Verweigerung glaubhaft androhen zu können. Die Waffe der Leistungsverweigerung ist allerdings nur begrenzt einsetzbar. „Die verbandsförmig artikulierten Ansprüche müssen in dem Sinne negotiabel sein, dass sie konkrete Aussichten auf pragmatische Erfolge bieten. Das bedeutet: gruppenspezifische Kampfmittel (z.B. Streik) verbürgen nur so lange politische Macht, wie ihre Anwendung von allen Beteiligten als Ausnahmefall angesehen wird, der sich nicht zu einer Dauerkonfrontation auswächst; denn eine Dauerkonfrontation würde die konfligierenden Instanzen gerade der motivationalen und materiellen Ressourcen berauben, die ihnen die Mitglieder in der Erwartung kurzfristiger Erfolge zugestehen" (ebd.: 370). Das Fazit von Offe ist: „Das pluralistische System von organisierten Interessen sperrt alle Bedürfnisartikulation aus dem politischen Willensbildungsprozess aus, die allgemein und nicht an Statusgruppen gebunden sind; die konfliktunfähig, weil ohne funktionelle Bedeutung für den Verwertungsprozess von Kapital und Arbeitskraft sind; und die als utopische die historischen Systemgrenzen transzendieren" (ebd.: 371).

Logik kollektiven Handelns: Olson (1968) verweist auf eine zusätzliche Verzerrung der Interessenrepräsentation, die sich aus der Logik von Gruppenhandeln ergibt. Die Vertretung gemeinsamer Interessen durch einen Verband ist ein Kollektivgut, denn von seinen Erfolgen profitieren alle, und zwar unabhängig davon, ob sie zu den Kosten des Verbandes beigetragen haben oder nicht. Die Folge ist, dass der Anreiz zum Trittbrettfahren groß ist: „Obwohl ... alle Mitglieder der betreffenden Gruppe ein gemeinsames Interesse haben, diesen kollektiven Vorteil zu erlangen, haben sie doch kein gemeinsames Interesse daran, die Kosten für die Beschaffung dieses Kollektivgutes zu tragen." (Olson 1968: 20) Die Wahrscheinlichkeit, dass es zur Bereitstellung eines Kollektivgutes kommt, ist am größten, wenn es sich um eine kleine Gruppe handelt, die Mitglieder ungleicher Größe umfasst (ebd.: 33), wenn die Leistungen und Kosten der Organisation Einzelnen zugerechnet werden können. (ebd.: 44f.), wenn zusätzlich selektive Anreize beispielsweise in Form von Serviceleistungen eingesetzt werden können (ebd.: 49) und wenn innerhalb der Gruppe sich soziale Bindungen entwickeln.

Die Organisationsdaten europäischer Interessenvertretungen entsprechen diesen theoretischen Erwartungen. Wettbewerbspolitik und Rechtsangleichung im Binnenmarkt treffen Produzenten und Konsumenten gleichermaßen, aber bei den einen trifft es die Spezialbedürfnisse einer klar abgegrenzten sozialen Gruppe, bei den anderen die allgemeinen Lebensbedürfnisse einer heterogenen Vielzahl von Akteuren. Aus diesem Blickwinkel betrachtet ist es erklärlich, dass 80% der Verbände wirtschaftliche Interessen und nur 20% allgemeine Interessen vertreten (Kommission 2003; vgl. Eising 2001a). Ebenso leicht nachzuvollziehen ist, dass der Wirtschaftszweig, der ganz wesentlich über europäische Politik gesteuert wurde, nämlich die Landwirtschaft, über Jahrzehnte hinweg schlagkräftiger als alle anderen organisiert war.[22] Nach den Überlegungen von Olson hatten die Dachverbände und Spitzenverbände der Wirtschaft es leicht, sich europäisch zu organisieren, weil ihre Zahl überschaubar war. Die Einrichtung des Europäischen Umweltbüros (EEB) musste dagegen doppelt schwer fallen, denn zum einen galt es, nicht-existentielle Interessen zu organisieren, zum anderen eine Vielzahl von Organisationen, mit einer noch viel höheren Zahl potentieller Mitglieder für ein gemeinsames „diffuses Interesse" zu mobilisieren.[23]

11.4 Organisationsfähigkeit von Interessen im Mehrebenensystem

Die Organisationsfähigkeit gesellschaftlicher Interessen in der EU lässt sich aber nicht erschließen, wenn man lediglich die jeweiligen Eigenschaften der nationalen Verbände in den Blick nimmt. Vielmehr ergibt sich die spezifische Organisationsproblematik aus dem Mehrebenencharakter der EU. Europäische Politik betrifft gleichzeitig nationale Verbände *und* ihre Mitglieder. Die Verbände ihrerseits versuchen unter veränderten Umständen ihre Aufgaben weiterhin optimal zu erfüllen, damit sie für ihre tatsächlichen und potentiellen Mitglieder attraktiv bleiben. Aus institutionellem Eigeninteresse streben sie danach, die europäische Verbandsentwicklung unter ihrer Kontrolle zu halten. Es gilt, keine Konkurrenz entstehen zu lassen, sondern vielmehr die Chancen einer gebündelten europäischen Interessenvertretung für sich selbst zu nutzen und von den Funktionsleistungen eines Euroverbandes zum Zwecke der eigenen Leistungssteigerung zu profitieren. Für die Mitglieder können sich dagegen alternative Optionen eröffnen. Warum sollte sich ein Akteur mit einer indirekten Interessenvertretung über einen nationalen Verband bescheiden, wenn aufgrund transnationaler Interessenübereinstimmungen eine direkte Zusammenarbeit offen steht? Gerade wenn EG-Maßnahmen zu Umverteilungseffekten innerhalb einer Branche oder eines Sektors führen, kann der nationale Verbandszusammenhalt empfindlich gestört werden. Ob es dann tatsächlich zu einer Abspaltung und zur Neugründung eines europäischen Spezialverbandes kommt, hängt von der transnationalen Organisationsfähigkeit dieser speziellen Akteursgruppe ab. Wenn es den Mitgliedern leicht fällt, sich an ihrem heimischen Verband vorbei europäisch zu organisieren, ste-

Bedingungen für die Organisationsfähigkeit

---

22 In zahlreichen Fallstudien und mehreren Verbandsuntersuchungen ist die Organisationsstärke und die politische Durchsetzungsfähigkeit der europäischen Bauernlobby untersucht worden. Seit der Festlegung der ersten Agrarmarktordnungen in den frühen 1960er Jahren hat die EG über die Regulierung der Märkte, die Festsetzung von Preisen und direkte finanzielle Zuwendungen unmittelbar und tiefgreifend die Lebenschancen dieser Bevölkerungsgruppe bestimmt. Die unterschiedlichen Produktionsbedingungen und Marktstrukturen haben zu ganz unterschiedlichen Verteilungseffekten geführt, so dass sich die Organisationsfähigkeit der Branche nicht aus Betroffenheit und Interessenübereinstimmung erklären lässt. Vielmehr hat die Selbsteinschätzung als soziale Gruppe die Geschlossenheit und Schlagkraft des Verbandes bewirkt. Der über die WTO und die Osterweiterung ausgeübte Druck zur Reform der Gemeinsamen Agrarpolitik hat inzwischen dazu geführt, dass COPA seit Beginn der 1990er Jahre zunehmend an Einfluss verloren hat (Rieger 2000: 198-199).

23 Bei Gründung bezog das EEB nur 25 Organisationen ein, heute umfasst es über 130 Mitgliedsorganisationen.

hen die nationalen Verbände vor einem Dilemma: Die enge Zusammenarbeit im europäischen Verband stärkt zwar die kollektive Interessenvertretung, ist aber nur um den Preis des Kompromisses, durch den die Interessen der eigenen Mitgliedschaft teilweise verletzt werden, zu erzielen. Folglich ist die Einigung auf einen gemeinsamen Standpunkt im Euroverband häufig genauso schwierig wie zwischen den Regierungen im Rat und nur in Ausnahmefällen kann ein Euroverband als eigenständiger Akteur auftreten. Für die nationalen Verbände ist er gleichwohl wichtig. Zum einen dient der Euroverband als Forum der Meinungsbildung und zum anderen erfüllt er drei nützliche Funktionen für seine Mitgliedsverbände: (1) eine Informationsfunktion, d.h. die Sammlung und Aufbereitung von nicht leicht zugänglichem Wissen[24], (2) eine Frühwarnfunktion, d.h. die rechtzeitige Mitteilung über das jeweilige Stadium eines Rechtsetzungsprozesses oder die Lancierung von Förderprogrammen, (3) eine Türöffnerfunktion, d.h. die Vermittlung von Gesprächskontakten und den Zugang zu wichtigen Beratungsgremien.[25]

Diffuse Interessen

Wie wichtig es ist, den Mehrebenen-Charakter der EU zu berücksichtigen, um die Struktur der europäischen Interessenvertretung zu begreifen, zeigt sich auch in dem ganz anders gelagerten Fall der Organisation diffuser Interessen. Hier gibt es zwei gegenläufige Tendenzen. Zum einen ist eine zunehmende Transnationalisierung öffentlicher Interessen festzustellen. Dem Individuum, das sich für den Schutz der Umwelt, der Verbraucher oder der Bürgerrechte engagiert, bieten sich politische Unternehmer an, die über die Grenzen hinweg Unterstützung mobilisieren und sich zum Anwalt einer öffentlichen Sache machen. Im Umweltbereich hat die Konkurrenz zwischen der Föderation der nationalen Umweltorganisationen (EEB) und den international operierenden Verbänden wie Friends of the Earth, Worldwide Fund for Nature und Greenpeace lange Zeit für Spannungen gesorgt (Hey/Brendle 1994: 388-422).[26] Über die Zeit hat sich jedoch eine funktionierende Arbeitsteilung und Zusammenarbeit entwickelt. Andere öffentliche Interessen, die sich beispielsweise an der Asyl- und Migrationspolitik festmachen, haben sich von vornherein auf europäisch-transnationaler Ebene entwickelt (Favell 1998; Geddes 2000; Trenz 2002).

Gewerkschaften

Eine ganz andere Entwicklung hat die Vertretung von Arbeitnehmerinteressen genommen. Auch hier handelt es sich um die Organisation einer potentiellen Massenmitgliedschaft mit diffusen Interessen. In den Mitgliedstaaten haben die Gewerkschaften – wenn auch in unterschiedlichem Maße – einen hohen Organisationsgrad[27] erlangt und üben einen spürbaren politischen Einfluss aus. Da die Zahl der gewerkschaftlichen Dachverbände überschaubar ist und die Größenverhältnisse gemischt sind, steht nach der Logik kollektiven Handelns ihrem Zusammenschluss zu einem schlagkräftigen europäischen Verband nichts entgegen.[28] Rein formal be-

---

24 Dies war in der Anfangsphase der Integration von besonderer Bedeutung, gilt aber auch heute noch für jedes Neumitglied der EU.

25 Vgl. auch Eichener (2000: 257) und die dort zitierte Literatur.

26 Zum „Dachverbandsdilemma" insbesondere bei den Umweltgruppen vgl. Hey/Brendle (1994: 402, 666-670).

27 Der Organisationsgrad drückt das Verhältnis von potentiellen Mitgliedern und tatsächlich organisierten Mitgliedern aus.

28 Die Hypothek der Anfangsjahre, nämlich die Aufspaltung der Gewerkschaftsbewegung in ideologisch verfeindete „Richtungsgewerkschaften" (kommunistische, sozialistisch/sozialdemokratische „freie" und christdemokratische Gewerkschaften), ist inzwischen ab-

trachtet kann der Europäische Gewerkschaftsbund auf die große Zahl der durch ihn repräsentierten Mitglieder verweisen. Tatsächlich endet die Organisationsfähigkeit der Arbeitnehmer aber an den nationalen Grenzen. Nationale Gewerkschaften erreichen einen hohen Organisationsgrad durch selektive Anreize,[29] beispielsweise durch Einkommenssicherung dank staatlich verliehener Vorrechte (kollektive Lohnabschlüsse aufgrund von Tarifhoheit), Serviceleistungen für die Mitglieder (von der Rechtsvertretung bis hin zum Reiseservice) und (zunehmend weniger) durch soziale Bindung und Gruppenidentifikation über Weltanschauung. Ein europäischer Gewerkschaftsverband ist für den einzelnen Arbeitnehmer wenig attraktiv, denn er kann weder spezielle Anreize bieten noch auf grenzüberschreitende Gruppenidentifikation setzen. Die europäische Interessenvertretung ist das einzige Gut im Angebot, das aber von den individuellen Nachfragern gering veranschlagt wird, weil alle – auch die Nichtmitglieder – daraus Nutzen ziehen können.

11.5 Mitgliederlogik und Einflusslogik im EU-System

Das Gewerkschaftsbeispiel macht deutlich, dass je nach politischem System die Voraussetzungen für eine verbandsförmige Interessenvertretung variieren können. Politische Systeme erleichtern oder erschweren Verbänden die Arbeit, indem sie ihnen Zugangsmöglichkeiten eröffnen oder verschließen und indem sie selektiv Leistungen bieten, die von Subventionen bis zur Übertragung hoheitlicher Aufgaben reichen können. Daraus folgt, dass zur Beurteilung der Organisationsfähigkeit gesellschaftlicher Interessen das Analyseraster erweitert werden muss. Diesen Schritt haben Schmitter und Streeck (1981/1999) vollzogen. Sie haben ein Analysemodell entwickelt, das die doppelte Abhängigkeit der Verbände abbildet: Sowohl aus den spezifischen Merkmalen der (potentiellen) Mitglieder als auch den jeweiligen Eigenschaften des politischen Systems ergeben sich Handlungsimperative, die Schmitter und Streeck mit den Begriffen „Mitgliederlogik" und „Einflusslogik" belegt haben.

Überträgt man dieses Modell, das für die vergleichende Forschung nationaler Wirtschaftsverbände entwickelt wurde, auf die EU, muss man erneut die Besonderheiten des europäischen Mehrebenensystems in Rechnung stellen. Nationale Verbände leben gleichzeitig in mehreren Welten: Sie sind unmittelbar mit den Verhältnissen ihrer nationalen Mitgliedschaft und den politischen Systembedingungen des jeweiligen Mitgliedstaates konfrontiert, müssen gleichzeitig aber auch der Mitglieder- und Einflusslogik im EU-System Rechnung tragen. Die viel diskutierte „Europäisierung" (Kap. 15) hat selbst in den Politikbereichen, die wie der Agrarbereich seit Jahrzehnten durch europäische Politik gestaltet werden, weder zu einer Angleichung der wirtschaftlichen und sozialen Verhältnisse, noch zu einer Marginalisierung nationaler Politik oder einer Vereinheitlichung des politischen Umfeldes geführt. Dementsprechend ist auch für die Zukunft zu erwarten, dass sich die Vielfalt der nationalen politischen Systeme mit ihrer je eigenen „Einflusslogik" in den nationalen Verbänden weiter reproduziert (Kohler-Koch 1992: 110-111). Aus dieser Annahme folgen zwei Thesen, die für die Analyse

Komplexität der Mitglieder- und Einflusslogik

---

getragen und spielt in der Interessenpolitik der Arbeitnehmer kaum mehr eine Rolle. Zur Gewerkschaftsorganisation in Europa vgl. Ebbinghaus/Visser (2000).

29 „Selektiv", weil die Leistungen auf den Kreis der Mitglieder beschränkt werden können.

der europäischen Interessenvermittlung bedeutsam sind. Zum einen betrifft es die Verbandszusammenarbeit auf europäischer Ebene. Wenn Organisationen mit deutlich unterschiedlichen strukturellen Merkmalen und ganz unterschiedlichen Handlungsgewohnheiten aufeinander treffen, sind Reibungsverluste unvermeidlich. Somit ist zu erwarten, dass die Arbeit in den europäischen Verbandsföderationen nicht nur durch die inhaltlichen Interessenunterschiede, sondern auch durch die nationalen Charakteristika der Verbände erschwert wird. Zum anderen ist zu erwarten, dass die unter den nationalen Bedingungen ausgebildete Lobbykultur sich nicht nahtlos auf den Umgang mit den europäischen Instanzen übertragen lässt. Eine rasche Umstellung auf die Handlungsbedingungen im europäischen System ist nicht zu erwarten, weil die nationalen Verbände weiterhin in ihrer heimischen Umwelt verankert sind und dort der Hauptakzent ihrer Arbeit liegt.

Schaubild 11.2: Organisation und Handeln von Verbänden auf europäischer Ebene

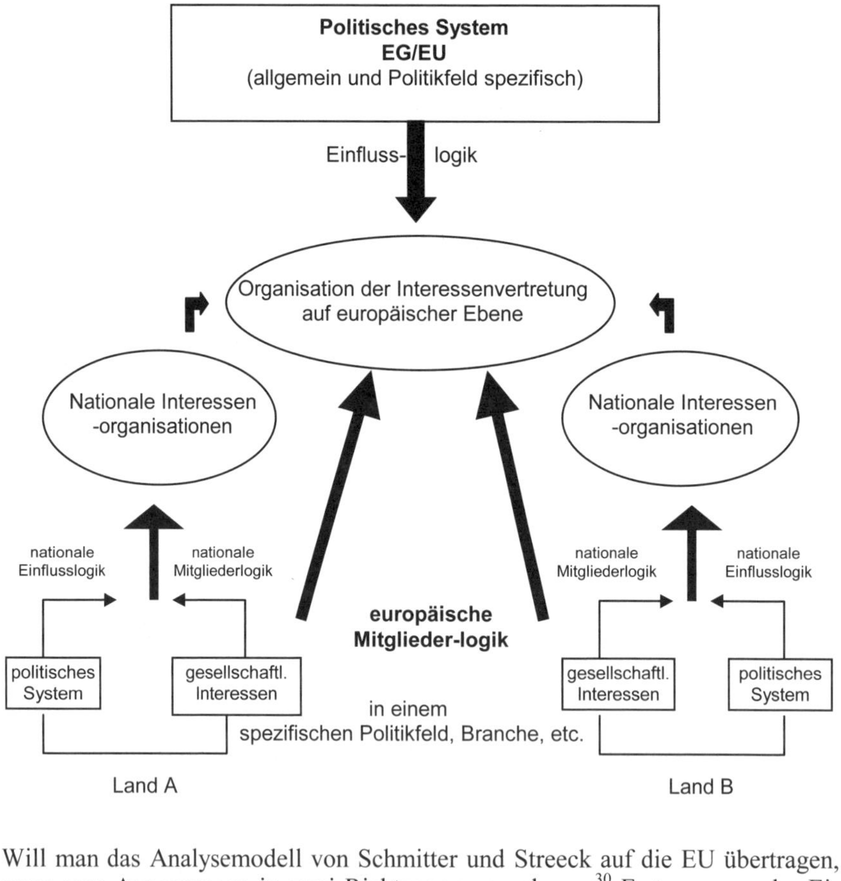

Will man das Analysemodell von Schmitter und Streeck auf die EU übertragen, muss man Anpassungen in zwei Richtungen vornehmen.[30] Erstens muss der Ei-

---

30 Diese Anpassung verändert nicht den Charakter des Modells als ein Instrument für die Mikroanalyse; d.h. es geht immer noch um die Erklärung der Organisationsfähigkeit spe-

genschaftskatalog für die Mitglieder die relevanten gesellschaftlichen Gruppen in allen Mitgliedsländern erfassen und bei der Einflusslogik müssen aufgrund des Mehrebenen-Charakters der EU die politischen Systemeigenschaften der EU und ihrer Mitgliedstaaten erfasst werden. Zweitens müssen die nationalen Verbände als intervenierende Variable berücksichtigt werden. Die Analyse der Interessenorganisation im Mehrebenensystem der EU sollte idealer Weise als Zweistufenprozess angelegt sein: Im ersten Schritt wird aus dem Zusammenwirken von Mitglieder- und Einflusslogik auf der Ebene der Mitgliedstaaten das Profil der nationalen Verbände herausgearbeitet. Im zweiten Schritt werden anhand des Merkmalrasters eine Gesamtaufnahme, beispielsweise die charakteristischen Eigenschaften einer europäischen Branche, erhoben, die politikfeldspezifischen Besonderheiten der EU herausgearbeitet und die wesentlichen Unterschiede in den nationalen Verbandsmerkmale in Rechnung gestellt. Das Schaubild 11.2 stellt diesen Zwei-Stufen-Prozess in verkürzter Form vor.

11.6 Die Prägung der europäischen Interessenvermittlung

Lässt man die strukturellen Eigenschaften des EU-Systems (Kap. 6) Revue passieren, dann ist die Hypothese naheliegend, dass Kompetenzverteilung und Aufgabenzuordnung sich besonders nachhaltig auf die Einflusslogik auswirken. Weil Befugnisse selbst innerhalb eines Politikfeldes teils auf die nationale, teils auf die EU-Ebene verteilt sind und die Legislativfunktion von Rat, Kommission und Europäischem Parlament wahrgenommen wird, ist es für Interessenverbände ratsam, auf allen Ebenen präsent zu sein. Zusätzlich verlangt die Unübersichtlichkeit des Entscheidungsprozesses eine regelmäßige Beobachtung, die am besten durch Präsenz in Brüssel gewährleistet werden kann. Bezogen auf die Ressourcen sorgt die geringe personelle und finanzielle Ausstattung von Kommission und Europäischem Parlament dafür, dass beide Organe für externe Fachberatung offen sind. Die Kommission hat sich mehrfach nachdrücklich zu einer Politik des „offenen Dialogs" bekannt und sich nach reiflicher Überlegung gegen jede Zugangsbeschränkung ausgesprochen.[31] Im Europäischen Parlament gab es mehr kritische Stimmen, die vor unerwünschter Einflussnahme und einem Wildwuchs an Lobbyaktivitäten warnten. Seit Ende der 1980er Jahre wurden verschiedene Regulierungsinitiativen gestartet, die letztendlich aber nur zu einem Register führten, in das sich Interessensorganisationen freiwillig eintragen können (Schaber 1997). In Ermangelung einer direkten demokratischen Legitimität kann die Kommission sich nur über die Qualität ihrer Vorschläge politisch profilieren. Aus diesem Grund ist ihr an einer engen Zusammenarbeit mit Interessengruppen gelegen. Sie sucht bei ihnen neben der fachlichen Beratung auch eine politische Unterstützung, um gegebenenfalls in Koalition mit gewichtigen Akteuren aus der Wirtschaft oder anerkannten wissenschaftlichen Experten die Meinungsbildung im Rat beeinflussen zu können. In dem Maße, in dem das Demokratiedefizit der EU zum Thema wurde, hat die Kommission sich auch verstärkt um eine engere Zusammenarbeit mit Vertretungsgruppen öffentlicher Interessen bemüht. Dazu ge-

Auswirkungen des EU-Systems

---

zifischer Interessen und ihrer politischen Verarbeitung im europäischen System und nicht um eine Makroanalyse des Gesamtsystems der EU-Interessenvermittlung.

31   Vgl. die einschlägigen Memoranden, insb. Kommission (1993) und (2002).

hört die Bereitschaft zur regelmäßigen Einbeziehung von Interessenorganisationen in die Vorbereitung von politischen Initiativen sowie die finanzielle und organisatorische Unterstützung europäischer Verbände, die von der Finanzierung ausgewählter Programmaktivitäten bis hin zu institutionellen Subventionen reicht.[32] Solche Eingriffe in die europäische Verbandsarbeit werden ganz allgemein mit dem Argument legitimiert, dass Interessenorganisationen – von der Kommission gerne mit dem Begriff „civil society" belegt[33] – die Bürgernähe europäischer Politik garantieren. In bestimmten konkreten Fällen wird die Unterstützung mit den strukturellen Organisationsdefiziten der involvierten Interessen (Arbeitsmigranten, sozial ausgegrenzte Gruppen, Frauen) oder als Beitrag zur Waffengleichheit zwischen konkurrierenden Akteursgruppen (Förderung europäischer Gewerkschaftsarbeit) begründet.

Offenheit für Interessen

Auch der für die EU spezifische Politikstil prägt die Einflusslogik europäischer Verbandsarbeit. Der Vorrang des Konsensprinzips und die Orientierung an den Handlungsrationalitäten von Effizienz und Sachlichkeit bestimmen den Umgang mit Interessengruppen. Im Verhandlungssystem der EU ist die Mobilisierung öffentlichen Protests und die Politisierung eines Streitgegenstandes wenig förderlich. Darauf sind auch die Spielregeln der Interessenvermittlung abgestellt. Der Politikprozess ist für die Artikulation abweichender Meinungen offen, solange sie als rational begründbare und verhandelbare Positionen eingebracht werden.

Zugang von Wirtschaftsverbänden zur Kommission

Insgesamt kann man von der Hypothese ausgehen, dass das EU-System mit der organisierten Vertretung partikularer Interessen sehr verträglich ist. Es übt geradezu eine Sogwirkung auf Interessenverbände aus, leistet Geburtshilfe, unterstützt sie und fördert ihre Arbeit. Nicht zuletzt hat dieses günstige Wachstumsklima die Verbreitung von Euroverbänden und nationalen Niederlassungen in Brüssel begünstigt. Insider schätzen die Zahl der in Brüssel aktiven Lobbyisten – professionelle „consultants" und „public affairs" Büros ebenso eingeschlossen wie die ad hoc anreisenden Interessenvertreter – auf eine Zahl, die annähernd so groß ist wie die Zahl der Fachbeamten der Kommission. Daraus folgt: „The struggle for ear-time is getting intense".[34]

Die Einflusslogik des EU-Systems begünstigt Verbände mit ganz spezifischen Eigenschaften.[35] Exemplarisch sollen hier die Kontakte von Wirtschaftsverbänden zur Kommission, dem nach wie vor bevorzugten Ansprechpartner unter den Gemeinschaftsorganen, herausgegriffen werden.[36] Augenfällig ist zu-

---

32 Vgl. Kommission (2000a).

33 Vgl. das Weißbuch zu „Europäisches Regieren" (Kommission 2001c), in dem auch beispielhaft Organisationen genannt werden, die man zur „civil society" rechnet, nämlich Gewerkschaften, Arbeitgeberverbände, Nichtregierungsorganisationen, Berufsverbände, Wohlfahrtsverbände, kirchliche Gruppen, etc. (ebenda: 14).

34 Zitat eines ungenannten EU-Beraters, zitiert nach „The Brussels lobbyist and the struggle for ear-time", in: The Economist, 15.8.1998: 25; bei den Zahlenangaben der Kommissionsmitarbeiter darf nicht vergessen werden, dass sehr viele von ihnen Dolmetscher oder Übersetzer sind und sich somit die fachliche Arbeit in den einzelnen Ressorts auf wenige Beamte konzentriert.

35 Die folgenden Ausführungen stützen sich auf die Befragungsergebnisse von über 800 Wirtschaftsverbänden der EU, Deutschlands, Frankreichs und des Vereinigten Königreiches, die in dem Mannheimer Forschungsprojekt „Eurolob" unter Leitung von Beate Kohler-Koch von Rainer Eising und Christine Quittkat aufgearbeitet wurden.

36 Vgl. dazu ausführlich Eising (2001b); die untersuchten Variablen decken die Dimensionen nationale Zugehörigkeit bzw. Aktionsebene, Organisationsmerkmale der Verbände

nächst, dass kontinuierliche Präsenz sich auszahlt und die auf die EU Ebene spezialisierten Euroverbände eindeutig engere Beziehungen zur Kommission unterhalten als nationale Organisationen. „They (die Euroverbände) have evolved into genuine intermediaries between national members and European political institutions" (Eising 2001b: 27). Nationale Zugehörigkeit spielt ebenfalls eine, wenn auch nachgeordnete, Rolle. Dies hat wenig mit Sprachschwierigkeiten oder nationaler Verbundenheit zwischen Interessenvertreter und Kommissionsbeamten zu tun, sondern spiegelt die unterschiedlichen politischen Kulturen wider. Die den korporatistischen Stil gewöhnten deutschen Verbände finden sehr viel leichter Zugang zur Kommission als französische oder britische Interessenorganisationen. Sektoreigenschaften sind nur insoweit von Bedeutung, wie sie bereits über die Mitgliederlogik die Organisationsfähigkeit der Interessen beeinflussen. Ein hoher Internationalisierungsgrad und weitgehende Abhängigkeit von staatlicher Regulierung geht mit intensiven Kommissionskontakten einher. Die wirtschaftliche Bedeutung eines Sektors oder bestimmte, beispielsweise vermachtete Marktstrukturen spielen dagegen offensichtlich keine Rolle. Wirtschaftliche Macht lässt sich in der europäischen Politik nicht mit der gleichen Direktheit ausüben wie in der nationalen Politik und überdies kann nur ein Unternehmen, nicht aber ein Verband glaubhaft mit Investitionsverlagerung und damit dem Abbau von Arbeitsplätzen drohen. Unter den Organisationsmerkmalen sticht die Bedeutung der Ressourcenausstattung hervor. Die kontinuierliche Begleitung eines langwierigen Entscheidungsprozesses über viele Instanzen hinweg – erinnert sei hier nur an die Komplexität des Mitentscheidungsverfahrens (Kap. 6) – und die für eine effektive Einflussnahme notwendige fachliche Spezialisierung verlangt einen hohen personellen Aufwand. Entsprechend zeigt sich in der empirischen Analyse ein hoch signifikanter Zusammenhang zwischen dem Budget eines Verbandes und der Häufigkeit seiner Kontakte zu den Gemeinschaftsorganen. Während im Falle der Kommission alle Verbände einen möglichst intensiven Kontakt suchen und folglich die Unterschiede im Budgetvolumen nicht in vollem Umfang zum Ausdruck kommen[37], sind die Unterschiede in den Beziehungen zum Europäischen Parlament und vor allem zum Rat überdeutlich.

Insgesamt lässt sich feststellen, dass die Eigenschaften des EU Systems die Organisationsstrukturen und Handlungsmuster der Verbände nachhaltig beeinflussen. Vor allem der Charakter eines Mehrebenen-Systems hat spürbare Auswirkungen. Nationale Verbände befleißigen sich einer Doppelstrategie, d.h. sie versuchen gleichzeitig sowohl die nationalen politischen Akteure als auch die Gemeinschaftsgremien von ihren Positionen zu überzeugen. Zunehmend sind auch Euroverbände und professionelle Lobbyisten dazu übergegangen, von der europäischen Ebene aus in den Mitgliedstaaten Lobbyarbeit zu betreiben. Der Zwang zur Mehrebenenpolitik erfordert ein hohes Maß an Professionalität und verschlingt erhebliche Ressourcen. Nur die international tätigen Großkonzerne pflegen zu allen Entscheidungsgremien auf allen Ebenen intensive Kontakte. Aber auch für sie gilt, dass unter dem Ge-

Doppelstrategie im Mehrebenen-System

---

und Sektoreigenschaften ab. Bei der Analyse wurde überprüft, dass die in diesen Dimensionen erfassten Faktoren additiv und nicht interaktiv die Kontakte der Verbände zur Kommission beeinflussen.

37 Wenn der Kommission eine überragende Bedeutung zugemessen wird, steigert das die Kontaktintensität auch unabhängig von dem Budget des Verbandes.

sichtspunkt der Effizienz zunehmend Koalitionen gesucht und punktuell „public affairs consultants" eingesetzt werden.[38]

Einbindung und
Protest

Ein zweites wesentliches Merkmal europäischer Interessenvermittlung ist die von Kommission und Europäischem Parlament betriebene Einbindung von Interessenorganisationen. Gruppen, die wie Greenpeace auf öffentlichwirksame Kampagnen und vor allem Protestaktionen setzen, haben die Gefahr der politischen Einvernahme immer wieder thematisiert. Die Anpassung an den von der Kommission gepflegten Politikstil hat vor allem in den Verbänden, die sozialen Bewegungen nahe stehen, zu erheblichen organisationsinternen Spannungen geführt (Hey/Brendle 1994: 411-413). Im nationalen und auch internationalen Vergleich ist auffällig, dass Protestaktionen in der EU die Ausnahme sind: „... the environmentalists exhibit a suspicious lack of protest activities at the EU level" (Rucht 2001: 127-128). Dies gilt aber nicht nur für den Umweltbereich, sondern insgesamt für alle Anlässe von Bürgerprotest (Imig/Tarrow 2001 und 2003; vgl. auch Kap. 10). Wenn überhaupt Kampagnen gestartet werden, dann ist der bevorzugte Adressat das Europäische Parlament. Die bisher spektakulärste Aktion wurde von den Tierschützern gestartet, die die europäischen Abgeordneten mit einer Flut von Briefen überspülten, um in der europäischen Richtlinie zur Kosmetik das Verbot von Tierversuchen zu verankern (Fisher 1994; Höllebrand 1996).

11.7 Einfluss organisierter Interessen auf europäische Politik

Vorteil von
Fallstudien

Organisation, Ausstattung, Präsenz, Kontakte – dies alles sind Voraussetzungen für Einflussnahme. Gute Voraussetzungen garantieren aber keinen Erfolg; d.h. man muss zusätzlich untersuchen, ob eine politische Entscheidung tatsächlich durch die Intervention einer Interessengruppe verändert wurde. Diesen Nachweis kann man nur durch detaillierte Fallstudien erbringen. In den Anfangsjahren der europäischen Gemeinschaftsbildung war die Agrarpolitik ein beliebtes Studienobjekt und in zahlreichen Arbeiten wurde immer wieder offengelegt, welch weitreichenden Einfluss die Bauernverbände auf die Gestaltung der europäischen Agrarpolitik hatten.[39] In dem Maße, in dem die einflusstheoretische Sicht durch das Interesse an der Steuerungsleistung des kooperativen Staates verdrängt wurde, hat das Interesse an solchen Fallstudien abgenommen. Abschreckend ist zudem, dass die Mühe der intensiven Einarbeitung in einen Fall nicht recht gelohnt wird, weil die Generalisierungsfähigkeit der Ergebnisse beschränkt ist. Bei einer systematischen Anlage der Untersuchung und der Kombination der Fallstudie mit einer breit angelegten Befragung, kann eine solche Arbeit aber exemplarischen Charakter haben. Dies soll am Fall der Altautorichtlinie verdeutlicht werden.[40]

Fallstudie:
Altautorichtlinie

Bei der Altautorichtlinie geht es um Umweltschutz: Damit die Umwelt nicht weiter mit den zum Teil gefährlichen Stoffen aus dem Verkehr gezogener Autos belastet wird, sollte für die gesamte EU eine geregelte Entsorgung und zwar

---

38 Zur Arbeit der „public affairs consultants" vgl. Lahusen (2003).
39 Für entsprechende Literaturverweise vgl. Kohler-Koch (1992: 90).
40 Die exakte Bezeichnung lautet „Altfahrzeugrichtlinie", im allgemeinen Sprachgebrauch hat sich aber die Bezeichnung „Altautorichtlinie" durchgesetzt. Bei der Studie handelt es sich um eine Magisterarbeit, die unter der Anleitung von Beate Kohler-Koch im Rahmen des Forschungsprojektes „Eurolob" geschrieben wurde (Fleischer 2001).

durch die Autoproduzenten sicher gestellt werden. Die Hersteller wollte man in die Pflicht nehmen, um so den Anreiz zum Einsatz umweltverträglicher Materialien gleich bei der Produktion sicherzustellen. Die Frontlinien im Interessenkonflikt waren leicht vorherzusagen: Autoproduzenten, Zulieferindustrie, Gewerkschaften, Regierungen und Parteien aus Regionen und Ländern mit hohem Produktionsanteil standen dem Vorhaben kritisch gegenüber; Umweltschutzverbände, Regierungen, Parteien und Wirtschaftverbände aus Ländern ohne Eigenproduktion unterstützten das Vorhaben der Kommission. Außerdem konnte erwartet werden, dass die gemessen am Investitionsvolumen und an Arbeitsplätzen mächtigen Unternehmen der Autoindustrie die Politik unter Druck setzen würden. Genau diese Erwartungen haben sich auf den ersten Blick in spektakulärer Weise bestätigt. Vor der entscheidenden Ratssitzung intervenierte der Vorstandsvorsitzende eines großen deutschen Autoherstellers direkt beim deutschen Kanzler, der daraufhin seinen Umweltminister zum politischen Kurswechsel, d.h. zur Ablehnung der dem Rat vorliegenden Richtlinie verpflichtete. Der Vorgang fand aus drei Gründen weite Beachtung:

–   Die Kanzlerentscheidung war nicht nur ein Eingriff in die Ressorthoheit des Ministers, sondern auch eine Desavouierung des Koalitionspartners, denn das von den „Grünen" geführte Umweltministerium hatte sich für die Annahme der Richtlinie stark gemacht und sie zum Nachweis für die ökologische Orientierung der neuen Regierung hochstilisiert.
–   Europapolitisch nahm die deutsche Regierung einen Gesichtsverlust hin, denn auf der Tagesordnung der deutschen Ratspräsidentschaft stand die erfolgreiche Verabschiedung der Richtlinie. Der deutsche Positionswechsel brachte den Gegnern die notwendige Stimmenzahl für eine Sperrminorität. Die Entscheidung musste vertagt werden und konnte erst unter der nachfolgenden finnischen Präsidentschaft wieder aufgenommen werden.
–   Die Kanzlerentscheidung wurde von den Medien einseitig auf die Einflussnahme der Industrie zurückgeführt und als Bestätigung der gängigen Vorurteile über die Macht der Konzerne und die ungute Verflechtung von Politik und Wirtschaft gewertet: Es war der Vorstandsvorsitzende des VW-Konzerns Piech, der den ehemaligen VW-Aufsichtsratsvorsitzenden Schröder für die Position der Automobilindustrie gewann.

Die detaillierte Untersuchung des Falls relativiert die Bedeutung dieser Intervention und zeigt auch auf, dass die Konfliktlinien nicht so eindeutig verliefen wie angenommen. Die Richtlinie enthielt eine Reihe von umstrittenen Kernpunkten, die zu einer Ausdifferenzierung der pro- und contra Lager führten und neben den interessierten Parteien haben wissenschaftliche Gutachten eine meinungsbildende Rolle gespielt. Der Kommission war daran gelegen, den Grundprinzipien von Vorsorge, nachhaltiger Entwicklung und dem Verursacherprinzip Geltung zu verschaffen, d.h. die Entstehung von Abfällen in der Endversorgung soll bereits bei der Produktion vermieden, Wiederverwendung und Recycling sollten ausgeweitet werden und die Hersteller sollten für die Kosten aufkommen. Umstritten waren die Recyclingquoten bezüglich Höhe und Zusammensetzung, bestimmte Materialvorschriften, z.B. das uneingeschränkte Verbot von Schwermetallen, die Übernahme der Entsorgungskosten und der Zeitpunkt des Inkrafttretens der Regulierung.

Automobilhersteller und Zulieferindustrie fanden sich zu einer Interessenkoalition zusammen, die dem Ziel der geordneten Verwertung und der Verbesserung der Möglichkeiten des Recycling zwar prinzipiell zustimmten, aber zum einen eine freiwillige Selbstverpflichtung bevorzugten und in konkreten Punkten deutlich andere Positionen vertraten. Sie kämpften gegen die Kostenübernahme für Altautos und das Verbot bestimmter Schwermetalle, für die sie keine effizienten Alternativen sahen, und sie setzten andere Prioritäten bei der Gewichtung von stofflicher und energetischer Resteverwertung. Darüber hinaus lehnten sie die vorgesehenen hohen Recyclingquoten ab, weil dies nach ihrer Auffassung mit der angestrebten Entwicklung von Leichtbaufahrzeugen in Widerspruch stand, mit denen der Treibstoffverbrauch und der CO_2-Ausstoß verringert werden sollte.

Beide Industriesparten setzten auf die politische Unterstützung der Produzentenländer, denen die Verschlechterung der internationalen Wettbewerbsposition ihrer Industrie nicht gleichgültig sein konnte. Allerdings konzentrieren sich die Produktionsstandorte auf nur sechs der fünfzehn Mitgliedstaaten der EU. Die Einmütigkeit der Produzentenkoalition wurde aber dadurch geschwächt, dass der Automobilbau in den einzelnen Ländern ein sehr unterschiedliches wirtschaftliches Gewicht hat (so wird z.B. die Hälfte der europäischen Autos allein in Deutschland produziert) und die unterschiedlichen Produktlinien andere inhaltlichen Interessen begünstigt. Trotzdem fühlte sich der europäische Automobilverband sicher, dass keine Richtlinie den Rat passieren würde, die in wesentlichen Punkten die Industrieinteressen missachtete (ebd.: 62, 64). Zur Sicherheit bemühten sie sich um die Unterstützung der für „Unternehmen" zuständigen Generaldirektion der Kommission sowie der Berichterstatter im Europäischen Parlament.

Die Befürworterkoalition setzte sich aus den Vertretern der Umwelt- und Verbraucherinteressen und der Verwertungsindustrie zusammen. Bereits bei den Verhandlungen über eine deutsche Regelung der Altautoentsorgung hatte sich ein Arbeitskreis aus den sieben einschlägigen Interessenorganisationen gebildet, der den Richtlinienentwurf der Kommission nachdrücklich begrüßte. Diese Einmütigkeit konnte allerdings nicht auf die europäische Ebene übertragen werden. Die Position der europäischen Verbände der Verwertungsindustrie war gespalten und ihre Präsenz im Willensbildungsprozess von Kommission und Europäischem Parlament war gering (ebd.: 66). Diese Lücke wurde teilweise von den deutschen und holländischen Verbänden ausgefüllt.

Die Umwelt- und Verbrauchergruppen unterstützten nachdrücklich die Richtlinie, wenn sie sich auch in einigen Punkten eine weitere Verschärfung wünschten. Die Ressourcenschwäche der europäischen Umwelt- und Verbraucherinteressen[41] wurde durch eine aktive Öffentlichkeitspolitik der Generaldirektion „Umwelt" ausgeglichen, die den Verbänden nicht nur einen privilegierten Zugang zur Kommission ermöglichte, sondern deren Stellungnahmen offiziell als Ausdruck der europäischen „öffentlichen Meinung" wertete. Ähnlich wie im Falle der Kommission suchten die Umwelt- und Verbraucherinteressen auch im Europäischen Parlament vornehmlich die Unterstützung der ihnen nahestehenden Parlamentarier und des Umweltausschusses. Hier zeigen sich deutliche Unterschiede zur Automobilindustrie, die über ihre Verbände und durch einzelne Unternehmen früh, flächendeckend und mit Nachdruck ihre Anliegen dem Parlament nahe zu bringen versuchte. Die intensive Lobbyarbeit hat eindeutig die Aufmerksamkeit für das Thema erhöht, die Meinungsvielfalt im Parlament stär-

---

41 Lediglich drei Personen befassten sich in Vertretung von Greenpeace, des Europäischen Umweltbüros und des Europäischen Verbraucherbüros mit dem Thema (Fleischer 2001: 67).

ker zum Ausdruck kommen lassen und offensichtlich auch die mehrheitlich industriefreundliche Position beeinflusst. Die Vielfältigkeit der Konfliktlinien, nämlich zwischen Länderinteressen (mehrheitlich pro Produzenten- oder Verbraucherinteressen), institutionellen Präferenzen (Umwelt- gegenüber Wirtschaftsausschuss) und Fraktionspositionen (nach den EP-Wahlen war die Europäische Volkspartei zur stärksten Fraktion aufgerückt) spiegelte sich in einer Vielzahl von Änderungsanträgen wider, die bei der Abstimmung im Plenum dann zu einem höchst widersprüchlichen Ergebnis führte.

Die endgültige Entscheidung über die Richtlinie fiel im Vermittlungsausschuss.[42] Die bis zuletzt strittigen Punkte wurden im Sinne des umwelt- und verbraucherfreundlichen Richtlinienvorschlags der Kommission geregelt. Die Rücknahmeverpflichtung auch für bereits produzierte Altautos wurde festgeschrieben, die hohen Recyclingquoten und auch das Schwermetallverbot beibehalten. Entgegenkommen zeigte man nur durch längere Fristen, gewisse Ausnahmeregelungen und eine offene Formulierung bei der Kostenübernahme, nach der es dem nationalen Gesetzgeber frei gestellt wurde, ob die Fahrzeughersteller „alle oder einen wesentlichen Teil" der Rücknahmekosten tragen müssen.

Versucht man die Frage nach dem Einfluss der Interessengruppen zu beantworten, so muss man zunächst untersuchen, wie sie die Position der einzelnen Akteure verändern konnten und wie weit diese dann den endgültigen Kompromiss in ihrem Sinne beeinflusst haben. In der Kommission hat die Generaldirektion „Umwelt" das Dossier fest in der Hand gehalten. Sie legte sich früh auf ein umwelt- und verbraucherfreundliches Regime fest und ließ sich von ihren Zielvorstellungen durch keine externe Intervention abbringen. Interessengruppen instrumentalisierte sie zum eigenen Nutzen: Sie unterstützte gezielt die Stimme der in ihrem Sinne sprechenden Verbände, nutzte das von der Gegenseite gebotene Expertenwissen zur Verbesserung ihrer Vorschläge und versuchte über direkte Kontakte zu einzelnen Unternehmen differenzierte Lösungsmodelle zu lancieren. Im Europäischen Parlament hinterließ das ungleiche Lobby-Engagement der Verbände sichtbare Spuren. Die Umwelt- und Verbraucherinteressen vertrauten auf die Überzeugungskraft des Richtlinienentwurfs, der ganz in ihrem Sinne war, und die Verwertungsindustrie war europäisch kaum präsent. Sie wurden davon überrascht, dass die Berichterstatter und zunächst auch eine Mehrheit im Parlament eine eindeutig unternehmensfreundliche Position vertraten, die dann in der zweiten Lesung nach intensivem Lobbying von allen Seiten in einigen Punkten korrigiert wurde. Im Rat verfügten die besonders betroffenen Fahrzeugproduzenten über eine Sperrminorität und diese Waffe wurde zunächst auch eingesetzt. Eine besonders enge Koalition bildete sich zwischen Großbritannien, Deutschland und Spanien. Die britische Regierung gab im Verlauf der Verhandlungen ihre strikte Blockadeposition auf, was sich als erstes im Abstimmungsverhalten der britischen EP-Abgeordneten niederschlug (ebd.: 84). Die deutsche Position war uneinheitlich: das Wirtschaftsministerium verfocht die Interessen der Automobilhersteller, das Umweltministerium verteidigte den Vorschlag der Kommission. Dieser Ressortkonflikt wurde auf höchster Ebene zunächst durch die Intervention

---

42 Die Richtlinie wurde nach dem Verfahren der Mitentscheidung verabschiedet; die Verhandlungen des Vermittlungsausschusses wurden durch mehrere „Trialogtreffen" vorbereitet, in denen zwischen Vertretern des EP, der Kommission und des Rates die Liste der noch strittigen Punkte massiv gekürzt wurde.

des Kanzlers zulasten des Umweltministers gelöst. In der späteren Phase, nämlich nach der zweiten Lesung im EP begnügte sich die Bundesregierung mit den Korrekturen, die im Trialogverfahren und schließlich im Vermittlungsausschuss vereinbart werden konnten.

Lehren aus der Fallstudie

Der Kompromiss spiegelt immer noch in hohem Maße die von der Kommission gesetzten Zielvorgaben wieder. Es war anfangs weder vorauszusehen, dass sie im Europäischen Parlament auf mehrheitlichen Widerstand stoßen, noch dass sie im Rat schließlich eine Mehrheit finden würden. Die Kommission hat mit ihrem Vorschlag die Optionsmöglichkeiten für alle anderen Akteure auf einen recht engen Handlungskorridor festgelegt. Diese Handlungsbeschränkung griff in dem Moment, in dem keine Regierung (mehr) bereit war, die hohen Kosten eines politischen Vetos zu tragen. Das EP wurde durch die Einführung des Mitentscheidungsverfahrens zu einem wichtigen Mitspieler, der sein Gewicht aber aufgrund der Spaltung der Fraktionspositionen und der widersprüchlichen Abstimmungsergebnisse nicht zur Geltung bringen konnte.

Aus der Fallstudie kann man damit zunächst die Lehre ziehen, dass sich politische Entscheidungsprozesse in kein einfaches Raster pressen lassen. Darüber hinaus bestätigt sie aber auch gewisse allgemeine Trends:

Organisation und Strategien der Interessensvertretung: Zunächst ist die Vielfalt europäischer Interessenrepräsentation augenfällig. Unternehmen suchen die Mitgliedschaft in übergreifenden Branchen- und Dachverbänden, um ihre Interessen bei Querschnittspolitiken[43] zu wahren. Zusätzlich sind sie in spezialisierten Fachverbänden organisiert. In Industriezweigen mit einer überschaubaren Zahl von Unternehmen (wie der Automobilindustrie) haben sich neben den europäischen Verbandsföderationen Unternehmensverbände mit direkter Mitgliedschaft etabliert. Dieser Trend wurde zum Teil dadurch aufgefangen, dass den marktführenden Unternehmen in der europäischen Verbandsföderation ein hervorragender Einfluss durch die Besetzung von wichtigen Ausschusspositionen zugesichert wurde (Chemie, Pharmazie, Biotechnologie). Des weiteren unterhalten die großen Konzerne noch eigene Unternehmensrepräsentanzen in Brüssel und auch die nationalen Verbände der industriestarken Länder sind vertreten. Die sich aus dieser Überlappung ergebenden Koordinationsprobleme werden durch eine gezielte Personalpolitik (Auswahl des Ausschussvorsitzenden bzw. Sprechers der Branche aus dem Kreis der führenden Unternehmen) und die Strategie des „issue management"[44] zu überbrücken versucht. Trotzdem lassen sich Konkurrenzverhältnisse damit nicht verlässlich ruhigstellen. Am Beispiel des „issue management" lässt sich auch eine weitere Tendenz erkennen, nämlich dass europäisches Lobbying zunehmend auch die konzertierte Bearbeitung der nationalen Ebene einschließt.

Relevanz der Entscheidungsverfahren und Entscheidungspraktiken: Das Initiativrecht der Kommission, die Einbeziehung des EP im Mitentscheidungsverfahren und die Mehrheitsabstimmung im Rat strukturieren eindeutig den Verlauf der europäischen Willensbildung. Die Kommission kann ihr Initiativrecht nutzen, um aus der Vielfalt des Angebots von Interessengruppen sich nach eigenem Gut-

---

43 Unter „Querschnittspolitik" versteht man Maßnahmen, die wie Schutz gegen Luftverschmutzung oder Arbeitsschutzstandards für alle Industrien gleichermaßen gelten.

44 Für wichtige politische Vorhaben werden vorab strategische Leitlinien erarbeitet und Verantwortlichkeiten für die Interessenvertretung festgelegt.

dünken selektiv zu bedienen. Dabei handelt die Kommission nicht als einheitlicher Akteur, sondern einzelne Generaldirektionen fühlen sich unterschiedlichen politischen Zielen verpflichtet und sind bereit, selbst Teil einer „advocacy coalition" zu werden. Die Wahl der Rechtsgrundlage, auf die eine Richtlinie gestützt wird, ist aus zwei Gründen von entscheidender Bedeutung: Zum einen wird damit in der Regel die kommissionsinterne Zuständigkeit festgelegt; zum anderen kann sich dadurch der Einfluss des EP verändern. Im vorliegenden Fall war das EP ein wichtiger Ansprechpartner, weil ihm durch das Mitbestimmungsverfahren eine Vetoposition zukam. Das EP erwies sich aber auch hier wieder als wenig berechenbarer Akteur. Die Fraktionsdisziplin wurde durch nationale Interessen unterlaufen[45], und die Vielzahl partikularer Detailinteressen konnte wie so oft nicht eingedämmt werden, weil weder Disziplinierungsmaßnahmen, noch Tauschgeschäfte greifen. Das Ergebnis ist immer wieder eine Vielfalt von Veränderungsanträgen, die in einem kaum gesteuerten Abstimmungsprozess gelegentlich zu uneindeutigen Ergebnissen führt. Vielfalt und mangelnde Eindeutigkeit schwächen die Position des EP im Vermittlungsverfahren mit dem Rat. In einer solchen Situation ist die informelle und damit kaum kontrollierbare Verständigung im kleinen Kreis vorprogrammiert. Im Rat zeigt sich sowohl die Bedeutung formeller als auch informeller Normen und Verfahren. Die Sperrminorität sichert die Wahrung nationaler Interessen, aber sie kann nicht beliebig genutzt werden. Die Art und Weise wie man sie handhabt, ist von den ungeschriebenen Regeln und Normen der EU abhängig. Eine Blockadepolitik nach dem Stil der Intervention Schröders ist reputationsschädigend und kann zur Distanzierung von Koalitionspartnern führen.

Konfliktverlagerung: Die Richtlinie hat erhebliche verteilungspolitische Konsequenzen. Es ist deutlich nachzuvollziehen, in welchen Punkten welchen Interessen entgegengekommen wurde und wo die Grenzen des Entgegenkommens lagen. Die so mächtig erscheinende Automobilindustrie hat sich keineswegs auf ganzer Linie durchgesetzt. Allerdings wurde nur ein vorläufiger Kompromiss gefunden und etliche Verteilungskonflikte wurden zur weiteren Bearbeitung auf die nationale Ebene weitergereicht. Diese Tendenz ist auch in anderen Politikfeldern zu beobachten.

In wichtigen Kernpunkten sieht die Richtlinie keine eindeutige Regelung vor, sondern lässt den Mitgliedstaaten einen erheblichen Gestaltungsspielraum, so dass der Kampf der Interessen auf nationaler Ebene fortgesetzt wird. Wenn unterschiedliche Regelungen zu Marktverzerrungen führen, wird durch Interventionen der Kommission und Klagen vor dem EuGH der Konflikt erneut auf die europäische Ebene gehoben.

Machtressourcen: Eine Frage lässt diese wie so viele andere Fallstudien unbeantwortet: Warum konnten sich die Interessen von Automobil- und Zuliefererindustrie nicht in größerem Umfang durchsetzen? Sie verfügten über alle Attribute von Organisations-, Handlungs- und Konfliktfähigkeit. Die umweltorientierte Gegenposition war schlecht organisiert, verfügte über wenig Ressourcen, hatte nicht einmal im EP einen starken Koalitionspartner und konnte sich in der Kommission nur auf eine – eher als schwach eingeschätzte – Generaldirektion stützen. Die Detailanalyse zeigt, dass die Kommission sehr früh im Verlauf der

---

45 Die Berichterstatter vertraten zwar unterschiedliche Fraktionen des EP, waren aber beide deutscher Nationalität und vertraten den gleichen, mit der Meinung der eigenen Fraktion nur schwer verträglichen Standpunkt.

Politikformulierung Weichenstellungen vornehmen konnte, die richtungsweisend waren. Ob die politischen Präferenzen der Kommission immer zu Gunsten des Umweltschutzes ausfallen werden und ihr stets eine wegweisende Rolle zukommt, kann man aus einer Fallstudie nicht herauslesen. Die These, dass die Kommission aus langfristigen Legitimationsüberlegungen sich dem Umweltschutz verpflichtet fühlt und im Verbund mit Öffentlichkeit und Wissenschaft eine aktive Politik betreibt und durch die Formulierung politischer Leitideen die Handlungsoption der Akteure in ihrem Sinne zu beschränken vermag, ist zwar plausibel, muss aber durch weitere empirische Forschung systematisch abgesichert werden.[46]

11.8 Fazit

Europäische Präsenz der Interessen

Der empirische Befund ist augenfällig: Interessen haben sich in der EU grenzüberschreitend organisiert. Sie sind in Brüssel in großer Zahl präsent, sie haben leichten Zugang zu den politischen Entscheidungsträgern und sie werden von diesen gerne in den Prozess der Willensbildung einbezogen, um europäische Politik effizient zu gestalten. Interessen treten in verschiedenen Formen auf: Europäische Verbandsföderationen spielen weiterhin eine wichtige Rolle, aber sie stehen in Konkurrenz zu der eigenständigen Interessenvertretung ihrer eigenen Mitglieder, und alle Verbände – gleich ob national oder europäisch – müssen sich mit dem Direktlobbying ressourcenstarker Einzelakteure arrangieren, die ihre Anliegen teils selbst, teils mit professioneller Hilfe von spezialisierten Agenturen, den „Public Affairs Consultants" verfolgen.

Organisations- und Handlungsfähigkeit

Die Organisations- und Handlungsfähigkeit einzelner Interessen und ihr möglicher Einfluss auf europäische Politik kann man nur ermessen, wenn man den komplexen Bedingungen von Einflusslogik und Mitgliederlogik Rechnung trägt und dabei die Besonderheit des Mehrebenencharakters des EU-Systems berücksichtigt. Auch hierzu lassen sich einige generelle Aussagen machen. Nur wenige Akteure sind transnational so präsent und verfügen über ausreichende Ressourcen, um sowohl auf der europäischen Ebene als auch in der Mehrzahl der Mitgliedstaaten ihre Anliegen zu verfolgen. Meist gilt das gestufte Standortprinzip: Interessen werden vor Ort, d.h. lokal bzw. regional und national vertreten und zusätzlich national gebündelt entweder direkt oder indirekt durch die Mitgliedschaft in europäischen Verbänden auf europäischer Ebene eingebracht. Nationale und je nach Bedingung auch regionale Regierungen werden nicht seltener, sondern häufiger kontaktiert, weil man sie als zusätzliche Fürsprecher für die eigenen Belange gewinnen möchte. Aufwand und Komplexität des Verfahrens sichert ressourcenstarken Akteuren einen Vorsprung.

Bedeutung der Kommission

Auf europäischer Ebene ist die Kommission aufgrund ihrer politischen Bedeutung und Zugänglichkeit bevorzugter Adressat. Die Diskussion um das demokratische Defizit und die effizientere Gestaltung europäischen Regierens hat die Kommission veranlasst, ihre Bemühungen zur Förderung europäischer Interessenorganisationen zu verstärken. Sie betreibt aktiv eine Ausweitung des intermediären Raumes; sie motiviert, initiiert und stützt die transnationale Interessenor-

---

46 Zur Entwicklung des theoretischen Argumentes über die Rolle politischer Leitideen und das „EU framing of the discourse" in der europäischen Interessenpolitik vgl. Kohler-Koch (1997: 62-68).

ganisation und eröffnet den Interessenvertretungen die Mitwirkung in allen Phasen des Politikzyklus. Zusätzlich gibt es wiederholt Bemühungen, der Ungleichgewichtigkeit der europäischen Interessenvertretung entgegen zu wirken. Das Europäische Parlament hat mit Einführung des Mitentscheidungsverfahrens an Bedeutung gewonnen, zeigt sich gegenüber organisierten Interessen ebenfalls sehr aufgeschlossen, spielt aber im Vergleich zur Kommission weiterhin eine untergeordnete Rolle.

In einem vielstimmigen Chor mitwirken zu dürfen, heißt aber nicht Gehör zu finden oder gar den Ton angeben zu können. Die Kommission hat in ihrem Weißbuch über „Europäisches Regieren" die Prinzipien von Offenheit, Transparenz und Einbindung propagiert und damit die politische Aufwertung der „Zivilgesellschaft" verbunden. Gleichzeitig hat sie aber deutlich gemacht, dass sie damit ihre eigene Schlüsselposition in der europäischen Politik nicht einschränken, sondern stärken will (Kommission 2001c).[47] Interessengruppen sind willkommene Koalitionspartner, aber nur unter den von der Kommission gesetzten politischen Vorgaben. Gleiches gilt für das Europäische Parlament und die nationalen Regierungen, so dass neben den institutionellen Handlungsbedingungen die jeweils spezifischen Interessenkonstellationen bedacht werden müssen, um den möglichen Ausgang politischer Verhandlungen voraussagen zu können.

---

47 Eine kritische Bewertung gibt Kohler-Koch (2003a).

VI Internationale Einbettung der EU

12 Außenwirtschafts- und Assoziationspolitik

Fragt man nach der Rolle der EU im Weltsystem, dann kreist die Diskussion bald um die Erfolge oder Misserfolge „europäischer Außenpolitik". Zudem verengt sich mit Verwendung dieses Begriffs unversehens der Gegenstand, über den man spricht. Außenpolitik ist nach allgemeinem Verständnis die Vertretung gesamtgesellschaftlicher Interessen durch einen souveränen Staat gegenüber anderen.[1] Es geht um Diplomatie, um Allianzpolitik, im Zweifelsfall um Krieg. Dieses Feld war bis in die jüngste Vergangenheit ausschließlich die Domäne der Staaten. Trotz einer weiten Zuständigkeit in den Außenwirtschaftsbeziehungen (s. unten) und verschiedenen Anläufen zu einer Europäischen Verteidigungsgemeinschaft (s. Kap. 13), ist es der EU bis heute nicht gelungen, das Mandat zur gesamtgesellschaftlichen Interessenvertretung nach außen zu erlangen. Die EU hat sich zu einem wichtigen Mitspieler bei der Gestaltung internationaler Politik und vor allem internationaler Wirtschaftspolitik entwickelt, doch ist insgesamt das Nebeneinander von Mitgliedstaaten und EU Charakteristikum der internationalen Präsenz der EU. Wie im weiteren zu zeigen sein wird, ist die EU auf internationaler Bühne je nach Themenfeld unterschiedlich präsent.

Die Außenpolitik der Europäischen Union ist zweigeteilt: auf der einen Seite Außenpolitik auf der Grundlage des EG-Vertrages innerhalb der ersten Säule und auf der anderen Seite Außenpolitik auf der Grundlage des EU-Vertrages innerhalb der zweiten Säule (GASP/ESVP, vgl. Kap. 13). Der EG-Vertrag enthält zwei Politikfelder im Bereich der Außenpolitik: die sogenannte Außenwirtschaftspolitik und die Assoziationspolitik[2] bzw. die Entwicklungszusammenarbeit. In diesem Kapitel beschäftigen wir uns mit der Außenpolitik der ersten Säule. *Zweigeteilte Außenpolitik*

12.1 Außenwirtschaftspolitik

Die gemeinsame Handelspolitik wurde bereits bei Gründung der Europäischen Wirtschaftsgemeinschaft beschlossen (Art. 3 EWG-V). Sie ist die funktionale Entsprechung der Zollunion, die mit der Einführung eines gemeinsamen Zolltarifs gegenüber dritten Ländern errichtet wurde. Die Instrumente der Zollunion mussten im

---

1 Zum Begriff der Außenpolitik, vgl. Stichwort in Fachlexika: Boeckh (1994), Holtmann (2000), Woyke (2000).
2 In diesem Kapitel wird die Assoziationspolitik auf den Bereich der Entwicklungsländer beschränkt. Assoziationsabkommen in Zusammenhang mit der Erweiterung der Gemeinschaft werden in Kap. 14 behandelt.

Laufe der Zeit an neue Gegebenheiten angepasst werden. Unter Effizienzgesichtspunkten war es naheliegend, die politische Zuständigkeit zu zentralisieren.

So wurde vertraglich vereinbart, die Handelspolitik nach einheitlichen Grundsätzen zu gestalten und gemeinsam zu verantworten, d.h. der EWG die ausschließliche Kompetenz für die Handelspolitik zu übertragen. Die EWG war zuständig für die Änderung von Zollsätzen, der Abschluss von Zoll- und Handelsabkommen, die Vereinheitlichung der Liberalisierungsmaßnahmen, die Ausfuhrpolitik und für handelspolitische Schutzmaßnahmen, zum Beispiel im Falle von Dumping und Subventionen (Art. 113, 1 EWG-V, jetzt Art. 133 EG-V). Selbst wenn einzelne Staaten durch die Verlagerung von Handelsströmen in wirtschaftliche Schwierigkeiten kämen, könnten sie nicht eigenständig handeln, sondern bedürften der Ermächtigung durch die Kommission.

Für den Bereich der Außenwirtschaftspolitik spielt die Einbindung der EU in den internationalen Welthandel eine wichtige Rolle. Daher soll die internationale Einbettung der EU im Bereich der Außenwirtschaftspolitik im Folgenden am Beispiel der Einbindung der EU in das multilaterale Welthandelsregime der WTO gezeigt werden.

Kasten 12.1: Welthandelsregime GATT/WTO

GATT/WTO

Die Gründungsphilosophie des GATT (General Agreement on Tarifs and Trade, 1947; Allgemeines Zoll- und Handelsabkommen) war, durch die Wiederherstellung des freien Welthandels eine leistungsfähige Weltwirtschaft aufzubauen. Die zu erwarteten Wohlfahrtsgewinne legitimierten das zu schaffende globale Regime. Zunächst einigten sich 23 Länder auf das Prinzip des freien Welthandels. Dieses Prinzip wurde in die Normen „Meistbegünstigung" und „Reziprozität" umgesetzt. Meistbegünstigung heißt, dass Vergünstigungen, die zwei Vertragsparteien ausgehandelt haben, vorbehaltlos auch für andere Vertragsparteien des GATT gelten. Reziprozität bedeutet, dass handelspolitische Zugeständnisse in einem wechselseitigen Prozess gegenseitig anerkannt werden. Die Umsetzung des Prinzips erfolgt in multilateralen mehrjährigen Handelsrunden, an denen mittlerweile 140 Länder teilnehmen und in denen auch Regeln und Verfahren konkretisiert werden. In den Handelsrunden (1949 Annecy, 1950-51 Torquay, 1956 Genf, 1960-62 Dillon, 1964-67 Kennedy, 1973-79 Tokio, 1986-1993 Uruguay, seit 2001 Doha) wurde der Zollabbau sowie der Abbau der nicht-tarifären Handelshemmnisse vorangetrieben. Die wichtige Welthandelsrunde von Uruguay war geprägt von den Agrarstreitigkeiten zwischen den USA und der EG und dem Streit um die Expansion der Themenfelder. Nach der Streitbeilegung unterzeichneten 1994 (zum 1.1.1995 in Kraft getreten) 124 Mitgliedstaaten in Marakesch das neue GATT-Abkommen mit dem gleichzeitig die Welthandelsorganisation WTO gegründet wurde.[3]

Zuerst wird die Frage nach der Verträglichkeit von WTO und EG/EU, d.h. von globaler Organisation des Welthandels und regionaler Wirtschaftsgemeinschaft gestellt (Kap. 12.1.1). Die These ist, dass sich aus den Widersprüchen Spannungen und damit ein Anpassungsdruck von der internationalen auf die europäische Ebene ergibt (Kap. 12.1.2). Es wird zu klären sein, welche Anpassungsleistungen erbracht werden und welche Kräfte auf deren Ausgestaltung Einfluss nehmen

---

3   Zum April 2003 hat die WTO 146 Mitglieder.

(Kap. 12.1.3). Die Anpassungsprozesse werden als Ausdruck institutionellen Wandels, wie er bereits in Kapitel 9 behandelt wurde, analysiert werden.

12.1.1 Welthandel und regionale Wirtschaftsgemeinschaften

Die folgenden zwei Abschnitte befassen sich zunächst grundsätzlich mit der Vereinbarkeit zwischen globalen und regionalen Handelsregimen und gehen der Frage nach, ob letztere Hemmschuh oder Sprungbrett für die Liberalisierung des Welthandels sind. Des weiteren wird die Passfähigkeit der den beiden Regimen immanenten Prinzipien und Normen untersucht.

Regionale Wirtschaftsgemeinschaften: Hürde oder Sprungbrett eines freien Welthandels?

Allgemein wird ein Spannungsverhältnis zwischen globalen (WTO) und regionalen Vereinbarungen, seien sie Freihandelszonen, Zollunionen oder regionale Wirtschaftsgemeinschaften, wie die EG/EU eine darstellt, diagnostiziert. Die Diskussion kreist immer wieder um deren Auswirkung auf den freien Welthandel. Die Grundannahme ist, dass der Freihandel als ein abgeschotteter regionaler für alle günstige wirtschaftliche Effekte hat.[4] Die WTO zielt darauf ab, ein globales Freihandelsregime zu verankern, was durch Reziprozität und Meistbegünstigung erreicht werden soll (Art. I WTO). In Widerspruch zu diesen Normen steht die Schaffung einer „preferential trade area". Trotzdem räumt die WTO den Mitgliedstaaten das Recht ein, eine solche „preferential trade area" zu bilden (Art. XXIV WTO). Der prinzipielle Widerspruch kann aber nicht automatisch mit einem Verstoß gegen die Ziele des Freihandels gleichgesetzt werden.

Spannungsverhältnis Welthandel und regionale Wirtschafts- gemeinschaften

Um die Verträglichkeit der regionalen Systeme mit dem freien Welthandel zu beurteilen, sind zum einen bestimmte ökonomische Strukturbedingungen wie Nachfrageelastizität, Intensität des innergemeinschaftlichen Wettbewerbs und Wachstumspotential, zum anderen politische Entscheidungen ausschlaggebend. Es geht dabei vor allem um die Höhe des Außenschutzes, darüber hinaus letztlich um die Zielsetzung des Regionalismus: Soll die Schaffung eines regionalen Wirtschaftsraumes als Ersatz oder gar in Konkurrenz zu einer weltweiten Liberalisierung der Wirtschaftsbeziehungen stehen oder in einem überschaubaren regionalen Einzugsbereich die Liberalisierung vorwegnehmen, die für größere Wirtschaftsräume noch nicht durchsetzbar ist? Die ambivalente Wirkung von regionaler Wirtschaftsintegration in Bezug auf das Ziel globaler Handelsliberalisierung wird in der Literatur unter den Begriffen von „stepping stone" und „stumbling stone" diskutiert. Je nach Annahmen werden regionale Präferenzzonen eher als eine Hürde denn als Sprungbrett für den liberalen Welthandel eingestuft. Aus der Sicht von Eva Dalibor (1997) ist multilateraler Freihandel eher ein von mikroökonomischen, d.h. primär von Unternehmensentscheidungen getriebener Prozess, während Regionalisierung eher ein Produkt der Politik ist, wie man an den Beispielen von EG, NAFTA (Nordamerikanischen Freihandelszone), Mercosur (Mercado Común del Sur), APEC (Asia Pacific Economic Cooperation) oder ASEAN (Association of Southeast Asian Nations) sehen kann. Ist das politische

,stepping stone' oder ,stumbling stone'

---

4 Zu abweichenden Auffassungen vgl. Kap. 3.

Interesse an regionaler Zusammenarbeit mit dem Willen zur Liberalisierung der Weltwirtschaft verknüpft, dann kann Regionalismus durchaus als Sprungbrett zu weiterer Integrierung der Weltwirtschaft dienen. Aus einer anderen Sichtweise kommt Alan Winters (1998) zur gegenteiligen Einschätzung. Er argumentiert, dass eine regionale Wirtschaftskooperation wie die EG die internationalen Handelsrunden keineswegs fördert. Die Einrichtung der EWG habe möglicherweise den Zeitpunkt, nicht aber die Initiative zur Handelsliberalisierung, d.h. konkret die Dillon- und Kennedyrunde des GATT begünstigt. Die Schaffung eines europäischen Agrarmarktes habe dagegen dazu beigetragen, dass auch im GATT die Agrarmärkte über Jahrzehnte nicht liberalisiert werden konnten. Außerdem hätten die Handelspartner mit der Gemeinschaft nicht verhandelt, um den Freihandel voranzutreiben, sondern um die negativen Folgen der Integration für sich selbst abzuwenden. Auch der These, regionale Zusammenschlüsse vereinfachten multilaterale Verhandlungen, wird widersprochen. Die geringere Zahl von Akteuren möge zwar die Transaktionskosten verringern, aber schon theoretisch könne bewiesen werden, dass weniger die Zahl der Akteure als die jeweiligen Interessen- und Machtkonstellationen ausschlaggebend seien. Außerdem könne empirisch beobachtet werden, dass die GATT-Runden seit Gründung der EWG immer länger und die Verhandlungen immer komplizierter würden (Winters 1998: 54).

Die Debatte um die problematische Rolle regionaler Wirtschaftszusammenschlüsse wurde auch politisch geführt. Im Mittelpunkt stand die Auseinandersetzung um die „Festung Europa". Das Schlagwort wurde im Zusammenhang mit der Fortentwicklung des Gemeinsamen Marktes zum Binnenmarkt zum politischen Kampfbegriff, dem eine wichtige Rolle in der amerikanischen innenpolitischen Debatte zukam (Pelkmans 1991). Er stilisierte die politischen Differenzen zu einer Auseinandersetzung zwischen zwei Lagern: auf der einen Seite die „Protektionisten", auf der anderen Seite die „Freihändler". Die Klassifizierung der westeuropäischen Politik als ungehemmter „Protektionismus" lieferte eine legitime Begründung für eigene „Abwehrmaßnahmen", mit denen sich die Freihandelsnation USA gegen die unzulässige Behinderung ihrer Exporte wehren müsse. Die Beschwörung der „Festung Europa" entsprang der US-amerikanischen Debatte und war vornehmlich innenpolitisch motiviert, diffundierte dann aber in die internationale Diskussion. Sieht man jedoch genauer hin, so sind sowohl die WTO als auch die EU auf das Prinzip des Freihandels ausgerichtet. Damit verbleibt die Frage, wie es um die Passfähigkeit der grundlegenden Prinzipien und Normen beider Regime steht.

Passfähigkeit von WTO und EU

Die Frage nach der Passfähigkeit der beiden Handelsregime wird vor allem in der juristischen Diskussion aufgeworfen. Da beide dem Freihandel verpflichtet sind, dürfte es zu keinen Reibungsverlusten kommen. Es gibt aber einen entscheidenden Unterschied zwischen beiden Einrichtungen. Die WTO ist ein reines Handelsregime und ist damit nur dem Handlungsprinzip des Freihandels verpflichtet.[5]

5　In den letzten Jahren sind jedoch auch innerhalb der WTO, vor allem in den Streitbeilegungsverfahren, Tendenzen zu beobachten, die die Öffnung der WTO für Umweltnormen anzeigen. Somit würde sich die WTO langsam von einer rein marktschaffenden Organisa-

Die EU hingegen vereint in sich viele konkurrierende Prinzipien, von denen der Freihandel nur eines ist. Dies führt zwangsläufig zu Konflikten mit den Regeln der WTO, wie bei der europäischen Bananenmarktordnung oder dem Importverbot von Hormonfleisch zu sehen ist. Die Widersprüche offenbaren sich in den Streitbeilegungsfällen der WTO.

Die besondere Bedeutung des Streitbeilegungsverfahrens ergibt sich aus dem Charakter der WTO. Sie ist eine Internationale Organisation und kann daher nicht, wie die supranationale EG durch ihre Organe, nämlich Kommission oder EuGH, Verstöße gegen die Satzung oder einzelne Abkommen ahnden. Verletzt ein Land die Vorschriften der WTO, greift das Verfahren der Streitregulierung. Eingeleitet wird es dadurch, dass die WTO von einem Mitgliedsstaat angerufen wird, der seine Rechte beispielsweise durch Importverbote, Dumping oder überhöhte Zölle eines Drittstaates verletzt sieht. Der Streit wird in einem formalisierten Verhandlungsverfahren, dem sogenannten Streitbeilegungsverfahren bearbeitet. Das Streitbeilegungsverfahren hat sich mit dem GATT entwickelt und wurde mit der Gründung der WTO noch einmal stark reformiert. So kann nun der erste Schritt im Verfahren, nämlich die Errichtung eines sogenannten Panels, nicht mehr durch ein Veto verhindert werden (Woolcock 2000: 387). Für den Ablauf des Verfahrens selbst wurden straffere Fristen eingeführt. Das gesamte Streitbeilegungsverfahren muss in 12 Monaten durch zwei Instanzen bis zu einer Entscheidung getrieben werden; für die Implementierung stehen dann maximal 18 Monate zur Verfügung. Allerdings gilt weiterhin, wo kein Kläger ist, ist auch kein Richter.

Gerade das Streitbeilegungsverfahren wirft die Frage nach Vorrangstellung von WTO-Recht oder Gemeinschaftsrecht auf. Vor allem Juristen haben die grundsätzliche Frage nach der Vereinbarkeit von Völkerrecht, auf dem die Internationalen Organisationen beruhen, und EG-Recht immer wieder aufgeworfen. Mit Einrichtung der WTO hat sich diese Diskussion intensiviert (vgl. u.a. Petersmann 1999). Dabei geht es konkret um den Anspruch auf Vorrang des EG-Rechts gegenüber WTO-Recht. Der Europäische Gerichtshof (EuGH) hat wiederholt geurteilt, dass WTO-Normen nicht zur Überprüfung der Rechtmäßigkeit der Tätigkeit der EU-Organe herangezogen werden können. WTO-Recht sei internationales Recht, das nur durch die Umsetzung in nationales Recht Geltung erlangen könne. Diese Argumentation wird analog auf die EU übertragen. Sofern die Gemeinschaft nicht beabsichtigt, eine im Rahmen der WTO-Verhandlungen eingegangene Verpflichtung umzusetzen oder sich in Rechtsakten explizit auf bestimmte WTO-Prinzipien beruft, erlangen WTO-Normen keine direkte Wirkung. Das bedeutet, dass sich Kläger in einem EG-Rechtsverfahren nicht auf diese Normen berufen können. Die Begründung liegt dabei im intergouvernementalen Charakter der Vereinbarungen zwischen den WTO-Mitgliedern (Bogdandy/Makatsch 2000: 266). Diese Sichtweise ist in der juristischen Literatur jedoch umstritten. Die Gegenseite argumentiert, dass WTO-Regeln die multilaterale Problemlösung stärken und damit Priorität vor regionalen Regelungen genießen. Die Rechtsprechungen des EuGH beschädigten das WTO-System, da sie die WTO-Übereinkommen nur unter dem Gesichtspunkt der Einschränkung der EG-Institutionen und als Grundlage für Klagen gegen EG-Recht betrachte (Zonne-

---

tion, die dem Freihandel verpflichtet ist, hin zu einer marktschaffenden und -korrigierenden Organisation wandeln (vgl. Gehring 2002).

keyn 2000: 112). Angesichts der Entwicklung der WTO zu einem internationalen regelgestützten System, in welchem Verpflichtungen durch ein verbindliches Streitbeilegungssystem durchgesetzt werden, beurteilt Zonnekeyn (2000: 121) das Beharren des EuGH auf dem intergouvernementalen Charakter von WTO-Übereinkünften als anachronistisch.

Streitfälle Gerade im Fall des Bananenstreits werden die Reibungspunkte deutlich, die sich aus den konkurrierenden Prinzipien von Freihandel, Entwicklungspolitik und historisch begründeten Verantwortungen ergeben. Ein den Marktkräften überlassener liberaler Wettbewerb ist nicht zu vereinbaren mit der Bevorzugung der Importe aus einer bestimmten Ländergruppe. Die EG hatte eine Vorzugsbehandlung der sogenannten AKP (Afrika, Karibik, Pazifik) Staaten, die mehrheitlich das ehemalige Kolonialgebiet der europäischen Mitgliedstaaten umfassen, beschlossen. Ihre Bananen werden zu günstigeren Bedingungen – bezogen auf Zollsätze und Importquoten – auf den europäischen Markt gelassen als die sogenannten Dollarbananen. Die diskriminierende Exportförderung wird entwicklungspolitisch begründet: Stabile Exporteinkommen sind Voraussetzung für wirtschaftliche Modernisierung und zukünftige Wettbewerbsfähigkeit. Der Markteingriff selbst ist erforderlich, weil die AKP Banane – klein, dunkel und teuer – nicht dem Geschmack vieler Verbraucher entspricht. Konsumenten in Deutschland, dem größten europäischen Nachfragemarkt, bevorzugen Bananen, die groß, hellgelb und billig sind. Diese werden ihnen von den global operierenden Konzernen der USA wie z.B. United Fruit geliefert, die die aus verschiedenen Ländern Süd- und Mittelamerikas stammenden Produkte unter einheitlichen Markennamen wie Chiquita (Standard Fruit), Dole (United Fruit) usw. vermarkten.

Der Konflikt zwischen EU und USA war vorprogrammiert. Der Streitfall wurde vor die WTO gebracht und das Verfahren endete damit, dass die EG angehalten wurde, ihre Bananenmarktordnung zu ändern. Sie hat Änderungen vorgenommen, aber aus der Sicht der USA nicht in ausreichendem Maße. Daher hat die WTO auf amerikanischen Antrag den USA das Recht zu Vergeltungsmaßnahmen eingeräumt. Gegen diese legte ihrerseits die Europäische Kommission Beschwerde ein, weil nach ihrer Meinung die Vergeltungsmaßnahmen überzogen waren. Es folgte eine lange und zähe Auseinandersetzung über die Frage, was jeweils als „angemessen" zu gelten habe. Für unser Thema interessiert nicht so sehr, mit welchem konkreten Ergebnis die Verhandlungen abgeschlossen wurden[6], als vielmehr die Tatsache, dass es sich hier um einen geregelten Konfliktaustrag nach den Regeln der WTO handelt. In dem Maße, in dem die WTO zur Bereinigung solcher Streitfälle herangezogen wird, wächst die Bedeutung der Regeln und Verfahren der WTO auch für die EG/EU.

Der letzte Abschnitt hat deutlich gemacht, dass sich Welthandelsregime und regionale Wirtschaftsgemeinschaft nicht als getrennte Einheiten gegenüberstehen. Vielmehr sind letztere in das WTO-Regime eingebunden. Weil die Prinzipien und Normen nicht deckungsgleich sind, gibt es zahlreiche Reibungspunkte und Anpassungszwänge auf beiden Seiten, die im Folgenden näher beleuchtet werden.

---

6   Zur detaillierten Aufarbeitung des Falles vgl. Woolcock/Hodges (1996).

12.1.2 Anpassungszwänge im Verhältnis EU und WTO

Inwiefern kann man nun auf EU-Ebene Anpassungsprozesse beobachten, die auf die Einbettung der EU in die WTO zurückzuführen sind? Um Anpassungsprozesse aufzeigen zu können, werden wir uns erneut eines institutionellen Ansatzes bedienen, wie er bereits ausführlich in Kapitel 9 dargestellt wurde. Vor allem werden hier institutionelle Veränderungen in der formalen Organisation wie auch in den Routinen der Außenwirtschaftspolitik in der EU analysiert werden.

Anpassungsprozesse in der formalen Organisation der Außenwirtschaftspolitik

Die Gemeinschaft, obwohl selbst nicht Mitglied des für Handelsfragen zuständigen GATT-Regimes war von Anfang an in dessen Arbeit eingebunden. Sie hat in einer Reihe aufeinanderfolgender Handelsrunden des GATT daran mitgewirkt, dass die Zölle auf ein Minimum reduziert und dass internationale Abkommen auf nichttarifäre Handelshemmnisse ausgeweitet wurden (Tokio Runde 1973-1979). Während der Uruguay Runde (1986-1994) wurden zusätzliche Handlungsfelder wie Dienstleistungen, geistiges Eigentum, Investitionen, Umweltpolitik, Nahrungsmittelsicherheit und Tierschutz auf die Tagesordnung gesetzt. Diese Ausweitung der Zuständigkeiten des GATT und später der WTO hat die EG/EU ihrerseits veranlasst, ihre Außenwirtschaftspolitik inhaltlich und verfahrensmäßig anzupassen.

(Randnotiz: Formale Zuständigkeiten)

In dem Maße, in dem man in internationalen Verhandlungen über die Regelungen von Zöllen, mengenmäßigen Beschränkungen und den engen Bereich des Warenhandels hinausging, ergab sich für die EG ein Problem: Die Ausdehnung der WTO und die innergemeinschaftliche Kompetenzverteilung waren nicht passfähig. Die Zuständigkeit der Gemeinschaft beschränkte sich auf die Handelspolitik im Güterbereich, während andere Sparten der Außenwirtschaftspolitik teilweise oder völlig in die Zuständigkeit der Mitgliedstaaten fielen. Die Vorteile einer einheitlichen Verhandlungsführung konnten nur genutzt werden, wenn man die Kompetenzen neu regelte. Zentralisierung brachte zwar Vorteile unter dem Gesichtspunkt der Verhandlungseffizienz, schränkte aber die Handlungsautonomie der Mitgliedstaaten ein. Wie sieht nun die Kompetenzregelung im Detail aus?

Die Verteilung der Kompetenzen im Außenwirtschaftsbereich zwischen der Gemeinschaft und den Mitgliedstaaten ist sehr komplex. Der Handel mit Waren fällt in den Bereich der exklusiven Gemeinschaftskompetenzen. In Bezug auf den Dienstleistungshandel, Regelungen über geistiges Eigentum, z.B. Copyright-Rechte sowie Investitionsabkommen, besaßen sowohl die Mitgliedsstaaten als auch die Gemeinschaft Kompetenzen. Letzteres nennt man den Bereich der gemischten Kompetenzen. Die Grenzen waren nicht immer eindeutig gezogen und so gab es immer wieder Streitigkeiten darüber, in welche Kompetenzbereiche einzelne Fälle einzuordnen sind bzw. wie mit gemischten Zuständigkeiten umgegangen werden sollte.

(Randnotiz: Exklusive und gemischte Kompetenzen)

Mit Unterstützung einiger Mitgliedstaaten brachte die Kommission diesen Streit vor den Europäischen Gerichtshof (EuGH). In früheren Urteilen hatte der EuGH bei Kompetenzstreitigkeiten durch extensive Auslegung der Verträge eher die Kommission unterstützt. Diesmal jedoch entschied der EuGH[7] bezüglich der

(Randnotiz: Konflikte über die formale Zuständigkeit)

---

7   In seinem Urteil 1/1994, EuGH Report I 5267 (15. Nov. 1994).

Zuständigkeit für Angelegenheiten des geistigen Eigentums und der Dienstleistungen zugunsten der Mitgliedstaaten. Gleichzeitig erkannte er in der Urteilsbegründung im Sinne der Kommission die Schwierigkeit an, in internationalen Verhandlungen Handelsfragen von Dienstleistungsfragen zu trennen und plädierte dafür, dass die Gemeinschaft auch weiterhin mit einer Stimme sprechen solle. Die vom EuGH[8] geforderte Kooperation zwischen Kommission und Mitgliedstaaten bei gemischten Kompetenzen verwischt die Trennung der beiden Kompetenzarten. Folgerichtig spricht der EuGH in seinem Urteil nicht von einer gemischten (compétence mixte), sondern einer geteilten Zuständigkeit (compétence partagée). Dieser feine Unterschied in der Terminologie weist darauf hin, dass nach Auffassung des EuGH eine Trennung der gemeinschaftlich auszuübenden Kompetenzen nicht sinnvoll ist. Gegen diese Auffassung gab es allerdings immer noch erhebliche Widerstände in einzelnen Mitgliedstaaten. Auf der Grundlage dieses Urteils vereinbarten Mitgliedstaaten und Kommission 1995 in einem „Code of Conduct", dass die Kommission in Verhandlungen über Dienstleistungen als alleiniger Verhandlungspartner auftreten solle, die Mitgliedstaaten aber an den Verhandlungen teilnehmen können. Anlässlich der Regierungskonferenz 1996 von Amsterdam unternahm die Kommission einen erneuten Vorstoß, um die Kompetenzfrage in ihrem Sinne zu klären. Die beschlossene Vertragsrevision war ein Kompromiss (Art. 133, Abs. 5 EG-V): der Rat konnte nun auf einstimmigen Beschluss die gemeinschaftliche Zuständigkeit auf die Bereiche geistiges Eigentum und Dienstleistungen ausdehnen. Das Besondere dieser Neuerung bestand darin, dass die Zuständigkeit der EG ausgeweitet werden konnte, ohne dass ein neuer zwischenstaatlicher Vertrag geschlossen wurde, der von den heimischen Parlamenten zu ratifizieren gewesen wäre.[9] Von dieser Möglichkeit wurde jedoch bis zur erneuten Vertragsrevision in Nizza kein Gebrauch gemacht. Die Regierungskonferenz von Nizza brachte eine weitere Zentralisierung: die Zuständigkeit der Gemeinschaft wurde auf „Übereinkünfte betreffend den Handel mit Dienstleistungen und Handelsaspekte des geistigen Eigentums" (Art. 133, Abs. 5 EG-V Nizza) ausgedehnt. Gleichzeitig wurden jedoch vor allem auf hartnäckige Intervention der französischen Regierung in Art. 133, Abs. 6 EG-V (Nizza) erhebliche Ausnahmen festgelegt: „Übereinkünfte im Bereich des Handels mit kulturellen und audiovisuellen Dienstleistungen, Dienstleistungen im Bereich Bildung sowie in den Bereichen Soziales und Gesundheitswesen [fallen] weiterhin in die gemischte Zuständigkeit" (Art. 133, Abs. 6 EG-V Nizza). Am Verlauf dieser Auseinandersetzung wird deutlich, dass durch die Einbindung in die WTO innerhalb der EU/EG sensible Kompetenzkonflikte ausgelöst werden.

Handelspolitische Instrumente der EU

Die WTO Mitgliedschaft ist auch unter einem weiteren Aspekt folgenreich, weil sie die EG in der Anwendung ihrer handelspolitischen Instrumente einschränkt. Die handelspolitischen Instrumente dienen der Wahrung von EG Interessen. Deren Wahl und Ausgestaltung wird durch WTO Recht aber vorprogrammiert[10]:

---

8   Urteil 1/1994, s. oben.
9   Mit anderen Worten, mit der Ratifizierung des Vertrages von Amsterdam haben die nationalen Parlamente dem Rat die Kompetenz-Kompetenz in dieser Angelegenheit übertragen.
10   Zu den folgenden Ausführungen der handelspolitischen Instrumente vgl. Monar (1997).

1. *„Zölle"* werden in der Regel in den internationalen Verhandlungen im Rahmen der WTO festgelegt. Als Instrumente einer autonomen europäischen Handelspolitik sind sie daher überholt.

2. *„Anti-Dumping-Maßnahmen"* dürfen ergriffen werden, wenn nachgewiesen werden kann, dass die Importe aus einem anderen Staat in der EU billiger angeboten werden, als auf dem heimischen Markt des Drittstaates. Auf Antrag der benachteiligten Industrie oder eines Mitgliedstaates und nach Überprüfung durch die Kommission, kann letztere Anti-Dumping Maßnahmen verhängen. Sie stehen prinzipiell in Einklang mit GATT/WTO Recht, können jedoch im Einzelfall immer auch dem Streitbeilegungsverfahren der WTO unterworfen werden, wenn der betroffene Staat Einspruch erhebt. Gleiches gilt für *„Anti-Subventionsmaßnahmen"*. Diese richten sich gegen von Drittstaaten subventionierte Ausfuhren in die Gemeinschaft. Hier kann es, ebenfalls nach Konsultation der Mitgliedstaaten und Prüfung durch die Kommission, zur Einführung von Ausgleichszöllen auf die betreffenden Produkte kommen.

3. *„Schutzklauselmaßnahmen"* sind für den Fall vorgesehen, dass es aufgrund von Importen in der EU zu einer „ernsthaften Schädigung" eines Wirtschaftszweiges kommt. Geeignete Maßnahmen sind Importüberwachungen oder mengenmäßige Beschränkungen. Die üblichen Kandidaten sind Textil-, Kohle- und Stahlindustrie sowie Schiffbau. Im Gebrauch dieses Instruments ist die EU jedoch erheblich durch die GATT/WTO Regeln eingeschränkt, die nur einen sehr restriktiven Gebrauch zulassen. *„Selbstbeschränkungsabkommen"* ist die beschönende Beschreibung für ungleiche Verträge. Die kostengünstige Produktion von Textilien, vor allem Massenproduktion wie T-Shirts etc. in den asiatischen Schwellenländern, drohte die europäische Textilindustrie, die sich ohnehin in einer lang anhaltenden Strukturkrise befand, existentiell zu gefährden. In Verhandlungen mit den exportierenden Ländern drängte man auf „Selbstbeschränkungsabkommen", d.h. den Produkten z.B. aus Hongkong, Singapur, Südkorea oder den Philippinen wurde nur unter der Bedingung Zugang zum europäischen Markt gewährt, dass diese „freiwillig" zu Exportbeschränkungen bereit waren. Nach WTO-Recht handelte man hier am Rande der Legalität. Das *„neue handelspolitische Instrument"*, seit 1984 eingeführt und 1994 durch die *„Trade Barrier Regulation"* (TBR) ersetzt wurde, ist der Versuch, die Verhandlungsposition der EU international zu stärken. Es ist nur im Kontext der damaligen Auseinandersetzung mit den USA zu sehen, die zunehmend zu unilateralen Maßnahmen griff und diese Politik durch nationales Recht absicherte. Die TBR soll die EU in die Lage versetzen, auf unfaire Handelspraktiken zu reagieren, die den Zugang zu Märkten von Drittstaaten für europäische Exporte behindern oder durch andere „unfaire Praktiken" der europäischen Industrie Schaden zufügen. Das EU-Verfahren achtet WTO Recht: zunächst wird nach internationalem Recht ein Streitschlichtungsverfahren eingeleitet. EU Sanktionen werden dann verhängt, wenn die beklagte Partei die Entscheidungen der WTO nicht befolgt. Auch die Vergeltungsmaßnahmen – wie die Aussetzung gewährter Handelskonzessionen, erhöhte Zollabgaben und mengenmäßige Beschränkungen – müssen von der WTO autorisiert werden.[11]

---

11 Vgl. dazu Woolcock (2000), Gallagher (2002) oder die WTO-Internetseite: http://www.wto.org/english/tratop_e/dispu_e/dispu_e.htm [Stand: 16.07.2001].

4. Ein ganz anderer Fall ist der Einsatz von *Handelsmaßnahmen zu politischen Zwecken.* In der Gemeinsamen Außen- und Sicherheitspolitik (vgl. Kap. 13) können gemeinsame Aktionen beschlossen werden, die zur temporären Aussetzung, zur Einschränkung des Handels mit bestimmten Produkten oder gar zur völligen Einstellung der Wirtschaftsbeziehungen mit einem Land führen. Der Rat kann Sofortmaßnahmen ohne Rücksicht auf die WTO treffen, weiß aber dass er gut beraten ist, solche Maßnahmen international z.B. im Rahmen der UNO abzustimmen.

Insgesamt zeigt dieser Überblick über die handelspolitischen Instrumente der EU, welchen engen formalen Beschränkungen die EU durch die internationalen Vereinbarungen im GATT/WTO unterliegt. Anpassungsprozesse zeigen sich jedoch auch in der Ausgestaltung der Routinen der EG-Außenwirtschaftspolitik. Dies wird deutlich, wenn wir uns genauer den Ablauf internationaler Verhandlungen im WTO-EG Verhältnis ansehen.

Konflikte und Veränderungen in der Durchführung europäischer Außenwirtschaftspolitik

Konflikte während der Phasen internationaler Verhandlungen

Zerlegt man den Ablauf der internationalen Verhandlungen in vier Phasen, so werden die Konfliktpunkte zwischen den europäischen Akteuren und die sich daraus ergebenden institutionellen Veränderungen deutlich. Die folgenden Phasen sollen dabei unterschieden werden: (1) Erteilung des *„Mandats"* bzw. Festlegung der Verhandlungspositionen, (2) *Verhandlungsführung*, (3) *Abschluss* eines Abkommens und (4) *Umsetzung* des Abkommens in gemeinschaftsinterne Maßnahmen (vgl. Woolcock 2000). Die konkreten Vertragsvorschriften für die Handelspolitik weichen in entscheidenden Punkten von den allgemeinen Bestimmungen ab, die für Abkommen mit dritten Staaten oder Organisationen gelten (Art. 300 EG-V Nizza). In den einzelnen Phasen sind die Zuständigkeiten zwischen Rat und Kommission in unterschiedlichem Maße umstritten.

Erteilung eines „Verhandlungs-mandats"

Die Kommission unterbreitet dem Rat Vorschläge für die Durchführung der gemeinsamen Handelspolitik. Dieser ermächtigt daraufhin die Kommission, auf der Basis ihrer Vorschläge die erforderlichen Verhandlungen aufzunehmen. Dies wird meist (in großzügiger Auslegung der Vertragstexte und nicht ganz korrekt) als Erteilung eines *Verhandlungsmandats* an die Kommission bezeichnet. Die inhaltlichen Abstimmungen zwischen den Mitgliedstaaten und die Kommunikation mit der Kommission findet in einem besonderen, vom Rat bestellten Ausschuss, dem sogenannten „133er Ausschuss" statt. In der Ausgestaltung der Verhandlungsposition ist die Kommission kontinuierlich in die internationale Diskussion eingebunden und kann dank ihrer umfassenden Informationen und auf Grund ihres Initiativrechtes die politische Tagesordnung merklich gestalten. In dieser Phase des *„agenda setting"* sind die informellen Einflussmöglichkeiten des Europäischen Parlaments, der nationalen Parlamente sowie der Nichtregierungsorganisationen (NGOs) am größten. Mit der formalen Ausdehnung der exklusiven Kompetenzen (s. oben) hat sich hier der Gestaltungsspielraum wesentlich erhöht.

Verhandlungsführung

In der Phase der *Verhandlungsführung* tritt die Kommission im Namen der Gemeinschaft auf. Dies gilt für den Bereich der exklusiven wie auch der gemischten Kompetenzen. Nach Art. 133 und 300 EG-V führt die Kommission die Verhandlungen im „Benehmen", d.h. in enger Abstimmung mit dem „133er-Ausschuss" und „nach Maßgabe der Richtlinien" des Rates (Art. 133 EG-V). Auch hier stellt sich immer die Frage nach dem Ermessensspielraum der Kommission bei der Interpretation der Vorgaben. Kann sie nach eigenem Ermessen handeln, dann gewinnt sie Flexibilität, die für einen Verhandlungserfolg manchmal entscheidend ist. Je mehr Flexibilität sie gewinnt, desto eingeschränkter ist aber die Kontrolle der Mitgliedstaaten. Um hier einen Mittelweg auszumachen, finden fortlaufend enge Konsultationen im „133er-Ausschuss" statt.[12] Wie schmal der Grad zwischen Flexibilität und Kontrolle sein kann und wie die Kommission durch Überschreiten ihrer Kompetenzen versucht hat ebendiese auszudehnen, zeigt das Beispiel der Endphase der Agrarverhandlungen in der Uruguay-Runde (vgl. Woolcock/Hodges 1996). Die EU internen Abstimmungen zu den GATT Verhandlungen 1990 waren in der Agrarfrage in eine Sackgasse geraten. Man konnte sich nicht darüber einigen, in welcher Höhe man bereit war, Subventionen im Agrarbereich abzubauen. Die Kommission versuchte ohne Rückendeckung des Rates eine Abstimmung mit den USA und der unter dem Namen Cairns-Gruppe firmierenden Koalition von Agrarexportländern zu erreichen. Dabei überschritt sie eindeutig ihr Verhandlungsmandat, das auf Betreiben der Mitgliedstaaten, die eine harte, auf dem Status quo beharrende Linie im Agrarbereich verfolgten (Frankreich, Irland und Deutschland), nur einen geringen Spielraum aufwies. Als diese Eigenmächtigkeit der Kommission ruchbar wurde, pfiffen die europäischen Handels- und Agrarminister sie zurück. Der Abbruch der Vorgespräche auf Weisung der Mitgliedstaaten untergrub die Glaubwürdigkeit der Kommission als verlässlichen Verhandlungspartner und die Berechenbarkeit der Gemeinschaft als Ganzes, was ihr im weiteren Verhandlungsverlauf von den USA immer wieder vorgehalten wurde.

Für den *Abschluss der Verhandlungen* gelten differenziertere Regelungen. Fällt ein Abkommen in den Bereich der exklusiven Kompetenzen, dann werden die Verhandlungsergebnisse im Rat mit qualifizierter Mehrheit angenommen. De facto wird dabei allerdings vermieden, einen Mitgliedstaat zu überstimmen; vor allem den größeren Staaten wird informell eine Vetoposition eingeräumt. Im Bereich der gemischten Zuständigkeiten entscheidet der Rat einstimmig und zum Inkrafttreten des Abkommens müssen die nationalen Parlamente die Verhandlungsergebnisse ratifizieren. Das Europäische Parlament hat in der Außenwirtschaftspolitik weniger Einflussmöglichkeiten als bei sonstigen Abkommen mit Drittstaaten oder Internationalen Organisationen. Die für den Vertragsabschluss vorgeschriebene Anhörung des Europäischen Parlamentes wird ausdrücklich für die Handelspolitik ausgeklammert. In der Praxis werden jedoch seine zuständigen Ausschüsse über den Verhandlungsverlauf und den Inhalt eines Abkommens unterrichtet (Shaw 2000: 274; Monar 2000c: 85).

Abschluss eines Abkommens

---

12 Dies wird durch den Vertrag von Nizza insofern unterstrichen, als die Kommission nun während der Verhandlungsphase eine Berichtspflicht gegenüber dem Ausschuss hat.

Schaubild 12.1: EU Entscheidungsverfahren nach Art. 310 EG-V

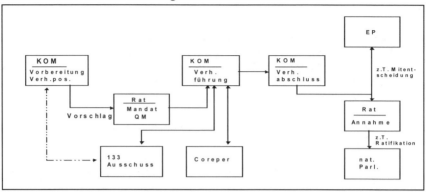

Trotz einiger Auseinandersetzungen um die Zuständigkeiten zwischen EU und Mitgliedstaaten in den Phasen der Mandatserteilung und der Verhandlungsführung teilen die Mitgliedstaaten grundsätzlich die Auffassung, dass es wirkungsvoller sei, wenn die Gemeinschaft mit „einer Stimme" spreche. So waren die Mitgliedstaaten stets bestrebt, die Position der Gemeinschaftsvertretung nicht zu beschädigen. Bei Verhandlungsabschluss kommt es dann zu heftigeren Konflikten. Bereits in der Tokio-Runde war die Frage der Unterzeichnung des Abkommens strittig. Man einigte sich 1980 darauf, dass beide, die Kommission und die Mitgliedsstaaten, die Vereinbarungen unterzeichnen sollten. In der Uruguay-Runde beharrte die Kommission auf dem Standpunkt, dass die Ergebnisse als Paket verhandelt worden waren und auch als einheitliches Paket von der EU angenommen werden müssten. Diese Auffassung wurde nicht von allen Mitgliedstaaten geteilt. Das Gegenargument war, dass vor allem die neuen Themen wie u.a. Dienstleistungen und geistiges Eigentum nicht zu den exklusiven Kompetenzen der Gemeinschaft zählten und daher das Abkommen allein von den Mitgliedstaaten unterzeichnet und nach ihren jeweiligen nationalen Bestimmungen ratifiziert werden solle.

Diese unterschiedliche Konflikthaftigkeit nach Phasen des Politikzyklus ist grundsätzlich damit zu erklären, dass es letztendlich zwischen Kommission und Mitgliedstaaten um einen Zielkonflikt zwischen Effizienz und Kontrolle geht, bei dem der Gesichtspunkt der Effizienz bei der Mandatserteilung und Verhandlungsführung überwiegt und die Veränderungen in Richtung effiziente Vertretung treiben, nicht aber bei der Ratifikation. Außerdem haben die Mitgliedstaaten mit dem 133er Ausschuss während der Verhandlungsführung ein Instrument der Kontrolle an der Hand. Insgesamt geht die Praxis eindeutig in Richtung auf eine Verwischung von exklusiven und gemischten Kompetenzen hin. In der Phase der Verhandlungen wird insofern kein Unterschied mehr gemacht, als die Kommission die Verhandlungen führt und in allen Fällen eine enge Abstimmung mit den Mitgliedstaaten, d.h. dem zuständigen Ausschuss suchen muss. Formal betrachtet ist ihr Handlungsspielraum allerdings unterschiedlich eng, denn im Fall der exklusiven Zuständigkeit benötigt sie nur die Zustimmung der Mehrheit, während sie im anderen Fall auf ein einstimmiges Votum und die Zustimmung der nationalen Parlamente angewiesen ist. Ein einzelner Mitgliedstaat kann mit sehr viel mehr Nachdruck auf die Beachtung seiner Interessen pochen, wenn er die Ratifikation im eigenen Parlament für gefährdet hält. Das Argument des innenpolitischen Widerstandes wird jedoch in allen schwierigen Verhandlungssituationen eingebracht. Außenseiterpositionen sind aber in beiden Fällen schlecht durchzuhalten, weil eine Nicht-Einigung die oft ungewünschte Zementierung des status quo bedeuten würde und das Argument, ein Staat möge die gemeinschaftliche Handlungsfähigkeit nicht leichtfertig aufs Spiel setzen, politisches Gewicht hat. So ist faktisch kaum noch ein Unterschied in der Praxis der Verhandlungen festzustellen. Insgesamt kann festgehalten werden, dass die Veränderungen zu einer Vergemeinschaftung der europäischen Außenwirtschaftspolitik führen. Die Frage stellt sich nun, welches sind die treibenden Kräfte, die diese Prozesse der Anpassung voranbringen?

12.1.3 Treibende Kräfte zur Anpassung der EU-Außenwirtschaftspolitik

Im letzten Abschnitt haben wir festgestellt, dass es insgesamt zu einer zunehmenden Konzentration der Außenwirtschaftspolitik auf EU-Ebene kommt und auch die Praxis einen Trend hin zur Zentralisierung zeigt. Die Frage stellt sich nun, welche Triebkräfte hierfür auszumachen sind?

Funktionale Zwänge

In internationalen Verhandlungen sind die Verfahren häufig so angelegt, dass wenig Zeit zu internen Absprachen und kein Raum zur Artikulation abweichender Meinungen bleibt. „(The) requirement of unity in the international representation of the Community" (EuGH 1/94) ist ein schlagkräftiges Argument im Sinne von Verhandlungseffizienz und internationaler Glaubwürdigkeit. Dies kann man am Beispiel des Streitbeilegungsverfahren der WTO verdeutlichen. Die Reform führte zu einer Straffung des Verfahrens durch die Festsetzung von Fristen. Vertreten EU Mitgliedstaaten ihre Interessen individuell, so führt dies zu einem zeitraubenden Abstimmungsprozess, denn die Einbeziehung der Gemeinschaft ist unerlässlich und die Koordinierung mit den anderen betroffenen Mitgliedern ratsam. Zu erwarten wären suboptimale Verhandlungsergebnisse. In der Praxis hat man solche Schwierigkeiten antizipiert und behandelt im Streitbeilegungsverfahren die Vertretungskompetenz einheitlich. Verantwortlich ist die Kommission, die sowohl die Interessen der Gemeinschaft als auch der Mitgliedstaaten vertritt. Wird eine Beschwerde von der Industrie oder einem Mitgliedstaat vorgebracht, informiert sie sämtliche Mitgliedstaaten im „133er-Ausschuss" über die beabsichtigte Initiierung eines Streitbeilegungsverfahrens. Besteht Konsens, beantragt sie das Verfahren bei der WTO und führt es durch. Die Delegationen der Mitgliedstaaten vor Ort[13] verfolgen das Verfahren, ohne jedoch eine aktive Rolle zu spielen. Die Kommission versorgt den 133er-Ausschuss – und seine Unterausschüsse – mit allen notwendigen und gewünschten Informationen; er ist der Ort, in dem die Eignung einzelner Fälle für das WTO-Verfahren und die Strategie in laufenden Verfahren mit den Mitgliedstaaten erörtert wird. Unter der Bedingung

,Zeitdruck' und Effizienzerfordernisse

---

13   Die Mitgliedstaaten sind mit Ständigen Vertretern am Sitz der WTO in Genf präsent.

enger Fristen und komplexer Themen bleibt allerdings häufig nicht die Zeit zur eingehenden Konsultation mit den Mitgliedstaaten. Hier liegt Konfliktstoff, wenn die Positionen der Mitgliedstaaten weit auseinander liegen.[14] Effizienzerfordernisse und ein enormer Zeitdruck sind somit wichtige Gründe für die beschriebenen Anpassungsprozesse.

Institutionelle Eigeninteressen

Institutionelles
Eigeninteresse von
EG-Akteuren

Eine weitere Triebkraft für die Vergemeinschaftung der Außenwirtschaftspolitik ist das institutionelle Eigeninteresse der Akteure. Am deutlichsten ausgeprägt ist das im Fall der Kommission zu beobachten. Sie betreibt die Aufwertung ihrer eigenen Rolle in der Welthandelsorganisation und ist bestrebt, auch in Drittstaaten verstärkt Präsenz zu zeigen. Sie versucht ihren Vertretungsanspruch nicht nur mit Effizienzargumenten zu untermauern, sondern sich auch politisch durch enge Kontakte zu Interessengruppen und anderen nicht-staatlichen Akteuren zu legitimieren. Als direkter Ansprechpartner gesellschaftlicher Gruppen kann sie den Informationsvorsprung nationaler Regierungen ausgleichen und dem Argument entgegentreten, ihr fehle der Bezug zu den Interessen der Basis. Der „Dialog mit der Zivilgesellschaft", d.h. die Konsultation mit einer Vielfalt gesellschaftlicher Gruppen, wird zusätzlich als Strategie eingesetzt, um – nach Auffassung der Kommission – das Defizit an demokratischer Partizipation in der EU auszugleichen.

Nicht nur die Kommission, auch andere Akteure streben nach der Aufwertung ihrer eigenen Institution und fordern eine entsprechende Verlagerung von Kompetenzen. Zu nennen wäre hier nicht zuletzt der 133er-Ausschuss. Er liegt oft weniger mit der Kommission als mit den intergouvernementalen Institutionen der EU im Kompetenzstreit. Das Generalsekretariat des Rates hat Ende der 90er Jahre gegen die Praxis opponiert, dass in Fällen gemischter Kompetenz der Ausschuss die Kommission zur Initiierung eines Streitbeilegungsverfahrens in der WTO ermächtigte. Die Praxis sei vertraglich nicht abgesichert und inopportun, weil politische Implikationen von größerer Reichweite impliziert sein könnten als sie ein Fachausschuss beurteilen könne. In solch sensiblen Fragen müsse die Entscheidung entweder vom Rat oder im Ausschuss der Ständigen Vertreter (COREPER) getroffen werden. Der 133er-Ausschuss hat erfolgreich gegen eine Beschneidung seiner politischen Rolle gekämpft. Erneut bewährte sich das Argument der notwendigen Handlungseffizienz: Die Befassung des Rates würde Zeit kosten und im Rat wie auch im COREPER würden widerstreitende Positionen stärker zur Geltung kommen (vgl. Woolcock 2000: 387).

12.1.4 Fazit zur Außenwirtschaftspolitik

Die Analyse der Anpassung der europäischen Institutionen an das internationale Umfeld, hier am Beispiel der WTO, könnte nun zu dem voreiligen Schluss ver-

---

14 Ein aufschlussreiches Beispiel ist in Carmel Ní Chatháin (1999) nachzulesen. Die Gemeinschaft musste in einem Verfahren gegen Kanada über Filmrechte zwischen konträren Positionen der Niederlande, denen es um das Prinzip der Gleichbehandlung ging, und Frankreich, das eine Differenzierung bei Kulturgütern für gerechtfertigt hielt, vermitteln.

leiten, dass die WTO die EU einseitig zur Anpassung zwingt. Die Frage wer wen zur Anpassung zwingt, ist jedoch nicht so eindeutig zu beantworten.

Mit der Einrichtung der WTO wurde internationales Recht geschaffen, dieses wird durch jedes weitere handelspolitische Abkommen fortgeschrieben und durch die tägliche Verfahrenspraxis in der einen oder anderen Richtung verfestigt. Die Vorgaben der WTO, nach denen sich die EU richten muss, sind also Ergebnisse von Aushandlungsprozessen, an denen auch die EU und ihre Mitgliedstaaten beteiligt sind. Sie können nicht abgehoben von ihrem Entstehungsprozess gesehen werden. Die WTO selbst ist somit Gegenstand einer gezielten Institutionenpolitik u.a. durch die EU. Gerade weil die Mitglieder der WTO wissen, welche spürbaren Folgen WTO Regelungen haben können, prüfen sie die weitere rechtliche Entwicklung sehr sorgfältig. Diese Perspektive wurde bei der Analyse in diesem Kapitel zunächst ausgeblendet, muss aber immer mitbedacht werden. Bestehen grundlegende Auffassungsunterschiede, dann ist zu erwarten, dass eine neue Verhandlungsrunde erst gar nicht zustande kommt. Genau dies ist Ende 1999 geschehen. Entgegen der allgemeinen Presseberichterstattung gehen informierte Beobachter nämlich davon aus, dass das Scheitern der Konferenz von Seattle zur Eröffnung der neuen Verhandlungsrunde, die eine neue Welthandelskonferenz einläuten sollte, nicht dem Widerstand gewaltbereiter Aktivisten der zahlreichen Nicht-Regierungsorganisationen anzulasten ist, sondern der Uneinigkeit führender Handelsmächte, im konkreten Fall zwischen der EU und der USA. Die Ereignisse von Seattle zeigen, dass gegen den Willen der USA keine Fortentwicklung des WTO Rechts möglich ist und die EU sich somit mit dem status quo arrangieren muss. Dieser status quo, also die geltenden WTO Bestimmungen, sind aber durch die aktive Mitwirkung der europäischen Staaten und der EU zustande gekommen. Der Anpassungsdruck, der von der WTO auf die EU ausgeht, ist folglich z.T. selbst erzeugt. Wird er als unangemessen empfunden, so muss man fragen, welche Interessen sich in den WTO Verhandlungen durchgesetzt haben. Auf alle Fälle kann eine spannende Forschungsfrage lauten, welche Vorstellungen die EU selbst in den internationalen Kontext einbringt und welche eigenen Prinzipien, Normen und Vorstellungen über angemessenes Verhalten sie in die jeweiligen internationalen Verhandlungen einbringt. Diese Fragerichtung soll im Folgenden an der Assoziations- und Entwicklungspolitik verdeutlicht werden.

12.2 Assoziations- und Entwicklungspolitik

Die Außenwirtschaftspolitik der Gemeinschaft ist nicht alleine ein ökonomisches Instrument, sondern dient der EG auch zur Verfolgung bestimmter politischer Ziele. Besonders deutlich wird dies im Bereich der Assoziations- und Entwicklungspolitik, in dem handelspolitische Präferenzen eingesetzt werden, um bestimmten Ländern oder Ländergruppen einen bevorzugten Zugang zum europäischen Markt zu ermöglichen. Im Hintergrund steht dabei die Hoffnung, auf diese Weise engere politische Bindungen mit den betroffenen Handelspartnern herzustellen oder im Gegenzug ebenfalls bevorzugten Zugang zu den Märkten dieser Länder zu erlangen.

Die wichtigsten Instrumente in diesem Bereich sind zum einen Freihandelsabkommen (welche rein auf wechselseitigen Handelsvergünstigungen beruhen),

Assoziations- und Kooperationsabkommen

267

zum anderen die sogenannten Kooperations- und Assoziationsabkommen. Der Unterschied zu reinen Freihandelsabkommen ist dabei die breit angelegte Kooperation in zusätzlichen Politikfeldern (z.B. technische Zusammenarbeit, Umweltschutz, Kriminalitätsbekämpfung). Assoziationsabkommen zeichnen sich darüber hinaus durch die Einrichtung von „gemeinsamem Vorgehen und besonderen Verfahren" aus (Art. 310 EG-V), welche beispielsweise der Durchführung politischer Dialoge oder der Vergabe finanzieller Hilfsleistungen dienen können.

Durch eine Assoziation werden in der Regel sehr enge Verbindungen begründet, welche bis zur Übernahme bestimmter Gemeinschaftspolitiken oder von Teilen der Binnenmarktgesetzgebung durch den assoziierten Staat reichen können. Aus diesem Grund sind die Assoziationsabkommen von der EU auch genutzt worden, um beitrittswillige Länder schrittweise an die Gemeinschaft heranzuführen und gegebenenfalls einen Beitritt vorzubereiten. Beispiele hierfür sind das bereits in den 1960er Jahren abgeschlossene Assoziationsabkommen mit Griechenland und der Türkei und die „Europa-Abkommen" mit den ehemals sozialistischen Staaten Mittel- und Osteuropas, welche ab 1993 nach und nach eine Beitrittsperspektive erhielten (Kap. 14). Eine entwicklungspolitische Funktion erfüllt die Assoziation der Länder Afrikas, der Karibik und der pazifischen Inselwelt (AKP-Staaten). Diese Staaten – häufig frühere Kolonien der EU-Mitglieder – genießen im Rahmen der sogenannten Lomé-Abkommen bzw. des 2000 abgeschlossenen Cotonou-Abkommens großzügige Handelsvorteile und finanzielle Unterstützung durch die EU (Kap. 12.3.2). Kooperationsabkommen bestehen mit fast allen lateinamerikanischen Staaten, mit zahlreichen Staaten Asiens und mit verschiedenen Industriestaaten (v.a. den EFTA-Mitgliedern, der Schweiz, den USA und Kanada). Sie besitzen in der Regel ein weniger anspruchsvolles institutionelles Gerüst, sind aber bedeutsamer, was das über sie abgewickelte Handelsvolumen angeht.

In Schaubild 12.2 sind Beispiele für die derzeit bestehenden Abkommen der Gemeinschaft mit dritten Staaten bzw. Staatengruppen zu finden. Dabei ist zu beachten, dass es mittlerweile nur noch sehr wenige Staaten der Welt gibt, mit denen die Gemeinschaft nicht in der einen oder anderen Form über Freihandels-, Kooperations- oder Assoziationsabkommen verbunden ist.

Schaubild 12.2: Abkommen der EU mit Drittstaaten[15]

Form	Freihandelsabkommen	Kooperationsabkommen [(1)]	Assoziationsabkommen
Beispiele (keine vollständige Liste)	– EFTA-Staaten (bis 1992), – Schweiz (bis 2000), – Israel (bis 2000), – DDR (bis 1990)	– Kanada, USA, EWR-Staaten (ab 1992) [(2)], – Schweiz (ab 2000) – ASEAN-Staaten, China, Russland und andere GUS-Staaten (ohne Tadschikistan) [(3)] – Zentral- und Lateinamerika Staaten des Golfkooperationsrates, Mittelmeeranrainer [(4)]	– Griechenland (bis 1981) – Türkei – Europaabkommen mit MOEL (ab 1993), – Zypern, Malta, Israel (ab 2000), Marokko, Tunesien, Libanon, Palästinensische Autonomiebehörde [(5)]

Anmerkungen:

(1) Meistbegünstigungsklausel oder weiter gehender Marktzugang, technische, wissenschaftliche und finanzielle Zusammenarbeit, Investitionsschutz, Umweltschutz, Migration (ins-

15 Zusammenstellung aus Macleod/Hendry/Hyett (1996: Kap. 20); Fischer Weltalmanach (2003: Sp. 1048-1053).

besondere Rücknahme von Flüchtlingen). Unterschiedliche Rechtsgrundlagen, je nach finanziellem Umfang und institutioneller Ausgestaltung. Seit 1992 häufig auch auf Art. 181 EG-V (Entwicklungszusammenarbeit) in Verbindung mit Art. 300 EG-V gestützt.

(2) Nach Ablehnung des Europäischen Wirtschaftsraums durch die Schweizer Bevölkerung zunächst die sechs verbliebenen EFTA-Mitglieder (Österreich, Finnland Schweden, Island, Liechtenstein, Norwegen). Nach EU-Beitritt der drei zuerst genannten Staaten 1995 nur noch Island, Norwegen, Liechtenstein.

(3) Teilweise Interimsabkommen, welche die Anwendung der Handelsvergünstigungen vor Ratifikation durch die Mitgliedstaaten erlauben. Das Interimsabkommen mit Weißrussland ist seit 1997 von der EU suspendiert.

(4) Ägypten, Algerien, Jordanien, Syrien; Libyen hat Beobachterstatus. Mit Ägypten, Algerien und dem Libanon wurden Assoziationsabkommen geschlossen, welche bis zum Redaktionsschluss noch nicht in Kraft getreten sind, mit Syrien wird der Abschluss eines Assoziationsabkommens angestrebt.

(5) Interimsabkommen.

Der Abschluss von Kooperations- und Assoziationsabkommen erfolgt nach besonderen Verfahren, die in Artikel 300 bzw. 310 EG-V festgelegt sind. Die Kommission führt – ähnlich wie in anderen Bereichen der Außenwirtschaftspolitik – die Verhandlungen mit dem betreffenden Staat bzw. Staatengruppe nach Maßgabe eines von der Kommission erteilten Mandats und im Benehmen mit dem in Art. 133 (3) EG-V vorgesehenen Ausschuss oder anderen vom Rat bestellten Ausschüssen. Der Rat entscheidet bei Kooperationsabkommen in der Regel mit qualifizierter Mehrheit über die Annahme oder Ablehnung von Verhandlungsergebnissen. Einstimmiger Beschluss gilt für Assoziationsabkommen und bei Kooperationsabkommen, welche Bereiche berühren, in denen für die Annahme interner Vorschriften Einstimmigkeit vorgesehen ist.[16]

Die handelspolitische Vorzugsbehandlung, welche durch den Abschluss von Freihandels-, Kooperations- und Assoziationsabkommen erreicht werden soll, stößt allerdings auf das Problem der Kompatibilität mit WTO-Regeln. Vor diesem Hintergrund diskutiert das folgende Kapitel 12.3.2 die Entwicklung der EU-Politik gegenüber den AKP-Staaten und die Bemühungen, die entsprechenden Verträge schrittweise an die Regeln der WTO anzupassen.

12.2.1 Entwicklung der Lomé-Politik

Die Assoziation der AKP-Staaten hat ihre Wurzeln in einem bereits im EWG-Vertrag von 1957 enthaltenen und bis heute gültigen Teil zur „Assoziierung der überseeischen Länder und Hoheitsgebiete" (heute Art. 182-188 EG-V). Diese Vertragsvorschriften waren nicht ausschließlich, aber vorrangig auf die im Prozess der Dekolonialisierung befindlichen überseeischen Besitzungen der Mitgliedstaaten gerichtet. Mit der Assoziierungspolitik wurden dabei eine Reihe von Zielen verfolgt. Es sollten (1) die bestehenden wirtschaftlichen Verflechtungen zwischen Kolonien und Mutterland von der angestrebten Zollunion unberührt bleiben, sowie (2) im Kontext des Ost-West-Konflikts eine politische Verankerung der Staaten in der westlichen Staatengemeinschaft sichergestellt werden. Aus der Sicht der bedeutenden Kolonialmächte in der Sechsergemeinschaft (Frankreich und

Lomé-Politik und AKP-Staaten

---

16 Zu Ausnahmen und zu den unterschiedlichen Formen der Beteiligung des Europäischen Parlaments siehe Art. 300 (2) und (3) EGV.

Belgien) drehte es sich (3) auch darum, die Kosten für die wirtschaftliche Unterstützung der ehemaligen Kolonien auf die Partnerländer der EWG zu verteilen.[17]

Die konkrete Ausführung der Bestimmungen wurde einem separaten Abkommen überlassen, das 1963 in der Hauptstadt von Kamerun, Yaounde, mit 17 unabhängigen afrikanischen Staaten geschlossen wurde. Aus diesem ersten Abkommen entwickelte sich in den Folgejahren schrittweise die auf die AKP-Staaten gerichtete Assoziierungspolitik. Folgeabkommen wurden 1969 (Yaounde II), 1975 (Lomé I, nach der togolesischen Hauptstadt benannt), 1979, 1984 und 1989 vereinbart (ausführlich hierzu Grilli 1993). Das zuletzt genannte (Lomé IV-) Abkommen wurde erstmals für einen Zeitraum von 10 Jahren (1990-2000) abgeschlossen und im Februar 2000 durch das sogenannte Cotonou-Abkommen abgelöst. Im Verlauf der Jahre wurden immer mehr Staaten in die AKP-Gruppe aufgenommen; aktuell nehmen 77 Staaten in vollem Umfang an der Kooperation mit der EU teil.[18] Neben die oben genannten geopolitischen Gründe der Kooperation trat dabei in zunehmendem Maße auch eine entwicklungspolitische Motivation.

Kern der Abkommen ist die Gewährung zollfreien Zugangs für die meisten von den AKP-Staaten produzierten Waren zu den Märkten der Gemeinschaft. Ausnahmen hiervon gelten in einigen „sensitiven" Sektoren, in denen die AKP-Staaten mit den Produzenten innerhalb der EU konkurrieren, insbesondere bei einer Reihe agrarischer Produkte (Zucker, einige Getreidesorten). Hier werden AKP-Importe mit Abgaben belegt oder Mengenbeschränkungen unterworfen, die aber in der Regel weniger strikt sind als die Bestimmungen für andere WTO-Mitglieder. Ferner profitieren die AKP-Staaten durch spezielle „Protokolle", welche den zollfreien Import einer bestimmten Menge von Bananen, Zucker, Rindfleisch und Rum gewährleisten und für einige Produkte sogar die Preisstützungsmaßnahmen der Gemeinsamen Agrarpolitik auf die AKP-Produzenten ausdehnen. Darüber hinaus gibt es ein weiteres handelspolitisches Instrument (STABEX), welches zur Stabilisierung der Exporterlöse der AKP-Staaten bei bestimmten (v.a. mineralischen) Rohstoffen beitragen soll und die Erzeuger unabhängiger von Schwankungen der Weltmarktpreise stellt.[19] Insgesamt konstituieren die durch diese Instrumente gegenüber den AKP-Staaten gewährten Vergünstigungen das weitaus großzügigste Abkommen mit Drittstaaten, welches die EU abgeschlossen hat. Neben die Handelsvergünstigungen tritt der Europäische Entwicklungsfonds (EEF), ein von den Mitgliedstaaten finanzierter und von der Kommission verwalteter Geldtopf, aus dem Maßnahmen der Entwicklungshilfe finanziert werden. (Grilli 1993: 83-84, Cox/Koning 1997).

Kritik an Lomé-Abkommen
Die Lomé-Politik ist wegen der für längere Zeiträume rechtsverbindlich zugesagten Hilfsleistungen, den großzügigen Handelsvergünstigungen und den in den Abkommen niedergelegten Prinzipien der Partnerschaft, Gleichberechtigung und

---

17 Ausführlich hierzu Küsters (1982: 379-392).
18 Kuba wurde im Dezember 2000 von der AKP-Gruppe als 78. Mitgliedstaat aufgenommen, nimmt jedoch auf Grund seiner unbefriedigenden Bilanz im Bereich Demokratie und Menschenrechte nicht an der Zusammenarbeit mit der EU teil. Eine chronologische Übersicht der einzelnen Abkommen und der jeweils beteiligten Staaten bis einschließlich Lomé IV bei Brüne 2000: 206-207). Die verschiedenen Lomé- und das Cotonou-Abkommen finden sich – in nicht offiziellem Wortlaut – online unter: http://www.acpsec.org/gb/decl_e.html [Stand: 29.07.2003]. Zahlreiche Hintergrundinformationen auf der Seite http://weed-online.org/eu/info/matacp.htm [Stand: 30.07.2003].
19 Eine weitere Vergünstigung besteht in der Nicht-Anwendung des sogenannten Multifaserabkommens (MFA) auf die AKP-Staaten. (Das MFA ist ein „Selbstbeschränkungsabkommen", das den Zutritt von billigen Textilien auf die europäischen Märkte behindert).

strikten Nichteinmischung immer wieder als Modell für die Nord-Süd-Beziehungen bezeichnet worden (z.B. Raffer 1999). In jüngerer Zeit steht allerdings das Lomé-Modell von verschiedenen Seiten unter Druck (ausführlich hierzu Brüne 2000). Zu den Problemen zählt nicht zuletzt die bereits erwähnte fehlende Vereinbarkeit der den AKP-Staaten gewährten Vergünstigungen mit den WTO-Regeln. Wie oben (Kasten 12.1) dargestellt, sind die Prinzipien der Reziprozität und der Meistbegünstigung konstitutiv für das Funktionieren der WTO (bzw. des Vorläufers GATT). Vereinfachend gesprochen besagen sie, dass die Vergünstigungen, die sich zwei Mitgliedstaaten der WTO gegenseitig gewähren, ohne Einschränkungen auch auf alle andere Mitgliedstaaten anzuwenden sind (Prinzip der Nicht-Diskriminierung bzw. Meistbegünstigung). Ausnahmen von diesem Prinzip sind unter bestimmten Bedingungen erlaubt, nämlich zum einen, wenn sie „reziprok" ausgestaltet sind (d.h. gegenseitig gewährt werden, was Projekte wirtschaftlicher Integration wie Freihandelszonen oder die EU mit WTO-Recht kompatibel halten soll). Zum anderen können Ausnahmen vom Prinzip der Nicht-Diskriminierung gewährt werden, wenn sie unterentwickelten Ländern zu Gute kommen. Allerdings dürfen in diesem Fall nicht spezielle Gruppen von Entwicklungsländern gegenüber anderen Entwicklungsländern bevorzugt werden; die einzige Ausnahme sind hier Vergünstigungen für die am wenigsten entwickelten Länder der Erde (LLDC).[20]

Problematisch an den bisherigen Lomé-Abkommen ist, dass sie klare Präferenzen zu Gunsten der AKP-Länder setzen (z.B. durch den erleichterten Marktzutritt zur EU) und sich diese diskriminierenden Maßnahmen durch die beiden genannten Ausnahmebestimmungen nicht legitimieren lassen. Wegen seines nicht-reziproken Charakters lässt sich das EU/AKP-Abkommen nicht als Freihandelszone werten. Zugleich sind innerhalb der AKP-Gruppe einerseits nicht alle Entwicklungsländer der Erde, andererseits nicht nur LLDCs enthalten, so dass auch die entwicklungspolitisch motivierten Ausnahmeregeln der WTO nicht greifen. Aus diesem Grund musste die EU für die Kooperation mit den AKP-Staaten in den vergangenen Jahren immer wieder eine Ausnahmegenehmigung beim Ministerrat der WTO bzw. des GATT beantragen. Diese Ausnahmegenehmigungen waren aber in der Vergangenheit immer schwieriger zu bekommen, die politischen Kosten der Beibehaltung der AKP-Kooperation stiegen so für die EU an. Als im Jahr 2000 das Lomé IV-Abkommen auslief, verfolgte die EU deshalb das Ziel, schrittweise ein WTO-kompatibles Abkommen mit den AKP-Staaten auszuhandeln.[21]

Das im Juni 2000 in Cotonou (der Hauptstadt der Republik Benin) unterzeichnete Lomé-Folgeabkommen wird die bisherige Qualität der EU-AKP-Beziehungen fundamental verändern. Neben einer Reihe weiterer Neuerungen[22] wurde beschlos-

---

20 LLDC steht für „Least Developed Countries"; die Zugehörigkeit zu dieser Gruppe wird auf Grund von sozioökonomischen Kriterien von einem Unterausschuss des Wirtschafts- und Sozialrates der UN (ECOSOC) regelmäßig überprüft.

21 Neben der Frage der WTO-Kompatibilität und dem damit verbundenen Abbau von Präferenzen für die AKP-Staaten gab es eine Reihe weiterer Streitpunkte, auf die hier aber nicht näher eingegangen wird. Es handelt sich um (1) die Verankerung des Prinzips der „verantwortungsvollen Regierungsführung" (*good governance*) als Förderungsbedingung, (2) die Einführung von Regeln, welche es der EU erlauben sollten, Entwicklungshilfe bei schlechter „Performanz" eines AKP-Staates einseitig zurückzuhalten, sowie (3) den Umfang der finanziellen Hilfen der Gemeinschaft (Greenidge 1999; Salama/Dearden 2001).

22 Ein knapper Überblick bei BMZ (2002: 315-317); ausführlichere Informationen gibt das „Cotonou Infokit" eines niederländischen Think-Tank: http://www.ecdpm.org [Stand: 30.07.2003].

sen, das bisher geltende Präferenzsystem nur noch für eine Übergangszeit beizubehalten[23] und ab spätestens 2008 grundlegend zu ändern. In der Zeit bis dahin ist vorgesehen, dass die AKP-Staaten einzeln oder in Gruppen reziproke Handelserleichterungen mit der EU vereinbaren (sogenannte *Economic Partnership Agreements*, EPAs). Dies bedeutet, dass die betroffenen Länder ab 2008 schrittweise (bis spätestens 2020) ihre Märkte für EU-Produkte öffnen müssen und so die Vereinbarkeit mit WTO-Recht gesichert wird. Ausschließlich für die LLDCs innerhalb der AKP-Gruppe besteht die Möglichkeit, auf die Verhandlung eines solchen Abkommens zu verzichten und die bisher geltenden Präferenzen beizubehalten. Gehört ein Staat nicht zur LLDC-Gruppe und schließt trotzdem kein EPA mit der EU ab, so gelten für ihn ab 2008 voraussichtlich die Zutrittsbedingungen zum EU-Markt, die auch für andere Entwicklungsländer angewendet werden. Dieses sogenannte „Generelle Präferenzsystem" der EU (GSP) ist momentan allerdings weniger großzügig ausgestaltet als die bisherigen Lomé-Vereinbarungen, und es ist unwahrscheinlich, dass die für die kommenden Jahre vorgesehene Revision des GSP hier Veränderungen bringen wird. Insgesamt wird sich so die bisherige AKP-Ländergruppe in drei größere Gruppen aufgliedern, nämlich erstens die LLDCs, welche großzügige Handelspräferenzen beibehalten – diese aber mit den anderen LLDCs, welche keine AKP-Staaten sind, teilen müssen.[24] Zweitens wird es eine vermutlich große Gruppe von Staaten geben, welche mit der EU neue (voraussichtlich unterschiedlich stark liberalisierende) EPAs aushandeln. Die dritte Gruppe ist die derjenigen AKP-Staaten, welche in das für andere Entwicklungsländer geltende GSP eingeordnet werden. Alle drei Formen der außenwirtschaftlichen Kooperation stehen dabei unter dem Genehmigungsvorbehalt der WTO.

12.2.2 Fazit zur Assoziations- und Entwicklungspolitik

Die Verhandlungen um die Neufassung des Lomé-Abkommens verdeutlichen, welch starke Prägewirkung das WTO-Recht mittlerweile auf die Außenwirtschaftspolitik der EU hat. Die Regeln des multilateralen Handelsregimes erschweren es der EU zunehmend, außenwirtschaftliche Instrumente für politische Zwecke einzusetzen und haben dazu geführt, dass die Präferenzvorsprünge der AKP-Staaten zunehmend erodiert sind. Sicherlich das bedeutsamste Anzeichen für diese Entwicklung ist das für die kommenden Jahre abzusehende Aufbrechen der AKP-Gruppe in verschiedene Untergruppen mit jeweils unterschiedlichen Handelspräferenzen. Auch für die Kooperations- und Assoziationsabkommen „außerhalb" der AKP-Kooperation gilt, dass der durch sie gewährte Präferenzvorsprung einerseits unter dem Genehmigungsvorbehalt der WTO steht, andererseits angesichts der im Rahmen der WTO vorangetriebenen Liberalisierung künftig von geringerem Wert sein wird. Für die Entwicklungsländer wird es künftig voraussichtlich attraktiver werden, für die Durchsetzungsfähigkeit des WTO-Rechts gegenüber dem EU-Protektionismus in einigen für diese Länder be-

---

23 Die hierfür erforderliche Ausnahmegenehmigung hat der WTO-Ministerrat auf seinem Zusammentreffen in der katarischen Hauptstadt Doha am 14. November 2001 erteilt.

24 Die im Februar 2001 beschlossene „Everything But Arms"-Initiative der EU sieht vor, dass die LLDCs ab dem 5.3.2001 alle Waren ausgenommen Waffen zollfrei und ohne Mengenbeschränkungen in die EU importieren können. Ausgenommen hiervon sind die „sensitiven" Produkte Bananen, Zucker und Reis, für die Übergangsfristen von 5-8 Jahren gelten.

sonders wichtigen Märkten (insbesondere im Agrarbereich) zu streiten anstatt von der EU gewährte Handelspräferenzen gegenüber der WTO zu verteidigen.

Handelsabkommen werden heute in aller Regel nicht mehr ohne eine umfassende Kooperation auf anderen Feldern abgeschlossen. Die wirtschaftliche, finanzielle und technische Zusammenarbeit mit Drittstaaten ist hier ein Teil, ein anderer sind die „politischen Dialoge", die inzwischen in nahezu jedem Kooperations- oder Assoziationsabkommen der EU enthalten sind. Dabei nutzt die EU gerade die Abkommen mit wirtschaftlich weniger weit entwickelten Staaten, um Leitideen wie die Achtung von Demokratie und Menschenrechten, Regionalismus und Freihandel in dritten Staaten zu verankern. Seit 1992 werden in alle Abkommen der EU mit Drittstaaten Klauseln zur Beachtung von Menschenrechten und demokratischen Verfahren aufgenommen, seit 2001 auch Vereinbarungen zur Bekämpfung des Terrorismus. Die Bedeutung der EU-Assoziations- und Entwicklungspolitik reicht damit inzwischen weit über wechselseitig oder nichtreziprok eingeräumte Handelsvorteile hinaus. Die Entwicklung weist deutlich in Richtung einer mit einzelnen Staaten – zunehmend jedoch auch Staatengruppen – abgeschlossenen umfassenden Kooperationspolitik. Damit sind diese Politiken für den Aufbau eines regionalen und zunehmend auch globalen Ordnungssystems mit der EU als *einem* Gravitationszentrum von zunehmender Bedeutung.

13 Die gemeinsame Außen- und Sicherheitspolitik

Die GASP, die Gemeinsame Außen- und Sicherheitspolitik, taucht unter diesem Begriff erst im Vertrag von Maastricht auf. Sie wurde als zweiter Pfeiler der EU errichtet und seitdem – vor allem durch den Vertrag von Amsterdam – ständig weiterentwickelt. Auch wenn die GASP eine lange Vorgeschichte besitzt, so ist sie doch ein Nachzügler in der europäischen Integration. Insgesamt hat die Zusammenarbeit in der Außen- und Sicherheitspolitik einen anderen Verlauf genommen als die europäische Wirtschaftsgemeinschaft. Somit drängt sich die Frage auf, wie diese „Sonderentwicklung" zu erklären ist. Zur Beantwortung dieser Frage werden wir in diesem Kapitel konkurrierende Erklärungsansätze aufzeigen und näher auf den institutionalistischen Ansatz eingehen. Doch in einem ersten Schritt soll das zu erklärende Phänomen der Zusammenarbeit im Bereich der Gemeinsamen Außen- und Sicherheitspolitik dargestellt werden.

13.1 Die Organisation von GASP und ESVP

Hier soll zunächst gezeigt werden, dass GASP und ESVP einen Rahmen für zwischenstaatliche Zusammenarbeit schaffen, der sich dadurch auszeichnet, dass er in hohem Maße autonomieschonend und nur in Ansätzen gemeinschaftsförderlich ist. Diese These lässt sich an folgenden Merkmalen festmachen:

- Prinzip der Intergouvernementalität
- Organstruktur
- Entscheidungsverfahren

Liest man den Unionsvertrag sorgfältig, dann wird aus vielen Passagen deutlich, dass es in der Außen- und Sicherheitspolitik immer noch im Wesentlichen um eine Abstimmung zwischen den Mitgliedstaaten und weniger um eine Politik der EU als einem einheitlichen Akteur geht. Die Mitglieder verpflichten sich auf gemeinsame oberste Ziele[1] und darauf, dass sie „aktiv und vorbehaltlos" die Außen-

Intergouvernementa-
lismus in der GASP

---

[1] Es geht um die Wahrung gemeinsamer Werte, grundlegende Interessen, Unabhängigkeit und Unversehrtheit der Union in Einklang mit den Grundsätzen der Charta der Vereinten Nationen; Sicherheit der Union; Wahrung des Friedens und der internationalen Sicherheit entsprechend der Grundsätze der Charta der Vereinten Nationen sowie den Prinzipien der Schlussakte von Helsinki und den Zielen der Charta von Paris; Förderung der internationalen Zusammenarbeit; Entwicklung von Demokratie und Rechtsstaatlichkeit, Achtung der Menschenrechte und Grundfreiheiten (Art. 11 EU-V). Der Verweis auf vorrangiges Völkerrecht ist eine Strategie der Einbettung und zeigt wie wenig kontrovers dieser Zielkata-

und Sicherheitspolitik der Union unterstützen und zusammenarbeiten, „um ihre gegenseitige politische Solidarität zu stärken und weiterzuentwickeln" (Art. 11 EU-V). Diese Verpflichtung ist umfassend:

> „Zu jeder außen- und sicherheitspolitischen Frage von allgemeiner Bedeutung findet im Rat eine gegenseitige Unterrichtung und Abstimmung zwischen den Mitgliedstaaten statt, damit gewährleistet ist, dass der Einfluss der Union durch konzertiertes und konvergierendes Handeln möglichst wirksam zum Tragen kommt" (Art. 16 EU-V).

Gemeinsamkeit soll zum einen durch den „Ausbau der regelmäßigen Zusammenarbeit der Mitgliedstaaten" erreicht werden, zum anderen durch die gemeinschaftliche „Bestimmung der Grundsätze und der allgemeinen Leitlinien" sowie durch Beschlüsse über „gemeinsame Strategien", die in „gemeinsame Aktionen" und „gemeinsame Standpunkte" umgesetzt werden (Art. 12, 13 EU-V).[2] Nur im Fall der Aktionen handelt die EU als einheitlicher Akteur: Die vom Rat beschlossenen Maßnahmen sind für die Mitgliedstaaten bindend; ihre Umsetzung geschieht aber dezentral, sie wird überwacht, kann aber nicht eingeklagt werden. Auch bei den Standpunkten liegt es alleine in der Verantwortung der Mitgliedstaaten, dass ihre einzelstaatliche Politik mit der EU Position in Einklang steht.

Diese Diskrepanz zwischen dem Willen zum gemeinschaftlichen Handeln und der Beibehaltung nationaler Kontrolle gilt auch für die Organstruktur und die Entscheidungsverfahren. In allen wichtigen Angelegenheiten sind die Mitgliedstaaten unmittelbarer vertreten und haben die staatliche Gleichberechtigung gewahrt: Beschlussorgane sind der Europäische Rat, d.h. das Gremium der Staats- und Regierungschefs unter Hinzuziehung des Präsidenten der Kommission, und der Rat, in dem die Minister für Auswärtige Angelegenheiten zusammenkommen. Es gilt das Prinzip der Einstimmigkeit der Beschlussfassung. Nur wenn die politischen Richtlinien bereits durch einen vorangegangenen einstimmigen Beschluss festgelegt sind, können gemeinsame Aktionen oder andere Durchführungsmaßnahmen mit qualifizierter Mehrheit verabschiedet werden.[3] Auch die wichtige Vorarbeit für die Beschlüsse des Rates ist in die Obhut nationaler Beamter gelegt. Das Politische und Sicherheitspolitische Komitee, das eine Schlüsselstellung in der GASP und ESVP einnimmt, setzt sich aus den Politischen Direktoren der nationalen Außenministerien zusammen und der Militärausschuss aus den Generalstabschefs der Mitgliedstaaten (vgl. Schaubild 13.1).

Intergouvernementalismus und Supranationalismus

Mit anderen Worten: Alle wesentlichen Elemente der Supranationalität des EG-Vertrages fehlen: Politik durch Rechtsetzung, Direktwirkung und Vorrang des europäischen Rechts, nicht weisungsgebundene Organe mit weitreichenden Handlungskompetenzen, eigene Ressourcen, Mehrheitsabstimmung als durchgängiges Entscheidungsprinzip. Im Unterschied zur EG sind die Beschlüsse nicht justiziabel, d.h. sie können weder vor einem nationalen Gericht noch vor dem EuGH eingeklagt werden, und die für die EG so wichtigen Gemeinschaftsorgane Kommission und Europäisches Parlament spielen eine untergeordnete Rolle. Ei-

---

log unter den Mitgliedern ist. Eine zusätzliche Einschränkung nationaler Souveränität ist aus dieser Zielfestlegung nicht abzuleiten.

2   „Gemeinsame Strategien" gibt es bisher zu Russland, zur Ukraine und zur Mittelmeerregion. Im Jahre 2001 wurden 12 „gemeinsame Aktionen" und 20 „gemeinsame Standpunkte" angenommen. Einen Überblick gibt Allen/Smith (2002).

3   In der Praxis wurde von der Möglichkeit der Mehrheitsentscheidung bisher kaum Gebrauch gemacht.

nen kleinen Schritt in Richtung Supranationalität wurde in der GASP allerdings mit dem Aufweichen des Einstimmigkeitsprinzips unternommen. Das Prinzip der Einstimmigkeit wird im Vertrag von Amsterdam durch die „konstruktive Stimmenthaltung" relativiert, d.h. Stimmenthaltungen stehen dem Zustandekommen eines Beschlusses nicht entgegen. Will der betreffende Staat den Beschluss auch nicht durchführen, ist er allerdings gehalten, eine förmliche Erklärung abzugeben. Außerdem ist er verpflichtet alles zu unterlassen, was dem Vorgehen der EU zuwiderlaufen oder es behindern könnte. Machen mehrere Staaten, die insgesamt über mehr als ein Drittel der gewogenen Stimmen verfügen, von diesem Recht Gebrauch, so wird der Beschluss nicht angenommen (Art. 23, Abs. 1 EU-V). Mit diesen Regelungen wird die Einstimmigkeit vorsichtig aufgeweicht; Souveränität ist nicht mehr höchstes Prinzip. Es fehlt jedoch jeder hoheitliche Zwang, die gemeinschaftliche Politik auch umzusetzen. Die Mitgliedstaaten sind sich sehr wohl bewusst, dass die Glaubwürdigkeit und Effizienz der EU deswegen großen Schaden nehmen kann. Einem radikalen Wandel in Richtung Supranationalität stehen aber widerstreitende Interessen und konkurrierende Prinzipien entgegen. Es geht zum einen um Effizienz und Kontrolle und es geht zum anderen um das Prinzip der Gleichheit von Staaten und der Gleichheit von Bürgern. Zwischen Effizienz und Kontrolle besteht ein Zielkonflikt. Effizienz wird am besten durch Mehrheitsabstimmungen gewährleistet; Kontrolle verlangt dagegen Einstimmigkeit.

Die Entwicklung der europäischen Außen- und Sicherheitspolitik ergibt ein zwiespältiges Bild. Im Unterschied zur Wirtschaft wurde sie von Anfang an als eine „domaine réservée" der Nationalstaaten betrachtet. Trotzdem haben diese über Jahre hinweg der EU immer weitere Kompetenzen übertragen, die gemeinschaftlichen Handlungsstrukturen ausgebaut und den politischen Instrumentenkasten aufgestockt. Die jüngste Entwicklung in der Sicherheits- und Verteidigungspolitik zeigt allerdings, dass weiterhin ein Spannungsverhältnis zwischen dem Wunsch nach Zusammenarbeit und dem Beharren auf Intergouvernementalität besteht. Gleichzeitig kann man an diesem Fall sehen, dass die Konkurrenz zu anderen Organisationen, insbesondere zur NATO, die Entscheidungen ganz wesentlich beeinflusst hat.

Die Verträge von Maastricht und Amsterdam haben das Handlungsfeld auf sämtliche Fragen der Außen- und Sicherheitspolitik ausgeweitet. Der Vertrag von Maastricht dehnte erstmalig die Außen- und Sicherheitspolitik auf die Verteidigungspolitik aus. Zur Sicherheitspolitik gehörte nach dem Maastricht Vertrag „... auf längere Sicht auch die Festlegung einer gemeinsamen Verteidigungspolitik ..., die zu gegebener Zeit zu einer gemeinsamen Verteidigung führen könnte" (Art. J 4 EU-V). In Amsterdam wurde die Vertagung auf die Zukunft gestrichen: Verteidigungspolitik kann in die Kompetenz der EU überführt werden, „ ... falls der Europäische Rat dies beschließt" (Art. 17, Abs. 1 EU-V). Gleichzeitig wurde „Verteidigungspolitik" eng, nämlich im Sinne der „Petersberg-Aufgaben"[4] definiert, die „humanitäre Aufgaben und Rettungseinsätze, friedenserhaltende Aufgaben sowie Kampfeinsätze bei der Krisenbewältigung einschließlich friedensschaffender Maßnahmen" beinhalten (Art. 17, Abs. 2 EU-V). Auch die Vertragsrevision von Nizza brachte keinen Kurswechsel. Die Möglichkeit einer künftigen gemein-

Maastricht, Amsterdam, Nizza

---

4   „Petersberg-Aufgaben", weil die Festlegung auf diesen Aufgabenkatalog auf eine Erklärung des WEU-Ministerrates anlässlich eines Treffens auf dem Petersberg bei Bonn Mitte 1992 zurückgeht. Sie wurde in Amsterdam in den EU-Vertrag übernommen.

samen Verteidigung wird zwar nicht ausgeschlossen, doch gleichzeitig werden die bestehenden Verpflichtungen in der NATO nachdrücklich betont (Art. 17 Abs. 1 EU-V). Die Darstellung des deutschen Auswärtigen Amtes bringt es auf den Punkt: Die ESVP ist „kein Ersatz für die NATO"; „keine europäische Armee".[5]

Schaubild 13.1: Organstruktur von GASP und ESVP

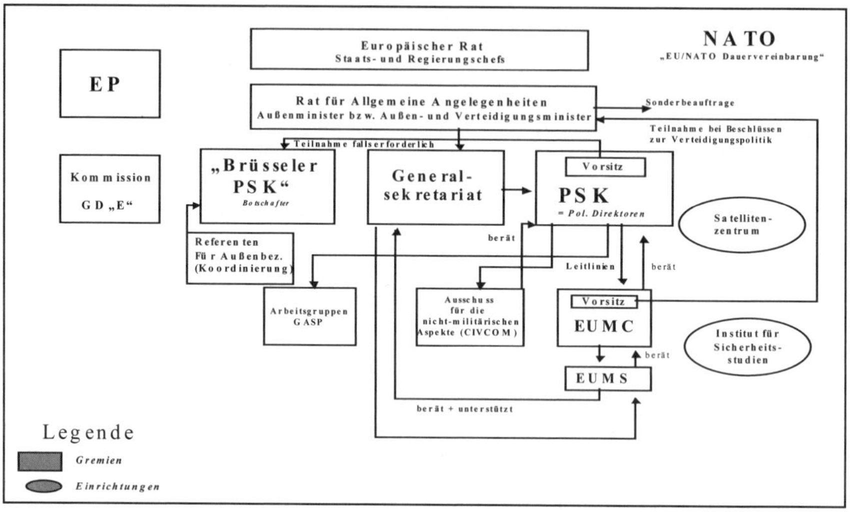

Abkürzungen: PSK: Politisches- und Sicherheitspolitisches Komitee; EUMC: Militärausschuss; EUMS: Militärstab; GS/HV: Der Generalsekretär/Hohe Vertreter für die GASP

Autonomie GASP?

Die Vertragsermächtigung ist gleichwohl weitreichend, weil die weiteren Integrationsschritte vom Europäischen Rat beschlossen werden können und nicht der Vertragsänderung bedürfen, also nicht von den nationalen Parlamenten ratifiziert werden müssen.[6] Sie wurde bereits unmittelbar nach Inkrafttreten des Amsterdamer Vertrages genutzt. In rascher Folge fällte der Europäische Rat Beschlüsse (Köln, Juni 1999; Helsinki, Dezember 1999; Feira, Juni 2000 sowie anlässlich der Regierungskonferenz von Nizza, Dezember 2000), die darauf abzielten, die Grundlagen für eine „autonome Entscheidungs- und Handlungsfähigkeit im Bereich der Sicherheit und Verteidigung" zu legen.

Wie autonom ist aber „autonom"? Relativ weit ist die EU im Aufbau einer sicherheitspolitischen Entscheidungsstruktur gekommen. Die vorhandenen Institutionen wurden so ergänzt und erweitert, dass militärischer Sachverstand und operative Leitungsfunktion zur Verfügung stehen. Im Rat sind neben den Außenministern die Verteidigungsminister vertreten, ihm arbeiten das Politische und Sicherheitspolitische Komitee (PSK), der Militärausschuss der EU (EUMC) und das um den Militärstab (EUMS) und das Lagezentrum ergänzte Generalsekretari-

---

5   ESVP: Schlüsselprojekt der europäischen Einigung, http://www.auswaertiges-amt.de/www/de/eu_politik/gasp/esvp-html [Stand: 04.07.2003].

6   In Protokoll 5 zum Vertrag von Amsterdam hat Dänemark seine abweichende Position festgehalten; Dänemark beteiligt sich nicht an der Ausarbeitung und der Durchführung der verteidigungspolitischen Beschlüsse.

at zu.[7] Dem PSK wird die Rolle des „Motors" zugeschrieben, es ist die zentrale Koordinierungsinstanz für alle Aspekte von GASP und ESVP. Es tagt in zwei Formationen, nämlich als „Brüsseler PSK" in der Regel zweimal wöchentlich mit den Botschaftern oder – weniger häufig – mit den Politischen Direktoren der nationalen Außenministerien. Die Personalisierung der Außen- und Sicherheitspolitik wird noch dadurch gestärkt, dass der Generalsekretär/Hohe Vertreter im PSK den Vorsitz führen kann.[8] Im Verfassungsentwurf des Konventes wurde darüber hinaus die Einrichtung eines europäischen „Außenministers" vorgesehen.[9]

Bei der Bereitstellung von Mitteln, die eine „autonome Handlungsfähigkeit" auch bei der Durchführung militärischer Operationen sichern würden, zeigen sich dagegen deutliche Lücken. Der Europäische Rat hatte 1999 als Planziel festgelegt, bis zum Jahre 2003 in der Lage zu sein, innerhalb von weniger als 60 Tagen Streitkräfte bis zur Korpsstärke (60 Tausend Mann) verlegen und diesen Einsatz mindestens ein Jahr aufrecht erhalten zu können. Für die nichtmilitärischen Interventionen, die auf die Übernahme von Polizeiaufgaben in den Krisenregionen, die Stärkung des Rechtsstaats, der Zivilverwaltung und den Zivilschutz zielen, sollen ebenfalls Ressourcen zur Verfügung gestellt werden. Unter anderem haben sich die Mitgliedstaaten auf ein Kontingent von 5.000 Polizeibeamten verpflichtet. Bereits die „Beitragskonferenz" („Capabilities Committment Conference") vom November 2000 und ein Jahr später die „Capabilities Improvement Conference", in der es um die Zusagen bzw. Bilanzierung der jeweils nationalen Beiträge ging, haben die Schwierigkeiten deutlich gemacht: Sinkende Verteidigungsbudgets und angesichts knapper Kassen eine geringe Bereitschaft in der Öffentlichkeit zur Erhöhung der Militärausgaben; anstehende Strukturreformen der Streitkräfte in einigen Ländern, unzureichende Leistungsfähigkeit auf dem Gebiet der Aufklärung, der Streitkräfteführung und des strategischen Luft- und Seetransports. Ein „Mechanismus zur Beurteilung der militärischen Fähigkeiten" soll den ständigen Druck auf die Mitgliedstaaten aufrechterhalten, die zugesagten Beiträge einzuhalten. Dabei geht es nicht nur um die Planziele der EU, sondern auch um die Kohärenz mit den im Rahmen der NATO-Verteidigungsplanung eingegangenen Verpflichtungen. Der Europäische Rat hat im Oktober 2002[10] zur Einhaltung der NATO-Verpflichtungen beschlossen, dass die betreffenden Mitgliedstaaten „bei ihren Aktionen und Beschlüssen im Rahmen der militärischen

Ressourcen in der GASP

---

7 Diese neuen Ratsstrukturen arbeiteten bereits seit Beginn 2000 mit Interimscharakter und wurden im Laufe des Jahres 2001 zur permanenten Struktur ausgebaut (vgl. auch Allen/Smith 2002). Der EUMC setzt sich zusammen aus den Generalchefs der Mitgliedstaaten, die vor Ort von militärischen Delegierten vertreten werden. Der EUMS ist für operative Aufgaben verantwortlich, v.a. für Frühwarnung, Lagebeurteilung und strategische Planung. CIVCOM ist mit dem zivilen Krisenmanagement beauftragt. Ferner gibt es seit 2001 im Ratssekretariat eine Einheit für Planung und Durchführung von Polizeioperationen.

8 Die großen Mitgliedstaaten wollten dies zur Regel machen; aufgrund des Einspruchs der kleinen Staaten wurde als Regel die Rotation des Vorsitzes der EU-Präsidentschaft beibehalten.

9 Europäischer Konvent, CON 797/1/03 vom 12. Juni 2003; http://register.consilium.eu.int/pdf/de/03/cv00/cv00797-re01de03.pdf [Stand: 14.07.2003]

10 Treffen des Europäischen Rates in Brüssel vom 24. und 25. Oktober 2002: http://europa. eu. int/comm/employment_social/enlargement/other_files/pres_conclusions_251002_ de.pdf [Stand: 15.07.2003]

Krisenbewältigung durch die EU ihren Vertragspflichten als NATO-Bündnispartner stets in vollem Umfang nachkommen. Dies bedeutet auch, dass die ESVP unter keinen Umständen – auch nicht im Krisenfall – gegen einen Bündnispartner eingesetzt wird, wobei im Gegenzug davon ausgegangen wird, dass im Rahmen der militärischen Krisenbewältigung der NATO nicht gegen die EU oder ihre Mitgliedstaaten vorgegangen wird. Ferner gilt als vereinbart, dass bei keiner Aktion gegen Grundsätze der Charta der Vereinten Nationen verstoßen wird" (Europäischer Rat 2002: 17).

GASP/ESVP
und NATO
Doch selbst bei plangemäßen Anstrengungen werden die Defizite in den strategischen Fähigkeiten auf absehbare Zeit nicht ausgeglichen werden können. Wenn die EU-Staaten autonom handeln wollen, wird dies nicht ohne Rückgriff auf die NATO möglich sein. Der gesicherte Zugang zu den Planungskapazitäten und gegebenenfalls auch zu den operativen Kapazitäten der NATO, und das heißt im Klartext zu denen der USA, ist somit unerlässliche Voraussetzung für die Handlungsfähigkeit der EU. Daraus ergibt sich zwingend eine enge Zusammenarbeit beider Organisationen selbst in den Fällen, in denen die NATO nicht als Ganzes an einer Krisenintervention beteiligt ist. Entsprechend wurde eine Dauervereinbarung mit der NATO ausgehandelt.[11] Sie sieht regelmäßige Konsultationen auf Ministerebene und gemeinsame Sitzungen sowohl der politischen Führungsgremien (PSK bzw. Nordatlantikrat) als auch der Militärausschüsse beider Organisationen sowie stete Kontakte auf der Arbeitsebene vor. Des weiteren geht es um eine Identifizierung von militärischen Ressourcen der NATO, auf die zur Planung und Durchführung einer Operation zurückgegriffen werden kann, und um die Konsultationsmechanismen in Krisensituationen. Wenn sich eine Krise abzeichnet, wird die Verzahnung noch enger. Sie ergibt sich aus der Abhängigkeit der EU von der NATO. Die EU Entscheidung über eine Krisenintervention ist nur solange autonom, solange die NATO nicht selbst zum Eingreifen bereit ist, und die Durchführung ist nur effizient, wenn sie mit voller Unterstützung der NATO geschieht.

Die Abhängigkeit von der Nato macht die Frage, welche Staaten an EU Interventionen beteiligt sein können, so brisant. Der Funktionsverlust der WEU, die in der Vergangenheit eine Brücke zwischen der EU und den NATO Mitgliedern schlug, die nicht gleichzeitig Mitglieder der EU sind, hat zu einer engeren Anbindung an die NATO geführt. Die EU ist gehalten, den Teilnehmerkreis auch gegenüber den europäischen NATO Partnern zu öffnen, die wie Norwegen oder die Türkei der EU nicht angehören. In der ersten Hälfte 2003 unternahm die EU ihre ersten eigenständigen Militäroperationen. Zum einen übernahm sie die Verantwortung für die fortgesetzte Befriedungsaktion in der ehemaligen jugoslawischen Republik Mazedonien. Zum anderen folgte sie einem Aufruf des Generalsekretärs der Vereinten Nationen und entsandte, in Übereinstimmung mit einer Resolution des Sicherheitsrats, eine Interventionstruppe in den Kongo. Deren

---

11 Die Ende 2002 erreichte Einigung „Berlin Plus", die den gesicherten Zugang zu NATO-Planungskapazitäten und Rückgriff auf sonstige NATO-Mittel und NATO-Fähigkeiten erlaubt, muss im Zusammenhang mit der Einigung der NATO-Staaten anlässlich ihrer Zusammenkunft in Prag Ende November 2002 gesehen werden. Dort wurde das Prinzip des „single set of forces" vereinbart, nach dem die Streitkräfteentwicklung von NATO und EU abzustimmen sind und zwar gerade auch bei der Schaffung von „Krisen-Reaktionskräften", auf die sich beide Organisationen gegenwärtig konzentrieren. „EU-NATO Declaration on ESDP": http://www.nato.int/docu/pr/2002/p02-142e.htm [Stand: 15.07.2003].

Aufgabe ist die Wiederherstellung der Sicherheit und die Verbesserung der humanitären Lage in der umkämpften Region von Ituri.

13.2 Legitimierende Rhetorik

Die Außen- und Sicherheitspolitik der EU erfreut sich hoher Aufmerksamkeit, doch selbst die wissenschaftliche Beschäftigung ist häufig eher präskriptiv denn analytisch. Die politischen Entwicklungen werden von guten Vorschlägen begleitet; man konstatiert Defizite, empfiehlt Maßnahmen und fordert den raschen Ausbau der außen- und sicherheitspolitischen Zusammenarbeit. Die landläufig angebotenen Begründungen klingen einleuchtend. Sie sind in den öffentlichen Verlautbarungen von Rat und Kommission, in den Medien und selbst in Textbüchern zur EU allgegenwärtig. Die gemeinschaftliche Politik wird als „selbstverständlich" ja gar als „zwingend notwendig" dargestellt.

Denkfiguren hinter der GASP

Eine kritische Politikwissenschaft hat die Aufgabe, die Funktion solcher Texte zu analysieren und aufzuzeigen, welche Denkfiguren verwendet werden aufgrund derer die Aussagen so plausibel erscheinen. Gerade weil die Argumente so allgegenwärtig und einleuchtend sind, soll hier offengelegt werden, dass es sich um eine „legitimierende Rhetorik" handelt, deren implizite Annahmen und logische Konsistenz zu wünschen übrig lässt.

Zwei Denkfiguren beherrschen die Diskussion:

- „Handlungszwang": Europa sieht sich Herausforderungen gegenüber, die nur durch gemeinschaftliches Handeln zu meistern sind,
- „Entwicklungslogik": die Geschichte der europäischen Außen- und Sicherheitspolitik ist ein naturwüchsiger Prozess hin zu einer immer engeren Zusammenarbeit.

13.2.1 Handlungsbedarf und Handlungszwang

„Handlungsbedarf", aus dem ein „Handlungszwang" erfolgt, sind Denkfiguren, die im Funktionalismus wie im Realismus Kernbestandteile sind. Der Unterschied liegt darin, dass sie sich mit anderen Annahmen über die Beschaffenheit der Welt verbinden. Im Realismus ist dies die „Anarchie der Staatenwelt". Daraus folgt (1) Die Welt ist nicht geordnet, sondern ein kaum gezügelter Kampf um Interesse und Macht, und damit eine ständige potentielle Bedrohung für jedes politische Gemeinwesen. Selbsthilfe und Gegenmacht sind die einzig erfolgversprechende Strategie. (2) Angesichts der Größenordnung der Herausforderung und der Schwachheit der einzelnen Staaten können sich die Europäer nur durch eine Bündelung ihrer Kräfte behaupten. (3) Es wird ein systembedingter Gegensatz zwischen „uns" und den „Anderen" konstruiert. Die Anderen treten nur anonym als Herausforderung bzw. Gefährdung in Erscheinung. Diese Unbestimmtheit des Anderen erleichtert die Beschwörung der gemeinschaftlichen Identität. Damit sind alle wichtigen Elemente zur Legitimierung einer EU Außen- und Sicherheitspolitik vorhanden: Der Nachweis von Handlungsbedarf, die Begründung für die Notwendigkeit gemeinsamen Handelns und die Festlegung der Identität des Akteurs.

Die Konstruktion von Handlungsbedarf und -zwang

Ebenso vereinfachend und gleichwohl verbreitet ist die Methode, mit der die Argumente untermauert werden: Politische Initiativen zur Stärkung der europäischen Zusammenarbeit werden in einen Zusammenhang mit markanten historischen Ereignissen gebracht. Der Nachweis, dass ein solcher Zusammenhang besteht, wird aber nicht erbracht und es wird auch nicht systematisch untersucht, ob vergleichbare Ereignisse zu ähnlichen Initiativen geführt haben. Die Beispiele haben somit nur illustrativen Charakter und die Argumentation schöpft ihre Überzeugungskraft daraus, dass die Verknüpfung von Ursache und Wirkung plausibel wirkt.

Das Beispiel Europäische Kommission Die Konstruktion der Argumentation soll an einem Text der Europäischen Kommission illustriert werden.[12] Sie ist einfach und vermeidet Nachfragen. Ausgegangen wird von „Herausforderungen", sie zwingen zum Handeln und gemeinsames Handeln ist die beste aller Antworten: „Die GASP wurde in dem Bestreben eingeführt, die Union besser für die zahlreichen Herausforderungen zu rüsten, denen sie auf internationaler Ebene begegnen muss ..." (Kommission 1999: 59). Das zugrundeliegende „Aktions-Reaktionsschema" ist in hohem Maße suggestiv, denn wer kann sich nicht spontan an die eine oder andere „Herausforderung" erinnern? Ist es nicht unzweifelhaft legitim zu reagieren, d.h. Herausforderungen zu begegnen? Die Darstellung der europäischen Bemühungen als extern induzierte Reaktion blendet die kritische Frage nach den eigenen Zielen aus. Würde man europäische Außen- und Sicherheitspolitik als „Aktion" begreifen, müsste man darlegen, welche Vorstellungen und Ziele über die politische Gestaltung der internationalen Beziehungen verfolgt werden. „Herausforderungen, denen man begegnen muss" suggerieren dagegen einen objektiv erscheinenden „Handlungsbedarf", der die Frage danach, wer die Herausforderung und die ihr angemessene Antwort definiert, als zweitrangig erscheinen lässt. „Handlungsbedarf" und „Handlungszwang" ziehen sich wie ein roter Faden durch die offizielle Rhetorik der EU. Wenn immer eine neue Stufe der Zusammenarbeit beschlossen wurde, wird dies als „Einsicht in die Notwendigkeit des Handelns" eingestuft. Ohne weitere Prüfung werden historische Ereignisse in einen kausalen Zusammenhang mit den Beschlüssen der EU gebracht: „Nach der Besetzung Afghanistans durch die Sowjetunion und der islamischen Revolution im Iran wurde den Mitgliedsstaaten die zunehmende Machtlosigkeit der europäischen Gemeinschaft auf internationaler Ebene bewusst" (ebd.: 58). Daraus reifte der Beschluss zum Handeln, nämlich die Europäische Politische Zusammenarbeit (EPZ), die Vorläuferin der GASP zu intensivieren. Das gleiche Argument taucht auch später auf: „Der Vertrag von Amsterdam soll die Widersprüche beseitigen, die zwischen den besonders ehrgeizigen gemeinsamen Zielen der GASP und den der Union zu Verfügung stehenden Mitteln zu ihrer Verwirklichung bestehen" (ebd.: 57). Dagegen muss kritisch eingewandt werden, dass die im Vertrag genannten Ziele hoch abstrakt sind – Wahrung gemeinsamer Werte, Sicherheit, Frieden, internationale Zusammenarbeit (Art. 11 EU-V) – und über ihre Umsetzung keineswegs Einmütigkeit besteht. Gleiches gilt, wenn in konkreten Konfliktsituationen die Ziele gemeinschaftlichen Handelns festgelegt werden sollen. Hier können gegen-

---

12 Es handelt sich um den Leitfaden der Kommission zum Vertrag von Amsterdam (Kommission 1999). Dieser Text wurde gewählt, weil die europäische Außen- und Sicherheitspolitik besonders ausführlich gewürdigt wird und dabei die in vielen anderen Texten auftauchende Argumente gut ausformuliert sind, vgl. auch EU-Nachrichten, Themenheft Nr. 2, GASP, 03.08.2002: 4.

sätzliche Auffassungen nicht nur über das, was erreicht werden soll und kann, sondern auch über die Wünschbarkeit gemeinsamen Handelns auftreten. In den offiziellen Verlautbarungen der EU wird dagegen immer wieder an das weitverbreitete Vorurteil appelliert, dass Zusammenarbeit schon prinzipiell etwas Gutes sei; Politiker in nationaler Regierungsverantwortung sehen dies häufig anders.

13.2.2 Entwicklungslogik: Die These von einem schubweisen Fortschritt

Im Leitfaden der Kommission (Kommission 1999) wird die Geschichte der außen- und sicherheitspolitischen Initiativen als Abfolgen von Etappen auf dem Weg zur heutigen GASP erzählt. Es wird eine schubweise Entwicklung aufgezeigt, die zunächst in einem 10-Jahres Rhythmus und dann in den 90er Jahren mit rascher Beschleunigung verläuft. Der Endpunkt, nämlich eine (supranational) vergemeinschaftete Außen- und Sicherheitspolitik, ist quasi der natürliche Endpunkt, auf den diese Entwicklung zuläuft. Die verschiedenen Initiativen werden nicht aus ihrem jeweiligen historischen Kontext heraus erklärt, sondern zur „Vorgeschichte" umgedeutet:

Die Konstruktion von Entwicklungslogiken

Kasten 13.1: Geschichte der außenpolitischen Integration aus Sicht der Kommission

„Der Pleven-Plan (nach dem französischen Premierminister) schlug 1950 die Schaffung einer integrierten europäischen Armee unter gemeinsamem Kommando vor. Aus diesem Plan, über den die Mitgliedstaaten der Europäischen Gemeinschaft für Kohle und Stahl von 1950 bis 1952 verhandelten, ging schließlich der Vertrag zur Errichtung der Europäischen Verteidigungsgemeinschaft (EVG) hervor (...) Dieses Projekt scheiterte jedoch, da es am 30. August 1954 von der französischen Nationalversammlung abgelehnt wurde.

Anfang der 60er Jahre fanden schwierige Verhandlungen über die beiden von Frankreich nacheinander vorgelegten Fouchet-Pläne statt, die eine engere politische Zusammenarbeit, eine politische Union sowie eine gemeinsame Außen- und Sicherheitspolitik vorsahen (...) [Sie scheiterten] da über die Vorschläge des Fouchet-Auschusses keine Einigung zustande kam.

Entsprechend einer Forderung der Staats- und Regierungschefs wurde 1970 auf dem Gipfel in Luxemburg ein Bericht über die Möglichkeiten von Fortschritten in der politischen Zusammenarbeit, der sogenannten „Davignon-Bericht" vorgelegt. Dieser Bericht bildete die Grundlage für die Europäische Politische Zusammenarbeit (EPZ), die 1970 zunächst informell aufgenommen und durch die Einheitliche Europäische Akte (EEA) 1987 institutionalisiert wurde. Die EPZ beinhaltet im wesentlichen die gegenseitige Konsultation der Mitgliedstaaten zur Außenpolitik. (...)

Entschlossen, die EPZ zu intensivieren, nahmen [die Mitgliedstaaten] 1981 den Londoner Bericht an, der es den Mitgliedstaaten generell zur Auflage macht, einander vorher zu konsultieren und zu sämtlichen Fragen der Außenpolitik, die alle Mitgliedstaaten betreffen, die Europäische Kommission hinzuzuziehen. (...)

Die durch die Einheitliche Europäische Akte in den Vertrag aufgenommenen Bestimmungen ... [machten] die EPZ, die Gruppe der Europäischen Korrespondenten und ein unmittelbar der Präsidentschaft unterstehendes Sekretariat zu festen Einrichtungen. (...)

Der nach der Regierungskonferenz über die Politische Union 1993 in Kraft getretene Vertrag über die Europäische Union (Maastricht) enthielt einen spezifischen Titel zur Gemeinsamen Außen- und Sicherheitspolitik (GASP). Damit war die GASP an die Stelle der EPZ getreten. (...)

[Im Vertrag von Amsterdam] wurde der operative Charakter der GASP durch kohärentere Instrumente und ein effizienteres Beschlußfassungsverfahren verstärkt".

Quelle: Kommission (1999: 57-60).

Die Darstellung suggeriert eine gewisse „Unvermeidlichkeit" der Entwicklung. Sie konzentriert sich auf die Botschaft: Es hat schon immer Bemühungen um eine engere Zusammenarbeit in der Außen- und Sicherheitspolitik gegeben; in regelmäßigen Abständen unternahm man einen neuen Anlauf und schließlich, nämlich seit Beginn der 90er Jahre, befinden wir uns auf dem richtigen Weg. Regelmäßigkeit – hier die zeitlichen Intervalle von etwa 10 Jahren – begründet aber keine Eigendynamik und die pauschale Benennung „Außen- und Sicherheitspolitik" gibt keine Auskunft über die tatsächlichen Inhalte. Die genaue historische Analyse zeigt vielmehr, dass zu unterschiedlichen Zeiten sehr unterschiedliche Anliegen verfolgt wurden, die man nur mit historischen Verbiegungen als Schritte auf dem Weg zur heutigen GASP deuten könnte.[13]

Die zweite implizite Botschaft ist, dass Fortschritte in der europäischen Außen- und Sicherheitspolitik eine Frage der Kompetenzen ist. Zunächst geht es um konstitutionelle Politik, d.h. um die Übertragung außen- und sicherheitspolitischer Handlungskompetenzen von den Mitgliedstaaten auf die Union, um die Einrichtung gemeinschaftlicher Institutionen und Entscheidungsverfahren, die ein effizientes Handeln ermöglichen sollen. Im zweiten Schritt geht es dann um die Ermächtigung zum Einsatz von Instrumenten und die Ausstattung mit Ressourcen. Die Entschlossenheit und Fähigkeit zum wirkungsvollen Handeln wird damit zum Maßstab der Beurteilung. Diese Sicht findet in der Öffentlichkeit ein breites Echo. So entzündete sich im Kosovo-Konflikt die Kritik der Bürger daran, dass die EU nicht zum raschen Eingreifen entschlossen schien. Die Flüchtlingsströme im Kosovo beunruhigten den europäischen Fernsehzuschauer, der aus einem moralischen Impuls heraus forderte, dass die EU dem Elend ein Ende bereite. An solchen konkreten Erwartungen gemessen, fiel die Kritik vernichtend aus und es wurde schnell verallgemeinert, dass die Effektivität der EU zu wünschen übrig lasse. Diese zur Verzerrung neigende Sichtweise hat unter dem Schlagwort des „expectation-capability-gap" Eingang in die politikwissenschaftliche Literatur gefunden und wurde zum vielzitierten Maßstab (Hill 1993).

Anhand dieser kritischen Bemerkungen sollte deutlich geworden sein, dass es von erheblicher Bedeutung ist, nach welchen Maßstäben man urteilt. Das gilt nicht nur für einzelne konkrete Aktionen, sondern noch mehr für eine Gesamteinschätzung der Außen- und Sicherheitspolitik der EU. In vielen – auch wissenschaftlichen – Darstellungen werden die Kriterien der Beurteilung nicht offen gelegt und häufig wird nicht einmal der Untersuchungsgegenstand und die auf ihn

---

13 Die gleiche offizielle Argumentation findet sich auch in neueren Publikationen, vgl. EU-Nachrichten, Themenheft Nr. 2, GASP, 03.08.2002: 8f.

gerichtete Fragestellung eindeutig benannt. Mit anderen Worten, es wird nicht gesagt, was überhaupt erklärt werden soll.

13.3 Das Explanandum: Was soll erklärt werden?

Wissenschaftlich, d.h. intersubjektiv nachvollziehbar zu arbeiten setzt voraus, dass offen gelegt wird, welches Phänomen man unter welcher Perspektive untersuchen will. Bei der Analyse der Außen- und Sicherheitspolitik der EU kann man vier unterschiedliche Kombinationen von Fragestellung und Untersuchungsgegenstand unterscheiden. Es geht um:

Fragestellungen und Untersuchungsgegenstände der GASP

1. die Beschreibung und Erklärung der Institutionalisierung der Gemeinsamen Außen- und Sicherheitspolitik (GASP) und inzwischen auch der Gemeinsamen Europäischen Sicherheits- und Verteidigungspolitik (ESVP), wobei die Organisation der Zusammenarbeit, die Festlegung gemeinsamer Prinzipien und Handlungsnormen, die Verfügung über Instrumente und Ressourcen und die damit formal gegebenen Möglichkeiten zum autonomen Handeln im Vordergrund des Interesses stehen;
2. die Analyse der tatsächlichen Entscheidungsvorgänge und die Erklärung des außenpolitischen Handelns der EU in konkreten historischen Situationen, in denen die Wechselwirkung von Konfliktlagen, Interessendivergenzen zwischen den Mitgliedstaaten und die Eigendynamik der innergemeinschaftlichen Verhandlungen aufgearbeitet wird;
3. die Prüfung der Veränderungen im Gesamtsystem der europäischen Außen- und Sicherheitspolitik, denn neben GASP und ESVP gibt es weiterhin nationale Politik. Eine Konzentration auf die EU ergibt ein verzerrtes Bild, wenn nicht aufgezeigt wird, welches Gewicht die einzelnen Mitgliedstaaten in der internationalen Politik weiterhin haben. Selbst eine solche Gesamtsicht zeigt aber nur die halbe Wahrheit. Von einer „Europäisierung" der nationalen Außen- und Sicherheitspolitik kann nämlich nicht nur dann gesprochen werden, wenn Kompetenzen nach Brüssel verlagert werden, sondern auch dann, wenn nationale Politik unter Berücksichtigung europäischer Interessen betrieben wird bzw. eine Angleichung der Sichtweisen und Handlungsstrategien erfolgt;
4. die Untersuchung der Transformation des europäischen Integrationssystems in Folge der Vertiefung der außen- und sicherheitspolitischen Zusammenarbeit. Hierbei steht nicht mehr die europäische Außen- und Sicherheitspolitik im Mittelpunkt des Interesses, sondern das Gesamtsystem der EU. Zu ergründen wäre, ob es zu einer Gewichtsverschiebung zwischen den Säulen der EU kommt oder nicht. Es könnte entweder zu einer Aufweichung der Supranationalität in der ersten Säule und zur Akzentuierung einzelstaatlicher Autonomiebestrebungen oder zu einer verstärkten supranationalen Zusammenarbeit und einer Festigung der europäischen Identität auf dem Gebiet der Außen- und Sicherheitspolitik kommen.

Im folgenden Text geht es weder um konkrete Fälle, in denen die EU engagiert war (Option 2, s. oben), noch um eine Gesamtsicht der europäischen Außen- und Sicherheitspolitik und die Europäisierung nationaler Politik (Option 3). Vielmehr soll die Institutionalisierung der GASP und ESVP (Option 1) beschrieben und

Institutionalisierung der GASP

erklärt werden und ein kurzer Ausblick auf die möglichen Rückwirkungen für das Gesamtsystem der EU (Option 4) gewagt werden. Damit sind der Untersuchungsgegenstand und die Fragestellung geklärt. Nach diesem ersten Schritt geht es im zweiten um die Wahl der theoretischen Untersuchungsperspektive.

13.4 Theorieangebote zur Erklärung der sich wandelnden Ziele und Formen europäischer Kooperation

Damit es leichter fällt, die impliziten Theoriepositionen in der öffentlichen Debatte und dem Schrifttum zu erkennen, sollen hier die beiden vorherrschenden Theorieperspektiven (nochmals) angerissen werden. Sie stehen in der Tradition der realistischen bzw. der institutionalistische Schule. Da wir bereits mehrfach auf diese Theorieansätze eingegangen sind, werden wir uns hier kurz fassen.

a) realistische Sichtweise

Realismus Realisten unterscheiden sich danach, ob sie das internationale System oder die Innenpolitik der Staaten als dominierenden Faktor betrachten (s. ausführlich Kap. 2). Davon hängt die Wahl der Analyseebene ab. (1) Analyseebene des internationalen Systems: Es wird davon ausgegangen, dass das internationale System die Handlungsmöglichkeiten der Staaten bestimmt. Veränderungen in der nationalen Außenpolitik sind immer auf Veränderungen im internationalen System zurückzuführen. (2) Analyseebene des nationalen Systems: Hier wird aus der Perspektive der einzelnen Staaten heraus argumentiert. Unterstellt wird, dass das internationale System die außenpolitischen Handlungsmöglichkeiten des Staaten zwar einschränkt, die Handlungsoptionen sich aber vornehmlich aus der nationalen Politik ergeben.

b) institutionalistische Sichtweise

Institutionalismus Institutionalisten unterscheiden sich nicht nach der Wahl der Analyseebene, sondern nach der Funktion, die sie den Institutionen zubilligen (vgl. ausführlich Kap. 6). (1) Institutionen als Handlungsrahmen: Institutionen wirken nicht „an sich". Sie werden durch politische Vereinbarungen von klar benennbaren Akteuren geschaffen. Aber diese Akteure bewegen sich immer bereits in Institutionen, die ihnen durch Verhaltensnormen oder Verfahrensvorschriften Handlungsrestriktionen auferlegen. Wenn sie neue Institutionen schaffen, so bestimmen sie ihr eigenes zukünftiges Handlungsumfeld. Es gibt somit einen Wechselprozess zwischen Institutionen und politischem Handeln. (2) Institutionelle Prägung von Handlungspräferenzen: Aus rationalistischer Sicht sind Interessen Motor der Politik und die Handlungspräferenzen der einzelnen Akteure sind exogen vorgegeben. Kognitive Ansätze verweisen dagegen auf die Interessen leitende Kraft von Ideen. „Reflexiv institutionalistische" Ansätze greifen dieses Paradigma auf (Axelrod/Keohane 1986). Für sie liegt die handlungsorientierende Leistung von Institutionen darin, dass in ihnen Leitideen und Handlungsrationalitäten verankert sind, die vorgeben, was als „angemessen" und „vernünftig" angesehen wird (March/Olsen 1989; Olsen, 1995).

286

13.5 Interpretation der Realität aus konkurrierenden theoretischen Perspektiven

Im folgenden soll skizzenhaft gezeigt werden, dass die unterschiedlichen theoretischen Perspektiven die Aufmerksamkeit auf jeweils andere Teilausschnitte der Realität lenken und jeweils andere Faktoren zur Erklärung der historischen Entwicklung in den Blick rücken.

13.5.1 Realistische Sichtweise

Das Ende des Ost-West Konflikts als Auslöser der europäischen Sicherheitskooperation

Die Betonung der internationalen Systembedingungen bietet eine einfache Erklärung: Solange der Ost-West-Konflikt die beiden mächtigsten Staaten der Welt entzweite, hatten die europäischen Staaten keine andere Wahl als sich der ihnen politisch nahe stehenden Hegemonialmacht anzuschließen. Dieser Handlungsimperativ war umso eindeutiger, je bedrohlicher die militärische Präsenz der gegnerischen Macht und je ungenügender die eigenen technologischen und ökonomisch-militärischen Fähigkeiten wahrgenommen wurden. Folglich organisierte sich Westeuropa zu seiner Verteidigung in einem atlantischen Bündnis und begab sich unter den Schutz der nuklearen Abschreckung durch die USA. Dementsprechend lag es im eigenen Interesse, die hegemoniale Position der USA in der NATO nicht in Frage zu stellen. Die sicherheitspolitische Lage Westeuropas änderte sich grundlegend mit dem Zusammenbruch des sowjetischen Herrschaftssystems. Sicherheit war nicht mehr gleichzusetzen mit nuklearer Abschreckung und kollektiver Verteidigung, d.h. dem Schutz vor einem direkten militärischen Angriff. Das vordringlichste Sicherheitsanliegen ist jetzt, destabilisierende Effekte aus dem näheren und weiteren Umfeld abzuwehren. Die eigene Gesellschaft soll vor organisierter Kriminalität und massenhafter illegaler Einwanderung geschützt werden; Interventionen sollen Krisenherde auslöschen, die zu schweren Menschenrechtsverletzungen und gewalttätigen Auseinandersetzungen führen könnten. Für diese Sicherheitsaufgabe ist die Kooperation zwischen den Westeuropäern ausreichend. Die veränderte Sicherheitslage gebietet geradezu die Entwicklung einer „autonomen Handlungsfähigkeit", weil die neuen globalen Systembedingungen keine fortgesetzte Interessenübereinstimmung im atlantischen Rahmen garantieren. Aus dieser Sicht war es geradezu vorauszusehen, dass 1999 der Kosovo Konflikt zum Auslöser für die Einrichtung gemeinsamer Sicherheitsinstitutionen und den Aufbau einer europäischen Kriseninterventionsstreitmacht wurde.

GASP und ESVP als Kompromiss widerstreitender Interessen

Lenkt man den Schwerpunkt der Analyse auf die treibenden Kräfte europäischer Außen- und Sicherheitspolitik in den einzelnen Mitgliedstaaten, dann lautet die These, dass die Positionsdifferenzen der Europäer untereinander und die Statuskonkurrenz zu den USA entscheidend war. So kann die Geschichte als eine fortwährende Auseinandersetzung um die europäische Selbstbehauptung unter Füh-

Realistische Perspektive auf GASP

rung Frankreichs gelesen werden, die mit dem innenpolitischen Aufstieg de Gaulle's begann. Die Distanzierung erfolgte von beiden Seiten: Frankreich löste sich schrittweise aus dem militärischen Verband der NATO heraus. Es begann 1959 mit dem Rückzug der französischen Flottenverbände aus der Mittelmeerflotte der NATO und gipfelte 1966 im Austritt Frankreichs aus der integrierten militärischen Organisation der NATO. Parallel dazu entwickelte Frankreich Initiativen zur Bildung einer Europäischen Politischen Union, einschließlich einer engen militärischen Zusammenarbeit (Fouchet Pläne 1961/62). Sie scheiterten, weil nicht alle damaligen Mitgliedstaaten in der europäischen politischen Einigung so weit gehen wollten und einige dem beantragten Beitritt des Vereinigten Königreiches und dessen Präferenz für die NATO eindeutig den Vorzug gaben. Gleichzeitig verschärfte sich der latente Dissens zwischen Frankreich und den USA über die Nuklearpolitik. Die USA festigten ihre „special relationship" zum Vereinigten Königreich durch die Lieferung strategischer Waffen (Nassau-Abkommen 1962), die sie Frankreich vorenthielten, und betrieben zusätzlich, gegen den erklärten Widerstand Frankreichs, eine Politik der engeren Anbindung der Europäer mittels der geplanten multilateralen Atomstreitmacht an die NATO.

Auch bei allen späteren außen- und sicherheitspolitischen Initiativen war die französische Regierung treibende Kraft, während britische Regierungen bis in jüngste Zeit ihre sicherheitspolitischen Interessen besser in der NATO aufgehoben sahen. Die innereuropäischen Auffassungsunterschiede, die anlässlich des Irakkonflikts Anfang 2003 besonders augenfällig wurden, sind nicht aus den Konstellationen des internationalen Systems heraus zu erklären und können auch nicht auf Unterschiede im militärischen Machtpotential zurückgeführt werden. Sie spiegeln unterschiedliche politisch-ideologische Prioritäten und Problemdefinitionen wider. Positionsänderungen sind somit eher in Folge einer Verschiebung innenpolitischer Mehrheitsverhältnisse, denn aufgrund globaler Systemveränderungen zu erwarten. In dieses Bild passt, dass erst der Regierungswechsel von den Konservativen zur Labour Partei eine Annäherung in der europäischen Sicherheitspolitik brachte, die Ende 1998 in dem Gipfeltreffen von St. Malo ihren Ausdruck fand. Die britische und französische Regierung vereinbarten dort eine Vertiefung der verteidigungspolitischen Kooperation.

Die nationalen Interessenunterschiede machen die schwierige Entwicklung zu einer engeren europäischen Kooperation zwar plausibel, aber die Analyse bleibt oberflächlich, solange die Staaten wie eine „black box" behandelt werden. Leider gibt es wenige Arbeiten (Howorth/Menon 1997), die systematisch die jeweiligen Regierungspositionen aus den innenpolitischen Auseinandersetzungen heraus erklären.

13.5.2 Institutionalistische Ansätze

Kanalisierung von Handlungsoptionen durch bestehende Institutionen

Prägekraft bestehender Institutionen

Analysen, die von einem institutionentheoretischen Ansatz ausgehen, haben ein anderes Erkenntnisinteresse. Die Strukturierung des Handlungsraumes durch Institutionen ist am Beispiel der Entwicklung der europäischen Sicherheitspolitik sehr gut zu studieren.

Als sich in den 90er Jahren die internationale Sicherheitslage veränderte, konnten die europäischen Staaten ihre Sicherheitspolitik keineswegs frei organisieren. Sie waren in bereits bestehende regionale Organisationen eingebunden – EG/EU, NATO (North Atlantic Treaty Organization), WEU (Westeuropäische Union), KSZE/OSZE (Konferenz/Organisation für Sicherheit und Zusammenarbeit in Europa). Rein abstrakt konnte die Vertiefung der europäischen Zusammenarbeit in jeder dieser Organisationen oder auch außerhalb dieses organisatorischen Rahmens stattfinden. Jede Lösung war aber mit Vorteilen und Kosten verbunden, die durch die bestehenden Institutionen vorgegeben wurden. So ist die EU dem Ziel einer „immer engeren Zusammenarbeit" verpflichtet, das in keiner der anderen Organisationen zur Debatte steht. Eine Organisation europäischer Sicherheit außerhalb dieses Rahmens wäre einer teilweisen Aufgabe dieses Zieles gleich gekommen. Die Wahl der EU ermöglichte überdies eine nahtlose Verknüpfung der unterschiedlichen Dimensionen von Außenpolitik: internationale Wirtschaftsbeziehungen, Entwicklung, Diplomatie, Sicherheit. Dafür zieht sie den Kreis der Mitglieder enger als in allen anderen Organisationen. Ausgeschlossen sind nicht nur die USA und Russland, sondern auch alle europäischen Staaten, die in absehbarer Zeit nicht Mitglied der EU werden. Dazu gehören die NATO-Mitglieder Norwegen und vor allem die Türkei, die diesen Ausschluss als offenkundige Diskriminierung gebrandmarkt hat. Die Entscheidung gegen NATO und OSZE grenzt auch die Aufgabenstellung ein, denn kollektive Verteidigung ist militärstrategisch nur unter Beteiligung der USA möglich und präventive Konfliktbearbeitung ist bereits von der OSZE besetzt.

Einbettung der GASP in bestehende Sicherheitsstruktur

Zusätzlich ist die Anbindung an die EU eine Vorentscheidung für die Form der Zusammenarbeit. Auch wenn die GASP als getrennter Pfeiler aufgebaut wurde, so hat man es doch mit den gleichen Organen zu tun. Von der supranational organisierten EG geht eine deutliche Sogwirkung aus, denn Kommission, Europäisches Parlament und Europäischer Gerichtshof haben ein nachhaltiges Interesse, ihre eigene Rolle durch die Außen- und Sicherheitspolitik nicht abwerten zu lassen. Als Teil der EU ist die GASP keine unabhängige internationale Organisation, so dass das im Völkerrecht unbestrittene Prinzip der Gleichheit der Staaten in Konkurrenz zum Prinzip der Gleichheit der Bürger gerät. Wenn nun ein einzelner Staat oder eine Gruppe kleiner Staaten die Mehrheit der EU Bürger am Handeln hindert, gerät sie unter erheblichen Rechtfertigungsdruck. Unabhängig von den konkreten Interessenkonstellationen gilt deshalb, dass man sich an der Leitidee einer „autonomieschonenden" aber „gemeinschaftsfreundlichen" Politik orientiert. Was nun aber im Rahmen der EG legitim ist, kann nicht illegitim werden, nur weil der Rat vom Thema der Außenwirtschaftspolitik (EG) zu dem des Stabilitätspaktes für Südosteuropa (GASP) wechselt. In der Praxis stärkt die Nähe zur EG somit die Bereitschaft, dem Gemeinschaftsinteresse Rechnung zu tragen und zu einer Entscheidung im Konsens zu kommen. Die ständige Bemühung um Konsens ist das besondere Qualitätsmerkmal der EU. Die Einführung der qualifizierten Mehrheit durch den Vertrag von Amsterdam hat in der Praxis bislang keine Änderung gebracht. Es wird weiter im Konsens entschieden, d.h. es findet keine formale Abstimmung statt, sondern der Vorsitzende stellt am Ende der Verhandlungen den Konsens fest. Unter deutscher Präsidentschaft wurde gelegentlich daran erinnert, dass „im Schatten" einer möglichen Mehrheitsabstimmung verhandelt wird. Abweichende Positionen werden mit sehr viel mehr Hart-

Vorbild EG

näckigkeit vertreten, wenn Einstimmigkeit vorgeschrieben ist als wenn der Abweichler mit qualifizierter Mehrheit überstimmt werden kann.

Institutionelle Verknüpfung durch Instrumente

Die inhaltlichen Richtlinien für die Außen- und Sicherheitspolitik werden in „gemeinsamen Strategien" festgelegt. Wie sich an den ersten „gemeinsamen Strategien"[14] zeigen lässt, geht es um die Festlegung bestimmter Leitideen für künftiges Handeln. Die Vereinbarung einer gemeinsamen Strategie hat nach innen eine ebenso wichtige Funktion wie nach außen. Im Außenverhältnis werden die Prioritäten europäischer Politik verdeutlicht und der Akteurscharakter der EU hervorgehoben. Im Innenverhältnis soll sie ein Einvernehmen über die eigenen Vorstellungen herstellen,[15] es geht um die Lageanalyse, die Setzung von vorrangigen Zielen und den Entwurf angemessener Instrumente sowie die Einigung auf bestimmte Aktionsbereiche und spezifische Initiativen. Die „gemeinsame Strategie" dient eindeutig dazu, ein gemeinschaftliches Bewusstsein der Realität zu konstruieren und sich auf oberste Handlungsprinzipien und Handlungsnormen zu einigen. An ihnen soll sich die künftige Politik der EU und auch die ihrer Mitgliedstaaten orientieren: „Die Europäische Union und ihre Mitgliedstaaten werden ihrerseits die Koordinierung, die Kohärenz und die Komplementarität aller Aspekte ihrer Politik ... weiter ausbauen".[16] Die gemeinsame Strategie ist gleichzeitig ein Instrument, um die Trennung von EG und GASP aufzuheben. In diesem Punkt zeigt sich allerdings die Ambivalenz der engeren institutionellen Verknüpfung. Die politische Festlegung erfolgt im Rahmen der GASP, die Ausführung ist aber weitgehend eine Aufgabe der EG. Diese politische Gewichtsverschiebung schwächt die Rolle von Kommission, Europäischem Parlament und EuGH. Ähnlich ambivalent ist die personelle Verklammerung der Funktionsbereiche durch den „Hohen Vertreter". Er erfüllt eine Brückenfunktion: Als „Mr GASP" soll er den Akteur EU in der Weltpolitik symbolisch verkörpern, als Generalsekretär des Rates ist er gleichzeitig für die EG-Arbeit zuständig.[17] In gleicher Weise stärkt der Verzicht auf eine eigenständige Organstruktur für die Sicherheits- und Verteidigungspolitik die Geschlossenheit der EU Politik. Damit wird jedoch die intergouvernementale Komponente, nicht zuletzt das Gewicht des Hohen Vertreters und der nationalen Beamten im Politischen und Sicherheitspolitischen Komitee aufgewertet.

Vorbild KSZE

Bei der Institutionalisierung der Zusammenarbeit orientierte man sich auch am Vorbild der KSZE Verhandlungen: Die einzelnen Themenkomplexe sind nach „Körben" (Barcelona-Prozess), „Tischen" (Stabilitätspakt für Südeuropa) bzw. „Aktionsbereichen" (Gemeinsame Strategie für Russland) aufgeteilt, d.h. man begegnet der Komplexität der Verhandlungsmaterie und der unterschiedli-

---

14 Vgl. insbesondere die „gemeinsame Strategien" zu Russland, der Ukraine (beide 1999) und zum Mittelmeerraum (2000).

15 Vgl. folgende Dokumente [Stand: 18.12.02]:
    http://europa.eu.int/abc/doc/off/bull/de/9906/i1051.htm (Russland),
    http://europa.eu.int/abc/doc/off/bull/de/9912/p000034.htm#anch0087 (Ukraine),
    http://europa.eu.int/abc/doc/off/bull/en/200006/p000065.htm#anch0110 (Mittelmeerregion).

16 Europäischer Rat 24.6.1999, ABl. L 157 99/414 GASP.

17 Seine gleichzeitige Funktion als Generalsekretär der WEU war für die Übergangsregelung bis zur Inkorporierung der Funktionen der WEU in die EU, d.h. die Zeit zwischen Inkrafttreten des Vertrages von Amsterdam und den Beschlüssen des Europäischen Rates im Dezember 2000 in Nizza äußerst wichtig. Außerdem war die Wahl nicht zufällig auf Solana gefallen, der als bisheriger Generalsekretär der NATO mit dieser Organisation bestens vertraut war.

chen Konfliktbelastung mit einer Strategie der Differenzierung. So soll verhindert werden, dass die Unvereinbarkeit der Positionen bei einem Verhandlungsgegenstand die mögliche Übereinstimmung in anderen Verhandlungspunkten blockiert. Die Abgrenzung der Themenfelder kann man der politikwissenschaftlichen Unterteilung nach politischen Sachbereichen zuordnen, nämlich „Herrschaft" (Demokratisierung; Menschenrechte, Achtung der Kulturen und Religionen, Bekämpfung von Rassismus und Fremdenfeindlichkeit), „Wohlfahrt" (wirtschaftlicher Wiederaufbau, Entwicklung und Zusammenarbeit in Form von Assoziierung oder Freihandelszone), „Sicherheit" (friedliche Streitbeilegung, Rüstungskontrolle).

Der *Balladur-Plan*[18] zielte auf zwischenstaatliche Vereinbarungen der mittel- und osteuropäischen Staaten zur Entschärfung ihrer Grenz- und Minoritäten Probleme. Die Zurückhaltung der betroffenen Staaten gegenüber einer derartigen Einmischung in ihre internen Angelegenheiten wurde durch das Angebot organisatorischer und finanzieller Unterstützung überwunden. So wurde 1994 das „PHARE" Programm[19] dem Balladur-Plan angepasst, indem die Förderung der intra-regionalen Zusammenarbeit zum wichtigen Ziel erhoben wurde. Dieser von der EU angestoßene und 1995 förmlich unter der Verantwortung der OSZE beschlossene „Stabilitätspakt für Europa" wurde politisch durch die Beitrittspolitik der EU überlagert.

Der „*Stabilitätspakt für Südosteuropa*" (1999) wird zwar ebenfalls von einer größeren Staatengruppe getragen[20], wurde aber wiederum initiiert von der EU[21] und baut auf frühere regionale EU Initiativen auf. Außerdem ist wiederum die EU, vertreten durch einen Sonderbeauftragten, mit der Koordinierung der wirtschaftlichen Aufbauhilfe beauftragt und trägt den Löwenanteil der Kosten. Der Pakt ist dem Regionalansatz und dem Konditionalitätsprinzip verschrieben, denn er fördert die bilaterale und multilaterale Zusammenarbeit in der Region und knüpft Unterstützungsleistungen an Fortschritt in den demokratischen und wirtschaftlichen Reformen. Er dient zugleich als Rahmen für bilaterale Stabilitäts- und Assoziierungsabkommen mit der EU.

Der *Barcelona Prozess*[22] spiegelt die gleiche Philosophie wider, enthält die vertrauten Bausteine und setzt die gleichen Instrumente ein. Das Ziel war eine

---

18 Benannt nach dem damaligen französischen Premierminister, der 1993 die Initiative lancierte.

19 Das 1989 zunächst für Polen und Ungarn (Poland and Hungary Action for Restructuring of the Economy) von 24 OECD Staaten beschlossene Hilfsprogramm wurde rasch auf weitere Staaten ausgeweitet. Die Mittel werden überwiegend von der EU und ihren Mitgliedstaaten gestellt; der Europäischen Kommission wurde die Koordinierung des Programms übertragen. Durch PHARE sollte zunächst der wirtschaftliche Transformationsprozess und schließlich die Beitrittsfähigkeit der mittel- und osteuropäischen Staaten begünstigt werden.

20 Er wurde in Köln auf dem G-8 Gipfel im Juni 1999 beschlossen und umfasst mehr als 40 Länder und verschiedene internationalen Organisationen wie die Vereinten Nationen, die OSZE und die EU.

21 Die Vorlage kam bei diesem Pakt aus dem deutschen Außenministerium. Der deutsche Außenminister hatte bereits Anfang des Jahres anlässlich der parlamentarischen Debatte um den Einsatz deutscher Soldaten im Kosovo die Notwendigkeit einer dauerhaften Stützung des Friedensprozesses hervorgehoben.

22 Der Europäische Rat vereinbarte 1994/1995 als Gegengewicht zur Osterweiterung eine Stärkung der europäischen Mittelmeerpolitik, deren konkreten Vorschläge in der Konferenz von Barcelona im November 1995 mit den südlichen Anrainerstaaten des Mittel-

euro-mediterrane Charta für Frieden und Stabilität. Die Verhandlungsgegenstände sind nicht mehr wie bei dem vorausgegangenen euro-arabischen Dialog auf politische Themen konzentriert, sondern breit angelegt (vgl. dazu ausführlicher Kap. 14).

Die institutionelle Förderung sicherheitspolitischer Gemeinsamkeit

Annäherung durch institutionelle Einbindung

Aus reflexiv-institutionalistischer Perspektive kann die These aufgestellt werden, dass Institutionen nicht nur die Handlungsmöglichkeiten der Akteure einengen, sondern deren Präferenzen beeinflussen. Wandelt sich die Bereitschaft zur außen- und sicherheitspolitischen Kooperation über Zeit, dann mag die Erklärung darin liegen, dass die lange und intensive Einbindung in die EG/EU zu einer *Annäherung* der Positionen geführt hat. Die regelmäßigen Auseinandersetzungen darüber, welche Politik im gemeinschaftlichen Interesse liegt, führt nicht nur zu einem besseren Verständnis der Position der Partner, sondern auch zur Entwicklung gemeinsamer Sichtweisen. Diese erstreckt sich auf die Definition der Probleme, auf die Einschätzung wünschenswerter und erfolgversprechender Handlungsstrategien und gelegentlich gar auf die Identifizierung mit europäischen statt ausschließlich nationalen Interessen.

Bei der Intervention im Kosovo kann ein solcher zwischenstaatlicher Lerneffekt beobachtet werden. Die Entscheidung zum Eingreifen wurde von einem breiten normativen Konsens getragen. Es ging um die Wahrung der Menschenrechte und dieses Gut wurde einmütig höher bewertet als die Achtung der ebenfalls völkerrechtlich verankerten Norm der Wahrung der Souveränität. Dass diese Rangfolge so unumstritten war, ist unter institutionalistischer Sicht leicht erklärlich. Die europäische Integration gründet auf der Übereinkunft, dass das Prinzip der Souveränität anderen Werten untergeordnet ist. Wenn es um die Wahrung von Sicherheit, Wohlfahrt, Demokratie, Achtung der Menschen- und Minderheitenrechte geht, ist die Berufung auf die Achtung der Souveränität nicht legitim. Diese Position ist inzwischen unbestritten und hat inzwischen auch Eingang in den EU-Vertrag (Art. 6 und 7 EU-V) gefunden.

Ein ähnlicher Lerneffekt konnte in den politischen Einstellungen der deutschen Bevölkerung beobachtet werden. Gerade die deutsche Öffentlichkeit hat mit großer Mehrheit ein Eingreifen für notwendig gehalten. Die moralische Empörung über die gezielte Vertreibung und Verfolgung aus ethnischen Gründen hätte aber nicht ausgereicht, um eine militärische Intervention gegen Serbien zu rechtfertigen. Die für ein halbes Jahrhundert gültige Festlegung auf militärische Enthaltsamkeit wurde über Bord geworfen, weil man sich als Teil einer europäischen Handlungsgemeinschaft definierte. Im öffentlichen Bewusstsein war „Europa" zum Handeln aufgefordert und nach dem eigenen Verständnis der Deutschen als „Europäer" war es nicht legitim, aufgrund nationaler Vorbehalte ein solches Handeln zu verhindern.

Annäherung durch Zusammenarbeit

Doch Annäherung kann auch durch stetige und vertiefte Zusammenarbeit entstehen. Die Durchsetzungsfähigkeit gegenüber Dritten ist eine Seite der Medaille, die Fähigkeit der EU-Mitgliedstaaten sich überhaupt auf eine gemeinsame Politik zu einigen, die andere. Dem stand von Anfang an sowohl die organisatori-

---

meers (außer Libyen), Jordanien und Vertretern der Palästinenser in einer gemeinsamen Deklaration und einem Arbeitsprogramm ihren Niederschlag fanden.

sche Trennung zwischen Europäischer Wirtschaftsgemeinschaft (EG) und Europäischer Politischer Zusammenarbeit (EPZ) als auch die zahlreichen zwischenstaatlichen Interessendivergenzen entgegen. Wie konnte es hier zu einem Angleichungsprozess kommen? Es wäre töricht anzunehmen, dass die Mitgliedstaaten nicht bereits bei der Gründung der EPZ gesehen hätten, dass eine Außenpolitik aus einem Guss effizienter ist. Trotzdem wurde ein Trennungsstrich zwischen EG und EPZ gezogen. Zunächst war die Kommission von den EPZ Konsultationen ausgeschlossen und auch der Rat trennte fein säuberlich die Themenbereiche. Das führte soweit, dass unter der dänischen Präsidentschaft 1973 die Außenminister vormittags als Rat der EG in Brüssel tagten und sich nachmittags zur Beratung außenpolitischer Fragen im Rahmen der EPZ nach Kopenhagen begaben. Der Grund war die Befürchtung, dass die Zusammenführung beider Kooperationsbereiche zu einer Qualitätsänderung des jeweils anderen Integrationspfeilers führen könnte. Unter den Mitgliedstaaten fürchtete vor allem Frankreich, dass die Beteiligung der Kommission die schwierigen diplomatischen Verhandlungen stören und ein Präjudiz für eine supranationale Entwicklung der außenpolitischen Kooperation schaffen könne. Die Benelux-Staaten dagegen wollten ein Übergreifen des Intergouvernementalismus auf die Wirtschaftsgemeinschaft und eine politische Dominanz der Großen vermeiden. Dieser Konflikt hatte bereits zum Scheitern der Fouchet-Pläne geführt. Die Kommission ihrerseits sah ihre Handlungsautonomie in Außenwirtschaftsfragen bedroht.

Der Prinzipienstreit verblasste durch die Routine der politischen Praxis. Bei den Verhandlungen zur Vorbereitung der Konferenz für Sicherheit und Zusammenarbeit in Europa (KSZE) haben die Mitgliedstaaten ganz bewusst nicht die NATO zur Koordinierung ihrer Position gewählt, sondern das Politische Komitee der EPZ. Die Zusammenarbeit mit der Kommission war dabei unumgänglich, weil bei der KSZE auch Wirtschaftsfragen verhandelt wurden. Die Formulierung eines Gemeinschaftsstandpunktes und die intensiven Verhandlungen, die geführt werden mussten, um ihn im erweiterten Kreis der Westeuropäer mehrheitsfähig zu werden, haben zu einer engen und pragmatischen Zusammenarbeit zwischen Kommission, dem Ausschuss der Ständigen Vertreter, dem Politischen Komitee der EPZ und dem Generalsekretariat des Rates und den Regierungen im Rat geführt. Das Ergebnis der Zusammenarbeit war, dass die damals neun Mitgliedstaaten 1973 erstmalig bei internationalen Verhandlungen geschlossen auftraten und eine abgestimmte Verhandlungsvorlage für die Abschlusskonferenz der KSZE einbrachten. Damit gelang es ihnen einen entscheidenden Einfluss auf den Verlauf der KSZE Verhandlungen zu nehmen und in hohem Maße das Schlussdokument von Helsinki (1975) inhaltlich zu bestimmen. Ein Grund für den Erfolg ist, dass ein institutioneller Rahmen für die Konzertierung einer gemeinschaftlichen Politik bis hinunter auf die Referentenebene zur Verfügung stand. Auf dieser Ebene der „verwalteten Außenpolitik" (Haftendorn u.a. 1978) fand die eigentliche Angleichung der Positionen statt.

Der andere Grund ist die Enthaltsamkeit der USA. Hätte sie größeres Interesse gezeigt, wäre die NATO das entscheidende Gremium für die Vorabstimmung der westlichen Position geworden. In der NATO wäre es den Westeuropäern weder gelungen, eine eigenständige gemeinsame Position zu erarbeiten, noch eine derartige Vertiefung ihrer Zusammenarbeit zu erreichen. Die Helsinki Konferenz gilt als Wendepunkt für den Brückenschlag zwischen EG und EPZ; mit dem Londoner Bericht von 1981 und schließlich vertraglich festgelegt in der Einheit-

GASP, KSZE und NATO

lichen Europäischen Akte (EEA) wurde die Kommission an der Außen- und Sicherheitspolitik „in vollem Umfang" beteiligt und die „Kohärenz" aller außenpolitischen Maßnahmen wurde zum Prinzip erhoben.

Vertiefung der Zusammenarbeit über die Jahre

Die kontinuierliche Zusammenarbeit hat sich über die Jahre intensiviert. Die Häufigkeit der Treffen des Rates und vor allem der Politischen Direktoren der Außenministerien hat sich erheblich gesteigert. So trifft sich das Politische und Sicherheitspolitische Komitee (PSK) zwei bis dreimal die Woche. Eine ebenso große Veränderung hat sich auf der Arbeitsebene vollzogen. Es gibt einen steten Informationsaustausch[23] und ein enges transnationales Geflecht der Interaktion zwischen den Fachreferenten in den für einzelne Weltregionen oder sektorale Politiken zuständigen Arbeitsgruppen. Die Zusammenarbeit wird gestärkt durch die in den Ständigen Vertretungen angesiedelten GASP-Botschaftsräte, die für die GASP zuständigen nationalen Beamten in der „Europäischen Korrespondentengruppe" und nicht zuletzt den Informationsaustausch zwischen den Botschaften in Drittstaaten. Mit dem Londoner Bericht 1981 wurde überdies die bereits bewährte Praxis formalisiert, dass die Bürokratie der amtierenden Präsidentschaft durch Beamte der vorausgegangenen bzw. nachfolgenden Präsidentschaft unterstützt wird. Inzwischen hat die Zusammenarbeit eine neue Qualitätsstufe erreicht. Es finden regelmäßige wechselseitige Hospitationen statt, so dass es inzwischen nicht mehr ungewöhnlich ist, wenn vor einem internationalen Gremium ein französischer Diplomat die deutsche Position vertritt.

Sozialisierung und Angleichung von Sichtweisen

Aus dieser engen Kooperation erwächst ein vertieftes Verständnis für die Interessen und auch die Denkweisen der Partner. Das schafft ein Verhandlungsklima, in dem die als berechtigt erachteten Interessen der anderen gleich mit in das eigene Verhandlungskalkül einbezogen werden. Die persönliche Kenntnis erleichtert ganz erheblich die Kommunikation. Schon früh wurde festgestellt, dass die immer häufigeren Treffen der nationalen Diplomaten die Verhaltensstrukturen verändern. Internationale Ereignisse lösen einen „Abstimmungsreflex" (Regelsberger 1989: 62) aus, d.h. dass auch ohne formale Vorgabe untereinander Kontakt aufgenommen und die Position der Partnerstaaten abgefragt wird, bevor einzelstaatliche Entscheidungen getroffen werden. Vor allem bei der Bearbeitung von speziellen Themengebieten entwickeln sich „Fachbruderschaften", deren gemeinsames Problemverständnis zu transnationalen Meinungskoalitionen führt. Von der Arbeitsebene aus wird dann versucht, die nationalen Vorbehalte auf höherer Hierarchieebene aufzuweichen. Solche Sozialisierungseffekte setzen allerdings nicht nur dichte, sondern auch dauerhafte Interaktionen voraus.[24] Je rascher sich die EU erweitert, desto schwächer wird dieser Sozialisationseffekt und damit die Einbindung in das gemeinschaftliche Normengefüge sein.

Eine Angleichung der Sichtweisen ist gelegentlich das Nebenprodukt der ungleichen Ressourcenverhältnisse. Über die Zusammenarbeit in der GASP wird den kleineren Mitgliedstaaten der Zugang zur Weltbühne eröffnet. Sie gewinnen

---

23 Bereits früh wurde ein eigenes Telex-System, COREU, eingeführt.

24 Die konstruktivistische Interpretation von Glarbo (1999) unterstellt einen weitreichenden Sozialisationseffekt. Dieser ist empirisch jedoch nicht abgesichert und theoretisch fragwürdig, weil ja weiterhin ein hohes Maß an Interaktion in nationalen Institutionen und anderen internationalen Organisationen stattfindet. Auch Howorth weist auf das Spannungsverhältnis zwischen den nationalen Ministerien und dem Prozess der „Brüsselisierung" bei der Definition und Formulierung der Europäischen Außen- und Verteidigungspolitik hin (2001).

einen flächendeckenden Informationsüberblick, werden international als Gesprächspartner beachtet, denn nicht nur wenn sie die Präsidentschaft innehaben und als Sprecher der EU auftreten, können sie in erheblichem Maße die gemeinschaftliche Außen- und Sicherheitspolitik mitbestimmen. Allerdings ist der Zugang zu dem reichen Informationsschatz der großen Mitgliedstaaten nicht nur ein Gewinn. Die Gefahr besteht, dass die einseitige Sicht der anderen übernommen wird, denn Informationen sind unweigerlich durch die Interessen derer, die sie erarbeiten und zur Verfügung stellen, gefärbt (Tonra 1997: 183-184).

13.6 Fazit: Grenzen und Entwicklungsmöglichkeiten einer tieferen Vergemeinschaftung der Außen-, Sicherheits- und Verteidigungspolitik

Bestätigt die Entwicklung von GASP und ESVP nun die Einschätzung: „Increasingly, vital national interests are best protected multilaterally", doch „state structures remain the building blocks of international relations ..." (Lenzi 1999: 120)? So allgemein formuliert ist die Aussage unbefriedigend. Für die Zukunft interessiert, wie sich diese multilaterale Zusammenarbeit entwickelt und welches Gewicht ihre Institutionalisierung gegenüber den Staaten gewinnen wird. Veränderungen im Umfeld, vor allem dramatische sicherheitspolitische Ereignisse haben – wie das Beispiel der innereuropäischen Auseinandersetzungen um die Irakintervention von 2003 gezeigt hat – einen spürbaren Einfluss. Militärische Interventionen bedürfen in viel höherem Maße der politischen Legitimierung und der internationalen Abstimmung als wirtschaftliche Stützungsprogramme. Nach dem erfolgreichen raschen Abschluss des Irakkrieges mehrten sich wieder die Stimmen, die nach einer engen sicherheitspolitischen Zusammenarbeit in der EU rufen. Erklärtes Ziel ist, der „Stimme Europas in der Welt" Gewicht zu verleihen.

Um diese zu gewährleisten, hat der Europäische Konvent in seinem „Entwurf eines Vertrages über eine Verfassung für Europa" vom Juni 2003 die Funktion eines Außenministers der Union geschaffen.[25] Nicht immer ist klar, ob damit einem kollektiven europäischen Interesse oder dem jeweiligen nationalen Interesse gedient werden soll. Diese Frage stellt sich vor allem, wenn eine Verstärkung der intergouvernementalen Zusammenarbeit unter Führung der großen Mitgliedstaaten gefordert wird.[26] Solange die EU für nationale Interessen instrumentalisiert wird, ist die Stabilität der Zusammenarbeit als eher unsicher einzuschätzen.

Multilateralismus und GASP

---

25 Vgl. „Entwurf eines Vertrages über eine Verfassung für Europa" vom 27.06.2003, CON 820/03,797/1/03 REV 1. Gleichzeitig soll der Außenminister eine bessere Anbindung an die Kommission gewährleisten, da er gleichzeitig als Vizepräsident der Europäischen Kommission fungieren soll.

26 So wurde Anfang 2001 von einflussreichen Autoren nachdrücklich gefordert: „Auch in Sachen Verteidigungspolitik muss sich die EU zu einem erwachsenen internationalen Akteur entwickeln" („Die Welt" vom 2.3.2001). Die „Führerschaft" müsse gemeinsam von Großbritannien, Frankreich und der Bundesrepublik Deutschland ausgeübt werden. Die Autoren sind nicht unbedeutend: G. Andréani, von 1995 bis 1999 Leiter des Planungsstabes des französischen Außenministeriums, C. Bertram, Direktor des von der deutschen Regierung unterhaltenen politischen Forschungszentrums „Stiftung Wissenschaft und Politik", C. Grant, Leiter des Centre for European Reform, einer der Regierung Blair nahestehenden Denkfabrik (Andréani/Bertram/Grant 2001).

Von einer ganz anderen Qualität ist eine Entwicklung hin zur „internationalisierenden"[27] Außenpolitik. Sie stärkt langfristig den Kooperationsverbund. Die Entscheidung zum Eingreifen stützte sich im Kosovo Konflikt auf eine breite öffentliche Zustimmung, die mit der Argumentation der Parteinahmen für die Opfer des Konfliktes und die Durchsetzung universaler Rechte legitimiert wurde. Die Forderung nach „internationaler Präsenz" bekommt im Verständnis internationalisierter Politik eine andere Bedeutung als in der an nationalen Interessen ausgerichteten Politik. Sie verkörpert ein normatives und ordnungspolitisches Denken, nach dem die EU aufgerufen ist, die Verrechtlichung und Verregelung der internationalen Beziehungen voranzutreiben. Es geht um die Weiterentwicklung des Völkerrechts, um die Verbesserung seiner Geltung, um die Stärkung der Mechanismen friedlicher Konfliktregelung und den gemeinsamen Beitrag zur Bewältigung universeller Probleme. Die Vorstellung, dass internationale Politik vornehmlich Ordnungspolitik ist und eine Staatengruppe, die über wenig militärische Macht verfügt, trotzdem wesentlich zum Gelingen dieser Politik beitragen kann, entspricht einem lang gepflegten Selbstbild der Westeuropäer.[28] Das Selbstbild einer „Zivilmacht" wird durch die militärische Intervention im Kosovo und den Entschluss zum Aufbau einer Kriseninterventionstruppe nicht grundsätzlich in Frage gestellt. Larsen (2002), der sich mit der Rolle der EU als „gobaler Militärakteur" befasst, betont die weiterhin starke Einbindung in den politischen, ökonomischen und diplomatischen EU-Rahmen. Die unterschiedliche Beteiligung am Irakkrieg von 2003 zeigt, dass nicht nur das Verhältnis zu den USA, sondern auch die grundsätzliche Einstellung zur Anwendung militärischer Gewalt verschieden ist. Es lassen sich deutliche Variationen in der sicherheitspolitischen Kultur der Europäer erkennen.[29] Frankreich und Großbritannien betonen die militärische Komponente sehr viel stärker als beispielsweise die nordischen Staaten, die sich für den vorrangigen Ausbau der präventiven Diplomatie und friedenserhaltender Maßnahmen einsetzen.

Internationalisierte Politik bedeutet auch eine neue Interpretation außenpolitischer Identität. Die nationale Identität wird nicht durch eine europäische Identität verdrängt, sondern durch sie erweitert. Wenn es um die Frage geht, wessen Interesse vertreten wird, so ist nicht mehr der Nationalstaat die alleinige Bezugsgröße, sondern die Gemeinschaft der europäischen Staaten wird mit einbezogen. Die Aussage des deutschen Kanzlers steht stellvertretend für viele ähnliche Zitate: „Wir Deutsche bestimmen unsere Interessen nicht mehr im nationalen, sondern im vielseitigen Kontext, vor allem im Rahmen der Europäischen Union".[30]

---

27 Der Begriff wurde von Czempiel (1991: 103) geprägt, der damit das Phänomen kennzeichnet, dass in demokratischen Staaten nicht nur der Eigennutz, sondern auch universale Werte und die Rücksicht auf die legitimen Interessen anderer zum Maßstab der Außenpolitik genommen werden. In ähnlicher Form auch bezogen auf die europäische Außen- und Sicherheitspolitik, vgl. Sjursen (1999).

28 „Zivilmacht Europa" war der gemeinsame Nenner, auf den sich bereits Anfang der 1970er Jahre eine europäische Gruppe von Politikern und Intellektuellen, die sich mit der Zukunftsentwicklung der europäischen Außenpolitik befassten, zusammenfanden (Kohnstamm/Hager 1973).

29 Die unterschiedlichen Prioritäten lassen sich gut in den Arbeitsprogrammen der einzelnen Präsidentschaften herauslesen. Vgl. dazu auch die Beiträge in Müller-Brandeck-Boucquet (2002).

30 Rede des deutschen Bundeskanzler Gerhard Schröder zum zehnten Jahrestag des deutschrussischen Vertrages am 10.11.2000.

In die gleiche Richtung argumentieren auch Habermas und Derrida in einer von prominenten europäischen Intellektuellen zeitgleich entfachte Debatte zur „Wiedergeburt Europas". Sie sehen eine neue europäische Identität durch die öffentlichen europaweiten Protestaktionen gegen den Irakkrieg entstehen.[31]

Die Verknüpfung von ordnungspolitischem Denken und internationalisierter Identität ist allerdings keine Garantie für eine supranationale Entwicklung der europäischen Außen- und Sicherheitspolitik. Abgesehen von spezifischen Interessen einzelner Akteure gibt es auch Struktur bedingt gegenläufige Kräfte. Zum einen hat die Komplexität der innergemeinschaftlichen Abstimmung zu einem „multiplen Bilateralismus"[32] (Kohler-Koch 2000a), d.h. der Verdichtung der zwischenstaatlichen Beziehungen geführt. Zum anderen gilt für die EU wie für ihre Mitgliedstaaten, dass sie nicht unilateral, sondern im Verbund mit anderen Staaten und internationalen Organisationen, vor allem den Vereinten Nationen handelt. Das Beispiel Bosnien-Herzegowina und Kosovo zeigt deutlich, dass dadurch neue Handlungszwänge eingeführt werden, die das institutionelle Modell der GASP/ESVP einer Belastung aussetzen. Zwar hat die GASP über die gesamte Zeit die Abstimmung zwischen den EU Staaten erfüllt und war durch konkrete Aktionen und „Sonderbeauftragte" auch international präsent, doch die politische Koordination und die Verhandlungsführung im Krisenmanagement übernahm die „Balkan Kontaktgruppe", an der von Seiten der EU nur vier der 15 EU-Mitgliedstaaten beteiligt sind.[33] Das Instrument der Kontaktgruppen wurde zunächst für Bosnien-Herzegowina entwickelt und später auch für den Kosovo Konflikt eingesetzt.[34] Sie sicherte zwar nicht in allen Fällen die Übereinstimmung der großen Staaten über das Vorgehen gegenüber der gegnerischen Seite, verhinderte aber in der Regel unilaterales Handeln, was die Koalition gesprengt hätte. Die Beziehung zwischen Kontaktgruppe und den Organen der EU war nicht immer reibungsfrei. Hatte ein Mitglied der Kontaktgruppe die Präsidentschaft inne, dann nutzte es diese Position gerne, um das Gewicht der eigenen Stimme zu verstärken. Wurde die Präsidentschaft dagegen von einem anderen EU-Staat wahrgenommen, so war man wenig geneigt, dessen Votum Geltung zu verschaffen (Schwegmann 2000: 2). Die Zusammenarbeit der EU-Mitglieder der Kontaktgruppe ist das auffälligste Beispiel für die interne Koalitionsbildung innerhalb der GASP, die von den kleineren Mitgliedstaaten kritisch verfolgt wird, weil sie den Trend zur „Großmachtdiplomatie" am meisten fürchten.[35]

Bezogen auf die zukünftige Entwicklung von GASP/ESVP ist die Frage folglich nicht nur, ob es zu einer Vertiefung kommen wird, sondern auch welchen Charakter sie annehmen wird. Eine wissenschaftlich abgesicherte Prognose würde voraussetzen, dass systematisch (1) die Unterschiede in den sicherheitspoliti-

Komplexität internationalisierter Politik

---

31 Jacques Derrida und Jürgen Habermas, „Nach dem Krieg: Die Wiedergeburt Europas in der FAZ vom 31. Mai 2003.

32 Dieser Begriff wurde vom britischen Regierungschef Blair geprägt, der damit eine aktive britische Europapolitik ankündigte, die nicht nur auf Brüssel ausgerichtet ist.

33 Neben Russland und den USA sind in ihr Deutschland, Frankreich, Italien (seit 1996) und das Vereinigte Königreich vertreten. Vgl. ausführlich Schwegmann (2003).

34 Ähnlich funktionierte die von Italien geführte Koalition als Antwort auf den drohenden Zusammenbruch Albaniens 1997.

35 Diese Verärgerung führte Anfang 1998 dazu, dass die Benelux-Staaten in einem Brief an die Präsidentschaft ihre Unzufriedenheit zum Ausdruck brachten. Sie beklagten, dass die Vorabsprache in kleinen Zirkeln schließlich gar zur offiziellen Position der GASP erhoben würde (Regelsberger 1998: 244).

schen Kulturen der Mitgliedstaaten und der Beitrittsländer erforscht würden, (2) die jeweils dominanten Selbstbilder und Identitäten und (3) die Themen bezogenen Interessenkoalitionen aufgearbeitet würden. Auf der Grundlage der eher impressionistischen Kenntnisse, welche die vorliegende Forschung bietet, können keine verlässlichen Aussagen getroffen werden.

14 Osterweiterung und regionale Stabilisierungspolitik

14.1 Einführung: Drei Fragen an die Osterweiterung

Politische Großvorhaben wie die sogenannte „Osterweiterung" der Europäischen
Union entziehen sich dem eindimensionalen analytischen Zugriff. Dies liegt zunächst an der Vielgestaltigkeit des Gegenstandes selbst: Die beabsichtigte Aufnahme der Staaten Mittel- und Osteuropas in die Europäische Union birgt eine
Reihe von Problemen, die sich grob in die interne Dimension (Anpassung der
Strukturen der EU) und die externe Dimension (Anpassungen auf Seiten der
Kandidatenländer sowie die Transformation des gesamteuropäischen Ordnungssystems) gliedern lassen. Dabei sind beide Dimensionen eng miteinander verflochten: Die Entscheidung der EU, neue Mitgliedstaaten aufzunehmen bzw. bestimmten Staaten einen Beitritt in Aussicht zu stellen, folgt der Logik „Stabilisierung durch Integration": Durch die Eingliederung in das ökonomische, politische
und normative Gerüst der EU (und damit die „westliche" Staatengemeinschaft
insgesamt) sollen die betreffenden Staaten wirtschaftlich profitieren und langfristig die Entwicklung demokratischer und marktwirtschaftlicher Strukturen gefestigt werden. Eine vollständige und gleichberechtigte Integration ist jedoch nur
dann zu verwirklichen, wenn auch die EU sich reformiert, also beispielsweise ihre Entscheidungsverfahren und ihre Ausgabenpolitik an die Funktionserfordernisse einer größeren Gemeinschaft anpasst. Dies jedoch ändert zumindest potenziell den Charakter der EU insgesamt, verlangt den „Altmitgliedern" der EU die
Bereitschaft zum Verzicht ab und ist insofern ein politisch heikles Projekt. Zugleich ist abzusehen, dass mit der Aufnahme neuer Mitglieder die Attraktivität
der EU-Mitgliedschaft auch für jene Staaten steigt, die einstweilen „draußen vor
der Tür" verbleiben. Mit dem Projekt Osterweiterung sind deshalb schwierige
Sachfragen und brisante Wertentscheidungen aufgeworfen – etwa die nach einer
europäischen Identität (welche Völker „gehören" zu Europa?) und der „Finalität"
des Integrationsprozesses (supranationaler Verband oder Bundesstaat?). In den
politischen Auseinandersetzungen spielt vor allem die Frage eine Rolle, ob die
Vertiefung der EU-Integration oder die Verpflichtung, die lange durch den „Eisernen Vorhang" abgeschnittenen Länder am gemeinsamen Vorhaben teilnehmen
zu lassen, Vorrang haben sollte. Die Präferenz für die eine oder andere Position
färbt die Literatur und die Politik.[1]

In den folgenden Abschnitten werden wir drei Fragen diskutieren:

Probleme und Fragen zur Osterweiterung

---

1 Überblicksdarstellungen zu den Etappen der Osterweiterungspolitik und den damit verbundenen Problemen geben: Friis/Murphy (1999); Grabbe/Hughes (1998); Lippert (2000); Mayhew (2003); Sedelmeier/Wallace (2000); Schimmelfennig (2003a; 2003b). Siehe auch die offizielle Darstellung der Ereignisse seit 1989 auf dem Server der EU: http://europa.eu.int/scadplus/leg/de/lvb/e40001.htm [Stand: 29.03.2003].

1. Welche verschiedenen Etappen lassen sich im Verlauf der Osterweiterungspolitik unterscheiden und welche Bedeutung hat der institutionelle Rahmen
   der EU? Lässt sich eine „Strategie" der Osterweiterung erkennen oder ist sie
   besser als Abfolge einer Vielzahl von Einzelentscheidungen zu verstehen?
   (Kap. 14.2).
2. Welche Auswirkungen wird die Osterweiterung auf die Verfasstheit der EU
   haben? Welche politischen, ökonomischen, finanziellen und institutionellen
   Anpassungsleistungen werden der EU abverlangt, um die Osterweiterung
   bewältigen zu können? Wie wird das künftige Integrationsmodell aussehen?
   Ist „Flexibilität" das Geheimrezept, um die Vitalität einer erweiterten Gemeinschaft zu erhalten? (Kap. 14.3).
3. Welche Konsequenzen wird die Osterweiterung für die gesamteuropäische
   Sicherheits- und Stabilitätspolitik haben? Welche Politik kann und wird die
   EU gegenüber jenen Staaten verfolgen, die aus heutiger Perspektive keine
   Aussicht auf Aufnahme in die Europäische Union haben? Diese Frage diskutieren wir am Beispiel der nordafrikanischen Maghreb-Staaten und des Nahen Ostens (Kap. 14.4).

Wichtige Aspekte wie die von den Beitrittskandidaten erbrachten Transformati-
onsleistungen können nicht behandelt werden. Die Analyse müsste Land für Land
die ökonomischen, politischen und sozialen Strukturbedingungen aufarbeiten und
die politische Verarbeitung der mit der Beitrittsperspektive verbundenen Anpassungserfordernisse zu erklären suchen.[2] Ebenso wenig wird auf das Verhältnis
der Osterweiterung der EU zur Erweiterung der NATO und die Gestaltung des
künftigen europäischen Gesamtsystems eingegangen (siehe hierzu Grabbe/Hughes
1998: Kap.8; Fierke/Wiener 1999; W. Wallace 2000).

---

2   Interessierten Lesern seien die regelmäßigen Berichte der Kommission über den Stand der
    Beitrittsvorbereitungen in den einzelnen Kandidatenländern empfohlen (siehe hierzu die
    auf der Internetseite http://europa.eu.int/comm/enlargement/candidate.de.htm [Stand:
    21.07. 2003] für jedes einzelne Land abrufbaren Dokumente). Siehe auch die Ausgabe 1-
    2/2001 der Zeitschrift „Das Parlament" mit einem Überblick über den Stand der Ver-
    handlungen zwischen der EU und den Beitrittsbewerbern. Aus politikwissenschaftlicher
    Warte sind mittlerweile eine Reihe von Forschungsarbeiten entstanden, die sich mit den
    politischen und wirtschaftlichen Transformationsprozessen in den mittel- und osteuropäi-
    schen Gesellschaften befassen. Siehe hierzu die Internetseiten des Mannheimer Zentrums
    für Europäische Sozialforschung http://www.mzes.uni-mannheim.de [Stand: 21.07.2003],
    die im Rahmen des ESRC-Programmes „One Europe or Several" durchgeführten For-
    schungen http://www.one-europe.ac.uk [Stand: 30.07.2003], sowie die Ergebnisse eines
    an der TU Darmstadt durchgeführten Forschungsprojekts: http://www.ifs.tu-darmstadt.
    de/pg/arbeitsbereiche/ib/erweiterung.htm [Stand: 21.07.2003]. Dyker (2000) beschäftigt
    sich mit der Frage der wirtschaftlichen Auswirkungen eines EU-Beitritts auf die Ökono-
    mien der mittel- und osteuropäischen Staaten.

14.2 Policy und Politics der Erweiterung

14.2.1 Einführung

Für die Analyse der EU-Politik gegenüber den Staaten Mittel- und Osteuropas wird überwiegend eine chronologische Form der Darstellung gewählt. Man unterscheidet Verhandlungsphasen und diagnostiziert bestimmte Schlüsselentscheidungen und Weichenstellungen. Die Chronologie der Darstellung drängt sich auf, weil die Politik der Osterweiterung tatsächlich eine ausgeprägte Pfadabhängigkeit aufweist; d.h. zeitlich vorhergehende Entwicklungen sind die Grundlage nachfolgender Entscheidungen. Diese Form der Darstellung ist trotzdem problematisch: Sie suggeriert eine logisch zwingende Entwicklung oder erweckt den Anschein der Umsetzung eines großen strategischen Wurfs. Auf diese Weise werden inhärente Widersprüche und politische Zielkonflikte überdeckt.

Auch wir geben zunächst eine knappe (chronologische) Skizze, in der die weitgehend improvisierte Reaktion der Westeuropäer auf die Ereignisse von 1989 und die sich ab Mitte der 1990er Jahre schrittweise herauskristallisierende Erweiterungspolitik dargelegt wird (Kap. 14.2.2). Im darauffolgenden Kapitel (14.2.3) arbeiten wir zeitübergreifend bestimmte Charakteristika der Politik der Osterweiterung heraus und fragen, wie sie sich erklären lassen.

14.2.2 Zehn Jahre EU-Beitrittspolitik

In der offiziellen EU-Rhetorik wurde der Zusammenbruch der kommunistischen Regime in Mittel- und Osteuropa als Chance zur Überwindung der „künstlichen Spaltung" des Kontinents begrüßt.[3] Damit war aber noch nicht die Frage geklärt, in welcher Weise die westeuropäischen Staaten reagieren sollten und ob die Reaktion innerhalb der EU oder innerhalb eines anderen Forums erfolgen sollte. Die Weichen wurden schon früh zu Gunsten der EU gestellt, zog sie doch aufgrund ihrer finanziellen und institutionellen Leistungsfähigkeit und der Attraktivität des von ihr verkörperten Gesellschaftsmodells die Aufmerksamkeit der jungen Demokratien Mittel- und Osteuropas auf sich. Das Problem für die EU bestand darin, wie zum einen der von diesen Ländern gewünschten „Rückkehr nach Europa" politisch und wirtschaftlich entsprochen werden sollte, zum anderen die unweigerlich aufbrechenden internen Konflikte gehandhabt werden konnten. Die Befürchtung, dass einige Mitglieder der Gemeinschaft (insbesondere Deutschland) von der Osterweiterung politisch und ökonomisch profitieren würden, während andere wirtschaftliche Einbußen (insbesondere die von der Struktur- und der Agrarpolitik profitierenden EU-Mitglieder) und einen politischen Bedeutungsverlust (Frankreich) hinzunehmen hätten, prägte die unterschiedlichen Positionen

---

3 Schlusskommuniqués der Europäischen Räte von Straßburg (Dezember 1989) und Dublin (Juni 1990). Im Schlusskommuniqué von Dublin ist von einem „gemeinsame[n] Erbe und einer gemeinsame[n] Kultur" Westeuropas und der Transformationsstaaten die Rede. Der Fall des Eisernen Vorhangs bringe „uns einem Europa näher, das nach Überwindung der durch Ideologien und Konfrontationen erzwungenen künstlichen Spaltung nun vereint für Demokratie, Pluralismus, Rechtsstaatlichkeit, uneingeschränkte Achtung der Menschenrechte und die Grundsätze der Marktwirtschaft eintritt" (Europäischer Rat 1990; zitiert nach Europa-Archiv 11/1990, S. D 284).

zur Osterweiterung. Die Diskussion kreiste deshalb nicht nur um Aufnahmekriterien, sondern auch um Kompensationsgeschäfte innerhalb der EU (Friis/Murphy 1999; Schimmelfennig 2003a).

Europaabkommen Eine erste Maßnahme der EU waren die sogenannten Europa-Abkommen, welche mit Polen, Ungarn und der Tschechoslowakei in den Jahren 1991-93 ausgehandelt wurden. Sie sahen eine (nach eigenen Interessen beschränkte) Handelserleichterung,[4] die schrittweise Angleichung von Rechtsregeln an EG-Standards (insbesondere die Vorschriften des Wettbewerbsrechts, zum Schutz der Arbeitnehmer, sowie beim Umwelt- und Verbraucherschutz), sowie eine breit angelegte Kooperation auf ökonomischem und kulturellem Gebiet vor. Zugleich wurden durch das sogenannte PHARE-Programm erste Finanzhilfen der EU gewährt. Allerdings gab es in den Abkommen keine Perspektive für einen späteren Beitritt; eine Auslassung, die von den drei mitteleuropäischen Staaten vehement kritisiert wurde. Erst nach und nach begannen einzelne Mitgliedstaaten und die Kommission, die Diskussion auf die Perspektive einer Erweiterung der Gemeinschaft nach Osten zu lenken. In einem Bericht der Kommission an den Europäischen Rat (Juni 1992) wurde das Thema der Erweiterung erstmals offensiv angesprochen, gleichzeitig jedoch eine Reihe von Bedingungen skizziert, welche die beitretenden Staaten erfüllen müssten.[5] Neben der Übernahme des sogenannten „Gemeinschaftlichen Besitzstandes" (*Acquis Communautaire*)[6] zählten dazu vor allem eine wettbewerbsfähige Marktwirtschaft, das Vorhandensein demokratischer Strukturen sowie die Beachtung der Menschenrechte.

Kopenhagen-Kriterien Es war vor allem die Verknüpfung der Beitrittsperspektive mit vergleichsweise hohen Anforderungen an die Beitrittsbewerber, welche die Zustimmung aller Mitgliedstaaten zu einem Beitrittsversprechen an die mittel- und osteuropäischen Länder erleichterte. Der Bericht der Kommission wurde mit nur wenigen Änderungen zur Grundlage einer ein Jahr später (im Juni 1993) auf dem Gipfel von Kopenhagen angenommenen Erklärung der Staats- und Regierungschefs (vgl. hierzu Sjursen/Smith 2001: 11-14). Diese eröffnete allen assoziierten Staaten Mittel- und Osteuropas unter bestimmten Bedingungen („Kopenhagen-Kriterien") eine klare Beitrittsperspektive (siehe Kasten 14.1).[7] Zu den Bedingungen zählte nicht zuletzt die – für die Beitrittsanwärter weder berechen- noch beeinflussbare – „Fähigkeit der Union, neue Mitglieder aufzunehmen, dabei jedoch die Stoßkraft der europäischen Integration zu erhalten" (Europäischer Rat 1993: Tz. 7/III.).

---

4   Die Einschränkungen betrafen gerade jene arbeits-, energie- und umweltintensiven Sektoren, in denen die mittel- und osteuropäischen Staaten wettbewerbsfähig waren (bestimmte landwirtschaftliche Produkte, Textilien und Leder, Schwerindustrie, Bergbau); siehe hierzu Lageman (1998: 24-25).

5   „Europa und die Herausforderung der Erweiterung"; Bulletin EG, Beilage 3/1992.

6   Der acquis communautaire umfasst die Gesamtheit des geltenden Gemeinschaftsrechts (Primärrecht, also die Verträge, sowie das auf dessen Grundlage erlassene Sekundärrecht, d.h. Verordnungen und Richtlinien der Gemeinschaft).

7   Zudem wurde der Marktzutritt der mittel- und osteuropäischen Länder in den ursprünglich beschränkten Bereichen nun großzügiger gestaltet. Darüber hinaus wurde der politische Dialog von einem bilateralen Konsultationsgremium zu einem „multilateralen Rahmen für einen intensiven Dialog" aufgewertet. Er sollte sich auch auf die Sicherheitspolitik und auf die Zusammenarbeit in den Bereichen Justiz und Inneres erstrecken. Details bei Europäischer Rat 1993: Anlage II („Zusammenarbeit mit den assoziierten Ländern mit Blick auf die Mitgliedschaft").

Kasten 14.1: Die Kopenhagen-Kriterien

> „Der Europäische Rat hat heute beschlossen, dass die assoziierten mittel- und osteuropäischen Länder, die dies wünschen, Mitglieder der Europäischen Union werden können. Ein Beitritt kann erfolgen, sobald ein assoziiertes Land in der Lage ist, den mit einer Mitgliedschaft verbundenen Verpflichtungen nachzukommen und die erforderlichen wirtschaftlichen und politischen Bedingungen zu erfüllen"

Politische und institutionelle Ordnung	– Institutionelle Stabilität als Garantie für demokratische und rechtsstaatliche Ordnung – Wahrung der Menschenrechte – Achtung und Schutz von Minderheiten
Ökonomische Ordnung	– Funktionsfähige Marktwirtschaft – Fähigkeit, dem Wettbewerbsdruck und den Marktkräften innerhalb der Union standzuhalten
Allgemeine Kriterien	– Beitrittskandidaten müssen den gemeinschaftlichen Besitzstand („acquis communautaire") vor dem Beitritt übernehmen – Kandidaten müssen sich die Ziele der politischen Union und der Wirtschafts- und Währungsunion zu eigen machen – EU muss in der Lage sein, nach einem Beitritt „die Stoßkraft der europäischen Integration zu erhalten"

Quelle: Europäischer Rat 1993: Tz. 7/III.

Die Umsetzung der in Kopenhagen getroffenen Beschlüsse konzentrierte sich zunächst auf die Formulierung sogenannter „Heranführungsstrategien" („*pre-accession strategies*"), die vom Europäischen Rat von Essen (Dezember 1994) beschlossen wurden. In ihnen wurden für jedes beitrittswillige Land eine Reihe von Anpassungserwartungen formuliert[8] und finanzielle Hilfen der Gemeinschaft zur Bewältigung dieser Anpassungen vereinbart (ausführlich Grabbe/Hughes 1998: Kap. 3). Die Beitrittsvorbereitung selbst wurde als ein vorwiegend technisches und administratives Problem definiert. In der Logik dieses Ansatzes wurde beispielsweise die Frage der politischen Wünschbarkeit einer vollständigen Übernahme des *acquis* weitgehend aus der Diskussion ausgeblendet, während die Kriterien von Kopenhagen zum „objektiven" Maßstab zur Beurteilung der Beitrittsfähigkeit erhoben wurden.

Die politische Diskussion kreiste ab Mitte der 1990er Jahre um die Frage, ab welchem Zeitpunkt es sinnvoll sei, konkrete Beitrittsverhandlungen zu beginnen und welche internen Reformen der EU zur Bewältigung der Osterweiterung notwendig seien. Ein erster wichtiger Schritt in diese Richtung war der Europäische Rat von Madrid 1995, auf dem beschlossen wurde,

Europäischer Rat von Madrid

---

8   Bei diesen Anpassungsanforderungen handelt es sich um dynamische Aufgabenkataloge, die in den Folgejahren mehrfach präzisiert, teils auch inhaltlich erweitert wurden. Wichtig im Hinblick auf die Präzisierung ist vor allem das von der Kommission 1995 vorgelegte Weißbuch über die regulative Reform in den Beitrittsländern, online unter http://europa. eu.int/en/agenda/peco-w/en/index.html [Stand: 29.07.2003]. Als Schritt zur Ausweitung der Anpassungserfordernisse ist die auf der Amsterdamer Gipfelkonferenz 1996 beschlossene Verpflichtung der Beitrittsländer zur vollständigen Übernahme des sogenannten Schengen-Besitzstandes zu nennen (dies betrifft vor allem Regelungen der Asyl- und Migrationspolitik sowie der Zusammenarbeit in Justiz- und Strafsachen).

- die Kommission um die Beurteilung des Standes der Beitrittsvorbereitungen in jedem der mittel- und osteuropäischen Länder zu ersuchen;
- die Kommission mit der Ausarbeitung von Vorschlägen zur Reform der EU-Ausgabenpolitiken zu beauftragen; sowie
- als konkretes Datum für die Aufnahme von Beitrittsverhandlungen einen Zeitpunkt sechs Monate nach der nächsten regulären Regierungskonferenz ins Auge zu fassen.

Mit diesen Beschlüssen wurde gleich eine ganze Reihe von Entwicklungen eingeleitet, die für die weiteren Phasen der Beitrittspolitik entscheidend wurden:

1. Die Beurteilung der Beitrittsfähigkeit der Kandidaten führte unweigerlich zur Diskussion um eine Differenzierung zwischen den Ländern. Sollten mit allen Aspiranten gleichzeitig Beitrittsverhandlungen aufgenommen werden und der Beitritt jeweils nach Erfüllung der Kriterien erfolgen (sogenannter „Regatta"- oder „Startlinien"- Ansatz) oder sollten die Verhandlungen zunächst nur mit einem kleineren Kreis von Anwärtern aufgenommen werden, die mit ihren Transformationsbemühungen schon weiter voran geschritten waren („Gruppen-Ansatz")?

2. Die von der Kommission vorgelegte Beurteilung der finanziellen Folgewirkungen der Osterweiterung führte zu einem lang andauernden Verhandlungsprozess um die künftige Finanzierung der Gemeinschaftspolitiken, der mit dem Stichwort „Agenda 2000" verknüpft ist.

3. Die in Maastricht (1992) beschlossene und für 1996 nach Amsterdam einberufene Regierungskonferenz erhielt einen neuen Auftrag: Sie sollte ursprünglich in erster Linie die Funktionsfähigkeit der durch den EU-V begründeten „Tempelkonstruktion" prüfen. Die institutionelle Reformagenda wurde nun um die Frage der potenziellen Folgen der Osterweiterung für die Organe und die Entscheidungsverfahren der EU ergänzt.

Beitritts-
verhandlungen

Bereits zum Zeitpunkt der Regierungskonferenz von Amsterdam war absehbar, dass der Kreis der Beitrittsaspiranten mindestens 11 Länder (unter Berücksichtigung der Türkei 12) umfassen würde. Die von der Kommission mittlerweile vorgelegten Stellungnahmen zur Beitrittsreife der Kandidatenländern ergaben dabei eine gemischte Beurteilung: vergleichsweise günstig wurden Tschechien, Polen, Ungarn, Estland, Slowenien und Zypern (griechischer Teil) eingestuft, als nicht reif für die Aufnahme die Slowakei, Rumänien, Bulgarien, Lettland und Litauen.[9] Konfrontiert mit einem unterschiedlichen Entwicklungsstand, aber uniformem politischen Druck aus allen Ländern zur gleichzeitigen Verhandlungsaufnahme, entschied sich der Europäische Rat von Luxemburg (Dezember 1997) zu einem Kompromiss: formelle Eröffnung der Verhandlungen mit allen Ländern, aber konkrete Verhandlungsgespräche zunächst nur mit den sechs von der Kommission als weiter fortgeschritten eingestuften Ländern (sogenannte „Luxemburg-Gruppe"). Diese Verhandlungen wurden im Laufe des Jahres 1998 aufgenom-

---

9 Eine Übersicht der Einschätzungen findet sich bei Sedelmeier/Wallace (2000: 451) sowie Grabbe/Hughes (1998 Kap. 4); zum Kompromiss vgl. Grabbe/Hughes (Kap. 5) und Friis/Murphy (1999: 224-226). Nachdem Malta im Oktober 1998 seinen Mitgliedschaftsantrag wieder aufgegriffen hatte, wurde es ebenfalls in die zweite Gruppe aufgenommen. Unter http://europa.eu.int/comm/enlargement/index_de.html [Stand: 29.07.2003] finden sich neben den Einschätzungen der Lage für jedes beitrittswillige Land auch eine Fülle von weiteren wichtigen Dokumenten und Informationen.

men. Mit den übrigen Ländern wurden im Rahmen sogenannter „Beitrittspartner-schaften" allgemeinere Dialoge über die Vorbereitung auf den Beitritt geführt, wobei die Möglichkeit bestand, dass einzelne Länder aufgrund eines positiven Votums der Kommission zur ersten Gruppe aufschließen konnten. Gleichzeitig bemühte sich die EU, über die Einladung zu einer „Europa-Konferenz" die Tür-kei einzubinden, ohne ihr unmittelbar eine Beitrittsperspektive zu eröffnen (aus-führlich zum Luxemburger Gipfel (Lippert 1998).

Politische Entwicklungen, nämlich die Krise im Kosovo und die Verhandlun- Regatta-Ansatz
gen um den „Stabilitätspakt" für den Balkan, beschleunigten die Beitrittsverhand-lungen mit der zweiten Kandidatengruppe. Als die EU im Rahmen des sogenannten „Stabilitätspaktes für den Balkan"[10] den Nachfolgestaaten des ehemaligen Jugosla-wien (Bosnien-Herzegowina, Kroatien, Mazedonien, Bundesrepublik Jugoslawi-en)[11] sowie Albanien ebenfalls eine Beitrittsperspektive einräumte, führte dies zu nachhaltigen Protesten der Beitrittsaspiranten der zweiten Gruppe. In Reaktion dar-auf nahm die EU bereits im Februar 2000 konkrete Beitrittsverhandlungen mit Lett-land, Litauen, der Slowakei, Rumänien, Bulgarien und Malta (nun als „Helsinki-Gruppe" bezeichnet) auf. Dies wiederum stieß auf Protest der bereits fortgeschritte-nen „Luxemburg-Gruppe" (Friis/Murphy 2001). In der Nachfolge setzte sich der Regatta-Ansatz durch: Beitritt nach Leistungsfähigkeit. Dabei wurde das gesamte Verhandlungspaket in einzelne – nach und nach abzuarbeitende – Kapitel aufgeteilt und der erreichte Stand der Verhandlungen von der Kommission regelmäßig veröf-fentlicht. Der Prozess wurde mit dem im Dezember 2002 auf dem Kopenhagener Gipfeltreffen getroffenen Beschluss, zehn Staaten (Estland, Lettland, Litauen, Po-len, Tschechien, Slowakei, Slowenien, Ungarn, Malta und Zypern) den Beitritt zum 1. Mai 2004 zu ermöglichen, vorläufig beendet. Vorausgesetzt, dass die Ratifikati-onsprozesse zu den im Jahr 2003 abzuschließenden Beitrittsverträgen in den neuen Mitgliedstaaten *und* den „Alt-Mitgliedern" der EU ohne Verzögerung ablaufen, wird sich die EU zu diesem Zeitpunkt auf 25 Mitgliedstaaten erweitern. Mit den verbleibenden zwei Beitrittsbewerbern der aktuellen Erweiterungsrunde (Rumänien und Bulgarien) werden weitere Gespräche geführt, um ihnen den Beitritt zu einem späteren Zeitpunkt (möglicherweise im Jahr 2007) zu ermöglichen. Dem problema-tischen Kandidaten Türkei[12] wurde in Kopenhagen ebenfalls die Aufnahme von Verhandlungen für das Jahr 2004 in Aussicht gestellt, sofern die Kommission bis dahin zu einer günstigen Beurteilung des politischen und wirtschaftlichen Reform-

---

10 Vgl. hierzu neben Friis/Murphy (2001) auch www.stabilitypact.org [Stand: 30.07.2003].

11 Slowenien hatte zum damaligen Zeitpunkt bereits eine Beitrittsperspektive. Die BR Jugo-slawien fimiert heute unter der Bezeichnung „Serbien und Montenegro".

12 Die Probleme eines eventuellen türkischen Beitritts zur Gemeinschaft werden allgemein in der problematischen Situation der Menschenrechte und der kurdischen Minderheit, dem ungelösten Konflikt mit Griechenland in Bezug auf Zypern und der Schwäche der türki-schen Volkswirtschaft gesehen. Ein weiteres Problem sehen manche Kreise in der stritti-gen Zugehörigkeit der Türkei zum christlich geprägten „Abendland". Auf der anderen Seite bestehen – nicht zuletzt aufgrund der türkischen Mitgliedschaft in der NATO seit 1963 – enge Verflechtungen zwischen der Türkei und den EU-Staaten. Insbesondere die USA drängen seit langer Zeit auf eine aufgeschlossenere Haltung der EU gegenüber der Türkei. Im Hintergrund stehen neben dem Interesse an einer politischen Stabilisierung und einer fortdauernden „westlichen" Orientierung der Türkei auch die ergiebigen Rohstoff-vorkommen rund um das Kaspische Meer, die über die Türkei erschlossen werden könn-ten. Zu den verschiedenen Dimensionen des Problems und zu den Beziehungen vor und nach dem Luxemburger Gipfel ausführlich Jacobs (2000).

prozesses in diesem Land gelangt. Eine Lösung steht auch für die außerhalb der EU verbleibenden vier Nachfolgestaaten des ehemaligen Jugoslawien (Kroatien, Serbien und Montenegro, Bosnien-Herzegowina, Mazedonien) sowie für Albanien aus, so dass eine EU mit 33 Mitgliedstaaten ein mögliches künftiges Szenario ist.

14.2.3 Charakteristika der Erweiterungspolitik und ihre Erklärung

Zwei Charakteristika der Osterweiterungspolitik sind bemerkenswert:
- eine ausgeprägte Eigendynamik des Projekts Osterweiterung, die durch die normative Kraft zunächst nur rhetorisch gebrauchter Argumente und die perzipierte Notwendigkeit eines differenzierenden Umgangs mit den Beitrittskandidaten voran getrieben wurde;
- die sich daraus ergebende De-Legitimierung aller Argumente, die auf eine offene Ablehnung der Osterweiterung hinausliefen, so dass eine grundsätzliche Opposition nur in der Verkleidung wirtschaftlicher und institutioneller Bedenken auftreten konnte.

Eigendynamik der Osterweiterung

In den vorangegangenen Kapiteln wurde dargelegt, dass die EU von der politischen Dynamik der Jahre 1989-90 weitgehend unvorbereitet erfasst wurde. Bemerkenswert ist dabei, dass die Perspektive eines Beitritts der mittel- und osteuropäischen Staaten zur Europäischen Union nicht von Beginn an zu den im Rahmen der Gemeinschaft erwogenen Optionen gehörte. Vielmehr erfolgte trotz der geschilderten gesamteuropäischen Rhetorik zunächst eine klare gedankliche Trennung zwischen der Frage der politischen und ökonomischen Transformation der mittel- und osteuropäischen Staaten und dem Beitritt zur Gemeinschaft. Allerdings litt diese Politik von Beginn an unter einer gewissen logischen Inkohärenz (vgl. auch Leslie 1999): Expliziter Zweck der Assoziationsabkommen war der „Export" von Demokratie und Marktwirtschaft und die Vorbereitung auf eine engere wirtschaftliche und politische Verflechtung mit der EU. Dies kam nicht zuletzt in der Anforderung zur Übernahme des *acquis communautaire* zum Ausdruck. Je erfolgreicher jedoch die Anpassung der mittel- und osteuropäischen Staaten an die Politiken der Gemeinschaft war, umso weniger war das Argument von der Hand zu weisen, dass sich diese Staaten damit als Mitglieder der europäischen Staatengemeinschaft – konkret: der EU – qualifizierten (vgl. auch Schimmelfennig 2003a). Die Beschlüsse von Kopenhagen sind eine Reaktion auf diese Eigendynamik und gleichzeitig ein Versuch, diese Dynamik politisch kontrollierbar zu halten: Den mittel- und osteuropäischen Staaten wurde grundsätzlich eine Beitrittsperspektive eingeräumt, die allerdings unter dem Vorbehalt der Erfüllung bestimmter „objektiver" Kriterien stand. Die Logik dieser Politik lautete, dass
- das Ziel der Erweiterung als solches nicht mehr strittig war;
- jedes Kandidatenland an seinen Fortschritten in der Erfüllung dieser Kriterien gemessen werden würde; und
- politische Überlegungen hinter einer sachorientierten Bewertung zurückstehen sollten.

Diese Politik wurde mit den „Heranführungsstrategien" und der Differenzierung der Bewerber in zwei unterschiedliche Kandidatengruppen (Luxemburg- und Helsinki-Gruppe) zunächst auch durchgehalten. Doch politische Entscheidungen können nicht glaubhaft nur an sachliche Kriterien geknüpft werden. Die günstig

306

beurteilten Ländern nutzten sie, um offensiv ihre politische Forderung nach baldigem Beitritt zu untermauern; die weniger positiv beurteilten Kandidaten verwiesen auf die Gefahr einer sinkenden Popularität des Beitritts in ihren Ländern im Falle weiterer Verzögerung. In dem Moment, in dem ein EU-Beitritt als Mittel der politischen und wirtschaftlichen Stabilisierung propagiert wird, verliert eine rein auf Sachkriterien gestützte Politik an Glaubwürdigkeit. Dies zeigte sich deutlich an den Folgen der Balkan-Stabilitätskonferenz.

Gesamteuropäische Rhetorik und Erweiterungsdynamik haben aber grundsätzliche Bedenken nicht ausräumen können. Nährboden für Kontroversen ist die politische und institutionelle Vieldeutigkeit der EU, ihre ungeklärte „Finalität" und die unklare Prioritätensetzung: Sollte die „Erweiterungsfähigkeit der EU" oder die „Beitrittsfähigkeit" der Kandidaten das ausschlaggebende Kriterium sein? Begreift man die EU als vornehmlich politisches Unternehmen und den bereits in der Präambel des EWG-Vertrages formulierten Willen, „die Grundlagen für einen immer engeren Zusammenschluss der europäischen Völker zu schaffen" (Präambel) als gesamteuropäischen Auftrag, dann muss alles für eine zügige Erweiterung getan werden. Das Plädoyer für eine Verzögerung und Eingrenzung der Erweiterung kann aber nicht einfach als „anti-europäisch" zurückgewiesen werden, was in den Argumenten der Gegenseite deutlich wird:

Argumente gegen die Osterweiterung

- der erreichte Stand und die besondere Form der Integration sind das Ergebnis eines langen politischen Prozesses, der von den politischen und wirtschaftlichen Leistungen der Mitgliedstaaten gestützt wird;
- die Legitimität der EU beruht auf den konkreten Wohlfahrtsgewinnen der Integration. Wird die Leistungsfähigkeit ihrer Institutionen und ihrer Politik beschädigt, wie dies bei einer raschen Erweiterung um nicht beitrittsfähige Staaten zu befürchten ist, ist der Fortbestand der EU grundsätzlich gefährdet;
- europäische Regional- und Agrarpolitik haben die strukturelle Entwicklung der westeuropäischen Wirtschaft wesentlich beeinflusst und können nicht ohne erhebliche Schäden kurzfristig zugunsten der mittel- und osteuropäischen Neumitglieder umgesteuert werden;
- die Aufhebung der Grenzkontrollen gemäß der Vereinbarung von „Schengen" muss langfristig für den gesamten EU Raum gelten, bringt aber im Fall der Osterweiterung Probleme von besonderer Brisanz (organisierte Kriminalität, Migration);
- die angestrebte außen- und sicherheitspolitische Identität der Union führt bei einer raschen Aufnahme der mittel- und osteuropäischen Staaten zu unerwünschten Spannungen mit der Russischen Föderation.

Für die Vertreter dieser Argumente ist die Osterweiterung nur dann politisch und institutionell zu bewältigen, wenn durch die Neumitglieder keine strukturell inkompatiblen politischen und wirtschaftlichen Systeme und Orientierungen in die Gemeinschaft hineintransportiert werden. Die in Kopenhagen vereinbarte strikte Konditionalität des Beitritts und die gesamte Stoßrichtung, die mittel- und osteuropäischen Staaten erst dann in die Gemeinschaft aufzunehmen, wenn sie aus eigener Kraft Kompatibilität mit den westeuropäischen Systemen erreicht haben,[13] legitimiert sich aus diesen Argumentationsmustern.

---

13 Ein wichtiges Beispiel hierfür ist auch der auf der Gipfelkonferenz von Kopenhagen im Juni 1993 diskutierte und befürwortete Balladur-Plan (siehe hierzu auch das vorhergehende Kap.

Die Fronten verliefen nicht nur nach ideologischen Konfliktlinien, sondern auch nach politischen Zuständigkeiten. Generalisten wie der Außenministerrat (Rat Allgemeine Angelegenheiten), die Staats- und Regierungschefs im Europäischen Rat sowie die Generaldirektionen der Kommission für Außenbeziehungen nahmen eine grundsätzlich positive Haltung ein. Die Fachressorts in der Kommission und in nationalen Ministerien waren wesentlich zurückhaltender. Gerade wenn es um die Neuverteilung von Ressourcen ging, verbündeten sich Produzentenverbände mit den zuständigen Abteilungen der Kommission und den Agrar- und Wirtschaftsressorts der Mitgliedstaaten (vgl. die Analyse der Verhandlungsgeschichte bei Sedelmeier/Wallace 2000).

Sektoral organisierte Interessen und Netzwerke konnten aufgrund der Organisationsform der Verhandlungen Einfluss erlangen. Indem man die Gesamtmaterie in lauter Einzelentscheidungen zerlegt hatte, die aber immer noch hoch komplex und technisch diffizil waren, hatte die Stimme der Experten Gewicht. Dabei drohte nicht nur gelegentlich die übergreifende politische Zielsetzung, sondern auch die Kohärenz der Entscheidungen verloren zu gehen (Andrews 2000; Falkner/Nentwich 2000; Sedelmeier/Wallace 2000). Die Opposition im Kleinen war nicht zuletzt deswegen so hartnäckig, weil das einmütige öffentliche Bekenntnis aller Gemeinschaftsinstitutionen und Mitgliedstaaten – unabhängig von der jeweiligen politischen Zusammensetzung der Regierung – eine offene rationale Auseinandersetzung über den Beitritt, Teilnehmer und Zeitplan nicht zuließ. So erweckte der Verlauf der Detailverhandlungen zunehmend den Eindruck, dass hier die politischen Rückzugsgefechte ausgetragen wurden. Auch wenn zu keinem Zeitpunkt ein Veto eingelegt und die Verhandlungen damit gefährdet wurden, so verloren sie doch an Berechenbarkeit (vgl. auch Schimmelfennig 2003a; Sedelmeier 2001). Die „Politik der kleinen Schritte" war aber die einzig gangbare Strategie, um ein so ambitiöses politisches Unterfangen zu bewältigen, selbst wenn dabei die öffentliche Unterstützung gerade in den Kandidatenländern allmählich abbröckelte.[14] Folglich sehen die Regierungen der Beitrittstaaten mit gewisser Sorge dem Ausgang der Referenden über den EU-Beitritt entgegen.[15]

---

13). Wie dort näher ausgeführt, wurde mit dem Plan eine Serie von bi- und multilateralen Konferenzen und Abkommen zwischen den mittel- und osteuropäischen Staaten sowie zwischen ihnen und der EU avisiert. Ziel war es nicht zuletzt, ungelöste Minoritäten- und Grenzkonflikte einer Lösung zuzuführen, bevor die betroffenen Staaten der EU beitreten konnten (siehe hierzu Friis/Murphy 1999: 221); Peterson/Bomberg (1999: 238-239).

14 Siehe hierzu die von der Europäischen Kommission regelmäßig in Auftrag gegebenen EUROBAROMETER-Umfragen in den osteuropäischen Staaten. Die Umfrageergebnisse Ende der 90er Jahre ergaben, dass (mit Ausnahme von Rumänien, Polen und der Slowakei) der EU-Beitritt nirgendwo von mehr als 60 Prozent der Befragten unterstützt wurde. Mit Werten zwischen 35 und 40 Prozent wiesen die drei baltischen Staaten den niedrigsten Wert auf, während der mit Abstand höchste Wert (71 Prozent) in Rumänien gemessen wurde (Kommission 1998: Schaubild 32). Frageformulierungen und Ergebnisse der EUROBAROMETER für Mittel- und Osteuropa sind (in englischer Sprache) online unter http://www.gesis.org/en/data_service/eurobarometer/ceeb/topics.htm [Stand: 30.07.2003] verfügbar.

15 Alle bis zum 17. Juli 2003 durchgeführten Referenden verliefen erfolgreich. Es wurde stets das erforderliche Quorum der Beteiligung und eine Mehrheit für den Beitritt erreicht: Malta bei 91% Wahlbeteiligung – 53.6% Ja-Stimmen; Slowenien: 60.29% – 89.61%; Ungarn: 45.62% – 89.95%; Litauen: 63,37% – 89,95%; Slowakei: 52.15% – 92.46%; Polen: 58.85% – 77.45%; Tschechische Republik: 55.21% – 77.33%; Estland und Lettland ha-

14.3 Interne Adaptionserfordernisse

14.3.1 „Die Stoßkraft der europäischen Integration ... erhalten"

In den oben geschilderten Diskussionen setzten sich schließlich jene Kräfte durch, welche die Strategie der Erweiterung als Mittel zur politischen und ökonomischen Stabilisierung des europäischen Subkontinents nutzen wollten. Voraussetzung für den Erfolg dieser Strategie war jedoch nicht alleine das Eingehen auf die oben diskutierten Bedenken gegenüber der Osterweiterung, sondern auch die Absicherung der bisherigen Funktionsweise des EU-Systems. Das in der bereits zitierten Erklärung des Europäischen Rates genannte Argument, dass „die Fähigkeit der Union, neue Mitglieder aufzunehmen, dabei jedoch die Stoßkraft der europäischen Integration zu erhalten, einen sowohl für die Union als auch für die Beitrittskandidaten wichtigen Gesichtspunkt" darstelle, verweist auf den Zusammenhang zwischen den internen und externen Aspekten der Osterweiterung. Die Strategie einer „Stabilisierung durch Integration" konnte nur dann funktionieren, wenn im Zuge des Erweiterungsprozesses das bisherige Integrationsmodell nicht beschädigt wurde. Konkret drehte es sich dabei um die stets prekäre Balance zwischen der politischen Handlungsfähigkeit der Gemeinschaft und dem Schutz einzelstaatlicher Interessen sowie die Verteilung der finanziellen Lasten innerhalb der Gemeinschaft. Die Anpassung der Entscheidungsverfahren und die Reform der Agrar- und der Strukturpolitik, über die im wesentlichen der Finanzausgleich innerhalb der Gemeinschaft abläuft, dominierten folglich die Diskussion um die „Erweiterungsfähigkeit" der EU. Macht- und Verteilungskonflikte waren dabei vorprogrammiert.

Erweiterungsfähigkeit der EU

14.3.2 Die Finanzierung der gemeinschaftlichen Ausgabenpolitiken

Bereits früh war offenkundig, dass die Agrarpolitik und die Kohäsionspolitik wichtig für die Überwindung der Entwicklungsdefizite der Beitrittsländer sein würden, dass dabei aber aller Voraussicht nach der bisherige finanzielle Rahmen gesprengt werden würde. Einige der Volkswirtschaften Mittel- und Osteuropas waren gemessen an Bruttosozialprodukt und Beschäftigungsquote noch stark agrarisch geprägt.[16] Die Gemeinschaft stand vor der Alternative, entweder die zur Verfügung stehenden Finanzmittel massiv aufzustocken oder aber eine Umverteilung zu Lasten der bisherigen Empfänger vorzunehmen. Die Aufstockung war nicht im Sinne der Nettozahler und kaum verträglich mit der zur Verwirklichung der Währungsunion verordneten strikten Haushaltskontrolle. Die Umverteilung stieß auf den erbitterten Widerstand der Betroffenen. Ein Kompromiss war nicht

EU-Finanzen

---

ben im September 2003 ebenfalls für den Beitritt votiert. Siehe auch http://europa.eu.int/comm/ enlargement/negotiations/accession_process-de.htm [Stand: 29.07.2003].

16 Aufschlussreiche Daten über die relativen Werte des Bruttosozialprodukts, der Arbeitslosigkeit und des Anteils der in der Landwirtschaft beschäftigten Personen in den mittel- und osteuropäischen Ländern einerseits und den EU-15 andererseits liefert der zweite „Bericht über den wirtschaftlichen und sozialen Zusammenhalt", den die Kommission im Februar 2001 vorgelegt hat (Kommission 2001b; vgl. auch Hillyard/Barclay 1998).

leicht zu finden, zumal die Reformvereinbarungen Einstimmigkeit im Ministerrat voraussetzten.

Agenda 2000 Der Kommission kam die Aufgabe zu, ein für die Mitgliedstaaten politisch und finanziell akzeptables Paket zu schnüren. Es wurde im Juli 1997 unter dem Titel „Agenda 2000" vorgestellt (Kommission 1997). Der Vorschlag beruhte auf einer mittelfristigen Vorausschau der Gemeinschaftsfinanzen und des Finanzierungsbedarfs der Erweiterung. Anders als bei den früheren Verhandlungen um die Finanzen der Gemeinschaft schlug die Kommission keine Ausweitung des EU-Budgets vor, um die Eingliederung der mittel- und osteuropäischen Staaten in die Agrar- und Strukturpolitik der EG zu ermöglichen. Die Finanzierung sollte vielmehr alleine aufgrund eines stabilen Wachstums der europäischen Volkswirtschaften[17] und einer moderaten Umverteilung im Rahmen der bestehenden Ausgabenpolitiken gelingen. Dabei lassen sich die relativen Beiträge von Politikreform und Wirtschaftswachstum zur Finanzierung der Osterweiterung etwa im Verhältnis von 1/3 zu 2/3 veranschlagen.[18]

Reform der Strukturpolitik Die Verhandlungen um die Reform der Agrar- und der Strukturpolitik verliefen zunächst zäh und wenig erfolgreich. Erst auf dem Treffen des Europäischen Rates im Juni 1999 in Berlin wurden verschiedene Maßnahmen zur Senkung der Ausgaben beschlossen:[19] bei der Struktur- und Kohäsionspolitik eine Konzentration der Mittel auf die bedürftigsten Gebiete, so dass in Zukunft nur rund 40 Prozent anstelle der gegenwärtigen 52 Prozent der Bevölkerung in Fördergebieten leben. Diese Reduzierung soll vor allem durch eine strikte Anwendung der Förderkriterien erreicht werden, die in der Vergangenheit aus politischen Überlegungen häufig locker gehandhabt wurden (Conzelmann 2002: 76-86). Um den finanziellen Verlust für die bisherigen Mitgliedstaaten gering zu halten, wurde ein fester Anteil der für die Strukturpolitik vorgesehenen Mittel (nämlich 213 Mrd. Euro im Zeitraum 2000 bis 2006) für die Altmitglieder reserviert, während der Anteil für die neuen Mitgliedstaaten auf maximal 45 Mrd. Euro festgesetzt wurde. Auf der Gipfelkonferenz von Nizza wurde auf Drängen Spaniens beschlossen, dass entgegen früherer Vereinbarungen auch die nächste finanzielle Vorausschau

---

17 Der Umfang des Gemeinschaftshaushalts hängt durch zwei Mechanismen mit dem Wirtschaftswachstum der Mitgliedstaaten zusammen: Zum einen sind zwei der Einnahmequellen der Gemeinschaft direkt oder indirekt an das Bruttosozialprodukt gekoppelt, sind also ergiebiger, wenn sich das BSP der Mitgliedstaaten erhöht. Zum anderen ist eine „Obergrenze" des Umfangs des Gemeinschaftshaushalts festgelegt, die ebenfalls an das (kombinierte) BSP der Mitgliedstaaten gekoppelt ist. Erwirtschaften die Mitgliedstaaten insgesamt ein höheres (inflationsbereinigtes) BSP, so hat die Gemeinschaft prinzipiell einen größeren haushaltspolitischen Spielraum, auch wenn der konkrete Umfang und die Verteilung der Ausgaben in Verhandlungen zwischen den Mitgliedstaaten, der Kommission und dem EP festgelegt wird. Eine knappe Einführung in die Haushaltspolitik der Gemeinschaft bei Guth (1997), ausführlicher zur Entwicklung der finanziellen Grundlagen der Gemeinschaft und zu den Verhandlungen zur Agenda 2000 Laffan/Shackleton (2000).

18 Sollten die Mitglieder der EU-15 die projektierten Wachstumsraten des Bruttosozialprodukts (sie betragen für die EU-15 durchschnittlich 2,5% p.a., für die Kandidatenländer durchschnittlich 4% p.a.) nicht erreichen, so ist die finanzielle Vorausschau für die Jahre 2000 bis 2006 und damit die geplante Finanzierung der Osterweiterung Makulatur (Hillyard/Barclay 1998:18-25).

19 Überblicke über die beschlossenen Maßnahmen sind im Internet veröffentlicht worden: http://europa.eu.int/comm/agenda2000/index_de.htm [Stand: 29.07.2003]. Einen detaillierten Überblick über die Kommissionsvorschläge und die auf dem Berliner Gipfel verabschiedeten Reformen im Bereich der Regional- und Strukturpolitik gibt Axt (2000).

(2007-2013) einstimmig beschlossen werden muss, so dass Spanien oder andere Mitgliedstaaten ein Veto gegen weitere Umverteilungsmaßnahmen einlegen können. Parallel hierzu wurden Beschlüsse über die sogenannte „Vorbeitrittshilfe" getroffen, die den Kandidatenländern im Zeitraum 2000 bis 2006 insgesamt 21,84 Mrd. Euro (in Preisen von 1999) zur Verfügung stellen sollten. Im Rahmen der Beitrittsverhandlungen mit den 10 Neumitgliedern wurden diesen auf dem Kopenhagener Gipfel vom Dezember 2002 finanzielle Zuflüsse aus den Strukturfonds von 6-8 Mrd. Euro jährlich (in Preisen von 1999) für den Zeitraum 2004-2006 zugesichert.

Im Bereich der Agrarpolitik sollen Einsparungen vor allem durch die Absenkung der Stützungspreise für verschiedene Agrarerzeugnisse (Getreide, Rindfleisch und Milch bzw. Milchprodukte) erreicht werden. Allerdings gibt es auch hier verschiedene Ausgleichsmaßnahmen für die Landwirte der EU-15, während die Beitrittskandidaten von einigen Vergünstigungen der gemeinschaftlichen Agrarpolitik ausgenommen werden. Hierzu gehören insbesondere die direkten Einkommensunterstützungen an bäuerliche Betriebe, die für viele kleinere Agrarerzeuger in der „Alt-EU" zu einer wichtigen Einkommensquelle geworden sind. Die Bauern in den 10 beitretenden Staaten sollen laut den Beschlüssen des Kopenhagener Gipfels zunächst mindestens 25 Prozent der Beihilfen bekommen, die ein Bauer in den „alten" Mitgliedstaaten erhalten würde; dieser Betrag soll dann bis 2006 auf mindestens 35 Prozent steigen. Die Reformen der Agrarpolitik und der Strukturpolitik blieben damit insgesamt halbherzig und beinhalten Ausnahmeregeln zu Ungunsten der Kandidatenländer, was zu politischen Belastungen führte (Mayhew 2000; Lippert 2001).

Reform der Agrarpolitik

14.3.3 Institutionelle Reform

Die Frage, wie die Handlungsfähigkeit einer erweiterten EU gesichert werden könne, war eines der wichtigen Themen der Regierungskonferenz (1996), die zum Vertrag von Amsterdam führte. Die Neuregelung der Gewichtung der Stimmen im Rat, die Ausweitung von Mehrheitsentscheidungen und die Frage der Zahl der EU-Kommissare pro Mitgliedstaat wurde aber endgültig erst auf dem Gipfel von Nizza (Dezember 2000) geklärt.[20] Mit den dort beschlossenen Reformen sind einer Erklärung der Staats- und Regierungschefs zufolge die „für den Beitritt neuer Mitgliedstaaten erforderlichen institutionellen Änderungen abgeschlossen" (zitiert nach Lippert 2001: 179).

Welche Entscheidungen verbergen sich hinter diesem Resümee? Für die Erlangung der qualifizierten Mehrheit im Rat muss mit jedem neuen Beitritt eine Schwelle berechnet werden, ab der Entscheidungen mit qualifizierter Mehrheit möglich sind. Diese Schwelle wird sich bei einem Wert zwischen ca. 71 und ca. 74 Prozent der Stimmen bewegen. Darüber hinaus wird auch die Zustimmung der Mehrheit der Mitgliedstaaten verlangt. Hinzu kann (auf Antrag eines Mitgliedsstaats) eine Prüfung treten, ob die einen Vorschlag unterstützenden Mitglied-

Institutionelle Reform

---

20 Ein Überblick über die in Nizza getroffenen Vereinbarungen findet sich in Kommission (2001a) sowie in Heft 2/2001 der Zeitschrift Integration. Vgl. auch das Protokoll A und die Erklärung Nr. 20 zum Vertrag von Nizza; in Amtsblatt EG Nr. C 80 vom 10. März 2001, S. 49-52 und 80-84.

staaten mehr als 62 Prozent der Bevölkerung der EU repräsentieren. Im Hinblick auf die Zahl der EU-Kommissare wurde beschlossen, dass mit der Neubesetzung der Kommission im Jahr 2005 künftig jedes Land nur noch einen Kommissar stellen soll.[21] Im Hinblick auf den Übergang zu Mehrheitsentscheidungen wurden einige neue Felder für qualifizierte Mehrheitsentscheidungen des Rates geöffnet,[22] während für weitere Materien der Übergang zu Mehrheitsentscheidungen erst für einen späteren Zeitpunkt vereinbart (Strukturfonds, Asyl- und Migrationspolitik) oder ganz ausgeschlossen wurde (Steuerpolitik, Sozialpolitik; hierzu Maurer 2001). Die Frage, ob damit tatsächlich eine vereinfachte Form der Entscheidungsfindung gefunden wurde, bleibt einstweilen offen. Auch ist unklar, ob die großen Mitgliedstaaten durch die Reform tatsächlich signifikant besser gestellt werden.[23]

Stimmengewichtung | Im Hinblick auf die neu beitretenden Länder aus Mittel- und Osteuropa ist zu bemerken, dass Ungarn und Tschechien trotz ähnlicher Bevölkerungszahl zwei Sitze weniger im Europäischen Parlament haben werden als Belgien, Portugal und Griechenland (Lippert 2001: 181-182). Eine ähnliche Ungleichbehandlung bei den Ratsstimmen wurde auf dem Gipfel von Nizza erst nach längeren Verhandlungen vermieden. Die Neumitglieder werden allerdings erst nach dem Beitritt von Rumänien und Bulgarien eine ausreichende Stimmenzahl im Rat haben, um eine Sperrminorität zu bilden.

Verstärkte Zusammenarbeit | Im Zusammenhang mit der Osterweiterung sind die Fragen der Gewichtung von Stimmen im Rat und im Parlament und die Ausdehnung von Mehrheitsentscheidungen vermutlich weniger wichtig als eine weitere institutionelle Reform, die bereits in Amsterdam beschlossen und in Nizza ausgebaut wurde. Dabei handelt es sich um die Möglichkeiten der sogenannten „verstärkten Zusammenarbeit". Mit diesem Begriff ist gemeint, dass eine Gruppe von Mitgliedstaaten, die in bestimmten Bereichen eine engere Zusammenarbeit wünscht als die Gesamtheit der EU-Staaten, durch die anderen Staaten nicht daran gehindert werden soll. Auch diese Neuerung wurde in einen Zusammenhang mit der Osterweiterung gestellt, entspricht jedoch einem Muster, das bereits bei den Vereinbarungen zur Teilnahme individueller Mitgliedstaaten an der dritten Stufe der Wirtschafts- und Währungsunion, dem Sozialprotokoll und den sogenannten Schengen-Regelungen zu beobachten

---

21 Ab dem Beitritt des 27. Mitgliedstaats soll eine Rotationsregel gelten, die inzwischen vom EU-Verfassungskonvent konkretisiert wurde (vgl. Kap. 10.4.2).

22 Hierzu zählen – neben der symbolkräftigen Frage der Wahl des Kommissionspräsidenten – Fragen wie Erleichterung der Freizügigkeit der EU-Bürger (Art. 18 EG-V), die justizielle Zusammenarbeit in Zivilsachen (Art. 65 EG-V) und der Abschluss von Handelsverträgen im Bereich des Handels mit Dienstleistungen und handelsbezogene Fragen des geistigen Eigentums.

23 Mathematische Berechnungen kommen zu dem Ergebnis, dass das neue System nur bedingt den großen Mitgliedstaaten mehr Gewicht im Rat gibt. Innerhalb der EU-15 steigt der Banzhaf-Index (eine Maßzahl für den „Einfluss" eines Landes im Rat) für die großen Mitgliedstaaten von etwas über 11 auf knapp 12 Prozent, während er für die kleineren Mitgliedstaaten um Werte zwischen 0,25 und 0,6 Prozentpunkten sinkt. Größter Gewinner ist Spanien mit einem Anstieg des Banzhaf-Index von 9,24 auf 11,17 Prozent. Dies bedeutet, dass bei Abstimmung mit qualifizierter Mehrheit die spanischen Stimmen in 11,17 Prozent aller denkbaren Koalitionskonstellationen im Rat den Ausschlag geben. Die neue „Bevölkerungskomponente" (Zustimmung von 62 Prozent der Bevölkerung) bedeutet dagegen nur einen symbolischen Zugewinn. Siehe hierzu Werner Kirsch: „Die Formeln der Macht", in: Die Zeit vom 15.3.2001. Weitere Informationen unter http://www.ruhr-uni-bochum.de/mathphys/politik/index.html [Stand 29.07.2003].

gewesen war. Die im Rahmen der Amsterdamer Gipfelvereinbarungen vereinbarten Hürden für die Vereinbarung einer „verstärkten Zusammenarbeit" wurden auf dem Gipfel von Nizza insofern abgesenkt, als die seinerzeit vereinbarte Mindestzahl von Mitgliedstaaten für ein Zustandekommen der verstärkten Zusammenarbeit (acht) auch in einer künftig erweiterten Union gelten soll. Im Fall einer auf 25 bis 27 Mitglieder erweiterten EU kann also bereits weniger als ein Drittel der Mitgliedstaaten eine verstärkte Zusammenarbeit beschließen.[24]

Weitere wichtige Neuerungen sind die Einführung der verstärkten Zusammenarbeit auch für den Bereich der Umsetzung gemeinsamer Aktionen oder gemeinsamer Standpunkte im Bereich der GASP, sowie die Einschränkung der Veto-Möglichkeiten einzelner Mitgliedstaaten gegenüber einer verstärkten Zusammenarbeit im Bereich der ersten und der dritten Säule der EU (Giering/Janning 2001).

14.4 Regionale Stabilisierungspolitik

Die Osterweiterung hat dazu beigetragen, dass neue Akzente auch in den Außenbeziehungen zu Drittstaaten gesetzt wurden, die einstweilen oder auf Dauer keine Mitglieder der EU sein werden.[25] Sie ergaben sich zum einen aus der Verschiebung der künftigen Grenzen der EU, zum anderen aus der gegenüber den Beitrittsstaaten betriebenen Konditionalitätspolitik: Wie oben geschildert, hatten die geforderten Anpassungsleistungen nicht lediglich ein besseres Funktionieren der Marktintegration zum Ziel, sondern auch die Integration der mittel- und osteuropäischen Staaten in einen übergreifenden Kanon von Grundwerten (Menschenrechte, Demokratie, Minderheitenschutz). Solche universellen Werte können jedoch ihrem Wesen nach nicht geographisch beschränkt werden. Die funktionale Notwendigkeit, das Verhältnis zu den künftigen Nachbarstaaten der EU zu definieren und der universale Charakter der von der EU gegenüber den Beitrittsstaaten vertretenen Werte wurden zur Grundlage einer über die Beitrittsstaaten hinausreichenden EU-Außenpolitik. Sie steht unter dem Vorzeichen der großräumigen regionalen Stabilisierung des politischen Umfelds der EU und ist stark in normativ und kognitiv definierten Leitideen verankert (Sjursen/Smith 2001).

Am Beispiel der Kooperation mit den Mittelmeeranrainern soll im Folgenden auf einige Besonderheiten dieser Politik hingewiesen werden. Gemeinsames Charakteristikum ist, dass die Verpflichtung auf die Achtung der Menschenrechte, friedliche Konfliktregelung, Aufbau einer funktionsfähigen Marktwirtschaft, Schutz der Umwelt und Beachtung der Prinzipien der verantwortungsvollen Re-

Regionale
Stabilisierung

---

24 Einschränkungen bestehen allerdings insofern, als eine verstärkte Zusammenarbeit nur „als letztes Mittel" erfolgen kann, und nur dann, wenn sie die Mehrheit der Mitgliedstaaten umfasst, den „Besitzstand" (acquis) der Union nicht beeinträchtigt, und die Rechte und Interessen der anderen Mitgliedstaaten nicht tangiert. Der Beschluss zur verstärkten Zusammenarbeit fällt grundsätzlich mit qualifizierter Mehrheit im Rat; oder auf Initiative von acht Mitgliedstaaten (siehe die detaillierten Vorschriften der Artikel 40-40b sowie 43-44a EU-V, Artikel 11-11a EG-V).

25 Zur ersten Gruppe zählen vor allem die Ukraine, Weißrussland und die Republik Moldau, zur zweiten Gruppe die anderen Staaten der ehemaligen GUS und Russland. An der Südflanke der EU sind die nordafrikanischen Mittelmeer-Anrainer (Marokko, Algerien, Tunesien, Ägypten sowie Libyen) und die Staaten des Nahen Ostens (Jordanien, Syrien, Libanon, Israel, potenziell Palästina) zu nennen.

gierungsführung („Good Governance") sowohl aus ideellen als auch aus funktionalen Gründen eingefordert wird. Eine enge wirtschaftliche Verflechtung und die vertraglich festgelegte und möglichst institutionalisierte Bindung an gemeinsame Werte soll die Grundlage für gutnachbarschaftliche Beziehungen legen. Motiv ist nicht nur die Intensivierung des ökonomischen Austauschs, sondern auch die Schaffung von Sicherheit. Durch wirtschaftliche Verflechtung zum Frieden: dies war bereits das Leitmotiv der westeuropäischen Integration in der Nachkriegszeit. Die EU nimmt folglich nicht nur als Wirtschaftsmagnet Einfluss auf die Nachbarstaaten, sondern überträgt auch ihre ordnungspolitischen Grundgedanken auf die Neustrukturierung ihres regionalen Umfelds.

Mittelmeerpolitik
Die Geschichte der Mittelmeerpolitik der Gemeinschaft geht bis in die 1960er Jahre zurück. Ihr Hauptinstrument zur damaligen Zeit waren Assoziationsabkommen, die mit Marokko und Tunesien, nach dem britischen Beitritt zur EG auch mit Ägypten, Jordanien, Libanon, Israel und Syrien abgeschlossen wurden. Bedingt durch den Nahost-Konflikt stagnierte die Mittelmeerpolitik der EG in den 1970er und 1980er Jahren. Die Versuche zur Neubelebung zu Beginn der 1990er Jahre wurden zum einen durch den Wunsch der EU-Mittelmeeranrainer motiviert, die Ausrichtung der EU auf die Osterweiterung geopolitisch „auszubalancieren". Zum anderen ging es darum, die labile ökonomische und politische Situation in den Maghreb-Staaten positiv zu beeinflussen, um unerwünschte Migration und politisch motivierten Terrorismus zu unterbinden. Als weitere Gründe werden die labile sicherheits- und rohstoffpolitische Lage der Westeuropäer nach dem Ende des (zweiten) Golfkrieges und der Wunsch der EU nach einem stärkeren Engagement im nahöstlichen Friedensprozess genannt (Edis 1998).

Der Gipfel von Lissabon im Juni 1992 gab das Startzeichen für verschiedene Initiativen zu einer Aufwertung der Beziehungen zu den Staaten des Maghreb und des Nahen Ostens. Die Zusammenarbeit wurde wenig später unter dem neuen Namen „Barcelona-Prozess" (1995 der Konferenzort) politisch aufgewertet und institutionalisiert. Das Neue war, dass der wirtschaftlichen und kulturellen Zusammenarbeit eine explizit politische Dimension hinzugefügt wurde. Bekannte Muster wurden übertragen: So sollte wie im KSZE-Prozess eine „euro-mediterrane Charta für Frieden und Stabilität" vereinbart und analog zu den existierenden Freihandelsabkommen mit anderen Nachbarregionen bis zum Jahre 2010 eine euro-mediterrane Freihandelszone geschaffen werden. Befriedung, Demokratisierung und ökonomische Stabilisierung der Mittelmeerregion werden zu einem Zielbündel zusammengefasst.

Es gibt eine Reihe von Parallelen zu den Assoziationsabkommen mit den mittel- und osteuropäischen Staaten sowie allgemein zur Assoziations- und Entwicklungspolitik (vgl. Kap. 12.2): Verschiedene Formen von Finanzhilfen (z.B. für die Restrukturierung und Liberalisierung der Wirtschaft und die Verbesserung von Infrastruktureinrichtungen) werden geleistet und Dialogforen eingerichtet, wobei neben der allgemeinen politischen Kooperation Themen wie Terrorismus und Migration im Vordergrund stehen. Leitideen wie Demokratieförderung, Beachtung der Menschenrechte und „good governance" sind feste Bestandteile der Kooperation, und Hilfszusagen werden an die Beachtung eben dieser Prinzipien geknüpft.[26]

---

26 Ausführlicher zum Barcelona-Prozess die Beiträge von Edis (1998); Schlotter (1998); Schlotter (1999); Jünemann (2001) sowie Philippart (2003). Zur Fortschreibung v.a.

Die Übertragung bewährter Elemente auf einen so völlig anders strukturierten Kontext musste problematisch bleiben. Die politischen Beziehungen werden durch externe Entwicklungen, nämlich den Nahost-Konflikt belastet. Der niedrige wirtschaftliche Entwicklungsstand und staatliche Kontrolle der Wirtschaft nehmen Freihandelszonen ihren Sinn. Die autokratischen Herrscher im südlichen und östlichen Mittelmeerraum begegnen dem Dialog über Demokratisierung und Menschenrechte und dem Aufbau der „Zivilgesellschaft" in ihren Ländern mehr als zurückhaltend. Mittlerweile konnte zwar die fünfte Barcelona-Folgekonferenz (April 2002 in Valencia) abgehalten werden und mit dem Beschluss einer „gemeinsamen Strategie für den Mittelmeerraum" (EU-Gipfel von Feira, im Juni 2000) hat die EU ihr fortbestehendes Interesse an der Kooperation unterstrichen, trotzdem dürften sich die Fortschritte in engen Grenzen halten (Edis 1998; Jünemann 2001; Philippart 2003).

14.5 Fazit

Die Beitrittspolitik gegenüber den mittel- und osteuropäischen Staaten, die interne Anpassung von Entscheidungsverfahren und Ausgabenpolitiken und die regionale Stabilisierungspolitik sind auf den ersten Blick drei klar unterschiedliche Problemkreise. *De facto* sind diese Themenkomplexe jedoch eng verknüpft, weshalb sie hier auch in einem gemeinsamen Kapitel behandelt wurden.

    Die Verknüpfung der drei Problemkreise besteht nicht oder zumindest nicht in erster Linie in funktionaler oder zeitlicher Hinsicht (dies würde bedeuten, dass die Institutionen- und Politikreform sowie die regionale Stabilisierungspolitik als Konsequenz oder als „spill over" der Entscheidung zur Osterweiterung zu verstehen sind). Die Verknüpfung besteht vielmehr darin, dass die Entwicklung aller drei Themenkomplexe als Ausdruck des selben grundlegenden Dilemmas der europäischen Integration verstanden werden können: Wie lässt sich ein kooperatives Management von Interdependenz auf der Grundlage einer nach wie vor in territorialen Kategorien organisierten Politik erreichen?

    Die Rechtfertigung der europäischen Integration beruhte in der unmittelbaren Nachkriegszeit auf der wohlfahrtssteigernden Wirkung des Freihandels und der potenziell friedensstiftenden Wirkung funktionaler Kooperation. Die Attraktivität von Kooperation erstreckte sich nicht alleine auf den wirtschaftlichen Bereich, so dass in späteren Jahren eine Fülle neuer Sachbereiche hinzukam, die auf europäischer Ebene politisch bearbeitet wurden (Kap. 3). Mit dem erfolgreichen Management von Interdependenz, den erzielten Wohlfahrtsgewinnen – jedoch auch den durch die Integration geschaffenen negativen Externalitäten – erhöhte sich die Attraktivität einer Mitgliedschaft in der EG/EU für Außenstehende. Die territoriale Gestalt der Gemeinschaft bestimmte sich hingegen nie aus sachlichen Erwägungen (d.h. der Reichweite von Interdependenz), sondern resultierte aus politischen Entscheidungen – angefangen vom Fernbleiben der Briten gegenüber der Sechsergemeinschaft bis hin zu den heutigen Diskussionen um die Möglichkeit einer türkischen Mitgliedschaft in der EU.

durch die Beschlüsse der Außenministerkonferenz vom 22./23. April 2002 vgl.: http://www.europa.eu.int/comm/external_relations/euromed/index.htm [Stand: 29.07.2003].

Zu den politischen Erwägungen gehören auch die stetig höher werdenden Anforderungen an neu beitretende Mitgliedstaaten: Die Funktionsfähigkeit der Gemeinschaft und der durch die Integration erreichte Wohlstand sollen nicht durch die Aufnahme strukturell oder politisch inkompatibler Länder gefährdet werden. Von den Beitrittskandidaten wurde deshalb nicht nur eine vollständige Übernahme des „gemeinschaftlichen Besitzstands" und der Aufbau von wettbewerbsfähigen Ökonomien gefordert, sondern auch das Bekenntnis zu Grundwerten und -prinzipien wie der Beachtung der Menschenrechte und der Demokratie. Trotz solcher politischen und ökonomischen Anpassungserfordernisse bleibt die Mitgliedschaft in der EU attraktiv: Sie sichert politische Mitsprache in einem sich immer stärker integrierenden Verbund und bedeutet einen wirtschaftlichen und politischen Zugewinn. Benachbarte Staaten, welche keine Mitglieder werden wollen oder können, müssen mit der Position der EU als regionale Ordnungsmacht und dem von der EU ausgehenden Anpassungsdruck (etwa im Hinblick auf regulative Standards) leben; sie können auf ihn nur von außen über diplomatische Wege einwirken. Der (formale) territoriale Geltungsbereich des EU-Rechts und das Territorium, innerhalb dessen Externalitäten der europäischen Integration auftreten, fallen zunehmend auseinander (Leslie 1999; Friis/Murphy 1999).

Die Strategie der Erweiterung der Europäischen Union um neue Mitglieder beginnt allerdings zunehmend an ihre Grenzen zu stoßen. Zum einen sind die finanziellen und politischen Kapazitäten der EU begrenzt, sie kann nicht immer weitere Staaten durch finanzielle Förderung und politische Stabilisierung auf das Niveau der Beitrittsreife heben. Zum anderen bedeutet die Aufnahme neuer Mitglieder immer auch eine Erschwerung der Entscheidungsfindung und eine Belastung der innergemeinschaftlichen Grundlagen des Zusammenlebens. Zur Reform der Entscheidungsverfahren und der Ausgabenpolitiken wurden außerordentlich langwierige Verhandlungen notwendig, die Konflikte in der Gemeinschaft aufbrechen ließen und von einigen Politikern zur innenpolitischen Profilierung benutzt wurden. Die Bereitschaft der Bevölkerungen der jetzigen Mitgliedstaaten zu einer signifikanten Umverteilung von Wohlstand oder zur Berücksichtigung von außen- und sicherheitspolitischen Problemen neu beitretender Mitgliedstaaten ist bereits bei der jetzigen Osterweiterung prekär. Bei geographisch und kulturell noch weiter entfernten Staaten (wie beschrieben z.B. Maghreb) würde sie vermutlich überstrapaziert. Auch die Frage, wie die schon heute problematische demokratische Legitimation und die Entscheidungseffizienz europäischer Politik in einem solchen System gewahrt werden können, ist offen. Die Schlussfolgerung lautet, dass die EU mit dem Dilemma eines Auseinanderfallens faktischer Interdependenz und der geographischen Reichweite der europäischen Integration dauerhaft wird leben müssen. Regionale Stabilisierungspolitik und politische Dialoge sind Mittel zur Milderung des Dilemmas, auflösen können sie es nicht.

VII Ausblick

15. Schwerpunkte und Perspektiven der Europaforschung

Dem Leser unterschiedliche Problematiken der europäischen Gemeinschaftsbildung aus verschiedenen Perspektiven nahe zu bringen, ist Aufgabe dieses Buches; entsprechend enthält das Schlusskapitel kein Fazit. Die folgenden Seiten sollen vielmehr die Aufmerksamkeit auf Trends der aktuellen wissenschaftlichen Diskussion lenken und damit die Neugier auf weitere Lektüre wecken. Die Europaforschung hat in den zurückliegenden Jahren einen beachtlichen Aufschwung genommen, der an verschiedenen Daten festgemacht werden kann. Indiz für das vermehrte Interesse sind steigende Veröffentlichungszahlen (Beiträge in Zeitschriften und Sammelbänden, Monographien) und die Zunahme von einschlägigen Forschungsprojekten. Anhaltspunkte für eine Konsolidierung der wissenschaftlichen Beschäftigung sind das Erscheinen von Lehrbüchern, von neuen Fachzeitschriften sowie die Einrichtung von Forschungsschwerpunkten und thematisch einschlägigen Graduiertenkollegs. Gemessen an diesen Indikatoren haben wir in Nord- und Westeuropa ganz offensichtlich seit Mitte der 1990er Jahre die Phase der Konsolidierung erreicht.[1]

Fragt man nach den thematischen Schwerpunkten und der möglichen zukünftigen Entwicklung der Europaforschung, so ist zum einen die Konzentration auf bestimmte Themenfelder auffallend. Dabei sind eindeutig Themenkonjunkturen auszumachen, die teils von der Politik, teils von der wissenschaftlichen Diskussion induziert wurden. Zum anderen hat die Europaforschung ganz offensichtlich inzwischen ihr Nischendasein überwunden. Sie ist Teil des übergreifenden Wissenschaftsdialogs und strebt danach, sich vom Importeur zum Exporteur theoretischer Erkenntnisse zu entwickeln.

Themen der EU-Forschung

15.1 Themenkonjunkturen

Politik getrieben: An vielen Veröffentlichungen ist abzulesen, dass die wissenschaftliche Beschäftigung den politischen Weichenstellungen der Europapolitik folgt. Diese Tendenz beschränkt sich nicht nur auf die Forschungseinrichtungen, die ihre Aufgabe in der Politikberatung sehen.[2] Auch die Mehrzahl der For-

Policy-Analyse

---

1   Dies gilt insbesondere für Deutschland und Großbritannien, Schweden, Norwegen, Dänemark und die Niederlande. Frankreich, Belgien, Österreich und auch Finnland haben in den letzten Jahren ihre EU-Forschungsaktivitäten deutlich forciert.
2   In Deutschland sind die Stiftung Wissenschaft und Politik (SWP), das Centrum für Angewandte Politik (CAP), das Institut für Europäische Politik (IEP), das Forschungsinstitut

schungsarbeiten aus Universitäten orientiert sich an den aktuellen politischen Entwicklungen.[3] In den letzten Jahren nimmt die Ost-Erweiterung einen besonders breiten Platz in den Veröffentlichungslisten ein.[4] Mittlerweile liegen zahlreiche Studien mit den typischen Merkmalen politikorientierter Arbeiten vor, denen es vornehmlich um „Tatbestandserhebung" geht: Der historische Entwicklungsprozess wird nachgezeichnet, die Voraussetzungen und notwendigen Anpassungsleistungen der Beitrittsstaaten werden analysiert, die Interessenkonflikte und Verhandlungsstrategien der Akteure untersucht, die möglichen Folgewirkungen für die beteiligten Parteien abgeschätzt. Die durchgängig empirischen Bestandsaufnahmen übernehmen meist unreflektiert ihre Analyse- und Beurteilungskriterien aus der politischen Diskussion. Theoriegeleitete Arbeiten, die selbstkritisch die eigenen Ausgangshypothesen prüfen und verallgemeinerbare Erkenntnisse anstreben, sind (bisher noch) die Ausnahme.[5]

Ähnliches gilt für zwei andere Themen, die infolge politischer Entwicklungen ein hohes Maß an wissenschaftlicher Aufmerksamkeit genießen: die Wirtschafts- und Währungsunion und die Gemeinsame Sicherheits- und Verteidigungspolitik. Bei diesen Arbeiten kommt ein Element hinzu, das bei der Behandlung der Ost-Erweiterung nicht ganz so ausgeprägt ist, nämlich die engagierte Diskussion der Vor- und Nachteile der eingeschlagenen Politik mit entsprechenden Handlungsempfehlungen. Einen wiederum anderen Charakter hat die Diskussion über die Verfassungsfrage. Die Auseinandersetzung darüber, ob Europa nun eine Verfassung brauche oder nicht, wird in der Rechts- und Politikwissenschaft sehr grundsätzlich und unter Rückgriff auf normative Theoriekonzepte geführt. Der Anstoß kam auch hier aus der Politik. Die Rede von Außenminister Fischer (Fischer 2000) löste in zahlreichen Mitgliedstaaten eine lebhafte politische Diskussion aus; die wissenschaftliche Debatte blieb dagegen bis zur Einsetzung des Verfassungskonvents vornehmlich eine deutsche Angelegenheit.

Wissenschaftlich induzierte Themen: Es bedarf keiner abstrakten Reflexion über das „selbst-referentielle System" der Wissenschaft, um festzustellen, dass die wissenschaftliche Beschäftigung mit einem Gegenstand immer wieder zu neuen Fragestellungen führt. Drei typische Entwicklungen können in der Europaforschung verfolgt werden.[6]

Generalisierungsversuche I: Europäisierung

Aus einer Fülle von zunächst unkoordinierten Einzelstudien erwächst der Wunsch nach einer synthetisierenden Gesamtbewertung. Dies kann man am besten an der Diskussion über „Europäisierung" verfolgen, die gegenwärtig Hochkonjunktur hat. Der Anstoß für die Konjunktur dieses Themas kam vor allem aus der Policy-Forschung. Ihr wachsendes Interesse am Einfluss europäischer Politik auf die Wahrnehmung öffentlicher Aufgaben hat zu einer Vielzahl von Studien geführt. In meist vergleichend angelegten Falluntersuchungen wird verfolgt, wie

---

der Deutschen Gesellschaft für Auswärtige Politik und das Zentrum für Europäische Integrationsforschung (ZEI) zu nennen.

3 Dies ist in Großbritannien allerdings deutlicher ausgeprägt als beispielsweise in Deutschland, wo traditionell eine größere Politikferne herrscht.

4 Einen guten Überblick über die wechselnden Themenschwerpunkte vermitteln die Bibliographien im Jahrbuch der Europäischen Integration (Weidenfeld/Wessels 1981ff.).

5 Als Beispiel wäre Schimmelfennig (2003b) zu nennen.

6 Im Folgenden werden Namen ohne genaue bibliographische Angaben genannt, weil diese Autoren ihre Forschungsergebnisse in zahlreichen wissenschaftlichen Arbeiten veröffentlicht haben (vgl. als Anhaltspunkt das Literaturverzeichnis).

die regulierenden Eingriffe der EG die nationalen Steuerungs- und Verhaltensmuster verändern. So aufschlussreich die Ergebnisse auch waren, sie befriedigten nicht den Wunsch, verallgemeinerbare Aussagen machen zu können. Jedes Forschungsergebnis spiegelte immer die Besonderheiten des untersuchten Falles wider. Allgemeine Tendenzen über Ausmaß, Tempo und Richtung der von der europäischen Politik induzierten Veränderungsprozesse können nur diagnostiziert werden, wenn die zugrundeliegenden Wirkungsmechanismen besser verstanden werden. Um ihnen auf die Spur zu kommen, bedarf es eines systematisch angelegten Forschungsprogramms wie beispielsweise die von der Max-Planck-Gruppe Bonn durchgeführten Projekte zum „Recht der Gemeinschaftsgüter". Daneben mehren sich in jüngster Zeit die Arbeiten, die solche allgemein gültigen Wirkungszusammenhänge induktiv aus den vorliegenden empirischen Untersuchungen herausarbeiten[7] oder aus theoretischen Überlegungen erschließen[8]. An der Veröffentlichung erster Sammelbände lässt sich ablesen, dass die Diskussion um „Europäisierung" schon einen gewissen Reifegrad erreicht hat.[9] Sicher wird sie uns aber noch eine Weile begleiten, da weiterhin zentrale Fragen offen bleiben (Kohler-Koch 2000a; Eising 2003): Was ist unter Europäisierung zu verstehen? Verengt nicht die Konzentration auf die EU-Europäisierung, d.h. die Frage nach den Auswirkungen der EU auf ihre Mitgliedstaaten, den Blick? Woran ist Europäisierung festzumachen? Ist es lediglich ein Phänomen der Anpassung oder auch der aktiven politischen Gestaltung? Führt Europäisierung zu europäischer Konvergenz? Hinzu kommt, dass es zwar eine lebhafte Debatte über alternative theoretische Zugänge zur Erschließung von „Europäisierung" gibt, diese aber noch kaum systematisch empirisch angewandt wurden.

Aus der Beschäftigung mit der EU werden Fragestellungen von allgemeiner Bedeutung entwickelt, die zu einer vertieften Untersuchung reizen. Dies trifft für zwei inhaltlich verwandte Untersuchungsfelder zu, die seit Mitte der 1990er Jahre viel Aufmerksamkeit auf sich gezogen haben: Die Frage nach der Beschaffenheit der EU (Stichwort „Mehrebenensystem") und die Frage nach den Möglichkeiten demokratischen und effizienten Regierens außerhalb staatlicher Grenzen. Die Diskussion des Mehrebenensystems erhielt vor allem Aufschwung durch das wachsende Interesse an der Rolle der Regionen (vgl. Kap. 9) und dem Phänomen transnationaler Vernetzungen.[10] Die Wahrnehmung der EU als Mehrebenensystem rückte dann auch das Thema „Regieren" in den Mittelpunkt des Interesses. Hier ging die wissenschaftliche Diskussion der politischen Beschäftigung mit dem Thema eindeutig voraus. „Regieren in der Europäischen Union" wurde in einem interdisziplinären Forschungsschwerpunkt der DFG seit Mitte der 1990er

Generalisierungsversuche II: Regieren in der EU

---

7 Ein gutes Beispiel ist V. Schmidt (2001).
8 Vgl. beispielsweise Radaelli (2000).
9 Zu nennen sind Cowles u.a. (2001), Héritier (2001), Knodt/Kohler-Koch (2000), Featherstone/Radaelli (2003).
10 Die Veröffentlichungen, die den Mehrebenencharakter der EU im Zusammenhang mit der Rolle der Regionen bzw. Aspekten der europäischen Regionalpolitik thematisieren, sind kaum noch zu übersehen. Autoren, die umfassende Forschungen durchgeführt haben und immer wieder genannt werden, sind Marks/Hooghe (2001), Heinelt (1996), Kohler-Koch u.a. (1998); vgl. auch Kap. 9. „Netzwerke" zogen das Interesse der Forscher nicht nur als empirisches Phänomen – beispielsweise bezogen auf die „Partnerschaften" bei der Umsetzung der europäischen Strukturpolitik auf sich, sondern auch unter dem Aspekt der Anwendung als theoretisches Konstrukt und methodisches Instrument (s.u.).

Jahre intensiv bearbeitet.[11] Auch in Großbritannien, Norwegen und in kleinerem Umfang in Frankreich, den Niederlanden und Österreich wurden mehrjährige nationale Forschungsprogramme aufgelegt, in denen „European Governance" ausführlich behandelt wurde und zwar in der Mehrheit der Fälle bevor die Europäische Kommission ein Weißbuch zum Thema ankündigte.[12] In der wissenschaftlichen Bearbeitung geht es zum einen darum, möglichst genau zu erfassen, wie in der EU – einem System ohne Regierung – regiert wird, und welche Veränderungen sich für die Strukturen, Prozesse und Inhalte des Regierens auf nationaler Ebene durch die Einbindung in die EU ergeben. Darüber hinaus wird die EU als exemplarischer Fall genommen, um eine allgemeine Problematik, nämlich die Organisation von Politik unter den Bedingungen zunehmender Internationalisierung, zu untersuchen.[13] Die Beschäftigung mit Regieren in der EU konzentrierte sich zum einen auf ganz spezifische Aspekte europäischen Regierens. Dabei wurden zwei Gebiete, die unter den Stichworten „regulativer Staat" (Majone) und „Komitologie" (Joerges) Prominenz erlangt haben, besonders intensiv bearbeitet. Zum anderen stand die Frage nach der Effizienz und Legitimität im Mittelpunkt der Aufmerksamkeit. Auf die unterschiedlichen Facetten der Debatte verweisen die Stichworte „Problemlösungsfähigkeit" (Scharpf), „Transformation des Regierens" (Jachtenfuchs; Kohler-Koch) „deliberative Demokratie" (Neyer/Joerges; Schmalz-Bruns). Während inzwischen die Befürchtungen um eine verminderte Problemlösungsfähigkeit, die zur Erosion politischer Legitimität führen könnten, weitgehend ausgeräumt sind (Scharpf 1999; Grande/Jachtenfuchs 2000), geht die Suche nach den Entwicklungsmöglichkeiten einer europäischen Öffentlichkeit (Eder/Trenz) und gesellschaftlichen Strukturveränderungen in Richtung europäischer „demoi" (Abromeit) weiter.[14]

Nicht zuletzt werden Grundsatzfragen der Disziplin an den Untersuchungsgegenstand „EU" herangetragen. In allen politischen Systemen geht es um kollektive Entscheidungen und eine Kernfrage ist, wie institutionelle Regeln diese Entscheidungen vorstrukturieren. Unter der Annahme, dass Akteure mit eindeutigen und festen Politikpräferenzen in den Entscheidungsprozess eintreten, kann man mit Hilfe formaler Modelle die Logik des Entscheidens herausarbeiten. Sobald man die Politikpräferenzen aller beteiligten Akteure kennt – sei es, dass man sie empirisch erhebt oder sei es, dass man sie deduktiv erschließt –, kann man vorhersagen, zu welchen Ergebnissen die jeweils geltenden Abstimmungsregeln führen. Gerade angesichts der Komplexität der Entscheidungsprozesse in der EU ist deren systematische Untersuchung mit Hilfe von formalen Modellen ein Gewinn (Pappi, König, Thurner, Schneider).[15]

---

11 Zur Forschungsprogrammatik dieses Schwerpunktes (Laufzeit 1996-2003) vgl. Kohler-Koch/Jachtenfuchs (1996).

12 Die Ankündigung von Kommissionspräsident Prodi erfolgte Februar 2000; das Weißbuch wurde Ende Juli 2001 vorgelegt (Kommission 2001c), vgl. auch http://www.europa.eu. int/comm/governance [Stand: 01.07.2003].

13 Dieser Aspekt wurde in einem Sammelband über „Regieren in entgrenzten Räumen" vertieft, der erste Ergebnisse aus dem Schwerpunktprogramm aufgreift (Kohler-Koch 1998d). Zur Transformation des Regierens vgl. Kohler-Koch/Eising (1999) und zur Interdependenz des Regierens in EU und Mitgliedstaaten Kohler-Koch (2003b).

14 Die Themen der über 60 Forschungsprojekte, die inzwischen in dem DFG Forschungsschwerpunkt bearbeitet wurden, sind unter http://www.mzes.uni-mannheim.de/projekte/reg_europ/dfg.htm [Stand: 29.07.2003] zu finden.

15 Eine kurze, gut lesbare Einführung geben Pappi/Henning (2003).

15.2 Theorieentwicklung

Integrationstheorie

Viele Darstellungen möchten uns glauben machen, dass alle Erklärungen zur Geschichte der westeuropäischen Integration auf eine der beiden konkurrierenden Theorieansätze zurückgreifen müssten. „Neo-Funktionalismus" und „Intergouvernementalismus" waren „two great monoliths at the gate of the study of European integration since the 1970s" (Hix 1999: 15). In der Tat hat die Kontroverse zwischen diesen beiden Ansätzen vor allem im englischsprachigen Bereich die integrationstheoretische Debatte lange dominiert. Alternative Theorieperspektiven wie der kommunikationstheoretische Ansatz von Karl W. Deutsch gerieten weitgehend in Vergessenheit oder fristeten wie die polit-ökonomischen Ansätze (Cox; Jessop; Deppe) ein Schattendasein. Die einseitige Theorierezeption hat jedoch eher damit zu tun, dass gerade in den 1970er und 1980er Jahren empirische Arbeiten dominierten, die gar nicht erst den Anspruch der theoriegeleiteten Analyse, geschweige denn der Theoriebildung, erhoben.[16] So wurde in den allgemein gehaltenen Einleitungen den Klassikern zwar meist Referenz erwiesen, aber auf eine Weiterentwicklung ihrer Ansätze verzichtet. Angesichts der weitgehenden Theorieabstinenz der empirischen Forschung ist es nicht zufällig, dass den Veröffentlichungen von Moravcsik Anfang der 1990er Jahre (v.a. Moravcsik 1993) eine solche Aufmerksamkeit zuteil wurde. Er verband detaillierte historische Forschung mit theoretischer Weiterentwicklung, indem er den aus der realistischen Schule stammenden „intergouvernementalistischen" Ansatz zu seinem Konzept des „liberalen Intergouvernementalismus"[17] ausbaute.

Ein weiterer Grund für die Stagnation der Integrationstheorie war der Wechsel der Untersuchungsperspektive. Nicht mehr die Frage nach den treibenden Kräften der Integration, sondern das Interesse am Funktionieren des europäischen politischen Systems stand im Vordergrund der Untersuchungen. Auch wenn die Integrationstheorien davon nicht direkt profitierten, so wirkte sich der Wechsel doch belebend auf die Theoriedebatte insgesamt aus. Mit der inhaltlichen Erweiterung der Europaforschung wurden eine Reihe von Ansätzen aus der Vergleichenden Regierungslehre und der Policy-Forschung eingeführt. Vor allem wurde der Neo-Institutionalismus (Olsen) als eine der großen Theorieströmungen in den Mittelpunkt der Aufmerksamkeit gerückt. Er erwies sich nicht nur für die Analyse des politischen Systems der EU als fruchtbar, sondern fand auch in Form des „historischen Institutionalismus" (Pierson; Bulmer) Eingang in die integrationstheoretischen Überlegungen.

Konstruktivismus

Die Debatte um die Integrationstheorie wurde erst durch die Einführung konstruktivistischer Ansätze wieder neu aufgemischt. Das Plädoyer für eine andere Sichtweise, die verstärkte Berücksichtigung der kognitiven Dimension, von Ideen und von Normen hat inzwischen breites Gehör gefunden.[18] Die Umsetzung in ein empirisches Forschungsprogramm lässt aber noch zu wünschen übrig.

Der Trend der Theorieentwicklung geht ganz offensichtlich hin zur Entwicklung von Teilbereichstheorien. „Große Theorien" stehen nur in soweit zur

---

16 Wessels spricht in einer Bilanz der wissenschaftlichen Debatte der 1980er Jahre von einem „Stillstand der Reflexion" (Wessels 1990: 22).

17 Vgl. dazu insbesondere das Buch von Moravcsik (1998).

18 Vgl. das Sonderheft des Journal of European Public Policy (1999) sowie Rosamond (2000: Kap. 5).

Debatte, als es um grundsätzliche Auffassungsunterschiede über die „richtige" Herangehensweise geht.[19] Allerdings stehen zwei wichtige Aufgaben auf der Tagesordnung: Zum einen fehlt der Europaforschung der Blick auf die Gesellschaft. Integration wurde auf politische Systembildung, rechtliche Vereinheitlichung und wirtschaftliche Verflechtung verkürzt. Wie dieser Aspekt von Integration mit den gesellschaftlichen Entwicklungen in Europa zusammenhängt, wurde bisher weitgehend vernachlässigt. Zum anderen ist die Wechselwirkung von Integrationsdynamik und politischer Systementwicklung noch unterbelichtet. Die Ausweitung der Zuständigkeitsbereiche hat in der jüngsten Vergangenheit zu institutionellen Innovationen geführt[20], die in einer spannungsgeladenen Koexistenz mit dem supranationalen EG-System stehen. Ebenso viel Forschungsbedarf gibt es noch zur Frage, welche systematischen Zusammenhänge es zwischen Systementwicklung und Politikergebnissen der EU gibt.

Gerade in der jüngsten Vergangenheit hat die Europaforschung aus dem Import von Theorien aus anderen Teilbereichen der Politikwissenschaft Nutzen gezogen. Inzwischen beginnt die Diskussion um Exportmöglichkeiten. Zum einen haben die systematischen Forschungsanstrengungen gerade in den Forschungsverbünden die Theoriediskussion angestoßen. Zum anderen wird die Europäische Union immer weniger als ein unvergleichlicher Spezialfall gesehen, denn als ein Beispiel neben anderen für die Verarbeitung politischer Probleme unter Interdependenzbedingungen. So betrachtet zeigen sich in der EU die Zukunftsprobleme wie in einem Brennglas und für mögliche Lösungswege ist sie ein attraktives Laboratorium.

---

19 Vgl. dazu die Replik von Moravcsik auf die konstruktivistische Kritik an seiner Arbeit (Moravcsik 1999a) und seinen Beitrag im oben genannten Sonderheft (Moravcsik 1999b).
20 Dies ist besonders augenfällig im Bereich der Wirtschafts- und Währungsunion und der Sicherheits- und Verteidigungspolitik, vgl. Kap. 5 und Kap. 13.

Anhang

Abkürzungsverzeichnis

ABl.	Amtsblatt
AdR	Ausschuss der Regionen
AKP	Afrika, Karibik, Pazifik
APEC	Asiatic-Pacific Economic Cooperation
ASEAN	Association of South-East Asian Nations
AStV	Ausschuss der Ständigen Vertreter
AU	Afrikanische Union
BEUC	Bureau Européen des Unions de Consommateurs
BIP	Bruttoinlandsprodukt
BM	Bundesminister
BMZ	Bundesministerium für wirtschaftliche Zusammenarbeit
BSE	Bovine Spongiforme Enzephalophatie
BSP	Bruttosozialprodukt
BVerfG	Bundesverfassungsgericht
CAP	Centrum für Angewandte Politik
CEEP	Centre Européen des Entreprises
CERN	Europäische Organisation für Kernforschung
CONECCS	Consultation, the European Commission and Civil Society; Konsultation, die Europäische Kommission und die Zivilgesellschaft (Datenbank)
COPA	Comité des Organisations Professionnelles Agricoles de l`Union Européenne
COREPER	Ausschuss der Ständigen Vertreter
COREU	Correspondance européenne
DFG	Deutsche Forschungsgemeinschaft
EAG/EURATOM	Europäische Atomgemeinschaft
EAGFL	Europäischer Ausrichtungs- und Garantiefonds für die Landwirtschaft
ECE	Europäische Wirtschaftskommission der Vereinten Nationen
ECOFIN-Rat	Rat der Wirtschafts- und Finanzminister
ECOSOC	Unterausschuss des Wirtschafts- und Sozialrates der UN
ECU	European Currency Unit; Europäische Rechnungs- und Währungseinheit
EDSI	European Defence and Security Identity
EDIU	European Drugs Intelligence Unit
EEA	Einheitliche Europäische Akte
EEB	European Environmental Bureau ; Europäisches Umweltbüro
EEF	Europäischer Entwicklungsfonds
EFRE	Europäischer Fonds für Regionale Entwicklung
EFTA	European Free Trade Association
EG	Europäische Gemeinschaft
EGB	Europäischer Gewerkschaftsbund
EG-V	EG Vertrag
EGKS	Gemeinschaft für Kohle und Stahl
EGKS-V	Vertrag über die Europäische Gemeinschaft für Kohle und Stahl
EMRK	Europäische Menschenrechtskonvention
EPA	Economic Partnership Agreement

EP	Europäisches Parlament
EPG	Europäische Politische Gemeinschaft
EPZ	Europäische Politische Zusammenarbeit
ER	Europäischer Rat
ERP	European Recovery Program
ERT	European Round Table of Industrialists
ESDP	European Security and Defence Policy
ESF	Europäischer Sozialfond
ESRC	Economic & Social Research Council
ESVP	Europäische Sicherheits- und Verteidigungspolitik
ESZB	Europäisches System der Zentralbanken
EU	Europäische Union
EuGH	Europäischer Gerichtshof
EUMC	Militärausschuss der EU
EUMS	Militärstab der EU
EUREKA	Europäische Forschungsinitiative
EURO-	Im Auftrag der Europäischen Kommission zwei mal jährlich durchge-
	führte
BAROMETER	europaweite Repräsentativbefragungen
EUROCHAMBERS	Zusammenschluss der Industrie- und Handelskammern
Eurojust	European Criminal Justice Cooperation and Coordination
Europol	Europäisches Polizeiamt
EU-V	Vertrag über die Europäische Union
EVG	Europäische Verteidigungsgemeinschaft
EWG	Europäische Wirtschaftsgemeinschaft
EWG-V	Vertrag über die Europäische Wirtschaftsgemeinschaft
EWI	Europäisches Währungsinstitut
EWR	Europäischer Wirtschaftsraum
EWS	Europäisches Währungssystem
EWU	Europäische Währungsunion
EZB	Europäische Zentralbank
FIAF	Finanzierungsinstrument für die Ausrichtung der Fischerei
Fn	Fußnote
GASP	Gemeinsame Außen- und Sicherheitspolitik
GATT	General Agreement on Tariffs and Trade
GS/HV	Der Generalsekretär/Hohe Vertreter für die GASP
GSP	Generelles Präferenzsystem
GUS	Gemeinschaft Unabhängiger Staaten
IAEO	Internationale Atomenergie-Organisation
IEP	Institut für Europäische Politik
ILO	International Labour Organization
IO	Internationale Organisation
IWF	Internationaler Währungsfond
KOM	Kommission
KPdSU	Kommunistische Partei der Sowjetunion
KSZE	Konferenz für Sicherheit und Zusammenarbeit in Europa
LDC	Least Developed Countries; Bezeichnung für die Gruppe der am we-
	nigsten entwickelten Länder der Welt
MERCOSUR	Mercado Común del Cono Sur; Südamerikanischer Wirtschaftsver-
	bund
MFA	Multifaserabkommen
MOEL	Mittel- und Osteuropäische Länder
MZES	Mannheimer Zentrum für Europäische Sozialforschung
NAFTA	North-American Free Trade Agreement
NATO	North Atlantic Treaty Organization
NGO	Non-Governmental Organization
NZZ	Neue Züricher Zeitung

OECD	Organization for Economic Cooperation and Development
OEEC	Organization for European Economic Co-operation
OSZE	Organisation für Sicherheit und Zusammenarbeit in Europa
PfP	Partnership for Peace
PHARE	Poland and Hungary: Aid for Restructuring of the Economies; Hilfsprogramm für wirtschaftliche Umgestaltung der osteuropäischen Länder
PSK	Politisches und Sicherheitspolitisches Komitee
QM	Qualifizierte Mehrheit
REPA	Regionale Wirtschaftspartnerschaften
REGE	Regionen als Handlungseinheiten in der europäischen Politik
RGW	Rat für Gegenseitige Wirtschaftshilfe
Stabex	System zur Stabilisierung der Ausfuhrerlöse bei Agrarprodukten
SWP	Stiftung Wissenschaft und Politik
TBR	Trade Barrier Regulation
TREVI	Terrorisme, Radicalisme, Extrémisme, Violence International
UNDP	United Nations Development Programme
UNICE	Union des Industries de la Communauté Européenne
UNO	United Nations Organization
WEU	Westeuropäische Union
WPO	Warschauer Pakt Organisation
WSA	Wirtschafts- und Sozialausschuss
WTO	World Trade Organization
WWU	Wirtschafts- und Währungsunion
ZEI	Zentrum für Europäischen Politik
ZJI	Zusammenarbeit in der Justiz- und Innenpolitik

Verzeichnis der Kästen

Verzeichnis der Schaubilder

Literaturverzeichnis

Abromeit, Heidrun (1997): Überlegungen zur Demokratisierung der Europäischen Union, in: Wolf, Klaus-Dieter (Hrsg.): Projekt Europa im Übergang? Probleme, Modelle und Strategien des Regierens in der Europäischen Union, Baden-Baden: Nomos, S. 109-123.

Abromeit, Heidrun (1998): Democracy in Europe. Legitimising Politics in a Non-State Polity, New York: Berghahn Books.

Adréani, Gilles/Bertram, Christopher/Grant, Charles (2001): Europe's Military Revolution, Centre For European Research, London.

Alemann, Ulrich v. (1994): Politikbegriffe, in: Nohlen, Dieter/Kriz, Jürgen/Schultze, Rainer-Olaf (Hrsg.): Politikwissenschaftliche Methoden, Nohlen, Dieter (Hrsg.): Lexikon der Politik, Bd. 2., München: C.H. Beck, S. 297-301.

Allen, David/Smith, Michael (2002): External Policy Developments, in: Journal of Common Market Studies 40 (2, Supplement 3), S. 97-115.

Andrews, Carole (2000): EU Enlargement: From Luxembourg to Helsinki and Beyond, London: House of Commons (House of Commons Research Paper, 62).

Archer, Clive/Butler, Fiona (1996): The European Union: Structure and Process, 2. Auflage, London: Pinter.

Armstrong, Kenneth/Bulmer, Simon (1998): The Governance of the Single European Market, Manchester: Manchester University Press.

Auswärtiges Amt (1962): Europa: Dokumente zur Frage der europäischen Einigung, Bonn: Scheur.

Axelrod, Robert/Keohane, Robert O. (1986): Achieving Cooperation under Anarchy: Strategies and Institutions, in: Oye, Kenneth (Hrsg.): Cooperation under Anarchy, Princeton: Princeton University Press, S. 379-396.

Axt, Heinz-Jürgen (2000): Solidarität und Wettbewerb – die Reform der EU-Strukturpolitik. Strategien für Europa, Gütersloh: Verlag Bertelsmann Stiftung.

Bagehot, Walter (1872): The English Constitution, 2. Auflage, London: Oxford University Press.

Belassa, Bela (1962): The Theory of Economic Integration, London: Allen & Unwin.

Benz, Arthur (1993): Regionen als Machtfaktor in Europa, in: Verwaltungsarchiv 84, S. 328-348.

Benz, Arthur (1998a): Ansatzpunkte für ein europafähiges Demokratiekonzept, in: Kohler-Koch, Beate (Hrsg.): Regieren in entgrenzten Räumen, PVS-Sonderheft 29, Opladen: Westdeutscher Verlag, S. 345-368.

Benz, Arthur (1998b): Politikverflechtung ohne Politikverflechtungsfalle – Koordination und Strukturdynamik im europäischen Mehrebenensystem, in: Politische Vierteljahresschrift 39 (3), S. 559-589.

Benz, Arthur (2000): Entflechtung als Folge von Verflechtung: Theoretische Überlegungen zur Entwicklung des europäischen Mehrebenensystems, in: Jachtenfuchs, Markus/ Grande, Edgar (Hrsg.): Wie problemlösungsfähig ist die EU?, Baden-Baden: Nomos, S. 141-163.

Benz, Arthur/Scharpf, Fritz W./Zintl, Reinhard (1992): Horizontale Politikverflechtung: Zur Theorie von Verhandlungssystemen, Frankfurt am Main: Campus.

Beutler, Bengt/Bieber, Roland/Pipkorn, Jörn/Streil, Jochen (2001): Die Europäische Union. Rechtsordnung und Politik, 5. Auflage, Baden-Baden: Nomos.

Bundesministerium für wirtschaftliche Zusammenarbeit (BMZ) 2002: Medienhandbuch Entwicklungspolitik, Bonn: BMZ.

Boeckh, Andreas (Hrsg.) (1994): Internationale Beziehungen, Nohlen, Dieter (Hrsg.), Lexikon der Politik, Bd. 6, München: C.H. Beck.

Börzel, Tanja A. (2000): Europäisierung und innerstaatlicher Wandel. Zentralisierung und Entparlamentarisierung? in: Politische Vierteljahresschrift 41 (3), S. 199-250.

Bogdandy, Armin von/Makatsch, Tilman (2000): Kollision, Koexistenz oder Kooperation? Zum Verhältnis von WTO-Recht und europäischem Außenwirtschaftsrecht in neueren Entscheidungen, in: Europäische Zeitschrift für Wirtschaftsrecht 11 (9), S. 261-268.

Braun, Dietmar (1997): Die politische Steuerung der Wissenschaft. Ein Beitrag zum „kooperativen Staat", Frankfurt a.M.: Campus.

Braun, Dietmar (1999): Theorien Rationalen Handelns in der Politikwissenschaft. Eine kritische Einführung, Opladen: Leske + Budrich.

Bruggemann, Willi (1995): Europol and the Europol Drugs Unit: Their Problems and Potential for Development, in: Bieber, Roland/Monar, Jörg (Hrsg.): Justice and Home Affairs in the European Union. The Development of the Third Pillar, Brüssel: European University Press, S. 217-230.

Brüne, Stefan (2000): Die EU als Nord-Süd Akteur: Abschied von Lomé?, in: Schubert, Klaus/Müller-Brandeck-Bocquet, Giesela (Hrsg.): Die Europäische Union als Akteur der Weltpolitik, Opladen: Leske + Budrich, S. 205-218.

Cecchini, Paolo (1988): Europa '92. Die Vorteile des Binnenmarktes, Baden-Baden: Nomos.

Checkel, Jeffrey T./Moravcsik, Andrew (2001): A Constructivist Research Program in EU Studies? (Forum Debate), in: European Union Politics 2 (2), S. 219-249.

Christiansen, Thomas (2002): The role of supranational actors in EU treaty reform, in: Journal of European Public Policy 9 (1), S. 33-53.

Christiansen, Thomas/Jørgensen, Knud E./Wiener, Antje (1999): The Social Construction of Europe, in: Journal of European Public Policy 6 (4), S. 528-544.

Churchill, Winston S. (1946/1994): The Tragedy of Europe, in: Nelsen, Brent F./Stubb, Alexander C.-G. (Hrsg.): The European Union, London: Lynne Rienner, S. 5-9.

Conzelmann, Thomas (1996): Europa der Regionen, in: Kohler-Koch, Beate/Woyke, Wichard (Hrsg.): Die Europäische Union, Nohlen, Dieter (Hrsg.): Lexikon der Politik, Bd. 5, München: C.H. Beck, S. 61-68.

Conzelmann, Thomas (2002): Große Räume, kleine Räume. Europäisierung und Entwicklung einer parallelen Regionalpolitik in Deutschland und Großbritannien, Baden-Baden: Nomos.

Conzelmann, Thomas (2003): Neofunktionalismus, in: Schieder, Siegfried/Spindler, Manuela (Hrsg.): Theorien der Internationalen Beziehungen. Eine Einführung, Opladen: Leske + Budrich, S. 141-168.

Conzelmann, Thomas/Knodt, Michèle (2002): Regionales Europa – Europäisierte Regionen, Mannheimer Jahrbuch für Europäische Sozialforschung, Bd. 6, Frankfurt/New York: Campus.

Corbett, Richard (1998): The European Parliament's Role in Closer EU Integration, Houndmills: Palgrave.

Corbett, Richard/Jacobs, Francis/Shackleton, Michael (2000): The European Parliament, 4. Auflage, London: Harper.

Cowles, Maria Green/Caporaso, James/Risse, Thomas (2001): Transforming Europe: Europeanization and Domestic Change, Cornell: Cornell University Press.

Cox, Aidan/Koning, Antonique (1997): Understanding European Community Aid. Aid Policies, Management and Distribution Explained, London/Brüssel: Overseas Development Institute/European Commission.

Cram, Laura (1998): The EU institutions and collective action: constructing a European interest?, in: Greenwood, Justin/Aspinwall, Mark (Hrsg.): Collective Action in the European Union. Interests and the New Politics of Associability, London: Routledge, S. 63-80.

Czada, Roland (1995): Institutionelle Theorien der Politik, in: Nohlen, Dieter/Schultze, Rainer-Olaf (Hrsg.): Politische Theorien, Nohlen, Dieter (Hrsg.): Lexikon der Politik, Bd. 1, München: C.H. Beck, S. 205-213.

Czempiel, Ernst-Otto (1981): Internationale Politik: Ein Konfliktmodell, Paderborn: Schoeningh.

Czempiel, Ernst-Otto (1991): Weltpolitik im Umbruch. Das internationale System nach dem Ende des Ost-West-Konflikts, München: C.H. Beck.

Dalibor, Eva (1997): Handelspolitischer Multilateralismus zwischen Globalisierung und Regionalisierung, Dissertation, FU Berlin.

Den Boer, Monica (1997): Wearing the Inside Out: European Police Cooperation between Internal and External Security, in: European Foreign Affairs Review 2 (4), S. 491-508.

Den Boer, Monica/Wallace, William (2000): Justice and Home Affairs: Integration Through Incrementalism?, in: Wallace, Helen/Wallace, William (Hrsg.): Policy-Making in the European Union, 4. Auflage, Oxford: Oxford University Press, S. 493-519.

Deppe, Frank (1975): Zur ökonomischen und politischen Struktur des Integrationsprozesses, in: Deppe, Frank (Hrsg.): Europäische Wirtschaftsgemeinschaft (EWG). Zur politischen Ökonomie der westeuropäischen Integration, Reinbek bei Hamburg: Rowohlt, S. 175-284.

Deth, J. W. van (2000): Interesting but Irrelevant: Social Capital and the Saliency of Politics in Western Europe, in: European Journal of Political Research 37 (2), S. 115-147.

Dinan, Desmond (1994): Ever Closer Union? An Introduction to the European Community, Basingstoke: Palgrave.

Dinan, Desmond (1999): Ever Closer Union? An Introduction to European Integration, 2. Auflage, Basingstoke: Palgrave.

Duchesne, Sophie/Frognier, André-Paul (1995): Is there an European Identity?, in: Niedermayer, Oskar/Sinnott, Richard (Hrsg.): Public Opinion and Internationalized Governance, Oxford: Oxford University Press, S. 193-226.

Dyker, David A. (2000): The Dynamic Impact on the Central-East European Economics of Accession to the European Union, Sussex: Sussex European Institute, Working paper 6.

Dyson, Kenneth (1999): Economic and Monetary Union in Europe: A Transformation of Governance, in: Kohler-Koch, Beate/Eising, Rainer (Hrsg.): The Transformation of Governance in the European Union, London: Routledge, S. 98-118.

Dyson, Kenneth (2003): Die Wirtschafts- und Währungsunion als Prozess der Europäisierung, in: Jachtenfuchs, Markus/Kohler-Koch, Beate (Hrsg.): Europäische Integration, 2. Auflage, Opladen: Leske + Budrich, S. 449-478.

Dyson, Kenneth/Featherstone, Kevin (1999): The Road to Maastricht: Negotiating Economic and Monetary Union, Oxford: Oxford University Press.

Easton, David (1965): A Systems Analysis of Political Life, New York: John Wiley & Sons, Inc.

Easton, David (1975): A Re-Assessment of the Concept of Political Support, in: British Journal of Political Science 5 (1), S. 435-457.

Ebbinghaus, Bernhard/Visser, Jelle (2000): Trade Unions in Western Europe Since 1945, London: Macmillan.

Eder, Klaus (2000): Zur Transformation nationalstaatlicher Öffentlichkeit in Europa. Von der Sprachgemeinschaft zur issuespezifischen Kommunikationsgemeinschaft, in: Berliner Journal für Soziologie 10 (2), S. 167-184.

Edis, Richard (1998): Does the Barcelona Process Matter?, in: Mediterranean Politics 3 (3), S. 93-105.

Edler, Jakob (2000): Institutionalisierung europäischer Politik. Die Genese des Forschungsprogramms BRITE als reflexiver sozialer Prozess, Baden-Baden: Nomos.

Edwards, Geoffrey/Spence, David (Hrsg.) (1997): The European Commission, 2. Auflage, London: Cartermill.

Efinger, Manfred/Rittberger, Volker/Zürn, Michael (Hrsg.) (1988): Internationale Regime in den Ost-West Beziehungen, Frankfurt a.M.: Haag und Herchen.

Ehlermann, Claus-Dieter (Hrsg.) (1999): Der rechtliche Rahmen eines Europas in mehreren Geschwindigkeiten und unterschiedlichen Gruppierungen, Köln: Bundesanzeiger.

Eichener, Volker (1996): Die Rückwirkungen der europäischen Integration auf nationale Politikmuster, in: Jachtenfuchs, Markus/Kohler-Koch, Beate (Hrsg.): Europäische Integration, Opladen: Leske + Budrich, S. 249-280.

Eichener, Volker (2000): Das Entscheidungssystem der Europäischen Union. Institutionelle Analyse und demokratietheoretische Bewertung, Opladen: Leske + Budrich.

Eising, Rainer (2000): Liberalisierung und Europäisierung: Die regulative Reform der Elektrizitätsversorgung in Großbritannien, der Europäischen Gemeinschaft und der Bundesrepublik Deutschland, Opladen: Leske + Budrich.

Eising, Rainer (2001a): Interessenvermittlung in der Europäischen Union, in: Reutter, Werner/Rütters, Peter (Hrsg.): Verbände und Verbandssysteme in Westeuropa, Opladen: Leske + Budrich, S. 453-476.

Eising, Rainer (2001b): The Access of Business Associations to the European Commission: French, German, British and EU Associations in a Multi-Level System, paper to be presented at the bienninal European Community Studies Association International Conference, Madison, Wisconsin, May 31 – June 2, 2001.

Eising, Rainer (2003): Europäisierung und Integration. Konzepte in der EU-Forschung, in: Jachtenfuchs, Markus/Kohler-Koch, Beate (Hrsg.): Europäische Integration, 2. Auflage, Opladen: Leske + Budrich, S. 387-416.

Eising, Rainer/Kohler-Koch, Beate/Schaber, Thomas (2002): Business interests in the EU multi-level-system, Hagen: Manuscript.

Eschenburg, Theodor (1955): Herrschaft der Verbände?, Stuttgart: Deutsche Verlagsanstalt.

Europäischer Rat (1990): Schlussfolgerungen des Europäischen Rates der Staats- und Regierungschefs am 28. April 1990 in Dublin, in: Europa-Archiv 45 (1), S. 284-288.

Europäischer Rat (1993): Schlussfolgerungen der Tagung des Europäischen Rates der Staats- und Regierungschefs in Kopenhagen am 21. und 22. Juni 1993, in: Europa-Archiv 48 (13-14), S. 258-276.

Europäischer Rat (2002): Schlussfolgerungen des Vorsitzes, Europäischer Rat (Brüssel), 24. und 25. Oktober 2002, SN 300/02.

Europäischer Wirtschafts- und Sozialausschuss (1998): Der WSA: Brücke zwischen Europa und seinen Bürgern, Brüssel: Europäischer Wirtschafts- und Sozialausschuss Dienst Veröffentlichungen.

Falkner, Gerda/Nentwich, Michael (2000): Enlarging the European Union: The Short-Term Success of Incrementalism and De-Politicisation, Köln: Max Planck-Institut für Gesellschaftsforschung, MPIfG Working Paper 4.

Falter, Jürgen (1994): Behavioralismus; in: Nohlen, Dieter/Kriz, Jürgen/Schultze, Rainer-Olaf (Hrsg.): Politikwissenschaftliche Methoden, Nohlen, Dieter (Hrsg.): Lexikon der Politik, Bd. 2, München: C.H. Beck, S. 45-52.

Favell, Adrian (1998): The Europeanisation of Immigration Politics, in: European Integration online Papers (EIoP), 2 (1), S.

Featherstone, Kevin/Radaelli, Claudio (2003): The Politics of Europeanization, Oxford: Oxford University Press.

Fierke, Karin M./ Wiener, Antje (1999): Constructing Institutional Interests: EU and NATO Enlargement, in: Journal of European Public Policy 6 (5), S. 721-742.

Fisahn, Andreas (1998): Europol – Probleme der Kontrolle, in: Kritische Justiz 31 (3), S. 358-371.

Fischer-Weltalmanach (2000): Zahlen-Daten-Fakten, Frankfurt a.M.: Fischer.

Fisher, Chris (1994): The Lobby to Stop Testing Cosmetics on Animals, in: Pedler, R.H./van Schendelen, M.P.C.M. (Hrsg.): Lobbying the European Union. Companies, Trade Associations and Issue Groups, Aldershot: Dartmouth, S. 227-241.

Fischer, Joschka (2000): Zukunft der Europäischen Union, in: Integration 3, S. 149-197.

Fleischer, Isabell (2001): Das Zusammenspiel von Unternehmen und Verbänden in der Automobilindustrie: Interessenvertretung in der EU am Beispiel der Altfahrzeugrichtlinie, Mannheim: Magisterarbeit.

Fraenkel, Ernst (1991): Deutschland und die westlichen Demokratien, Frankfurt a.M.: Suhrkamp.

Franklin, Mark N./Van der Eijk, Cees/Marsh, Michael (1995): Referendum Outcomes and Trust in Government: Public Support for Europe in the Wake of Maastricht, in: West European Politics 18 (3), S. 101-117.

Friedrich, Carl J. (1972): Europa – Nation im Werden?, Bonn: Europa Union Verlag.

Friis, Lykke/Murphy, Anna (1999): The European Union and Central and Eastern Europe: Governance and Boundaries, in: Journal of Common Market Studies 37 (2), S. 211-232.

Friis, Lykke/Murphy, Anna (2001): Contribution to the Forum „Enlargement of the European Union: Impacts on the EU, the Candidates and the ‚Next Neighbors'", in: ECSA Review 14 (1), S. 4-5.

Gabel, Matthew J. (1998a): Economic Integration and Mass Politics: Market Liberalization and Public Attitudes in the European Union, in: American Journal of Political Science 42 (3), S. 936-953.

Gabel, Matthew J. (1998b): Interests and Integration. Market Liberalization, Public Opinion, and European Union, Michigan: The University of Michigan Press.

Gaedicke, Herbert/Eynern, Gert von (1933): Die produktionswirtschaftliche Integration Europas: Eine Untersuchung über die Außenhandelsverflechtung der europäischen Länder, Berlin: Junker und Dünnhaupt.

Gallagher, Peter (2002): Guide to dispute settlement, London: Kluwer Law International.

Garrett, Geoffrey/Weingast, Barry R. (1993): Ideas, Interests, and Institutions: Constructing the European Community's Internal Market, in: Goldstein, Judith/Keohane, Robert O. (Hrsg.): Ideas and Foreign Policy. Beliefs, Institutions and Political Change, Ithaca NY: Cornell University Press, S. 173-206.

Geddes, Andrew (2000). Immigration and European Integration, Manchester: Manchester University Press.

Gerhards, Jürgen (1993): Westeuropäische Integration und die Schwierigkeiten der Entstehung einer europäischen Öffentlichkeit, in: Zeitschrift für Soziologie 22 (2), S. 96-110.

Giering, Claus/Janning, Josef (2001): Flexibilität als Katalysator der Finalität? Die Gestaltungskraft der „Verstärkten Zusammenarbeit" nach Nizza, in: Integration 24 (2), S. 146-155.

Glarbo, Kenneth (1999): Wide-awake diplomacy: reconstructing the common foreign and security policy of the European Union, in: Journal of European Public Policy 6 (4), S. 634-651.

Göhler, Gerhard (Hrsg.) (1994): Die Eigenart der Institutionen: Zum Profil politischer Institutionentheorie, Baden-Baden: Nomos.

Göler, Daniel (2002): Der Gipfel von Laeken: Erste Etappe auf dem Weg zu einer europäischen Verfassung?, in: Integration 25 (2), S. 99-110.

Goldstein, Judith/Keohane, Robert O. (1993a): Ideas and Foreign Policy: An Analytical Framework, in: Goldstein, Judith/Keohane, Robert O. (Hrsg.): Ideas and Foreign Policy. Beliefs, Institutions and Political Change, Ithaca NY: Cornell University Press, S. 3-30.

Goldstein, Judith/Keohane, Robert O. (Hrsg.) (1993b): Ideas and Foreign Policy. Beliefs, Institutions and Political Change, Ithaca NY: Cornell University Press.

Gollwitzer, Heinz (1964): Europabild und Europagedanke: Beiträge zur deutschen Geistesgeschichte des 18. und 19. Jahrhunderts, München: C.H. Beck.

Gollwitzer, Heinz (1972): Geschichte des weltpolitischen Denkens. Vom Zeitalter der Entdeckungen bis zum Beginn des Imperialismus, Bd.1, Göttingen: Vandenhoeck & Ruprecht.

Goralczyk, Dieter (1975a): Weltmarkt, Weltwährungssystem und westeuropäische Integration. Studien zur Integration und Desintegration kapitalistischer Weltwirtschaft, Gießen: Focus Verlag.

Goralczyk, Dietmar (1975b): Die Marxsche Theorie der Weltmarktbewegung des Kapitals und die Rekonstruktion des Weltmarkts nach 1945, in: Deppe, Frank (Hrsg.): Europäische Wirtschaftsgemeinschaft (EWG). Zur politischen Ökonomie der westeuropäischen Integration, Reinbek bei Hamburg: Rowohlt, S. 14-52.

Grabbe, Heather/Hughes, Kirsty S. (1998): Enlarging the EU Eastwards, London: The Royal Institute of International Affairs.

Graf Kielmansegg, Peter (2003): Integration und Demokratie, in: Jachtenfuchs, Markus/Kohler-Koch, Beate (Hrsg.): Europäische Integration, 2. Auflage, Opladen: Leske + Budrich, S. 49-83.

Grande, Edgar (1996): Das Paradox der Schwäche: Forschungspolitik und die Einflußlogik europäischer Politikverflechtung; in: Jachtenfuchs, Markus/Kohler-Koch, Beate (Hrsg.): Europäische Integration, Opladen: Leske + Budrich, S. 373-399.

Grande, Edgar (2000): Multi-Level Governance: Institutionelle Besonderheiten und Funktionsbedingungen des europäischen Mehrebenensystems, in: Jachtenfuchs, Markus/Grande, Edgar (Hrsg.): Wie problemlösungsfähig ist die EU?, Baden-Baden: Nomos, S. 11-30.

Grande, Edgar/Jachtenfuchs, Markus (Hrsg.) (2000): Wie problemlösungsfähig ist die EU? Regieren im Europäischen Mehrebenensystem, Baden-Baden: Nomos.

Green Cowles, Maria (1995): Setting the Agenda for a New Europe: The ERT and EC 1992, in: Journal of Common Market Studies 33 (4), S. 501-526.

Green Cowles, Maria (1997): Organizing Industrial Coalitions: A Challenge for the Future, in: Wallace, Helen/Young, Alasdair R. (Hrsg.): Participation and Policy-Making in the European Union, Oxford: Clarendon Press, S. 116-140.

Green Cowles, Maria/Caporaso, James A./Risse, Thomas (2001): Transforming Europe: Europeanization and Domestic Change, Ithaca NY: Cornell University Press.

Greenidge, Carl B. (1999): Return to Colonialism? The New Orientation of European Development Assistance, in: Lister, Marjorie (Hrsg.): New Perspectives on European Union Development Cooperation, Boulder: Westview Press, S. 103-124.

Greenwood, Justin (2003): Interest Representation in the European Union, Houndmills/New York: Palgrave Macmillan.

Greenwood, Justin/Aspinwall, Mark (1998) (Hrsg.): Collective Action in the European Union. Interests and the New Politics of Associability, London: Routledge.

Greven, Michael Th. (1998): Mitgliedschaft, Grenzen und politischer Raum: Problemdimensionen der Demokratisierung der Europäischen Union, in: Kohler-Koch, Beate (Hrsg.): Regieren in entgrenzten Räumen, PVS-Sonderheft 29, Opladen: Westdeutscher Verlag, S. 249-270.

Greven, Michael Th. (2000): Can the European Union Finally Become a Democracy?, in: Greven, Michael Th./Pauly, Louis W. (Hrsg.): Democracy beyond the State? The European Dilemma and the Emerging Global Order, Lanham: Rowman & Littlefield, S. 35-61.

Grilli, Enzo R. (1993): The European Community and the Developing Countries, Cambridge: Cambridge University Press.

Grimm, Dieter (1995): Braucht Europa eine Verfassung?, in: Juristenzeitung 12, S. 581-591.

Groeben, Hans von der (1982): Aufbaujahre der Europäischen Gemeinschaft. Das Ringen um den Gemeinsamen Markt und die Politische Union (1958-1966), Baden-Baden: Nomos.

Groeben, Hans von der (Hrsg.) (1997): Kommentar zum EU-/EG-Vertrag, 5. neubearbeitete Auflage, Baden-Baden: Nomos.

Große Hüttmann, Martin/Knodt, Michèle (2000): Die Europäisierung des deutschen Föderalismus, in: Aus Politik und Zeitgeschichte, B 52-53, S. 31-38.

Grosser, Dieter/Woyke, Wichard (1996): EFTA/EWR, in: Kohler-Koch, Beate/Woyke, Wichard (Hrsg.): Die Europäische Union, Nohlen, Dieter (Hrsg.): Lexikon der Politik, Bd. 5, München: C.H. Beck, S. 68-72.

Grote, Jürgen R. (1998a): Regionale Vernetzung: Interorganisatorische Strukturdifferenzen regionaler Politikgestaltung, in: Kohler-Koch, Beate u.a. (Hrsg.): Interaktive Politik in Europa. Regionen im Netzwerk der Integration, Opladen: Leske + Budrich, S. 62-96.

Grote, Jürgen R. (1998b): The Political Ecology of Regionalism. State-Society Relations in Nine European Regions, European University Institute Florenz: Dissertation.

Guth, Eckart (1997): Haushaltspolitik, in: Weidenfeld, Werner/Wessels, Wolfgang (Hrsg.): Europa von A-Z. Taschenbuch der Europäischen Integration, 6. Auflage, Bonn: Bundeszentrale für politische Bildung, S. 231-238.

Haas, Ernst B. (1958): The Uniting of Europe: Political, Social, and Economical Forces 1950-1957, London: Stevens.

Haas, Ernst B. (1963): International Integration. The European and the Universal Process, in: International Organization 15 (3), S. 366-392.

Haas, Ernst B. (1964): Beyond the Nation-State: Functionalism and International Organization, Stanford, Cal.: Stanford University Press.

Haas, Ernst B. (1969): Die Einigung Europas, in: Kohler, Beate (Hrsg.): Erfolge und Krisen der Integration. Die europäische Einigung unter der kritischen Sonde der Wissenschaft, Köln: Europa Union Verlag, S. 38-65.

Habermas, Jürgen (1968): Erkenntnis und Interesse, Frankfurt a.M.: Suhrkamp.

Haftendorn, Helga (1977): Theorie der Internationalen Beziehungen, in: Woyke, Wichard (Hrsg.): Handwörterbuch Internationale Politik, Opladen: Leske + Budrich, S. 298-309.

Haftendorn, Helga/Karl, Wolf-Dieter/Krause, Joachim/Wilker, Lothar (Hrsg.) (1978): Verwaltete Außenpolitik. Sicherheits- und entspannungspolitische Entscheidungsprozesse in Bonn, Köln: Wissenschaft und Politik.

Hall, Peter A. (1989): The Political Power of Economic Ideas: Keynesianism across Nations, Princeton, NJ: Princeton University Press.

Hallstein, Walter (1979): Die Europäische Gemeinschaft, 5. Auflage, Düsseldorf: Econ-Verlag.

Harbrecht, Wolfgang (1984): Die Europäische Gemeinschaft, 2. Auflage, Stuttgart: Gustav Fischer.

Hayes-Renshaw, Fiona (1999): The European Council and the Council of Ministers, in: Cram, Laura/Dinan, Desmond/Nugent, Neil (Hrsg.): Develoments in the European Union, London: Macmillan.

Hayes-Renshaw, Fiona/Wallace, Helen (1997): The Council of Ministers, Houndmills: Macmillan.

Heckscher, Eli F. (1955): Mercantilism, London: Allen and Unwin (zuerst 1931).

Heine, Michael/Kisker, Klaus Peter/Shikora, Andreas (1991): Schwarzbuch EG-Binnenmarkt. Die vergessenen Kosten der Integration, Berlin: edition sigma.

Heinelt, Hubert (1996): Politiknetzwerke und europäische Strukturfondsförderung: Ein Vergleich zwischen EU-Mitgliedstaaten, Opladen: Leske + Budrich.

Heinelt, Hubert (1998): Zivilgesellschaftliche Perspektiven einer demokratischen Transformation der Europäischen Union, in: Zeitschrift für Internationale Beziehungen 5 (1), S. 79-107.

Heinelt, Hubert/Reissert, Bernd (2001): Die Entwicklung der europäischen Strukturfonds als kumulativer Politikprozess. Zur Institutionalisierung und Veränderung von Politikinhalten im europäischen Mehrebenensystem, Darmstadt: unveröffentlichtes Manuskript.

Herbst, Ludolf (1986): Die zeitgenössische Integrationstheorie und die Anfänge der europäischen Einigung 1947-1950, in: Vierteljahreshefte für Zeitgeschichte 34 (2), S.161-205.

Héritier, Adrienne (1995): Die Koordination von Interessenvielfalt im europäischen Entscheidungsprozeß und deren Ergebnis: Regulative Politik als "Patchwork", Köln: MPI für Gesellschaftsforschung, MPIFG Discussion Paper, Nr. 4.

Héritier, Adrienne (1997): Market-Making Policy in Europe: Its Impact on Member State Policies. The Case of Road Haulage in Britain, the Netherlands, Germany and Italy, in: Journal of European Public Policy 4 (4), S. 539-555.

Héritier, Adrienne (2001): Differential Europe. The European Union Impact on National Policymaking, in: Héritier, Adrienne (Hrsg.): Differential Europe, Boulder: Rowman and Littlefield Publishers, S. 1-21.

Héritier, Adrienne/Kerwer, Dieter/Knill, Christoph/Lemkuhl, Dirk/Teutsch, Michael/Douillet, Ann-Cécile (2001): Differential Europe. The European Union Impact on National Policymaking, Boulder: Rowman and Littlefield Publishers.

Héritier, Adrienne/Knill, Christoph/Mingers, Susanne (1996): Ringing the Changes in Europe. Regulatory Competition and the Transformation of the State. Britain, France, Germany, Berlin/New York: Walter de Gruyter.

Héritier, Adrienne et al. (1994): Die Veränderung von Staatlichkeit in Europa. Ein regulativer Wettbewerb: Deutschland, Großbritannien, Frankreich, Opladen: Westdeutscher Verlag.

Hey, Christa/Brendle, Uwe (1994) (Hrsg.), Umweltverbände und EG. Strategien, politische Kultur und Organisationsformen, Opladen: Westdeutscher Verlag.

Hilf, Meinhard (1982): Die Organisationsstruktur der Europäischen Gemeinschaften, Berlin: Springer.

Hill, Christopher (1993): The Capability-Expectations Gap or Conceptualizing Europe's International Role, in: Journal of Common Market Studies 31 (3), S. 305-328.

Hillyard, Mick/Barclay, Christopher (1998): EU Enlargement: The Financial Consequences, London: House of Commons (House of Commons Research Paper 56).

Hix, Simon (1999): The political System of the European Union, Houndmills: Macmillan.

Hobsbawm, Eric (1995): Die Zeitalter der Extreme: Weltgeschichte des 20. Jahrhunderts, München: Hanser.

Hoffmann, Stanley (1964): The European Process at Atlantic Crosspurposes, in: Journal of Common Market Studies 3 (2), S. 85-101.

Hoffmann, Stanley (1966): Obstinate or Obsolete? The Fate of the Nation-State and the Case of Western Europe, in: Daedalus 95 (3), S. 862-915.

Hoffmann, Stanley (1982): Reflection on the Nation-States in Western Europe Today, in: Journal of Common Market Studies 21 (1/2), S. 21-37.

Hooghe, Liesbet (2001): The European Commission and the integration of Europe: Images of governance, Cambridge: Cambridge University Press.

Höllebrand, Annette (1996): Der Einfluss von Verbraucherinteressen auf das Europäische Parlament, Mannheim: Magisterarbeit.

Holtmann, Everhard (Hrsg.) (2000): Politiklexikon, 3. erw. Auflage, München/Wien: Oldenbourg.

House of Lords (Select Committee on European Communities) (1999): Third Report: Delegation of powers to the European Commission: Reforming Comitology, London: HMSO (HL 23, Session 1998-99, (http://www.parliament.the-stationery-office.co.uk/pa/ld199899/ldselect/ldeucom/23/2301.htm).

Howorth, Jolyon/Menon, Anand (Hrsg.) (1997): The European Union and National Defence Policy, London: Routledge.

Howorth, Jolyon (2001): European Defence and the Changing Politics of the European Union: Hanging Together or Hanging Separately, in: Journal of Common Market Studies 39 (4), S. 765-789.

Hughes, John A./Martin, Peter J./Sharrock, Wes W. (1997): Understanding classical Sociology: Marx, Weber, Durkheim, London: Sage.

Imig, Doug/Tarrow, Sidney (2000): Political Contention in a Europeanising Polity, in: West European Politics 23 (4), S. 73-93.

Imig, Doug/Tarrow, Sidney (2001): Contentious Europeans. Protest and Politics in an Emerging Polity, Oxford: Rowman & Littlefield.

Imig, Doug/Tarrow, Sidney (2003): Politischer Protest im europäischen Mehrebenensystem, in: Jachtenfuchs, Markus/Kohler-Koch, Beate (Hrsg.): Europäische Integration, 2. Auflage, Opladen: Leske + Budrich, S. 121-149.

Immergut, Ellen (1998): The Theoretical Core of the New Institutionalism, in: Politics and Society 26 (1), S. 5-34.

Ipsen, Hans P. (1972): Europäisches Gemeinschaftsrecht, Tübingen: J.C.B. Mohr.

Jachtenfuchs, Markus/Kohler-Koch, Beate (1996): Europäische Integration, Opladen: Leske + Budrich.

Jachtenfuchs, Markus/Kohler-Koch, Beate (2003): Governance in der Europäischen Union, in: Benz, Arthur (Hrsg.): Governance. Eine Einführung, Fernstudienmaterial für den Kurs „Governance", Hagen: Fernuniversität Hagen, S. 85-110.

Jachtenfuchs, Markus/Kohler-Koch, Beate (2003): Einleitung: Regieren und Institutionenbildung, in: Jachtenfuchs, Markus/Kohler-Koch, Beate (Hrsg.): Europäische Integration, Opladen: Leske + Budrich, S. 11-46.

Jachtenfuchs, Markus/Kohler-Koch, Beate (2003): Europäische Integration, Opladen: Leske + Budrich.

Jacobs, Adam S. (2000): Die Beziehungen der Türkei zur Europäischen Union und die Frage des türkischen EU-Beitritts, in: Aus Politik und Zeitgeschichte B 29-30, S. 22-28.

Janssen, Thomas (1999): Europäische Parteien, in: Weidenfeld, Werner (Hrsg.): Europa-Handbuch, Bonn: Bundeszentrale für Politische Bildung.

Joerges, Christian (1991): Markt ohne Staat? Die Wirtschaftsverfassung der Gemeinschaft und die regulative Politik, in: Wildenmann, Rudolf (Hrsg.): Staatswerdung Europas? Optionen für eine Europäische Union, Baden-Baden: Nomos, S. 225-268.

Joerges, Christian (2003): Recht, Wirtschaft und Politik im Prozess der Konstitutionalisierung Europas, in: Jachtenfuchs, Markus/Kohler-Koch, Beate (Hrsg.): Europäische Integration, 2. Auflage, Opladen: Leske + Budrich, S. 183-218.

Joerges, Christian/Falke, Josef (Hrsg.) (2000): Das Ausschusswesen der Europäischen Union, Baden-Baden: Nomos.

Joerges, Christian/Neyer, Jürgen (1998): Vom intergouvernementalen Verhandeln zur deliberativen Politik: Gründe und Chancen für eine Konstitutionalisierung der europäischen Komitologie, in: Kohler-Koch, Beate (Hrsg.): Regieren in entgrenzten Räumen, PVS-Sonderheft 29, Opladen: Westdeutscher Verlag, S. 207-233.

Joerges, Christian/Vos, Ellen (Hrsg.) (1999): EU Comittees. Social Regulation, Law and Politics, Oxford: Hart Publishing.

Jopp, Mathias/Matl, Saskia (2003): Perspektiven der deutsch-französischen Konventsvorschläge für die institutionelle Architektur der europäischen Union, in: Integration 26 (2), S. 99-110.

Judge, David/Earnshaw, David (2003): The European Parliament, Basingstoke: Palgrave Macmillan.

Jünemann, Annette (2001): Die EU und der Barcelona-Prozess – Bewertung und Perspektiven, in: Integration 24 (1), S. 42-57.

Jung, Nicola (2000): Zwischen informellen Zugeständnissen und formaler Zurückhaltung – Öffentlichkeitsarbeit in der deutschen Umweltpolitik und die Rolle der EG, in: Knodt, Michèle/ Kohler-Koch, Beate (Hrsg.): Deutschland zwischen Europäisierung und Selbstbehauptung, Mannheimer Jahrbuch für Europäische Sozialforschung, Bd. 5, Frankfurt a.M.: Campus, S. 437-468.

Kamppeter, Werner (2000): Lessons of European Integration, Bonn: Friedrich Ebert-Stiftung.

Kapteyn, Paul J. G. (1996): The Stateless Market: The European Dilemma of Integration and Civilization, London: Routledge.

Kirchhof, Paul (1992): Der deutsche Staat im Prozess der europäischen Integration, in: Kirchhof, Paul/Isensee, Hans Josef (Hrsg.): Handbuch des deutschen Staatsrechts VII, S. 855-886.

Klemmer, Paul (1998): Regionalpolitik; in: Klemmer, Paul (Hrsg.): Handbuch Europäische Wirtschaftspolitik, München: Vahlen, S. 457-517.

Knodt, Michèle (1998a): Die Prägekraft regionaler Politikstile, in: Kohler-Koch, Beate u.a. (Hrsg.): Interaktive Politik in Europa: Regionen im Netzwerk der Integration, Opladen: Leske + Budrich, S. 97-124.

Knodt, Michèle, (1998b): Tiefenwirkung europäischer Politik. Eigensinn oder Anpassung regionalen Regierens?, Baden-Baden: Nomos.

Knodt, Michèle (2001): Regieren im erweiterten Mehrebenensystem, Universität Mannheim: Manuskript (Antrag auf Gewährung einer Sachbeihilfe bei der Deutschen Forschungsgemeinschaft).

Knodt, Michèle (2002): Europäisierung regionalen Regierens: Mit Sinatra zum „autonomieorientierten Systemwechsel" im deutschen Bundesstaat?, in: Politische Vierteljahresschrift 43 (2), S. 211-234.

Knodt, Michèle/Kohler-Koch, Beate (Hrsg.) (2000): Deutschland zwischen Europäisierung und Selbstbehauptung, Mannheimer Jahrbuch für Europäische Sozialforschung, Bd. 5, Frankfurt a.M.: Campus.

Kohler-Koch, Beate (1992): Interessen und Integration, in: Kreile, Michael (Hrsg.): Die Integration Europas, PVS-Sonderheft 23, Opladen: Westdeutscher Verlag, S. 81-119

Kohler- Koch, Beate (1993): Die Welt regieren ohne Weltregierung, in: Böhret, Carl/Wewer, Göttrik (Hrsg.): Regieren im 21. Jahrhundert – zwischen Globalisierung und Regionalisierung, Opladen: Leske + Budrich, S. 109-142.

Kohler-Koch, Beate (1996): Catching up with Change: The Transformation of Governance in the European Union, in: Journal of European Public Policy 3 (3), S. 359-380.

Kohler-Koch, Beate (1997): Organized Interests in European Integration: The Evolution of a New Typ of Governance?, in: Wallace, Helen/Young, Alasdair (Hrsg.): Participation and Policy-Making in the European Union, Oxford: Oxford University Press, S. 42-68.

Kohler-Koch, Beate (1998a): Einleitung. Effizienz und Demokratie: Probleme des Regierens in entgrenzten Räumen, in: Kohler-Koch, Beate (Hrsg.): Regieren in entgrenzten Räumen, PVS-Sonderheft 29, Opladen: Westdeutscher Verlag, S. 11-25.

Kohler-Koch, Beate (1998b): Die Europäisierung nationaler Demokratien: Verschleiß eines europäischen Kulturerbes?, in: Greven, Michael Th. (Hrsg.): Demokratie – eine Kultur des Westens? 20. Kongress der Deutschen Vereinigung für Politische Wissenschaft (DVPW), Opladen: Leske + Budrich, S. 263-288.

Kohler-Koch, Beate (1998c): Europäisierung der Regionen: Institutioneller Wandel als sozialer Prozess, in: Kohler-Koch, Beate u.a. (Hrsg.): Interaktive Politik in Europa: Regionen im Netzwerk der Integration, Opladen: Leske + Budrich, S. 13-31.

Kohler-Koch, Beate (1998d): Regieren in entgrenzten Räumen, PVS-Sonderheft 29, Opladen: Westdeutscher Verlag.

Kohler-Koch, Beate (1998e): Leitbilder und Realität der Europäisierung der Regionen, in: Kohler-Koch, Beate u.a. (Hrsg.): Interaktive Politik in Europa. Regionen im Netzwerk der Integration, Opladen: Leske + Budrich, S. 231-253.

Kohler-Koch, Beate (1999): The Evaluation and Transformation of European Governance, in: Kohler-Koch, Beate/Eising, Rainer (Hrsg.): The Transformation of Governance in the European Union, London: Routledge, S. 14-35.

Kohler-Koch (2000a): Europäisierung: Plädoyer für eine Horizonterweiterung, in: Knodt, Michèle/Kohler-Koch, Beate (Hrsg.): Deutschland zwischen Europäisierung und Selbstbehauptung, Mannheimer Jahrbuch für Europäische Sozialforschung, Bd. 5, Frankfurt a.M.: Campus, S. 11-31.

Kohler-Koch, Beate (2000b): Regieren in der Europäischen Union, in: Aus Politik und Zeitgeschichte B6, S. 30-38.

Kohler-Koch, Beate (2000c): Ordnungsdenken in einer globalisierten Welt, in: Lutz, Dieter (Hrsg.): Globalisierung und nationale Souveränität. Festschrift für Wilfried Röhrich, Baden-Baden: Nomos, S. 189-225.

Kohler-Koch, Beate (2000d): Framing: The Bottleneck of Constructing Legitimate Institutions, in: Journal of European Public Policy 7 (4), S. 513-531.

Kohler-Koch, Beate/Eising, Rainer (Hrsg.) (1999): The Transformation of Governance in the European Union, London: Routledge.

Kohler-Koch, Beate/Jachtenfuchs, Markus (1996): Regieren in der Europäischen Union. Fragestellungen für eine interdisziplinäre Europaforschung, in: Politische Vierteljahresschrift 37 (3), S. 537-556.

Kohler-Koch, Beate/Schmidberger, Martin (1996): Integrationstheorien, in: Kohler-Koch, Beate/Woyke, Wichard (Hrsg.): Die Europäische Union, Nohlen, Dieter (Hrsg.): Lexikon der Politik, Bd. 5, München: C.H. Beck, S. 152-162.

Kohler-Koch, Beate/Jachtenfuchs (1996): Regieren in der Europäischen Union – Fragestellungen für eine interdisziplinäre Forschung, in: Politische Vierteljahresschrift 37 (3), S. 537-556.

Kohler-Koch, Beate u.a. (1998): Interaktive Politik in Europa: Regionen im Netzwerk der Integration, Opladen: Leske + Budrich.

Kohler-Koch, Beate (2003a): Legitimes Regieren in der EU. Eine kritische Auseinandersetzung mit dem Weißbuch zum Europäischen Regieren, in: Kaiser, André/Zittel, Thomas (Hrsg.): Demokratietheorie und Demokratieentwicklung: Festschrift für Peter Graf Kielmansegg, Wiesbaden, i.E..

Kohler-Koch, Beate (2003b): Linking EU and National Governance, Oxford: Oxford University Press.

Kohnstamm, Max/Hager, Wolfgang (1973): Zivilmacht Europa – Supermacht oder Partner?, Frankfurt a.M.: Suhrkamp.

Kommission der Europäischen Gemeinschaften (1985): Vollendung des Binnenmarktes. Weißbuch der Kommission an den Europäischen Rat, Brüssel/Luxemburg: Amt für amtliche Veröffentlichungen der Europäischen Gemeinschaften.

Kommission der Europäischen Gemeinschaften (1993): Ein offener und strukturierter Dialog zwischen der Kommission, Amtsblatt der EG, Nr. C vom 5.3.1993.

Kommission der Europäischen Gemeinschaften (1997): Agenda 2000: Eine stärkere und erweiterte Union, Brüssel: Europäische Kommission.

Kommission der Europäischen Gemeinschaften (1998): Central and Eastern Eurobarometer, No.8. Public Opinion and the European Union (10 Countries Survey), Brüssel: Europäische Kommission.

Kommission der Europäischen Gemeinschaften (1999): Der Vertrag von Amsterdam. Leitfaden, Luxemburg: Amt für amtliche Veröffentlichungen der Europäischen Gemeinschaften.

Kommission der Europäischen Gemeinschaften (2000a): Ausbau der partnerschaftlichen Zusammenarbeit zwischen der Kommission und Nichtregierungsorganisationen.

Kommission der Europäischen Gemeinschaften (2000b): The Commission and Non-Governmental Organisations: Building a Stronger Partnership, Discussion Paper by an inter-departmental working group, Brussels, 13 March.

Kommission der Europäischen Gemeinschaften (2000c): Haushaltsvademecum, Luxemburg: Amt für amtliche Veröffentlichungen der Europäischen Gemeinschaften.

Kommission der Europäischen Gemeinschaften (2001a): Vermerk für die Mitglieder der Kommission – Überblick über den Vertrag von Nizza, Brüssel: Europäische Kommission.

Kommission der Europäischen Gemeinschaften (2001b): Zweiter Bericht über den wirtschaftlichen und sozialen Zusammenhalt, Brüssel: Amt für amtliche Veröffentlichungen der Europäischen Gemeinschaften.

Kommission der Europäischen Gemeinschaften (2001c): Europäisches Regieren. Ein Weißbuch. KOM (2001) 428 endg., Brüssel: Europäische Kommission.

Kommission der Europäischen Gemeinschaften, Vertretung in der Bundesrepublik Deutschland (2002): EU-Nachrichten, Themenheft Nr.2, GASP, 03.08.2002, Eschborn: Vereinigte Wirtschaftdienste.

Kreile, Michael (1989): Politische Dimensionen des europäischen Binnenmarktes, in: Aus Politik und Zeitgeschichte B 24-25, S. 25-35.

Krell, Gert (2000): Weltbilder und Weltordnung: Einführung in die Theorie der internationalen Beziehungen, Baden-Baden: Nomos.

Kuhn, Thomas S. (1976): Die Struktur wissenschaftlicher Revolutionen, Frankfurt am Main: Suhrkamp.

Küsters, Hanns J. (1982): Die Gründung der Europäischen Wirtschaftsgemeinschaft, Baden-Baden: Nomos.

Ladrech, Robert (1994): Europeanization of domestic politics and institutions: The case of France, in: Journal of Common Market Studies 32 (1), S. 69-88.

Laffan, Brigid/Shackleton, Michael (2000): The Budget: Who Gets What, When, and How, in: Wallace, Helen/Wallace, William (Hrsg.): Policy-Making in the European Union, 4. Auflage, Oxford: Oxford University Press, S. 211-242.

Lageman, Bernhard (1998): Die Osterweiterung der EU: Testfall für die "Strukturreife" der Beitrittskandidaten, Köln: Bundesinstitut für Ostwissenschaftliche und Internationale Studien.

Lahusen, Christian (2003): Kommerzielle Beratungsfirmen in der Europäischen Union, in: Eising, Rainer/Kohler-Koch, Beate (Hrsg.): Interessenpolitik in Europa, Baden-Baden: Nomos, i.E.

Larat, Fabrice (1998): Prägende Erfahrung: Regionale Reaktionen auf europäische Politik, in: Kohler-Koch, Beate u.a. (Hrsg.): Interaktive Politik in Europa. Regionen im Netzwerk der Integration, Opladen: Leske + Budrich, S. 153-181.

Larat, Fabrice (2003): Histoire de l'intégration européenne, Paris: La documentation francaise.

Larsen, Henrik (2002): The EU: A Global Military Actor?, in: Journal of the Nordic International Studies Association 37 (3), S. 283-302.

Lavenex, Sandra (2000): Security Threat or Human Right? Conflicting Frames in the Eastern Enlargement of the EU Asylum and Immigration Policies, Florenz: European University Institute, EUI Working Paper RSC, 2000/7.

LeGalès, Patrick/Lequesne, Christian (Hrsg.) (1998): Regions in Europe, London: Routledge.

Lehmbruch, Gerhard (1977): Liberal Corporatism and Party Government, in: Comparative Political Studies 10 (1), S. 91-126.

Lehmbruch, Gerhard (1979): Wandlungen der Interessenpolitik im liberalen Korporatismus, in: Alemann, Ulrich von/Heinze, Rolf G. (Hrsg.): Verbände und Staat. Vom Pluralismus zum Korporatismus Analysen, Positionen, Dokumente, Opladen: Westdeutscher Verlag, S. 50-71.

Lehmbruch, Gerhard (1991): The Organization of Society, Administrative Strategies, and Policy Networks, in: Czada, Roland M./Windhoff-Héritier, Adrienne (Hrsg.): Political Choice. Institutions, Rules and the Limits of Rationality, Frankfurt a.M.: Campus, S. 121-158.

Lenschow, Andrea/Knill, Christoph (1999): Governance im Mehrebenensystem: Die institutionellen Grenzen effektiver Implementation in der europäischen Umweltpolitik, Bonn: Max-Planck-Projektgruppe Recht der Gemeinschaft.

Lenzi, Guido (1999): Europeanizing Security, Washington: AICGS Research Report 9, S. 118-132.

Leslie, Peter (1999): The European Regional System: A Case of Unstable Equilibrium?, in: Journal of European Integration 22 (3), S. 211-236.

Levy, Roger (1997): Managing the Managers: The Commission's Role in the Implementation of Spending Programmes, in: Nugent, Neill (Hrsg.): At the Heart of the Union, Houndsmills: Macmillan, S. 203-225.

Lijphart, Arend (1999): Patterns of Democracy: Government Forms and Performance in Thirty-Six Countries, New Haven: Yale University Press.

Lindberg, Leon N./Scheingold, Stuart A. (1970): Europe's Would-be Polity. Patterns of Change in the European Community, Englewood Cliffs, N.J: Prentice-Hall.

Lipgens, Walter (1986): 45 Jahre Ringen um die Europäische Verfassung: Dokumente 1939-1984. Von den Schriften der Widerstandsbewegung bis zum Vertragsentwurf des Europäischen Parlaments, Bonn: Institut für Europäische Politik.

Lippert, Barbara (1998): Der Gipfel von Luxemburg: Startschuß für das Abenteuer Erweiterung, in: Integration 21 (1), S. 12-28.

Lippert, Barbara (2000): Osterweiterung der Europäischen Union – Die doppelte Reifeprüfung, Bonn: Europa Union Verlag.

Lippert, Barbara (2001): Neue Zuversicht und alte Zweifel: Die Europäische Union nach ‚Nizza‘ und vor der Erweiterung, in: Integration 24 (2), S. 179-193.

Lipset, Seymour Martin (1960): Political Man. The Social Bases of Politics, Garden City, New York: Doubleday.

List, Martin (1999): Baustelle Europa. Einführung in die Analyse europäischer Kooperation und Integration, Opladen: Leske + Budrich.

Loth, Wilfried (1991): Der Weg nach Europa: Geschichte der europäischen Integration 1939 – 1957, Göttingen: Vandenhoeck & Ruprecht.

Loth, Wilfried (1996): Geschichte der europäischen Integration seit 1945, in: Kohler-Koch, Beate/Woyke, Wichard (Hrsg.): Die Europäische Union, Nohlen, Dieter (Hrsg.): Lexikon der Politik, Bd. 5, München: C.H. Beck, S. 137-143.

Loth, Wilfried (2000): Die Teilung der Welt. Geschichte des Kalten Krieges 1941-1955, erweiterte Neuausgabe, München: dtv.

Lowi, Theodore J. (1964): American Business, Public Policy, Case Studies, and Political Theory, in: World Politics 16 (4), S. 677-715.

Luhmann, Niklas (1984): Soziale Systeme: Grundriss einer allgemeinen Theorie, Frankfurt am Main: Suhrkamp.

MacCormick, John (1996): The European Union: Politics and Policies, Boulder, Colo.: Westview Press.

MacCormick, John (1999): Understanding the European Union: A Concise Introduction, Basingstoke: Macmillan.

Machlup, Fritz (1977): A History of Thought on Economic Integration, London: Macmillan.

Macleod, Ian/Hendry, I. D./Hyett, Stephen (1996): The External Relations of the European Community. A Manual of Law and Practice, Oxford: Clarendon Press.

Majone, Giandomenico (1996): Redistributive und sozialregulative Politik, in: Jachtenfuchs, Markus/Kohler-Koch, Beate (Hrsg.): Europäische Integration, Opladen: Leske + Budrich, S. 225-247.

Majone, Giandomenico (1997): From the Positive to the Regulatory State, in: Journal of Public Policy 17 (2), S. 139-168.

Majone, Giandomenico (2002): Delegation of Regulatory Powers in a Mixed Politiy, in: European Law Journal 8 (3), S. 319-339.

March, James G./Olsen, Johan P. (1989): Rediscovering Institutions: The Organizational Basis of Politics, New York: The Free Press.

Marhold, Helmut (2002): Der Konvent zwischen Konsens und Kontroversen: Zwischenbilanz, in: Integration 25 (4), S. 251-268.

Marks, Gary (1992): Structural Policy in the European Community, in: Sbragia, Alberta M. (Hrsg.): Europolitics. Institutions and Policymaking in the „New“ European Community, Washington D.C.: The Brookings Institution, S. 191-224.

Marks, Gary (1993): Structural Policy and Multilevel Governance in the EC, in: Cafruny, Alan W./Rosenthal, Glenda G. (Hrsg.): The State of the European Community, Vol.2.: The Maastricht Debates and Beyond, Harlow: Boulder, S. 391-410.

Marks, Gary/Hooghe, Liesbet (2001): Multi-Level Governance and European Integration, Boulder: Rowman & Littlefield.

Maurer, Andreas (1998): Regieren nach Maastricht: Die Bilanz des Europäischen Parlaments nach fünf Jahren „Mitentscheidung“, in: Integration 21 (4), S. 212-224.

Maurer, Andreas (1999): What next for the European Parliament?, London: Federal Trust for Education and Research (Federal Trust series Future of European Parliamentary democracy, No. 2).

Maurer, Andreas (2001): Entscheidungseffizienz und Handlungsfähigkeit nach Nizza: Die neuen Anwendungsfelder für Mehrheitsentscheidungen, in: Integration 24 (2), S. 133-155.

Maurer, Andreas (2002): Parlamentarische Demokratie in der Europäischen Union: der Beitrag des Europäischen Parlaments und der nationalen Parlamente, Baden-Baden: Nomos.

Maurer, Andreas (2003): Die Methode des Konvents – ein Model deliberativer Demokratie?, in: Integration 26 (2), S. 130-140.

Maurer, Andreas/Wessels, Wolfgang (2002): National Parliaments on their Ways to Europe. Losers or Latecomers?, Baden-Baden: Nomos.

Maurer, Andreas/Mittag, Jürgen/Wessels, Wolfgang (2003): Europeanisation in and of the EU System: Trends, Offers, and Constraints, in: Kohler-Koch, Beate (Hrsg.): Linking EU and National Governance, Oxford: Oxford University Press.

Mayhew, Alan (2000): Enlargement of the European Union: An Analysis of the Negotiations with the Central and Eastern European Candidate Countries, University of Sussex: Sussex European Institute, SEI Working Paper 39.

Mayhew, Alan (2003): Recreating Europe. The European Union´s Policy towards Central and Eastern Europe, 2. Auflage, Cambridge: Cambridge University Press.

Mestmäcker, Ernst-Joachim (1978): Macht – Recht – Wirtschaftsverfassung, in ders. (Hrsg.): Die sichtbare Hand des Rechts, Baden-Baden: Nomos, S. 9-26.

Mestmäcker, Ernst-Joachim (1994): On the Legitimacy of European Law, in: Rabels Zeitschrift für ausländisches und internationales Privatrecht 58, S. 615-635.

Milward, Alan S. (1984): The Reconstruction of Western Europe: 1945 – 1951, London: Methuen.

Mitrany, David (1933): The Progress of International Government, New Haven.

Mitrany, David (1943): A working peace system, London: Royal Institute of International Affairs.

Mitrany, David (1965): The Prospect of Integration: Federal or Functional?, in: Journal of Common Market Studies 4 (2), S. 123-134.

Mitrany, David (1966) (zuerst 1943): A Working Peace System: An Argument for the Functional Development of International Organization, in ders.: A Working Peace System, Chicago: Quandrangle Books, S. 25-99.

Monar, Jörg (1997): Außenbeziehungen, in: Weidenfeld, Werner/Wessels, Wolfgang (Hrsg.): Europa von A bis Z: Taschenbuch der europäischen Integration, Bonn: Bundeszentrale für politische Bildung, S. 77-83.

Monar, Jörg (2000a): Die Entwicklung des „Raumes der Freiheit, der Sicherheit und des Rechts": Perspektiven nach dem Vertrag von Amsterdam und dem Europäischen Rat von Tampere, in: Integration 23 (1), S. 18-33.

Monar, Jörg (2000b): Justice and Home Affairs, in: Edwards, Geoffrey/Wiessalla, Georg (Hrsg.): The European Union. Annual Review of the EU 1999/2000, Oxford: Blackwell Publishers, S. 125-142.

Monar, Jörg (2000c): Außenwirtschaftsbeziehungen, in: Weidenfeld, Werner/Wessels, Wolfgang (Hrsg.): Europa von A bis Z: Taschenbuch der europäischen Integration, Bonn: Bundeszentrale für politische Bildung, S. 82-86.

Monnet Jean (1976): Mémoires, Paris: Fayard.

Moravcsik, Andrew (1991): Negotiating the Single European Act: National Interests and Conventional Statecraft in the European Community, in: International Organization 45 (1), S. 651-688.

Moravcsik, Andrew (1993): Preferences and Power in the European Community: A liberal Intergouvernmentalist Approach, in: Journal of Common Market Studies 31 (4), S. 473-524.

Moravcsik, Andrew (1995): Liberal Intergovernmentalism and Integration: A Rejoinder, in: Journal of Common Market Studies 33 (4), S. 611-628.

Moravcsik, Andrew (1998): The Choice for Europe. Social Purpose and State Power form Messina to Maastricht, Ithaca/New York: Cornell University Press.

Moravcsik (1999a): Is Something Rotten in the State of Denmark? Constructivism and European Integration 6 (6), S. 669-681.

Moravcsik, Andrew (1999b): The Future Of European Integration Studies: Social Science or Social Theory, in: Millenium Journal of International Studies 28 (2), S. 371-391.

Moravcsik, Andrew (1999c): A New Statecraft? Supranational Entrepreneurs and International Cooperation, in: International Organisation 53 (2), S. 267-306.

Moravcsik, Andrew (2002): In Defence of the „Democratic Deficit": Reassessing Legitimacy in the European Union, in: Journal of Common Market Studies 40 (4), S. 603-624.

Moravcsik, Andrew/Vachudova, Milada Anna (2002): National Interests, state Power, and EU Enlargement, http://www.people.fas.havard.edu/~moravcs/library/vachudova.pdf

Morgenthau, Hans J. (1993): Politics among Nations. The Struggle for Power and Peace, revised by Kenneth W. Thompson, 7. Auflage, New York: McGraw Hill.

Müller-Brandeck-Bocquet, Gisela (Hrsg.) (2002): Europäische Außenpolitik. GASP- und ESVP-Konzeptionen ausgewählter EU-Mitgliedstaaten, Baden-Baden: Nomos.

Müller-Graff, Peter-Christian (2001): Der Post-Nizza-Prozess. Auf dem Weg zu einer neuen europäischen Verfassung?, in: Integration 24 (2), S. 208-221.

Münch, Richard (1995): Systemtheorie und Politik, in: Nohlen, Dieter/Schultze, Rainer-Olaf (Hrsg.): Politische Theorien, Nohlen, Dieter (Hrsg.): Lexikon der Politik, Bd. 1, München: C.H. Beck, S. 625-635.

Nelsen, Brent F./Stubb, Alexander C. (Hrsg.) (1998): The European Union: Readings on the Theory and Practice of European Integration, 2. Auflage, Boulder, CO: Lynne Rienner Publishers.

Neyer, Jürgen (1997): Administrative Supranationalität in der Verwaltung des Binnenmarktes: Zur Legitimität der Komitologie, in: Integration 20 (1), S. 26-39.

Neyer, Jürgen (1999): Legitimes Recht oberhalb des demokratischen Rechtsstaats? Supranationalität als Herausforderung für die Politikwissenschaft, in: Politische Vierteljahresschrift 40 (3), S. 390-414.

Ní Chatháin, Carmel (1999): The European Community and the Member States in the Dispute Settlement Understanding of the WTO: United or Divided?, in: European Law Journal 5 (4), S. 461-478.

Niedermayer, Oskar (1995): Trust and Sense of Community; in: Niedermayer, Oskar/Sinnott, Richard (Hrsg.): Public Opinion and Internationalized Governance, Oxford: Oxford University Press, S. 227-245.

Niedermayer, Oskar (2003): Die öffentliche Meinung zur zukünftigen Gestalt der EU. Bevölkerungsorientierungen in Deutschland und den anderen EU-Staaten, Bonn: Europa Union Verlag.

Nohlen, Dieter (1991): Vergleichende Regierungslehre/Vergleichende Politische Wissenschaft, in: Nohlen, Dieter (Hrsg.): Wörterbuch Staat und Politik, München: Piper, S. 751-756.

Nohlen, Dieter (1998): Legitimität, in: Nohlen, Dieter/Schultze, Rainer-Olaf/Schüttemeyer, Suzanne S. (Hrsg.): Politische Begriffe, Nohlen, Dieter (Hrsg.): Lexikon der Politik, Bd. 7, München: C.H. Beck, S. 350-352.

Nugent, Neill Nugent (2001): The European Commission, Basingstoke: Palgrave.

Nye, J. S. (1970): Comparing Common Markets: A Revised Neo-Functionalist Model, in: International Organization 24 (4), S. 796-835.

Offe, Claus (1973): Das pluralistische System von organisierten Interessen, in: Varain, Heinz Josef (Hrsg.): Interessenverbände in Deutschland, Köln: Kiepenheuer & Witsch, S. 368-371, zitiert nach: Offe, Claus (1969): Poltische Herrschaft und Klassenstrukturen, in: Kress, G./Senghaas, D. (Hrsg.) (1969): Politikwissenschaft, S. 155-171.

Olsen, Johan P. (1995): The Changing Political Organization of Europe, Oslo: ARENA Working Paper 17.

Olsen, Johan P. (2002): The Many Faces of Europeanization, in: Journal of Common Market Studies 40 (5), S. 921-952.

Olson, Mancur (1968): Die Logik des kollektiven Handelns, Tübingen: Mohr.

Pappi, Franz Urban/Henning, Christian H.C.A. (2003): Die Logik des Entscheidens im EU-System, in: Jachtenfuchs, Markus/Kohler-Koch, Beate (Hrsg.): Europäische Integration, 2. Auflage, Opladen: Leske + Budrich, S. 287-315.

Parsons, Talcott (1969): Politics and Social Structure, New York: Free Press.

Parsons, Craig A. (2002): Showing Ideas as Causes: The Origins of the European Union, in: International Organization 56 (1), S. 47-84.

Pernice, Ingolf (2001): Europäische Grundrechte-Charta und Konventsverfahren. Zehn Thesen zum Prozess der europäischen Verfassung nach Nizza, in: Integration 24 (2), S. 194-197.

Petersmann, Ernst-Ulrich (Hrsg.) (1999): International Trade Law and the GATT/WTO Dispute Settlement System, London: Kluwer International.

Peterson, John/Bomberg, Elizabeth E. (1999): Decision-making in the European Union, Basingstoke: Macmillan.

Peterson, John/Shackleton, Michael (2002): The Institutions of the European Union, Oxford: Oxford University Press.

Pfarr, Heide M. (1986): Gleichbehandlung von Männern und Frauen im Arbeitsleben als Beispiel für die Durchsetzung sozialpolitischer Normen des Gesellschaftsrechts, Baden-Baden: Nomos.

Pfetsch, Frank R. (1997): Die Europäische Union: Geschichte, Institutionen, Prozesse, München: Fink.

Philip, A.B./Gray, O. (1996) (Hrsg.): Directory of Pressure Groups in the EC, London: Cartermill.

Philippart, Eric (2003): The Euro-Mediterranean Partnership: A Critical Evaluation of an Ambitious Scheme, in: European Foreign Affairs Review (8), S. 201-220.

Pierson, Paul (1996): The Path to European Integration. A Historical Institutionalist Analysis, Comparative Political Studies 29 (2), S. 123-163.

Puchala, Donald (1971): Of Blind Men, Elephants, and International Integration, in: Journal of Common Market Studies 10 (4), S. 267-284.

Putnam, Robert D. 1988: Diplomacy and domestic politics: The logic of tow-level games, in: International Organization 42 (3), S. 427-460.

Radaelli, Claudio M. (2000): Whither Europeanization? Concept Stretching and Substantive Change, in: European Integration online Papers (EIoP) 4 (8) S.

Raffer, Kunibert (1999): Lomé or Not Lomé. The Future of European-ACP Cooperation, in: Lister, Marjorie (Hrsg.): New Perspectives on European Union Development Cooperation, Boulder: Westview Press, S. 125-142.

Regelsberger, Elfriede (1989): Die EPZ in den achtziger Jahren: Ein qualitativer Sprung?, in: Pijpers, Alfred/Regelsberger, Elfriede/Wessels, Wolfgang (Hrsg.): Die Europäische Politische Zusammenarbeit in den achtziger Jahren. Eine gemeinsame Außenpolitik für Westeuropa?, Bonn: Europa Union Verlag, S. 21-70.

Regelsberger, Elfriede (1998): Gemeinsame Außen- und Sicherheitspolitik, in: Weidenfeld, Werner/Wessels, Wolfgang (Hrsg.): Jahrbuch der Europäischen Integration 1997/98, Bonn: Europa Union Verlag, S. 237-244.

Reif, Karlheinz (1985): Ten Second-Order National Elections; in: Reif, Karlheinz (Hrsg.): Ten European Elections: Campaigns and Results of the 1979/81 First Direct Elections to the European Parliament, Aldershot: Gower, S. 1-36.

Reif, Karlheinz (1992): Ein Ende des „Permissive Consensus"? Zum Wandel europapolitischer Einstellungen in der öffentlichen Meinung der EG-Mitgliedstaaten, in: Hrbek, Rudolf (Hrsg.): Der Vertrag von Maastricht in der wissenschaftlichen Kontroverse, Baden-Baden: Nomos, S. 23-40.

Reising, Uwe K. H. (1998): Domestic and Supranational Political Opportunities: European Protest in Selected Countries 1980-1995, in: European Integration online Papers 2, S. 5.

Rhodes, Martin/van Apeldoorn, Bastiaan (1997): Capitalism versus Capitalism in Western Europe, in: Rhodes, Martin/Heywood, Paul/Wright, Vincent (Hrsg.): Developments in West European Politics, London: Macmillan, S. 171-189.

Richardson; Jeremy (Hrsg.) (2001): European Union, Power and policy-making, 2. Auflage, London/New York: Routledge.

Rieger, Elmar (1996): Agrarpolitik: Integration durch Gemeinschaftspolitik?, in: Jachtenfuchs, Markus/Kohler-Koch, Beate (Hrsg.): Europäische Integration, Opladen: Leske + Budrich, S. 401-428.

Rieger, Elmar (2000): The Common Agricultural Policy: Politics Against Markets, in: Wallace, Helen/Wallace, William (Hrsg.): Policy-making in the European Union, Oxford: Oxford University Press, S. 179-210.

Riker, William H. (1962): The Theory of Political Coalitions, New Haven: Yale University Press.

Risse, Thomas/Green Cowles, Maria/Caporaso, James (2001): Europeanization and Domestic Change: Introduction, in: Green Cowles, Maria/Caporaso, James/ Rissc, Thomas (Hrsg.): Transforming Europe. Europeanization and Domestic Change, Ithaca/London: Cornell University Press, S. 1-20.

Ritter, Ernst-Hasso (1979): Der kooperative Staat. Bemerkungen zum Verhältnis Staat und Wirtschaft, in: Archiv des öffentlichen Rechts 104, S. 389-413.

Rochau, August Ludwig von (1853): Grundsätze der Realpolitik: angewendet auf die staatlichen Zustände Deutschlands, Stuttgart: Göpel.

Röpke, Wilhelm (1938): Die entscheidenden Probleme des weltwirtschaftlichen Verfalls, in: Zeitschrift für schweizerische Statistik und Volkswirtschaft 74, S. 493-506.

Röpke, Wilhelm (1950): International Economic Disintegration, London: Hodge (zuerst 1942).

Rosamond, Ben (2000): Theories of European Integration, Houndmills/London: Macmillan Press.

Rosenau, James N. (1975): Problembereiche und nationale-internationale Vermittlungsprozesse, in: Haftendorn, Helga (Hrsg.): Theorie der internationalen Politik. Gegenstand und Methoden der internationalen Politik, Hamburg: Hoffmann und Campe, S. 318-335.

Ross, George (1995): Jacques Delors and European Integration, Oxford: Polity Press.

Rucht, Dieter (2000): Zur Europäisierung politischer Mobilisierung, in: Berliner Journal für Soziologie 10 (2), S. 185-202.

Rucht, Dieter (2001): Lobbying or Protest, Strategies to Influence EU Environmental Policies, in: Imig, Doug/Tarrow, Sidney: Contentious Europeans. Protest and Politics in an Emerging Polity, Oxford: Rowman & Littlefield, S. 125-142.

Salama, Clara M./Dearden, Stephen J. H. (2001): The Cotonou Agreement, Birmingham: Development Studies Association (European Development Policy Study Group Discussion Paper No. 20).

Sandholtz, Wayne/Zysman, John (1989): 1992: Recasting the European Bargain, in: World Politics 41 (1), S. 95-128.

Sbragia, Alberta M. (1992): Thinking About the European Future: The Uses of Comparison, in: dies. (Hrsg.): Europolitics. Institutions and Policy-making in the „New" European Community, Washington: The Brookings Institution, S. 257-291.

Sbragia, Alberta M. (2002): The dilemma of governance with government, Jean Monnet working paper 3, New York: New York School of Law.

Schaber, Thomas (1997): Transparenz und Lobbying in der Europäischen Union. Geschichte und Folgen der Neuregelung von 1996, in: Zeitschrift für Parlamentsfragen 28 (2), S. 266-278.

Scharpf, Fritz W. (1985): Die Politikverflechtungs-Falle. Europäische Integration und deutscher Föderalismus im Vergleich, in: Politische Vierteljahresschrift 26 (4), S. 323-356.

Scharpf, Fritz W (1991): Die Handlungsfähigkeit des Staates am Ende des 20. Jahrhunderts, in: Politische Vierteljahresschrift 32 (4), S. 621-634.

Scharpf, Fritz W. (1999): Regieren in Europa. Effektiv und demokratisch?, Frankfurt und New York: Campus Verlag.

Scharpf, Fritz W. (2003): Politische Optionen im vollendeten Binnenmarkt, in: Kohler-Koch, Beate/Jachtenfuchs, Markus (Hrsg.): Europäische Integration, 2. Auflage, Opladen: Leske + Budrich, S. 219-253.

Scherpenberg, Jens v. (1996): Ordnungspolitische Konflikte im Binnenmarkt, in: Jachtenfuchs, Markus/Kohler-Koch, Beate (Hrsg.): Europäische Integration, Opladen: Leske + Budrich, S. 345-372.

Scheuer, Angelika (1999): A Political Community, in: Schmitt, Hermann/Thomassen, Jacques (Hrsg.): Political Representation and Legitimacy in the European Union, Oxford: Oxford University Press, S. 25-46.

Schimmelfennig, Frank (2003a): Osterweiterung der EU: Erklärung eines widersprüchlichen Prozesses, in: Jachtenfuchs, Markus/Kohler-Koch, Beate (Hrsg.): Europäische Integration, 2. Auflage, Opladen: Leske + Budrich, S. 541-568.

Schimmelfennig, Frank (2003b): The EU, NATO, and the Integration of Europe: Rules and Rhetoric, Cambridge: Cambridge University Press.

Schlotter, Peter (1998): „Euro-mediterrane Partnerschaft" und Demokratisierung. Zur Maghreb-Politik der Europäischen Union, in: Entwicklung und Zusammenarbeit (E+Z) 39 (9), S. 235-237.

Schlotter, Peter (1999): Der Maghreb und Europa: Perspektiven des „Barcelona-Prozesses", in: Aus Politik und Zeitgeschichte B 17, S. 3-10.

Schmalz-Bruns, Rainer (1998): Grenzerfahrungen und Grenzüberschreitungen: Demokratie im integrierten Europa? in: Kohler-Koch, Beate (Hrsg.): Regieren in entgrenzten Räumen, PVS-Sonderheft 29, Opladen: Westdeutscher Verlag, S. 369-380.

Schmalz-Bruns, Rainer (1999): Deliberativer Supranationalismus. Demokratisches Regieren jenseits des Nationalstaats, in: Zeitschrift für Internationale Beziehungen 6 (2), S. 185-244.

Schmidberger, Martin (1997): Regionen und europäische Legitimität. Der Einfluß des regionalen Umfeldes auf Bevölkerungseinstellungen zur EU, Frankfurt: Peter Lang.

Schmidt, Manfred G. (1995): Wörterbuch zur Politik, Stuttgart: Alfred Kröner Verlag.

Schmidt, Manfred G. (1999): Die Europäisierung der öffentlichen Ausgaben, in: Ellwein, Thomas/Holtmann, Everhard (Hrsg.): 50 Jahre Bundesrepublik Deutschland: Rahmenbedingungen, Entwicklungen, Perspektiven, Opladen: Westdeutscher Verlag, S. 385-394.

344

Schmidt, Vivien A. (1999): National Patterns of Governance under Siege: The Impact of European Integration, in: Kohler-Koch, Beate/Eising, Rainer (Hrsg.): The Transformation of Governance in the European Union, London: Routledge, S. 155-172.

Schmidt, Vivien A. (2001): Europeanization and the Mechanics of Economic Policy Adjustment; European Integration online Papers (EIoP) 5 (6) S.

Schmitter, Philippe C. (1974): Still the Century of Corporatism? in: Review of Politics 36 (1), S. 85-131.

Schmitter, Philippe C. (1996): Imagining the Future of the Euro-Polity with the Help of New Concepts, in: Marks, Gary/Scharpf, Fritz W./Schmitter, Philippe C./Streeck, Wolfgang (Hrsg.): Governance in the European Union, London: Sage, S. 121-150.

Schmitter, Philippe C./Lehmbruch, Gerhard (Hrsg.) (1979): Trends Towards Corporatist Intermediation, Beverly Hills: Sage.

Schmitter, Philippe C./Streeck, Wolfgang (1999): The Organization of Business Interests, Köln: Max-Planck-Institut für Gesellschaftsforschung, MPIfG discussion paper 1.

Schmuck, Otto (1996): Europarat; in: Kohler-Koch, Beate/Woyke, Wichard (Hrsg.): Die Europäische Union, Nohlen, Dieter (Hrsg.): Lexikon der Politik, Bd. 5, München: C.H. Beck, S. 118-123.

Schnorpfeil, Willi (1996): Sozialpolitische Entscheidungen der Europäischen Union. Modellierung und empirische Analyse kollektiver Entscheidungen des europäischen Verhandlungssystems, Berlin: Duncker & Humblot.

Schüttemeyer, Suzanne S. (1998): Regieren, in: Nohlen, Dieter/Schultze, Rainer Olaf, Schüttemeyer, Suzanne S. (Hrsg.): Politische Begriffe, Nohlen, Dieter (Hrsg.): Lexikon der Politik, Bd. 7, München: C.H. Beck, S. 546-547.

Schultze, Rainer-O. (1995): Partizipation, in: Nohlen, Dieter/Schultze, Rainer-Olaf (Hrsg.): Politische Theorien, Nohlen, Dieter (Hrsg.): Lexikon der Politik, Bd. 1, München: C.H. Beck, S. 396-406.

Schuman, Robert (1953): France and Europe, in: Foreign Affairs 31 (3), S. 349-360.

Schwarzer, Daniela/Collignon, Stefan (2003): Eine Interessengemeinschaft als Motor für einen transnationalen Konsens: Die „Association for the Monetary Union of Europe", in: Eising, Rainer/Kohler-Koch, Beate (Hrsg.): Interessenpolitik in Europa, Baden-Baden: Nomos, i.E.

Schwegmann, Christoph (2000): The Contact Group and its Impact on the European Institutional Structure, Paris: Institute for Security Studies, occasional papers.

Schwegmann, Christoph (2003): Die Jugoslawien-Kontaktgruppe in den Internationalen Beziehungen, Baden-Baden: Nomos.

Sedelmeier, Ulrich (2001): Contribution to the Forum „Enlargement of the European Union: Impacts on the EU, the Candidates and the „Next Neighbors", in: ECSA Review 14 (1), S. 5-6.

Sedelmeier, Ulrich/Wallace, Helen (2000): Eastern Enlargement: Strategy or Second Thoughts?; in: Wallace, Helen/Wallace, William (Hrsg.): Policy-Making in the European Union, 4. Auflage, Oxford: Oxford University Press, S. 427-460.

Seidel, Martin (1998): Beschluss- und Entscheidungsverfahren in der Wirtschafts- und Währungsunion: Rechtliche Aspekte, in: Integration 21 (4), S.197-211.

Senghaas-Knobloch, Eva (1969): Frieden durch Integration und Assoziation. Literaturbericht und Problemstudien, Stuttgart: Ernst Klett Verlag.

Shackleton, Michael/Raunio, Tapio (2003): Codecision since Amsterdam: a laboratory for institutional innovation and change, in: Journal of European Public Policy 10 (2), S. 171-187.

Shaw, Jo (1998): The Treaty of Amsterdam: Challenges of Flexibility and Legitimacy, in: European Law Journal 4 (1), S. 63-86.

Shaw, Jo (2000): Law of the European Union, 3. Auflage, Basingstoke: Palgrave.

Sinnott, Richard/Thomsen, Soeren R. (2001): Why did many not vote?, in: The Irish Times on the Web (http://www.ireland.com/newspaper/newsfeatures/2001/0623/newsfeatures9.htm, Stand: 06.08.2003).

Sjursen, Helene (1999): The Common Foreign and Security Policy: An Emerging New Voice in International Politics?, Oslo: ARENA Working Paper 34.

Sjursen, Helene/Smith, Karen E. (2001): Justifying EU Foreign Policy: The Logics Underpinning EU Enlargement, Oslo: ARENA Working Paper 1.

Smith, Julie (1999): Europe's elected parliament, Sheffield: Sheffield Academic Press.

Statz, Albert (1975): Zur Geschichte der westeuropäischen Integration bis zur Gründung der EWG, in: Deppe, Frank (Hrsg.): Europäische Wirtschaftsgemeinschaft (EWG). Zur politischen Ökonomie der westeuropäischen Integration, Reinbek bei Hamburg: Rowohlt, S. 110-174.

Steppacher, Burkhard (1999): Der Wirtschafts- und Sozialausschuss, in: Weidenfeld, Werner/Wessels, Wolfgang (Hrsg.): Jahrbuch der Europäischen Integration 1998/1999, Bonn: Europa Union Verlag.

Sterzing, Christian/Tidow, Stefan (2001): Die Kontrolle der deutschen Europapolitik durch den EU-Ausschuss des Bundestages. Bilanz und Reformpotenziale, in: Integration 24 (3), S. 274-288.

Streeck, Wolfgang/Schmitter, Philippe C. (Hrsg.) (1985): Private Interest Government: Beyond Market and State, London: Sage.

Stubb, Alexander C. G. (2000): Negotiating Flexible Integration in the Amsterdam Treaty, in: Neunreither, Karlheinz/Wiener, Antje (Hrsg.): European Integration After Amsterdam, Oxford: Oxford University Press, S. 153-174.

Sturm, Roland (1998): Die Wende im Stolperschritt – eine finanzpolitische Bilanz, in: Wewer, Göttrik (Hrsg.): Bilanz der Ära Kohl. Christlich-liberale Politik in Deutschland 1982-1998, Opladen: Leske + Budrich, S. 183-200.

Swann, Dennis (1995): The Economics of the Common Market: Integration in the European Union, 8. Auflage, London: Penguin Books.

Tauras, Olaf (1997): Der Ausschuss der Regionen. Institutionalisierte Mitwirkung der Regionen in der EU, Münster: Agenda Verlag.

Teubner, G. (1978): Organisationsdemokratie und Verbandsverfassung, Tübingen: Mohr.

Thiel, Elke (1998): Die Europäische Union. Von der Integration der Märkte zu gemeinsamen Politiken, Opladen: Leske + Budrich.

Thomassen, Jacques/Schmitt, Hermann (Hrsg.) (1999): Political Representation and Legitimacy in the European Union, Oxford: Oxford University Press.

Tömmel, Ingeborg (1992): System-Entwicklung und Politikgestaltung in der europäischen Gemeinschaft am Beispiel der Regionalpolitik, in: Kreile, Michael (Hrsg.): Die Integration Europas, PVS-Sonderheft 23, Opladen: Westdeutscher Verlag, S. 185-208.

Tömmel, Ingeborg (2003): Das politische System der EU, München/Wien: Oldenbourg.

Tonra, Ben (Hrsg.) (1997): Amsterdam: What the Treaty means, Dublin: Institute of European Affairs.

Trenz, Hans-Jörg (2002): Zur Konstitution politischer Öffentlichkeit in der Europäischen Union. Zivilgesellschaftliche Subpolitik oder schaupolitische Inszenierung, Baden-Baden: Nomos.

Tsoukalis, Loukas, (1997): The New European Economy Revisited, Oxford: Oxford University Press.

Urwin, Derek W. (1993): The Community of Europe: A History of European Integration since 1945, 6. Auflage, London/New York: Longman.

Urwin, Derek W. (1997): A Political History of Western Europe, London: Longman.

Vierlich-Jürke, Katharina (1998): Der Wirtschafts- und Sozialausschuß der Europäischen Gemeinschaften, Baden-Baden: Nomos.

Viner, Jacob, (1950): The Customs Union Issue, New York: Carnegie Endowment for International Peace.

Voelzkow, Helmut (2000): Neokorporatismus, in: Holtmann, Everhard (Hrsg.): Politik-Lexikon, 3. Auflage, München: Oldenbourg, S. 413-416.

Vos, Ellen (1997): The Rise of Committees, in: European Law Journal 3 (3), S. 210-229.

Wallace, Helen (2000): Flexibility: A Tool of Integration or a Restraint on Disintegration?, in: Neunreither, Karlheinz/Wiener, Antje (Hrsg.): European Integration After Amsterdam, Oxford: Oxford University Press, S. 175-191.

Wallace, Helen/Wallace, William (Hrsg.) (2000): Policy-Making in the European Union, 4. Auflage, Oxford: Oxford University Press.

Wallace, William (2000): From the Atlantic to the Bug, from the Arctic to the Tigris? The Transformation of the EU and NATO, in: International Affairs 76 (3), S. 475-493.

Waltz, Kenneth N. (1979): Theory of International Politics, New York: McGraw Hill.

Weber, Max (1963): Gesammelte Aufsätze zur Religionssoziologie, Bd. 1, Tübingen: Mohr.

Weber, Max (1992): Die drei reinen Typen der legitimen Herrschaft; in: Weber, Max (Hrsg.): Soziologie. Weltgeschichtliche Analysen. Politik, 6. Auflage, herausgegeben und erläutert von Johannes Winckelmann, Stuttgart: Alfred Kröner Verlag, S. 151-166.

Weber, Wolfgang (1998): Merkantilismus, in: Nohlen, Dieter/Schultze, Rainer-Olaf/Schütte-meyer, Suzanne S. (Hrsg.), Politische Begriffe, Nohlen, Dieter (Hrsg.): Lexikon der Politik, Bd. 7, München: C.H. Beck, S. 379-380.

Weidenfeld, Werner (2000): Europäische Einigung im historischen Überblick, in: Weidenfeld, Werner/Wessels, Wolfgang (Hrsg.) (2000): Europa von A-Z: Taschenbuch der europäischen Integration, 7. Auflage, Bonn: Bundeszentrale für Politische Bildung, S. 10-50.

Weidenfeld, Werner/Wessels, Wolfgang (Hrsg.) (2000): Europa von A-Z: Taschenbuch der europäischen Integration, 7. Auflage, Bonn: Bundeszentrale für Politische Bildung.

Welz, Christian/Engel, Christian (1993): Traditionsbestände politikwissenschaftlicher Integrationstheorien: Die Europäische Gemeinschaft im Spannungsfeld von Integration und Ko-operation; in: Bogdandy, Armin von (Hrsg.): Die Europäische Option. Eine interdisziplinäre Analyse über Herkunft, Stand und Perspektiven der europäischen Integration, Baden-Baden: Nomos, S. 129-169.

Wendt, Alexander (1994): Book Review: Ideas and Foreign Policy. Beliefs, Institutions and Political Change, edited by Judith Goldstein and Robert O. Keohane, in: American Political Science Review 88 (4), S. 1040-1041.

Wessels, Wolfgang (1980): Der Europäische Rat, Bonn: Europa Union Verlag.

Wessels, Wolfgang (1990): Bilanz der wissenschaftlichen Debatte zur Europapolitik 1980 bis 1990, Bonn: Europa Union Verlag.

Wessels, Wolfgang (1997): Das politische System der Europäischen Union, in: Ismayr, Wolfgang (Hrsg.): Die politischen Systeme Westeuropas, Opladen: Leske + Budrich, S. 693-722.

Wessels, Wolfgang (1998): Comitology: Fusion in Action. Politico-Administrative Trends in the EU System, in: Journal of European Public Policy 5 (2), S. 209-234.

Wessels, Wolfgang (2000): Die Öffnung des Staates. Modelle und Wirklichkeit grenzüberschreitender Verwaltungspraxis 1960-1995, Opladen: Leske + Budrich.

Wessels, Wolfgang (2001): Die Vertragsreform von Nizza – zur institutionellen Erweiterungsreife, in: Integration 23 (1), S. 8-25.

Wessels, Wolfgang (2002): Europäischer Rat, in: Weidenfeld, Werner/Wessels, Wolfgang (Hrsg.): Europa von A – Z. Taschenbuch der europäischen Integration, 8. Auflage, Bonn: Europa Union Verlag, S. 184-188.

Wessels, Wolfgang/Weidenfeld, Werner (1981ff.) (Hrsg.): Jahrbuch der Europäischen Integration 1980-1999ff., Bonn: Europa Union Verlag.

Westle, Bettina (1989): Politische Legitimität – Theorien, Konzepte, empirische Befunde, Baden-Baden: Nomos.

White, Brian (2001): Understanding the European Foreign Policy, Houndmills: Palgrave.

Whitten, Guy/Palmer, Harvey/Gabel, Matthew (2002): Euro-pork: EU Fiscal Policy and Public Support for European Integration, i.E.

Wiener, Antje (1998): 'European' Citizenship Practice: Building Institutions of a Non-State, Boulder: Westview Press.

Wilson, James Q. (1980): The Politics of Regulation, in: Wilson, James Q. (Hrsg.): The Politics of Regulation, New York: Basic Books, S. 357-394.

Windhoff-Héritier, Adrienne (1987): Policy-Analyse. Eine Einführung, Frankfurt a.M.: Campus.

Winkelmann, Ingo (1994): Das Maastricht-Urteil des Bundesverfassungsgerichts vom 12. Oktober 1993, Dokumentation des Verfahrens mit Einführung, Berlin: Duncker & Humblot.

Winters, L. Alan (1998): Regionalism and the Next Round, in: Schott, Jeffrey J. (Hrsg.): Launching New Global Trade Talks. An Action Agenda, Washington D.C.: Institute for International Economics, Special Report September 1998, S. 47-60.

Wittkämper, Gerhard W. (1996): Euratom, in: Kohler-Koch, Beate/Woyke, Wichard (Hrsg.): Die Europäische Union, Nohlen, Dieter (Hrsg.): Lexikon der Politik, Bd. 5, München: C.H. Beck, S. 59-61.

Wolf, Dieter (1999): Integrationstheorien im Vergleich: Funktionalistische und intergouvernmentalistische Erklärung für die Europäische Wirtschafts- und Währungunion im Vertrag von Maastricht, Baden-Baden: Nomos.

Wolf, Klaus D. (1997): Entdemokratisierung durch Selbstbindung in der Europäischen Union, in: ders. (Hrsg.): Projekt Europa im Übergang? Probleme, Modelle und Strategien des Regierens in der Europäischen Union, Baden-Baden: Nomos, S. 271-294.

Wolf, Klaus D. (2000): Die neue Staatsräson – Zwischenstaatliche Kooperation als Demokratieproblem in der Weltgesellschaft. Plädoyer für eine geordnete Entstaatlichung des Regierens jenseits des Staates, Baden-Baden: Nomos.

Wolf-Niedermaier, Anita (1997): Der Europäische Gerichtshof zwischen Recht und Politik: Der Einfluss des EuGH auf die föderale Machtbalance zwischen der Europäischen Gemeinschaft und ihren Mitgliedstaaten, Baden-Baden: Nomos.

Woolcock, Stephen (2000): European Trade Policy: Global Pressures and Domestic Constraints, in: Wallace, Helen/Wallace William (Hrsg.): Policy Making in the European Union, 4. Auflage, Oxford: Oxford University Press, S. 373-400.

Woolcock, Stephen/Hodges, Michael (1996): EU Policy in the Uruguay Round, in: Wallace, Helen/Wallace William (Hrsg.): Policy Making in the European Union, 3. Auflage, Oxford: Oxford University Press, S. 301-324.

Woyke, Wichard (1995): Europäische Organisationen. Einführung, München: Oldenbourg.

Woyke, Wichard (1998): Europäische Union: Erfolgreiche Krisengemeinschaft. Einführung in Geschichte, Strukturen, Prozesse und Politiken, München: Oldenbourg.

Woyke, Wichard (Hrsg.) (2000): Handwörterbuch Internationale Politik, 8. aktualisierte Aufl., Opladen: Leske + Budrich.

Young, Alasdair R./Wallace, Helen (2000): The Single Market. A New Approach to Policy, in: Wallace, Helen/Wallace, William (Hrsg.): Policy-Making in the European Union, 4. Auflage, Oxford: Oxford University Press, S. 85-114.

Zangl, Bernhard (1994): Politik auf zwei Ebenen, in: Zeitschrift für Internationale Beziehungen 1 (2), S. 279-312.

Zangl, Bernhard (1998): Interessen auf zwei Ebenen: internationale Regime in der Agrarhandels-, Währungs- und Walfangpolitik, Baden-Baden: Nomos.

Zellentin, Gerda (1962): Der Wirtschafts- und Sozialausschuss der EWG und Euratom, Leiden: Sythoff.

Ziebura, Gilbert (Hrsg.) (1966): Nationale Souveränität oder übernationale Integration: Vorträge gehalten im Sommersemester 1965, Berlin: Colloquium-Verlag.

Ziebura, Gilbert (1997): Die deutsch-französischen Beziehungen seit 1945: Mythen und Realitäten, Stuttgart: Neske.

Zonnekeyn, Geert A. (2000): The Status of WTO Law in the EC Legal Order, in: Journal of World Trade 34 (3), S. 111-125.

Zürn, Michael (1992): Interessen und Institutionen in der internationalen Politik. Grundlegung und Anwendung des situationsstrukturellen Ansatzes, Opladen: Leske + Budrich.

Zürn, Michael (1996): Über den Staat und die Demokratie im europäischen Mehrebenensystem, in: Politische Vierteljahresschrift 37 (1), S. 27-55.